I0566696

DISCLAIMER

The author and publisher are providing this book and its contents on an "as is" basis and make no representations or warranties of any kind with respect to this book or its contents. The author and publisher disclaim all such representations and warranties, including but not limited to warranties of merchantability. In addition, the author and publisher do not represent or warrant that the information accessible via this book is accurate, complete, or current.

Except as specifically stated in this book, neither the author nor publisher, nor any authors, contributors, or other representatives will be liable for damages arising out of or in connection with the use of this book. This is a comprehensive limitation of liability that applies to all damages of any kind, including (without limitation) compensatory; direct, indirect, or consequential damages; loss of data, income, or profit; loss of or damage to property; and claims of third parties.

Extra Graphic Material From: www.freepik.com
Thanks to: Alekksall, Starline, Pch.vector, Rawpixel.com, Dgim-studio, Upklyak, Macrovector
& Freepik.com Designers

This Book Offers Free Bonus Puzzles

Available Here:

BestActivityBooks.com/WSBONUS20

5 TIPS TO START!

1) HOW TO SOLVE

The Puzzles are in a Classic Format:

- · Words are hidden without breaks (no spaces, dashes, ...)
- · Orientation: Forward & Backward, Up & Down or
  in Diagonal (can be in both directions)
- · Words can overlap or cross each other

2) LEVEL UP THE GAME!

A space is provided next to each word to write new ones, translations or notes. We also offer a convenient **NOTEBOOK** at the end of this edition. It can help you organize your annotations, new words and/or observations.

3) TAG YOUR WORDS

Have you tried using a tag system? For example, you could mark the words which have been difficult to find with a cross, the ones you loved with a star, new words with a triangle, rare words with a diamond and so on...

4) EASY TO CUT!

The Puzzles come with an Extra Large margin to easily cut the page out of the book. Some people may feel it more convenient to solve them this way.

5) FINISHED?

Go to the bonus section: **MONSTER CHALLENGE** to find a free game offered at the end of this edition!

Want **more fun** and activities to **relax? It's Fast and Simple!** An entire Game Book Collection **just one click away!**

Find your next challenge at:

BestActivityBooks.com/MyNextWordSearch

Ready, Set... Go!

Did you know there are around 7,000 different languages in the world? Words are precious.

We love languages and have been working hard to make the highest quality books for you. Our ingredients?

One part easy-to-read print, three parts entertainment, then we add some challenging words and a pinch of rare ones. We brew them with care to serve you lots of fun and an opportunity to solve the best puzzles.

Your feedback is essential. You can be an active participant in the success of this book by leaving us a review. Tell us what you liked most in this edition!

Here is a short link which will take you to your Amazon orders review page.

BestBooksActivity.com/Review50

Thanks for your fidelity and enjoy the Game!

Delta Classics Team

Puzzle 1

```
B  S  E  Ω  M  M  M  K  V  U  Z  L  K  I  A  Q  Σ
K  Ό  Σ  T  O  Σ  Ά  O  R  P  K  Q  O  P  I  D  X
Z  A  I  Ά  X  U  E  Θ  P  Ή  N  G  Y  Γ  P  V  E
Z  O  A  K  V  R  G  Q  O  Q  O  X  K  Y  Ά  P  Δ
B  N  J  A  Ί  Λ  I  M  O  Y  D  E  O  H  M  Π  Ό
R  N  I  P  Σ  O  Φ  O  Ύ  Σ  N  K  Y  G  A  P  N
R  W  D  A  E  Δ  P  O  Σ  I  Ά  T  B  E  Λ  O  Z
B  S  U  Π  T  Ή  Φ  Ύ  Λ  Λ  O  Ί  Ά  K  A  Z  F
P  W  F  Y  E  N  P  Q  K  Y  B  M  Γ  A  K  M  S
A  C  L  Q  Σ  H  Ύ  E  P  C  A  H  I  Z  G  H  S
W  R  D  H  Ά  Θ  P  O  X  T  N  Σ  A  Z  J  M  R
D  F  S  A  X  Φ  C  I  P  O  Q  H  J  L  D  L  N
K  O  Λ  Λ  Ά  E  I  K  O  H  F  Π  I  Σ  Ί  N  A
Δ  I  E  Y  Θ  Y  N  T  Ή  Σ  Λ  H  Y  G  J  O  N
Σ  Y  N  H  Θ  I  Σ  M  Έ  N  H  Π  C  X  N  D  J
```

ΔΙΕΥΘΥΝΤΉΣ
ΧΆΣΕΤΕ
ΣΥΝΗΘΙΣΜΈΝΗ
ΜΆΘΟΥΝ
ΣΟΦΟΎΣ
ΦΎΛΛΟ
ΚΌΣΤΟΣ
ΚΑΛΑΜΆΡΙΑ
ΚΟΥΚΟΥΒΆΓΙΑ
ΔΡΟΣΙΆ
ΟΜΙΛΙΆ
ΠΙΣΊΝΑ
ΠΛΗΡΟΎΝΤΑΙ
ΠΆΓΟ
ΕΚΤΊΜΗΣΗ
ΠΑΡΑΚΆΤΩ
ΉΡΘΕ
ΣΧΕΔΌΝ
ΚΟΛΛΆΕΙ
ΦΘΗΝΉ

Puzzle 2

ΧΡΥΣΌ
ΠΌΝΟ
ΑΣΤΕΊΟ
ΠΕΤΣΈΤΑ
ΠΈΝΤΕ
ΜΕΓΆΛΗ
ΣΚΛΗΡΌ
ΑΠΟΛΑΜΒΆΝΟΥΝ
ΕΞΕΤΆΖΟΥΝ
ΕΜΦΑΝΙΣΤΕΊ
ΑΣΤΈΡΙΑ
ΗΓΈΤΗΣ
ΚΥΒΈΡΝΗΣΗΣ
ΠΉΡΕ
ΚΕΝΤΡΙΚΉ
ΕΡΓΑΣΊΑΣ
ΠΗΓΉ
ΔΑΝΕΙΣΤΕΊ
ΑΠΟΘΉΚΕΥΣΗ
ΑΓΟΡΆ

```
M  Σ  V  E  Π  Π  Έ  N  T  E  J  U  V  L  L  E  C
E  K  T  M  Y  E  P  Ή  Π  K  E  N  T  P  I  K  Ή
Γ  Λ  I  Φ  H  V  T  K  Y  B  Έ  P  N  H  Σ  H  Σ
Ά  H  U  A  C  H  H  Σ  Y  E  K  Ή  Θ  O  Π  A  W
Λ  P  E  N  S  O  L  C  Έ  U  Y  A  G  R  O  W  I
H  Ό  B  I  H  K  W  H  E  T  S  D  Y  H  O  C  K
V  U  V  Σ  H  Γ  Έ  T  H  Σ  A  A  M  O  Π  N  U
A  L  B  T  U  A  Π  O  Λ  A  M  B  Ά  N  O  Y  N
W  Γ  G  E  I  Z  T  P  V  V  U  X  H  U  S  O  Q
Y  A  O  Ί  E  T  Σ  I  E  N  A  Δ  L  N  P  Z  J
E  Σ  X  P  Q  Q  D  P  H  Y  Y  N  D  T  L  Ά  G
G  T  L  E  Ά  O  H  L  D  H  C  U  F  D  B  T  Π
C  E  E  C  A  A  E  P  Γ  A  Σ  Ί  A  Σ  F  E  Ό
B  Ί  A  Σ  T  Έ  P  I  A  X  P  Y  Σ  Ό  X  Ξ  N
X  O  F  P  E  K  M  R  X  I  Q  E  V  N  M  E  O
```

Puzzle 3

```
N G C G Φ H B C H V O A H I V R Z
T Z V N Y O N Ί Δ Α Ί Λ I K I O Π
C Q L B E A P V N Y D A J B P
P H F Z J M H E H W M N Z N O T V
E L J C L H O V Θ X C A N Ό Λ E B
X E I P Ό T E P H E M C H T Σ Ψ Π
M F I M N Ό E E M Ά Ί M K H Y Ά Λ
Σ Y T R O P L Z K S T O G T X P Ή
Y D A X B K P B F Q C O O A N I P
M A M Λ X Γ N T R E T X M B Ή A Ω
Π Σ Γ Υ Ό Υ Π A P T Ί Δ A O I I Σ
Ό J Ά N B Σ B I A Σ T I K Ά J E H
N I P Ά Θ A K Σ Π O Λ Υ T E Λ Ή Σ
I Q Π E Π A Γ Γ E Λ M A T I K O Ύ
A A K Σ T Σ K E Φ T E Ί T E A P U
```

ΣΥΓΚΡΌΤΗΜΑ
ΦΟΡΕΘΕΊ
ΕΠΑΓΓΕΛΜΑΤΙΚΟΎ
ΙΚΑΝΌΤΗΤΑ
ΆΤΟΜΟ
ΣΥΜΠΌΝΙΑ
ΒΙΑΣΤΙΚΆ
ΣΚΑΘΆΡΙ
ΠΡΆΓΜΑΤΙ
ΠΑΡΤΊΔΑ
ΧΕΙΡΌΤΕΡΗ
ΨΆΡΙΑ
ΣΥΧΝΉ
ΣΚΕΦΤΕΊΤΕ
ΠΟΙΚΙΛΊΑ
ΠΟΛΥΤΕΛΉ
ΠΛΉΡΩΣΗΣ
ΔΊΝΟΥΝ
ΜΥΑΛΌ
ΒΕΛΌΝΑ

Puzzle 4

ΣΤΥΛΌ
ΣΠΑΘΊ
ΚΌΚΟΡΑ
ΔΕΊΚΤΗΣ
ΜΕΙΩΣΕΙ
ΑΝΆΛΥΣΗ
ΑΝΑΚΑΛΎΨΕΤΕ
ΛΎΓΚΑ
ΑΡΚΕΤΆ
ΦΊΔΙ
ΠΡΟΧΩΡΉΣΤΕ
ΜΠΑΝΆΝΑ
ΤΡΊΤΗ
ΛΟΓΑΡΙΑΣΜΌ
ΠΡΌΚΛΗΣΗ
ΣΑΜΠΟΥΆΝ
ΟΡΊΖΟΥΝ
ΚΟΥΤΆΒΙ
ΦΟΒΟΎΝΤΑΙ
ΤΏΡΑ

```
B Π Λ E H L U Y B M K V R Z T H H
Σ A P O F F D J G Π O W Λ R P N T
T N I Ό Γ V O X W A Y P Ύ L Ί Y K
Y A Y M K A T A O N T U Γ S T O I
Λ K T J J Λ P F Q Ά Ά T K A H Z X
Ό A Φ Ί Δ I H I U N B G A X H Ί T
H Λ V O F N B Σ A A I F Q T Ώ P A
K Ύ O N F M R M H Σ Y Λ Ά N A O P
Δ Ψ X Ά E G G E S K M N U Q X M O
E E L Y D O V I Q C Q Ό S D Q Q K
Ί T Σ O R F V Ώ A P K E T Ά A T O
K E M Π S E T Σ Ή P Ω X O P Π I K
T U E M A T Y E Φ O B O Ύ N T A I
H W V A R Θ N I N M T Z R Y B T K
Σ M K Σ Z H Ί Y N I B G N A L R R
```

Puzzle 5

G	Π	Π	D	D	C	P	I	T	Q	M	V	K	O	T	T	M
Q	A	T	A	X	F	X	M	T	L	A	O	Y	A	D	G	Ύ
D	P	Έ	W	Γ	O	L	F	G	E	V	A	P	X	L	G	Λ
T	A	N	P	Σ	E	Δ	Ά	I	Δ	E	Π	Ί	X	X	B	O
P	K	C	T	X	E	T	Σ	E	T	Ή	N	A	Λ	Π	P	T
Ώ	O	N	C	Z	O	Λ	Ό	D	W	Q	D	P	U	A	E	N
N	Λ	Q	S	C	Z	N	Ά	V	L	M	F	X	F	H	K	O
E	O	P	K	X	T	Y	T	Φ	S	M	Z	H	J	P	Λ	M
W	Ύ	X	Σ	I	J	O	Y	A	I	V	L	J	T	B	O	I
W	Θ	K	P	O	C	N	K	U	I	A	J	F	I	G	Γ	K
R	H	L	L	W	W	Ά	L	Z	J	P	I	G	R	W	Ή	Ή
G	Σ	X	Y	M	Ό	B	Σ	Y	N	O	Δ	E	Ύ	O	Y	N
O	A	P	Έ	T	H	M	Δ	I	A	T	A	P	A	X	Ή	Y
Q	N	S	X	Q	Q	A	A	N	A	Π	N	E	Ύ	Σ	E	I
C	K	P	U	P	S	Λ	A	Δ	E	Λ	Φ	Ό	M	Z	C	J

ΑΔΕΛΦΌ
ΠΑΡΑΚΟΛΟΎΘΗΣΑΝ
ΣΥΝΟΔΕΎΟΥΝ
ΕΛΆΦΙΑ
ΜΗΤΈΡΑ
ΤΡΏΝΕ
ΧΥΜΌ
ΝΟΜΙΚΉ
ΜΎΛΟ
ΚΥΡΊΑΡΧΗ
ΈΡΧΟΝΤΑΙ
ΑΝΑΠΝΕΎΣΕΙ
ΠΑΓΕΤΌ
ΠΕΔΙΆΔΕΣ
ΤΑ
ΕΚΛΟΓΉ
ΙΣΧΎ
ΔΙΑΤΑΡΑΧΉ
ΠΛΑΝΉΤΕΣ
ΛΑΜΒΆΝΟΥΝ

Puzzle 6

ΞΕΣΠΆΣΕΙ
ΣΕΙΡΆ
ΑΛΆΤΙ
ΓΕΎΣΗ
ΑΤΜΌ
ΣΟΦΉ
ΥΠΕΡΉΦΑΝΟΙ
ΕΠΕΚΤΕΊΝΟΥΝ
ΑΎΞΗΣΗ
ΠΡΌΓΟΝΟ
ΤΙΜΩΡΉΣΕΙ
ΣΥΡΤΆΡΙ
ΤΟΝ
ΑΜΟΙΒΏΝ
ΣΑΛΆΧΙ
ΔΡΆΚΟΣ
ΓΕΊΤΟΝΑ
ΠΑΧΎ
ΉΣΥΧΟ
ΕΝΔΙΑΦΈΡΟΥΣΑ

Y	E	Σ	Q	Π	A	X	Ύ	F	Δ	Q	I	X	Ά	Λ	A	Σ
N	Π	E	Y	E	N	I	M	N	M	P	T	P	Q	N	M	E
N	E	V	S	P	E	E	G	K	H	R	Ά	E	Ή	B	N	O
V	K	B	F	N	T	Σ	I	N	A	X	Λ	K	Φ	F	I	Y
P	T	J	C	C	R	Ά	F	Ώ	Z	A	A	K	O	V	R	L
L	E	F	D	O	Q	Π	P	B	N	I	N	T	Σ	Σ	I	T
O	Ί	L	M	R	P	Σ	R	I	K	H	O	Y	M	G	O	O
P	N	Q	G	W	P	E	Γ	O	F	I	T	C	E	Ό	N	N
Σ	O	T	B	R	D	Ξ	E	M	Q	S	Ί	X	K	Q	A	A
E	Y	Ή	Σ	Y	X	O	Ύ	A	J	T	E	K	J	X	Φ	U
I	N	M	D	S	M	K	Σ	O	N	O	Γ	Ό	P	Π	Ή	G
P	X	A	U	U	F	K	H	Σ	H	Ξ	Ύ	A	P	V	P	Z
Ά	U	L	L	U	G	W	H	T	I	M	Ω	P	Ή	Σ	E	I
E	N	Δ	I	A	Φ	Έ	P	O	Y	Σ	A	V	Y	Σ	Π	H
U	H	O	M	E	H	J	C	C	C	Q	Q	U	M	E	Y	Q

Puzzle 7

```
F Q B O D A L K D X A R C B E G Λ
E F B E B I T N Ό Δ K Z V Ή N D E
O K I M Ώ P B T S R A K B M Ί M Ω
H X E H M Ύ F C C D Δ Φ U A K P Φ
J A N S C M X E H O H F P C H C O
J R Ά S F M B W Y L M Y A Ά K D P
C Z B C G O Σ Ά P Π A Q P K Σ F E
Σ Y M M E T Έ X Ω N Ϊ X K P B H Ί
E E A B K A N E M Ό K Γ O A M Σ Ω
V A L G T K F O L C Ό F Y Γ Y A N
J Y Λ Λ F E K A P Ό T O Δ I O Ί G
D G Y D Ά R W E G X T A Ά Ό R T O
B Q Σ E X B Y F X E U D K N Σ Σ X
E Ξ A Φ A N I Σ T E Ί M I I H E X
M O Λ Ύ B I Σ O K Ί E D P A E A B
```

KAΡΌTO
ΠΡΆΣO
ΛEΩΦOPEΊΩN
EΞAΦANIΣTEΊ
AKAΔHMAΪKΌ
MOΛΎBI
EΊKOΣI
KPAΓΪONIA
APKOYΔΆKI
BΉMA
NΊKH
ΔΌNTI
ΣYMMETΈXΩN
BPΏMIKO
EΣTIAΣH
ΣYΛΛAMBΆNEI
ΆΛΛEΣ
ΓKΌMENA
EKATOMMΎPIA
ΦPΆΣH

Puzzle 8

XAPOΎME
ΣΠΊTI
ΣYΓXΈOYN
ΨΆPI
ANHΣYXΊA
XPONOΔIΆΓPAMMA
KΌTA
TOYΛΆXIΣTON
ΓKPΊZA
TPΈΞEI
ΠOΣΌTHTA
MΠAΛΌNIA
ANTIΣTAΘEΊ
ΣOBAPΈΣ
AΓΏNA
KANΈΛA
OPΓΆNΩΣH
BΛΈMMA
ΠAPΆΓONTAΣ
ΣΦΆΛMA

```
Π O Z Y K Q A Ψ Ά P I H Σ N Z Y Γ
Σ A G E J O Γ P B T Q I Φ Σ B A K
D Π P R M V Ώ X X T V U Ά Y B L P
F O Ί Ά A I N Ό Λ A Π M Λ Γ Λ A Ί
B P K T Γ E A K V P D W M X Έ W Z
C Γ U G I O H Ί C A S I A Έ M Π A
L Ά G F Y Y N I E Ξ Έ P T O M O C
W N N C N S N T S Θ E M Ό Y A Σ A
B Ω K A N Έ Λ A A A Έ A I K N E Ό Ί
L Σ X A P O Ύ M E Σ Q T Y A F T X
F H D A X F O U W B M J Σ F Z H Y
C D I H X S C K J E Y H F I D T Σ
U W H Σ O B A P Έ Σ Σ N F A T A H
S T O Y Λ Ά X I Σ T O N U B Y N Z
X P O N O Δ I Ά Γ P A M M A H O A
```

Puzzle 9

```
M K U X K G B D S I V F N Λ Σ B C
E A G B Φ Λ E J E E V S T K Ό Y U
Ώ T K O Ό W Ί Δ I A Π Y O M K Γ M
T A I J B I E Σ Ώ Λ H Δ Y Y I P O
S N N Y O Σ Ή T H Z Y Σ Λ V N P L
U O Ό T S Ό Δ Y Σ P Q B Ά S Θ A R
B H I E C P Y T Ω V A I Π S E P K
E T X B W T E D P K C X I R A F P
M Ό G L J A Ψ I Έ Q P K Ά Q Φ L F
Έ Π E Σ E I E R M S Y C V Z H U K
S X A G Z Γ H Q H O P R J Q Γ H K
X I Λ I Ά Δ E Σ N L F T G R H V L
A K O Ύ Σ E I D E L S H K F T N I
O I K O G E N E I A K Ό X A Ή P I
H M S M A M B R C A T H V X U F M
```

ΠΑΙΔΊ
ΈΠΕΣΕ
ΓΙΑΤΡΌΣ
ΑΚΟΎΣΕΙ
ΕΝΗΜΈΡΩΣΗ
ΚΛΊΣΗ
ΔΗΛΏΣΕΙ
ΟΚΤΏ
ΕΘΝΙΚΌΣ
ΣΥΖΗΤΉΣΟΥΝ
ΝΤΟΥΛΆΠΙ
ΧΙΌΝΙ
ΖΆΧΑΡΗ
ΧΙΛΙΆΔΕΣ
ΑΦΗΓΗΤΉ
ΟΙΚΟΓΕΝΕΙΑΚΌ
ΦΌΒΟ
ΛΌΓΟ
ΨΕΥΔΉ
ΚΑΤΑΝΟΗΤΌ

Puzzle 10

ΕΝΤΟΠΙΣΜΌ
ΧΑΡΙΤΩΜΈΝΟ
ΑΠΟΓΟΗΤΕΥΜΈΝΟΣ
ΜΑΓΕΙΡΕΎΟΥΝ
ΑΥΞΉΘΗΚΕ
ΕΙΣΑΓΩΓΙΚΆ
ΑΊΤΗΜΑ
ΠΕΙΝΑΣΜΈΝΟΙ
ΈΛΛΕΙΨΗ
ΝΑΙ
ΥΠΕΎΘΥΝΟΣ
ΚΟΥΔΟΎΝΙ
ΣΚΎΛΟΣ
ΘΈΑΤΡΟ
ΆΛΛΟΥΣ
ΜΑΖΊ
ΥΠΟΛΟΓΙΣΜΌ
ΜΩΡΟΎ
ΕΠΤΆ
ΓΈΦΥΡΑ

```
U U O M M W Y N K U S I F P T W Σ
A Σ W A Ω P C Π K O Y Δ O Ύ N I K
P Y G Z P Z K B E H S B C S W Z Ύ
Y O Ξ Ί O T H E O Ύ E C U R W V Λ
Φ Λ I Ή Ύ L V N J Z Θ A E Z M P O
Έ Λ Ό S Θ O P T A Έ Θ Y U Y N H Σ
Γ Ά M Z N H I C T I M D N R Ό Έ K
B K Σ D R L K R B F T G X O M Λ N
P S I I Ά T Π E R W C G G G Σ Λ A
Y J Γ X A P I T Ω M Έ N O R I E Ί
A Π O Γ O H T E Y M Έ N O Σ Π I T
G F Λ M A G E I P E Ύ O Y N O Ψ H
O I O N Έ M Σ A N I E Π M O T H M
D J Π E I Σ A Γ Ω Γ I K Ά E N U A
K I Y P X M O V O N B R P U E J V
```

Puzzle 11

```
E  K  U  R  M  E  B  N  B  R  G  O  A  I  A  S  L
Δ  Π  Υ  K  G  O  Π  H  A  J  X  K  Ρ  Σ  Π  M  V
I  O  Ό  L  T  U  T  I  L  J  Z  S  K  X  O  Υ  C
A  K  T  M  K  I  E  Σ  G  W  R  O  Ύ  B  M  N
Π  O  Σ  O  E  D  M  Z  C  H  W  U  Ύ  O  Λ  K  I
I  Υ  Ω  L  K  N  I  Ρ  Π  U  M  I  Δ  Υ  Ή  Έ  E
Σ  Ρ  Σ  Υ  Z  C  O  B  I  T  H  O  A  N  T  Δ  Γ
T  T  O  A  Ί  Γ  I  A  T  A  K  G  W  Ω  Ρ  Ά
Ώ  Ί  Ρ  M  I  E  N  Ί  A  Γ  H  Π  O  A  N  A  Γ
Σ  N  Έ  E  M  Σ  Π  Λ  E  O  N  Έ  K  T  H  M  A
E  A  M  Ρ  V  A  Ά  Υ  J  F  T  N  G  X  Υ  Ώ  Σ
T  G  L  Ό  Υ  T  S  M  W  Q  Z  O  H  E  U  Θ  I
E  L  I  Φ  B  A  X  Σ  Υ  M  Φ  Ω  N  Ί  A  H  E
C  K  G  Q  A  Δ  Ί  Π  M  A  Λ  O  Γ  Υ  Π  Σ  Z
D  Z  D  C  Υ  K  F  R  W  O  Θ  K  Z  S  R  E  C
```

ΣΥΜΦΩΝΊΑ
ΔΙΑΠΙΣΤΏΣΕΤΕ
ΕΠΊΣΗΜΟ
ΈΔΡΑ
ΜΈΡΟΣ
ΠΥΓΟΛΑΜΠΊΔΑ
ΠΗΓΑΊΝΕΙ
ΦΌΡΕΜΑ
ΠΛΕΟΝΈΚΤΗΜΑ
ΣΩΣΤΌ
ΑΠΟΒΛΉΤΩΝ
ΕΙΣΑΓΆΓΕΙ
ΚΟΥΡΤΊΝΑ
ΕΠΌΜΕΝΟ
ΙΣΧΎΟΥΝ
ΏΘΗΣΕ
ΑΡΚΟΎΔΑ
ΚΑΤΑΙΓΊΔΑ
ΘΑΥΜΆΣΙΑ
ΠΡΙΝ

Puzzle 12

ΚΆΜΕΡΑ
ΣΤΕΝΌ
ΑΠΟΞΗΡΑΜΈΝΑ
ΤΟ
ΒΡΟΧΕΡΈΣ
ΠΛΎΣΗΣ
ΕΜΦΆΝΙΣΗ
ΚΡΊΣΗ
ΒΟΎΤΥΡΟ
ΥΠΟΨΉΦΙΟΣ
ΑΝΤΊΔΡΑΣΗ
ΦΡΆΟΥΛΑ
ΣΕΛΗΝΙΑΚΌ
ΑΡΟΥΡΑΊΟΣ
ΟΡΓΑΝΏΣΤΕ
ΜΑΤΙΆ
ΆΛΜΑ
ΚΛΈΨΤΕ
ΑΛΛΗΛΕΠΊΔΡΑΣΗ
ΦΟΎΣΤΑ

```
L  H  M  F  A  U  Q  A  B  K  A  Π  E  Σ  Φ  A  F
K  I  M  A  S  Q  C  Λ  I  H  N  Λ  M  E  Ρ  Π  B
T  J  Z  E  T  Ψ  Έ  Λ  K  K  T  Ύ  Φ  Λ  Ά  O  G
G  Q  I  T  C  I  Υ  H  T  A  Ί  Σ  Ά  H  O  Ξ  I
Φ  O  Ύ  Σ  T  A  Ά  Λ  E  Z  Δ  H  N  N  Υ  H  F
P  T  Z  B  M  Ό  N  E  T  Σ  Ρ  Σ  I  I  Λ  Ρ  P
B  O  Ύ  T  Υ  Ρ  O  Π  Σ  U  A  O  Σ  A  A  A  P
A  Ρ  L  B  Σ  B  Υ  Ί  Ώ  M  Σ  I  H  K  U  M  J
S  T  Υ  R  Έ  I  B  Δ  N  A  H  Φ  Σ  Ό  Υ  Έ  J
Σ  O  Ί  A  Ρ  Υ  O  Ρ  A  K  L  Ή  Ί  Ά  X  N  Y
M  L  K  A  E  M  N  A  Γ  Ά  A  Ψ  Ρ  C  Λ  A  H
U  L  Υ  T  X  Z  U  Σ  Ρ  M  V  O  K  E  Ρ  M  J
G  H  O  B  O  G  J  H  O  E  I  Π  W  O  Z  C  A
C  E  X  Q  Ρ  O  E  B  A  Ρ  O  Υ  L  M  S  C  X
H  Z  X  J  B  G  F  U  U  A  C  Q  R  X  J  D  Q
```

Puzzle 13

```
Σ  W  N  Q  I  U  H  Σ  H  K  Σ  Ά  I  N  R  H  A
Y  Ά  R  Q  X  A  T  B  O  H  Θ  Ή  Σ  E  I  I  Π
Γ  N  N  O  L  Η  Σ  E  Θ  Ί  T  N  A  S  C  S  O
H  P  Σ  T  J  K  I  E  Λ  Ά  B  O  Π  Y  A  N  M
I  X  Ή  Z  O  G  Π  P  O  U  O  Q  Ό  V  A  K  O
I  J  Π  Γ  T  Y  Ό  P  I  E  B  K  Γ  H  I  O  N
C  V  M  Z  O  S  I  I  R  Ί  A  K  K  E  M  E  Ω
J  S  O  P  D  P  Ξ  T  G  Σ  Σ  Ύ  O  Σ  O  O  M
I  G  Π  A  Q  R  A  B  Σ  O  I  K  J  Ύ  P  P  Έ
C  V  K  J  K  N  M  C  F  Δ  Λ  Λ  B  N  P  T  N
H  Σ  E  Δ  N  Ύ  Σ  N  Y  O  I  O  N  T  A  Ύ  E
J  W  B  W  Θ  X  S  I  Ή  Σ  Ά  Y  F  O  Γ  K  Σ
R  P  K  J  Ύ  L  V  A  R  M  E  A  C  M  Ί  I  T
Y  Q  J  Y  M  L  G  L  P  F  H  F  L  H  A  A  C
F  V  J  S  A  N  Ά  Π  M  A  K  C  J  K  O  R  K
```

ΑΞΙΌΠΙΣΤΗ
ΜΝΉΜΗ
ΣΆΝΤΟΥΙΤΣ
ΒΟΗΘΉΣΕΙ
ΚΎΚΛΟΥ
ΌΓΚΟ
ΑΝΤΊΘΕΣΗ
ΒΑΣΙΛΙΆ
ΣΎΝΤΟΜΗ
ΕΚΠΟΜΠΉΣ
ΚΑΜΠΆΝΑ
ΘΎΜΑ
ΑΠΟΜΟΝΩΜΈΝΕΣ
ΓΡΉΓΟΡΑ
ΆΣΚΗΣΗ
ΟΡΤΎΚΙΑ
ΑΙΜΟΡΡΑΓΊΑ
ΕΊΣΟΔΟΣ
ΣΎΝΔΕΣΗ
ΥΠΟΒΆΛΕΙ

Puzzle 14

ΑΠΡΌΣΕΚΤΗ
ΣΗΜΑΝΤΙΚΉ
ΤΡΑΓΙΚΌ
ΕΚΤΟΠΊΣΕΙ
ΣΚΕΛΕΤΟ
ΝΑΡΚΩΤΙΚΏΝ
ΖΏΑ
ΤΡΕΛΌΣ
ΜΕ
ΚΡΊΣΙΜΗ
ΑΓΓΑΡΕΊΑ
ΣΗΜΕΙΩΜΑΤΆΡΙΟ
ΣΥΝΈΛΕΥΣΗ
ΚΆΛΥΨΗΣ
ΓΛΥΚΙΆ
ΠΡΟΠΟΝΗΤΉΣ
ΚΈΝΤΡΟ
ΠΙΠΈΡΙ
ΥΨΗΛΌΤΕΡΗ
ΑΦΙΕΡΏΝΩ

```
K  U  U  A  Ί  E  P  A  Γ  Γ  A  T  E  R  K  D  N
J  N  J  F  Y  E  E  Ώ  Φ  A  F  Z  X  G  Ά  R  A
L  N  J  K  F  G  G  Z  G  I  Q  O  D  T  Λ  R  P
E  K  T  O  Π  Ί  Σ  E  I  G  E  I  S  A  Y  K  K
Π  P  O  Π  O  N  H  T  Ή  Σ  K  P  O  G  Ψ  Έ  Ω
Σ  Y  N  Έ  Λ  E  Y  Σ  H  Y  P  Ά  Ώ  R  H  N  T
Z  K  M  T  B  N  Ό  H  S  Ψ  Ί  T  V  N  Σ  T  I
E  I  W  M  M  O  K  T  G  H  Σ  A  V  J  Ω  P  K
Σ  H  M  A  N  T  I  K  Ή  Λ  I  M  W  L  T  O  Ώ
J  O  Y  L  W  T  Γ  E  J  Ό  M  Ω  Ά  P  P  N  N
S  M  E  L  Y  I  A  Σ  X  T  H  I  I  V  E  M  E
Π  I  Π  Έ  P  I  P  Ό  T  E  Λ  E  K  Σ  Λ  E  S
L  V  S  K  B  X  T  P  K  P  E  M  Y  R  Ό  F  L
K  I  D  D  W  D  B  Π  Z  H  P  H  Λ  Z  E  R  X
E  C  S  D  K  N  D  A  R  K  Q  Σ  Γ  Q  K  P  R
```

Puzzle 15

```
Π Ο Τ Τ F Π Υ Έ Q W Z Σ G W Z H Y
Ά Υ C Z D Ά D N O N H Κ Σ Ά M A Δ
Σ Κ Σ B U G I T I C Q Έ O E Κ Σ Θ
X G J O Κ Ω A E Δ L T Φ Φ Λ O T E
O Υ Υ J T M F Κ Έ L J T Υ Λ Υ Ί P
Y E Σ Κ Σ A A A X D U O Λ E Λ Λ M
N U A B N F M N Σ G W N Έ I T A O
A Π Ό Δ O Σ H Ή Ό D Κ T Κ Π O X Κ
W R Y D F R N C T H Y A P T Ύ Σ P
G V O N Y A X Y Σ T I M I P A A
T V Κ Σ R X Ά A N B Y O P Κ A Π Σ
T E D E H J P C H Κ B Σ Σ Ή G R Ί
B U Ύ O M Θ A B P A Σ T Ή P A U A
Έ Γ Κ Λ H M A E Π Ί Σ Κ E Ψ H M H
E N T Υ Π Ω Σ I Ά Z O Y N G H C A
```

ΕΠΊΣΚΕΨΗ
ΑΠΌΔΟΣΗ
ΒΡΑΣΤΉΡΑ
ΠΆΓΩΜΑ
ΑΡΆΧΝΗ
ΔΑΜΆΣΚΗΝΟ
ΠΑΣΧΑΛΊΤΣΑ
ΣΧΈΔΙΟ
ΕΛΛΕΙΠΤΙΚΉ
ΘΕΡΜΟΚΡΑΣΊΑ
ΑΝΌΗΤΟΣ
ΣΚΈΦΤΟΝΤΑΙ
ΚΈΛΥΦΟΣ
ΣΥΣΤΉΜΑΤΟΣ
ΈΓΚΛΗΜΑ
ΚΟΥΛΤΟΎΡΑ
ΕΝΤΥΠΩΣΙΆΖΟΥΝ
ΈΝΤΕΚΑ
ΒΑΘΜΟΎ
ΠΆΣΧΟΥΝ

Puzzle 16

ΜΕΛΛΟΝΤΙΚΉ
ΓΕΝΝΉΘΗΚΕ
ΚΟΥΤΊ
ΑΝΌΗΤΟ
ΚΎΡΙΟΣ
ΤΟΥΛΊΠΑ
ΚΕΦΆΛΙ
ΆΓΧΟΣ
ΤΥΛΊΞΕΙ
ΜΉΝΥΜΑ
ΜΈΤΡΙΑ
ΒΟΛΤ
ΣΚΆΛΕΣ
ΤΑΚΤΟΠΟΙΗΜΈΝΟ
ΑΡΓΌΤΕΡΑ
ΔΈΝΤΡΑ
ΦΩΝΉ
ΈΠΟΙΚΟΙ
ΤΑΧΎΤΗΤΑ
ΚΟΡΆΚΙ

```
S F D B H M Q R G A T H T Ύ X A T
Ά Y W H W Έ T Υ Λ Ί Ξ E I D G E A
M Γ Z L Ί T Y O Κ Y J K J V K T K
Σ H X R V I I Q Κ I H B R Q V T
O Κ I O K I O Π Έ O M Θ E T V D O
I R Ά T Σ A A G E P B Ή I C V H Π
P Y N Λ A W J W U Ά J N M U P V O
Ύ J Y I E A O G E K M N Ή N Ω Φ I
K L R I G Σ P Q U I R E N P V D H
T O Y Λ Ί Π A E O G I Γ Y S M A M
R U M E Λ Λ O N T I K Ή M A U G Έ
Y R U Y F I I V B Ό S R A Y W W N
Q E Z S W G E T O B Γ R V O G C O
K E Φ Ά Λ I W X Λ R A P T N Έ D T
G J F M Z O I O T H Ό N A L L J U
```

Puzzle 17

```
Σ  L  E  H  B  Σ  Y  V  B  Π  E  P  Ά  Σ  E  I  Π
Y  B  Π  Y  O  I  H  L  R  I  S  K  D  T  X  C  Ί
N  M  I  E  Y  C  Q  M  V  X  A  K  F  B  X  B  Σ
A  R  Σ  N  N  W  I  Y  E  E  V  Σ  Y  O  T  Έ  T
N  Π  T  Ω  Ώ  N  Y  O  Z  Ί  A  Π  Ύ  I  S  B  H
T  I  O  N  N  O  M  L  L  H  Ω  K  O  N  W  U  Σ
H  Θ  Λ  Έ  N  A  T  T  N  R  K  Σ  R  G  H  X  Σ
Θ  A  Ή  M  V  B  B  X  X  Z  G  M  H  D  T  N  Y
O  N  Y  O  Z  Ά  E  P  H  Π  E  Ξ  A  N  Ώ  Φ  N
Ύ  Ό  O  Δ  Λ  P  V  M  Π  O  Λ  A  W  O  A  S  Έ
N  K  Δ  E  Q  Ό  J  L  I  I  N  K  N  X  H  Y  X
I  Y  Ό  Δ  Q  N  Σ  N  P  P  L  W  A  M  P  N  E
M  Λ  Σ  A  X  L  D  H  Y  Ύ  F  S  W  Z  R  S  I
A  H  I  W  M  M  N  R  K  A  A  R  I  D  M  F  A
Z  Θ  E  A  N  A  Γ  N  Ω  P  Ί  Σ  E  I  A  K  E
```

ΘΗΛΥΚΌ
ΈΤΟΥΣ
ΕΙΣΌΔΟΥ
ΜΠΟΛ
ΕΠΙΣΤΟΛΉ
ΠΑΊΖΟΥΝ
ΒΟΥΝΏΝ
ΣΥΝΑΝΤΗΘΟΎΝ
ΣΌΛΟ
ΠΙΘΑΝΌ
ΣΥΝΈΧΕΙΑ
ΣΗΜΕΊΩΣΗ
ΦΏΝΑΞΕ
ΒΙΑΣΎΝΗ
ΑΎΡΙΟ
ΑΝΑΓΝΩΡΊΣΕΙ
ΠΕΡΆΣΕΙ
ΠΊΣΤΗΣ
ΔΕΔΟΜΈΝΩΝ
ΕΠΗΡΕΆΖΟΥΝ

Puzzle 18

ΣΥΝΈΔΡΙΟ
ΠΟΛΎΧΡΩΜΟ
ΣΊΓΟΥΡΑ
ΤΗΛΕΌΡΑΣΗ
ΕΝΟΧΛΕΊ
ΠΡΟΜΉΘΕΙΕΣ
ΔΩΔΕΚΑ
ΈΧΕΙ
ΧΆΜΠΟΥΡΓΚΕΡ
ΠΡΟΣΦΟΡΆ
ΔΙΆΔΡΟΜΟ
ΔΙΑΡΡΟΉ
ΣΎΝΤΡΟΦΟ
ΦΘΟΡΆ
ΜΈΣΟ
ΕΤΉΣΙΑ
ΓΥΑΛΊ
ΓΡΑΦΕΊΟ
ΠΟΤΈ
ΒΑΘΜΌ

```
G  S  K  P  Π  J  A  K  E  Δ  Ώ  Δ  W  A  P  L  Σ
W  C  Q  B  P  I  S  F  N  N  M  P  L  I  A  W  Ύ
A  U  N  H  O  Σ  Έ  M  T  S  O  V  N  Σ  J  G  N
Q  S  O  B  Σ  D  Φ  Θ  O  P  Ά  X  U  Ή  L  I  T
T  H  Y  D  Φ  S  F  W  M  E  S  I  Λ  T  F  H  P
Δ  D  Q  S  O  I  P  Δ  Έ  N  Y  Σ  I  E  X  Έ  O
I  G  H  P  Π  O  Λ  Ύ  X  P  Ω  M  O  Ί  X  Φ  
Ά  Y  W  Σ  Ά  Σ  Π  P  O  M  Ή  Θ  E  I  E  Σ  O
Δ  A  Γ  A  I  Q  Ί  D  U  X  M  V  A  J  U  B  Δ
P  Λ  Q  P  P  E  K  Γ  P  Y  O  Π  M  Ά  X  A  I
O  Ί  C  Ό  A  S  A  H  O  S  T  Y  X  B  I  Θ  A
M  L  G  E  N  Φ  C  E  D  Y  M  B  W  V  M  P  
O  F  X  Λ  D  R  E  P  N  A  P  Q  X  E  M  Ό  P
S  O  Q  H  P  F  A  Ί  K  X  U  A  J  V  O  X  O
J  Q  Έ  T  O  Π  R  T  O  J  X  N  I  X  V  W  Ή
```

Puzzle 19

```
Σ  Ή  Λ  Η  Ψ  Y  G  S  H  M  I  V  H  H  Z  T  I
B  Ύ  Έ  Ξ  Y  Π  N  H  U  A  Έ  E  X  W  A  A  J
E  A  N  L  O  D  F  W  K  G  J  Γ  K  P  Ή  P  Y
X  K  P  E  U  F  I  Φ  C  B  K  A  W  B  Ή  F
E  J  V  E  X  U  Q  K  Ύ  D  V  O  E  I  I  T  E
N  R  T  E  Θ  Ό  Q  B  Γ  L  G  I  Π  A  P  K  Ξ
T  Y  O  Σ  Y  E  M  E  E  B  W  Λ  I  T  K  A  A
O  I  P  Ύ  K  W  Ί  E  I  O  Π  Ό  Λ  N  A  P  Π
Π  E  Φ  E  Ύ  P  E  I  N  N  A  T  O  O  B  A  A
Ί  Γ  Ύ  P  O  L  W  Q  A  H  Ί  H  Γ  N  W  X  T
Σ  Y  Z  V  H  U  Y  M  M  X  T  Ή  Ί  Y  Έ  Ή
E  B  S  I  P  M  G  L  R  Ί  T  A  Σ  Γ  P  Σ
I  M  I  W  Y  O  G  E  O  P  H  F  E  U  T  I  E
N  F  T  U  M  E  A  W  L  T  Σ  J  R  O  M  E  I
F  W  L  K  P  Q  U  E  D  S  Z  Z  L  O  R  T  P
```

ΓΊΝΟΝΤΑΙ
ΑΚΡΙΒΉ
ΤΡΊΜΗΝΟ
ΈΞΥΠΝΗ
ΣΥΝΕΧΌΜΕΝΗ
ΓΎΡΟ
ΕΞΑΠΑΤΉΣΕΙ
ΚΎΡΙΟ
ΣΟΥΤ
ΒΑΡΕΘΕΊ
ΚΟΙΛΌΤΗΤΑ
ΦΎΓΕΙ
ΠΑΊΧΤΗΣ
ΜΈΓΑΙΡΑ
ΧΑΡΑΚΤΉΡΑ
ΥΨΗΛΉΣ
ΕΦΕΎΡΕΙ
ΧΈΡΙ
ΕΠΙΛΟΓΉΣ
ΕΝΤΟΠΊΣΕΙ

Puzzle 20

ΑΡΧΊΣΕΙ
ΣΥΜΒΆΛΟΥΝ
ΔΑΠΆΝΗ
ΒΛΈΠΟΝΤΑΣ
ΜΑΎΡΟ
ΠΑΡΆΞΕΝΑ
ΘΑΝΑΤΗΦΌΡΑ
ΘΈΑΜΑ
ΛΆΘΟΣ
ΛΗΦΘΕΊ
ΣΤΑΦΎΛΙΑ
ΤΑΞΙ
ΠΡΏΗΝ
ΕΠΙΜΈΡΟΥΣ
ΔΆΣΚΑΛΟΣ
ΘΌΡΥΒΟ
ΞΎΣΤΡΑ
ΤΑΜΕΊΟ
ΕΠΙΤΥΧΗΜΈΝΗ
ΑΝΑΘΕΏΡΗΣΗ

```
T  C  J  X  Π  A  Σ  B  Δ  A  Π  Ά  N  H  Z  R  S
A  A  X  V  A  N  Y  Λ  F  G  Y  P  M  R  H  L  T
X  W  Ξ  N  P  A  M  Έ  I  Y  Y  Θ  Ό  P  Y  B  O
B  T  H  Ί  Ά  Θ  B  Π  Π  P  Ώ  H  N  X  G  H  Ί
V  C  C  E  Ξ  E  Ά  O  G  D  H  M  A  Ύ  P  O  E
L  J  X  Θ  E  Ώ  Λ  N  Θ  Έ  A  M  A  Z  K  V  M
Ξ  K  F  Φ  N  P  O  T  Λ  Ά  Θ  O  Σ  H  E  B  A
A  Ύ  N  H  A  H  Y  A  Σ  T  A  Φ  Ύ  Λ  I  A  T
N  P  Σ  Λ  P  Σ  N  Σ  O  Λ  A  K  Σ  Ά  Δ  U  Y
D  C  X  T  N  H  E  Π  I  T  Y  X  H  M  Έ  N  H
U  K  Z  Ί  P  X  X  Θ  A  N  A  T  H  Φ  Ό  P  A
L  D  Q  O  Σ  A  J  E  V  I  J  K  V  B  W  X  M
S  X  S  Q  W  E  S  U  J  O  M  X  Z  A  T  I  W
Σ  Y  O  P  Έ  M  I  Π  E  M  L  Z  O  G  E  V  V
D  J  S  E  D  W  S  C  G  P  U  W  S  J  B  F  Q
```

Puzzle 21

```
A X T D N H J M D L I B S K G O X
N K A T A Σ K E Y Ή Σ Έ Λ A Φ Σ A
Ά Π K B K M Ή G T Π N V Q T N J Z
Γ Ρ Σ I Ό C M Φ Y Λ A N S A V S I
K O Έ Σ P L O X A H O Ί E Σ Y O M
H K Ρ I T S Δ O B P F O H K E U W
F E Φ E B Y T P S O Γ L Y E L O I
Δ I Y Σ N Z Λ Ό G Φ F Γ T Y O Z H
I M M Ώ N C Y P F O Z Y E Ή C F Z
Π Έ Ά T G Γ O Π Ω P Θ N Ά N O I X
Λ N T Π S L I R A I U H I F P R A
O O I I O Z J A X Ώ E I F M H R O
Ύ Y A Π Q R Y P T N Ω I Σ Ό M H Δ
N V U E T Ί E Π T P I T L H Q M W
Y M Y L I J P N O Z Ό G I U P X S
```

ΕΓΓΡΑΦΉΣ
ΧΟΡΌ
ΚΑΤΑΣΚΕΥΉ
ΧΙΟΝΆΝΘΡΩΠΟ
ΜΟΥΣΕΊΟ
ΣΤΥΛ
ΦΡΈΣΚΑ
ΔΗΜΌΣΙΩΝ
ΕΠΙΠΤΏΣΕΙΣ
ΔΟΜΉ
ΓΙΑΤΡΌ
ΠΡΟΚΕΙΜΈΝΟΥ
ΡΌΚΑ
ΑΝΆΓΚΗ
ΑΣΦΑΛΈΣ
ΚΑΤΑΣΚΕΥΉΣ
ΜΆΤΙ
ΔΙΠΛΟΎΝ
ΠΕΊΤΕ
ΠΛΗΡΟΦΟΡΙΏΝ

Puzzle 22

ΕΎΚΟΛΟ
ΚΌΜΠΟΣ
ΡΆΦΙ
ΜΠΟΥΚΆΛΙ
ΠΕΊΣΕΙ
ΓΎΡΩ
ΑΣΗΜΈΝΙΑ
ΚΆΡΤΑ
ΚΟΥΡΤΊΝΕΣ
ΠΛΉΡΩΣ
ΠΑΡΆΓΡΑΦΟ
ΠΑΡΟΎΣΑ
ΚΟΎΠΑ
ΖΥΓΊΖΕΙ
ΜΟΤΟΣΙΚΛΈΤΑ
ΔΕΚΑΕΤΊΑ
ΠΙΆΝΟ
ΑΝΑΒΆΛΕΙ
ΣΥΜΦΩΝΉΣΟΥΝ
ΠΑΡΑΤΗΡΉΣΤΕ

```
Π Σ A K Σ E N Ί T P Y O K A W X V
A Y N O P T Ύ Π E Ί Σ E I P Ά Φ I
P M A Ύ S Σ J K F Q Π I Ά N O D Q
Ά Φ B Π U Ή G P O X A Q C A R R T
Γ Ω Ά A D P A T Έ Λ K I Σ O T O M
P N Λ E D H T T X V O K Ό M Π O Σ
A Ή E S M T P Π Ή P Ω Σ J H W K
Φ Σ I J E A Ά D V N P A A Y A P U
O O Z E P K H F E M I P J Σ O G
S Y T Y P A Ί T E A K E Δ Γ Ύ P Ω
V N U O Γ Π M Π O Y K Ά Λ I O N D
T J Y W F Ί S W V P K P R V P O K
Z C Q P N Z Z B S M W C M K A D R
U M N U V L G E U B M I R S Π F S
A Σ H M Έ N I A I X L E I S T E Y
```

Puzzle 23

```
Σ Υ Μ Μ Ε Τ Ά Σ Χ Ο Υ Ν Σ Χ Q D U
Κ Α Θ Ρ Έ Φ Τ Η Ι Ι Μ Υ Υ Ά W R K
Α Κ Α Ν Ό Ν Ι Σ Τ Η Ζ G Γ Ρ Α Ρ W
Μ Ε Γ Έ Θ Ο Υ Σ Μ S G Ζ Χ Η Φ F Π
Δ Ε Υ Τ Ε Ρ Ε Ύ Ο Υ Σ Α Α Φ Ι Σ Ω
Π Α Ρ Ο Ν Ο Μ Α Σ Τ Ή J Ρ Ρ Ε Α Λ
Ζ Θ Α Ο S J Ζ V V Ι S V Ώ Ο Ρ Π Ο
Ι Έ D Μ Μ C Ν Ε W U Ν S Μ Ύ Ώ Ο Ύ
Κ Σ Μ Σ Η Τ Ή Ν Ρ Ε Β Υ Κ Τ Σ Ρ Ν
Σ Η Ε Q Ρ Τ Ε Ι Κ Ό Ν Α Υ Α Ε Ρ D
Ζ Ε Ά Ν Θ Ι Σ Η Ν Σ S Κ Ζ R Ι Ό Ρ
Β Ζ Ζ J Ι Ε Σ Ά Δ Ε Κ Σ Α Ι Δ Φ R
C Ν Ζ Ό Ρ R C C Τ Ζ Ν J F R Η Ζ
Χ Ρ Β Ο Ν S J Χ S Α J Ε C Ρ S Σ Ν
L Χ Α Γ Ν Ο Ο Ύ Μ Ε Κ D Χ Κ W Η Q
```

ΣΕΖΌΝ
ΆΝΘΙΣΗ
ΘΈΣΗ
ΑΠΟΡΡΌΦΗΣΗ
ΠΩΛΟΎΝ
ΕΙΚΌΝΑ
ΚΑΤΆΣΤΗΜΑ
ΑΦΙΕΡΏΣΕΙ
ΚΥΒΕΡΝΉΤΗΣ
ΣΥΜΜΕΤΆΣΧΟΥΝ
ΠΑΡΟΝΟΜΑΣΤΉ
ΜΕΓΈΘΟΥΣ
ΑΚΑΝΌΝΙΣΤΗ
ΚΑΘΡΈΦΤΗ
ΧΆΡΗ
ΔΙΑΣΚΕΔΆΣΕΙ
ΑΓΝΟΟΎΜΕ
ΣΥΓΧΑΡΏ
ΔΕΥΤΕΡΕΎΟΥΣΑ
ΦΡΟΎΤΑ

Puzzle 24

ΠΊΕΣΗ
ΣΑΡΆΝΤΑ
ΠΑΠΆΚΙ
ΜΌΛΙΣ
ΠΟΛΙΤΙΚΉ
ΑΝΑΖΉΤΗΣΗ
ΚΑΝΟΝΙΣΜΟΎ
ΕΚΑΤΟΝΤΆΔΕΣ
ΡΥΘΜΌ
ΛΟΥΛΟΎΔΙΑ
ΜΆΓΙΣΣΑ
ΠΑΡΑΜΕΊΝΕΙ
ΑΡΝΗΤΙΚΉ
ΣΆΠΙΟ
ΤΟΊΧΟ
ΑΣΤΈΡΩΝ
ΛΎΣΕΙ
ΠΕΡΙΣΤΑΤΙΚΌ
ΣΥΝΕΝΤΕΥΞΗ
ΠΡΌΣΩΠΟ

```
Q Ν R Β L Ε Ζ S Τ G Ν Υ L Ζ R Β F
Π Υ V Ε Κ Α Τ Ο Ν Τ Ά Δ Ε Σ G U K
Τ Α U F J S Η S Α Ι Δ Ύ Ο Λ Υ Ο Λ
Ο Τ Ρ Q U Ύ Ο Μ Σ Ι Ν Ο Ν Α Κ J Σ
Ί Ν Ε Α D R Κ C Τ Ε Μ Q Μ V C Η Υ
Χ Ά Β Η Μ F Ρ V Έ Λ Ά Μ Ό Λ Ι Σ Ν
Ο Ρ Υ Ο S Ε L Ο Ρ Ύ Γ Χ V L G Τ Έ
L Α Σ S S Χ Ί G Ω Σ Ι Κ Ά Π Α Π Ν
C Σ Ά Ζ Χ J V Ν Ν Ε Σ Π Ί Ε Σ Η Τ
Τ Ρ Π Ο W Ο Μ Α Ε Ι Σ Ρ Υ Θ Μ Ό Ε
Ή Κ Ι Τ Η Ν Ρ Α Ε Ι Α Ν Ι Μ Α Τ Υ
Χ Ι Ο Π Ε Ρ Ι Σ Τ Α Τ Ι Κ Ό Ε Χ Ξ
Ι V G Η G Α Ν Α Ζ Ή Τ Η Σ Η D J Η
Ή Κ Ι Τ Ι Λ Ο Π Ρ Ό Σ Ω Π Ο Τ Χ U
Χ W Ε Ε Κ W Τ C J Ζ V W C Χ R Χ Υ
```

Puzzle 25

```
A  K  Y  V  A  J  C  X  E  K  W  L  O  K  M  P  Σ
Ί  K  B  J  P  K  R  C  Ή  I  Σ  T  O  P  Ί  A  Y
Φ  M  Π  Λ  O  K  Ό  W  I  N  U  E  E  P  W  I  N
A  Γ  Γ  Λ  I  K  Ά  M  H  M  A  T  Y  Ά  Ό  Δ  E
P  M  Y  C  L  U  P  P  A  Ά  M  Σ  N  Σ  B  I  I
Γ  J  P  U  Y  Σ  H  Ω  F  Γ  H  Ώ  O  K  O  A  Δ
O  Y  S  T  M  X  K  T  V  E  T  P  Ϊ  O  Ή  Ϊ  H
Θ  L  W  P  T  O  W  Ή  F  I  Ϊ  A  K  Π  Θ  T  T
P  K  B  W  O  Λ  A  Σ  B  P  A  Λ  Ή  O  E  E  O
O  G  Q  C  O  E  X  Ω  D  A  I  A  B  Z  I  P  Π
C  V  E  V  R  Ί  Q  C  W  Σ  Δ  X  L  X  A  A  O
X  P  M  N  I  O  A  R  S  C  N  X  B  S  S  V  I
M  O  N  Ά  Δ  A  O  T  R  R  E  D  K  U  P  K  O
A  N  T  I  Π  P  O  Σ  Ω  Π  E  Ύ  O  Y  N  K  Ύ
S  P  Γ  I  Γ  A  N  T  I  A  Ί  E  Σ  R  U  B  N
```

BOΉΘEIA
 EYNOΪKΉ
AKΌMA
ENΔIAΪTHMA
ΣXOΛEΊO
PΩTΉΣΩ
XΉNAΣ
AΓΓΛIKΆ
XAΛAPΏΣTE
ANTIΠPOΣΩΠEΎOYN
ΆΣKOΠO
MΠΛOK
ΓIΓANTIAΊEΣ
ΌPO
OPΘOΓPAΦΊA
IΔIAΊTEPA
MONΆΔA
ΣYNEIΔHTOΠOIOΎN
MΆΓEIPAΣ
IΣTOPΊA

Puzzle 26

AYΛΉ
ΦΈPEI
KAΠΈΛO
EMΠEIPOΓNΩMΌNΩN
ΣTPATΌΠEΔO
ΦΛOΪΌ
AΣTYNOMΊA
OI
EΞΈTAΣHΣ
ΦΆNTAΣMA
ΠIO
KAPΦΊ
ΠANTEΛΌNIA
EYTYXΏΣ
EKXΩPΉΣEI
ΈKΠΛHΞH
ΣYMΠΈPAΣMA
EYΓENΉ
ΓIΓANTIAΊA
XΘEΣ

```
Y  T  V  E  W  B  A  Ή  N  E  Γ  Y  E  S  Z  D  B
Ί  Σ  D  Z  Y  I  T  Λ  S  H  Ξ  H  Λ  Π  K  Έ  D
Φ  Z  Y  F  V  P  N  Y  Q  I  C  Έ  D  H  R  N  I
P  Έ  N  M  A  Q  V  A  O  B  I  V  T  X  A  S  X
A  S  P  T  Π  P  T  A  Ί  A  I  T  N  A  Γ  I  Γ
K  Q  Z  E  X  Έ  W  W  L  W  F  J  F  F  S  W  U
Y  T  A  L  I  U  P  N  D  J  X  Θ  E  Σ  D  H  T
S  K  A  Π  Έ  Λ  O  A  Ί  M  O  N  Y  T  Σ  A  Σ
Φ  Λ  O  I  Ό  J  I  E  Σ  Ή  P  Ω  X  K  E  M  Ώ
H  B  F  D  S  V  Π  W  T  M  J  N  H  U  R  Σ  X
Π  A  N  T  E  Λ  Ό  N  I  A  A  M  B  D  K  A  Y
E  M  Π  E  I  P  O  Γ  N  Ω  M  Ό  N  Ω  N  T  T
L  J  V  M  Σ  T  P  A  T  Ό  Π  E  Δ  O  B  N  Y
Z  G  R  L  X  F  L  J  O  N  F  E  N  O  K  Ά  E
R  C  Q  K  I  D  K  L  I  L  G  U  I  L  A  Φ  Y
```

Puzzle 27

```
A W R Q M V Θ E Y H J H V V E K X
Π O N T Ί K I Ά N A F A W D Π P T
B H E Z Z K V Α Λ T X U K R I E Y
E N O X Λ Ή Σ E I Ά N C Y K B Π
D Ή K I T A M Ω Σ N Σ Ξ O U Ί A Ή
Y U P O D H G K K Έ U Σ E X N T Σ
I Z Ά A M Σ E Λ Έ T O Π A I Δ O E
I X Π U N G N V L B M V Q B Y K I
P A H Σ N Y Θ Ύ E T A K O Ί N Ά Q
Π P O T E Ί N O Y M E Γ V A A M E
Σ Ύ Γ X P O N H Σ E N Ά Γ Σ W A S
M L C C P Y Z X O P P Y R O Y P M
N W A V K H D T L Z Y O H S Ύ A U
O P A Q N W U S X H T A Φ Σ Ό P Π
Σ Y N A N T Ή Θ H K E X P Ώ M A I
```

ΧΤΥΠΉΣΕΙ
ΣΎΓΧΡΟΝΗ
ΕΝΟΧΛΉΣΕΙ
ΕΠΙΚΊΝΔΥΝΑ
ΣΥΝΑΝΤΉΘΗΚΕ
ΈΝΑ
ΚΡΕΒΑΤΟΚΆΜΑΡΑ
ΒΊΑΣ
ΧΡΏΜΑ
ΠΡΟΤΕΊΝΟΥΜΕ
ΑΓΓΟΎΡΙ
ΑΠΟΤΈΛΕΣΜΑ
ΕΝΤΆΞΕΙ
ΚΑΤΕΎΘΥΝΣΗ
ΆΝΕΣΗ
ΘΆΛΑΣΣΑ
ΠΆΡΚΟ
ΠΡΌΣΦΑΤΗ
ΠΟΝΤΊΚΙ
ΣΩΜΑΤΙΚΉ

Puzzle 28

ΕΣΤΊΑΣΗΣ
ΜΠΙΖΈΛΙ
ΓΡΑΒΆΤΑ
ΑΦΑΊΡΕΣΗ
ΕΠΙΣΤΉΣΕΙ
ΠΑΎΣΗ
ΓΙΑΤΊ
ΒΟΥΤΙΆ
ΚΑΤΟΙΚΊΑ
ΟΡΙΣΜΈΝΑ
ΕΥΧΆΡΙΣΤΗ
ΤΎΠΟΥ
ΜΑΘΗΤΉ
ΦΩΣ
ΚΑΣΚΌΛ
ΠΊΣΩ
ΚΆΣΤΑΝΑ
ΤΡΕΜΆΜΕΝΟ
ΑΛΕΠΟΎ
ΚΛΉΣΗ

```
M I B Y T Z J B O K D X N N D Q K
K A Σ K Ό Λ K E U T A B O Y T I Ά
E Y X Ά P I Σ T H X Ή T H Θ A M Γ
I F I G S O I A K P X F O E Z H I
K Y E I M K W I E Σ Ή T Σ I Π E A
K Λ Ή Σ H M W K W L D W J L K C T
B H I Ω Σ Ί Π K E D T R A L B Ί Ί
A B Γ Φ E D N I Ά Z H I D I Z L A
Λ Z P M P H M L Z Σ H Σ A Ί T Σ E
E J A X Ί K H L L Έ T Q Z N W Y W
Π V B E A T Ύ Π O Y Λ A R G E X K
O J Ά T Φ I K O D Z O I N J Z C P
Ύ A T V A N Έ M Σ I P O S A T V G
T A A Q T P E M Ά M E N O K E Z D
J M H D I F V Π A Ύ Σ H P W D S A
```

Puzzle 29

```
T O X T P I P Á T N O I Λ Y Θ Π W
S E D K A I Σ T Í P O K K Q E Y D
E Ξ A I P E T I K Ό O E E F T P V
A Λ Δ E E E O C K M N X Y E I O O
A V Í X P Z M B K N Ό T I G K Σ U
H D Λ Έ Λ J Í G V R M C B Á Ό B Π
O J E P Έ L D M Σ Ý N O Λ Ό B Έ Λ
H Y Σ A Σ J J L Y X W F M M E Σ Ή
G R P Π X U I R J O Θ N X I G N T P
Q K X A H K K A T Ά B A Σ H Z H H
N W B A N Ώ P Y X A X T K I Í Σ L
O S K S Ώ Ό L G B D O I H T N O Q
J B P L Λ Λ Í Π O Σ E E S D H V S
J Z V O Π W Y Y Π O Δ O X Ή Σ L B
E U C B O X Y X G W E R H D E V W
```

TPOXIÁ
ΛΈΣΧΗ
ΜΌΝΟ
ΚΑΤΆΒΑΣΗ
ΚΟΡΊΤΣΙΑ
ΣΎΝΟΛΌ
ΕΞΑΙΡΕΤΙΚΌ
ΠΑΡΈΧΕΙ
ΠΛΉΡΗ
ΑΧΥΡΏΝΑ
ΛΙΟΝΤΆΡΙ
ΠΥΡΟΣΒΈΣΤΗΣ
ΣΕΛΊΔΑ
ΛΊΠΟΣ
ΘΕΤΙΚΌ
ΟΥΡΑΝΌ
ΟΠΛΩΝ
ΘΥΜΊΖΕΙ
ΒΕΝΖΊΝΗ
ΥΠΟΔΟΧΉΣ

Puzzle 30

ΥΓΡΌ
ΔΕΊΠΝΟ
ΚΑΠΆΚΙ
ΠΡΌΘΕΣΗ
ΠΩΛΗΤΉ
ΑΚΟΎΣΕΤΕ
ΒΑΡΎΤΗΤΑΣ
ΝΥΦΊΤΣΑ
ΠΡΟΣΤΑΤΕΎΟΥΝ
ΕΙΔΙΚΆ
ΠΕΤΑΛΟΎΔΑ
ΚΟΛΎΜΠΙ
ΓΕΝΕΘΛΊΩΝ
ΠΡΌΛΗΨΗ
ΧΉΝΑ
ΔΕΛΦΊΝΙ
ΚΛΟΥΒΊ
ΚΕΡΆΣΙ
ΠΡΟΣ
ΤΊΤΛΟ

```
K Δ C Π S N B K Π P O Σ U L G P G
B E D O P S C Y Γ P Ό X N K D D K
N Ί Σ D K Ό E I Δ I K Ά Ή F W O K
Y Π A I A U Θ U B F U D L N G R Λ
R N T Ί T Λ O E K E P Ά Σ I A T O
Γ O H Z I M G M Σ R V A A N D M Y
E V T K B L W Y I H I E V Ί W C B
N G Ύ U A N Y Φ Ί T Σ A M Φ A X Ί
E U P O R Π H T M K H Ψ H Λ Ό P Π
Θ K A E R D Ά S F T X H W E H Y Z
Λ U B X E C Y K N W W X C Δ R U M
Ί T Π Ω Λ H T Ή I Π M Ύ Λ O K B L
Ω Π E T A Λ O Ύ Δ A J W T J R A R
N Y O Ύ E T A T Σ O R Π H F P Y B
Y U J N N A D W A K O Ύ Σ E T E J
```

Puzzle 31

```
Z Ω N T A N Ή X B Z N B P R Z Σ Θ
Φ A I N Ό T A N N E T R I E Θ H E
A V S Y J Η T Σ Y O Λ Ό I Λ H M P
N O J C A J Έ P H M O T O U O A M
A H M V I Π C H D M Q J Ί Z I Ί Ό
P B J L Δ D Ό O S V Ώ Ή N Ω C A M
Z R E U Ί I Z Φ M X V N Q Y Σ H E
B Q S A Ξ X O P A Π M A Γ B B H T
Π Y Γ M A X Ί A Σ Σ Y K R Γ W K P
I Ό Λ Y T X Ά Δ H D H I C F Y N O
T A Y T Ό T H T A Σ Γ Q T Z L Σ A
K O I N Ω N Ί A Σ P K I B U H R S
N J J I A S A M Σ I P Ό Σ Ω Λ A K
T D R D U N Y O Σ Ώ I B I Π E U E
K A Λ A M Π O K I O Ύ H V T L A V
```

ΗΛΙΌΛΟΥΣΤΗ
ΦΑΙΝΌΤΑΝ
ΜΠΑΡ
ΔΆΧΤΥΛΟ
ΤΑΥΤΌΤΗΤΑΣ
ΙΚΑΝΉ
ΚΟΙΝΩΝΊΑΣ
ΑΠΌΦΑΣΗ
ΘΕΡΜΌΜΕΤΡΟ
ΚΑΛΑΜΠΟΚΙΟΎ
ΤΑΞΊΔΙΑ
ΣΥΓΓΝΏΜΗ
ΚΑΛΩΣΌΡΙΣΜΑ
ΈΡΗΜΟ
ΣΗΜΑΊΑ
ΖΩΝΤΑΝΉ
ΒΕΛΤΊΩΣΗ
ΕΠΙΒΙΏΣΟΥΝ
ΓΚΡΙ
ΠΥΓΜΑΧΊΑΣ

Puzzle 32

ΛΕΠΤΟΜΈΡΕΙΑ
ΣΥΝΑΊΣΘΗΜΑ
ΔΙΆΛΕΙΜΜΑ
ΑΝΑΜΈΝΕΤΑΙ
ΣΥΓΓΡΑΦΈΑΣ
ΕΠΑΝΈΛΘΕΙ
ΕΝΗΛΊΚΩΝ
ΠΟΛΊΤΗ
ΌΠΛΟ
ΚΟΡΊΤΣΙ
ΑΠΟΦΆΣΕΩΝ
ΠΡΟΒΛΈΠΟΥΝ
ΘΈΛΕΙ
ΑΝΑΓΝΩΡΊΣΤΕ
ΕΜΠΛΕΚΌΜΕΝΗ
ΔΑΝΕΊΖΟΥΝ
ΚΟΥΤΆΛΙ
ΠΑΡΑΚΟΛΟΥΘΉΣΟΥΝ
ΤΕΊΝΟΥΝ
ΠΛΟΊΑΡΧΟΣ

```
Θ C E Λ Σ Π D T E Ί N O Y N D Π Δ
Έ W Π E J Y O K O Y T Ά Λ I W P A
Λ R A Π D Z Γ Λ I T D F H N I O N
E X N T I H V Γ Ί G N E R U Σ B E
I E Έ O A N U O P T Q Ό N S T Λ Ί
E T Λ M T E V W S A H F Π Z Ί Έ Z
M Σ Θ Έ E M J F K E Φ P D Λ P Π O
F Ί E P N Ό P M O O K Έ H H O O Y
U P I E Έ K B J Y M I Y A I K Y N
I Ω P I M E N H Λ Ί K Ω N S G N W
D N N A A Λ Π Λ Ό Ί A P X O Σ H C
Q G O D N Π Σ Y N A Ί Σ Θ H M A T
Y A I M A M M I E Λ Ά I Δ Q Q K Y
C N I N Ω E Σ Ά Φ O Π A G Z F F K
Π A P A K O Λ O Y Θ Ή Σ O Y N J U
```

Puzzle 33

```
Μ Ό Ν Ε Ι Ρ Ο U Ε Λ Ε Μ Ό Ν Ι G Σ
Ή Π Ι Ρ Q Z K B D Y A M Y P Δ Ί Y
C Ι Ρ Ε Υ Τ Υ Χ Ι Σ Μ Έ Ν Η Η V N
C A O Ό Π A T Ι Ν Ά Z W P M H Ξ E
A E K Y K M H E Ι Y D M H W R U P
V K Ί E Θ O Δ D X V Y K A X N Ι Γ
L D G Z Z M Λ F H V M H M K G U Ά
Σ Ύ Λ Λ Η Ψ H O Ι Δ Ά T Σ J U B Z
C Z L V M E Ι T E E T S I Q J P O
H Ώ Q A Ί P O Γ H T A K M A D X N
Γ Ρ Ά Φ H M A J Y Γ Q G Ό Z A E T
M E Γ A Λ Ώ N O Y N Ά M N L D I A
O B W I X B M Z Y Y O N P Ύ O Φ I
U V S N Δ I A B Ά Σ T E I Q L X A
K O M M Ά T I O Q T F W R D I F V
```

ΊΔΡΥΜΑ
ΛΕΜΌΝΙ
ΚΑΤΗΓΟΡΊΑ
ΣΥΝΕΡΓΆΖΟΝΤΑΙ
ΔΙΑΒΆΣΤΕ
ΡΙΠΉ
ΔΟΘΕΊ
ΚΟΜΜΆΤΙ
ΤΗΓΆΝΙ
ΓΡΆΦΗΜΑ
ΜΠΡΌΚΟΛΟ
ΌΝΕΙΡΟ
ΣΤΆΔΙΟ
ΜΕΓΑΛΏΝΟΥΝ
ΕΥΤΥΧΙΣΜΈΝΗ
ΣΎΛΛΗΨΗ
ΞΗΡΌ
ΠΑΤΙΝΆΖ
ΦΟΎΡΝΟ
ΝΌΜΙΣΜΑ

Puzzle 34

ΤΕΧΝΟΛΟΓΊΑΣ
ΕΠΑΝΆΛΗΨΗ
ΈΚΔΟΣΗ
ΑΝΆ
ΕΤΑΙΡΊΑ
ΔΗΜΟΣΊΕΥΣΗ
ΑΣ
ΣΕ
ΣΥΝΤΡΙΒΉ
ΜΟΒ
ΟΛΟΚΛΗΡΏΣΕΙ
ΚΡΕΜΜΎΔΙ
ΑΓΑΠΗΜΈΝΟ
ΠΏΣ
ΣΑΦΏΣ
ΜΆΤΙΑ
ΠΙΛΟΤΙΚΆ
ΔΕΥΤΈΡΑ
ΔΕΎΤΕΡΟΣ
ΣΥΝΤΟΜΟΓΡΑΦΊΑ

```
Δ Η Μ Ο Σ Ί Ε Υ Σ Η Z J W H E L N
M A B N Q T I E Σ Ώ P H Λ K O Λ O
T E X N O Λ O Γ Ί A Σ M E P E X J
Σ E P C H C J C N Ί Z V V E W N D
Π Y T R D N A L Δ Φ Z J V M O Q N
I Δ N A B S J V E A I T Ά M T J B
Λ E F T I I I X Ύ P E D N Ύ Π Ώ Σ
O Y X A P P T T T Γ E Q A Δ R P M
T T X V M I Ί F E O L S F I Σ O Έ
I Έ O B M T B A P M Σ E A R A T K
K P S F L U O Ή O O Q E V U Φ Z Δ
Ά A J D L F M P Σ T Q X Z Y Ό P O
A U N I H Ψ H Λ Ά N A Π E O Σ X Σ
I Σ A U T W S K W Y I A B Y E W H
A Γ A Π H M É N O Σ Y H B B N V H
```

Puzzle 35

```
Π Φ Ο Ι Τ Η Τ Ή Σ W Q C V Y J M W
Φ Λ Δ Ι Α Θ Έ Τ Ο Υ Ν Ν Μ Ε Υ Ι Κ
Σ Ά Ο Ί Ε Χ Ο Δ Ο Ν Ε Ξ Α Χ V Χ U
Υ Χ Λ Ή Κ Ι Ν Η Ρ Ι Ε Ρ Υ Υ S F G
Μ Ε Ρ Α Γ Ρ Ζ Ρ U J Q Κ Ά Λ Τ Σ Α
Π Λ Ζ Β Ι Η Ν Έ Μ Α Τ Ε T W C H Σ
Α Ώ Υ C Α Ν Σ G B Y Z B Y I I Ξ I
Γ Ν R C Μ Μ Α Η R H I D B C V Y Ν
Ή Α Χ Υ W Ο Π Ι Τ Μ Η S D O Y T T
L I B U P V V Ί Μ Ί Λ Ι Α Q W Π Ρ
Α Π Ό Λ Υ Τ Η Ζ Ρ Κ Χ Κ Ρ Ν D Η Ά Ι
Ο Δ Ο Ν Τ Ό Κ Ρ Ε Μ Α Η L F O N B
Χ Α Ε Α F R S Ε Ά Ν Θ Ρ Α Κ Α Α Ά
Α Σ Φ Α Λ Ε Ί Α Σ Π Ή Δ Η Ξ Ε Ν Ν
U F F T S Q E Χ Ώ Ρ Ο Q M T H F I
```

ΑΣΦΑΛΕΊΑΣ
ΔΙΑΘΈΤΟΥΝ
ΤΕΤΑΜΈΝΗ
ΆΝΘΡΑΚΑ
ΕΙΡΗΝΙΚΉ
ΠΛΟΉΓΗΣΗ
ΧΏΡΟ
ΣΥΜΠΑΓΉ
ΞΕΝΟΔΟΧΕΊΟ
ΑΝΆΠΤΥΞΗΣ
ΟΔΟΝΤΌΚΡΕΜΑ
ΣΙΝΤΡΙΒΆΝΙ
ΦΆΛΑΙΝΑ
ΦΟΙΤΗΤΉΣ
ΠΉΔΗΞΕ
ΜΊΛΙΑ
ΚΆΛΤΣΑ
ΒΑΜΠΙΡ
ΧΕΛΏΝΑ
ΑΠΌΛΥΤΗ

Puzzle 36

ΤΡΎΠΑ
ΨΥΓΕΊΟ
ΑΥΓΆ
ΕΙΔΉΣΕΩΝ
ΓΟΝΕΊΣ
ΔΙΑΦΟΡΆ
ΣΤΌΧΟΣ
ΕΞΑΦΑΝΊΖΟΝΤΑΙ
ΕΠΙΛΟΓΉ
ΚΟΥΝΆΒΙ
ΧΆΣΕΙ
ΈΧΟΥΝ
ΆΜΜΟ
ΚΆΤΟΙΚΟΣ
ΊΝΤΣΕΣ
ΈΒΔΟΜΗ
ΛΑΓΟΥΔΆΚΙ
ΜΕΤΑΦΟΡΆ
ΧΕΙΜΏΝΑ
ΣΤΑΘΕΊ

```
Ί Ν Τ Σ Ε Σ Χ R Q G H X L X I M C
Χ Ώ Ν Ρ Ζ G H Ά K T A U J E N T D
Κ Ε Γ Ο Ν Ε Ί Σ Σ X W M G I B S F
Μ Σ Έ Χ Ο Υ Ν Ν Ζ Ε Η Ε Ο Μ R X Y
Ε Ή Γ Ο Λ Ι Π Ε Δ Α Ι Ε V Ώ V V P
Τ Δ Η V U A J J G G P B Y N N W J
Α Ι Κ Ά Δ Υ Ο Γ Α Λ Β Y Ά A C L K
Φ Ε R Z Q S B T T W C Q J N J H X
Ο Α Ψ Ι Ο Ι Ο R L B I W H S Y M R
Ρ Π Ά Y F B U N X E Y S L D W O Y
Ά Ύ Γ R Γ Κ Ά Τ Ο Ι Κ Ο Σ T B Δ K
G P Y N H E Q X G B F H A M H B Q
Σ Τ Α Θ Ε Ί Ί K C V S Y S B V S Έ Y
Σ Τ Ό Χ Ο Σ Ι Ο Μ Μ Ά Ρ Ο Φ Α Ι Δ
Ε Ξ Α Φ Α Ν Ί Ζ Ο Ν Τ Α Ι F L K Q
```

Puzzle 37

E	K	Σ	K	G	N	E	T	F	K	F	N	E	X	N	W	N
Λ	E	T	E	I	D	F	Z	Q	B	V	K	P	V	T	B	O
Έ	M	A	P	T	A	Ί	P	O	Φ	O	Φ	H	Ψ	H	F	Γ
Γ	H	Y	Ώ	I	Y	Π	Γ	E	Ω	Γ	P	A	Φ	Ί	A	E
X	X	P	T	J	A	Λ	V	T	H	E	K	E	I	G	P	
E	A	Ό	H	M	I	P	Ώ	Ή	N	I	K	Ή	Σ	E	I	Ά
T	N	E	Σ	P	Ό	A	Π	O	Σ	T	A	Λ	E	Ί	Q	K
A	I	G	H	S	Λ	B	S	R	A	I	J	O	V	X	I	I
I	K	Z	D	V	O	I	P	Ά	Σ	Σ	Ω	Λ	Γ	M	G	Y
P	Ό	Ί	O	N	P	N	K	A	P	I	Έ	P	A	T	M	K
Y	Σ	K	E	Φ	A	Λ	A	Ί	O	Y	V	Σ	F	W	N	D
K	D	D	U	B	Π	A	P	Ά	Λ	O	Γ	H	O	V	S	P
N	H	Q	Z	L	M	P	X	K	H	A	P	R	B	Ύ	I	O
D	C	A	N	Ί	Z	Y	O	K	T	Z	O	H	T	F	Π	C
M	B	R	N	E	T	E	Σ	Ή	N	Y	E	P	E	Ξ	E	A

ΓΕΡΆΚΙ
ΝΙΚΉΣΕΙ
ΑΠΛΉ
ΣΟΎΠΑ
ΣΤΑΥΡΌ
ΓΕΩΓΡΑΦΊΑ
ΕΡΏΤΗΣΗ
ΨΗΦΟΦΟΡΊΑ
ΠΑΡΆΛΟΓΗ
ΚΕΦΑΛΑΊΟΥ
ΏΡΙΜΗ
ΚΑΡΙΈΡΑ
ΡΟΛΌΙ
ΓΛΩΣΣΆΡΙΟ
ΚΟΥΖΙΝΑ
ΑΠΟΣΤΑΛΕΊ
ΕΞΕΡΕΥΝΉΣΕΤΕ
ΕΛΈΓΧΕΤΑΙ
ΜΗΧΑΝΙΚΌΣ
ΣΥΜΒΕΊ

Puzzle 38

ΔΈΚΑΤΟ
ΧΏΡΑΣ
ΕΠΙΣΤΉΜΟΝΑΣ
ΝΟΣΟΚΌΜΑ
ΑΣΤΥΝΟΜΙΚΌΣ
ΧΕΊΛΟΣ
ΧΡΩΜΆΤΩΝ
ΗΛΙΈΛΑΙΟ
ΈΚΡΗΞΗ
ΨΥΧΡΌΣ
ΚΡΈΜΑ
ΤΟΙΧΟΓΡΑΦΊΑ
ΜΊΛΗΣΕ
ΚΟΓΙΌΤ
ΦΛΙΤΖΆΝΙ
ΊΡΙΔΑΣ
ΤΡΊΑ
ΔΙΑΦΟΡΕΤΙΚΌ
ΠΕΡΊΠΛΟΚΗ
ΞΑΦΝΙΚΆ

Δ	U	V	W	V	T	X	K	Φ	I	G	C	M	G	Π	A	T
T	Έ	K	G	F	G	P	O	Λ	Ξ	Y	I	B	A	E	Σ	O
Z	L	K	Z	C	L	Ω	Γ	I	A	M	Έ	P	K	P	T	I
E	G	K	A	O	S	M	I	T	Φ	Έ	B	O	W	Ί	Y	X
Σ	Q	O	A	T	O	Ά	Ό	Z	N	K	V	I	Z	Π	N	O
H	U	S	F	U	O	T	T	Ά	I	P	D	U	Z	Λ	O	Γ
Λ	Λ	V	V	L	T	Ω	K	N	K	H	T	F	C	O	M	P
Ί	B	I	Z	Q	U	N	T	I	Ά	Ξ	P	L	P	K	I	A
M	Ψ	J	Έ	Ί	P	I	Δ	A	Σ	H	Ί	T	N	H	K	Φ
B	Y	Y	K	Λ	C	V	F	R	L	P	A	I	H	H	Ό	Ί
T	R	W	X	Σ	A	N	O	M	Ή	T	Σ	I	P	E	Σ	A
H	L	K	O	P	D	I	X	E	Ί	Λ	O	Σ	A	P	Ώ	X
Z	R	J	T	P	Ό	P	O	N	O	Σ	O	K	Ό	M	A	J
T	C	X	J	K	Z	Σ	R	S	E	K	W	A	P	U	I	V
Δ	I	A	Φ	O	P	E	T	I	K	Ό	W	V	T	F	Z	Y

Puzzle 39

```
Υ  Π  Ό  Λ  Ο  Ι  Π  Ο  E  D  Π  Q  J  W  N  I  L
A  N  X  E  Q  F  Z  I  Q  T  Y  K  H  R  B  W  A
G  X  Q  F  W  Q  L  T  P  H  K  N  D  A  I  X  P
X  R  G  T  Ά  Ξ  H  Ά  L  N  N  C  A  I  A  Ό  K
U  Ω  C  E  K  Ό  Σ  M  O  Έ  Ή  I  Z  Δ  I  K  T
A  P  N  W  T  N  V  Ω  Z  M  A  X  A  Ί  P  I  I
L  O  J  Έ  E  I  W  Ά  S  I  Ί  S  Ί  N  Ύ  N  K
E  Q  Q  R  Ψ  Z  Ή  L  Z  P  Ξ  U  N  A  O  E  Έ
Π  W  T  N  T  E  K  E  Q  K  O  K  I  Λ  B  Γ  Σ
I  N  P  X  N  H  I  W  B  E  Δ  I  A  E  A  Y  D
T  C  Q  Q  B  O  M  Y  T  K  O  J  T  B  K  E  J
Y  O  X  Ή  T  K  O  J  D  Γ  Λ  K  E  X  Z  G  S
X  D  F  U  R  I  T  B  B  Y  I  U  G  U  P  V  R
Ί  I  N  P  J  U  A  Y  F  Σ  Φ  K  A  Λ  Ά  Θ  I
A  Y  A  Σ  Ά  B  B  A  T  O  A  Ύ  Ξ  H  Σ  H  Σ
```

ΑΎΞΗΣΗΣ
ΚΌΣΜΟ
ΥΠΌΛΟΙΠΟ
ΑΤΟΜΙΚΉ
ΠΥΚΝΉ
ΧΏΝΕΨΕΙ
ΤΆΞΗ
ΤΑΙΝΊΑ
ΣΥΓΚΕΚΡΙΜΈΝΗ
ΔΩΜΆΤΙΟ
ΜΑΧΑΊΡΙ
ΕΥΓΕΝΙΚΌ
ΚΑΒΟΎΡΙΑ
ΣΆΒΒΑΤΟ
ΕΠΙΤΥΧΊΑ
ΦΙΛΟΔΟΞΊΑ
ΒΕΛΑΝΊΔΙΑ
ΉΧΟΥ
ΑΡΚΤΙΚΈΣ
ΚΑΛΆΘΙ

Puzzle 40

ΠΡΟΣΔΟΚΟΎΝ
ΠΕΡΙΒΆΛΛΟΝ
ΑΚΡΙΒΏΣ
ΑΠΟΡΡΊΨΕΙ
ΔΉΛΩΣΗΣ
ΒΆΤΡΑΧΟΣ
ΡΊΞΕΙ
ΤΥΠΙΚΌ
ΙΔΈΑ
ΠΡΟΣΕΚΤΙΚΟΊ
ΔΙΚΑΣΤΉΡΙΟ
ΑΠΟΔΏΣΕΙ
ΆΚΡΗ
ΧΟΙΡΙΝΟΎ
ΑΠΌΨΕ
ΜΈΣΗ
ΤΡΟΦΊΜΩΝ
ΤΎΠΟ
ΚΡΑΣΊ
ΘΕΩΡΟΎΝ

```
Π  X  Y  G  F  K  P  A  Σ  Ί  R  I  Z  Ά  A  Q  Z
P  R  O  E  V  G  V  M  Ώ  H  C  E  U  K  P  O  U
O  I  H  I  G  P  N  Έ  B  C  Σ  H  N  P  J  E  W
Σ  S  E  K  C  Ί  Q  Σ  I  A  H  Ω  O  H  F  T  X
E  Ψ  Ό  Π  A  Ξ  G  H  P  H  R  I  Λ  T  A  U  M
K  T  X  Y  M  E  P  C  K  N  D  Q  Λ  Ή  Ύ  Z  N
T  P  A  X  L  I  B  V  A  Έ  Δ  I  Ά  X  Δ  Π  Ύ
I  O  Π  T  G  V  Ά  U  W  Z  L  D  B  F  B  X  O
K  Φ  O  O  V  R  T  N  A  Q  Ό  K  I  Π  Y  T  P
O  Ί  Δ  Z  F  T  P  P  Ύ  O  N  I  P  I  O  X  Ω
Ί  M  Ώ  J  K  R  A  H  P  R  G  M  E  Q  D  W  E
K  Ω  Σ  W  D  A  X  M  W  M  A  I  Π  I  R  X  Θ
P  N  E  A  N  Ύ  O  K  O  Δ  Σ  O  P  Π  H  V  P
P  J  I  X  F  C  Σ  Δ  I  K  A  Σ  T  Ή  P  I  O
A  Π  O  P  P  Ί  Ψ  E  I  H  J  W  D  N  H  I  E
```

Puzzle 41

```
A R L A C K K N T M J T M X D K Π
A Γ X O A C Z A L O P H Δ Ί Σ A E
N K E U M M A P B Y E E A O E T P
X A Z N U I O N G Σ M Π Q M Ξ A A
F J B C Ή S W P K I W I N V A Σ I
J E A G Q Σ X K X K M Θ R F P K T
S Y A Ό D B D G L Ή Ή E O S T E Έ
K O Y N E Λ I Ώ N T Λ Ώ N V Ά Ύ P
B E L I L K Δ E H K O P Φ Σ T A Ω
M T E Ω A C Q Y Σ A M H I V A Σ T
C Y Q P Δ Ώ P A T Ή W Σ Λ P I M Y
G M K Π A Y R T I I Γ H Ί Z I A V
O I K O N O M Ί A H K H O C W P U
Π A P A Δ O Σ I A K Ό Έ Ξ F N Ά C
E F Γ Έ Λ A Σ E L O Y Y Σ E M Π G
```

AKTΉ
KATAΣKEΎAΣMA
EΞHΓΉΣEI
KOYNEΛIΏN
EΠIΘEΏPHΣH
ΣΊΔHPO
MAΣ
ΠEPAITΈPΩ
ΦIΛΊ
ΠΆPA
MOYΣIKΉ
OIKONOMΊA
ΔYTIKΈΣ
ΓΈΛAΣE
ΔΏPA
ΠAPAΔOΣIAKΌ
MΉΛO
ΠPΩINΌ
AΓENΉΣ
EΞAPTΆTAI

Puzzle 42

EΠΊΣHMA
ΨYXIKΉ
ΘEΊA
ΠAPAΓΩΓΉΣ
KANΈNAN
MIKPΌ
ΓENIKΉ
ΠPΌΘYMOI
IATPIKΉ
ANTANAKΛΆ
ΣΎMΦΩNA
KOTΌΠOYΛO
OYΣΊAΣ
ΔΎΣKOΛO
EΠITPOΠΉ
KΊNHΣH
MΠΛOΎZA
ΣΠANΆKI
ΠPΊΓKIΠAΣ
KAΦΈ

```
I T N B O A C Π A Π I J K Π L K S
M I K P Ό R G P N P A K M A R O E
Δ H S Q H B C Ί T Ό T N D P K T R
J Ύ H A A O Σ Γ A Θ P S H A A Ό H
P O Σ B B Z A K N Y I H D Γ N Π I
Z K O K B J Ί I A M K P A Ω Έ O V
V D N W O S Σ Π K O Ή G Q Γ N Y Z
K X Γ W R Λ Y A Λ I U K J Ή A Λ K
A W A E A J O Σ Ά Z V Y I Σ N O K
Φ Q C H N K M Z C S Z C I X T G Ί
Έ E E K Ω I K Ά N A Π Σ E L Y O N
I X B D Φ C K M Π Λ O Ύ Z A Q Ψ H
J Y O N M O R Ή J U C F S Ί V C Σ
J T E X Ύ E Π I T P O Π Ή E A V H
O A M H Σ Ί Π E X N F G L Θ V Y L
```

Puzzle 43

```
O  E  Ξ  A  Ί  P  E  Σ  H  Γ  E  D  R  O  Σ  Φ  G
E  Y  O  Ί  E  Φ  A  P  Γ  O  Θ  T  N  H  Ύ  T  H
O  K  Σ  A  T  Ά  T  A  Π  Γ  T  E  U  B  P  Ά  F
Q  H  Ξ  I  O  N  Ά  O  V  Γ  L  P  A  M  Σ  Z
B  Ί  Δ  B  A  P  Q  C  J  Ύ  K  V  N  M  A  E  J
M  I  V  Z  O  Σ  Z  Z  D  Λ  M  J  T  T  I  I  Y
Y  C  T  V  U  Y  T  I  Z  I  Q  S  L  M  Δ  K  Σ
Σ  M  P  A  T  U  D  I  D  A  A  E  L  X  H  A  Ή
T  T  Y  Z  M  Y  M  P  K  V  T  Σ  U  Y  Λ  Π  T
Ή  S  H  V  C  Ί  I  I  F  Ό  T  A  P  O  H  Λ  Σ
P  E  R  U  K  T  N  D  C  X  I  Π  J  V  T  Ά  A
I  E  W  A  M  X  W  E  Z  Z  D  Σ  X  I  Ή  J  K
A  M  F  W  U  T  F  R  Σ  N  L  Έ  M  X  P  Z  I
Π  A  P  A  Σ  K  E  Y  Ή  Έ  Λ  Ξ  H  Σ  I  J  Δ
A  Λ  I  E  Y  M  Ά  T  Ω  N  R  N  Z  V  O  X  B
```

ΕΞΑΊΡΕΣΗ
ΟΡΑΤΌ
ΡΑΒΔΊ
ΑΠΛΆ
ΈΣΠΑΣΕ
ΔΗΛΗΤΉΡΙΟ
ΔΙΚΑΣΤΉΣ
ΓΡΑΦΕΊΟΥ
ΈΛΞΗΣ
ΦΤΆΣΕΙ
ΣΎΡΜΑ
ΟΥΣΙΑΣΤΙΚΌ
ΠΑΡΑΣΚΕΥΉ
ΒΙΤΑΜΊΝΕΣ
ΑΛΙΕΥΜΆΤΩΝ
ΆΝΟΙΞΗ
ΠΑΤΆΤΑΣ
ΘΕΡΜΙΚΉ
ΜΥΣΤΉΡΙΑ
ΓΟΓΓΥΛΙΑ

Puzzle 44

ΦΑΣΙΑΝΌ
ΠΟΥΛΙΆ
ΦΘΆΝΟΥΝ
ΤΡΟΠΟΠΟΊΗΣΗ
ΑΝΩΤΕΡΟΣ
ΑΛΛΗΛΕΠΙΔΡΟΎΝ
ΛΈΞΗ
ΖΈΒΡΑ
ΠΛΆΤΟΣ
ΓΑΛΟΠΟΎΛΑ
ΣΗΜΕΊΟ
ΠΗΛΊΚΟ
ΣΟΥ
ΣΥΖΉΤΗΣΗ
ΠΆΝΩ
ΤΡΆΠΕΖΑ
ΠΑΡΆΘΥΡΟ
ΤΥΡΊ
ΟΜΆΔΑ
ΤΡΟΦΟΔΟΣΊΑΣ

```
N  D  M  Φ  Θ  Ά  N  O  Y  N  M  G  H  T  V  A  E
H  P  Y  W  Q  P  Q  J  D  O  L  K  V  P  M  Λ  E
E  K  Z  V  C  Z  Σ  O  T  Ά  Λ  Π  F  O  S  Λ  W
L  X  U  O  P  Ί  J  O  K  I  V  X  Q  Π  W  H  Q
A  N  Ώ  T  E  P  O  Σ  Y  Λ  Π  T  A  O  T  Λ  V
Λ  R  A  G  V  Y  P  O  J  Y  H  H  D  P  R  E  B
Ύ  Z  I  C  H  T  Y  M  S  O  Λ  F  C  O  O  Π  W
O  Ί  E  M  H  Σ  Θ  C  L  Π  Ί  S  U  Ί  Φ  I  C
Π  Π  Ά  N  Ω  U  Ά  U  H  E  K  P  Φ  H  O  Δ  N
O  F  P  O  K  J  P  Z  Ξ  D  O  D  A  Σ  Δ  P  B
Λ  T  J  E  M  D  A  U  Έ  T  O  H  Σ  H  O  O  G
A  Δ  Ά  M  O  D  Π  J  Λ  B  E  K  I  U  Σ  Ύ  U
Γ  Σ  Y  Z  Ή  T  H  Σ  H  R  P  P  A  C  Ί  N  W
T  P  Ά  Π  E  Z  A  Y  L  B  K  A  N  U  A  U  Y
L  L  X  T  D  I  Q  L  S  R  P  H  Ό  Y  Σ  A  N
```

Puzzle 45

```
Δ  A  N  Y  O  Σ  Ή  T  Σ  I  P  A  X  Y  E  I  E
Ά  E  J  V  Y  Σ  Ή  Γ  Y  Φ  A  I  Δ  V  H  L  K
I  K  K  Σ  A  Ί  Λ  I  M  O  Ύ  Δ  T  Q  P  A  Δ
Z  M  A  A  I  Y  T  R  M  K  Π  E  N  J  U  H  Ή
I  A  Σ  M  Δ  H  G  I  E  K  Σ  Ά  Δ  I  Δ  Σ  Λ
H  A  V  U  Π  I  K  U  T  S  P  Ό  K  E  P  T  Ω
V  D  Z  Z  B  T  K  W  Έ  Z  C  A  G  Z  O  O  Σ
Θ  N  L  Q  H  S  H  Ά  X  L  E  Φ  M  A  Y  I  H
Λ  O  O  P  U  H  Φ  P  O  M  Ό  O  O  Φ  E  X  C
I  P  Ά  Γ  Γ  E  Φ  X  Y  L  Q  P  U  O  F  E  P
B  A  M  Έ  Σ  Ω  Σ  A  N  R  P  O  D  P  Q  Ί  S
E  L  D  Q  K  R  B  Λ  J  M  E  Ύ  W  Ά  Q  O  A
P  I  K  P  X  V  E  Ά  H  N  F  N  K  X  U  O  M
Ό  M  T  Y  W  V  M  Z  M  I  Σ  Ή  Q  A  A  B  W
O  W  M  G  H  K  I  I  M  K  I  K  Q  R  V  L  W
```

MIΣΉ
ΔΙΑΦΥΓΉΣ
ΟΜΙΛΊΑΣ
ΘΛΙΒΕΡΌ
ΡΕΚΌΡ
ΕΚΔΉΛΩΣΗ
ΕΥΧΑΡΙΣΤΉΣΟΥΝ
ΑΜΈΣΩΣ
ΣΤΟΙΧΕΊΟ
ΔΙΔΆΣΚΕΙ
ΚΆΠΟΥ
ΑΦΟΡΆ
ΔΎΟ
ΔΕΚΑΔΙΚΆ
ΦΕΓΓΆΡΙ
ΌΜΟΡΦΗ
ΆΚΑΜΠΤΗ
ΑΦΟΡΟΎΝ
ΣΥΜΜΕΤΈΧΟΥΝ
ΧΑΛΆΖΙ

Puzzle 46

ΚΕΡΊ
ΣΚΑΝΤΖΌΧΟΙΡΟΣ
ΚΙΛΆ
ΕΙΚΟΝΙΚΌ
ΕΠΙΚΟΙΝΩΝΊΑ
ΚΑΝΑΡΊΝΙ
ΠΡΆΓΜΑΤΑ
ΤΑΞΊΔΙ
ΚΟΥΡΑΣΜΈΝΟ
ΧΆΝΟΝΤΑΙ
ΓΆΝΤΙΑ
ΠΆΝΤΑ
ΧΑΛΑΡΌ
ΞΩΤΙΚΌ
ΤΟΜΉΣ
ΠΡΟΝΌΜΙΟ
ΚΟΥΡΑΣΜΈΝΟΣ
ΤΑΧΥΔΡΌΜΟΣ
ΑΠΌΚΡΥΨΗ
ΠΑΡΑΛΊΑ

```
E  I  K  O  N  I  K  Ό  K  N  Q  L  N  D  Σ  Π  Ξ
X  Ά  N  O  N  T  A  I  I  Δ  Ί  Ξ  A  T  K  Ά  Ω
N  Y  B  J  H  X  W  X  Λ  E  H  C  R  K  A  N  T
T  O  M  Ή  Σ  W  T  X  Ά  W  S  Z  D  A  N  T  I
E  Π  I  K  O  I  N  Ω  Ί  A  O  R  N  T  A  K
K  A  C  D  O  Π  P  Ά  Γ  M  A  T  A  A  Z  A  Ό
G  O  T  A  X  Y  Δ  P  Ό  M  O  Σ  X  P  Ό  A  W
H  Ψ  Y  P  K  Ό  Π  A  P  W  L  F  U  Ί  X  Y  O
Π  O  Ί  P  E  K  B  X  A  O  I  M  Ό  N  O  P  Π
A  S  B  V  A  Q  E  J  Λ  F  H  U  D  I  I  M  V
P  R  H  Y  I  Σ  M  M  A  V  Y  U  G  R  P  Z  X
A  H  L  R  T  L  M  B  X  V  J  I  Q  B  O  L  M
Λ  V  J  Y  N  T  J  Έ  T  M  T  N  B  F  Σ  D  G
Ί  I  L  S  Ά  Q  Σ  O  N  Έ  M  Σ  A  P  Y  O  K
A  H  R  B  Γ  C  Y  J  S  O  S  T  F  Y  U  E  F
```

Puzzle 47

```
Μ Ε Γ Α Λ Ύ Τ Ε Ρ Η Κ Ε Α Υ Έ Π G
Β Κ Τ Υ Η Ρ Ό Κ C Q T T C J K A G
Ρ Ή Μ Α Υ Σ X W X V L Z S J Θ Ί O
Β F Ό Ν T Z A U K I B V V T E Ξ S
U U Λ J L U B T X I E F Δ F Σ I W
T I E Σ Ί Ν I Ρ Κ Υ E I Δ E H M M
Μ Υ Ρ Μ Ή Γ Κ I E Έ Y A J Y Ί O F
Η Ρ T S Λ A F G Λ F Π T C W I T K
Α Ν Κ Β Ί F C D Π L A E F Q Έ L E
Σ Η Σ Η Ή Δ O Ί F W X Z H Δ X G
O I L Z O C Q N Δ E Z Ρ T O E D G
Γ S F O Y D S U A U O Έ J V I X Y
Ύ Π Λ Υ Ν T Η Ρ Ί O Υ Λ A R Ξ D M
E A Γ Ρ Ό T Η Σ D F Y E H V E N X
Z Ρ A Μ Φ Ί Z O Υ N L Z Y X W W F
```

ΕΠΈΚΤΑΣΗ
ΡΉΜΑ
ΖΕΎΓΟΣ
ΠΛΥΝΤΗΡΊΟΥ
ΖΕΛΈ
ΔΙΕΥΚΡΙΝΊΣΕΙ
ΚΌΡΗ
ΈΔΕΙΞΕ
ΛΊΓΟ
ΑΓΡΌΤΗΣ
ΈΚΘΕΣΗ
ΤΡΕΛΌ
ΔΕΊΤΕ
ΜΥΡΜΉΓΚΙ
ΜΕΓΑΛΎΤΕΡΗ
ΠΑΊΞΙΜΟ
ΡΑΜΦΊΖΟΥΝ
ΈΡΧΕΤΑΙ
ΕΛΠΊΔΑ
ΟΔΉΓΗΣΗΣ

Puzzle 48

ΓΑΤΆΚΙ
ΜΥΡΊΖΕΙ
ΠΡΑΚΤΙΚΈΣ
ΘΛΙΒΕΡΉ
ΑΥΓΌ
ΑΡΚΕΊ
ΚΎΡΙΕ
ΓΙΑΓΙΆ
ΗΡΕΜΊΑ
ΕΠΙΘΥΜΊΑ
ΠΉΓΑΝ
ΕΊΧΕ
ΣΚΊΟΥΡΟΣ
ΠΟΛΛΆ
ΑΠΟΡΡΊΠΤΟΥΝ
ΠΟΛΥΘΡΌΝΑ
ΆΡΡΩΣΤΟ
ΑΚΡΊΔΑ
ΎΨΟΣ
ΠΕΡΊΦΡΑΞΗ

```
Υ U A Ά Λ Λ O Π Θ T X R S L O O J
V L F U K A D Ή J Λ W K O S B U B
A J G N A Κ Ό Γ Υ A I V S K Q U E
Ί Π B L C Ρ R A Γ F F B D M E M Ί
Μ X O J V Ί E N I H R Ί E K Ρ A X
Y L O Ρ W Δ Z Q A Q Ρ F T Ρ F S E
Θ O L F Ρ A L T Γ V Z E F R Ή D I
I I H L E Ί R H I B O Ρ M W R O Ρ
Π B W O G W Π K Ά A D V S Ί X Z Ύ
E Ύ Ψ O Σ R U T Γ A T Ά K I A X K
A L Q Y E D B J O D D R I I Ρ R E
Π O Λ Υ Θ Ρ Ό Ν A Υ Ά Ρ Ρ Ω Σ T O
Μ Υ Ρ Ί Z E I I A Z N J J W M Z O
Π E Ρ Ί Φ Ρ A Ξ H F O H Ρ J M N W
Π Ρ A Κ T I Κ Έ Σ O Ρ Υ O Ί K Σ K
```

Puzzle 49

```
Γ Π B V U A N Δ Υ Σ Τ Υ Χ Ί A L F
P A P E M Π O P I K Ό C I S Q L Σ
A Π Σ Ό T A K T O Π O I H M Έ N A
Σ E X Δ B B O C X Y T I Y M M D I
Ί P Ή S E A N E M Ύ O P A X E P E
Δ I M M Ξ I T I O P M S T W Γ I Γ
I O A K I T M A O H X D G V Ά H P
Y X M D P G G T C N Y L G P Λ R Έ
Ά Ή C L Έ B D N Ό I Σ I T N O Q N
L Λ Ά N A K H Θ Ά T Σ A T A K Γ E
Σ K I Θ P A Ύ Σ M A Q P Z U C Q V
Q I Δ Λ E Q W F S Q V U C I B H V
J F A V M K C V B K C G T M V F R
Y R P A Ή P L D T Σ Ύ N T O M O W
B G B O Σ Y W I J S B I Q G K D J
```

ΠΡΌΒΑΤΑ
ΒΡΑΔΙΆ
ΕΓΚΑΤΑΣΤΆΘΗΚΑΝ
ΜΕΓΆΛΟ
ΔΕΙ
ΓΡΑΣΊΔΙ
ΣΎΝΤΟΜΟ
ΣΧΉΜΑ
ΘΡΑΎΣΜΑ
ΕΜΠΟΡΙΚΌ
ΔΥΣΤΥΧΊΑ
ΟΝΤΙΣΙΌΝ
ΛΙΛΆ
ΧΑΡΟΎΜΕΝΑ
ΣΚΙ
ΈΡΙΞΕ
ΤΑΚΤΟΠΟΙΗΜΈΝΑ
ΠΕΡΙΟΧΉ
ΣΉΜΕΡΑ
ΕΝΈΡΓΕΙΑΣ

Puzzle 50

ΚΑΤΑΔΎΣΕΙΣ
ΧΑΡΑΚΤΉΡΑΣ
ΔΙΑΔΙΚΑΣΊΑ
ΠΡΑΚΤΙΚΉ
ΈΞΩ
ΕΞΥΠΗΡΕΤΟΎΝ
ΚΑΟΥΤΣΟΎΚ
ΧΡΌΝΟ
ΛΕΩΦΟΡΕΊΟ
ΜΟΤΈΛ
ΕΝΘΟΥΣΙΑΣΜΈΝΟΣ
ΤΕΧΝΟΛΟΓΊΑ
ΜΥΤΕΡΆ
ΣΤΉΛΗ
ΣΤΆΣΗ
ΤΕΧΝΙΚΉ
ΛΆΧΑΝΟ
ΜΑΡΟΎΛΙ
ΑΠΑΙΤΟΎΝ
ΚΑΤΆ

```
B G V Π Z M O T K Δ I H Z E K Z A
O N Ό P X L Έ R N I B S L N A G A
N O J A C U D Ξ X A Y Z O Θ T J Π
Ύ R Q K E O L Y Ω Δ C Σ H O A W A
O Ά Z T M O T Έ L I O A Λ Y Δ Y I
T P X I P T G B F K Y P Ή Σ Ύ Λ T
E E Ή K I N X E T A H Ή T I Σ E O
P T X Ή K Λ C V H Σ Ά T Σ A E Ω Ύ
H Y A N V I Ά R E Ί T K B Σ I Φ N
Π M W P O Q T X W A A A Y M Σ O P
Y I U L Z Λ T K A E K P T Έ W P H
Ξ R U I N B O S A N S A E N H E W
E Q J F U T A Γ Z J O X Y O E Ί B
M A P O Ύ Λ I Q Ί D X G T Σ Z O O
K A O Y T Σ O Ύ K A Z X C D N R W
```

Puzzle 51

```
Λ  Y  Z  W  Q  P  Q  O  L  Σ  U  Y  M  L  D  Y  Π
N  E  J  L  J  D  T  G  C  M  A  L  N  C  G  Y  P
Ά  Λ  Ι  Ε  Δ  L  D  S  E  C  F  Π  Y  Z  T  K  O
E  L  Ξ  T  Y  X  M  C  Q  R  G  C  O  G  N  C  Σ
P  X  Έ  N  O  I  T  Ό  N  H  Q  Σ  Ί  Ύ  E  E  Ω
Ω  B  L  O  I  Y  Ά  N  I  S  D  Ό  A  I  N  B  Π
Δ  Σ  H  Σ  Y  E  P  P  Ά  T  A  K  Λ  T  Y  I  I
K  F  E  A  E  Z  K  Γ  Z  K  G  I  E  H  O  E  K
E  L  V  N  E  K  A  W  Ί  S  V  P  P  N  N  Σ  Ό
P  L  O  Έ  X  B  M  X  H  A  V  E  T  C  Ί  Ή  K
P  Ξ  Ό  P  K  I  U  Z  I  P  M  T  E  S  E  P  A
A  N  T  A  Γ  Ω  N  I  Σ  M  Ό  Ω  Π  J  T  E  Y
Π  P  A  Γ  M  A  T  I  K  Ή  X  Ξ  O  W  O  T  J
N  O  Σ  O  K  O  M  E  Ί  O  X  E  A  P  P  Σ  Q
J  Y  P  O  I  K  O  Γ  Έ  N  E  I  E  Σ  Π  P  W
```

ΈΞΙ
ΠΕΤΡΕΛΑΊΟΥ
ΞΌΡΚΙ
ΠΡΑΓΜΑΤΙΚΉ
ΣΤΈΡΗΣΕΙ
ΩΣ
ΝΌΤΙΟ
ΠΡΟΣΩΠΙΚΌ
ΝΟΣΟΚΟΜΕΊΟ
ΛΕΙΤΟΥΡΓΊΑ
ΟΙΚΟΓΈΝΕΙΕΣ
ΠΡΟΤΕΊΝΟΥΝ
ΑΝΤΑΓΩΝΙΣΜΌ
ΔΩΡΕΆΝ
ΣΑΠΟΎΝΙ
ΑΡΈΝΑ
ΔΕΙΛΆ
ΚΑΤΆΡΡΕΥΣΗ
ΜΑΚΡΆ
ΕΞΩΤΕΡΙΚΌΣ

Puzzle 52

ΜΈΛΙΣΣΑ
ΠΟΛΙΤΙΣΜΌ
ΧΑΛΚΟΎ
ΚΆΤΑΓΜΑ
ΣΚΛΗΡΉ
ΚΑΜΠΑΝΟΎΛΕΣ
ΆΓΡΙΑ
ΕΠΕΞΕΡΓΑΣΊΑΣ
ΛΙΏΣΕΙ
ΤΟΥ
ΓΕΛΟΊΑ
ΤΈΤΑΡΤΟ
ΑΠΌΛΑΥΣΗ
ΠΙΣΤΕΎΟΥΝ
ΠΌΡΤΑ
ΤΟΥΣ
ΔΑΧΤΥΛΊΔΙ
ΕΞΑΣΚΟΎΝ
ΠΑΙΧΝΊΔΙ
ΑΠΟΔΕΊΞΕΙ

```
W  Π  A  B  D  H  Π  A  V  W  Z  P  W  B  U  Q  W
N  M  Ό  S  O  W  U  O  T  P  A  T  Έ  T  M  L  C
E  S  Ή  P  H  Λ  K  Σ  Λ  E  Ξ  A  Σ  K  O  Ύ  N
Π  T  K  Λ  T  R  O  I  Q  I  Δ  Ί  N  X  I  A  Π
E  K  U  L  I  A  Z  R  E  Δ  T  Y  Y  F  D  D  R
Ξ  A  E  I  D  Ώ  H  W  F  Ί  W  I  L  S  S  G  I
E  M  Q  V  K  A  Σ  Σ  I  Λ  Έ  M  Σ  O  Z  A  K
P  Π  N  P  E  Ί  Y  E  I  Y  Ά  Q  Z  M  C  M  Q
Γ  A  V  Z  S  O  A  T  I  T  Γ  P  T  N  Ό  G  M
A  N  K  S  D  Λ  A  O  H  X  P  Ύ  O  K  Λ  A  X
Σ  O  D  Y  V  E  Ό  Y  O  A  I  N  Y  G  V  T  P
Ί  Ύ  J  L  U  Γ  Π  Σ  D  A  H  P  Y  N  Ά  R
A  Λ  N  Z  I  O  A  J  A  G  J  X  T  D  F  K  T
Σ  E  X  Y  Σ  Π  I  Σ  T  E  Ύ  O  Y  N  D  L  A
P  Σ  A  Π  O  Δ  E  Ί  Ξ  E  I  Z  B  Y  M  B  P
```

Puzzle 53

```
Λ  Ε  Π  Τ  Ο  Μ  Έ  Ρ  Ε  Ι  Ε  Σ  V  R  F  W  M
G  Σ  S  K  E  B  Ρ  Ώ  Σ  Ι  Μ  A  Q  Z  L  G  O
D  H  T  B  M  Z  J  Ι  D  A  D  F  F  R  F  T  N
L  R  W  A  G  S  Z  Y  Π  Ο  Τ  Ί  Θ  Ε  Τ  A  Ι
Z  Ώ  Ω  Ν  Δ  N  Z  B  D  M  E  Q  W  V  E  E  Ρ
C  A  R  H  E  Ι  Y  L  S  T  G  S  U  N  Z  Π  T
R  U  B  Y  Z  N  A  T  T  S  G  N  P  H  Z  Ι  Ί
K  A  M  Π  Ύ  Λ  H  K  Ι  M  E  Ω  S  Ύ  G  Λ  K
Y  Λ  Ι  Κ  Ό  Ύ  F  Y  Ή  D  F  Ί  A  Λ  X  Έ  Ρ
N  F  D  E  T  Ο  Π  Ή  Δ  E  T  Ο  Π  Ο  M  Ξ  M
A  T  A  Γ  Ό  Ι  Ρ  Γ  A  H  T  Π  Ρ  Π  M  E  C
Ά  Ι  Κ  Σ  M  Z  B  Ι  B  Λ  Ί  Ο  S  E  D  T  R
X  Ι  T  K  Ι  Y  H  K  R  W  Z  C  F  O  Ύ  E  O
M  Ρ  Ο  Ί  O  P  E  X  Y  T  W  L  T  E  Ι  M  M
H  P  G  G  A  K  A  N  O  N  Ί  Σ  E  Ι  Z  W  A
```

ΕΠΙΛΈΞΕΤΕ
ΥΛΙΚΌ
ΑΓΡΙΌΓΑΤΑ
ΚΊΤΡΙΝΟ
ΣΚΙΆ
ΚΑΝΟΝΊΣΕΙ
ΟΠΟΊΩΝ
ΛΕΠΤΟΜΈΡΕΙΕΣ
ΣΤΑΔΙΑΚΉ
ΡΕΎΜΑ
ΥΠΟΤΊΘΕΤΑΙ
ΡΥΖΙΟΎ
ΖΏΩΝ
ΑΙΤΊΑ
ΤΥΧΕΡΟΊ
ΟΠΟΤΕΔΉΠΟΤΕ
ΒΡΏΣΙΜΑ
ΠΟΛΎ
ΒΙΒΛΊΟ
ΚΑΜΠΎΛΗ

Puzzle 54

ΚΑΛΛΙΤΈΧΝΗ
ΠΑΠΠΟΎΣ
ΚΑΛΎΤΕΡΟ
ΓΥΑΛΙΣΤΕΡΉ
ΧΌΜΠΙ
ΚΌΚΚΙΝΟ
ΓΌΜΑ
ΤΈΣΣΕΡΙΣ
ΠΡΟΣΈΓΓΙΣΗ
ΣΤΙΓΜΉ
ΑΥΤΌΜΑΤΗ
ΑΌΡΑΤΟ
ΤΊΠΟΤΑ
ΠΑΡΆΓΟΝΤΑ
ΌΛΟΥΣ
ΦΟΡΤΗΓΟ
ΓΕΝΝΑΙΟΔΩΡΊΑ
ΕΞΆΠΛΩΣΗ
ΠΑΝΤΡΕΥΤΕΊ
ΚΑΚΌ

```
Ό  Π  Γ  Ε  Ν  Ν  Α  Ι  Ο  Δ  Ω  Ρ  Ί  Α  Φ  Μ  Π
Ε  Λ  Α  Τ  Ν  Ο  Γ  Ά  Ρ  Α  Π  Τ  V  W  O  Ε  Ρ
G  Μ  Ο  Ν  X  Ό  Μ  Π  Ι  Ε  Ε  Ί  Ε  Ο  Ρ  Ι  Ο
Q  Y  B  Y  T  C  S  G  H  R  Ι  Π  D  W  T  K  Σ
Ε  W  Η  Μ  Σ  Ρ  K  Y  Ν  Ρ  Μ  Ο  T  R  H  Ό  Έ
K  Ι  Σ  L  S  R  E  F  X  D  K  T  Y  J  Γ  K  Γ
Π  Α  Ω  R  Z  Ε  V  Y  Έ  W  V  A  O  G  Ό  K  Γ
Α  Y  Λ  N  L  Ι  U  H  T  A  Μ  Ό  T  Y  A  Ι  Ι
Π  Ρ  Π  Ύ  Z  Q  Z  Y  Ι  Ε  K  T  Έ  Ι  W  N  Σ
Π  Γ  Ά  S  T  K  Μ  G  Λ  X  Ί  X  Σ  H  W  O  H
Ο  Ό  Ξ  Y  H  Ε  Ι  H  Λ  Q  D  R  Σ  J  A  R  W
Ύ  Μ  Ε  S  R  Y  Ρ  Ι  A  J  N  V  Ε  T  A  F  E
Σ  Α  Α  Ε  B  V  H  Ο  K  T  Ι  Q  Ρ  X  Q  Y  B
Α  Ό  Ρ  Α  T  Ο  Ο  Δ  Α  Ή  Μ  Γ  Ι  T  Σ  N  Z
Γ  Υ  Α  Λ  Ι  Σ  T  Ε  Ρ  Ή  V  Z  Σ  K  Α  Κ  Ό
```

Puzzle 55

```
K L U F G H Δ Π O F X H F T V Π S
M P F A G H E S Ύ Q M M K T L A F
H A A M D M M H I Λ Q E Έ Λ A S T D
X P S T Y R Έ N Σ K H P I D U P B
F A C Q Ή Z N B Ό J P A Π Z Ϊ Ϊ Q
V I H Z Y Σ H P Γ Y G Ϛ V K Σ Δ S
Q E M Y O Ύ E T A K A N A Σ Ω A X
C B U O Δ A Ά I Λ Ω Φ J H E Σ K O
I Ϊ A T Ό N A T N Ϊ A M C N B Ά Q
R P E K O M Σ Y N Θ Ή K H Ά B X X
V K E Έ P L Θ Σ Ή K I Φ A P Γ Ω Z
X A S Q Π J X I V Y A U S I V T D
S M W Y K C H S P Q V H Y O O Φ T
R H K W J A G G S A K P I T I K Ή
F M L C N J K T P F Y J D U F Q U
```

ΑΡΙΘΜΌ
ΠΎΛΗ
ΚΛΙΠ
ΣΕΝΆΡΙΟ
ΖΩΓΡΑΦΙΚΉΣ
ΊΣΩΣ
ΗΜΈΡΑΣ
ΠΡΟΌΔΟΥ
ΦΩΛΙΆ
ΠΑΤΡΊΔΑ
ΜΑΪΝΤΑΝΌ
ΈΚΤΟΥ
ΚΡΑΤΉΣΕΙ
ΦΤΩΧΆ
ΔΕΜΈΝΗ
ΑΚΡΊΒΕΙΑ
ΛΑΓΌΣ
ΚΡΙΤΙΚΉ
ΑΝΑΚΑΤΕΎΟΥΜΕ
ΣΥΝΘΉΚΗ

Puzzle 56

ΑΛΛΆ
ΚΌΜΜΑΤΑ
ΚΥΚΛΙΚΉ
ΔΗΜΟΚΡΑΤΙΚΉ
ΦΆΣΗ
ΠΛΑΣΤΙΚΌ
ΣΤΌΜΑ
ΠΕΡΙΟΧΉΣ
ΧΤΈΝΑ
ΚΑΠΝΌΣ
ΕΡΓΑΖΌΜΕΝΟΣ
ΗΛΙΚΊΑ
ΕΥΚΟΛΊΑ
ΑΙΏΝΑ
ΤΑΙΡΙΆΖΕΙ
ΠΛΟΎΣΙΟ
ΤΈΡΑΣ
ΠΟΥΛΌΒΕΡ
ΕΣΩΤΕΡΙΚΉ
ΛΊΚΝΟ

```
H V M X K M J E Q H Π Π E Ή W W Y
K Λ P E Ό Λ Y O Π Λ E D K Q F Σ
I A I K F K H K Y M O P A I Ώ N A
X N X K N V B O K O Ύ I Q Λ I D P
M S U K Ϊ Y X Λ I U S O N K Ϊ Έ
Φ Ά Σ H C A D Ϊ C X I X D Y V Q T
I E Ζ Ά I P I A T X O Ή R K V D C
A A N N K M Z M M T C Σ Ό N Π A K
Λ M D M H I B Ό A Έ K D M N P M I
Λ C N V J V P T T N S Ό E J P K N
Ά H Q Y H I L Σ M A U W M Q Q V T
E P Γ A Z Ό M E N O Σ W D M R E E
E Σ Ω T E P I K Ή F R U Y Z A R B
Π Λ A Σ T I K Ό Q J S J H U X T W
Δ H M O K P A T I K Ή U U K F E A
```

Puzzle 57

```
W G E Z N D Φ Σ I A G N M A G L M
Q B I A J S T B Y A Γ M X P Y J E
C Y D J A U Ά P A N D A Q N M S Ί
X P Έ Ω Σ H N P Δ Σ O Y Π Ί R P N
W G J O H Σ O Λ Λ Ά I Ψ V H A Z E
S I H Y H Έ Y A G P Ά K Ί Y T W T
C B B N K X N U H M Σ X Ό Z I Έ E
A Ό P Y Σ X L E F T S D E O G N
P P K O K A T Σ I K Ί Σ I O C Y H
I E X T K Ό Λ Π O D Q Σ M Q W Q N
Θ I F Π B I B Λ I O Θ Ή K H C R G
M A Δ Ί Γ A P Φ Σ Π O P T P Έ T O
H S Q Π Σ Y N Ή Θ Ω Σ E B Y X Q Y
T F B M B G D C G D V A C N U V D
Ή G T E T Ά P T H E P Z H M Z T U
```

ΚΑΤΣΙΚΊΣΙΟ
ΦΤΆΝΟΥΝ
ΑΡΝΊ
ΤΕΤΆΡΤΗ
ΧΡΈΩΣΗ
ΑΡΙΘΜΗΤΉ
ΣΥΝΟΨΊΖΟΥΝ
ΣΥΝΉΘΩΣ
ΠΟΡΤΡΈΤΟ
ΜΕΊΝΕΤΕ
ΑΓΑΠΗΤΈ
ΒΌΡΕΙΑ
ΣΧΈΣΗ
ΕΜΠΊΠΤΟΥΝ
ΤΣΆΙ
ΆΛΛΟΣ
ΚΌΛΠΟ
ΣΦΡΑΓΊΔΑ
ΒΑΣΙΚΌ
ΒΙΒΛΙΟΘΉΚΗ

Puzzle 58

ΤΑΛΈΝΤΟ
ΣΥΝΕΔΡΊΑΣΗ
ΑΝΑΝΆ
ΣΎΝΝΕΦΟ
ΚΟΝΤΆ
ΣΤΑΘΜΌΣ
ΔΕΝ
ΣΧΟΛΙΚΉ
ΓΗ
ΝΌΣΤΙΜΑ
ΈΝΤΟΝΟΣ
ΑΠΌΘΕΜΑ
ΣΤΡΑΤΟΎ
ΣΚΟΠΌ
ΆΘΛΙΑ
ΦΥΤΆ
ΓΝΩΣΤΌ
ΣΥΜΒΟΥΛΈΣ
ΠΡΟΆΣΠΙΣΗΣ
ΤΡΈΧΕΙ

```
R Y D U N D B B Y T O C B L T D C
A D K B S D B X N F A M E Θ Ό Π A
B Z H D A A I Λ Θ Ά Σ Λ B H D L M
L A M S E R Σ O N O T N Έ H T V I
J Y D W G Δ E N Y A A V N L W T
D N X F G I B C U Σ Θ V Φ O T B Σ
U H H R C N L Ή F H M J L K G O Ό
Ό N P B F S J D K Σ Ό F P K Ύ Γ N
Π A X O U G K D O I Σ Γ N X O N H
O H E W O P V N K Π Λ H F M T Ω S
K O N T Ά N A N A Σ D O Q R A Σ R
Σ Ύ N N E Φ O G W Ά I E X Έ P T K
L S I M J Σ Έ Λ Y O B M Y Σ T Ό H
J D I G B H Σ A Ί P Δ E N Y Σ C H
X M Y G K F R D N Π P V J Y H U X
```

Puzzle 59

```
Δ  B  S  Z  W  O  C  X  Z  N  O  K  Ή  Θ  A  K  O
I  Z  P  L  G  Z  E  M  T  X  Π  H  Ξ  Ά  P  Π  Π
A  H  P  M  Ό  T  E  A  T  P  A  X  C  W  I  Q  K
Θ  Σ  J  A  S  N  Ώ  I  N  O  Λ  A  Π  M  Θ  F  D
Έ  A  Y  I  A  M  O  Θ  Ά  K  T  R  K  V  M  C  Q
Σ  Ί  S  Λ  Z  A  S  A  C  X  Ό  Z  P  X  O  G  N
I  K  O  Έ  Λ  E  Σ  M  I  F  R  Σ  Y  H  M  M  N
M  I  W  Z  R  Ά  Σ  T  Y  V  I  X  L  F  H  K  S
H  O  W  I  X  O  B  T  Έ  T  I  Ό  P  G  X  L  M
Q  N  A  Π  N  Z  P  E  Ό  P  W  Λ  J  P  A  C  X
Y  E  A  M  M  N  F  J  I  Y  I  I  H  Ό  N  Έ  Ά
Σ  Y  M  Π  E  P  I  Φ  O  P  Ά  O  G  Π  Ή  Θ  Λ
T  A  Π  E  I  N  Ή  Z  U  X  R  Q  R  A  P  I  Y
X  B  A  Π  O  Θ  E  M  A  T  I  K  Ό  Λ  J  M  B
Y  U  D  S  Z  G  M  R  L  Z  W  C  C  O  M  O  A
```

ZEΣΤΌ
ΑΣΤΈΡΙ
ΠΡΆΞΗ
ΤΑΠΕΙΝΉ
ΠΑΛΤΌ
ΚΑΘΉΚΟΝ
ΣΥΛΛΆΒΕΙ
ΜΠΑΛΟΝΙΏΝ
ΜΠΙΖΈΛΙΑ
ΣΧΌΛΙΟ
ΔΙΑΘΈΣΙΜΗ
ΣΥΜΠΕΡΙΦΟΡΆ
ΕΝΟΙΚΊΑΣΗ
ΧΑΡΤΑΕΤΌ
ΚΆΘΟΜΑΙ
ΈΘΙΜΟ
ΡΌΠΑΛΟ
ΑΡΙΘΜΟΜΗΧΑΝΉ
ΑΠΟΘΕΜΑΤΙΚΌ
ΧΆΛΥΒΑ

Puzzle 60

ΧΑΜΌΓΕΛΟ
ΚΌΝΔΟΡΑΣ
ΠΕΡΙΛΑΜΒΆΝΟΥΝ
ΑΠΟΦΎΓΕΤΕ
ΊΣΗ
ΒΡΑΒΕΊΟ
ΔΙΑΦΆΝΕΙΑ
ΦΊΛΟ
ΚΛΈΨΟΥΝ
ΠΙΡΟΎΝΙ
ΝΌΤΙΑ
ΑΊΣΘΗΣΗ
ΓΝΏΣΗ
ΕΛΈΦΑΝΤΑ
ΕΜΠΝΕΎΣΕΙ
ΨΩΜΊ
ΌΤΙ
ΡΟΎΧΑ
ΓΈΝΝΗΣΗ
ΒΑΘΙΆ

```
E  Λ  Έ  Φ  A  N  T  A  G  S  Q  S  Σ  F  Δ  A  Π
Z  S  C  Y  X  I  T  H  B  I  M  M  A  X  I  Ί  E
L  X  F  K  Ύ  D  B  O  Ί  E  B  A  P  B  A  Σ  P
X  W  C  K  O  Y  U  F  M  Σ  Q  Z  O  O  Φ  Θ  I
X  X  W  K  P  J  Q  P  Ω  Ύ  H  G  Δ  C  Ά  H  Λ
B  C  C  V  E  N  O  N  Ψ  E  K  D  N  F  N  Σ  A
O  I  A  E  V  U  P  V  B  N  Y  X  Ό  I  E  H  M
A  Π  O  Φ  Ύ  Γ  E  T  E  Π  Π  J  K  E  I  G  B
K  D  P  Ά  C  O  V  I  Z  M  I  I  T  Ό  A  N  Ά
C  N  Ό  T  I  A  Z  U  A  E  X  W  P  J  G  Ω  N
U  M  T  A  P  Θ  K  Λ  Έ  Ψ  O  Y  N  O  X  Σ  O
S  P  O  A  T  F  A  D  D  U  Λ  T  R  U  Ύ  H  Y
Γ  Έ  N  N  H  Σ  H  B  J  Y  Ί  L  W  I  W  N  N
X  A  M  Ό  Γ  E  Λ  O  P  Z  Φ  Y  F  A  U  R  I
Z  R  R  C  V  P  D  V  G  X  M  Z  V  P  T  F  Y
```

Puzzle 61

```
L X Q S G A B Θ B R A D X Δ A N U
I C Ύ Φ O Σ U Y E G S V M Ή Ξ Ύ Π
A K I D Λ Σ Έ K I P E M Q Λ Ί O E
M J T W H K G S Σ Q M H Z Ω Z P P
Ό K L D Λ A B R T H R Ό N Σ E O I
Y M I V Λ I L T Έ W V Z T H I Γ K
Ψ S Ω L Ά P O N Ω Γ Ί P T H M H O
Ό J R Σ T Ό L Y N H O Q N R T T Π
M H U U A L H O M J B R I V F A Ή
E A O V K M C Δ N S Ά I Δ O Π K Σ
T K O Y N Ά Ω Ί X P N U O E U F G
P Q O X E P K Δ D P J S N Λ K E G
O K A I P Ύ K O T A B B A Σ E N E
Q X F M U V Υ Π E Λ Έ Γ X O Y T K
U V T Y D N Q A P O Φ Ά I Δ Z F Ί
```

AΞΊZEI
YΨΌMETPO
MEPIKΈΣ
ΠOΔIΆ
ΌMΩΣ
ΈTΣI
ΘEPMΌTHTAΣ
ΠEPIKOΠΉ
KATΆΛΛHΛO
KAIPΌ
AΠOΔΊΔOYN
ΔIΆΦOPA
KATHΓOPOΎN
TPΊΓΩNO
BIOΛETΊ
KOYNΆΩ
EΛΈΓXOY
ΎΦOΣ
ΔΉΛΩΣH
ΣABBATOKΎPIAKO

Puzzle 62

ΘΈMA
EΊΔOΣ
ΦΌPOY
ANTΊΣTPOΦH
MΈΘOΔOΣ
ΛEOΠΆPΔAΛH
ΔPOΣEPΌ
EΛEYΘEPΊAΣ
ΛΆMΨH
ΣYNOΛIKΌ
EPΓAΣΊA
ΓIA
MΠΆNIO
ΔIAΦANΉ
AΔEIΆZEI
ΦΩTEINΌ
AΓΌPAΣE
AΓΌPI
OPΓANΩΣEI
ΓAΛOΠOΎΛAΣ

```
Θ C U N E G T Φ A Ί Σ A Γ P E Z K
Λ Έ G S L O P Ό S G A Γ Ό P I Y D
O Ά M L A X M P H H Ί P H D E E W
P L M A F Γ P O Λ V P P V H Z Ί N
Γ O Σ Ψ S I U Y A R E L X W Ά Δ K
A Φ Y Y H A W U Δ A Θ E C R I O Σ
N Ω N V Δ O L E P W Y Z U F E Σ A
Ώ T O F P A K I Ά T E V K C Δ Q Λ
Σ E L H O I N Ά Π M Λ Σ C E A O Ύ
E I I Δ Σ M Z C O B E O A B J S O
I N K N E D R I E O T Δ H P E Q Π
K Ό Ό N P T N O Λ Q B O P C Ό P O
N T E S Ό C Y D R B L Θ C V X Γ Λ
Δ I A Φ A N Ή K M S X Έ Σ Z F B A
A N T Ί Σ T P O Φ H D M Y Z W O Γ
```

Puzzle 63

```
R M Y T S A N I G Δ C D Y D J V Y
H Y G P M B L J F Y I W Z B D D Π
L Π L K B J Σ O Λ Ά Γ A Π A Π Y N
K I A T I E K Ό P Π Y T T S F J H
J Q P P J K B Y H N Y Ά V P T W Λ
X N Ύ G Ό C T U W B L Γ F C I R Ί
R O Π B A M X X D Z Ή T H Σ E B A
O K M Ά T Σ O P Π M D S U H Σ A Ή
K K E N Ό U X I X Ά P T H T T X S
I A T N O Θ Ά K A O E I O S Ή P M
O C Λ A N T Ί V Q A W E T Y P E N
S T N Ά K I T E P I A Ξ E X I G Q
B R B P O X Ή Σ E M U V Θ M Ξ C Z
Π E P Ί M E T P O X Y J N X H A U
Y B B N X B G D R F E N Έ H Σ H B
```

ΚΕΝΌ
ΑΝΤΊ
ΠΑΠΑΓΆΛΟΣ
ΔΙΑΤΡΙΒΉ
ΈΝΘΕΤΟ
ΥΠΝΗΛΊΑ
ΖΉΤΗΣΕ
ΚΑΛΆ
ΜΠΡΟΣΤΆ
ΕΞΑΙΡΕΤΙΚΆ
ΣΤΉΡΙΞΗΣ
ΧΆΡΤΗ
ΠΕΡΊΜΕΤΡΟ
ΤΗΣ
ΓΆΤΑ
ΠΡΌΚΕΙΤΑΙ
ΒΡΟΧΉΣ
ΜΠΎΡΑ
ΚΆΘΟΝΤΑΙ
ΠΑΡΌΜΟΙΑ

Puzzle 64

```
Y S D K E M V A C D U S I S K J M
T J J R N P D L U S N Φ Δ Q V M Ή
F V Δ K K E A H Y P P Y Ά M D A N
N K Y Y B A Λ K Ύ O K Y M P G W A
N N N G X Λ T Q R U G J I S M Q Ί
V A A O X Ά I A T Ά I Π Ξ J A A Φ
Ό N T R D Γ L D Λ U K E A K N Δ A
P P Ά Q B E V Q O Ά K Z Π Z Θ Ί P
Z R O P N M O J M S B F X Ω P T Γ
I I E Σ Ή P Ω X Γ Y Σ E Q Ή Ώ N O
Θ P H Σ K E U T I K Έ Σ I C P O T
Δ O K I M Ή K A I P Y K M Q O P Ω
E Π I K Ί N Δ Y N Ω N C O O Y Φ Φ
Σ Y N A I Σ Θ H M A T I K Ή Σ H C
Π P O E I Δ O Π O Ί H Σ H L J T V
```

ΕΠΙΚΙΝΔΥΝΩΝ
ΣΥΓΧΩΡΉΣΕΙ
ΦΩΤΟΓΡΑΦΊΑ
ΜΕΓΆΛΑ
ΖΩΉ
ΌΡΟΣ
ΚΥΡΙΑΚΉ
ΠΑΞΙΜΆΔΙ
ΑΝΘΡΏΠΟΥΣ
ΚΟΎΚΛΑ
ΔΥΝΑΤΆ
ΠΙΆΤΑ
ΣΥΝΑΙΣΘΗΜΑΤΙΚΉ
ΦΡΟΝΤΊΔΑ
ΦΆΡΜΑ
ΘΡΗΣΚΕΥΤΙΚΈΣ
ΚΑΤΑΛΆΒΕΙ
ΜΉΝΑ
ΔΟΚΙΜΉ
ΠΡΟΕΙΔΟΠΟΊΗΣΗ

Puzzle 65

```
X R H D K U B H L Δ O R O A G Ï D
W Ά Υ Η Π Λ B Ή K I T Σ Υ K Λ E U
K T Π D O L Ά X H Ά E L G R Z K G
J K R I T O Δ K Σ W Σ D X S Ό Q
R I D H A Y C G O H N J Ώ L Y X V
Y O E T M S X A I M I U Z K Ή S N
K N I E O E A M A H Z W W H Γ T O
A A O L Ύ C H H Λ W M V A X O A I
E X F B K L M T Ά V L M O I Λ Δ Δ
N Ω P Ί O X X Ή Φ P O M A C Λ Ά Ί
E H U C U B H Z E Q N E F V Y Λ N
P J T O T H N Ί K O T Y A P Σ E I
Γ K A V Z Z U Q E A Π A Λ Ό G Γ T
Ό M Σ A Υ Δ N Y Σ U T O E L J A K
Σ A Έ T A M M A P Γ S K C O I U A
```

ΧΌΚΕΪ
ΧΟΊΡΩΝ
ΔΙΆΣΗΜΗ
ΑΓΕΛΆΔΑ
ΑΠΑΛΌ
ΑΚΤΙΝΊΔΙΟ
ΔΑΓΚΏΣΕΙ
ΣΥΛΛΟΓΉ
ΖΉΤΗΜΑ
ΜΟΡΦΉ
ΕΝΕΡΓΌΣ
ΑΥΤΟΚΊΝΗΤΟ
ΠΟΤΑΜΟΎ
ΣΥΝΔΥΑΣΜΌ
ΕΛΚΥΣΤΙΚΉ
ΚΛΆΔΟ
ΧΆΠΙ
ΚΕΦΆΛΑΙΟ
ΑΝΟΙΚΤΆ
ΓΡΑΜΜΑΤΈΑΣ

Puzzle 66

ΕΜΠΙΣΤΟΣΎΝΗ
ΒΡΟΧΉ
ΣΥΜΦΩΝΊΑΣ
ΘΕΩΡΊΑ
ΜΈΤΡΗΣΗ
ΒΟΥΒΆΛΙΑ
ΕΆΝ
ΕΤΥΜΗΓΟΡΊΑ
ΔΙΟΡΊΣΕΙ
ΤΥΦΏΝΑ
ΠΡΟΣΩΠΙΚΆ
ΟΎΤΕ
ΝΤΟΥΣ
ΣΚΟΡΆΡΕΙ
ΈΝΤΙΜΑ
ΠΟΔΟΣΦΑΊΡΟΥ
ΚΑΝΑΠΈ
ΑΠΟΦΕΎΓΟΥΝ
ΣΟΦΊΑΣ
ΚΥΡΊΑ

```
Δ R N T O G H M Π T Υ Φ Ώ N A X G
P I Υ R I G A Ί P O Γ H M Υ T E I
R X O G V H M I O Σ K O P Ά P E I
M Υ Γ P Z N P F Σ A Ί N Ω Φ M Υ Σ
L C Ύ Ι Ί S X Z Ω I K K Υ P Ί A I
Z V E J S Σ Υ A Π Λ A F C S P I U
M Υ Φ B D L E M I Ά N V A W Z P K
Υ H O T T B T I K B A Σ B Q B Ω B
V Υ Π X T J Ύ T Ά Υ Π O X P I E W
N N A W B J O N Q O Έ Φ E W O Θ D
N O O B Z G H Έ W B Υ Ί Ά N O X J
E M Π I Σ T O Σ Ύ N H A N T S C Ή
Π O Δ O Σ Φ A Ί P O Υ Σ Q O Q I D
M Έ T P H Σ H B W R X S O Υ D U P
H M Z Υ B I K P G M B A C Σ O Q B
```

Puzzle 67

```
Y T X Z Q D S Z K T A S Z E D M Γ
Π A I Δ I Ά N B Ή C U F N N K A Y
E U J L F G N I M K K K Y O T P N
L Y U Z Ά Ϊ Λ Y K Σ C U P J N Γ A
C M Θ B E A Σ K A Π Ά N H D Z A Ϊ
H B L Ύ B Y T K P J D H P F X P K
L L B I N P Γ H A Ϊ E T A Λ Π Ϊ E
A P J B H H B Ά Π R L Ύ Έ X E T Σ
Ύ Π N O I P Ό W P R W X N A K A F
T P I Ά N T A C N I B O N I P Z J
F D K K Έ P Δ I Σ A N P E I E Γ V
F I E H E M E A K U Y E Z A T P Ά
V G M Σ Π Ά N I O L S N V R J X A
Ά Λ Λ O Δ Y P Ά K O X Σ O M Z Q Y
V L Z S C G E Π I Σ K E Y Ή Σ M C
```

ΣΚΑΠΆΝΗ
ΑΡΓΆ
ΚΈΡΔΙΣΑΝ
ΠΑΙΔΙΆ
ΓΥΝΑΊΚΕΣ
ΤΡΙΆΝΤΑ
ΠΛΑΤΕΊΑ
ΜΟΣΧΟΚΆΡΥΔΟ
ΌΡΙΟ
ΣΠΆΝΙΟ
ΕΠΙΣΚΕΥΉΣ
ΣΚΥΛΊ
ΕΝΝΈΑ
ΕΥΘΎΝΗ
ΆΛΛΟ
ΎΠΝΟ
ΝΕΡΟΧΎΤΗ
ΖΕΥΓΆΡΙ
ΜΑΡΓΑΡΊΤΑ
ΠΑΡΑΚΜΉ

Puzzle 68

ΠΤΕΡΎΓΙΟ
ΙΤΙΆΣ
ΕΞΑΙΡΟΎΝ
ΔΙΑΤΗΡΟΎΝΤΑΙ
ΣΗΜΑΝΤΙΚΌ
ΟΓΔΌΝΤΑ
ΠΑΠΟΎΤΣΙ
ΚΑΜΗΛΟΠΆΡΔΑΛΗ
ΣΈΛΙΝΟ
ΣΟΚ
ΟΝΌΜΑΤΟΣ
ΤΙΜΉ
ΜΑΛΑΚΌ
ΕΛΙΚΌΠΤΕΡΟ
ΧΛΕΥΑΣΜΌΣ
ΜΈΛΟΣ
ΚΑΟΥΜΠΌΗ
ΑΠΆΝΤΗΣΗ
ΙΠΠΌΤΗΣ
ΠΗΓΉΣ

```
O X V I T Ή M I T W I I Δ K X E M
Q G N A S P A H U A S Π I A Λ Ξ G
V E J Y P D Λ H N E P Π A M E A K
Σ O K V K D A E H U P Ό T H Y I Q
T U V D B X K A V J C T H Λ A P X
O N I Λ Έ Σ Ό Z R O Z H P O Σ O B
N P R A Π Ά N T H Σ H Σ O Π M Ύ F
Ό Y E Σ H M A N T I K Ό Ύ Ά Ό N G
M F L T Π A Π O Ύ T Σ I N P Σ J E
A W H Ό Π M Y O A K O G T Δ Ά K C
T X A T N Ό Δ Γ O O Λ I A A I M E
O K Y L A B K I B P Έ H I Λ T Y L
Σ Ή Γ H Π G Q I S H M L C H I N C
W J L I L R G V Λ M X Y V U L U H
Q N A P O I Γ Ύ P E T Π W R Y N
```

Puzzle 69

```
Π  W  M  B  Ά  Σ  H  Σ  A  E  Ξ  A  Δ  Ί  D  A  H
S  O  J  Ά  B  I  H  J  C  J  Ό  P  H  M  X  I  A
V  Y  Y  J  Λ  U  V  G  M  H  H  X  B  U  U  G  V
M  A  Λ  Λ  Ί  Λ  O  J  O  N  K  Ή  E  G  P  X  N
Σ  T  Θ  O  A  D  O  I  E  Δ  Ά  L  S  K  B  B  X
Δ  H  A  H  A  W  S  N  Y  O  Π  Έ  P  T  I  Π  E
I  V  M  T  O  Λ  M  H  P  Ή  H  D  S  E  O  V  Σ
A  F  F  A  Ί  Γ  O  Λ  O  M  O  A  X  V  X  R  A
Ί  T  T  Ί  N  Ύ  X  H  Z  X  D  G  A  O  W  P
P  A  G  A  F  T  Δ  Έ  K  A  I  W  P  R  N  S  Έ
E  T  J  X  O  O  I  N  V  S  D  B  O  L  Έ  C  Π
Σ  H  O  P  O  D  I  K  T  Y  Q  C  D  U  B  Z  A
H  S  O  A  B  U  V  Έ  E  M  M  R  J  H  E  Y
B  W  W  P  V  X  O  M  S  Σ  C  A  C  Q  A  Q  P
O  M  O  M  D  A  N  E  Ξ  Ά  P  T  H  T  O  E  B
```

ΑΡΧΉ
ΔΙΑΊΡΕΣΗ
ΔΈΚΑ
ΑΙΧΜΗΡΌ
ΑΡΧΑΊΑ
ΜΆΛΛΟΝ
ΕΠΙΤΡΈΠΟΥΝ
ΑΝΕΞΆΡΤΗΤΟ
ΘΑ
ΠΈΡΑΣΕ
ΔΊΔΑΞΕ
ΒΆΣΗΣ
ΤΟΛΜΗΡΉ
ΠΟΥ
ΟΜΟΛΟΓΊΑ
ΣΗΜΑΝΤΙΚΈΣ
ΆΔΕΙΟ
ΈΝΟΧΟΙ
ΜΑΛΛΊ
ΤΎΧΗ

Puzzle 70

ΜΕΤΑΞΎ
ΠΡΟΦΑΝΉ
ΠΡΟΣΟΧΉ
ΔΡΑΜΑΤΙΚΉ
ΑΓΈΛΗΣ
ΜΕΤΕΓΚΑΤΆΣΤΑΣΗ
ΟΛΊΣΘΗΣΗ
ΟΜΟΙΟΚΑΤΑΛΗΞΊΑ
ΡΟΚ
ΡΟΖ
ΣΚΟΥΛΉΚΙ
ΤΕΡΆΣΤΙΑ
ΣΑΛΙΓΚΆΡΙ
ΔΟΚΙΜΑΣΊΑ
ΜΠΑΜΠΆ
ΠΛΆΚΑ
ΠΡΟΣΠΆΘΕΙΑ
ΦΑΣΌΛΙΑ
ΧΙΟΝΟΣΤΙΒΆΔΑΣ
ΕΞΟΧΙΚΉ

```
Z  Π  I  Ή  Π  N  P  G  L  Ύ  Ξ  A  T  E  M  I  H
M  O  P  X  I  Λ  Q  W  Z  T  Y  Ί  Γ  W  N  B  A
E  Λ  Ά  O  M  Z  Ά  G  P  Z  C  Ξ  E  Έ  L  F  I
T  Ί  K  Σ  Σ  P  S  K  B  R  X  H  E  K  Λ  V  Λ
E  Σ  G  Ρ  O  Z  Π  J  O  A  Q  C  Λ  M  D  T  Ό
Γ  Θ  Ι  P  J  L  Ά  P  H  M  Z  A  I  Y  E  Z  Σ
K  H  Λ  Π  O  R  E  Θ  S  R  N  T  Z  O  P  O  A
A  Σ  A  U  W  J  D  A  E  V  P  A  F  R  Ά  T  Φ
T  H  Σ  S  P  Y  V  N  X  I  Y  K  Z  V  Σ  X  D
Ά  Π  P  O  Φ  A  N  Ή  S  Q  A  O  E  C  T  M  G
Σ  D  O  K  I  M  A  Σ  Ί  A  Q  I  D  K  I  Π  M
T  E  M  W  G  F  I  K  Ή  Λ  Y  O  K  Σ  A  A  M
A  G  Z  M  I  T  Ή  K  I  T  A  M  A  P  Δ  M  G
Σ  Q  T  H  S  A  A  Ή  K  I  X  O  Ξ  E  B  Π  T
H  X  I  O  N  O  Σ  T  I  B  Ά  Δ  A  Σ  G  Ά  T
```

Puzzle 71

```
E H O K N L B Y I K Ά T N A X S B
Ξ Λ X N A P J H J P K E Y T Q C O
Έ I H Y P M S A R A L R O N A C Ύ
Π O M O Ώ J Ή E J Y L H Z Y Σ P P
Λ B Ά M K V O Λ E Γ D M Ί C A G T
H A T Έ L R K R A Ή R N N I Ί C Σ
Ξ Σ Ω N S H Δ Ώ I E X I O T Σ E A
E I N A Φ P Ά T A P T T K W H M I
Q Λ A I B J N F E K Ύ N I B T Π E
X Έ O Δ G I L R Z P Π A E Q K E K
P M N Σ Q P U G T G H N Π W O I P
I A P A A C Q V L I M Έ A P I P Ά
I T L A Y Ύ Y B B I A Π W L Δ Ί I
C O G A O T P L D C F A A G I A Δ
V Σ Λ A I M Ό A Σ Y Σ T A T I K Ό
```

BOΎPTΣA
KPAYΓΉ
ΣYΣTATIKΌ
KAMΉΛA
IΔIOKTHΣΊAΣ
AΠΈNANTI
AΠEIKONΊZOYN
ΣTOIXEIΩΔH
ΔIΆPKEIA
ΔIANΈMOYN
EΞΈΠΛHΞE
ΛAIMΌ
ΣAΎPA
XANTΆKI
ΏPA
OXHMΆTΩN
HΛIOBAΣIΛΈMATOΣ
XTΎΠHMA
EMΠEIPΊA
AΦPΆTA

Puzzle 72

ΠOΛΎTIMO
IΣTOΣEΛΊΔA
XPΏMATA
ENAΛΛAKTIKΉ
BOOEIΔΉ
ΣTPATIΏTHΣ
ΣΠΆNIA
ΠOΛΛAΠΛAΣIAΣMΌ
AΠΛOΠOΊHΣH
ΠPOΈΔPOY
ΔΈNTPO
AΠΌΣTAΣH
ΔΆΣOΣ
ENTΌΠIΣE
ΠOΛITIΣTIKΉ
ENΌTHTA
XAΛΊ
AΣBΌΣ
ΔIABEBAIΏΣΩ
YΓPAΣΊA

```
O H I X Δ I A B E B A I Ώ Σ Ω R H
E M A Π Ό Σ T A Σ H T M V I K B F
J G K X P Ώ M A T A R I F N N B E
R A Δ Ί Λ E Σ O T Σ I D F A Y V G
Π E U H E Σ E N A Λ Λ A K T I K Ή
P Ό M Σ A I Σ A Λ Π A Λ Λ O Π G Y
O Y S S I Π W Q M Ή K Z F V Σ Z F
Έ A D H N Ό Λ S P Δ W C B U G T P
Δ Σ Z X Ά T D O M I T Ύ Λ O Π Δ A
P B Y A Π N M Y Π E R O D Δ P Έ Σ
O Ό T Λ Σ E A D H O Σ Y M Ά O N Ί
Y Σ B Ί C C Y W L O Ί G W Σ Q T A
E N Ό T H T A D R B I H R O G P K
Π O Λ I T I Σ T I K Ή Z Σ Σ E O S
Σ T P A T I Ώ T H Σ P X E H Q T L
```

Puzzle 73

```
A  I  K  K  Σ  I  F  B  U  V  H  K  N  X  I  A  R
N  A  A  A  O  T  Z  Ί  I  N  T  Z  E  P  V  N  M  E
E  T  Γ  I  T  Y  O  P  T  Έ  M  H  I  K  O  H  V
Ξ  P  K  Σ  I  K  N  A  Ί  Φ  H  Ψ  O  I  E  Λ  Π
A  I  O  Θ  O  J  Y  I  Π  Έ  N  E  Σ  Λ  Z  B  I
P  K  Y  Ά  Φ  D  O  P  Έ  R  X  D  Ί  Έ  F  Ό  K
T  Ή  P  N  Ό  Y  K  Ά  Δ  M  U  W  Δ  N  Y  P  H
H  Σ  Ό  Θ  Π  F  Ώ  T  K  E  A  V  I  Y  I  Π  R
Σ  X  X  H  A  Y  I  I  P  A  I  I  A  O  Y  B  T
Ί  A  W  K  K  N  Δ  N  K  P  Θ  A  Q  K  E  O  W
A  V  N  E  Σ  I  I  A  X  X  C  A  Ό  X  K  E  E
Σ  C  Y  N  Ά  V  Π  M  X  F  Y  L  P  Σ  E  Z  S
Q  X  M  U  M  A  E  Π  A  N  T  O  Ύ  Ή  Ί  H  K
Q  A  P  U  U  H  G  A  D  U  W  Y  L  P  A  T  T
M  A  N  Y  D  R  O  Y  Q  X  Y  Y  J  T  H  Q  N
```

MANITΆPIA
ΊΔΙΑ
ΚΟΥΝΙΈΜΑΙ
ΑΠΌΦΟΙΤΟΣ
ΠΑΝΤΟΎ
ΠΡΌΒΛΗΜΑ
ΠΛΕΙΟΨΗΦΊΑ
ΠΈΝΕΣ
ΔΕΙΛΌΣ
ΚΑΓΚΟΥΡΌ
ΜΈΤΡΟΥ
ΚΑΘΑΡΉ
ΑΝΕΞΑΡΤΗΣΊΑΣ
ΚΟΥΝΈΛΙ
ΜΆΣΚΑ
ΤΖΊΝΤΖΕΡ
ΙΑΤΡΙΚΉΣ
ΑΙΣΘΆΝΘΗΚΕ
ΕΚΕΊ
ΕΠΙΔΙΏΚΟΥΝ

Puzzle 74

TOYPKΊA
ΕΙΡΉΝΗ
ΦΎΛΛΑ
ΜΎΓΑ
ΛΙΒΆΔΙ
ΜΕΤΟΧΙΚΌ
ΣΥΓΚΡΟΎΟΝΤΑΙ
ΨΗΛΆ
ΤΗ
ΧΡΌΝΙΑ
ΓΥΑΛΙΆ
ΛΕΥΚΌ
ΠΡΌΤΥΠΟ
ΤΈΛΟΣ
ΛΑΟΓΡΑΦΙΚΌ
ΕΠΑΡΚΉ
ΠΑΠΟΎΤΣΙΑ
ΜΕΡΙΚΆ
ΜΑΜΆ
ΕΠΑΦΉ

```
Σ  O  Λ  Έ  T  M  B  X  Z  P  E  Q  Z  E  R  R  F
Π  Y  O  Z  I  Ό  Z  Π  A  Π  O  Ύ  T  Σ  I  A  Z
P  U  Γ  Ό  G  K  L  G  Γ  L  A  G  Q  O  R  S  T
Ό  W  L  K  E  I  N  I  Ύ  L  D  A  N  U  Y  L  O
T  F  H  Y  P  X  Γ  T  M  C  E  I  P  Ή  N  H  Y
Y  Z  G  E  N  O  U  Y  N  W  D  N  I  S  U  M  P
Π  S  A  Λ  B  T  Ύ  R  A  I  A  Ό  N  Y  D  S  K
O  N  E  X  D  E  V  O  U  Λ  F  P  A  I  B  E  Ί
Ψ  H  Λ  Ά  E  M  M  I  N  B  I  X  Z  D  T  D  A
W  S  C  K  Π  M  A  S  V  T  Σ  Ά  D  M  D  Q  L
R  J  P  I  A  K  M  M  C  Q  A  R  R  B  X  T  H
I  J  T  P  P  I  F  R  Ά  A  Λ  I  Δ  Ά  B  I  Λ
R  F  H  E  K  J  B  L  P  A  Λ  L  B  K  S  I  C
K  X  J  M  Ή  Φ  A  Π  E  V  Ύ  W  Y  P  S  N  C
M  V  U  U  C  Z  M  Ό  K  I  Φ  A  P  Γ  O  A  Λ
```

Puzzle 75

```
I  F  E  N  Δ  I  A  Φ  Έ  P  O  N  D  L  L  A  H
Δ  R  F  Λ  E  Π  T  Ό  A  I  R  Y  A  N  J  Ί  Λ
I  M  Z  J  Z  G  G  Y  Y  S  Q  S  F  Y  B  M  I
Ω  E  T  Y  Y  A  B  L  J  R  I  P  M  X  Ί  A  O
T  H  Ό  K  J  Y  Q  B  I  P  K  Q  N  O  P  T  Φ
I  Ύ  M  X  C  B  M  M  S  G  S  E  W  O  Y  O  Ά
K  K  O  T  O  Π  I  K  Ή  K  Ό  Λ  Λ  A  Φ  Σ  N
Ό  Ά  P  M  T  A  Z  K  A  T  Ά  Π  A  Y  Σ  H  E
L  Π  Φ  Y  Σ  T  Σ  Ά  N  T  A  D  I  B  J  U  I
Ό  O  O  J  Ό  A  R  O  J  R  K  B  E  Q  A  L  A
P  I  T  D  I  L  I  K  C  Z  J  Ύ  W  E  P  Π  Σ
O  O  J  T  Δ  S  E  Δ  M  Ύ  T  H  K  L  V  Q  Ό
Φ  Σ  Y  R  Ω  P  Ψ  J  E  L  C  P  D  Λ  T  O  K
O  N  D  V  P  Q  Ό  B  C  X  T  C  L  I  O  P  W
L  O  G  D  E  M  K  N  Ώ  I  Σ  E  P  H  Π  Y  A
```

ΣΦΥΡΊ
ΚΆΠΟΙΟΣ
ΚΌΨΕΙ
ΤΟΠΙΚΉ
ΕΝΔΙΑΦΈΡΟΝ
ΤΣΆΝΤΑ
ΜΎΤΗ
ΑΠΌ
ΙΔΙΩΤΙΚΌ
ΑΊΜΑΤΟΣ
ΚΎΚΛΟ
ΌΜΟΡΦΟ
ΚΑΤΆΠΑΥΣΗ
ΣΧΕΔΙΑΣΜΟΎ
ΗΛΙΟΦΆΝΕΙΑΣ
ΕΡΩΔΙΌΣ
ΌΡΟΦΟ
ΛΕΠΤΌ
ΥΠΗΡΕΣΙΏΝ
ΚΌΛΛΑ

Puzzle 76

ΑΠΟΣΤΟΛΉ
ΦΟΡΗΤΌ
ΠΑΛΙΆ
ΘΥΜΩΜΈΝΟΣ
ΜΙΛΉΣΩ
ΚΈΡΔΟΣ
ΜΟΎΜΙΑ
ΈΚΑΨΕ
ΤΎΠΟΣ
ΚΑΘΗΓΗΤΉΣ
ΜΕΤΑΞΈΝΙΑ
ΑΠΑΣΧΟΛΟΎΝ
ΜΠΑΛΚΌΝΙ
ΆΡΕΣΕ
ΤΡΈΧΟΥΣΑ
ΤΣΙΠ
ΉΤΑΝ
ΜΗΤΡΙΚΉ
ΜΈΣΑ
ΕΠΙΛΈΞΤΕ

```
U  C  V  Z  L  I  D  N  R  M  O  Π  M  K  R  U  A
O  I  Q  A  W  R  C  N  H  F  N  A  A  N  X  V  Π
U  G  Y  D  O  A  F  Q  B  C  R  Σ  A  Λ  G  J  O
T  F  P  O  W  Z  J  H  K  Y  Φ  Y  N  Q  I  S  Σ
Θ  Y  M  Ω  M  Έ  N  O  Σ  P  N  O  U  X  U  Ά  T
F  S  W  G  E  Ψ  A  K  Έ  Q  I  X  P  W  R  P  O
Ά  P  E  Σ  E  Π  I  Σ  T  M  X  Έ  H  H  N  I  Λ
T  Ύ  Π  O  Σ  W  I  L  S  Έ  U  P  B  P  T  Y  Ή
M  O  Ύ  M  I  A  R  Λ  Y  Σ  L  T  N  W  A  Ό  Ω
Q  X  H  P  C  H  F  X  Έ  A  U  O  M  N  O  H  Σ
K  Έ  P  Δ  O  Σ  E  J  Ξ  M  H  T  P  I  K  Ή
M  E  T  A  Ξ  Έ  N  I  A  L  T  A  W  P  R  E  Λ
Z  I  N  Ό  K  Λ  A  Π  M  V  L  E  E  Y  C  H  I
G  J  K  P  Σ  Ή  T  H  Γ  H  Θ  A  K  S  Y  K  M
Z  V  Z  I  L  B  Ή  A  Π  A  Σ  X  O  Λ  O  Ύ  N
```

Puzzle 77

```
K R Q Σ I K Q W W C Y Π K A Π L O
A I A Ή R D Z X O O I P Y Π P N G
K Y S N C P W D G D T O N O Ω K O
Ά K H O Γ O Λ Ά T A K Σ Ή Σ T Π Q
O P A M Y Σ T Ή P I O E Γ Ύ A Λ M
Z Ύ E A W E N F A N K K I P P H Π
Y O I N F Y I U C Y Π T O E X Θ O
S K S A Δ Ύ N A M O I I P I I Y P
K A Λ Π A Σ M Ό I A Ά K Z S K Σ E
W T P Ά B H Ξ E V R T Ή E M Ό M Ί
T A M H T Σ Ά T A K O Π Y E Λ O S
O I K O N O M I K Ή A C A Ί Ί Ύ T
B Ί Σ O N E Σ S J V I F L Ω M I D
H Q F Y J R M A P G I J V Σ N V F
U J F V G F P F V H B J O H H S J
```

ΜΠΟΡΕΊ
ΚΡΎΟ
ΒΊΣΟΝΕΣ
ΑΝΑΜΟΝΉΣ
ΠΡΩΤΑΡΧΙΚΌ
ΑΔΎΝΑΜΟ
ΥΠΟΚΑΤΆΣΤΗΜΑ
ΠΡΟΣΕΚΤΙΚΉ
ΚΑΤΆΛΟΓΟ
ΚΑΚΆΟ
ΠΙΆΤΟ
ΚΑΛΠΑΣΜΌ
ΠΛΗΘΥΣΜΟΎ
ΚΥΝΉΓΙ
ΤΡΆΒΗΞΕ
ΛΊΜΝΗ
ΜΥΣΤΉΡΙΟ
ΑΠΟΣΎΡΕΙ
ΟΙΚΟΝΟΜΙΚΉ
ΜΕΊΩΣΗ

Puzzle 78

ΔΙΟΊΚΗΣΗΣ
ΠΑΤΆΤΑ
ΑΠΕΙΛΉ
ΒΌΛΤΑ
ΑΝΕΜΏΝΗ
ΥΠΌΣΧΟΝΤΑΙ
ΏΡΕΣ
ΞΗΡΑΣΊΑ
ΛΑΜΠΡΉ
ΦΡΑΓΚΟΣΤΆΦΥΛΟ
ΈΡΩΣ
ΧΑΛΑΡΏΣΕΤΕ
ΣΩΛΉΝΑ
ΜΠΟΥΚΆΛΙΑ
ΕΠΙΦΆΝΕΙΑ
ΠΡΌΣΚΛΗΣΗ
ΑΝΉΚΟΥΝ
ΚΆΤΩ
ΚΑΡΠΟΎΖΙ
ΔΙΕΘΝΉ

```
F Φ Ή N P Σ E P Ώ K L J G Ξ O P A
Σ Ω P Έ Z H L Π Y N Z M V H A R N
H L Π A H Σ Q T I T Z Y A P Π A E
K K M T Γ H J G F Φ Y C P A E N M
Y C A Ά Y K M F K N Ά A R Σ I Ή Ώ
H S Λ T Π Ί O Π W K T N P Ί Λ K N
Q L E A Ό O L Σ O G F H E A Ή O H
H M T Π Σ I Q L T Y K Z W I E Y J
U M W X X Δ B Ω T Ά K J P H A N T
Δ L P I O B X O F K Φ Ά T Z E U Z
I T U A N Ή Λ Ω Σ I L Y Λ J P Y D
E A V D T B Ό Λ T A J B Λ I Y X S
Θ O B P A K A P Π O Ύ Z I O A E M
N T S Y I L V Π P Ό Σ K Λ H Σ H C
Ή X A Λ A P Ώ Σ E T E G Z F X Z O
```

Puzzle 79

```
Ε Γ Χ Ε Ι Ρ Ί Δ Ι Ο Λ Έ Ν Ι Π Σ Κ
Θ Ή Φ Λ Ε Δ Α Ο Ρ Ν Β Η Q Ε Ν Π Α
Ε Χ S Η Σ Τ V Ύ Έ Κ Ρ Α Π R Ά Ρ
Ρ C G Κ Ί Α Ί Ζ Ε Μ U Ν Ε Α Κ Σ Α
Α C Q U Χ Υ Γ Λ Σ G Υ F Θ V Ε Μ
Π S F Α Ε C Ρ Η Α Ι Α Ε Λ Ν Ε Ι Έ
Ε Τ Q C Ν Ν Η U Υ Ν Ζ Ζ Κ Ε C Ί Λ
Ί Ν C Χ Υ Δ Σ Χ Λ Ο R W W Λ Μ J Α
Α U Α S Σ V R Α Ε Κ Η Θ Ά Τ Σ Υ Κ
V Ν Η U Κ Η Ρ Ώ Τ Σ Ι Ρ Α Χ Υ Ε W
Ο Δ Ο Ν Τ Ό Β Ο Υ Ρ Τ Σ Α V Υ Μ W
U C Ι Q Ι W F Σ Υ Γ Κ Ρ Ί Ν Ε Τ Ε
Α Π Α Ρ Α Ί Τ Η Τ Η V J Η Ρ Β G Η
Α Π Ο Κ Α Λ Ύ Π Τ Ο Υ Ν Ι Μ Β D Η
Υ Λ Η Σ Τ Έ Ψ Ε Ι Χ Ά Μ Ο Τ Σ L Τ
```

ΒΡΕΘΕΊ
ΑΔΕΛΦΉ
ΣΥΓΚΡΊΝΕΤΕ
ΘΕΡΑΠΕΊΑ
ΣΠΆΣΕΙ
ΠΙΝΈΛΟ
ΠΕΙ
ΑΠΑΡΑΊΤΗΤΗ
ΣΚΟΝΙΣΜΈΝΟ
ΕΥΧΑΡΙΣΤΏ
ΣΤΆΘΗΚΕ
ΚΑΡΑΜΈΛΑ
ΕΓΧΕΙΡΊΔΙΟ
ΣΥΝΕΧΊΣΕΙ
ΣΤΟΜΆΧΙ
ΛΗΣΤΈΨΕΙ
ΟΔΟΝΤΌΒΟΥΡΤΣΑ
ΑΛΕΎΡΙ
ΤΊΓΡΗΣ
ΑΠΟΚΑΛΎΠΤΟΥΝ

Puzzle 80

ΕΠΊΘΕΣΗ
ΕΙΣΒΆΛΟΥΝ
ΚΟΡΜΌ
ΜΈΓΙΣΤΗ
ΜΉΚΟΣ
ΣΥΝΉΘΕΙΑ
ΨΗΛΌΤΕΡΟ
ΡΊΞΤΕ
ΠΟΔΉΛΑΤΟ
ΔΙΑΘΈΣΙΜΟ
ΟΙΚΟΓΈΝΕΙΑ
ΔΙΑΤΗΡΟΎΝ
ΤΡΈΝΟ
ΚΟΛΈΓΙΟ
ΣΑΦΈΣ
ΉΛΙΟ
ΏΘΗΣΗ
ΕΊΤΕ
ΠΟΥΡΝΆΡΙΑ
ΆΛΟΓΟ

```
Π Ή Λ Ι Ο Ν Έ Ρ Τ Q Τ Τ Ζ Ο C Ρ Μ
Κ Ο Μ Ι Σ Έ Θ Α Ι Δ Η Υ V Μ Ζ Ί Ή
Ο Ι Υ Ν Ο R Τ Ο Α Ο S Ζ F Β S Ξ Κ
C Γ D Ρ C Κ Υ Σ Υ Ν Ή Θ Ε Ι Α Τ Ο
Ά Έ Ο Μ Ν J Ο Η Τ J Υ Ζ Ζ Τ Ε Ε Σ
Λ Α D Β Ν Ά Π Ο Δ Ή Λ Α Α Τ Ο Ί Ρ Μ
Ο Ο R Ρ Χ Τ Ρ G Ζ W W G Q Ο S Ε G
Γ Κ Μ Ζ Η W Α Ι Ε Ν Έ Γ Ο Κ Ι Ο Ζ
Ο Η G Ζ Ρ Α G U Α Ε Π Ί Θ Ε Σ Η Η
U Σ Ρ Α J Ρ Υ S L Ψ Η Λ Ό Τ Ε Ρ Ο
G Η Α L Ο F Μ Έ G Ι Σ Τ Η Q S Ρ Q
Ν Θ Η Φ Q F R S Δ Ι Α Τ Η Ρ Ο Ύ Ν
Ν Ώ Α W Έ G Β G Ρ Χ Q Ι C L L Κ V
Μ Q R V Η Σ Κ Ο Ρ Μ Ό Α Α Κ C G Η
Ε Ι Σ Β Ά Λ Ο Υ Ν R J C S Ρ Ρ Q C
```

Puzzle 81

N	I	I	Δ	Ύ	O	Λ	Υ	O	Λ	I	O	Π	Π	Γ	Π	A
M	E	T	Ί	E	T	Σ	A	T	N	A	Φ	E	P	E	P	N
A	Σ	L	K	E	Π	I	Σ	T	Ή	M	H	P	O	N	Ώ	T
V	Ώ	I	H	C	M	T	P	U	T	K	E	I	Σ	N	T	I
D	A	Σ	Φ	O	Y	Γ	Γ	Ά	P	I	Z	Γ	Π	A	O	Σ
N	K	D	S	N	L	D	X	H	Z	Z	B	P	Ά	Ϊ	D	T
S	E	Y	M	V	K	B	I	Φ	B	A	N	Ά	Θ	A	Y	Ά
Σ	O	K	O	Λ	Ά	T	A	Σ	I	F	J	Ψ	E	G	R	Θ
Ό	M	R	Ί	N	K	U	T	S	L	Λ	G	E	I	L	Q	M
N	A	L	A	S	I	Ύ	Ά	A	X	L	I	I	A	P	T	I
O	Δ	M	I	W	T	Ή	B	A	Λ	H	Z	K	Σ	U	U	Σ
Γ	P	D	N	Y	Y	I	O	J	D	D	M	O	Ό	Y	I	H
E	Ά	G	E	U	Φ	L	Φ	J	Δ	I	A	K	O	Π	Ή	Σ
Γ	K	M	H	N	U	S	C	N	U	X	K	E	Q	K	T	M
I	B	H	W	X	K	W	J	C	D	H	E	W	U	P	T	C

ΦΥΤΙΚΆ
ΠΡΟΣΠΆΘΕΙΑΣ
ΛΟΥΛΟΎΔΙ
ΣΟΚΟΛΆΤΑΣ
ΦΑΝΤΑΣΤΕΊΤΕ
ΠΕΡΙΓΡΆΨΕΙ
ΚΆΡΔΑΜΟ
ΔΊΚΗ
ΑΝΤΙΣΤΆΘΜΙΣΗΣ
ΓΕΝΝΑΊΑ
ΛΑΒΉ
ΠΡΏΤΟ
ΣΦΟΥΓΓΆΡΙ
ΓΕΓΟΝΌΣ
ΔΙΑΚΟΠΉ
ΦΙΛΙΚΌ
ΕΠΙΣΤΉΜΗ
ΕΝΙΑΊΟ
ΕΚΔΏΣΕΙ
ΦΟΒΆΤΑΙ

Puzzle 82

ΠΟΡΕΊΑ
ΚΑΛΎΤΕΡΑ
ΓΡΑΜΜΉ
ΜΗΧΑΝΙΚΆ
ΚΆΘΙΣΕ
ΓΗΣ
ΛΕΜΟΝΆΔΑ
ΣΤΑΦΊΔΑ
ΦΑΣΟΛΙΏΝ
ΕΥΚΑΙΡΊΑ
ΝΤΟΜΆΤΑ
ΣΎΓΚΡΟΥΣΗ
ΠΡΟΣΘΈΣΕΤΕ
ΛΕΠΤΆ
ΕΚΠΟΜΠΉ
ΟΙΚΟΝΟΜΙΚΏΝ
ΚΈΙΚ
ΓΕΛΆΣΕΙ
ΔΙΠΛΌ
ΤΡΟΠΙΚΉ

K	Y	Z	S	E	Z	V	Y	E	G	K	Ά	Θ	I	Σ	E	X
J	R	O	I	K	O	N	O	M	I	K	Ώ	N	U	A	V	F
Σ	Ύ	Γ	K	P	O	Y	Σ	H	Q	I	K	N	S	M	L	Ή
N	G	U	T	Λ	E	M	O	N	Ά	Δ	A	Ϊ	E	P	O	Π
A	H	Y	P	J	A	K	Έ	I	K	S	J	D	O	K	W	M
Δ	E	J	O	U	Ί	A	S	F	P	D	J	Ά	I	P	R	O
Ϊ	C	G	Π	Π	P	O	Σ	Θ	Έ	Σ	E	T	E	N	M	Π
Φ	V	C	I	K	I	M	G	M	R	L	N	Π	Σ	F	Y	K
A	A	E	K	O	A	Z	U	O	H	O	G	E	Ά	C	K	E
T	D	Σ	Ή	R	K	Λ	W	V	H	X	S	Λ	Λ	I	Δ	C
Σ	J	C	O	X	Y	O	Ύ	S	A	K	A	W	E	W	I	G
Q	I	S	K	Λ	E	Q	Γ	T	D	V	W	N	Γ	D	Π	F
U	P	V	J	O	I	R	H	C	E	W	P	A	I	V	Λ	U
Γ	P	A	M	M	Ή	Ώ	Σ	X	P	P	C	L	I	K	Ό	J
M	A	T	Ά	M	O	T	N	O	P	Y	A	R	H	P	Ά	U

Puzzle 83

```
J Z Y O T Λ K Σ Y B Ά P H N Y Δ O
X P R A W E T T R E X M R Θ T C O
Z O H L W Π J A S R Y A E U I A I
K Ά N E I T W Φ K F V C W P Δ K L
E Z U W T Ή Q Y O B Ί T Σ D Ά A Ό
F W Y K V Σ Ή Λ O T Σ O Π A Λ N Z
K H I O O I G I Λ A E R Q W X Ά B
C T J I N H W Ώ H K P R F Y A Γ P
E Π Ό M E N H N Λ O Δ N J H T N Ά
E Ί N A I Q M Z Λ Λ N Q B N H Ω Σ
M A Ϊ M O Ύ A S Ά O Ά E F J T Σ H
E Ύ P H M A N E Π Y I L D W Ό H G
N O J U O C Ύ S Y Θ D J I Q I Σ Y
M Ά Θ H M A Δ A G Ϊ F X L B O Z S
O X H S Z L R S P A A W K K Π P D
```

ΣΤΑΦΥΛΙΏΝ
ΑΚΟΛΟΥΘΊΑ
ΕΎΡΗΜΑ
ΑΝΆΓΝΩΣΗΣ
ΑΧΛΆΔΙ
ΚΆΝΕΙ
ΔΎΝΑΜΗ
ΑΠΟΣΤΟΛΉΣ
ΕΊΝΑΙ
ΕΠΌΜΕΝΗ
ΥΠΆΛΛΗΛΟ
ΟΔΥΝΗΡΆ
ΛΕΠΤΉ
ΗΘΙΚΌ
ΜΑΪΜΟΎ
ΆΝΔΡΕΣ
ΒΡΆΣΗ
ΣΤΊΒΟΥ
ΠΟΙΌΤΗΤΑ
ΜΆΘΗΜΑ

Puzzle 84

ΑΞΙΟΛΌΓΗΣΗ
ΚΑΝΌΝΑ
ΈΠΙΠΛΑ
ΡΑΠΑΝΆΚΙ
ΓΌΝΑΤΟ
ΠΡΟΣΠΑΘΕΊ
ΚΑΤΑΣΤΡΟΦΉ
ΣΥΜΒΑΊΝΟΥΝ
ΣΚΟΎΤΕΡ
ΣΥΝΟΜΙΛΊΑ
ΚΊΝΔΥΝΟ
ΝΥΧΤΕΡΊΔΑ
ΤΖΆΚΙ
ΜΕΤΑΦΟΡΆΣ
ΑΞΊΑΣ
ΚΟΙΝΩΝΙΚΉ
ΠΕΡΙΣΣΌΤΕΡΑ
ΚΑΝΈΝΑ
ΝΕΡΟΎ
ΚΕΊΜΕΝΟ

```
M E T A Φ O P Ά Σ T Y L G R K A M
K Ί N Δ Y N O O J O Z X W P O Ξ W
K Π B Σ X R Q Y M Q F Ά U F I I A
A E A P Y G O N E M Ί E K X N O A
T P Γ A Π M K H C K B X P I Ω Λ Ξ
A I Ό Π P W B A T M N R S G N Ό Ϊ
Σ Σ N A O P Σ A N Ό N A K I I Γ A
T Σ A N Σ E Y E Ί Έ F M O R K H Σ
P Ό T Ά Π T N L C N N L J C Ή Σ X
O T O K A Ύ O P E N O A Z T R H J
Φ E S I Θ O M L G L O Y G G D W Y
Ή P A Z E K I H K D Y F N F I A P
T A L I Ί Σ Λ N Y X T E P Ί Δ A V
U V T H D Y Ϊ W F J T C L H S B X
B P P R L U A A Λ Π I Π Έ B F D S T
```

Puzzle 85

```
Π  Ι  Ά  Ι  Ρ  Α  Δ  Ι  Ε  Λ  Κ  U  J  Y  S  E  X
Μ  Α  Ι  Ε  Δ  Ά  Ι  Ρ  Α  Β  Π  Ύ  Υ  Σ  W  Κ  Ω
Α  Ι  Ρ  Σ  S  W  T  O  G  R  Λ  Ο  Κ  Ο  V  Π  Ρ
V  Q  Ά  Α  Υ  Μ  H  S  Y  Μ  H  Κ  U  Ν  Σ  Α  Ι
U  Μ  T  J  Π  Μ  G  V  J  Y  Μ  Ι  W  Έ  Ο  Ί  Ό
Z  E  Ι  Β  T  Ά  Π  Μ  Α  Y  Μ  Ρ  Ν  Μ  Π  Δ  Μ
Ρ  Κ  Σ  Ι  V  Α  Ν  Ύ  U  J  Ύ  Ο  Χ  Σ  Ω  E  E
Λ  Ύ  Σ  H  S  Α  W  Ω  Κ  C  Ρ  T  Ω  Ι  Ρ  Υ  T
Κ  Υ  Ν  H  Γ  Ή  Σ  E  Ι  Ν  Α  Σ  Ρ  Ρ  Θ  Σ  Α
Y  Μ  L  Q  V  W  D  Χ  Α  Ρ  Ω  Ι  Ί  Y  Ν  H  Β
Q  E  Υ  U  Α  T  Κ  F  Y  J  U  Μ  Σ  E  Ά  S  Λ
Y  R  H  Q  R  T  Z  D  R  G  Y  H  Α  Ν  Z  J  H
O  Ν  F  W  Ι  D  Y  Y  Z  F  J  Β  Α  Κ  Α  Z  T
Π  Ε  Ρ  Ί  Π  T  Ω  Σ  H  Σ  E  Μ  Ά  E  Ν  Β  Ή
Δ  Ι  Α  Π  Ρ  Α  Γ  Μ  Α  T  E  Υ  T  E  Ί  Ν  H
```

ΙΣΤΟΡΙΚΟΎ
ΔΙΑΠΡΑΓΜΑΤΕΥΤΕΊ
ΕΚΝΕΥΡΙΣΜΈΝΟΣ
ΠΕΡΊΠΤΩΣΗ
ΠΛΗΜΜΎΡΑ
ΚΎΚΝΟ
ΣΙΤΆΡΙ
ΆΜΕΣΗ
ΜΕΤΑΒΛΗΤΉ
ΣΥΜΠΎΚΝΩΜΑ
ΕΚΠΑΊΔΕΥΣΗ
ΆΝΘΡΩΠΟΣ
ΆΔΕΙΑ
ΚΥΝΗΓΉΣΕΙ
ΒΑΡΙΆ
ΛΎΣΗ
ΧΩΡΙΌ
ΧΩΡΊΣ
ΠΑΡΑΠΆΝΩ
ΚΛΕΙΔΑΡΙΆ

Puzzle 86

ΦΟΡΈΣ
ΑΓΚΆΛΙΑΣΕ
ΣΥΜΒΟΎΛΙΟ
ΕΠΙΚΊΝΔΥΝΟ
ΆΔΕΙΑΣ
ΠΑΙΧΝΙΔΙΆΡΙΚΟ
ΣΚΆΛΑ
ΣΥΧΝΆ
ΕΊΔΕ
ΑΝΟΙΧΤΉ
ΤΡΥΦΕΡΆ
ΕΚΦΡΆΖΟΥΝ
ΜΥΡΩΔΙΆ
ΠΕΡΊΕΡΓΟ
ΠΕΡΙΟΔΙΚΌ
ΚΑΤΆΡΤΙΣΗΣ
ΠΟΣΌ
ΜΟΛΎΒΔΟΥ
ΗΛΊΘΙΟ
ΧΡΙΣΤΟΎΓΕΝΝΑ

```
E  C  Κ  Χ  Z  R  L  Π  Π  Ρ  V  Μ  C  Α  L  E  Π
Σ  Ί  Q  Μ  T  Ν  E  E  Α  Λ  Ά  Κ  Σ  Ν  V  U  E
Α  V  Δ  W  Ν  L  G  Ρ  Ι  Y  Ο  V  Z  Ο  Ο  Χ  Ρ
Ι  Ο  J  E  L  Χ  Y  Ι  Χ  E  R  L  G  Ι  Ι  Ρ  Ί
Λ  Ο  V  T  U  Ρ  E  Ο  Ν  J  Ρ  W  S  Χ  Λ  Q  E
Ά  Ν  Χ  Y  Σ  Ι  Κ  Δ  Ι  Ά  F  Ι  Α  T  Ύ  Κ  Ρ
Κ  Y  U  Ο  C  Σ  Φ  Ι  Δ  Ι  Δ  Β  U  Ή  Ο  Α  Γ
Γ  Δ  W  Δ  Χ  T  Ρ  Κ  Ι  Δ  Ο  E  Z  R  Β  T  Ο
Α  Ν  Β  Β  D  Ο  Ά  Ό  Ά  Ω  Ρ  T  Ι  Ρ  Μ  Ά  Ι
Χ  Ί  Y  Ύ  T  Ύ  Z  Α  Ρ  Ρ  G  Ρ  Μ  Α  Y  Ρ  Θ
U  Κ  Ι  Λ  G  Ο  Ρ  Ι  Y  Z  Y  Α  Α  Σ  T  Ί
Ν  Ι  Χ  Ο  Ρ  E  Y  Ν  Κ  Μ  H  Φ  Ι  Ν  Έ  Ι  Λ
Y  Π  D  Μ  Μ  Ν  Ν  H  Ο  Q  Β  E  G  D  Ρ  Σ  H
L  E  Ρ  Ν  S  Ν  Π  Ο  Σ  Ό  E  Ρ  F  L  Ο  H  R
C  S  J  T  Ν  Α  S  Ν  Μ  Β  U  Ά  V  J  Φ  Σ  R
```

Puzzle 87

```
X Y G B T W H G L Π S M W C F A N
C K I Q Σ Y Q L O A N W Ά Ή Λ A K
J E A B A Ή Ά J H P Γ E I A I A M
L U W Y H Γ Γ Υ T Ά V B Ξ A Γ W Y
N R O B S P Γ Ω Ά C K E E W Ό S J
A G N S E A E K Γ R G F Δ L T I M
Π J R L D O Λ U P A O M O X E U M
A A F V D I O Z E P Σ Έ T H P O Φ
P O P E D T Σ B N Έ N I J G O C L
A N E V V K P B Y I H X E Q O N P
Ί I Έ Q K E L M Σ Γ H A R Z P O Y
T Σ K Ω F V E I Q A Δ O N T I Ώ N
H Ά Q Ύ N X U I S Σ Ί Δ I E Λ K D
T P I T M C J X Y T E X Y M T M A
O Π O T P A E P Γ O Σ T Ά Σ I O P
```

ΕΙΣΑΓΩΓΉΣ
ΦΟΡΗΤΈΣ
ΔΟΝΤΙΏΝ
ΠΡΆΣΙΝΟ
ΑΡΓΉ
ΤΣΑΓΙΈΡΑ
ΝΈΩΝ
ΚΛΕΙΔΊ
ΚΎΜΑ
ΆΓΓΕΛΟΣ
ΝΑ
ΕΡΓΟΣΤΆΣΙΟ
ΑΠΑΡΑΊΤΗΤΟ
ΕΊΔΗ
ΣΥΝΕΡΓΆΤΗ
ΠΑΡΆ
ΔΕΞΙΆ
ΛΙΓΌΤΕΡΟ
ΓΕΙΑ
ΚΑΛΉ

Puzzle 88

ΑΝΌΜΟΙΑ
ΥΓΡΆ
ΕΚΤΈΛΕΣΗ
ΚΡΟΚΟΔΕΊΛΙΑ
ΓΕΎΜΑ
ΨΩΜΆΚΙΑ
ΠΊΤΣΑ
ΚΑΛΎΠΤΟΝΤΑΙ
ΟΜΠΡΈΛΑΣ
ΠΕΡΙΠΕΤΕΙΏΔΗ
ΤΡΕΙΣ
ΣΊΓΟΥΡΟΙ
ΘΕΡΜΌΤΕΡΟΣ
ΓΛΥΚΆ
ΚΑΛΟΚΑΙΡΙΝΌ
ΛΩΡΊΔΑ
ΞΕΧΝΆΜΕ
ΚΟΙΝΌ
ΓΩΝΊΑ
ΡΙΝΌΚΕΡΟΣ

```
O K A I Ί E Δ O K O P K Q Q J T
M O Σ E I Ω K A Λ Ύ Π T O N T A I
Π I T P Q J P P I N Ό K E P O Σ Θ
P N Ί C T V W Ί Y V T E V Y Π D E
Έ Ό Π S J C D U Δ N J F C J E G P
Λ A I O M Ό N A B A M Ύ E Γ P W M
A I Ί E D Y E H M Γ K M B O I Z Ό
Σ K Ό N I P I A K O Λ A K P Π E T
R Ά C S Ω Y O H C Q J Y H E E K E
C M B G O Γ P G Y R Y J K M T T P
N Ω Z V S P Y T P E I Σ Y Ά E Έ O
S Ψ V W P Ά O X J O Q Q V N I Λ Σ
C O D L Q X Γ Z T X T T D X Ό E W
K Y I V L C Ί O P D X S K E Δ Σ X
K N T A T M Σ K L L S U G Ξ H H H
```

Puzzle 89

```
Δ  A  N  T  I  K  E  Ί  M  E  N  O  U  P  V  I  Q
D  Y  W  Y  P  B  G  O  E  N  S  A  L  X  X  Σ  X
P  V  N  Ύ  O  Θ  H  M  I  M  X  Z  N  E  C  T  U
Π  Ω  N  Λ  Λ  Έ  P  A  K  U  A  M  W  K  A  Π
J  P  S  E  T  O  Π  Ά  K  N  P  V  F  V  Y  M  A
V  Έ  A  T  Q  Ό  E  P  M  Ί  N  A  N  I  K  Ά  P
F  Φ  D  Γ  L  O  N  I  K  Ά  Δ  O  P  E  Λ  T  A
S  A  A  Z  M  Θ  A  Y  M  A  Σ  T  Έ  Σ  O  H  Δ
R  N  Q  M  C  A  C  N  Z  S  W  V  M  Ί  Φ  Σ  Έ
B  A  C  L  E  U  T  B  H  U  Γ  S  V  Σ  O  E  X
U  F  K  P  S  T  B  I  T  B  N  W  F  A  P  K  O
K  P  Έ  A  Σ  T  Ά  K  K  S  Ώ  K  T  Φ  O  O  N
Λ  A  Ϊ  K  Ά  C  J  K  Ί  Ά  M  T  V  O  Ύ  T  T
U  T  A  S  A  Δ  Ί  P  E  M  H  Φ  E  Π  N  U  A
S  I  V  L  K  K  Q  X  Δ  V  Σ  O  C  A  Y  A  I
```

ΘΑΥΜΑΣΤΈΣ
ΚΑΡΈΚΛΑ
ΡΟΔΆΚΙΝΟ
ΠΡΑΓΜΑΤΙΚΆ
ΑΝΑΦΈΡΩ
ΔΥΝΑΤΌΝ
ΚΡΈΑΣ
ΕΦΗΜΕΡΊΔΑ
ΕΡΜΊΝΑ
ΑΝΤΙΚΕΊΜΕΝΟ
ΛΑΪΚΆ
ΠΑΡΑΔΈΧΟΝΤΑΙ
ΑΠΟΦΑΣΊΣΕΙ
ΜΙΜΗΘΟΎΝ
ΣΤΑΜΆΤΗΣΕ
ΓΝΏΜΗΣ
ΔΕΊΚΤΗ
ΚΆΠΟΤΕ
ΜΕΤΆ
ΚΥΚΛΟΦΟΡΟΎΝ

Puzzle 90

ΑΝΑΤΟΛΙΚΆ
ΕΠΙΘΕΤΙΚΉ
ΣΎΖΥΓΟ
ΔΙΑΣΚΈΔΑΣΗ
ΣΦΆΛΜΑΤΟΣ
ΣΚΙΆΧΤΡΟ
ΤΎΜΠΑΝΟ
ΜΑΚΙΓΙΆΖ
ΜΩΡΌ
ΘΟΛΌ
ΠΑΡΑΤΉΡΗΣΗΣ
ΈΚΑΝΕ
ΧΡΉΣΙΜΕΣ
ΜΊΣΟΥΣ
ΉΞΕΡΕ
ΠΑΝΟΜΟΙΌΤΥΠΑ
ΠΡΟΪΌΝ
ΠΆΡΕΙ
ΠΆΠΙΑ
ΠΕΔΊΟ

```
T  N  Σ  B  Y  C  Ό  P  Ω  M  Σ  Δ  D  S  E  N  C
P  Ύ  E  P  E  Ξ  Ή  W  H  A  K  I  A  X  A  C  M
L  H  M  A  I  Π  Ά  Π  J  K  I  A  C  R  R  R  I
X  C  I  Π  N  P  U  X  X  I  Ά  S  Y  O  Σ  Ί  M
X  F  Σ  Y  A  A  F  G  M  Γ  X  K  L  N  Y  F  N
S  H  Ή  T  I  N  T  C  O  I  T  Έ  Έ  J  D  Z  R
B  P  P  Ό  S  E  O  O  Ό  Ά  P  Δ  F  K  W  J  H
U  F  X  I  P  P  Ί  T  Λ  Z  O  A  E  R  A  Y  C
Π  U  Q  O  N  R  Δ  Z  O  I  N  Σ  B  W  J  N  J
P  J  O  M  T  O  E  Z  Θ  P  K  H  C  V  I  F  E
O  B  A  O  J  D  Π  E  S  T  P  Ά  X  Z  C  Q  D
Ϊ  M  P  N  Π  Ά  P  E  I  Σ  Ύ  Z  Y  Γ  Ό  M  M
Ό  A  C  A  C  Q  H  E  Π  I  Θ  E  T  I  K  Ή  W
N  N  Z  Π  Σ  Φ  Ά  Λ  M  A  T  O  Σ  T  B  R  Q
Π  A  P  A  T  Ή  P  H  Σ  H  Σ  Z  Q  I  J  T  A
```

Puzzle 91

A	A	Y	T	O	Π	E	Π	O	Ί	Θ	H	Σ	H	U	O	G
K	C	P	Z	G	B	Λ	J	L	I	X	R	T	P	D	V	D
A	U	R	T	O	Ι	Π	U	Q	R	C	N	C	M	S	X	N
T	E	P	P	Σ	W	M	W	E	F	K	G	U	Y	Ή	N	B
Ά	Ό	Ί	Ό	P	E	N	U	O	C	L	S	Q	N	M	Q	
Λ	K	H	T	T	A	X	Y	Δ	P	O	M	E	Ί	O	Y	A
Λ	A	O	O	E	N	M	O	Z	A	N	T	K	Έ	A	Z	Φ
H	I	X	Λ	A	O	A	Έ	B	P	Ω	H	A	T	Σ	X	O
Λ	Σ	O	E	Ύ	W	H	S	Ψ	K	P	Λ	M	O	T	A	P
H	E	U	L	Y	M	L	W	Z	E	Ί	Έ	Π	I	A	S	Ά
A	Θ	G	F	W	D	B	Z	C	T	Σ	Φ	Ί	M	Θ	J	B
K	K	W	W	C	I	W	H	E	Έ	H	Ω	N	O	Ή	V	G
T	E	A	Y	X	S	N	V	Σ	Σ	C	N	A	I	Q	H	S
Δ	I	K	H	Γ	Ό	P	O	Σ	H	C	O	U	I	U	N	S
Y	Π	E	N	Θ	Y	M	Ί	Σ	Ω	Σ	T	B	L	A	Z	N

ΑΥΤΟΠΕΠΟΊΘΗΣΗ
ΕΚΘΕΣΙΑΚΌ
ΑΣΤΑΘΉ
ΜΠΛΕ
ΤΗΛΈΦΩΝΟ
ΚΟΛΎΜΒΗΣΗΣ
ΨΈΜΑ
ΚΑΜΠΙΝΑ
ΈΤΟΙΜΟΙ
ΝΕΡΌ
ΤΜΉΜΑ
ΔΙΚΗΓΌΡΟΣ
ΤΡΊΤΟ
ΑΡΚΕΤΈΣ
ΦΟΡΆ
ΥΠΕΝΘΥΜΊΣΩ
ΤΑΧΥΔΡΟΜΕΊΟΥ
ΝΩΡΊΣ
ΑΚΑΤΆΛΛΗΛΗ
ΑΕΤΌΣ

Puzzle 92

ΠΡΟΤΙΜΟΎΝ
ΑΛΛΑΓΉ
ΑΓΆΠΗ
ΣΚΗΝΉ
ΣΩΣΤΉ
ΆΜΥΝΑ
ΓΆΙΔΑΡΟ
ΦΥΣΙΚΌΣ
ΔΌΝΤΙΑ
ΑΠΟΔΕΊΞΕΙΣ
ΧΎΝΕΤΑΙ
ΤΡΟΜΕΡΉ
ΆΡΘΡΟ
ΑΠΟΤΎΠΩΣΗ
ΠΕΡΙΈΧΕΙ
ΛΕΞΙΛΌΓΙΟ
ΜΑΚΡΙΝΌ
ΛΌΦΟ
ΤΣΑΛΑΚΩΜΈΝΟ
ΒΑΓΌΝΙ

A	Π	O	Δ	E	Ί	Ξ	E	I	Σ	R	O	Y	Y	L	U	I
I	J	N	P	L	D	X	O	Y	Z	Y	A	Λ	Λ	A	Γ	Ή
T	Z	Έ	Σ	Θ	A	Π	O	T	Ύ	Π	Ω	Σ	H	N	M	N
N	L	M	D	Ω	P	Π	E	P	Ι	Έ	X	E	I	Y	A	H
Ό	U	Ω	B	G	Σ	Ά	C	X	D	Y	Q	T	U	M	Z	K
Δ	X	K	A	Γ	Y	T	Φ	Y	Σ	I	K	Ό	Σ	Ά	L	Σ
C	Ύ	A	Γ	Ά	H	Q	Ή	M	W	P	Y	L	M	D	Q	F
H	N	Λ	Ό	I	M	V	Q	A	E	E	O	Y	B	E	J	T
L	E	A	N	Δ	L	A	U	K	M	A	Γ	Ά	Π	H	E	P
P	T	Σ	I	A	L	F	M	P	L	Q	I	C	J	O	Z	R
X	A	T	E	P	A	V	K	I	I	I	L	O	F	B	W	H
S	I	N	F	O	Λ	P	N	Ύ	O	M	I	T	O	P	Π	
E	Y	H	N	B	U	Ό	C	Ό	A	J	Z	V	C	F	J	B
T	P	O	M	E	P	Ή	Φ	N	M	P	K	P	Z	M	E	S
B	J	K	I	E	T	D	D	O	I	Γ	Ό	Λ	I	Ξ	E	Λ

Puzzle 93

```
Φ  V  O  H  T  Ή  T  K  O  I  Δ  I  E  Δ  I  A  M
F  P  X  J  X  I  M  A  U  T  P  G  Y  P  H  Π  B
M  Y  Ά  H  V  Δ  Π  T  B  Ά  R  U  Έ  E  A  M  A  Q
T  P  M  X  Y  Ά  Ά  E  E  K  T  Z  Λ  Σ  O  Γ  U
S  P  K  G  T  M  Λ  Y  M  Y  X  B  I  T  N  O  H
F  F  L  U  B  H  A  Θ  L  Ά  Y  K  K  H  A  P  J
Ό  Φ  E  Λ  O  Σ  Π  Ύ  F  N  Λ  J  T  P  X  E  I
S  D  P  V  Z  B  Ά  N  Y  V  N  I  O  I  I  Ύ  A
Π  A  N  Ί  E  J  Λ  Σ  Φ  D  B  Z  M  Ό  K  O  W
A  X  A  P  T  Ί  Y  E  Ί  Π  D  O  X  T  Ό  Y  A
Q  W  F  Z  P  I  O  I  Λ  Q  Ό  B  O  H  Z  N  F
P  L  A  M  V  L  T  Σ  O  Ί  O  Λ  Π  T  Z  V  C
L  R  E  H  K  X  N  J  Y  Z  O  J  E  A  C  Y  M
Σ  K  O  T  Ά  Δ  I  I  Σ  B  G  J  V  M  J  T  H
Λ  O  Y  K  Ά  N  I  K  A  U  Y  B  Y  U  O  R  B
```

ΦΊΛΟΥΣ
ΦΡΆΧΤΗ
ΣΚΟΤΆΔΙ
ΜΙΛΆΜΕ
ΜΠΆΛΑ
ΝΤΟΥΛΆΠΑ
ΠΌΛΕΜΟ
ΣΗΜΆΔΙ
ΙΔΙΟΚΤΉΤΗ
ΔΡΑΣΤΗΡΙΌΤΗΤΑ
ΛΟΥΚΆΝΙΚΑ
ΜΟΝΑΧΙΚΌ
ΕΥΈΛΙΚΤΟ
ΠΑΝΊ
ΌΦΕΛΟΣ
ΚΑΤΕΥΘΎΝΣΕΙΣ
ΧΑΡΤΊ
ΚΆΤΙ
ΑΠΑΓΟΡΕΎΟΥΝ
ΠΛΟΊΟ

Puzzle 94

ΣΥΝΌΛΟΥ
ΑΚΡΙΒΆ
ΆΦΘΟΝΟ
ΑΥΤΊ
ΤΈΛΕΙΑ
ΠΈΤΡΑ
ΑΠΟΣΠΆΣΕΙ
ΠΛΕΥΡΈΣ
ΚΑΛΟΎΜΕ
ΣΌΔΑ
ΠΙΈΣΤΕ
ΠΡΟΪΌΝΤΩΝ
ΥΠΟΛΟΓΊΖΕΙ
ΉΘΕΛΕ
ΑΛΉΘΕΙΑ
ΜΗΧΑΝΉ
ΡΑΔΙΌΦΩΝΟ
ΕΣΤΙΑΤΌΡΙΟ
ΠΡΩΊ
ΠΙΘΑΝΏΣ

```
P  Π  Λ  E  Y  P  Έ  Σ  C  K  X  A  C  O  X  P  M
Σ  A  I  E  Λ  Έ  T  A  Ά  J  A  Q  Ή  Θ  E  Λ  E
Ό  E  Δ  F  G  Z  E  B  B  O  N  Λ  Q  D  N  B  K
Δ  C  O  I  P  Ό  T  A  I  T  Σ  E  O  Y  X  A  Y
A  W  D  M  Ό  V  Ί  Ω  P  Π  G  K  Q  Ύ  U  J  Q
L  A  J  L  V  Φ  S  H  K  I  F  M  N  W  M  T  A
D  J  K  P  V  P  Ω  Z  A  P  Z  P  O  Y  E  E  Π
Π  I  Θ  A  N  Ώ  Σ  N  Ω  T  N  Ό  Ϊ  O  P  Π  O
Π  M  G  I  E  Z  Ί  Γ  O  Λ  O  Π  Y  Λ  D  I  Σ
I  Y  H  V  I  J  T  R  X  C  P  U  B  Ό  G  S  Π
Έ  U  Q  X  R  O  Y  K  A  J  I  M  W  N  V  U  Ά
Σ  E  K  B  A  L  A  I  E  Θ  Ή  Λ  A  Y  L  U  Σ
T  H  P  O  O  N  O  Θ  Φ  Ά  Z  J  K  Σ  D  D  E
E  E  V  B  T  Q  Ή  N  P  X  E  Y  I  A  E  D  I
W  V  W  C  Z  N  Π  Έ  T  P  A  E  H  W  R  E  Z
```

Puzzle 95

```
K  L  E  Π  I  Σ  T  P  O  Φ  Ή  Δ  Ά  K  P  Y  Y
L  O  B  P  R  O  I  M  R  J  K  X  B  G  V  Y  Γ
T  I  K  X  Ά  N  Δ  M  J  K  A  Σ  N  F  I  W  I
W  E  B  K  K  Θ  Ί  Z  V  P  T  Έ  Π  H  S  R  Ή
X  T  U  R  I  Έ  Π  M  D  E  Σ  X  T  H  Z  O  R
G  Έ  K  N  T  N  Y  U  C  B  A  Y  D  P  Λ  N  O
S  Π  A  X  K  G  O  D  L  Ά  P  T  N  O  G  I  K
E  E  P  J  E  B  N  Λ  T  T  Ό  Y  J  Γ  T  P  Ά
Θ  Z  L  C  S  K  Y  T  A  I  Λ  E  R  Ή  E  Ή  Φ
T  Έ  J  U  O  D  O  C  S  Ί  A  O  T  P  Σ  T  Y
S  Λ  N  K  P  C  K  G  V  L  M  T  J  I  X  Σ
D  G  S  O  Π  O  J  E  P  N  B  H  U  U  Ω  I  I
Q  B  D  N  Y  O  Z  Ί  Δ  P  E  K  Δ  U  Π  O  K
A  W  D  X  I  N  X  A  M  H  Λ  Ά  H  E  Ή  N  Ά
X  A  P  A  K  T  H  P  I  Σ  T  I  K  Ό  Σ  A  L
```

ΥΓΉ
ΘΈΛΟΥΝ
ΚΕΡΔΊΖΟΥΝ
ΑΝΟΙΧΤΉΡΙ
ΕΠΈΤΕΙΟ
ΚΑΤΣΑΡΌΛΑ
ΧΑΜΗΛΆ
ΣΠΗΛΙΆ
ΠΡΟΣΕΚΤΙΚΆ
ΚΟΥΝΟΥΠΊΔΙ
ΣΙΩΠΉ
ΈΘΝΟΣ
ΓΡΉΓΟΡΗ
ΦΥΣΙΚΆ
ΕΠΙΣΤΡΟΦΉ
ΧΑΡΑΚΤΗΡΙΣΤΙΚΌ
ΕΥΤΥΧΈΣ
ΚΟΚΚΙΝΟΛΑΊΜΗΔΕΣ
ΚΡΕΒΆΤΙ
ΔΆΚΡΥ

Puzzle 96

ΡΆΒΩ
ΣΤΑΘΕΡΉ
ΑΥΤΆ
ΉΔΗ
ΕΝΕΡΓΌ
ΌΠΩΣ
ΓΡΟΘΙΆ
ΔΊΚΤΥΟ
ΜΕΊΓΜΑ
ΒΆΡΚΑ
ΣΤΟ
ΤΥΧΑΊΑ
ΑΠΛΟΠΟΙΉΣΤΕ
ΣΤΡΑΤΗΓΙΚΉ
ΑΝΤΑΠΟΚΡΊΝΟΝΤΑΙ
ΈΦΕΡΕ
ΚΌΜΜΑ
ΔΙΣΤΆΖΕΙ
ΜΕΙΟΨΗΦΊΑ
ΚΑΘΟΡΊΖΟΥΝ

```
N  A  E  B  Γ  P  O  Θ  I  Ά  D  F  Y  P  W  A  H
Q  Ί  N  Y  Ά  Ή  K  I  Γ  H  T  A  P  T  Σ  Π  W
D  Φ  E  S  T  P  V  M  D  F  O  B  D  Z  U  Λ  H
I  H  P  Q  Y  E  K  Δ  Ί  K  T  Y  O  B  C  O  K
T  Ψ  Γ  N  A  Θ  M  A  N  U  K  E  Ή  Δ  H  Π  Y
H  Ό  O  G  B  A  R  Έ  Φ  E  P  E  G  O  O  O  U
M  I  Σ  R  Z  T  V  W  Z  U  I  E  X  I  L  I  S
F  E  A  T  U  S  O  W  M  M  N  C  M  I  J  Ή  I
Q  M  Ί  N  O  Δ  I  Σ  T  Ά  Z  E  I  W  Y  Σ  Ό
M  J  A  Γ  W  P  Ά  B  Ω  L  F  M  R  R  F  T  Π
G  K  X  Z  M  K  A  Θ  O  P  Ί  Z  O  Y  N  E  Ω
F  H  Y  Q  L  A  M  M  Ό  K  Y  M  T  M  S  E  Σ
F  T  T  A  L  I  I  P  N  F  M  Y  J  S  N  L  A
M  T  A  N  T  A  Π  O  K  P  Ί  N  O  N  T  A  I
D  W  R  F  C  O  X  E  S  X  J  E  U  J  F  H  D
```

Puzzle 97

```
Τ Δ W H X V Θ Υ Μ N B V J I K N B
Σ E R N U U E H G Π A P Ά Ξ E N O
Έ Ί Δ U J U Ί Ψ W P A Ω J N P P Δ
Π X M Έ M W O M J S P W P R U P I
H N T W P H Σ A B Σ Ό P Π A M I E
V O Y V G M Ό K I N E Σ P A Ί H Ύ
K Y S O H G Ά P Y T Ί Δ Ω N A Θ
Y N W Z Z B C N L H U O Y Y L I Y
H Σ A T Σ Ά T A K X M B V M V V N
Α E M X X L Y Π O P T O K A Λ Ί Σ
B T U C D W O Δ Ό Ί P E Π I G N H
Z K Q N L J Z A N Ύ O X Y Σ H N A
Π P Ό Σ Φ A T A V V Y A A Y J E L
X Έ Λ K H Θ P O X L Σ E K Ί T N A
O M O Σ Π O N Δ I A K Ή F T K B E
```

ΩΡΑΊΑ
ΘΕΊΟΣ
ΑΡΣΕΝΙΚΌ
ΠΡΌΣΒΑΣΗ
ΔΙΕΎΘΥΝΣΗ
ΠΑΡΆΞΕΝΟ
ΈΛΚΗΘΡΟ
ΠΕΡΊΟΔΟ
ΔΕΊΧΝΟΥΝ
ΚΑΤΆΣΤΑΣΗ
ΔΈΡΜΑ
ΑΝΆΚΑΜΨΗ
ΡΥΤΊΔΩΝ
ΤΣΈΠΗ
ΠΟΡΤΟΚΑΛΊ
ΠΡΌΣΦΑΤΑ
ΣΥΝΔΥΆΖΟΥΝ
ΟΜΟΣΠΟΝΔΙΑΚΉ
ΑΝΗΣΥΧΟΎΝ
ΑΝΤΊΚΕΣ

Puzzle 98

ΕΚΚΕΝΏΣΤΕ
ΟΔΟΝΤΌΠΑΣΤΑ
ΠΌΔΙ
ΚΊΝΗΤΡΟ
ΒΡΑΧΊΟΝΑ
ΜΕΛΈΤΗΣ
ΣΠΟΡ
ΕΚΤΌΣ
ΌΡΑΜΑ
ΦΡΈΖΙΑ
ΝΗΣΊ
ΤΈΤΟΙΑ
ΆΝΕΤΑ
ΗΛΕΚΤΡΙΚΌ
ΆΡΘΡΑ
ΟΙΚΟΝΟΜΙΚΉΣ
ΕΚΣΤΡΑΤΕΊΑ
ΖΩΓΡΑΦΊΖΕΙ
ΑΡΙΣΤΕΡΌ
ΜΠΕΡΔΕΜΈΝΑ

```
L U I E Z Ί Φ A P Γ Ω Z M K O A M
M H Σ Ή K I M O N O K I O N Δ P D
O T T D V K Φ P Έ Z I A Z H O I K
Y D K Y W P E L C J O T U Σ N Σ F
N Z C C F I W N Z U A E M Ί T T K
B P A X Ί O N A Ώ N Ί N O I Ό E B
N Z I C A P H O A Σ E Ά Σ X Π P R
V V O G S T Π Λ P Z T R Π D A Ό V
Σ Ό T K E H Ά Ό E R A E O H Σ M T
E L Έ Q O N P V Δ K P Y P Z T E P
L S T W J Ί Θ N O I T Y D G A Λ O
G E P H H K P H Z P Σ P H Z M Έ D
I O W H O W A B I O K F I P A T A
M Π E P Δ E M Έ N A E I G K P H D
Y W E A B O W H L C E W E J Ό Σ P
```

Puzzle 99

```
K O U N O Y Π I Ώ N M O O U R U K
Π O Λ Λ Ώ N Γ T Y R U Π N M A U F
A M Y Θ Ό P Π N Q B M O Ά H M E S
Φ O J M Y M K B Ω G D P Λ Σ Y O G
Ή K I N Φ A Ξ A V Σ X I Π A K P O
N Δ Ϊ Π Λ Ω M A P Q T M O B Φ E Ό
O M E N Ά Z S U W Φ B Ή P Ά Ω T T
N Γ P Ύ Λ I Σ M A H Ϊ N E N N Ό O
T Δ I A T H P Θ E Ϊ T A A Ά I Π
A P E T Ό N Π Y Ξ E K F Σ Z Z Σ U
Σ L Q A R S N Q E H S I I A O Y N
I K A N O Π O I H M Έ N O I Y O U
N C V G E X W C L Z P U J W N Λ N
Έ C Y O G C M S Y Y P D K R J Π I
T U Q J G B Y M H F I C R Z Q K W
```

ΠΡΌΘΥΜΑ
ΑΕΡΟΠΛΆΝΟ
ΚΑΡΦΊΤΣΑ
ΑΦΉΝΟΝΤΑΣ
ΔΊΠΛΩΜΑ
ΜΠΆΣΚΕΤ
ΚΟΥΝΟΥΠΙΏΝ
ΕΞΥΠΝΌΤΕΡΑ
ΠΛΟΥΣΙΌΤΕΡΟ
ΔΙΑΤΗΡΗΘΕΊ
ΠΟΛΛΏΝ
ΆΝΕΜΟ
ΙΚΑΝΟΠΟΙΗΜΈΝΟΙ
ΓΡΎΛΙΣΜΑ
ΓΝΩΣΤΉ
ΦΩΝΆΖΟΥΝ
ΠΟΤΌ
ΑΝΆΒΑΣΗ
ΞΑΦΝΙΚΉ
ΤΈΝΙΣ

Puzzle 100

ΧΡΉΜΑΤΑ
ΠΕΊΡΑΜΑ
ΠΕΡΙΕΧΟΜΈΝΟΥ
ΚΆΛΤΣΕΣ
ΕΚΚΛΗΣΊΑ
ΜΠΑΜΠΆΣ
ΛΆΣΟ
ΕΑΥΤΌ
ΚΤΊΡΙΟ
ΕΊΣΟΔΟ
ΚΑΙ
ΠΑΡΑΚΟΛΟΥΘΕΊ
ΡΌΛΟ
ΠΛΕΥΡΆ
ΔΕΔΟΜΈΝΑ
ΝΌΣΟ
ΥΠΟΘΈΤΩ
ΠΊΝΑΚΑ
ΨΑΛΊΔΙ
ΦΩΤΙΆ

```
Q M M E L O Y Q L Δ X P Ή M A T A
H Z Π O F Z P K W E Λ V R H H H D
E P A M A P Ϊ E Π Δ Ά I T Ω Φ V G
Z D M B Z A E A L O Σ E Σ T Λ Ά K
P O Π N H F Θ L B M O I P Ϊ T K W
K M Ά R D C Y Ω T Έ Θ O Π Y S P L
C X Σ K P T O B N N Π E A Y T Ό
Ψ A Λ Ϊ Δ I Λ I P A P Λ Ϊ H Y M J
Π E P I E X O M Έ N O Y E N I Y O
T J A X A O K P F G Λ X Y A Q N
M T N K R K A Z B Q Ό L S N P K A
F S P D C N P J A E P S O I J Ά A
O O N H E Ό A Ϊ Σ H Λ K K E J I E
W V C W U Σ Π O U K G I D B W A R
W Z C E B O Δ O Σ Ϊ E W M V X K E
```

Puzzle 101

```
Δ  U  O  T  Ξ  P  U  Σ  Δ  S  X  U  D  H  B  I  W
H  Y  U  K  Ύ  Y  Q  Ω  I  Q  L  J  Q  J  D  D  D
M  P  T  P  Λ  N  A  M  A  M  T  F  P  L  A  I  Z
I  V  W  S  O  J  P  A  Δ  H  T  E  A  M  G  J  H
O  I  H  I  B  C  O  T  I  Δ  Σ  O  Y  H  Δ  Ό  Σ
Y  M  Έ  N  O  Y  N  I  K  Έ  V  I  E  F  Q  L  Q
P  Φ  Σ  D  E  F  Ύ  Δ  A  N  P  E  O  Σ  W  T  K
Γ  Π  A  Ή  X  M  Σ  Ί  Σ  L  D  T  U  I  Y  C  Q
Ή  Λ  M  N  M  I  R  Ω  Ί  Δ  Έ  Σ  M  E  Y  Σ  H
Σ  Ά  X  Ώ  T  A  Π  N  A  Π  M  Ά  Λ  Θ  U  H  K
E  N  H  Γ  F  A  T  T  Σ  S  C  M  Ή  D  W  D
I  O  J  Y  J  F  Σ  O  Ώ  O  E  Y  O  N  O  M  P
K  A  Θ  A  P  Ό  M  Ί  Σ  Σ  Y  Θ  J  Y  W  V  F
G  E  S  S  S  W  Y  O  A  W  H  X  Ά  Σ  O  Y  N
B  A  M  B  A  K  I  O  Ύ  Σ  V  T  X  J  W  T  A
```

BAMBAKIOΎ
ΠΤΏΣΗ
ΞΎΛΟ
ΛΆΜΠΑ
ΣΥΝΉΘΕΙΣ
ΜΗΔΈΝ
ΔΈΣΜΕΥΣΗ
ΣΎΝΟΡΑ
ΜΈΝΟΥΝ
ΧΆΣΟΥΝ
ΚΑΘΑΡΌ
ΣΉΜΑΤΟΣ
ΔΗΜΙΟΥΡΓΉΣΕΙ
ΣΩΜΑΤΙΔΊΩΝ
ΠΛΆΝΟ
ΣΟΥΗΔΌΣ
ΘΥΜΆΣΤΕ
ΦΑΝΤΑΣΊΑΣ
ΔΙΑΔΙΚΑΣΊΑΣ
ΑΥΓΏΝ

Puzzle 102

ΈΡΕΥΝΑ
ΔΙΑΧΕΊΡΙΣΗ
ΕΡΓΆΖΟΝΤΑΙ
ΈΔΩΣΕ
ΛΎΚΟΣ
ΝΈΟΙ
ΑΝΑΨΥΧΉΣ
ΕΒΔΟΜΆΔΑ
ΓΚΑΖΌΝ
ΕΠΙΤΥΓΧΆΝΟΥΝ
ΠΌΔΙΑ
ΚΟΡΏΝΑ
ΑΠΕΛΠΙΣΜΈΝΟΙ
ΠΡΟΗΓΟΎΜΕΝΟ
ΔΏΡΟ
ΓΆΛΑ
ΈΞΑΛΛΟΣ
ΙΠΠΟΠΌΤΑΜΟΣ
ΨΆΧΝΕΙ
ΓΕΝΙΆ

```
Π  A  Π  E  Λ  Π  I  Σ  M  Έ  N  O  I  T  A  Δ  I
P  G  T  X  T  F  R  S  U  X  X  O  I  K  N  I  Π
O  L  E  L  G  B  Q  Έ  M  L  X  X  D  P  A  A  Π
H  R  Z  U  F  Z  E  P  R  Q  F  F  K  O  Ψ  X  O
Γ  N  Y  P  Z  I  I  E  N  X  Ά  Ψ  P  X  Y  E  Π
O  E  Έ  Δ  Ω  Σ  E  Y  S  D  Έ  Δ  V  H  X  Ί  Ό
Ύ  B  K  I  U  N  E  N  S  Y  H  Ξ  Ώ  I  Ή  P  T
M  Δ  Σ  O  K  Ύ  Λ  A  I  Δ  Ό  Π  A  P  Σ  I  A
E  O  I  Έ  P  W  U  E  N  S  X  O  X  Λ  O  Σ  M
N  M  S  N  X  Ώ  R  E  F  U  X  T  C  A  Λ  H  O
O  Ά  I  N  E  Γ  N  Ό  Z  A  K  Γ  N  C  H  O  Σ
Z  Δ  K  L  V  S  I  A  T  N  O  Z  Ά  Γ  P  E  Σ
Z  A  S  U  M  T  I  Λ  X  W  N  U  I  K  X  B  U
E  Π  I  T  Y  Γ  X  Ά  N  O  Y  N  S  F  V  L  R
B  A  Q  L  P  X  U  Γ  F  B  W  J  S  R  Z  X  W
```

Puzzle 103

```
Λ Ο Δ Ο Ν Τ Ί Α Τ Ρ Ο Ν Ζ Υ F Τ Ο
Ξ Α Δ Ί Σ Υ Λ Α Μ Ε Β Κ Ν Ο Ρ Ρ Χ
Τ Ε Μ Α Π Ε Λ Ε Υ Θ Έ Ρ Ω Σ Η Α Φ
R F X B Z D Z J O Z A A E I P M Ά
Ν Υ Χ Ω Ά Ο U Ζ Ρ Α Ν Τ Σ Μ Γ Μ Σ
Ε Ν Υ J Ρ Ν R Τ Κ Ι Α Κ Ύ Ά Ί Έ Μ
Μ R Η S R Ι Ο Η Η Κ Μ Έ Δ Κ Τ Τ Α
Σ Κ Α Μ Ν Ί Σ Ν Υ Ά Ο Ν Ν Υ Γ Ρ Ι
Ε J Q B Z Ν Α Τ Τ Κ Ν R Ε Ο Ε Η Π
Η Α W Τ Τ Π Β Κ Ή Α Ή L Π Π Ν Σ Π
Σ Ή Μ Α Ο W Ο D Χ Σ Σ Χ Ε R Ι Η Α
Ο Β Υ V Μ Μ R Υ R W R G V S Κ Σ Σ
Ε D Χ Q Ν Ε V Q Λ Ι U Ζ Q L Έ G Ί
W D U Ε Κ Β Ν V Π Ί D Ε Β Ν Σ Α Α
Q Ε F Μ Υ Σ Τ Ρ Α Τ Ι Ω Τ Ι Κ Ή Σ
```

ΣΉΜΑ
ΑΠΕΛΕΥΘΈΡΩΣΗ
ΣΚΑΜΝΊ
ΣΑΚΆΚΙ
ΣΤΡΑΤΙΩΤΙΚΉ
ΜΈΤΡΗΣΗΣ
ΟΔΟΝΤΊΑΤΡΟ
ΠΟΥΚΆΜΙΣΟ
ΛΑΜΒΆΝΟΝΤΑΣ
ΓΕΝΙΚΈΣ
ΠΟΥΛΊ
ΦΆΣΜΑ
ΑΛΥΣΊΔΑ
ΤΊΓΡΗ
ΑΝΑΜΟΝΉ
ΤΡΑΜ
ΙΠΠΑΣΊΑΣ
ΞΕΧΩΡΙΣΤΉ
ΝΈΚΤΑΡ
ΕΠΕΝΔΎΣΕΩΝ

Puzzle 104

ΞΈΝΩΝ
ΈΓΚΑΥΜΑ
ΈΚΒΑΣΗ
ΑΝΤΊΟ
ΠΡΟΓΡΆΜΜΑΤΟΣ
ΕΔΏ
ΑΊΘΟΥΣΑ
ΕΡΓΑΛΕΊΟ
ΕΘΕΛΟΝΤΙΚΉ
ΣΥΝΆΝΤΗΣΗ
ΚΑΡΔΙΆ
ΒΑΣΙΛΙΚΉ
ΥΠΟΣΤΗΡΊΖΟΥΝ
ΠΡΑΓΜΑΤΙΚΌΤΗΤΑ
ΤΕΛΕΥΤΑΊΑ
ΤΗΛΕΣΚΌΠΙΟ
ΓΛΏΣΣΑ
ΕΠΊΠΕΔΟ
ΚΆΘΕ
ΛΑΣΠΩΜΈΝΟ

```
Τ Η Λ Ε Σ Κ Ό Π Ι Ο Ο Π Λ Έ Υ Π Έ
Γ Λ Ώ Σ Σ Α L Χ Ι Ο Ί Ρ Α Γ Π Ρ Κ
Ι Ν Ρ Ι S Ρ Μ Υ Κ Τ Ε Ο S Κ Ο Α Β
G Q Χ Ρ W Ο U R Η J Λ Γ Π Α Σ Γ Α
Ε U Τ Ξ Α Ί Θ Ο Υ S Α Ρ Ω Υ Τ Μ Σ
R G Ε Υ Έ Τ W Ε Ε Ι Γ Ά Μ Μ Η Α Η
Ι G Μ Θ Ο Ν C Χ Ο L Ρ Μ Έ Α Ρ Τ Σ
Ή Ε Κ Τ Ε Α Ω D G G Ε Μ Ν Ε Ί Ι Η
Κ Ν D Β Ε Λ Β Ν Μ Χ Ε Α Ο Ο Ζ Κ Τ
Ι Α D Τ Ο V Ο J J V L Τ Δ Η Ο Ό Ν
Λ Q Ρ Β Ν Τ C Ν U S Ι Ο Ε Ι Υ Τ Ά
Ι Ν Ώ Δ Ε Θ Ά Κ Τ W Q Σ Π Β Ν Η Ν
Σ Ο Ν Μ Ι Τ U V Ζ Ι D V Ί L Β Τ Υ
Α Υ Κ Ι J Ά S C U Ρ Κ Η Π V Ρ Α Σ
Β Τ Ε Λ Ε Υ Τ Α Ί Α Ε Ή Ε R Τ Β G
```

Puzzle 105

```
F  H  R  V  J  A  P  X  F  B  T  A  A  I  Y  Y  N
W  Z  H  P  O  H  U  Y  Q  L  O  I  N  C  E  T  A
Δ  Υ  Σ  Τ  Υ  Χ  Ί  A  I  Λ  Ί  Μ  A  Υ  Τ  Ά  B
E  C  J  B  Y  M  D  W  X  H  D  Q  K  D  Σ  I  U
B  I  V  B  R  Λ  A  Ρ  Ή  T  Σ  A  Ρ  B  Ώ  Δ  H
B  K  Δ  Q  M  E  Ό  Θ  Υ  N  T  F  X  M  N  P  G
J  D  Σ  Ή  Γ  Η  Π  Π  Η  I  T  Z  X  Y  A  A  W
V  R  Z  Σ  L  X  X  A  T  Q  Θ  D  O  Γ  K  Έ
N  Y  O  N  Ί  E  T  O  Ρ  Π  Ή  Έ  Σ  Ί  Ρ  Ω  N
P  N  R  G  A  I  Ω  J  O  X  L  A  O  K  O  Q  T
X  A  Λ  A  Ρ  Ό  Z  N  V  X  H  T  H  U  B  B  E
X  C  Θ  Ρ  A  Ύ  Σ  M  A  V  M  P  K  K  X  B  K
A  Φ  Ή  N  O  N  T  A  Σ  Ν  Ύ  O  Ρ  Ω  E  Θ  A
A  N  T  A  N  A  K  Λ  Ά  H  A  W  P  Q  H  Z  P
Ί  Δ  I  A  D  C  A  J  K  A  N  H  L  A  Z  W  O
```

ΘΈΑΤΡΟ
ΟΡΓΑΝΏΣΤΕ
ΈΝΤΕΚΑ
ΒΡΑΣΤΉΡΑ
ΜΑΘΗΤΉ
ΑΠΌΛΥΤΗ
ΜΊΛΙΑ
ΕΙΔΉΣΕΩΝ
ΘΕΩΡΟΎΝ
ΑΝΤΑΝΑΚΛΆ
ΧΑΛΑΡΌ
ΔΥΣΤΥΧΊΑ
ΘΡΑΎΣΜΑ
ΠΡΟΤΕΊΝΟΥΝ
ΠΗΓΉΣ
ΊΔΙΑ
ΝΩΡΊΣ
ΑΥΤΆ
ΑΦΉΝΟΝΤΑΣ
ΚΑΡΔΙΆ

Puzzle 106

ΣΑΜΠΟΥΆΝ
ΝΑΙ
ΣΗΜΑΝΤΙΚΉ
ΒΟΉΘΕΙΑ
ΠΊΣΩ
ΟΥΡΑΝΌ
ΚΟΙΝΩΝΊΑΣ
ΣΚΙΆ
ΑΚΡΊΒΕΙΑ
ΤΑΙΡΙΆΖΕΙ
ΕΥΚΟΛΊΑ
ΚΛΆΔΟ
ΕΆΝ
ΑΙΧΜΗΡΌ
ΤΗ
ΣΤΆΘΗΚΕ
ΚΟΙΝΩΝΙΚΉ
ΑΕΤΟΣ
ΔΙΕΎΘΥΝΣΗ
ΠΡΑΓΜΑΤΙΚΌΤΗΤΑ

```
K  N  Π  Ρ  A  Γ  Μ  A  T  I  K  Ό  T  H  T  A  B
J  O  Ρ  I  K  Λ  Ά  Δ  O  Y  O  Y  L  T  Y  K  O
Μ  E  I  E  Z  Ά  I  Ρ  I  A  T  V  W  A  J  O  Ή
Υ  B  J  N  A  E  T  Ό  Σ  W  Z  Y  X  S  S  I  Θ
U  T  H  T  Ω  Σ  Ί  Π  U  T  L  G  L  U  T  N  E
W  F  O  I  I  N  E  Y  K  O  Λ  Ί  A  I  G  Ω  I
A  O  E  N  A  I  I  E  I  G  M  Σ  T  U  U  N  A
K  K  H  Ρ  P  M  W  K  Q  E  V  Q  K  S  Z  Ί  E
B  Y  P  K  C  H  M  S  Ή  M  B  N  Q  I  R  A  O
J  N  O  Ί  Σ  A  Μ  Π  O  Υ  Ά  N  L  M  Ά  Σ  Y
V  Z  A  Z  B  Σ  H  M  A  N  T  I  K  Ή  B  Y  P
W  E  H  A  O  E  A  I  X  M  H  Ρ  Ό  K  M  R  A
Q  H  J  D  G  X  I  E  F  H  E  B  I  J  T  N  I
Σ  T  Ά  Θ  H  K  E  A  Y  D  Ά  T  H  I  C  S  Ό
Δ  I  Ε  Ύ  Θ  Y  N  Σ  H  J  N  V  S  Z  F  A  Z
```

Puzzle 107

```
U O I K Δ I A T A P A X Ή W A N S
I X Έ Ύ O M Θ A B V N P T K P A E
A V E K W Y L A Θ W Έ T N A Γ Ή Π
Q D K R B Z T D Ά M N F E T Ό O J
J Q O B I A V Ί Λ N A D Λ Ά T N F
S O Q Q J L Σ Y A I K A Έ Σ E L T
N T O M Ά T A H Σ Z O H Γ T P E E
K Y E N P V R H Σ G K K X A A Π P
Y B N I J H N R A B I B E Σ I I M
U I I E Θ Λ Έ N A Π E N T H Π M E
E F E A C P K B H X Σ X A X Ά Έ I
P Ύ Σ Ω Σ Ί J A H K Ά F I Z Π P V
Z U Ύ R C Ύ L M X G T C Y E W O A
K Q Λ L F Q N A I I Φ B P L A Y R
Π Ύ Λ H O H A H Π Ό N O U B O Σ I
```

ΠΌΝΟ
ΔΙΑΤΑΡΑΧΉ
ΒΑΘΜΟΎ
ΑΡΓΌΤΕΡΑ
ΚΟΥΤΊ
ΒΙΑΣΎΝΗ
ΕΠΙΜΈΡΟΥΣ
ΛΎΣΕΙ
ΘΆΛΑΣΣΑ
ΕΠΑΝΈΛΘΕΙ
ΕΛΈΓΧΕΤΑΙ
ΦΤΆΣΕΙ
ΠΉΓΑΝ
ΊΣΩΣ
ΠΎΛΗ
ΝΤΟΜΆΤΑ
ΚΑΝΈΝΑ
ΠΆΠΙΑ
ΚΑΤΆΣΤΑΣΗ
ΈΚΒΑΣΗ

Puzzle 108

ΣΥΜΠΌΝΙΑ
ΚΡΑΓΙΌΝΙΑ
ΑΞΙΌΠΙΣΤΗ
ΔΙΑΡΡΟΉ
ΠΑΡΑΤΗΡΉΣΤΕ
ΑΝΑΒΆΛΕΙ
ΤΎΠΟΥ
ΟΛΟΚΛΗΡΏΣΕΙ
ΜΟΒ
ΝΟΣΟΚΌΜΑ
ΞΌΡΚΙ
ΚΑΙΡΌ
ΑΠΕΙΚΟΝΊΖΟΥΝ
ΑΝΑΜΟΝΉΣ
ΕΥΧΑΡΙΣΤΏ
ΕΊΝΑΙ
ΚΊΝΔΥΝΟ
ΤΣΑΛΑΚΩΜΈΝΟ
ΉΔΗ
ΈΔΩΣΕ

```
K P A Γ I Ό N I A L B S G A M C N
T Σ A Λ A K Ω M Έ N O Ξ D Z S Y T
E Y X A P I Σ T Ώ E M U Ό P I A K
B J O H S G L H W B A A Q P W P N
C Q S V Y K Z M A P E H Ή O K C O
Y O O A Π E I K O N Ί Z O Y N I Σ
F B M H E T Σ Ή P H T A P A Π Σ O
T Ύ Π O Y G B Ω H C N Y P D A Y K
A N A B Ά Λ E I Δ V F A A N M Ό
M Q N E Ί N A I Ή Έ W C I F A Π M
A Ξ I Ό Π I Σ T H Y G J Δ B M Ό A
K Ί N Δ Y N O X N R O Z X F O N Y
M M U P J I V O Q H Z H E G N I A
D R Q A F W J Q Z R L K T K Ή A O
O B X O Λ O K Λ H P Ώ Σ E I Σ X S
```

Puzzle 109

```
Γ  A  C  M  A  Ί  M  A  T  O  Σ  Σ  W  G  B  T  S
A  P  T  Έ  Π  D  B  W  R  R  P  Y  N  C  S  N  J
V  T  A  Q  N  A  D  Y  Q  K  M  N  Ό  Ϊ  O  P  Π
A  N  M  Φ  E  B  Λ  M  R  H  F  O  T  E  C  N  R
L  J  Ύ  H  E  Q  E  K  K  N  K  Ψ  Y  Φ  S  W  E
X  I  Θ  W  J  Ί  J  N  Ό  L  N  Ί  Z  H  X  P  Q
H  E  S  Q  W  U  O  E  A  N  K  Z  Δ  M  Σ  O  Y
E  Σ  T  I  A  T  Ό  P  I  O  I  O  Φ  E  T  A  M
F  Ή  V  X  N  L  L  Z  J  S  K  Y  Ω  P  S  R  Ά
P  Π  W  P  Y  I  S  D  E  T  G  N  Λ  Ί  D  P  Γ
Σ  Y  M  M  E  T  Ά  Σ  X  O  Y  N  I  Δ  B  U  E
C  T  P  A  P  H  Γ  P  I  X  I  C  Ά  A  E  S  I
A  X  L  X  Έ  B  P  Π  A  I  X  N  Ί  Δ  I  L  P
E  G  N  X  Z  R  A  Λ  E  Ξ  I  Λ  Ό  Γ  I  O  A
V  B  O  C  T  P  O  Φ  O  Δ  O  Σ  Ί  A  Σ  B  Σ
```

ΘΎΜΑ
ΓΡΑΦΕΊΟ
ΣΥΜΜΕΤΆΣΧΟΥΝ
ΜΆΓΕΙΡΑΣ
ΧΤΥΠΉΣΕΙ
ΤΡΟΦΟΔΟΣΊΑΣ
ΣΟΥ
ΠΑΙΧΝΊΔΙ
ΦΩΛΙΆ
ΣΥΝΟΨΊΖΟΥΝ
ΑΡΓΆ
ΑΊΜΑΤΟΣ
ΜΠΑΛΚΌΝΙ
ΔΊΚΗ
ΕΦΗΜΕΡΊΔΑ
ΠΡΟΪΌΝ
ΛΕΞΙΛΌΓΙΟ
ΕΣΤΙΑΤΌΡΙΟ
ΠΈΤΡΑ
ΈΡΕΥΝΑ

Puzzle 110

ΚΥΡΊΑΡΧΗ
ΥΠΕΡΉΦΑΝΟΙ
ΔΙΑΠΙΣΤΏΣΕΤΕ
ΣΚΈΦΤΟΝΤΑΙ
ΛΆΘΟΣ
ΑΡΝΗΤΙΚΉ
ΓΙΓΑΝΤΙΑΊΑ
ΠΉΔΗΞΕ
ΜΗΧΑΝΙΚΌΣ
ΠΕΡΑΙΤΈΡΩ
ΣΑΠΟΎΝΙ
ΠΡΑΓΜΑΤΙΚΉ
ΘΈΜΑ
ΕΠΙΛΈΞΤΕ
ΚΆΝΕΙ
ΚΛΕΙΔΊ
ΜΊΣΟΥΣ
ΑΠΟΣΠΆΣΕΙ
ΚΑΡΦΊΤΣΑ
ΣΥΝΆΝΤΗΣΗ

```
Σ  A  Π  O  Σ  Π  Ά  Σ  E  I  E  N  Ά  K  U  T  F
D  Y  M  E  E  Π  I  Λ  Έ  Ξ  T  E  Y  Θ  Έ  M  A
I  O  N  A  Φ  Ή  P  E  Π  Y  Ή  Q  T  I  H  L  B
J  D  F  Ά  X  A  U  N  D  Ή  K  I  T  H  N  P  A
Π  Y  A  S  N  P  Q  U  L  Y  I  N  Ύ  O  Π  A  Σ
M  E  W  J  O  T  A  Ί  A  I  T  N  A  Γ  I  Γ  T
R  R  P  L  L  H  H  H  X  P  A  Ί  P  Y  K  R  Ί
J  H  D  A  X  Z  Σ  N  A  M  X  G  Y  K  D  Φ
L  Σ  Ό  K  I  N  A  X  H  M  Γ  Ί  P  J  W  S  P
Λ  Ά  Θ  O  Σ  T  N  N  V  J  A  Δ  Σ  N  S  H  A
M  X  W  K  R  Σ  Έ  T  P  J  P  I  L  O  F  A  K
A  B  Q  C  Q  X  E  P  Z  C  Π  E  S  Y  Y  Z  H
Π  Ή  Δ  H  Ξ  E  V  S  Ω  X  T  Λ  V  Z  U  Σ  L
P  N  E  I  A  T  N  O  T  Φ  Έ  K  Σ  R  P  F  N
E  Δ  I  A  Π  I  Σ  T  Ώ  Σ  E  T  E  U  U  Z  K
```

Puzzle 111

Γ	Χ	Χ	Ζ	Ι	Ι	Ε	Β	Ά	Λ	Α	Τ	Α	Κ	Ο	Ν	Σ
Τ	Ε	Κ	Ρ	Q	Β	Λ	Σ	Χ	Ο	Λ	Ε	Ί	Ο	Υ	Ν	Υ
Ρ	Κ	Ρ	Ή	Γ	Α	Π	Μ	Υ	Σ	Η	Τ	Χ	Q	Α	Ρ	Ν
Ε	C	Α	Ά	Η	Τ	Ί	J	Τ	Η	Σ	Α	Τ	Κ	Έ	Π	Ε
Λ	V	G	M	K	Χ	Δ	K	L	E	H	F	U	K	Q	Γ	Χ
Ό	Η	G	N	Π	Ι	Α	Τ	Α	Μ	Μ	Ό	Κ	Ε	Μ	Ε	Ί
S	T	W	N	M	Ά	Ο	Τ	Ε	Ι	Ί	Κ	F	Φ	Η	Ν	Σ
Ζ	Ν	Υ	J	V	G	N	M	Ε	Χ	Τ	Υ	Φ	Ά	Ζ	Ε	Ε
Φ	Τ	Ω	Χ	Ά	Ρ	Ε	Α	Ι	Β	Κ	Λ	Ω	Λ	Σ	Θ	Ι
Υ	Π	Η	Ρ	Ε	Σ	Ι	Ώ	Ν	Ο	Ε	Η	Σ	Α	Γ	Λ	L
Ε	C	G	J	W	K	Q	H	G	L	Τ	Θ	Χ	Ι	Ά	Ί	Η
V	O	V	A	F	L	P	Z	X	X	M	Έ	U	O	T	Ω	J
Π	Α	Ρ	Α	Δ	Έ	Χ	Ο	Ν	Τ	Α	Ι	Ν	Μ	Α	Ν	Κ
H	W	H	Q	A	L	J	J	N	U	L	V	R	R	G	M	L
O	L	P	C	Y	L	T	M	T	N	H	P	M	Z	I	X	G

ΕΚΤΊΜΗΣΗ
ΚΑΜΠΆΝΑ
ΘΗΛΥΚΌ
ΣΧΟΛΕΊΟ
ΦΩΣ
ΓΕΝΕΘΛΊΩΝ
ΣΥΜΠΑΓΉ
ΓΕΡΆΚΙ
ΕΛΠΊΔΑ
ΤΡΕΛΌ
ΕΠΈΚΤΑΣΗ
ΦΤΩΧΆ
ΚΌΜΜΑΤΑ
ΓΆΤΑ
ΚΑΤΑΛΆΒΕΙ
ΚΕΦΆΛΑΙΟ
ΥΠΗΡΕΣΙΏΝ
ΣΥΝΕΧΊΣΕΙ
ΠΑΡΑΔΈΧΟΝΤΑΙ
ΈΤΟΙΜΟΙ

Puzzle 112

ΠΛΗΡΟΎΝΤΑΙ
ΑΠΟΞΗΡΑΜΈΝΑ
ΕΎΚΟΛΟ
ΣΑΡΆΝΤΑ
ΣΥΜΠΈΡΑΣΜΑ
ΕΝΟΧΛΉΣΕΙ
ΒΕΛΤΊΩΣΗ
ΚΑΡΙΈΡΑ
ΜΈΘΟΔΟΣ
ΔΙΑΤΡΙΒΉ
ΣΥΓΧΩΡΉΣΕΙ
ΕΥΘΎΝΗ
ΟΜΟΛΟΓΊΑ
ΜΆΛΛΟΝ
ΚΡΑΥΓΉ
ΆΝΘΡΩΠΟΣ
ΔΕΔΟΜΈΝΑ
ΓΕΝΙΆ
ΜΈΤΡΗΣΗΣ
ΒΑΣΙΛΙΚΉ

Ο	Μ	Ο	Λ	Ο	Γ	Ί	Α	W	G	Γ	S	F	O	I	T	Y
Α	Π	Ο	Ξ	Η	Ρ	Α	Μ	Έ	Ν	Α	Ε	Ν	V	J	L	X
J	L	W	O	V	K	B	B	U	J	P	O	N	L	W	K	O
U	N	V	D	S	G	A	T	N	Ά	Ρ	Α	Σ	Ι	S	Z	H
O	I	U	H	Y	Z	Σ	O	Π	Ω	Ρ	Θ	Ν	Ά	Ά	V	I
K	K	H	K	H	D	I	A	T	N	Ύ	O	P	H	Λ	Π	U
Δ	Η	Σ	Ω	Ί	Τ	L	E	B	Δ	E	Δ	O	M	Έ	N	A
M	I	Z	D	P	M	I	E	Σ	Ή	Ρ	Ω	Χ	Γ	Υ	Σ	R
Έ	E	A	U	R	X	K	F	D	Ή	M	Έ	Θ	O	Δ	O	Σ
T	Z	Z	T	F	S	Ή	R	Q	G	Λ	A	M	P	Z	M	P	T
P	W	K	U	P	G	A	L	C	Y	D	X	N	K	B	E	P
H	Q	A	P	É	I	P	A	K	A	F	N	O	Λ	Λ	Ά	M
Σ	H	C	U	R	W	B	C	U	P	A	V	C	N	R	T	Q
H	E	Ύ	K	O	Λ	O	Ή	Y	K	S	D	H	J	E	J	T
Σ	Σ	Υ	Μ	Π	Έ	P	A	Σ	M	A	E	Y	Θ	Ύ	N	H

Puzzle 113

Κ	Ό	Y	C	H	M	T	A	R	Δ	Q	R	N	I	N	Ό	X
Z	Λ	Έ	Κ	Π	Λ	H	Ξ	H	Έ	A	M	H	Π	Ύ	T	X
Ή	A	Έ	U	C	Y	Σ	B	F	N	I	J	L	S	O	I	B
T	Y	A	Ψ	Ά	Y	A	G	R	T	Σ	V	S	I	P	Q	M
H	M	U	T	T	A	P	H	I	P	T	A	G	T	O	U	X
M	J	V	L	Π	E	Δ	B	Z	O	Ύ	L	P	A	Φ	Λ	A
A	U	C	Σ	E	I	Ί	P	Z	B	O	G	E	Ώ	A	A	P
X	Q	X	O	M	I	Ύ	Λ	O	Π	E	A	V	X	Ϊ	A
X	I	I	Λ	A	E	N	T	O	X	A	M	U	S	I	K	K
L	A	Q	Έ	H	A	A	H	B	N	Π	G	W	T	Κ	Ά	T
Ή	K	I	T	I	Λ	O	Π	P	E	Π	Ί	Θ	E	Σ	H	Ή
A	P	O	Y	P	A	Ί	O	Σ	E	T	Q	L	O	P	C	P
R	K	C	S	Y	L	M	C	A	U	M	S	L	X	P	O	A
X	R	Q	F	N	P	P	V	R	T	Y	Ί	E	Y	P	K	T
F	Z	U	V	J	Q	P	M	O	D	F	Z	A	H	V	V	Y

ΜΥΑΛΌ
ΕΠΤΆ
ΚΛΈΨΤΕ
ΑΡΟΥΡΑΊΟΣ
ΑΝΤΊΔΡΑΣΗ
ΧΑΡΑΚΤΉΡΑ
ΠΟΛΙΤΙΚΉ
ΈΚΠΛΗΞΗ
ΧΏΡΑΣ
ΑΦΟΡΟΎΝ
ΗΡΕΜΊΑ
ΌΤΙ
ΖΉΤΗΜΑ
ΧΤΎΠΗΜΑ
ΔΈΝΤΡΟ
ΠΟΛΎΤΙΜΟ
ΠΑΠΟΎΤΣΙΑ
ΤΈΛΟΣ
ΕΠΊΘΕΣΗ
ΛΑΪΚΆ

Puzzle 114

ΚΥΒΈΡΝΗΣΗΣ
ΔΡΆΚΟΣ
ΣΟΦΉ
ΚΎΡΙΟΣ
ΠΆΡΚΟ
ΙΚΑΝΉ
ΤΡΟΠΟΠΟΊΗΣΗ
ΟΜΙΛΊΑΣ
ΤΑΠΕΙΝΉ
ΕΜΠΝΕΎΣΕΙ
ΔΙΆΣΗΜΗ
ΓΥΝΑΊΚΕΣ
ΣΚΑΠΆΝΗ
ΙΑΤΡΙΚΉΣ
ΜΈΤΡΟΥ
ΑΠΌ
ΜΎΤΗ
ΓΡΑΜΜΉ
ΣΚΗΝΉ
ΑΊΘΟΥΣΑ

K	O	K	P	Ά	Π	H	E	R	R	C	Ή	J	S	A	W	M
Σ	Ύ	M	X	J	Γ	P	A	M	M	Ή	N	I	E	Π	A	T
K	F	P	I	O	N	W	O	H	D	N	H	M	C	T	V	T
A	M	L	I	Λ	E	Y	Y	Ό	Π	A	K	T	B	R	E	P
Π	F	H	E	O	Ί	R	Q	N	F	K	Σ	M	Ύ	T	H	O
Ά	Y	H	Σ	L	Σ	A	D	T	V	I	L	S	J	H	L	Π
N	D	P	Ύ	I	E	F	Σ	T	Σ	O	K	Ά	P	Δ	K	O
H	N	I	E	E	K	F	Y	K	Y	O	P	T	Έ	M	U	Π
G	U	U	N	A	Ί	Θ	O	Y	Σ	A	Φ	S	E	H	Y	O
W	W	I	Π	I	A	J	W	B	Y	A	A	Ή	B	M	T	Ί
U	R	M	M	Q	N	K	Y	B	Έ	P	N	H	Σ	H	Σ	H
L	J	Z	E	L	Y	I	A	T	P	I	K	Ή	Σ	Σ	W	Σ
D	H	J	A	Z	Γ	W	Q	X	Y	B	S	O	L	Ά	K	H
P	U	G	Z	J	R	L	N	H	D	M	D	T	I	I	Q	J
K	T	S	B	T	O	Z	I	J	Z	K	B	C	Z	Δ	J	F

Puzzle 115

```
N Z Π Γ Π Κ Π Μ D Z Μ I Ξ Β V O L
R J P C Σ E H A I P Γ Ά Ω U Y Z Q
U L Ό X Y L P I P Ά Ψ L T Σ Π G Z
Π P Θ M P G E Ί D Ά B E I Ή Λ Α Κ
Α Α Y E T Ω T X Π Z E N K P A Ί G
X Π M P Ά L Ό N K Λ S E Ό E Σ E J
Ύ O O F P E Λ N C I O M N A T P K
Λ B I C I B H T Y W N K X A I O A
Έ Λ Α X V Ψ S N G P N H S K Π P
Ξ Ή T Σ Ω Σ Y F V B Ύ L H J Ό F A
H T A J B T K W T L O Z E V P D M
C Ω O D A Q U G S P Φ Y S S E Y Έ
W N M Z R R A C U I Δ Ά T O K Σ Λ
X Y M Ό B R S F M B G L V I R W A
Y D K E B V U N C N K R I O Ά M Z
```

ΧΥΜΌ
ΠΑΧΎ
ΣΥΡΤΆΡΙ
ΨΆΡΙ
ΑΠΟΒΛΉΤΩΝ
ΥΨΗΛΌΤΕΡΗ
ΠΑΡΆΞΕΝΑ
ΒΟΥΤΙΆ
ΦΟΎΡΝΟ
ΠΕΡΊΠΛΟΚΗ
ΠΡΌΘΥΜΟΙ
ΛΈΞΗ
ΞΩΤΙΚΌ
ΆΓΡΙΑ
ΠΛΑΣΤΙΚΌ
ΚΑΡΑΜΈΛΑ
ΠΟΡΕΊΑ
ΚΑΛΉ
ΣΩΣΤΉ
ΣΚΟΤΆΔΙ

Puzzle 116

ΣΥΝΟΔΕΎΟΥΝ
ΒΟΎΤΥΡΟ
ΣΥΝΑΝΤΗΘΟΎΝ
ΠΛΗΡΟΦΟΡΙΏΝ
ΓΡΑΒΆΤΑ
ΟΠΛΩΝ
ΕΥΓΕΝΙΚΌ
ΘΛΙΒΕΡΉ
ΕΞΑΙΡΟΎΝ
ΡΟΚ
ΑΓΈΛΗΣ
ΕΞΈΠΛΗΞΕ
ΕΙΡΉΝΗ
ΔΙΟΊΚΗΣΗΣ
ΕΝΙΑΊΟ
ΝΥΧΤΕΡΊΔΑ
ΑΞΙΟΛΌΓΗΣΗ
ΑΚΑΤΆΛΛΗΛΗ
ΜΑΚΡΙΝΌ
ΙΔΙΟΚΤΉΤΗ

```
D Z G Z W H M Σ Δ I O Ί K H Σ H Σ
Θ Z P U M H A Y F U U V Ό T Q E N
A Λ C X R A K N U S B H K Ή Z Ξ Y
E I I C T P P A D W H W I T Σ Έ X
P I X B S G I N O Π Λ Ώ N K Y Π T
I P P F E D N T A G H Y E O N Λ E
Q L C Ή Y P Ό H Ξ T Λ W Γ I O H P
J H S T N X Ή Θ I O Λ I Y Δ Δ Ξ Ί
G F S X H W O O A Ά W E I E E Δ
E N I A Ί O E Ύ Λ J T K J F Ύ W A
B O Ύ T Y P O N Ό D A Ά J S O M R
E Ξ A I P O Ύ N Γ P K N B T Y W C
P E A P F J I K H O A C Y A N B P
L B P S H G K T Σ K G A S T P W T
N Ώ I P O Φ O P H Λ Π Σ H Λ Έ G A
```

Puzzle 117

E	Ν	Θ	Ο	Υ	Σ	Ι	Α	Σ	Μ	Έ	Ν	Ο	Σ	Α	Ο	E
Θ	Α	Υ	Μ	Α	Σ	Τ	Έ	Σ	Π	Ρ	Ό	Τ	Υ	Π	Ο	Φ
E	Π	Ι	Θ	Υ	Μ	Ί	Α	Χ	Ζ	Μ	Χ	G	G	A	H	E
B	E	X	B	M	I	C	A	P	E	Γ	S	R	I	C	J	Ύ
M	M	S	P	G	Q	H	B	A	I	Λ	Ά	B	Y	O	B	P
Γ	Υ	Υ	F	Ό	K	R	M	B	A	Ώ	K	A	E	O	O	E
E	O	P	X	G	N	D	Q	X	N	Σ	H	M	M	T	H	I
H	N	Γ	Z	K	Y	O	E	K	G	Σ	G	H	Έ	O	Z	K
E	Ί	B	Γ	I	Δ	Ά	M	I	Ξ	A	Π	B	Σ	Π	Q	Γ
J	E	A	Ύ	B	Q	O	A	E	D	E	M	H	I	L	Ή	
G	T	P	P	T	Λ	Ά	X	A	N	O	U	U	K	L	M	
Y	O	D	S	C	D	Ί	Ά	N	Θ	P	A	K	A	Ή	V	P
A	P	U	Y	H	O	Z	A	Σ	T	Λ	Ά	K	N	Ί	V	Y
P	Π	Σ	Υ	Μ	Π	E	P	I	Φ	O	P	Ά	T	Q	P	M
E	Π	E	Ξ	E	P	Γ	A	Σ	Ί	A	Σ	Q	L	R	Y	T

ΕΦΕΎΡΕΙ
ΠΡΟΤΕΊΝΟΥΜΕ
ΚΆΛΤΣΑ
ΆΝΘΡΑΚΑ
ΤΡΊΑ
ΜΈΣΗ
ΓΟΓΓΎΛΙΑ
ΜΥΡΜΉΓΚΙ
ΕΠΙΘΥΜΊΑ
ΛΆΧΑΝΟ
ΕΝΘΟΥΣΙΑΣΜΈΝΟΣ
ΧΡΌΝΟ
ΕΠΕΞΕΡΓΑΣΊΑΣ
ΣΥΜΠΕΡΙΦΟΡΆ
ΠΑΞΙΜΆΔΙ
ΒΟΥΒΆΛΙΑ
ΠΡΌΤΥΠΟ
ΤΟΠΙΚΉ
ΘΑΥΜΑΣΤΈΣ
ΓΛΏΣΣΑ

Puzzle 118

ΑΦΗΓΗΤΉ
ΠΕΙΝΑΣΜΈΝΟΙ
ΚΕΦΆΛΙ
ΔΙΆΔΡΟΜΟ
ΤΊΤΛΟ
ΑΓΕΝΉΣ
ΚΟΥΝΕΛΙΏΝ
ΎΨΟΣ
ΔΕΜΈΝΗ
ΑΙΏΝΑ
ΈΝΟΧΟΙ
ΧΑΛΊ
ΚΎΚΛΟ
ΨΗΛΌΤΕΡΟ
ΔΙΑΚΟΠΉ
ΗΘΙΚΌ
ΠΕΡΙΟΔΙΚΌ
ΔΟΝΤΙΏΝ
ΤΎΜΠΑΝΟ
ΣΤΑΘΕΡΉ

T	W	T	X	F	Z	Y	Ψ	G	R	Z	D	P	N	A	E	A
T	U	Ί	C	M	M	W	W	H	N	Έ	M	E	Δ	I	N	Y
E	P	T	D	O	C	G	S	I	Λ	Ά	Φ	E	K	Ώ	D	R
Q	N	Λ	Σ	T	A	Θ	E	P	Ή	Ό	C	L	N	N	N	Π
X	Σ	O	Ψ	Ύ	Q	O	Q	F	J	V	T	J	M	A	Π	E
R	W	Ή	T	H	Γ	H	Φ	A	Y	E	J	E	R	K	E	I
Z	F	Π	N	T	Ύ	M	Π	A	N	O	Y	S	P	Q	P	N
V	K	O	D	E	K	H	Z	Y	O	X	Έ	P	X	O	I	A
I	H	K	P	O	Γ	V	I	F	Λ	M	N	I	O	I	O	Σ
G	R	A	W	F	I	A	N	U	K	Z	O	F	O	W	Δ	M
N	Ώ	I	T	N	O	D	M	V	Ύ	X	X	P	B	G	I	Έ
K	F	Δ	Y	J	X	M	V	T	K	X	O	O	Δ	Q	K	N
K	O	Y	N	E	Λ	Ι	Ώ	N	O	A	I	U	W	Ά	Ό	O
C	H	Θ	I	K	Ό	T	X	J	J	Λ	A	K	E	N	Y	I
C	T	F	Y	R	D	B	V	M	S	Ί	M	P	X	A	K	Δ

Puzzle 119

```
Γ Ε Ν Ώ Ρ Τ R Δ Ζ Ζ Ρ G Q R Q B Ά
Σ Ρ Σ Ι Ο Ν Έ Μ Η Ι Ο Π Ο Ν Α Κ Ι
Ύ Ε Ή Ή Κ Κ Τ Ρ Σ Μ U Ι J W D V Ξ
Ν Ξ D Γ Μ Ο Q Ω Ε Ζ Ό Ε G L Q Ε Ε
Ο Ή F Ε Ο Α Μ Τ Ν W Ν Σ J F V Κ Δ
Λ Ε C Μ Ν Ρ Q Ή Ά R Ε Ύ Ι Α Ε Δ W
Ό Η Ι Q Ά Ν Α Σ Β Κ Κ Ε Α Ω Α Ή Q
Ο Ζ Ρ J Ι J V Ω W Τ Υ Ν Τ Κ Ν Λ Ο
Ι Ν Υ Ο Π Έ Λ Β Ο Ρ Π Π Ν J Ό Ω C
Π Ο Δ Ο Σ Φ Α Ϊ Ρ Ο Υ Α Ο D Ι Σ V
Η V Ο G Q Η Τ Ε D Q G Ν Ν G Σ Η Η
J F Α Q Ο Ρ Ν G Ζ W Α Α Ά Ι Ι J Ν
G C Σ U Τ Ε Ν J F V Τ Α Χ Η Τ F Κ
Ε Β Δ Ο Μ Ά Δ Α F Σ Ο Ρ L Ρ Ν Ε Ο
R U Ν Ρ Ο Η Ζ Ο Υ Η U Ν C L Ο W Ν
```

ΑΝΑΠΝΕΎΣΕΙ
ΤΡΏΝΕ
ΓΡΉΓΟΡΑ
ΔΗΜΌΣΙΩΝ
ΠΙΆΝΟ
ΡΩΤΉΣΩ
ΆΝΕΣΗ
ΣΎΝΟΛΟ
ΠΡΟΒΛΈΠΟΥΝ
ΑΝΆ
ΕΚΔΉΛΩΣΗ
ΧΆΝΟΝΤΑΙ
ΟΝΤΙΣΙΌΝ
ΚΕΝΌ
ΠΟΔΟΣΦΑΊΡΟΥ
ΔΕΞΙΆ
ΉΞΕΡΕ
ΙΚΑΝΟΠΟΙΗΜΈΝΟΙ
ΕΒΔΟΜΆΔΑ
ΣΉΜΑ

Puzzle 120

ΤΙΜΩΡΉΣΕΙ
ΞΕΣΠΆΣΕΙ
ΦΡΆΣΗ
ΕΠΙΣΤΟΛΉ
ΠΑΊΧΤΗΣ
ΜΆΤΙ
ΚΑΤΑΣΚΕΥΉΣ
ΠΛΉΡΩΣ
ΛΊΠΟΣ
ΧΉΝΑ
ΣΥΓΓΡΑΦΈΑΣ
ΕΡΏΤΗΣΗ
ΚΑΒΟΎΡΙΑ
ΤΆΞΗ
ΑΠΟΘΕΜΑ
ΑΝΑΝΆ
ΎΦΟΣ
ΙΔΙΩΤΙΚΌ
ΕΎΡΗΜΑ
ΤΣΈΠΗ

```
Α Ρ Α Ι Β Ε G Ρ D Q Μ Υ Ξ Α Ρ Ζ C
Ν Ι Τ D Μ G U Σ Q Ι Β Η Ε Ν G Τ Ύ
Α Ε Δ Σ Α Έ Φ Α Ρ Γ Υ Σ W Κ Q Φ
Ν Π Ύ Ι Ο Ι V D Ζ G G Π Ά J Β Ο
Ά Λ Μ Ρ Ω Α Π Ό Θ Ε Μ Α Ά F Ρ C Σ
G Ή Η Σ Η Τ Ώ Ρ Ε Ρ Σ Ο Σ Κ Ο Φ Ή
L Ρ Ξ Β Ι Μ Ι Q G Ν Υ Σ Ε G Ο Χ Υ
Ν Ω Ά Τ Τ Α Α Κ Υ Q Ε L Ι D D Ν Ε
Χ Σ Τ C Χ Ή Ν Α Ό F Η Μ Ο Β Μ Μ Κ
Ε Π Ι Σ Τ Ο Λ Ή U Σ Η Ι Η Υ Ά Ο Σ
Λ Ί Π Ο Σ Η Τ Χ Ί Α Π F R Ο Τ Q Α
Κ Α Β Ο Ύ Ρ Ι Α W G Έ Ζ R Μ Ι Ο Τ
Τ Ι Μ Ω Ρ Ή Σ Ε Ι Σ Μ Β Ι Ζ Ο Α
D G L Υ D G L Ζ Α Κ Τ Q Τ U Ε Ε Κ
Μ V L Τ Υ Ρ V Η W Ν G Ρ R Ο Α Μ Τ
```

Puzzle 121

L	Ή	Φ	O	P	T	Σ	A	T	A	K	I	E	L	A	W	T
E	Ή	M	I	T	D	M	D	F	Y	X	D	J	C	W	T	A
D	A	Ω	K	Φ	I	Λ	Ί	Y	B	I	J	Ή	S	I	R	K
Q	N	P	O	N	B	D	R	Γ	N	Q	O	K	R	O	S	T
T	Ά	Ό	Γ	C	A	Ί	K	P	Y	O	T	I	N	H	K	O
V	Γ	C	Έ	M	I	Z	I	Ό	Γ	Έ	N	N	H	Σ	H	Π
Z	N	X	N	Σ	U	A	Z	W	F	H	Έ	H	H	H	W	O
K	Ω	C	E	O	Y	P	W	U	K	I	Λ	P	D	Ξ	Z	I
A	Σ	V	I	Π	P	M	P	G	J	L	A	I	Q	Ύ	Z	H
Λ	H	J	E	M	J	H	B	V	V	A	T	E	T	A	A	M
Π	Σ	P	Σ	Ό	T	S	A	O	Φ	O	P	T	N	Ύ	Σ	Έ
A	E	U	H	K	J	J	R	P	Ύ	E	G	T	Z	M	Z	N
Σ	N	N	J	T	T	O	J	K	Z	Λ	N	W	Z	J	B	A
M	Γ	I	A	T	Ί	C	W	W	C	R	I	E	Ί	Δ	O	Σ
Ό	Q	C	U	A	T	Σ	A	Π	Ό	T	N	O	Δ	O	A	H

ΑΎΞΗΣΗ
ΣΎΝΤΡΟΦΟ
ΚΌΜΠΟΣ
ΓΙΑΤΊ
ΥΓΡΌ
ΕΙΡΗΝΙΚΉ
ΦΙΛΊ
ΤΑΚΤΟΠΟΙΗΜΈΝΑ
ΟΙΚΟΓΈΝΕΙΕΣ
ΤΑΛΈΝΤΟ
ΓΈΝΝΗΣΗ
ΕΊΔΟΣ
ΤΙΜΉ
ΤΟΥΡΚΊΑ
ΚΑΛΠΑΣΜΌ
ΑΝΆΓΝΩΣΗΣ
ΚΑΤΑΣΤΡΟΦΉ
ΣΥΜΒΟΎΛΙΟ
ΜΩΡΌ
ΟΔΟΝΤΌΠΑΣΤΑ

Puzzle 122

ΠΟΛΥΤΕΛΉ
ΓΙΑΤΡΌΣ
ΧΈΡΙ
ΦΛΟΙΌ
ΧΡΏΜΑ
ΚΟΜΜΆΤΙ
ΣΆΒΒΑΤΟ
ΑΤΟΜΙΚΉ
ΜΟΥΣΙΚΉ
ΚΑΝΈΝΑΝ
ΑΝΏΤΕΡΟΣ
ΤΕΧΝΟΛΟΓΊΑ
ΕΣΩΤΕΡΙΚΉ
ΑΊΣΘΗΣΗ
ΚΑΟΥΜΠΌΗ
ΦΎΛΛΑ
ΜΟΎΜΙΑ
ΑΚΟΛΟΥΘΊΑ
ΣΩΜΑΤΙΔΊΩΝ
ΠΟΥΛΊ

K	A	O	Y	M	Π	Ό	H	N	A	N	Έ	N	A	K	Γ	X
A	N	Ώ	T	E	P	O	Σ	W	T	A	T	G	Λ	L	I	P
G	F	M	O	Y	Σ	I	K	Ή	O	M	Q	S	Λ	H	A	Ώ
J	E	H	M	E	C	Y	A	L	M	T	R	X	Ύ	Q	T	M
A	K	O	Λ	O	Y	Θ	Ί	A	I	A	A	E	Φ	G	P	A
J	I	O	L	E	G	E	N	P	K	F	I	B	F	D	Ό	K
R	W	B	G	G	M	R	Σ	V	Ή	T	M	H	B	J	Σ	O
Q	S	R	M	R	H	L	Y	Ω	J	T	Ύ	C	F	Ά	H	M
X	W	Y	F	O	A	V	O	C	T	H	O	B	K	B	Σ	M
T	E	X	N	O	Λ	O	Γ	Ί	A	E	M	Y	E	K	H	Ά
Φ	Σ	Ω	M	A	T	I	Δ	Ί	Ω	N	P	L	Z	E	Θ	T
Ή	Λ	E	T	Y	Λ	O	Π	Λ	K	Y	Z	I	S	V	Σ	I
U	R	O	P	G	E	G	V	Y	K	P	R	P	K	E	Ί	K
I	H	D	I	V	Y	S	H	O	I	R	G	Έ	K	Ή	A	S
C	A	N	K	Ό	P	R	G	Π	X	D	C	X	L	W	L	O

Puzzle 123

```
M G S O K Ί Λ Η Π Η M V V X O Σ A
X Q T D Λ N O R E N E I F E M Π Π
C E E O I Δ Έ X Σ B Z Z I O Ά Q
Z A A Y Π M Ά T I A A N Q M I Σ Φ
T E Λ E Y T A Ί A H J X W Ώ O E Ά
Σ A N A Γ N Ω P Ί Σ E I K N K I Σ
M I K P Ό Π K E Z Ώ F P A A A Θ E
O L E T G H P P C T A C Θ J T Y Ω
M Z S P L X K Ό Ί Π I E P T A M N
I M W U T W V T Σ Σ Q W Έ F Λ Ά T
H I N Y O Z Ά N Ω Φ H E Φ C H Σ Q
N S L V R W Z W R N A U T I Ξ T C
Π Λ E O N Έ K T H M A T H S Ί E Y
P S L Q T T T P X M R G H V A I B
E U P V K S W I B M N N O M I K Ή
```

NOMIKΉ
ΠΛΕΟΝΈΚΤΗΜΑ
ΚΡΊΣΗ
ΣΧΈΔΙΟ
ΑΝΑΓΝΩΡΊΣΕΙ
ΚΑΘΡΈΦΤΗ
ΠΡΌΣΦΑΤΗ
ΑΠΟΦΆΣΕΩΝ
ΜΆΤΙΑ
ΧΕΙΜΏΝΑ
ΜΙΚΡΌ
ΠΗΛΊΚΟ
ΚΛΙΠ
ΟΜΟΙΟΚΑΤΑΛΗΞΊΑ
ΣΠΆΣΕΙ
ΤΡΕΙΣ
ΦΩΝΆΖΟΥΝ
ΘΥΜΆΣΤΕ
ΠΤΏΣΗ
ΤΕΛΕΥΤΑΊΑ

Puzzle 124

ΣΕΙΡΆ
ΧΑΛΑΡΏΣΤΕ
ΘΥΜΊΖΕΙ
ΑΚΟΎΣΕΤΕ
ΑΥΓΆ
ΏΡΙΜΗ
ΨΗΦΟΦΟΡΊΑ
ΞΑΦΝΙΚΆ
ΗΛΙΈΛΑΙΟ
ΠΆΝΤΑ
ΓΙΑΓΙΆ
ΔΕΙ
ΕΠΙΣΚΕΥΉΣ
ΠΑΠΟΎΤΣΙ
ΦΡΑΓΚΟΣΤΆΦΥΛΟ
ΜΈΓΙΣΤΗ
ΕΠΈΤΕΙΟ
ΚΑΘΟΡΊΖΟΥΝ
ΛΑΜΒΆΝΟΝΤΑΣ
ΚΆΘΕ

```
Π A Π O Ύ T Σ I Δ P D Ώ Σ W B A P
I K M N Y Y Z I T E A P Γ E O K U
S W H T Π Ά N T A D I I I A I J K
Λ A M B Ά N O N T A Σ M A Λ A P D
E K Ά O Γ N A V C H Ή H Γ C Λ R Ά
Π K K Y Y G R X N G Y O I V Έ Z V
Έ Ά I A A O B V B D E G Ά K I R V
T Θ N Z Θ W R P D E K Z Y A Λ Y C
E E Φ X B O M Έ Γ I Σ T H Q H I M
I N A B Z U P N P E I E Z Ί M Y Θ
O J Ξ P W C P Ί N J Π U L K L D V
A K O Ύ Σ E T E Z G E Q N S O I O
X X O Λ Y Φ Ά T Σ O K Γ A P Φ Y N
X A Λ A P Ώ Σ T E K Y N P P F L X
Ψ H Φ O Φ O P Ί A I K N R H A G C
```

Puzzle 125

```
S  Q  Q  T  Π  Ρ  Ο  Μ  Ή  Θ  Ε  Ι  Ε  Σ  Μ  C  Σ
Ε  Ί  V  Q  T  U  T  E  D  P  A  A  G  V  Z  L  Ύ
Χ  T  E  Ι  Σ  Ό  Δ  O  Y  V  J  D  D  Z  Ι  Χ  N
B  Ρ  Σ  Χ  Η  Έ  Μ  Ι  Ρ  K  Ε  Κ  Γ  Υ  Σ  N
G  Α  Ώ  Ή  F  H  H  Σ  Υ  Ε  Δ  Ί  Α  Π  Κ  Ε  Ε
Ρ  Χ  C  Μ  Ρ  Χ  V  Q  Z  B  K  O  Ύ  K  Λ  A  Φ
Ε  Ο  Ο  Α  Α  Ω  W  U  Υ  Ό  D  Π  Z  O  Q  Y  O
Μ  Ι  Υ  Ι  Z  T  Χ  S  J  Λ  Ι  Ε  Ν  Ν  Τ  Ε  Ε
U  T  Σ  Ν  Ρ  Μ  Α  Ο  Ο  Υ  Α  Ί  Σ  Α  Ρ  Γ  Υ
A  R  F  A  K  G  Η  Π  Ρ  Ο  Z  T  L  K  Z  Ρ  Ε
Z  A  T  Η  Γ  C  K  Ά  H  Π  W  E  Ι  Χ  Τ  Ρ  Η
B  Α  Θ  Ι  Ά  Ά  C  N  Π  Ρ  Ό  B  Λ  Η  Μ  A  F
Π  Ε  Ί  Σ  Ε  Ι  Γ  Ω  Γ  Ε  Ω  Γ  Ρ  Α  Φ  Ί  A
J  J  G  C  G  Ι  Q  Ε  K  N  Y  T  C  R  B  O  Ι
Γ  Λ  Υ  Κ  Ι  Ά  J  S  Ι  Ι  N  S  K  Χ  S  Ι  F
```

ΠΡΟΧΩΡΉΣΤΕ
ΕΙΣΑΓΆΓΕΙ
ΓΛΥΚΙΆ
ΕΙΣΌΔΟΥ
ΠΡΟΜΉΘΕΙΕΣ
ΠΕΊΤΕ
ΠΕΊΣΕΙ
ΓΕΩΓΡΑΦΊΑ
ΣΥΓΚΕΚΡΙΜΈΝΗ
ΠΆΝΩ
ΠΟΥΛΌΒΕΡ
ΣΎΝΝΕΦΟ
ΒΑΘΙΆ
ΚΟΎΚΛΑ
ΡΟΖ
ΥΓΡΑΣΊΑ
ΧΡΏΜΑΤΑ
ΠΡΌΒΛΗΜΑ
ΕΚΠΑΊΔΕΥΣΗ
ΧΑΡΤΊ

Puzzle 126

ΑΡΚΟΥΔΆΚΙ
ΣΦΆΛΜΑ
ΑΓΏΝΑ
ΕΘΝΙΚΌΣ
ΠΡΙΝ
ΕΛΛΕΙΠΤΙΚΉ
ΓΡΆΦΗΜΑ
ΑΠΟΡΡΊΠΤΟΥΝ
ΕΞΑΣΚΟΎΝ
ΊΣΗ
ΣΥΝΟΛΙΚΌ
ΝΤΟΥΣ
ΔΙΑΊΡΕΣΗ
ΚΑΘΗΓΗΤΉΣ
ΣΤΟΜΆΧΙ
ΓΕΝΝΑΊΑ
ΚΟΙΝΌ
ΑΝΑΤΟΛΙΚΆ
ΑΠΟΤΎΠΩΣΗ
ΕΑΥΤΌ

```
Ε  Ε  Σ  Ό  K  Ι  Ν  Θ  Ε  Z  Σ  Ν  Ν  Α  Ν  Δ  A
Q  D  T  Y  O  F  Ί  Α  Q  R  Y  T  Ε  Π  Υ  Ι  J
J  T  O  E  O  C  Σ  Ι  Ρ  Η  Ν  Γ  Ξ  O  A  A  A
Ι  A  Μ  A  Ν  T  H  V  V  J  O  Ρ  A  Ρ  Ρ  Ί  Π
W  W  Ά  A  Ί  A  Ν  Ν  Ε  Γ  Λ  Ά  Σ  Ρ  K  Ρ  O
T  Z  Χ  R  D  Q  L  Q  U  Ι  Ι  Φ  K  Ί  O  E  T
Ή  K  Ι  Τ  Π  Ι  Ε  Λ  Λ  Ε  K  Η  O  Π  Υ  Σ  Ύ
Ε  Ι  R  R  Ρ  Σ  B  Ν  B  Ε  Ό  Μ  Ύ  T  Δ  Η  Π
O  S  S  O  K  V  Φ  Ρ  R  Ε  A  A  Ν  O  Ά  K  Ω
Μ  Μ  Μ  U  H  F  Ι  Ά  D  Χ  R  Y  B  Y  K  O  Σ
U  S  Y  C  K  U  D  G  Λ  Q  R  L  T  Ν  Ι  Ι  Η
K  Α  Θ  Η  Γ  Η  Τ  Ή  Σ  Μ  Y  Z  T  Ό  Η  Ν  Q
D  Ι  Ι  E  C  Α  Γ  Ώ  Ν  Α  A  Π  Ρ  Ι  Ν  Ό  M
A  Ν  Α  Τ  Ο  Λ  Ι  K  Ά  Μ  Z  D  Ι  Ν  Χ  C  Ι
N  S  K  Μ  H  W  U  Ρ  Ε  Q  R  Ι  A  Μ  B  O  N
```

Puzzle 127

```
Ε  Δ  Ί  Ε  Π  Ρ  Ο  Σ  Π  Ά  Θ  Ε  Ι  Α  Ε  Β  Τ
Π  L  Π  Ύ  Π  Ν  Ο  Λ  Λ  Ύ  Φ  G  Β  Ι  Μ  V  S
Α  C  V  Α  Ί  Χ  Υ  Τ  Ι  Π  Ε  Μ  Ύ  Ε  Π  Υ  U
Γ  J  F  Υ  Ρ  C  I  G  Χ  Η  Ο  Ρ  Λ  Χ  Ε  Γ  D
Γ  J  D  U  I  A  T  U  I  K  X  Υ  Ο  Έ  Ι  Η  Η
Ε  Ι  Μ  D  R  Σ  Μ  L  J  T  G  G  Μ  Ν  Ρ  Σ  U
Λ  C  Ρ  Ν  Η  Κ  Τ  Ε  U  D  C  L  Ρ  Υ  Ί  Α  Υ
Μ  Υ  Κ  Ι  Μ  Ν  Υ  Ή  Ί  Ι  Ν  Β  Β  Σ  Α  V  C
Α  W  L  Υ  R  U  N  N  Ρ  Ν  Η  J  I  G  N  G  A
Τ  J  Z  Ε  Ο  Ί  Δ  Ε  Π  Ι  Ε  Η  Μ  J  G  J  O
Ι  Τ  Ι  Η  Τ  Ί  Λ  Ο  Π  Ζ  Ξ  Ι  W  V  X  S  S
Κ  Β  Τ  L  Η  Ρ  Α  Χ  Ά  Ζ  Κ  Η  V  Μ  Ι  X
Ο  Ρ  Ε  Τ  Ό  Γ  Ι  Λ  Τ  Ο  Υ  C  Σ  Τ  Ρ  Ρ  D
Ύ  U  F  M  N  I  Π  Π  Ο  Π  Ό  Τ  Α  Μ  Ο  Σ  Ο
Ι  Ι  Η  Σ  Α  Ί  Τ  Σ  Ε  Τ  Ρ  Μ  W  M  X  F  I
```

ΦΎΛΛΟ
ΕΠΑΓΓΕΛΜΑΤΙΚΟΎ
ΕΣΤΊΑΣΗ
ΜΟΛΎΒΙ
ΖΆΧΑΡΗ
ΑΝΌΗΤΟ
ΣΥΝΈΧΕΙΑ
ΠΑΡΑΜΕΊΝΕΙ
ΠΟΛΊΤΗ
ΕΠΙΤΥΧΊΑ
ΤΟΥ
ΣΤΉΡΙΞΗΣ
ΎΠΝΟ
ΠΡΟΣΠΆΘΕΙΑ
ΕΜΠΕΙΡΊΑ
ΓΗΣ
ΕΊΔΕ
ΛΙΓΌΤΕΡΟ
ΠΕΔΊΟ
ΙΠΠΟΠΌΤΑΜΟΣ

Puzzle 128

ΦΘΗΝΉ
ΑΠΟΛΑΜΒΆΝΟΥΝ
ΑΡΚΟΎΔΑ
ΥΠΟΨΉΦΙΟΣ
ΆΓΧΟΣ
ΙΣΤΟΡΊΑ
ΣΗΜΑΊΑ
ΧΆΣΕΙ
ΠΑΡΑΔΟΣΙΑΚΌ
ΕΠΙΤΡΟΠΉ
ΠΡΟΝΌΜΙΟ
ΑΓΡΌΤΗΣ
ΆΡΡΩΣΤΟ
ΈΡΙΞΕ
ΘΕΡΜΌΤΗΤΑΣ
ΕΤΥΜΗΓΟΡΊΑ
ΚΆΡΔΑΜΟ
ΠΟΣΌ
ΚΑΛΎΠΤΟΝΤΑΙ
ΔΙΑΧΕΊΡΙΣΗ

```
Θ  Ε  Ρ  Μ  Ό  Τ  Η  Τ  Α  Σ  Χ  C  T  T  Ρ  Π  Σ
Κ  Α  Λ  Ύ  Π  Τ  Ο  Ν  Τ  Α  Ι  Ά  G  G  U  A  H
Ρ  Δ  Π  Α  Α  Ή  L  R  Ε  Υ  V  Σ  I  Ε  Ρ  Μ
F  Ι  Ρ  Υ  V  Ρ  N  C  Ά  Γ  Χ  Ο  Σ  Ε  Ι  Α  Α
Ά  Α  Ο  Ν  Ν  J  Υ  Η  Ο  Ε  Σ  Μ  F  Ξ  Ι  Δ  Ί
Ρ  Χ  Ν  J  Ρ  Υ  Ο  Η  Θ  Α  Ο  Α  F  I  D  O  A
Ρ  Ε  Ό  Β  G  J  N  G  F  Φ  Ι  Δ  Μ  Ρ  Υ  Σ  F
Ω  Ί  Μ  Υ  C  S  Ά  I  C  Z  Φ  Ρ  I  Έ  Σ  I  E
Σ  Ρ  I  G  R  K  B  V  Σ  Ν  Ή  Ά  R  L  H  A  Π
Τ  I  O  D  S  X  M  F  K  T  Ψ  K  V  R  T  K  I
O  Σ  V  T  H  D  A  S  R  H  O  Π  O  Σ  Ό  Ό  Τ
X  H  W  S  Q  D  Λ  D  C  Ρ  Π  Ρ  K  Q  P  L  P
E  T  Υ  M  H  Γ  O  Ρ  Ί  A  Υ  F  Ί  X  Γ  C  O
X  O  M  N  N  S  Π  X  O  L  A  U  Q  A  A  G  Π
J  E  V  Ρ  J  H  A  Δ  Ύ  O  K  Ρ  A  A  I  V  Ή
```

Puzzle 129

```
Π  C  E  Y  Z  S  R  B  F  L  A  K  J  M  X  K  Π
W  A  Λ  Ύ  O  Π  O  Λ  A  Γ  I  J  N  U  N  E  A
K  Y  I  A  T  N  O  N  Ί  Γ  R  P  T  J  A  Ί  P
U  N  T  Δ  Z  B  G  Ή  Φ  I  T  V  N  C  Z  M  Ό
M  Έ  D  H  Ί  A  R  Γ  A  W  P  R  K  M  I  E  M
D  Δ  R  A  N  E  Ξ  A  P  T  H  Σ  Ί  A  Σ  N  O
Y  P  P  M  Ά  K  I  Λ  Γ  A  I  E  Δ  Ά  O  I
A  A  E  N  J  H  G  Λ  O  J  Q  G  Θ  R  S  T  A
A  Σ  J  C  D  Θ  D  A  X  B  U  H  A  O  H  P  K
D  O  B  Y  A  Ή  A  T  I  D  R  Q  T  I  F  A  P
I  Φ  C  Ό  R  Ξ  Π  W  O  P  I  E  Σ  W  Q  T  W
W  Y  Q  H  Σ  Y  E  Q  T  M  N  O  G  K  O  Έ  W
D  Λ  Q  F  J  A  I  K  O  P  Ί  T  Σ  I  G  T  N
P  Έ  D  R  Z  Y  Λ  K  A  T  Σ  A  P  Ό  Λ  A  L
C  K  S  G  K  H  Ή  Σ  Y  N  Έ  N  T  E  Y  Ξ  H
```

ΠΑΙΔΊ
ΑΥΞΉΘΗΚΕ
ΈΔΡΑ
ΚΈΛΥΦΟΣ
ΓΊΝΟΝΤΑΙ
ΣΥΝΈΝΤΕΥΞΗ
ΑΓΓΛΙΚΆ
ΚΟΡΊΤΣΙ
ΣΤΑΘΕΊ
ΤΟΙΧΟΓΡΑΦΊΑ
ΓΑΛΟΠΟΎΛΑ
ΤΈΤΑΡΤΟ
ΠΑΡΌΜΟΙΑ
ΑΣΒΌΣ
ΑΝΕΞΑΡΤΗΣΊΑΣ
ΑΠΕΙΛΉ
ΚΕΊΜΕΝΟ
ΆΔΕΙΑ
ΑΛΛΑΓΉ
ΚΑΤΣΑΡΌΛΑ

Puzzle 130

ΚΑΛΑΜΆΡΙΑ
ΑΝΑΚΑΛΎΨΕΤΕ
ΉΣΥΧΟ
ΕΝΟΧΛΕΊ
ΠΡΏΗΝ
ΣΥΓΧΑΡΏ
ΠΩΛΟΎΝ
ΌΠΛΟ
ΕΤΑΙΡΊΑ
ΑΦΟΡΆ
ΠΡΑΚΤΙΚΉ
ΚΑΤΣΙΚΊΣΙΟ
ΜΑΡΓΑΡΊΤΑ
ΣΑΎΡΑ
ΠΕΡΙΠΕΤΕΙΏΔΗ
ΠΡΟΤΙΜΟΎΝ
ΣΗΜΆΔΙ
ΤΈΛΕΙΑ
ΠΟΡΤΟΚΑΛΊ
ΆΡΘΡΑ

```
K  A  Λ  A  M  Ά  P  I  A  K  V  H  Q  K  X  Π  Σ
I  A  R  I  F  V  F  M  P  S  D  C  W  S  Z  P  A
P  W  G  Ά  Ώ  U  D  A  A  M  I  I  D  P  W  O  Ύ
H  G  B  P  P  N  B  Ί  A  O  E  E  I  U  G  T  P
R  Q  T  O  A  Θ  L  P  M  T  H  L  T  X  Π  I  A
Ή  V  J  Φ  X  U  P  I  Z  A  Ί  V  G  W  P  M  W
K  R  J  A  Γ  Ί  Λ  A  K  O  T  P  O  Π  Ώ  O  F
I  Q  Z  X  Y  F  O  T  Έ  Λ  E  I  A  F  H  Ύ  C
T  O  S  O  Σ  Q  V  E  Q  Θ  E  P  E  K  Γ  N  O
K  A  T  Σ  I  K  Ί  Σ  I  O  N  Z  B  X  Π  J  R
A  N  A  K  A  Λ  Ύ  Ψ  E  T  E  O  A  Y  M  A  C
P  M  F  H  Σ  H  M  Ά  Δ  I  H  I  X  R  L  B  M
Π  Ή  Σ  Y  X  O  A  Q  W  G  N  Ύ  O  Λ  Ω  Π  Y
Π  E  P  I  Π  E  T  E  I  Ώ  Δ  H  C  I  E  F  F
H  S  Z  J  L  R  W  Ό  Π  Λ  O  I  W  Q  M  Ί  V
```

Puzzle 131

```
Φ Ε Ν Ο Ι Τ Ά Μ Ω Δ Ι Ζ Ι Κ Τ Π Α
Ε Α Μ Σ Ά Φ D Ν Έ Υ Ζ Μ F W Ζ Α Π
Ν Μ Ν D A Q Q I A Ν Q Η Β Ζ V Ρ Α
Κ Υ Υ Ι U R Ζ C I Ό Ξ Ω Δ Ά Σ
U Ν Ο Ζ Α U Χ S D W Ν Υ S I Ι Γ Χ
Τ Ή Χ Ε J Σ Ο U D Ε Ρ S Ν F Ά Ο Ο
U Μ Έ W Ν S Ί Α Ό Ρ Α Τ Ο Π Λ Ν Λ
R Η L Χ U V Ε Α Τ Π G Ζ Κ Ρ Ε Τ Ο
Λ Ί Μ Ν Η W Μ Β Σ Ρ Α Τ G Ώ Ι Α Ύ
Ό Κ Ι Π Ω Σ Ο Ρ Π Ά Ι Μ U Τ Μ Σ Ν
U Χ Η Ι Ο W Κ Ρ Α Ξ G D Ε Ο Μ Ζ U
Η Μ Ά Η Η C Ο Ρ G Η G Β S Ζ Α Β Τ
U Μ S Ρ C L Σ Α Π Α Ρ Α Ί Τ Η Τ Ο
J Κ S Α Η Ύ Ο Τ Α Ρ Τ Σ Β F Κ D Κ
Π Ι Ν Έ Λ Ο Ν V W Ν R Ρ Η F C Κ U
```

ΠΑΡΆΓΟΝΤΑΣ
ΜΉΝΥΜΑ
ΧΆΡΗ
ΔΙΆΛΕΙΜΜΑ
ΈΧΟΥΝ
ΔΩΜΆΤΙΟ
ΈΞΩ
ΝΟΣΟΚΟΜΕΊΟ
ΠΡΟΣΩΠΙΚΌ
ΑΌΡΑΤΟ
ΣΤΡΑΤΟΎ
ΠΡΆΞΗ
ΑΠΑΣΧΟΛΟΎΝ
ΛΊΜΝΗ
ΠΙΝΈΛΟ
ΠΡΏΤΟ
ΑΠΑΡΑΊΤΗΤΟ
ΦΑΝΤΑΣΊΑΣ
ΜΈΝΟΥΝ
ΦΆΣΜΑ

Puzzle 132

ΣΧΕΔΌΝ
ΕΜΦΑΝΙΣΤΕΊ
ΒΕΛΌΝΑ
ΚΑΤΑΙΓΊΔΑ
ΧΟΡΌ
ΣΕΖΌΝ
ΠΙΟ
ΦΈΡΕΙ
ΣΥΝΑΝΤΉΘΗΚΕ
ΒΕΝΖΊΝΗ
ΠΑΡΈΧΕΙ
ΚΡΕΜΜΎΔΙ
ΑΝΤΊΣΤΡΟΦΗ
ΚΑΝΑΠΈ
ΔΕΙΛΌΣ
ΑΠΌΦΟΙΤΟΣ
ΏΡΕΣ
ΠΡΟΣΘΈΣΕΤΕ
ΧΎΝΕΤΑΙ
ΤΥΧΑΊΑ

```
Β Ι J Α Ι Α Τ Ε Ν Ύ Χ Η Χ Q Α Κ L
Α Ε Υ Ρ Χ Ρ Α Ό Η Ε Φ Ο S D Ρ Π
Ο Π Λ Χ Α Ο Τ Ί Δ Ν Ν Έ Ρ Β Ί Ε Ρ
R Ι Ό Ό Ν Ρ V Α Ε Ί V Ρ Ό Τ Ε Μ Ο
Α L V Φ Ν D Q Χ Χ Ζ Γ Ε Ε C Τ Μ Σ
Q J G Ε Ο Α Κ Υ Σ Ν Ο Ι Π Μ Σ Ύ Θ
Σ Ρ Ρ Ρ Β Ι S Τ Α Ε Α V Α W Ι Δ Έ
Ε Ε Α G Τ G Τ R S Β Τ Β F Τ Ν Ι Σ
Ζ Q F Ο F C L Ο Ο Ο Α Π Υ Δ Α Ν Ε
Ό U J J Β Μ C S Σ Μ Ώ Α Κ Ε Φ Κ Τ
Ν Χ U U Υ D G U Χ Χ Ρ Ρ Α Ι Μ Χ Ε
Α Ν Τ Ί Σ Τ Ρ Ο Φ Η Ε Έ Ν L Ε Κ Χ
Q Ε Υ Τ Η Α J Μ Ρ D Σ Χ Α Ό Μ Ζ Χ
Σ Υ Ν Α Ν Τ Ή Θ Η Κ Ε Ε Π Σ Ι Κ Q
W S U Ρ Α G D L V G L Ι Έ Ζ Η Ο R
```

Puzzle 133

M	Ά	M	M	Y	E	Ŕ	Ά	Z	J	B	C	A	A	H	K	Σ
O	Θ	O	J	Π	A	Y	D	M	M	W	Ά	Ί	Y	I	A	Y
N	Λ	I	N	Ύ	O	P	I	Π	Y	U	Y	Σ	H	B	T	M
A	I	E	M	C	G	P	H	P	I	N	Y	A	H	P	A	Φ
X	A	Λ	H	A	G	I	E	H	V	H	A	Γ	Σ	Σ	Σ	Ω
I	D	Έ	K	V	C	B	L	Ί	U	P	R	P	H	A	K	N
K	Ί	Θ	A	Π	Σ	X	K	P	A	Y	I	E	P	Ί	E	Ί
Ό	Λ	Y	Σ	A	I	E	Γ	P	Έ	N	E	Ώ	E	Ύ	A	
B	W	K	L	L	C	L	R	T	T	B	R	Γ	E	Λ	A	G
I	U	P	W	R	O	V	Y	Y	W	G	P	P	Θ	A	Σ	R
M	P	K	E	S	Y	R	Z	Z	J	Y	V	A	I	Φ	M	J
E	Π	I	Σ	T	Ή	M	O	N	A	Σ	E	Σ	Π	Σ	A	S
T	E	X	N	O	Λ	O	Γ	Ί	A	Σ	S	Ί	E	A	C	I
A	Π	Έ	N	A	N	T	I	Z	T	N	G	Δ	W	H	O	Y
L	D	K	D	A	D	V	I	E	Σ	Ή	K	I	N	T	P	V

ΣΠΑΘΊ
ΣΤΥΛΌ
ΣΥΜΦΩΝΊΑ
ΘΈΛΕΙ
ΤΕΧΝΟΛΟΓΊΑΣ
ΑΣΦΑΛΕΊΑΣ
ΝΙΚΉΣΕΙ
ΕΠΙΣΤΉΜΟΝΑΣ
ΕΠΙΘΕΏΡΗΣΗ
ΚΑΤΑΣΚΕΎΑΣΜΑ
ΕΝΈΡΓΕΙΑΣ
ΓΡΑΣΊΔΙ
ΆΘΛΙΑ
ΠΙΡΟΎΝΙ
ΕΡΓΑΣΊΑ
ΒΆΣΗΣ
ΑΠΈΝΑΝΤΙ
ΜΠΟΡΕΊ
ΆΜΥΝΑ
ΜΟΝΑΧΙΚΌ

Puzzle 134

ΠΙΣΊΝΑ
ΧΙΌΝΙ
ΚΑΤΆΣΤΗΜΑ
ΙΔΙΑΊΤΕΡΑ
ΑΚΌΜΑ
ΔΆΧΤΥΛΌ
ΔΑΝΕΊΖΟΥΝ
ΠΛΟΉΓΗΣΗ
ΚΕΦΑΛΑΊΟΥ
ΜΠΛΟΎΖΑ
ΑΠΟΔΕΊΞΕΙ
ΚΑΛΎΤΕΡΟ
ΒΙΟΛΕΤΊ
ΑΔΕΙΆΖΕΙ
ΠΡΌΚΕΙΤΑΙ
ΣΤΡΑΤΙΏΤΗΣ
ΜΑΝΙΤΆΡΙΑ
ΑΝΟΙΧΤΉΡΙ
ΛΆΣΟ
ΜΠΑΜΠΆΣ

Q	C	Z	W	A	M	T	K	S	Δ	E	E	D	Z	G	I	O
A	M	H	T	Σ	Ά	T	A	K	A	M	Ό	K	A	Y	B	K
A	D	Σ	F	L	T	Q	Λ	P	N	C	R	G	K	M	K	L
O	F	H	C	L	K	Ύ	I	E	Z	Ά	I	E	Δ	A	M	
S	J	Γ	I	K	P	H	T	B	Ί	F	X	V	O	T	Y	A
G	Q	Ή	T	U	F	I	E	J	Z	Π	I	Σ	Ί	N	A	N
B	I	O	Λ	E	T	Ί	P	G	O	I	K	H	M	A	Π	I
X	P	Λ	M	X	U	N	O	Λ	Y	Δ	E	T	Π	Π	P	T
H	Ή	Π	Δ	Π	I	S	U	Ά	N	I	Φ	Ώ	A	O	Ό	Ά
R	T	K	B	Ά	Λ	Ό	F	Σ	D	A	A	I	M	Δ	K	P
O	X	H	R	R	X	O	N	O	V	Ί	Λ	T	Π	E	E	I
V	I	W	M	O	K	T	Ύ	I	E	T	A	A	Ά	Ί	I	A
V	O	S	Q	N	D	V	Y	Z	U	E	Ί	P	Σ	Ξ	T	K
X	N	D	B	N	U	O	U	Λ	A	P	O	T	C	E	A	X
N	A	J	U	W	Q	K	F	R	Ό	A	Y	Σ	O	I	I	Z

Puzzle 135

```
M H L Z D F W X Z K O Y T L Δ A G
Έ Y O O M R B L J L V A A N I Y N
R Γ P Π E P Ί Π T Ω Σ H X A Ά T W
L H K Ω F Y O M U P E Y Y W P Ί H
J T X A Δ M C O N J J L Δ N K U O
E D D M Y I K Ά N A Π Σ P L E L M
Q K N Ή V M Ά A O D J A O T I X T
T Y Σ M H S A P Έ T H M M F A E A
R X N T L Z Π P E K Ό P E K Ό T A
D R N Z P T Ύ Π L O Ί O Ί K K K M
I I E S I A P I L I F U O D C Q I
Δ A Π Ά N H T T P K D U Y P K D Σ
L N X A P A I E N Έ Γ O K I O J Ώ
E N O J T P A M Ί Z Q N K K U P P
K W S R M D K I I A I O M Ό N A B
```

ΜΗΤΈΡΑ
ΚΌΤΑ
ΤΟ
ΔΑΠΆΝΗ
ΤΡΎΠΑ
ΣΠΑΝΆΚΙ
ΡΕΚΌΡ
ΒΡΏΣΙΜΑ
ΔΙΆΡΚΕΙΑ
ΟΙΚΟΓΈΝΕΙΑ
ΠΕΡΊΠΤΩΣΗ
ΜΥΡΩΔΙΆ
ΑΝΌΜΟΙΑ
ΤΑΧΥΔΡΟΜΕΊΟΥ
ΤΜΉΜΑ
ΠΛΟΊΟ
ΑΥΤΊ
ΕΚΣΤΡΑΤΕΊΑ
ΤΡΑΜ
ΈΓΚΑΥΜΑ

Puzzle 136

ΚΛΊΣΗ
ΠΛΎΣΗΣ
ΣΤΕΝΌ
ΘΌΡΥΒΟ
ΦΡΟΎΤΑ
ΌΡΟ
ΣΥΝΕΡΓΆΖΟΝΤΑΙ
ΔΏΡΑ
ΠΡΊΓΚΙΠΑΣ
ΕΠΊΣΗΜΑ
ΕΙΚΟΝΙΚΌ
ΣΤΌΜΑ
ΚΥΚΛΙΚΉ
ΒΑΣΙΚΌ
ΣΥΝΑΙΣΘΗΜΑΤΙΚΉ
ΑΝΘΡΏΠΟΥΣ
ΛΑΙΜΌ
ΛΟΥΚΆΝΙΚΑ
ΦΥΣΙΚΆ
ΕΞΥΠΝΌΤΕΡΑ

```
Σ V Σ H Σ Ύ Λ Π D S U X A E B L K
Y Π N Y E I K O N I K Ό N Ξ I J Y
N J P E N E E X T E Z A Θ Y E F K
E A A Ί E A Θ Ό P Y B O P Π Π Φ Λ
P I Z J Γ A I B H M M P Ώ N Ί P I
Γ C B D S K O Σ A L J Ό Π Ό Σ O K
Ά S G C V I I I Θ Σ V K O T H Ύ Ή
Z E Y V M N D Π Q H I X Y E M T Q
O L U G O Ά V Y A J M K Σ P A A V
N N T Y B K G Ά I Σ G A Ό A L P P
T T N A Y W K Λ Ί Σ H T F X Ώ F
A P A K D O W I D V O L P I J Δ M
I A Q L I Λ K Σ P B J U E W K S J
X K D X S O O Y I J F Y Z R Q Ή P
Σ T Ό M A C M Φ Λ A I M Ό N E T Σ
```

Puzzle 137

```
K U L K Q I C E M Ý O P A X V E T
A A O Y J S D N S G T X A D W Θ J
G P Λ E Q M Σ E Z I E A Λ Q W E U
R É Ή Ý Ό Τ Ή P J R P N E A F Λ C
I T M S T D X Γ S Π Ά T Ý Ϊ J O Π
T Y L N Π E O Ό M O Σ Ά P Γ B N P
F E J T E D P Σ E Λ T K I A V T O
X Δ Q F Λ A B A M I I I H P A I Σ
L I V R I I L B Π T A A Σ P M K É
H D Λ Z Q E H D Ϊ I Q U A O A Ή Γ
D K N I P V Σ R Π Σ E L Φ M U Z Γ
X T Z A Ά O I Ý T T Q T Ό I H Q I
K S Q I H Δ D J O I É Σ Π A Σ E Σ
Ά N Θ I Σ H E M Y K K Y A F C I H
U N U N L Q D Σ N Ή A M W R C D T
```

ΧΑΡΟΎΜΕ
ΧΙΛΙΆΔΕΣ
ΑΚΟΎΣΕΙ
ΑΙΜΟΡΡΑΓΊΑ
ΆΝΘΙΣΗ
ΑΠΌΦΑΣΗ
ΔΕΥΤΈΡΑ
ΜΉΛΟ
ΈΣΠΑΣΕ
ΠΡΟΣΈΓΓΙΣΗ
ΕΜΠΊΠΤΟΥΝ
ΒΡΟΧΉΣ
ΕΝΕΡΓΌΣ
ΤΕΡΆΣΤΙΑ
ΧΑΝΤΆΚΙ
ΠΟΛΙΤΙΣΤΙΚΉ
ΛΕΠΤΌ
ΑΛΕΎΡΙ
ΚΑΛΎΤΕΡΑ
ΕΘΕΛΟΝΤΙΚΉ

Puzzle 138

ΦΊΔΙ
ΑΠΟΜΟΝΩΜΈΝΕΣ
ΘΕΡΜΟΚΡΑΣΊΑ
ΜΕΓΈΘΟΥΣ
ΜΠΑΡ
ΞΗΡΌ
ΤΗΓΆΝΙ
ΒΕΛΑΝΊΔΙΑ
ΣΥΜΜΕΤΈΧΟΥΝ
ΦΆΣΗ
ΖΕΥΓΆΡΙ
ΣΚΥΛΊ
ΣΈΛΙΝΟ
ΑΡΧΉ
ΒΟΎΡΤΣΑ
ΚΑΘΑΡΉ
ΣΥΝΉΘΕΙΑ
ΜΆΘΗΜΑ
ΚΎΜΑ
ΣΤΑΜΆΤΗΣΕ

```
R K A V N N V J Z M Z C E Φ T T B
U J Σ M B C S N A X A W B Ά H G E
U S T K Ý E Σ H T Ά M A T Σ Γ V Λ
Θ E P M O K P A Σ Ϊ A T K H Ά F A
I N Ý I Φ Ϊ Δ I A P X Ή H Y N I N
D U O Q Y R Σ Y O Θ É G E M I I Ϊ
A Ξ B Y D V É F P I Y O E Σ Σ M Δ
R H Q O T G Λ S D Z D S P Y K Ά I
Ή P A Θ A K I P Ά Γ Y E Z N Y Θ A
M Ό W V G M N C C T P T K Ή Λ H Z
J Π O A H Q O X F F K M Q Θ Ϊ M E
W S A S E C L R Q U Y S D E D A X
I C N P O J V T S H A S Y I C F U
Y I Σ E N É M Ω N O M O Π A C G Q
Σ Y M M E T É X O Y N K U J X R D
```

Puzzle 139

```
N O S G N Δ Ό M O P Φ H U O J H A
O D Ά U U L Ή P E T Σ I Λ A Y Γ P
K A P Ό T O E Λ Σ Φ Ά Λ M A T O Σ
Ή I E V Ό Σ Ή P Ω L I T E Λ T Π B
Θ P T M I K K E Γ Σ K H X Π K P I
A Ά Y F Γ W I E Q O H N T I D Ό D
K N M C O X T P Λ F Σ K K Π M Θ B
L P V T K P K D N E L T Z Έ I E O
T Y D V D J A B B H T C Ά D Σ Σ H
M O R Z Z U Λ G D G R Ό I Σ Ή H Θ
M Π S J K B Λ Z J R B P Γ K I U Ή
D K Y O C B A M A P Ό N I E S O Σ
B V Z A Δ Ά N O M E Λ U K E O K E
K Q O P J M E A T K S T A E Z J I
Y Ψ Ό M E T P O A S R I M I G B L
```

ΚΑΡΌΤΟ
ΒΟΗΘΉΣΕΙ
ΣΚΕΛΕΤΌ
ΠΡΌΘΕΣΗ
ΚΟΓΙΌΤ
ΌΜΟΡΦΗ
ΜΙΣΉ
ΜΥΤΕΡΆ
ΓΥΑΛΙΣΤΕΡΉ
ΚΑΘΉΚΟΝ
ΔΉΛΩΣΗ
ΥΨΌΜΕΤΡΟ
ΕΝΑΛΛΑΚΤΙΚΉ
ΠΟΥΡΝΆΡΙΑ
ΛΕΜΟΝΆΔΑ
ΈΠΙΠΛΑ
ΕΡΓΟΣΤΆΣΙΟ
ΜΑΚΙΓΙΆΖ
ΣΦΆΛΜΑΤΟΣ
ΌΡΑΜΑ

Puzzle 140

ΠΑΡΟΎΣΑ
ΚΕΡΆΣΙ
ΜΕΓΑΛΏΝΟΥΝ
ΔΙΑΒΆΣΤΕ
ΣΟΎΠΑ
ΚΡΑΣΊ
ΩΣ
ΤΡΊΓΩΝΟ
ΓΙΑ
ΠΛΕΙΟΨΗΦΊΑ
ΓΥΑΛΙΆ
ΛΑΜΠΡΉ
ΛΟΥΛΟΎΔΙ
ΠΑΡΆ
ΕΡΜΊΝΑ
ΚΡΈΑΣ
ΘΟΛΌ
ΕΊΣΟΔΟ
ΠΛΆΝΟ
ΠΌΔΙΑ

```
Γ T Ό Π P U O J Δ V L Y R A P M O
K I Y Λ V Q I K I G A Z K D N E M
B Σ A E O M W U A Σ Ύ O P A Π Γ H
Q Ά N I W Θ K K B Γ Y A Λ I Ά A H
C P Ί O N Ά Λ Π Ά J H P T M R Λ O
L E M Ψ Π P Y V Σ A Έ P K S N Ώ R
U K P H Ό A Σ U T B H M R I L N Λ
Ω Σ E Φ Δ Π G O E E Ί Σ O Δ O O O
C I I Ί P E K Ύ J S E Z R T Y Y
G A V A A M N Ή P Π M A Λ H V N Λ
T P Ί Γ Ω N O R P R A J Y E A M O
O P Y S Y Q D F H K W N E C F Q Ύ
S W X N T F U Y K N T Q K Y K L Δ
E X U D F H T D D V O B R T R P I
K P A Σ Ί K A Q C G M T I U Z I L
```

Puzzle 141

```
N  M  R  S  X  Σ  N  M  K  D  I  U  O  E  Y  X  Ή
U  Π  X  E  R  X  E  P  A  M  S  K  X  J  M  L  T
U  Ά  O  A  T  Ό  P  Έ  T  O  Π  W  F  Q  Π  G  X
Δ  N  V  O  K  Λ  Ό  E  E  C  F  M  H  V  I  L  P
A  I  W  Γ  L  I  K  H  Y  T  E  Q  M  L  Z  J  M
Γ  O  O  P  K  O  Q  Λ  Θ  F  Ί  Π  J  L  Έ  K  Ό
K  M  M  E  T  A  Ξ  Ύ  Ύ  E  S  E  Ό  D  Λ  R  Λ
Ώ  E  Ί  Y  Y  R  Π  N  K  O  Q  T  M  I  Y  I
Σ  N  A  P  P  O  J  M  Σ  X  A  K  P  Φ  E  L  Σ
E  Ώ  T  E  P  Λ  I  A  E  Ω  J  X  O  H  E  N  N
I  Q  Φ  Π  G  Ό  Q  K  I  P  S  M  Y  T  P  K  H
M  J  P  A  Q  N  W  R  Σ  Ή  E  W  U  R  Y  L  Σ
T  E  J  Ό  Σ  Y  P  X  F  Σ  Q  X  R  U  E  J  F
D  W  B  H  L  Σ  Y  Y  M  E  O  G  Z  X  R  U  Y
B  A  P  Ύ  T  H  T  A  Σ  I  K  Ά  K  A  Σ  P  C
```

ΕΥΧΉ
ΧΡΥΣΌ
ΣΚΕΦΤΕΊΤΕ
ΠΟΤΈ
ΜΌΛΙΣ
ΕΚΧΩΡΉΣΕΙ
ΜΠΙΖΈΛΙ
ΒΑΡΎΤΗΤΑΣ
ΣΑΦΏΣ
ΚΑΜΠΎΛΗ
ΣΧΌΛΙΟ
ΜΠΆΝΙΟ
ΔΑΓΚΏΣΕΙ
ΜΕΤΑΞΎ
ΕΠΌΜΕΝΗ
ΠΕΡΊΕΡΓΟ
ΝΕΡΌ
ΚΑΤΕΥΘΎΝΣΕΙΣ
ΣΥΝΌΛΟΥ
ΣΑΚΆΚΙ

Puzzle 142

ΔΑΝΕΙΣΤΕΊ
ΆΛΜΑ
ΌΓΚΟ
ΠΑΎΣΗ
ΛΕΠΤΟΜΈΡΕΙΑ
ΚΟΥΡΑΣΜΈΝΟ
ΠΛΥΝΤΗΡΊΟΥ
ΑΡΙΘΜΌ
ΖΩΉ
ΜΟΡΦΉ
ΜΠΑΜΠΆ
ΛΑΟΓΡΑΦΙΚΌ
ΚΆΠΟΙΟΣ
ΠΟΙΌΤΗΤΑ
ΑΧΛΆΔΙ
ΤΡΥΦΕΡΆ
ΕΚΤΈΛΕΣΗ
ΓΆΙΔΑΡΟ
ΦΊΛΟΥΣ
ΝΈΚΤΑΡ

```
K  Ά  Π  O  I  O  Σ  Π  Γ  Ά  I  Δ  A  P  O  A  R
D  O  C  U  K  E  U  Λ  Π  Z  Z  A  Ά  R  K  P  K
F  M  Z  A  X  Γ  T  Y  V  O  V  A  Λ  E  U  I  Q
A  O  H  I  V  C  Ό  N  I  E  I  R  M  Q  T  Θ  X
A  I  E  P  Έ  M  O  T  Π  E  Λ  Ό  A  A  O  M  A
Z  M  R  N  K  T  C  H  Σ  Ύ  A  Π  T  H  E  Ό  N
Ω  Π  T  I  D  P  X  P  M  R  W  Φ  Z  H  M  R  Έ
Ή  A  Z  U  M  Y  T  Ί  P  M  R  D  Ί  Y  T  I  K
F  M  T  P  S  Φ  B  O  A  J  S  E  I  Λ  P  A  T
C  Π  M  M  H  E  G  Y  D  L  J  K  L  F  O  F  A
Y  Ά  U  D  O  P  A  X  Λ  Ά  Δ  I  U  K  F  Y  P
M  O  P  Φ  Ή  Ά  Λ  A  O  Γ  P  A  Φ  I  K  Ό  Σ
W  H  D  Y  Y  Δ  A  N  E  I  Σ  T  E  Ί  Z  S  L
K  O  Y  P  A  Σ  M  Έ  N  O  V  M  H  E  U  E  C
E  K  T  Έ  Λ  E  Σ  H  W  H  Z  M  J  I  F  U  O
```

Puzzle 143

```
Σ Θ Ρ Η Σ Κ Ε Υ Τ Ι Κ Έ Σ Μ Ρ Μ Ο
W Υ Η Η F Τ Α Ν R Δ Ν Ε Ε V R Q J
Η Υ Μ Τ Q U Δ Ά J Ά Ρ Ο Φ Α Ι Δ L
Η U D Β Ν C Ί Q Λ C Α Ο Λ Ύ Ξ W F
L U V W Ο W Σ C D Ο Μ Ο Σ Q W Η Μ
Q F W V Κ Υ Υ F S V Γ U Τ Ε C C Ο
Χ Α Μ Η Λ Ά Λ Π Α Μ D Ο Ρ R Ρ R Δ
Φ Ά Λ Α Ι Ν Α Έ W Ο Ν Ι Α Ζ Κ Ό Ό
Π Ό Λ Ε Μ Ο W U Σ Π Ν Κ Γ W Ρ D Θ
Χ Ε Ι Ρ Ό Τ Ε Ρ Η Ε F Τ Ι Ρ Α Ι Ε
Α Υ Τ Ό Μ Α Τ Η Ν Ί Ώ Τ Κ Ο Ι F Ί
Α Ν Ά Β Α Σ Η U S Ρ V D Ό J Q S Τ
Η Κ Υ Μ V S C Ό Κ Α Ι Ν Η Λ Ε Σ J
Ζ Ν G Ι C Ι Ζ J C Μ S Ο J Μ Ο Ε Q
J Μ C W R Ε Ρ Τ Ε Α Ρ Ύ Μ Μ Η Λ Π
```

ΧΕΙΡΌΤΕΡΗ
ΟΚΤΏ
ΣΕΛΗΝΙΑΚΌ
ΤΡΑΓΙΚΌ
ΔΟΘΕΊ
ΦΆΛΑΙΝΑ
ΔΙΑΦΟΡΆ
ΑΠΛΆ
ΑΥΤΌΜΑΤΗ
ΣΥΜΒΟΥΛΈΣ
ΔΡΟΣΕΡΌ
ΘΡΗΣΚΕΥΤΙΚΈΣ
ΆΛΟΓΟ
ΠΛΗΜΜΎΡΑ
ΠΌΛΕΜΟ
ΧΑΜΗΛΆ
ΑΝΆΒΑΣΗ
ΠΕΊΡΑΜΑ
ΞΎΛΟ
ΑΛΥΣΊΔΑ

Puzzle 144

ΚΟΥΤΆΒΙ
ΤΑ
ΓΚΡΊΖΑ
ΜΩΡΟΎ
ΕΠΊΣΗΜΟ
ΒΟΛΤ
ΜΠΟΛ
ΕΥΤΥΧΏΣ
ΨΥΓΕΊΟ
ΑΠΛΉ
ΑΠΟΔΏΣΕΙ
ΤΟΜΉΣ
ΚΕΡΊ
ΚΑΟΥΤΣΟΎΚ
ΠΡΟΌΔΟΥ
ΜΆΣΚΑ
ΜΥΣΤΉΡΙΟ
ΤΊΓΡΗΣ
ΈΘΝΟΣ
ΑΥΓΏΝ

```
Ε G Ζ Κ Ύ Ο Σ Τ Υ Ο Α Κ Τ Ο Μ Τ Χ
Υ Τ U Υ Ο Q Η S J Ί Ζ Q Α Κ Σ Ά Μ
Τ Ί R F Ν Υ Q Q Κ Ε Ί Κ Ε Ρ Ί S Μ
Υ Γ Τ Ε Β Ι Τ V S Γ Ρ F Ε Ο Ο U Ο
Χ Ρ Κ D Ν Α Ε Ά Κ Υ Κ Υ Β J U Α R
Ώ Η Q Ο Χ Κ Ν W Β Ψ Γ U Χ L Ζ Ν V
Σ Σ Α Μ Ε Υ F Ο Ο Ι Ρ Ή Τ Σ Υ Μ U
Ο C S Υ Μ Π Ο Λ Υ U Ε G Ν S Ν L F
Ν Μ R Ο Γ Β Ο Λ Τ C Υ Σ Α Π Λ Ή D
Θ Κ R Δ Η Ώ U V R Τ R Τ Ώ Χ C L Q
Έ S Ν Ό Α Μ Ν L Τ Ο Μ Ρ S Δ Ι S V
Ι J R Ο Ζ Ω L Ο L Μ U W Ο R Ο C Μ
R Κ Τ Ρ C Ρ Κ Ζ Β Ή S U Χ Α Ζ Π L
Τ S Ε Π Ν Ο G V R Σ W Ζ L Ε R G Α
Ε L Ι Ο C Ύ Ε Π Ί Σ Η Μ Ο Α L Ο U
```

Puzzle 145

```
K  P  M  W  W  Ή  Χ  Π  Σ  Τ  Ο  Ι  Χ  Ε  Ί  Ο  Λ
Χ  Ρ  Ω  Μ  Ά  Τ  Ω  Ν  Ε  Α  C  U  S  G  B  Τ  Ο
W  R  B  H  K  H  D  Ύ  B  P  Ξ  D  E  C  J  K  Y
M  F  R  A  R  Λ  Y  O  Ή  G  I  Ί  K  M  L  I  Λ
A  Z  O  S  R  B  T  T  M  U  N  B  A  M  W  Λ  O
B  D  Q  Z  P  A  Z  E  A  P  Ύ  P  Ά  Σ  Z  Έ  Υ
K  A  C  A  R  T  C  P  Y  K  O  V  V  Λ  E  Y  Δ
Z  W  K  G  U  E  B  H  X  C  Δ  I  Ά  Έ  Λ  E  I
P  R  J  R  I  M  B  Π  F  V  Y  F  K  T  B  O  A
M  Ό  N  O  B  C  J  Y  H  Z  O  M  P  O  J  Z  N
P  Y  T  Ί  Δ  Ω  N  Ξ  H  L  K  Ώ  H  M  U  H  Y
Y  H  X  F  S  K  E  E  A  K  P  Ί  Δ  A  O  C  M
Σ  T  O  I  X  E  I  Ώ  Δ  H  G  K  T  E  Q  K  S
Π  A  P  A  K  O  Λ  O  Y  Θ  E  Ί  Q  X  C  E  T
Σ  X  Έ  Σ  H  U  C  P  P  L  U  L  A  Γ  Ό  P  I
```

ΒΉΜΑ
ΚΟΥΔΟΎΝΙ
ΛΟΥΛΟΎΔΙΑ
ΜΌΝΟ
ΧΡΩΜΆΤΩΝ
ΆΚΡΗ
ΠΕΡΙΒΆΛΛΟΝ
ΣΤΟΙΧΕΊΟ
ΑΚΡΊΔΑ
ΜΟΤΈΛ
ΕΞΥΠΗΡΕΤΟΎΝ
ΣΧΈΣΗ
ΑΓΌΡΙ
ΣΤΟΙΧΕΙΏΔΗ
ΑΞΊΑΣ
ΜΕΤΑΒΛΗΤΉ
ΕΥΈΛΙΚΤΟ
ΡΥΤΊΔΩΝ
ΠΑΡΑΚΟΛΟΥΘΕΊ
ΕΔΏ

Puzzle 146

ΕΊΚΟΣΙ
ΤΟΥΛΆΧΙΣΤΟΝ
ΦΩΝΉ
ΑΎΡΙΟ
ΕΞΑΙΡΕΤΙΚΌ
ΠΡΟΣΤΑΤΕΎΟΥΝ
ΟΠΟΊΩΝ
ΣΟΦΊΑΣ
ΘΕΩΡΊΑ
ΠΑΡΑΚΜΉ
ΑΦΡΆΤΑ
ΏΡΑ
ΠΟΛΛΑΠΛΑΣΙΑΣΜΌ
ΦΥΤΙΚΆ
ΟΙΚΟΝΟΜΙΚΏΝ
ΦΑΣΟΛΙΏΝ
ΒΑΡΙΆ
ΚΥΝΗΓΉΣΕΙ
ΚΡΕΒΆΤΙ
ΠΡΟΓΡΆΜΜΑΤΟΣ

```
N  Y  P  V  B  A  P  I  Ά  Φ  F  Ώ  G  D  N  O  Π
A  I  K  G  C  K  L  G  U  A  F  P  Z  L  K  I  O
N  Ω  Ί  O  Π  O  N  K  M  Σ  Ί  A  F  N  U  K  Λ
Y  B  Φ  R  V  Σ  A  Ί  Φ  O  Σ  P  D  G  Q  O  Λ
O  M  Ω  A  Ύ  P  I  O  Y  Λ  Y  K  Ω  W  F  N  A
Ύ  A  N  C  Z  H  E  C  T  I  P  Y  Π  E  C  O  Π
E  A  Ή  U  T  B  I  E  I  Ώ  Z  N  A  K  Θ  M  Λ
T  P  Q  M  Z  O  C  Q  K  N  S  H  P  P  L  I  A
A  T  Ά  P  Φ  A  I  B  Ά  W  F  Γ  A  E  E  K  Σ
T  O  Y  Λ  Ά  X  I  Σ  T  O  N  Ή  K  B  E  Ώ  I
Σ  P  Q  L  P  A  T  D  O  Z  D  S  M  Ά  F  N  A
O  E  Ξ  A  I  P  E  T  I  K  Ό  E  Ή  T  L  V  Σ
P  K  E  S  A  A  I  R  E  R  Ί  I  Z  I  Z  Z  M
Π  I  D  K  J  O  G  I  X  K  Y  E  L  E  H  M  Ό
I  K  Y  Π  P  O  Γ  P  Ά  M  M  A  T  O  Σ  P  N
```

Puzzle 147

```
J  X  C  I  H  G  V  I  Έ  Δ  Α  Σ  Τ  Α  Θ  Ή  C
G  G  Y  V  U  T  C  N  P  E  E  Y  I  G  U  W  Z
Q  C  T  F  A  T  F  B  X  U  Λ  Α  Y  B  Z  E  Z
Ψ  I  A  B  R  F  Q  O  O  A  T  A  Φ  Σ  Ό  P  Π
Y  Ά  W  P  I  S  U  R  N  H  P  P  B  Ί  D  S  F
K  M  P  P  I  I  O  B  T  E  O  M  O  T  N  Ύ  Σ
E  Λ  K  I  P  K  Γ  V  A  Ί  Λ  A  P  A  Π  I  R
D  I  Ή  E  A  P  Ί  H  I  A  Π  Ό  K  P  Y  Ψ  H
F  D  R  Σ  K  A  Λ  Ο  Ύ  M  E  I  B  E  X  Q  S
B  L  K  M  H  V  J  A  W  M  M  Έ  Λ  I  Σ  Σ  A
U  V  L  T  Ο  Δ  Ο  N  T  Ό  K  P  E  M  A  I  D
K  O  Y  P  A  Σ  M  Έ  N  O  Σ  M  A  T  Ι  Ά  M
Π  E  P  I  Σ  Σ  Ό  T  E  P  A  K  O  A  X  F  J
Π  A  Ί  Ξ  I  M  O  Z  Ω  Γ  P  A  Φ  I  K  Ή  Σ
K  A  T  A  Δ  Ύ  Σ  E  I  Σ  P  B  Z  K  L  J  U
```

ΨΆΡΙΑ
ΈΡΧΟΝΤΑΙ
ΜΑΤΙΆ
ΚΛΉΣΗ
ΔΕΛΦΊΝΙ
ΓΚΡΙ
ΟΔΟΝΤΌΚΡΕΜΑ
ΠΑΡΑΛΊΑ
ΑΠΌΚΡΥΨΗ
ΚΟΥΡΑΣΜΈΝΟΣ
ΠΑΊΞΙΜΟ
ΛΊΓΟ
ΣΎΝΤΟΜΟ
ΚΑΤΑΔΎΣΕΙΣ
ΜΈΛΙΣΣΑ
ΖΩΓΡΑΦΙΚΉΣ
ΠΕΡΙΣΣΌΤΕΡΑ
ΑΣΤΑΘΉ
ΚΑΛΟΎΜΕ
ΠΡΌΣΦΑΤΑ

Puzzle 148

ΓΕΎΣΗ
ΦΏΝΑΞΕ
ΣΥΝΈΔΡΙΟ
ΡΌΚΑ
ΕΜΠΕΙΡΟΓΝΩΜΌΝΩΝ
ΛΈΣΧΗ
ΣΙΝΤΡΙΒΆΝΙ
ΤΑΞΊΔΙ
ΣΤΉΛΗ
ΡΕΎΜΑ
ΨΩΜΊ
ΧΌΚΕΪ
ΜΑΛΛΊ
ΣΚΟΥΛΉΚΙ
ΣΦΥΡΊ
ΑΝΉΚΟΥΝ
ΔΙΑΘΈΣΙΜΟ
ΦΥΣΙΚΌΣ
ΠΑΝΊ
ΜΕΙΟΨΗΦΊΑ

```
R  P  J  O  A  K  F  V  N  K  X  B  Z  C  I  Σ  I
E  M  Π  E  I  P  O  Γ  N  Ω  M  Ό  N  Ω  N  Y  Z
Σ  Φ  Y  Ρ  Ί  Q  M  T  S  Σ  T  Ή  Λ  H  Ά  N  V
V  K  L  Z  V  N  I  Δ  Ί  Ξ  A  T  J  X  B  Έ  X
K  Z  A  O  R  T  Σ  Y  I  F  N  C  C  Σ  I  Δ  B
I  A  W  P  N  S  Έ  G  O  F  Y  D  X  Έ  P  P  L
C  K  L  H  E  K  Θ  T  N  Σ  O  A  H  Λ  T  I  L
A  Ί  O  J  J  K  A  Γ  E  A  K  Ό  P  G  N  O  E
M  N  Z  U  N  Q  I  E  Ξ  R  Ή  O  M  V  I  O  V
Ύ  A  L  C  X  G  Δ  Ύ  A  V  N  S  Y  H  Σ  B  P
E  Π  Λ  H  Ό  H  Σ  N  Q  A  E  U  Λ  J  O  A
P  B  V  Λ  I  F  K  H  Ώ  D  I  Z  J  F  Ή  I  J
U  K  X  Q  Ί  T  I  E  Φ  Y  Σ  I  K  Ό  Σ  K  Y
Q  H  F  P  Ψ  Ω  M  Ί  Ϊ  E  M  U  X  C  Y  N  I
V  Z  E  C  R  M  E  I  O  Ψ  H  Φ  Ί  A  L  F  G
```

Puzzle 149

```
H  Y  W  P  J  X  M  Γ  W  L  J  W  O  F  B  H  K
P  Z  K  R  M  O  D  E  P  M  N  H  I  W  U  F  Y
L  O  A  Z  Q  Ί  J  U  Γ  Ή  N  I  T  Y  K  M  K
X  Σ  J  U  J  P  J  V  D  A  Γ  Λ  Ό  Γ  O  A  Λ
G  A  R  F  H  Ω  Z  Q  K  A  Λ  O  P  F  Z  X  O
Λ  Ι  Q  A  A  N  Ά  N  A  Π  M  Ύ  P  V  A  A  Φ
Ί  E  Θ  A  T  Σ  I  T  N  A  E  O  T  H  Ί  Ί  O
E  Θ  Π  Σ  Y  Γ  Γ  N  Ώ  M  H  K  Φ  E  Γ  P  P
Π  Ά  K  T  Σ  E  N  Ά  P  I  O  Λ  P  W  P  I  O
Ί  Π  J  W  Ή  Y  W  G  L  G  P  A  Ά  G  Y  H  Ύ
Π  Σ  N  Ό  M  I  Σ  M  A  M  Ύ  X  X  G  O  O  N
E  O  T  P  Ά  Π  E  Z  A  U  A  S  T  D  T  Y  N
Δ  P  T  N  N  G  H  A  J  F  M  I  H  E  I  Q  I
O  Π  Π  A  N  O  M  O  I  Ό  T  Y  Π  A  E  D  X
P  S  Y  X  Z  N  W  G  A  F  Y  A  N  K  Λ  W  F
```

ΜΠΑΝΆΝΑ
ΑΝΤΙΣΤΑΘΕΊ
ΛΌΓΟ
ΜΑΎΡΟ
ΣΥΓΓΝΏΜΗ
ΝΌΜΙΣΜΑ
ΜΑΧΑΊΡΙ
ΤΡΆΠΕΖΑ
ΜΕΓΑΛΎΤΕΡΗ
ΛΕΙΤΟΥΡΓΊΑ
ΧΑΛΚΟΎ
ΣΕΝΆΡΙΟ
ΧΟΊΡΩΝ
ΠΡΟΣΠΆΘΕΙΑΣ
ΛΕΠΤΉ
ΚΥΚΛΟΦΟΡΟΎΝ
ΠΑΝΟΜΟΙΌΤΥΠΑ
ΦΡΆΧΤΗ
ΓΡΉΓΟΡΗ
ΕΠΊΠΕΔΟ

Puzzle 150

ΠΑΡΑΚΆΤΩ
ΛΕΩΦΟΡΕΊΩΝ
ΖΏΑ
ΣΗΜΕΊΩΣΗ
ΠΊΕΣΗ
ΣΕΛΊΔΑ
ΠΩΛΗΤΉ
ΈΞΙ
ΕΛΈΦΑΝΤΑ
ΓΑΛΟΠΟΎΛΑΣ
ΕΚΔΏΣΕΙ
ΡΑΠΑΝΆΚΙ
ΠΑΡΑΠΆΝΩ
ΝΈΩΝ
ΑΡΓΉ
ΠΡΆΣΙΝΟ
ΠΕΡΙΈΧΕΙ
ΑΠΛΟΠΟΙΉΣΤΕ
ΒΆΡΚΑ
ΔΈΣΜΕΥΣΗ

```
A  H  I  V  M  P  F  T  T  N  B  D  V  Π  J  T  A
Π  U  L  H  W  W  A  F  U  Έ  Ά  L  Q  A  Λ  K  T
Λ  D  L  V  R  N  E  Π  E  Ω  P  Z  M  P  E  T  F
O  F  Q  H  Y  V  Q  H  A  N  K  Ώ  U  A  Ω  L  I
Π  Π  E  P  I  Έ  X  E  I  N  A  A  R  Π  Φ  Q  C
O  Π  P  Ά  Σ  I  N  O  S  I  Ά  D  R  Ά  O  A  A
I  A  J  V  W  Ξ  P  R  B  J  C  K  G  N  P  Y  R
Ή  Γ  P  A  X  Έ  A  V  P  U  Z  Y  I  Ω  E  B  P
Σ  A  Λ  Ύ  O  Π  O  Λ  A  Γ  N  Q  F  T  Ί  E  C
T  B  N  J  H  Σ  Ω  Ί  E  M  H  Σ  D  Ά  Ω  K  I
E  K  H  Σ  Y  E  M  Σ  Έ  D  N  D  L  K  N  Δ  T
Π  Ί  E  Σ  H  Λ  Π  Ω  Λ  H  T  H  V  A  K  Ώ  U
S  G  U  H  E  Ί  O  M  Q  U  P  G  D  P  O  Σ  D
T  Z  L  M  S  Δ  Q  U  N  E  S  G  T  A  W  E  L
N  L  H  Z  F  A  T  N  A  Φ  Έ  Λ  E  Π  Z  I  G
```

Puzzle 151

```
Τ  Σ  Ζ  Η  A  A  K  W  I  O  Δ  Ό  N  G  C  R  L
Η  X  T  Q  Y  N  A  I  E  Γ  Έ  K  V  V  D  N  B
Λ  Ρ  Π  O  S  A  N  C  N  V  N  Y  R  M  D  G  P
E  I  A  N  S  Z  O  F  X  Y  T  E  B  Π  S  L  A
Σ  Σ  Ρ  T  Δ  Ή  N  G  Ά  X  Ρ  Λ  W  A  Z  L  X
K  T  Ά  G  Ά  T  I  S  Ψ  Z  A  C  Ό  O  M  N  Ί
Ό  O  Γ  Q  S  Η  Σ  A  Λ  Λ  Ά  M  Z  K  H  F  O
Π  Ύ  Ρ  G  O  Σ  M  C  T  S  D  Έ  A  Ε  R  N
I  Γ  A  Ή  S  Η  O  L  K  T  U  P  I  R  Q  A  A
O  E  Φ  L  Ρ  O  Ύ  R  A  Ρ  Ύ  O  T  Λ  Y  O  K
Y  N  O  E  I  E  Σ  Ά  Δ  E  K  Σ  A  I  Δ  T  B
V  N  J  X  U  S  M  Z  J  D  M  H  F  M  Z  V  I
Z  A  I  S  C  F  L  O  N  Έ  M  Σ  I  N  O  K  Σ
O  R  M  K  I  M  A  Z  P  Z  A  D  M  E  G  J  U
I  Η  E  Η  I  X  L  O  V  T  S  U  D  O  I  F  B
```

ΜΈΡΟΣ
ΚΟΥΛΤΟΎΡΑ
ΔΈΝΤΡΑ
ΠΑΡΆΓΡΑΦΟ
ΔΙΑΣΚΕΔΆΣΕΙ
ΚΑΝΟΝΙΣΜΟΎ
ΑΝΑΖΉΤΗΣΗ
ΜΠΛΟΚ
ΚΑΣΚΌΛ
ΑΛΛΆ
ΔΆΣΟΣ
ΛΕΥΚΌ
ΣΚΟΝΙΣΜΈΝΟ
ΧΡΙΣΤΟΎΓΕΝΝΑ
ΓΕΙΑ
ΤΡΟΜΕΡΉ
ΣΤΟ
ΒΡΑΧΊΟΝΑ
ΨΆΧΝΕΙ
ΤΗΛΕΣΚΌΠΙΟ

Puzzle 152

ΚΟΛΛΆΕΙ
ΑΣΤΕΊΟ
ΠΟΙΚΙΛΊΑ
ΓΕΊΤΟΝΑ
ΕΚΑΤΟΜΜΎΡΙΑ
ΣΤΡΑΤΌΠΕΔΟ
ΕΞΕΡΕΥΝΉΣΕΤΕ
ΤΎΠΟ
ΔΕΊΤΕ
ΈΚΤΟΥ
ΠΑΤΡΊΔΑ
ΦΥΤΆ
ΈΘΙΜΟ
ΣΥΜΦΩΝΊΑΣ
ΗΛΙΟΦΆΝΕΙΑΣ
ΜΗΤΡΙΚΉ
ΉΛΙΟ
ΠΕΡΙΓΡΆΨΕΙ
ΜΑΪΜΟΎ
ΡΙΝΌΚΕΡΟΣ

```
I  Y  A  R  F  B  Q  M  A  Ϊ  M  O  Ύ  N  F  Y  P
F  W  B  C  I  Σ  Y  M  Φ  Ω  N  Ί  A  Σ  Y  V  I
T  W  C  S  E  S  A  Ί  Λ  I  K  I  O  Π  W  Y  V
C  Z  C  X  Ψ  G  T  O  Δ  E  Π  Ό  T  A  Ρ  T  Σ
B  S  Η  M  Ά  Q  E  I  B  Ά  S  A  B  B  U  D  W
Y  Q  L  I  Ρ  Q  H  Λ  I  Λ  Ή  E  T  Ί  E  Δ  T
D  O  K  Ρ  Γ  E  Ή  T  Λ  K  K  Z  Ρ  O  Q  Ύ
K  I  Σ  A  I  E  N  Ά  Φ  O  I  Λ  H  R  Ί  W  Π
Έ  D  E  N  P  U  Ρ  H  Q  K  Ρ  H  A  U  E  Δ  O
K  B  Y  O  E  Ρ  A  Z  E  Q  T  R  M  Q  T  X  A
T  Ρ  N  T  Π  I  S  G  M  L  H  Q  S  L  Σ  Q  M
O  L  A  Ί  U  L  A  I  Ρ  Ύ  M  M  O  T  A  K  E
Y  R  S  E  T  E  Σ  Ή  N  Y  E  Ρ  E  Ξ  E  I  Q
B  C  U  Γ  I  R  Q  D  Έ  Θ  I  M  O  T  F  I  Y
Y  Π  I  N  Ό  K  E  Ρ  O  Σ  S  T  Φ  Y  T  Ά  G
```

Puzzle 153

```
Β Ό G Β Q Ρ Ν Υ Α V Ζ Μ Ν R D A I
Π Ρ Ο Σ Ω Π Ι Κ Ά Λ Ι Τ Ο Ε Υ Κ Α
L A C O A T K Q M G Ή Ι Α L P T T
C Θ Ν Ρ Χ Λ Τ V W U B Θ Η Υ Υ Ο Ν
U A U Ό Κ Τ Έ Q K R D U E L I Σ Ύ
Ή Κ Ι Τ Α Μ Α Ρ Δ G T I V I R K O
Κ Ο Υ Ν Ά Ω Ρ Ο Π Κ G Ν Ν Β Α Ά Β
W Ζ Τ J E L Ζ Μ R Μ L Μ I Ζ Ζ Λ Ο
Κ Υ Β Ε Ρ Ν Ή Τ Η Σ Ο Μ Α Ζ Ί Ε Φ
Σ Υ Ν Ε Ι Δ Η Τ Ο Π Ο Ι Ο Ύ Ν Σ Χ
Σ Ε Δ Ά Ι Δ Ε Π W V Q Γ Ν Ώ Μ Η Σ
Υ Δ Ι Ε Υ Κ Ρ Ι Ν Ί Σ Ε Ι W Q Ι U
Χ Σ Υ Γ Κ Ρ Ί Ν Ε Τ Ε G E K A F E
Ν Υ Ο Λ Ά Β Μ Υ Σ Μ W R L H S N U
Ή W A N R U Σ Τ Α Θ Μ Ό Σ Υ Q V G
```

ΣΥΧΝΉ
ΦΟΒΟΎΝΤΑΙ
ΠΕΔΙΆΔΕΣ
ΜΑΖΊ
ΣΚΆΛΕΣ
ΣΥΜΒΆΛΟΥΝ
ΚΥΒΕΡΝΉΤΗΣ
ΣΥΝΕΙΔΗΤΟΠΟΙΟΎΝ
ΔΙΕΥΚΡΙΝΊΣΕΙ
ΣΤΑΘΜΌΣ
ΚΟΥΝΆΩ
ΌΡΟΣ
ΠΡΟΣΩΠΙΚΆ
ΔΡΑΜΑΤΙΚΉ
ΣΥΓΚΡΊΝΕΤΕ
ΝΕΡΟΎ
ΟΜΠΡΈΛΑΣ
ΓΝΏΜΗΣ
ΑΛΉΘΕΙΑ
ΚΑΘΑΡΌ

Puzzle 154

ΠΡΆΓΜΑΤΙ
ΆΤΟΜΟ
ΔΟΜΉ
ΣΊΔΗΡΟ
ΠΕΡΊΦΡΑΞΗ
ΠΟΛΛΆ
ΚΑΜΠΑΝΟΎΛΕΣ
ΤΊΠΟΤΑ
ΕΝΟΙΚΊΑΣΗ
ΚΌΝΔΟΡΑΣ
ΔΙΆΦΟΡΑ
ΜΕΡΙΚΈΣ
ΧΆΠΙ
ΣΚΟΡΆΡΕΙ
ΜΕΤΟΧΙΚΌ
ΜΈΣΑ
ΓΕΛΆΣΕΙ
ΗΛΊΘΙΟ
ΚΟΛΎΜΒΗΣΗΣ
ΡΌΛΟ

```
Κ Α Μ Π Α Ν Ο Ύ Λ Ε Σ Ε D Q G F F
D G Σ F A C F Υ U H A N P V P W M
G Q P Έ I D U D E S P O I Θ Ί Λ H
T X K K M G J S O Υ O I O S J I J
Π Ε Ρ Ί Φ Ρ Α Ξ Η Σ Δ Κ Β Χ Β I V
Δ Ι Ά Φ Ο Ρ Α F Β Η Ν Ί Ε D Q M V
T N I Ε Ρ Ά Ρ Ο Κ Σ Ό Α Τ Ο Π Ί Τ
H C K B Υ Ν L C R H K Σ V S L P B
Χ Α Σ Ί Δ Η Ρ Ο D Β I H D Υ G N K
Ά C L H Ζ R P U U M Ε Τ Ο Χ I K Ό
Ι Τ Α Μ G Ά Ρ Π Χ Ύ Σ Π Ο Λ Λ Ά L
Q E O H V D R K V Λ Ά Δ Ο Μ Ή Χ Ζ
G F Q M Χ Ά Π I Κ Ο Λ Ό Ρ Ρ Ζ H C
Μ J W M O A W A Υ Κ Ε Τ Υ V W H X
Μ Ε Ρ Ι Κ Έ Σ Χ G U Γ L U B X M S
```

Puzzle 155

```
Σ  K  Λ  Q  H  E  K  Q  A  P  X  S  J  Y  A  Y  X
Y  A  Ύ  P  N  N  O  Ά  E  Ί  R  Z  D  Y  Y  N  Ω
N  T  K  A  A  Ό  Q  X  Θ  Z  T  Y  L  B  N  N  P
O  Ά  O  K  E  T  P  E  D  O  W  H  I  Z  M  Π  I
M  B  Σ  A  C  H  Ό  K  I  T  N  A  M  H  Σ  A  Ό
I  A  T  N  A  T  C  G  C  D  B  T  V  A  Σ  N  X
Λ  Σ  P  Ό  H  A  D  P  J  H  A  Y  A  B  Y  T  P
Ί  H  O  N  Δ  A  X  T  Y  Λ  Ί  Δ  I  I  N  O  Ή
A  J  Π  I  T  Z  B  Ή  J  R  Q  M  Q  V  Δ  Ύ  Σ
L  W  I  Σ  I  L  A  X  J  S  W  R  N  P  Y  A  I
X  W  K  T  H  Y  Σ  O  N  O  T  N  É  I  A  N  M
V  D  Ή  H  Q  I  I  P  M  E  F  D  R  Π  Σ  D  E
É  K  Δ  O  Σ  H  Λ  B  T  C  I  Q  U  Ή  M  L  Σ
Σ  Ύ  Z  Γ  Ό  I  O  L  K  Q  H  T  K  Ό  Y  L
T  R  T  A  A  F  Ά  C  V  M  N  N  A  D  E  R  F
```

AΊTHMA
ΒΑΣΙΛΙΆ
ΑΚΑΝΌΝΙΣΤΗ
ΚΑΤΆΒΑΣΗ
ΡΙΠΉ
ΈΚΔΟΣΗ
ΔΑΧΤΥΛΊΔΙ
ΈΝΤΟΝΟΣ
ΚΆΘΟΝΤΑΙ
ΣΥΝΔΥΑΣΜΌ
ΒΡΟΧΉ
ΣΗΜΑΝΤΙΚΌ
ΕΝΌΤΗΤΑ
ΠΑΝΤΟΎ
ΤΡΟΠΙΚΉ
ΣΥΝΟΜΙΛΊΑ
ΧΩΡΙΌ
ΧΡΉΣΙΜΕΣ
ΣΎΖΥΓΟ
ΛΎΚΟΣ

Puzzle 156

ΒΙΑΣΤΙΚΆ
ΝΊΚΗ
ΓΈΦΥΡΑ
ΥΠΟΛΟΓΙΣΜΌ
ΆΣΚΗΣΗ
ΕΓΓΡΑΦΉΣ
ΜΟΝΆΔΑ
ΔΙΚΑΣΤΉΡΙΟ
ΔΉΛΩΣΗΣ
ΜΕΓΆΛΟ
ΚΆΘΟΜΑΙ
ΜΠΑΛΟΝΙΏΝ
ΠΑΠΑΓΆΛΟΣ
ΦΩΤΟΓΡΑΦΊΑ
ΜΟΣΧΟΚΆΡΥΔΟ
ΤΎΠΟΣ
ΒΡΕΘΕΊ
ΥΓΡΆ
ΕΠΙΤΥΓΧΆΝΟΥΝ
ΕΡΓΆΖΟΝΤΑΙ

```
Π  I  Y  Π  O  Λ  O  Γ  I  Σ  M  Ό  E  B  M  G  I
J  A  P  Y  Φ  Έ  Γ  M  T  Y  P  I  A  G  O  E  Z
Δ  M  Π  T  U  H  K  Ί  N  Ώ  I  N  O  Λ  A  Π  M
I  O  E  A  E  A  A  Z  Z  M  O  N  Ά  Δ  A  I  L
K  Θ  D  Γ  Γ  W  I  O  D  G  T  Ύ  Π  O  Σ  T  K
A  Ά  Δ  S  Γ  Ά  B  P  E  Θ  E  Ί  Φ  Λ  N  Y  W
Σ  K  T  Ή  V  P  Λ  C  L  M  M  B  Ω  Ά  P  Γ  Y
T  Q  B  T  Λ  Q  A  O  B  P  E  I  T  Γ  D  X  F
Ή  D  E  U  Q  Ω  Z  Φ  Σ  W  W  A  O  E  F  Ά  P
P  I  J  A  U  J  S  M  Ή  O  W  Σ  Γ  M  V  N  D
I  M  S  X  H  H  Σ  H  K  Σ  Ά  T  P  I  R  O  K
O  Δ  Y  P  Ά  K  O  X  Σ  O  M  I  A  Z  F  Y  I
E  P  Γ  Ά  Z  O  N  T  A  I  K  K  Φ  O  R  N  E
I  Z  B  Q  C  N  A  X  Q  M  D  Ά  Ί  C  M  V  R
G  C  E  U  A  R  N  G  X  M  Y  P  A  X  Q  W  F
```

Puzzle 157

U	F	Q	F	T	Y	P	A	I	Έ	T	R	Y	U	X	B	Δ
L	O	Z	O	C	M	C	Ί	Π	Ή	Γ	H	Π	Q	B	W	O
I	L	U	M	C	L	P	O	M	O	O	K	Z	V	V	V	K
Ή	X	O	Y	I	I	G	A	Ύ	Γ	P	D	A	Y	L	G	I
D	V	T	I	X	I	L	E	A	Ά	Q	P	X	H	B	X	M
S	R	T	J	I	T	Y	Γ	O	Π	L	M	Ί	I	M	C	A
K	V	B	F	Q	G	R	I	K	Z	N	Q	K	Ψ	Y	A	Σ
Π	A	N	T	E	Λ	Ό	N	I	A	A	O	C	X	E	D	Ί
Δ	I	A	Π	P	A	Γ	M	A	T	E	Y	T	E	Ί	I	A
Σ	Ί	Γ	O	Y	P	A	I	K	Ύ	T	P	O	R	V	R	K
N	E	N	T	Y	Π	Ω	Σ	I	Ά	Z	O	Y	N	B	D	Ύ
D	C	Z	B	Y	Π	O	T	Ί	Θ	E	T	A	I	A	N	P
F	M	Y	Y	Ί	Έ	Λ	Ξ	H	Σ	A	Λ	E	Π	T	Ά	I
L	Y	H	R	Σ	A	Ί	Σ	A	Π	Π	I	S	E	Y	O	E
C	K	N	Y	O	X	Σ	Ά	Π	C	H	U	I	T	Q	A	H

ΠΆΓΟ
ΠΗΓΉ
ΟΡΤΎΚΙΑ
ΠΆΣΧΟΥΝ
ΕΝΤΥΠΩΣΙΆΖΟΥΝ
ΈΓΚΛΗΜΑ
ΣΊΓΟΥΡΑ
ΠΑΝΤΕΛΌΝΙΑ
ΒΊΑΣ
ΚΟΛΎΜΠΙ
ΉΧΟΥ
ΑΠΟΡΡΊΨΕΙ
ΈΛΞΗΣ
ΚΎΡΙΕ
ΓΕΛΟΊΑ
ΥΠΟΤΊΘΕΤΑΙ
ΔΟΚΙΜΑΣΊΑ
ΛΕΠΤΆ
ΔΙΑΠΡΑΓΜΑΤΕΥΤΕΊ
ΙΠΠΑΣΊΑΣ

Puzzle 158

MΕΙΏΣΕΙ
ΆΛΛΕΣ
ΣΥΜΜΕΤΈΧΩΝ
ΠΕΡΆΣΕΙ
ΜΠΟΥΚΆΛΙ
ΧΘΕΣ
ΝΥΦΊΤΣΑ
ΘΕΡΜΌΜΕΤΡΟ
ΧΏΡΟ
ΔΈΚΑΤΟ
ΡΑΒΔΊ
ΓΑΤΆΚΙ
ΠΟΥ
ΕΓΧΕΙΡΊΔΙΟ
ΑΔΕΛΦΉ
ΔΙΠΛΟ
ΟΔΥΝΗΡΆ
ΚΑΤΆΡΤΙΣΗΣ
ΔΕΊΧΝΟΥΝ
ΦΩΤΙΆ

K	K	O	P	Ώ	X	H	I	Γ	M	I	P	S	W	O	P	Σ
E	A	P	Y	E	V	R	E	A	N	N	P	A	J	K	Y	Y
L	V	T	L	U	V	U	V	T	B	Y	O	Π	B	Y	Y	M
X	V	E	Ά	I	T	Ω	Φ	Ά	N	Z	Φ	M	F	Δ	O	M
S	A	M	P	P	S	S	V	K	F	A	X	Ί	E	Y	Ί	E
L	Q	Ό	H	L	T	O	L	I	B	M	V	F	T	P	V	T
N	Q	M	N	O	X	I	Λ	Ά	K	Y	O	Π	M	Σ	V	Έ
Q	Q	P	Y	H	C	Δ	Σ	R	W	E	T	Y	Z	E	A	X
X	J	E	Δ	R	F	Ί	P	H	P	L	A	W	R	Λ	W	Ω
K	L	Θ	O	M	N	P	V	J	Σ	K	T	W	A	L	K	N
Δ	I	Π	Λ	Ό	A	I	B	L	V	X	Έ	F	O	Ά	S	U
N	C	G	Ή	Φ	L	E	Δ	A	R	M	Δ	O	S	U	P	P
Z	K	R	Z	R	M	X	Δ	E	Ί	X	N	O	Y	N	K	D
D	M	T	Y	C	H	Γ	M	E	I	Ώ	Σ	E	I	O	Z	W
X	X	Θ	E	Σ	I	E	Σ	Ά	P	E	Π	W	I	K	B	T

Puzzle 159

```
B  F  A  Δ  A  Σ  Y  O  Ύ  E  P  E  T  Y  E  Δ  P
Ό  Θ  Λ  Σ  E  Y  T  N  E  Π  A  N  Ά  Λ  H  Ψ  H
Λ  C  Ά  E  X  I  B  P  E  Z  G  G  L  G  F  E  W
T  H  T  M  B  O  Λ  S  A  Z  Ά  N  I  T  A  Π  O
A  Λ  I  T  E  M  Λ  Ά  Ό  T  Σ  Ω  N  Γ  H  Ί  Q
N  E  Z  Σ  J  Ω  P  I  H  V  I  I  Ά  F  W  Σ  T
E  O  Ά  Y  J  P  H  H  K  A  P  Ω  Z  Z  Ή  K  N
M  Π  Λ  Z  S  X  E  C  Z  Ή  W  L  T  J  Π  E  K
Ό  Ά  A  Ή  T  Ύ  I  A  Ί  N  Ω  Γ  I  I  O  Ψ  Δ
K  P  X  T  B  Λ  Y  E  Q  E  N  M  Λ  K  K  H  E
Γ  Δ  I  H  I  O  D  N  W  Γ  V  Φ  U  I  Ή  Ί
J  A  N  Σ  B  Π  Y  X  V  Y  R  M  N  Z  P  K  K
Q  Λ  E  H  L  E  A  E  O  E  M  H  H  S  E  C  T
V  H  V  W  S  G  V  A  W  Y  G  F  M  X  Π  H  H
M  W  N  K  M  Q  R  D  V  G  W  D  D  I  I  U  O
```

ΑΛΆΤΙ
ΓΚΌΜΕΝΑ
ΕΠΊΣΚΕΨΗ
ΠΟΛΎΧΡΩΜΟ
ΔΕΥΤΕΡΕΎΟΥΣΑ
ΕΥΓΕΝΉ
ΠΑΤΙΝΆΖ
ΕΠΑΝΆΛΗΨΗ
ΦΛΙΤΖΆΝΙ
ΣΥΖΉΤΗΣΗ
ΧΑΛΆΖΙ
ΔΕΙΛΆ
ΓΝΩΣΤΌ
ΣΧΟΛΙΚΉ
ΠΕΡΙΚΟΠΉ
ΛΕΟΠΆΡΔΑΛΗ
ΒΌΛΤΑ
ΓΩΝΊΑ
ΔΕΊΚΤΗ
ΣΤΡΑΤΙΩΤΙΚΉ

Puzzle 160

ΕΝΗΜΈΡΩΣΗ
ΣΚΎΛΟΣ
ΕΠΌΜΕΝΟ
ΠΥΓΟΛΑΜΠΊΔΑ
ΚΡΊΣΙΜΗ
ΕΞΑΠΑΤΉΣΕΙ
ΚΆΡΤΑ
ΠΕΡΙΣΤΑΤΙΚΌ
ΗΛΙΌΛΟΥΣΤΗ
ΑΠΑΙΤΟΎΝ
ΑΙΤΊΑ
ΑΡΙΘΜΟΜΗΧΑΝΉ
ΠΛΑΤΕΊΑ
ΔΙΑΒΕΒΑΙΏΣΩ
ΑΠΟΣΎΡΕΙ
ΑΠΟΣΤΟΛΉΣ
ΕΠΙΚΊΝΔΥΝΟ
ΚΑΛΟΚΑΙΡΙΝΌ
ΜΕΛΈΤΗΣ
ΕΚΚΕΝΏΣΤΕ

```
D  P  F  N  J  N  K  R  A  Π  O  Σ  T  O  Λ  Ή  Σ
W  G  I  E  Σ  Ή  T  A  Π  A  Ξ  E  K  X  M  E  C
E  Π  Ό  M  E  N  O  S  Λ  K  W  H  Ά  K  E  H  I
T  P  U  A  R  H  U  T  J  O  L  W  P  L  Λ  Σ  A
Σ  Z  V  L  P  M  I  F  S  E  K  Q  T  L  Έ  Ω  Σ
Ώ  N  Ύ  O  T  I  A  Π  A  Y  D  A  A  G  T  P  K
N  W  S  Q  N  Σ  Θ  I  U  F  Y  A  I  G  H  Έ  Ύ
E  G  E  V  I  Ί  J  M  Q  J  V  I  W  P  Σ  M  Λ
K  B  M  I  E  P  Ύ  Σ  O  Π  A  T  C  R  I  H  O
K  W  K  M  V  K  X  A  G  M  F  Ί  V  M  F  N  Σ
E  Π  I  K  Ί  N  Δ  Y  N  O  H  A  E  J  X  E  Ό
Π  Y  Γ  O  Λ  A  M  Π  Ί  Δ  A  X  Z  T  E  G  A
Π  E  P  I  Σ  T  A  T  I  K  Ό  R  A  R  A  N  T
H  Λ  I  Ό  Λ  O  Y  Σ  T  H  S  R  P  N  A  Λ  W
Δ  I  A  B  E  B  A  I  Ώ  Σ  Ω  B  V  V  Ή  P  Π
```

Puzzle 161

```
X F G Λ Ω P Ί Δ A N P S Y O J Σ Γ
X Q H B P S S C M L N T E N W Ά P
K S I V F C P R Z V B M M D I N A
Z Λ Σ L J C O N Ω Φ Ό I Δ A P T Φ
O Σ Έ X Y T Y E A W E Λ B F Ά O E
K Σ K Ψ A Π Ό Δ O Σ H Ά I K Γ Y Ί
H O I N O K E C D Ό V M S S Γ I O
Σ K N S K Y V G X N Π E T M Y T Y
Y Ή E T U F N Γ H O R Λ A O Σ C
A M Γ O Ά T Ώ P A Γ T R O D Φ I Z
Λ S I I U M A K S E S L O Ύ Σ W Z
Ό J I E Z Ί Φ A P Γ Ω Z U K Σ P Q
Π P O H Γ O Ύ M E N O C F V O I C
A P Σ E N I K Ό Y K T H I Y Q M O
Y U W Z J K P I G N A U I Q V M R
```

ΤΩΡΑ
ΣΆΝΤΟΥΙΤΣ
ΑΠΌΔΟΣΗ
ΓΡΑΦΕΊΟΥ
ΑΠΌΛΑΥΣΗ
ΠΛΟΎΣΙΟ
ΓΗ
ΚΟΝΤΆ
ΚΛΈΨΟΥΝ
ΜΉΚΟΣ
ΓΕΓΟΝΌΣ
ΣΦΟΥΓΓΆΡΙ
ΛΩΡΊΔΑ
ΜΙΛΆΜΕ
ΡΑΔΙΌΦΩΝΟ
ΕΥΤΥΧΈΣ
ΑΡΣΕΝΙΚΌ
ΖΩΓΡΑΦΊΖΕΙ
ΠΡΟΗΓΟΎΜΕΝΟ
ΓΕΝΙΚΈΣ

Puzzle 162

ΠΈΝΤΕ
ΦΟΡΕΘΕΊ
ΕΝΔΙΑΦΈΡΟΥΣΑ
ΜΠΑΛΌΝΙΑ
ΤΡΕΜΆΜΕΝΟ
ΕΥΧΆΡΙΣΤΗ
ΔΙΑΘΈΤΟΥΝ
ΠΡΆΓΜΑΤΑ
ΜΥΡΊΖΕΙ
ΒΙΒΛΙΟΘΉΚΗ
ΦΤΆΝΟΥΝ
ΜΠΡΟΣΤΆ
ΆΛΛΟ
ΤΡΆΒΗΞΕ
ΚΡΎΟ
ΜΠΟΥΚΆΛΙΑ
ΔΙΑΣΚΈΔΑΣΗ
ΑΡΚΕΤΈΣ
ΣΤΡΑΤΗΓΙΚΉ
ΨΑΛΊΔΙ

```
G B A I Δ Ί Λ A Ψ Φ T Ά N O Y N C
V I Y P A I N Ό Λ A Π M T Q P I B
D B Δ E K I A I Ά K Y O Π M X E
C Λ I N F E Ά Σ D M V W Λ K Q R W
T I A Δ Z T D K U W P Λ T Y B J
P O Θ I Q Ί Σ Έ X Έ W A Ά W Q V R
Ά Θ Έ A B P O S S U Δ T K T Z H R
B Ή T Φ W Y P O O L K A R N M U J
H K O Έ K M Π Z S D W M Σ A W K Z
Ξ H Y P P U M H H G J T N H Q D U
E R N O Ύ W G D E V C Ά A B F M R
T R C Y O N E M Ά M E P T K B M Q
N H T Σ I P Ά X Y E D Π N F R Y Z
Έ U F A Z K Σ T P A T H Γ I K Ή Q
Π E A V G Φ O P E Θ E Ί X W Q N G
```

Puzzle 163

```
E  K  Y  I  A  B  W  L  A  Ί  E  Π  A  P  E  Θ  K
K  I  H  Σ  Ά  P  B  S  M  V  Ξ  A  Y  Z  S  F  A
M  Ά  Σ  T  B  O  U  D  Ή  N  A  T  N  Ω  Z  T  P
Z  Σ  Ω  A  Y  T  O  I  W  T  P  Ά  Y  K  Q  I  Έ
G  T  P  V  Γ  A  N  T  Ί  O  T  T  Ό  R  Z  O  K
H  Z  Έ  K  I  Ω  D  R  G  Y  Ά  A  M  Π  F  I  Λ
Y  D  Θ  O  B  Y  Γ  V  K  W  T  Ά  E  O  Y  A
K  H  Y  I  N  O  O  Ή  R  T  A  C  Γ  P  F  K  P
T  X  E  Δ  N  M  E  T  Σ  P  I  J  I  Ί  V  P  Σ
I  S  Λ  Ί  U  I  A  H  Σ  Y  E  Ί  Σ  O  M  H  Δ
Y  P  E  N  Ό  Σ  O  A  Γ  Ά  Π  Η  Σ  Δ  X  L  U
Y  J  Π  I  D  T  P  H  U  L  V  Q  A  O  K  O  B
Ό  N  A  T  N  Ï  A  M  Δ  A  M  Ά  Σ  K  H  N  O
J  M  K  K  Y  Π  O  K  A  T  Ά  Σ  T  H  M  A  L
R  W  F  A  G  A  B  B  Q  S  M  E  N  Q  C  W  R
```

ΔΑΜΆΣΚΗΝΟ
ΜΆΓΙΣΣΑ
ΖΩΝΤΑΝΉ
ΔΗΜΟΣΊΕΥΣΗ
ΕΞΑΡΤΆΤΑΙ
ΜΑΪΝΤΑΝΌ
ΤΣΆΙ
ΣΚΟΠΌ
ΑΚΤΙΝΊΔΙΟ
ΥΠΟΚΑΤΆΣΤΗΜΑ
ΠΑΤΆΤΑ
ΘΕΡΑΠΕΊΑ
ΒΡΆΣΗ
ΕΙΣΑΓΩΓΉΣ
ΚΑΡΈΚΛΑ
ΑΓΆΠΗ
ΠΕΡΊΟΔΟ
ΝΌΣΟ
ΑΠΕΛΕΥΘΈΡΩΣΗ
ΑΝΤΙΟ

Puzzle 164

ΜΆΘΟΥΝ
ΑΓΟΡΆ
ΔΕΊΚΤΗΣ
ΠΛΑΝΉΤΕΣ
ΘΑΥΜΆΣΙΑ
ΑΦΙΕΡΏΝΩ
ΦΘΟΡΆ
ΓΎΡΩ
ΜΊΛΗΣΕ
ΧΕΊΛΟΣ
ΘΕΡΜΙΚΉ
ΆΚΑΜΠΤΗ
ΚΆΠΟΥ
ΧΆΡΤΗ
ΣΥΣΤΑΤΙΚΌ
ΚΑΤΆΛΟΓΟ
ΣΟΚΟΛΆΤΑΣ
ΚΕΡΔΊΖΟΥΝ
ΔΙΑΤΗΡΗΘΕΊ
ΑΝΑΜΟΝΉ

```
R  B  K  Σ  Y  Σ  T  A  T  I  K  Ό  A  Δ  Π  Y  X
R  Q  H  A  H  T  Π  M  A  K  Ά  K  V  E  Λ  P  Z
P  D  I  X  T  E  S  F  B  K  G  H  X  Ί  A  O  C
D  K  D  E  P  Ά  J  R  A  T  V  L  C  K  N  X  V
R  E  E  Ά  Σ  Λ  Y  Y  H  P  Q  X  T  Ή  U  B
Θ  Ί  Y  J  X  A  L  O  A  Γ  O  P  Ά  H  T  Q  A
R  E  Ω  L  T  T  D  Π  Γ  J  N  Φ  Y  Σ  E  N  N
G  Θ  P  E  Γ  Ά  M  Ά  X  O  Y  Z  Θ  V  Σ  I  A
W  H  Ύ  M  U  Λ  H  K  W  O  O  N  Y  O  Θ  Ά  M
X  P  Γ  F  I  O  B  J  P  Y  Z  M  F  P  P  C  O
G  H  A  G  K  K  C  K  S  Y  Ί  N  A  D  X  Ά  N
A  T  X  M  J  O  Ή  Q  V  P  Δ  X  G  Q  M  W  Ή
T  A  L  J  K  Σ  A  Φ  I  E  P  Ώ  N  Ω  O  L  I
I  I  Θ  A  Y  M  Ά  Σ  I  A  E  Σ  H  Λ  Ί  M  Q
C  Σ  Δ  A  L  R  O  T  Y  E  W  K  X  E  Ί  Λ  O  Σ
```

Puzzle 165

X	K	D	O	O	F	V	A	Θ	F	H	Y	Z	P	G	S W
K	A	N	Ό	K	I	E	A	N	Z	E	Ύ	Γ	O	Σ	A Λ
L	P	Λ	K	F	A	H	B	Π	O	Z	Y	C	Y	A	Σ A
E	A	H	A	Z	I	F	Y	J	O	I	Δ	E	N	X	T M
E	M	J	I	P	F	B	Λ	K	N	Δ	X	G	R	C	Έ B
P	Ά	H	E	Y	Ώ	X	Ά	K	K	C	Ί	T	H	L	P Ά
Λ	K	M	N	I	U	Σ	X	K	G	N	B	Δ	Ή	G	I N
A	O	I	E	S	I	Ί	E	Θ	E	P	A	B	O	F	A O
Σ	T	Σ	Γ	J	H	F	N	T	Z	X	B	V	G	Y	B Y
Π	A	Έ	O	R	M	X	E	N	E	Y	R	A	A	S	N N
Ω	B	Θ	K	A	P	I	Θ	M	H	T	Ή	N	Θ	E	I Δ
M	E	A	I	N	M	E	T	A	Φ	O	P	Ά	Σ	B	Z N
Έ	P	I	O	N	Έ	M	Σ	I	Π	Λ	E	Π	A	Z	L Z
N	K	Δ	Q	Q	H	Y	J	B	I	W	K	W	B	Z	A I
O	P	W	G	U	W	X	F	S	P	J	G	R	Q	S	H H

ΑΣΤΕΡΙΑ
ΛΑΜΒΆΝΟΥΝ
ΟΙΚΟΓΕΝΕΙΑΚΌ
ΒΑΡΕΘΕΊ
ΕΙΚΌΝΑ
ΚΡΕΒΑΤΟΚΆΜΑΡΑ
ΑΣ
ΖΕΎΓΟΣ
ΑΡΙΘΜΗΤΉ
ΔΕΝ
ΧΆΛΥΒΑ
ΔΙΑΘΈΣΙΜΗ
ΑΠΟΔΊΔΟΥΝ
ΘΑ
ΔΙΕΘΝΉ
ΧΑΛΑΡΏΣΕΤΕ
ΜΕΤΑΦΟΡΆΣ
ΑΝΟΙΧΤΉ
ΑΠΕΛΠΙΣΜΈΝΟΙ
ΛΑΣΠΩΜΈΝΟ

Puzzle 166

ΣΎΝΤΟΜΗ
ΜΈΣΟ
ΟΙ
ΈΡΗΜΟ
ΊΔΡΥΜΑ
ΠΡΩΙΝΌ
ΠΑΡΆΘΥΡΟ
ΕΓΚΑΤΑΣΤΆΘΗΚΑΝ
ΟΠΟΤΕΔΉΠΟΤΕ
ΓΌΜΑ
ΆΛΛΟΣ
ΦΌΡΟΥ
ΚΑΜΉΛΑ
ΚΌΛΛΑ
ΜΕΤΑΞΈΝΙΑ
ΑΠΟΣΤΟΛΉ
ΚΈΙΚ
ΤΈΝΙΣ
ΞΑΦΝΙΚΉ
ΝΈΟΙ

T	Σ	Π	I	G	J	N	Z	Z	I	D	P	U	A	N	E	Ξ
Έ	Ύ	A	A	O	I	Έ	M	E	T	A	Ξ	Έ	N	I	A	A
N	N	P	Λ	Π	Y	O	P	Ό	Φ	B	E	R	Π	M	M	Φ
I	T	Ά	Λ	P	O	I	L	G	O	X	M	V	P	L	Y	N
Σ	O	Θ	Ό	F	F	Σ	O	Λ	Λ	Ά	U	E	Ω	Q	P	I
H	M	Y	K	T	Z	O	T	M	U	Y	S	O	I	Y	Δ	K
Q	H	P	T	Q	K	J	I	O	Γ	Ό	M	A	N	Z	Ί	Ή
A	H	O	U	T	Y	B	C	W	Λ	R	V	L	Ό	X	K	U
U	N	Z	Y	M	H	Έ	O	P	K	Ή	O	J	S	T	Έ	B
N	Q	V	H	C	M	P	D	F	E	A	M	M	K	W	I	J
R	W	S	U	Z	N	H	V	T	E	C	M	Έ	U	R	K	X
C	U	J	M	Y	B	M	A	W	O	M	B	Ή	Σ	K	S	Z
T	P	P	B	O	B	O	C	P	R	X	T	K	Λ	O	F	Y
I	O	Π	O	T	E	Δ	Ή	Π	O	T	E	I	O	A	A	P
E	Γ	K	A	T	A	Σ	T	Ά	Θ	H	K	A	N	E	J	J

Puzzle 167

```
E  W  I  E  N  M  G  K  Y  O  F  B  M  Π  G  S  F
Α  Π  Α  Γ  O  P  E  Ύ  O  Y  N  D  H  I  B  Q  Q
S  Ί  Ά  T  K  I  O  N  A  Y  Γ  Ό  X  Θ  I  Y  S
X  N  X  N  E  N  T  Y  Φ  Ώ  N  A  A  A  Π  L  M
V  R  N  Y  O  M  Έ  N  A  I  Δ  Ί  N  N  N  Q  A
G  O  P  P  Σ  A  T  Ά  T  A  Π  T  I  Ό  E  P  A
H  O  J  P  D  H  Σ  B  C  L  C  E  K  Y  Γ  S  C
Έ  Ξ  Y  Π  N  H  N  K  G  D  K  A  Ά  Σ  Y  Q  Z
Ψ  Ω  M  Ά  K  I  A  A  Ί  I  S  K  U  Έ  A  N  C
Z  Ώ  Ω  N  J  K  S  C  Ψ  O  F  E  X  P  Λ  N  A
Π  A  I  Δ  I  Ά  B  O  S  E  Y  Δ  X  A  Ί  L  J
K  A  T  E  Ύ  Θ  Y  N  Σ  H  Y  P  D  B  X  A  M
E  Π  I  Λ  O  Γ  Ή  N  A  J  X  Δ  O  O  Y  L  J
W  V  X  Q  G  M  U  N  E  F  Z  X  Ή  Σ  B  W  F
X  C  W  E  J  I  R  B  M  B  I  F  H  M  T  L  M
```

ΣΟΒΑΡΈΣ
ΑΝΗΣΥΧΊΑ
ΨΕΥΔΉ
ΠΙΘΑΝΌ
ΓΥΑΛΊ
ΈΞΥΠΝΗ
ΔΕΚΑΕΤΊΑ
ΚΑΤΕΎΘΥΝΣΗ
ΕΠΙΛΟΓΉ
ΠΑΤΆΤΑΣ
ΣΚΊΟΥΡΟΣ
ΑΥΓΌ
ΖΏΩΝ
ΑΝΟΙΚΤΆ
ΤΥΦΏΝΑ
ΠΑΙΔΙΆ
ΔΙΑΝΈΜΟΥΝ
ΜΗΧΑΝΙΚΆ
ΨΩΜΆΚΙΑ
ΑΠΑΓΟΡΕΎΟΥΝ

Puzzle 168

ΚΟΥΚΟΥΒΆΓΙΑ
ΒΛΈΜΜΑ
ΆΛΛΟΥΣ
ΕΚΠΟΜΠΉΣ
ΞΎΣΤΡΑ
ΧΉΝΑΣ
ΕΞΈΤΑΣΗΣ
ΚΛΟΥΒΊ
ΣΎΛΛΗΨΗ
ΑΛΙΕΥΜΆΤΩΝ
ΟΜΆΔΑ
ΚΡΙΤΙΚΉ
ΑΠΑΛΌ
ΔΙΑΤΗΡΟΎΝΤΑΙ
ΠΟΔΉΛΑΤΟ
ΕΚΠΟΜΠΉ
ΚΑΝΌΝΑ
ΟΜΟΣΠΟΝΔΙΑΚΉ
ΩΡΑΊΑ
ΔΏΡΟ

```
K  Π  D  W  S  B  A  O  P  O  K  X  M  X  J  K  Δ
O  O  H  E  C  O  Π  M  M  E  G  N  L  E  K  O  I
Y  Δ  D  K  C  P  A  O  Y  D  B  Ω  J  R  U  J  A
K  Ή  X  S  N  R  Λ  Σ  H  Σ  A  T  Έ  Ξ  E  M  T
O  Λ  Σ  M  E  X  Ό  Π  S  G  L  Ά  K  Z  E  H  H
Y  A  Ύ  Σ  Ή  Π  M  O  Π  K  E  M  Λ  C  P  M  P
B  T  Λ  Δ  Ώ  P  O  N  U  K  Σ  Y  O  Λ  Λ  Ά  O
Ά  O  Λ  W  G  S  I  Δ  O  R  N  E  Y  Y  L  T  Ύ
Γ  L  H  B  N  S  P  I  E  Ή  X  I  B  O  G  K  N
I  B  Ψ  V  Λ  S  U  A  G  K  H  Λ  Ί  M  S  H  T
A  S  H  K  Y  Έ  I  K  V  I  Π  A  N  Ά  P  O  A
K  A  N  Ό  N  A  M  Ή  G  T  X  O  D  Δ  F  K  I
X  Ή  N  A  Σ  Z  Z  M  Z  I  N  T  M  A  D  H  T
S  K  H  A  S  O  A  Ί  A  P  Ω  R  C  Π  Q  P  Z
Ξ  Ύ  Σ  T  P  A  A  A  W  K  H  P  P  P  Ή  F  V
```

Puzzle 169

```
O M L L B H O A S O T B L L F X A
K I O H T H T Ί A P A Π A B B M N
Σ A K Λ K E Q M O Ί E Σ Y O M P A
Y Δ T O Ύ O I K O Π M A Λ A K N Ψ
N Ί T A N B J S N M R Έ P Ή J Ξ Y
Έ T A A N O Δ V O A Ό T A P O E X
Λ N W G H O M O U B E A J H J X Ή
E O Y K F N H I Y U O M V Λ A N Σ
Y P A T P N W T K L E M U K X Ά Ή
Σ Φ Ά N O I Ξ H Ό Ή T A I Σ Y M Γ
H Θ Y M Ω M Έ N O Σ Σ P W M A E O
K Ί T P I N O Y J B Έ Γ L Q R B Λ
U T S F U H N G I G I O D R R P I
Q K T Έ T O I A M Z Π C B J Z W Π
I W I Z B E B E X U G G B J S O E
```

ΚΑΤΑΝΟΗΤΌ
ΣΥΝΈΛΕΥΣΗ
ΕΠΙΛΟΓΉΣ
ΜΟΥΣΕΊΟ
ΚΑΛΑΜΠΟΚΙΟΎ
ΒΑΜΠΊΡ
ΆΝΟΙΞΗ
ΟΡΑΤΌ
ΣΚΛΗΡΉ
ΚΊΤΡΙΝΟ
ΦΡΟΝΤΊΔΑ
ΓΡΑΜΜΑΤΈΑΣ
ΘΥΜΩΜΈΝΟΣ
ΑΠΑΡΑΊΤΗΤΗ
ΜΟΛΎΒΔΟΥ
ΞΕΧΝΆΜΕ
ΠΙΈΣΤΕ
ΟΙΚΟΝΟΜΙΚΉΣ
ΤΕΤΟΙΑ
ΑΝΑΨΥΧΉΣ

Puzzle 170

ΠΡΌΓΟΝΟ
ΦΌΒΟ
ΈΧΕΙ
ΛΗΦΘΕΊ
ΕΜΠΛΕΚΌΜΕΝΗ
ΡΊΞΕΙ
ΠΡΟΣΔΟΚΟΎΝ
ΟΔΉΓΗΣΗΣ
ΣΤΆΣΗ
ΛΕΩΦΟΡΕΊΟ
ΚΑΠΝΌΣ
ΝΌΤΙΑ
ΒΡΑΒΕΊΟ
ΚΥΡΊΑ
ΚΈΡΔΙΣΑΝ
ΣΑΛΙΓΚΆΡΙ
ΥΠΆΛΛΗΛΟ
ΘΈΛΟΥΝ
ΜΠΕΡΔΕΜΈΝΑ
ΚΤΊΡΙΟ

```
J W O N P G G O W M V L A P Φ Z E
T G X B J W X B Ί Π K R V C Ό P M
Q W J X U T F B I E Ξ Ί P R B R Π
E O Δ Ή Γ H Σ H Σ P P B H B O F Λ
N E C I N Ύ O K O Δ Σ O P Π T N E
X E X A N I Ί S S E V N Φ Z F T K
L Z Q J M X E A R M G O K Ω X B Ό
Λ H Φ Θ E Ί B Λ P Έ S Γ A C E O M
V R H N F O A I N N I Ό N C S Λ E
S M Σ W G L P Γ N A Ί P Y K K H N
G S Ά L L P B K I L W Π O B A Λ H
N Ό T I A G L Ά Έ B J P Λ V Π Λ O
E A Σ L N A H P T X R G Έ D N Ά W
K T Ί P I O X I Q Z E B Θ K Ό Π V
K Έ P Δ I Σ A N X Q J I D H Σ Y K
```

Puzzle 171

```
Ε  Α  Υ  Τ  Ο  Κ  Ί  Ν  Η  Τ  Ο  Ρ  U  Α  B  L  Δ
Β  K  W  X  Λ  D  V  Β  Κ  Ρ  Ι  Ο  F  Ο  Κ  Υ  Ι
C  V  Θ  F  Ί  Β  Υ  Κ  Τ  Α  Κ  Α  Ρ  Έ  Ν  Α  Α
Μ  Υ  J  Ε  Φ  Ι  C  Σ  Α  Τ  Β  Κ  Ν  F  Ά  Τ  Φ
Έ  W  Σ  V  Ξ  J  Ύ  Ο  Κ  Ι  Ρ  Ο  Τ  Σ  Ι  Α  Υ
Γ  G  Σ  Ό  Ο  Ι  X  Λ  D  N  Ο  X  Ν  R  X  X  Γ
Α  Α  Τ  Q  Δ  J  Α  Α  Τ  C  R  S  B  M  Ο  Z  Ή
Ι  U  Α  Μ  Υ  Α  J  Κ  Α  Δ  Ε  Λ  Φ  Ό  Ρ  W  Σ
Ρ  G  Φ  Ε  R  J  Q  Σ  Ό  Β  G  L  Ε  U  Τ  J  Μ
Α  Ρ  Ί  Ε  Κ  Ρ  Α  Ά  Ε  Σ  Α  Ι  Λ  Ά  Κ  Γ  Α
Μ  V  Δ  Α  V  Q  Ε  Δ  Ζ  Σ  Η  Μ  Έ  Ρ  Α  Σ  D
R  R  Α  Κ  Ν  Α  Φ  Ο  Β  Ά  Τ  Α  Ι  U  J  Κ  G
Π  Ρ  Ο  Σ  Ε  Κ  Τ  Ι  Κ  Ά  Τ  Λ  Ρ  Ν  Η  Η  Κ
F  Ε  Β  W  Τ  Ε  F  Υ  Τ  Ε  C  Ρ  Ά  Λ  Η  Ψ  Q
Υ  Δ  Υ  Τ  Ι  Κ  Έ  Σ  Ζ  V  U  J  Τ  Κ  Ο  Μ  G
```

ΑΔΕΛΦΌ
ΜΈΓΑΙΡΑ
ΔΆΣΚΑΛΟΣ
ΤΡΟΧΙΆ
ΔΥΤΙΚΈΣ
ΔΙΑΦΥΓΉΣ
ΑΡΚΕΊ
ΑΡΈΝΑ
ΗΜΈΡΑΣ
ΦΊΛΟ
ΑΥΤΟΚΊΝΗΤΟ
ΨΗΛΆ
ΦΟΒΆΤΑΙ
ΣΤΑΦΊΔΑ
ΙΣΤΟΡΙΚΟΎ
ΑΓΚΆΛΙΑΣΕ
ΕΚΘΕΣΙΑΚΌ
ΣΌΔΑ
ΠΡΟΣΕΚΤΙΚΆ
ΚΆΛΤΣΕΣ

Puzzle 172

ΟΜΙΛΊΑ
ΚΕΝΤΡΙΚΉ
ΠΛΉΡΩΣΗΣ
ΠΡΌΣΩΠΟ
ΆΣΚΟΠΟ
ΠΟΝΤΊΚΙ
ΤΕΊΝΟΥΝ
ΠΑΡΑΚΟΛΟΥΘΉΣΟΥΝ
ΔΕΚΑΔΙΚΆ
ΚΑΝΑΡΊΝΙ
ΠΑΛΤΌ
ΤΣΙΠ
ΔΙΑΤΗΡΟΎΝ
ΚΆΘΙΣΕ
ΣΤΊΒΟΥ
ΓΛΥΚΆ
ΈΚΑΝΕ
ΕΝΕΡΓΌ
ΠΟΛΛΩΝ
ΣΎΝΟΡΑ

```
Π  Α  J  Β  Τ  F  D  F  Ν  Η  D  D  Α  Ζ  L  J  Η
Κ  Λ  Α  R  Τ  Σ  Π  Α  Λ  Τ  Ό  V  Η  V  R  S  Q  Ι
Α  Π  Ή  Ρ  Ι  Σ  Ύ  Ν  Ο  Ρ  Α  Ε  Ν  Ε  Ρ  Γ  Ό
Ν  Ο  Μ  Ρ  Π  L  Ρ  J  Α  Τ  D  Α  Ι  Η  Υ  Ο  Κ
Α  Ν  W  Ι  Ω  Ε  Κ  Υ  Ι  Ε  Γ  Ζ  Q  Μ  U  Μ  Ε
Ρ  Τ  Ζ  Β  L  Σ  Μ  Κ  Α  Ί  Δ  Λ  Ι  W  Ο  Ι  Ν
Ί  Ί  F  S  G  Ι  Η  X  Τ  Ν  Ε  Ο  Υ  Ι  S  Λ  Τ
Ν  Κ  Π  S  Q  Θ  Q  Σ  Η  Ο  Κ  Τ  Π  Κ  Υ  Ί  Ρ
Ι  Ι  Υ  Ο  Α  Ά  C  Σ  Ρ  Υ  Α  S  Ρ  Μ  Ά  Α  Ι
Μ  Ζ  G  V  Λ  Κ  W  R  Ο  Ν  Δ  Ι  Ό  W  S  Ρ  Κ
X  C  Β  D  Τ  Λ  V  V  Ύ  Ι  Ι  Β  S  Κ  Κ  Ο  Ή
Ά  Σ  Κ  Ο  Π  Ο  Ώ  Ρ  Ν  R  Κ  Ι  Ω  Ι  W  Ο  W
Έ  Κ  Α  Ν  Ε  Υ  Υ  Ν  Τ  U  Ά  Υ  Π  V  W  Η  Κ
V  Ο  Ο  Ρ  Ρ  D  V  Ν  Ρ  Q  Ε  Υ  Ο  Β  Ί  Τ  Σ
Π  Α  Ρ  Α  Κ  Ο  Λ  Ο  Υ  Θ  Ή  Σ  Ο  Υ  Ν  D  Β
```

Puzzle 173

```
Y O N É M Ω T I P A X É F R F A A
Π M B D A I O E W P H N Π F K T N
O E R N Λ Q Q J O F M H U E D M Á
Λ Í H Σ A Ί P Δ E N Y Σ W S Σ B Π
O N W Y K G T H F M Σ Ó Q U U E T
Γ E X Z Ó S Y L J V Ý K L W X Ý Y
Ί T A Π Σ T I Γ M Ή Γ I K R D O Ξ
Z E R É L T S G Z W K P Ά O R M H
E Λ Ά P O Φ A T E M P E K T Ό Σ Σ
I V S A J G M D O F O T I É Z Y W
W V M Σ Φ Ό P E M A Y Ω T P Ή Θ O
N O W E L H A A V A Σ Ξ O T T H M
O P Γ Ά N Ω Σ H G D H E Λ P H Λ C
W M Γ Ό N A T O T K U Y I O Σ Π F
N X G C C J I H S D N V Π Π E R C
```

ΟΡΓΆΝΩΣΗ
ΈΠΕΣΕ
ΧΑΡΙΤΩΜΈΝΟ
ΦΌΡΕΜΑ
ΠΙΛΟΤΙΚΆ
ΑΝΆΠΤΥΞΗΣ
ΜΕΤΑΦΟΡΆ
ΕΞΩΤΕΡΙΚΌΣ
ΣΤΙΓΜΉ
ΜΕΊΝΕΤΕ
ΠΟΡΤΡΈΤΟ
ΣΥΝΕΔΡΊΑΣΗ
ΖΉΤΗΣΕ
ΜΑΛΑΚΌ
ΠΈΡΑΣΕ
ΠΛΗΘΥΣΜΟΎ
ΣΎΓΚΡΟΥΣΗ
ΓΌΝΑΤΟ
ΥΠΟΛΟΓΊΖΕΙ
ΕΚΤΌΣ

Puzzle 174

ΠΊΣΤΗΣ
ΚΟΥΡΤΊΝΕΣ
ΠΑΡΟΝΟΜΑΣΤΉ
ΘΕΤΙΚΌ
ΔΙΑΦΟΡΕΤΙΚΌ
ΑΣΤΥΝΟΜΙΚΌΣ
ΔΎΣΚΟΛΟ
ΟΥΣΊΑΣ
ΣΧΉΜΑ
ΠΡΟΆΣΠΙΣΗΣ
ΕΠΙΤΡΈΠΟΥΝ
ΑΡΧΑΊΑ
ΤΖΆΚΙ
ΆΡΘΡΟ
ΔΡΑΣΤΗΡΙΌΤΗΤΑ
ΔΈΡΜΑ
ΈΛΚΗΘΡΟ
ΘΕΊΟΣ
ΝΗΣΊ
ΛΆΜΠΑ

```
Z H L Δ E W S A R O K C G T Y E Σ
N Y O Π É P T I Π E K V C N C Á X
Π Λ N Δ V P M H B H B H D S K P Ή
P Ά H P Q A M D E T A L R M Z Θ M
O M Σ A Ή T Σ A M O N O P A Π P A
Ά Π Ί Σ Ό K I M O N Y T Σ A A O F
Σ A T T M R O L D O V X O G P P Θ
Π O Z H H G R I M Z Π K W U X Θ E
I Y Ά P K W Z E T B D Ί P F A H Ί
Σ Σ K I Θ E T I K Ό D Y Σ E Ί K O
H Ί I Ό K O Y P T Ί N E Σ T A Λ Σ
Σ A Q T O W J V T P D N L F H É D
E Σ J H Δ I A Φ O P E T I K Ό Σ U
L V G T Δ Ύ Σ K O Λ O A B V R O I
N M U A K A Y Q U P C R R U Z R F
```

Puzzle 175

```
Χ  Λ  Ε  Υ  Α  Σ  Μ  Ό  Σ  Ώ  Β  I  Ρ  Κ  Α  L  S
Ε  Μ  Τ  Κ  Μ  Σ  Υ  Λ  Λ  Α  Μ  Β  Ά  Ν  Ε  I  Ό
Ξ  Έ  G  Υ  Η  Α  I  Σ  Ή  Τ  Ε  W  i  Υ  Ψ  F  Φ
Α  Τ  G  F  Τ  Μ  U  Ε  I  Χ  Ο  S  Β  Τ  Ό  G  Ε
I  Ρ  Ω  Σ  Ί  Μ  Υ  Θ  Ν  Ε  Π  Υ  Ρ  S  Π  L  Λ
Ρ  Η  Α  Ρ  Α  Ν  J  Q  F  Κ  Χ  L  Β  Ί  Α  Υ  Ο
Ε  Σ  Ζ  Q  I  Τ  Ρ  Έ  Χ  Ε  I  Σ  Σ  Ν  Ξ  Ε  Σ
Τ  Η  Ο  Ε  Δ  D  Χ  Α  Κ  Έ  Δ  Ό  Ν  Ε  Κ  Τ  Χ
I  Q  L  Μ  Ν  Κ  Α  Κ  Ά  Ο  Q  Λ  Υ  Ό  Μ  I  Ε
Κ  Χ  Τ  I  Ε  Ψ  Έ  Τ  Σ  Η  Λ  Ο  I  Τ  Τ  Η  S
Ά  Β  Ρ  Ώ  Μ  I  Κ  Ο  Τ  W  Η  Q  Χ  Α  Τ  I  F
G  V  Ν  Ρ  Κ  J  Ε  Χ  Q  J  Ν  Α  D  Α  Υ  D  Ο
Ρ  L  Κ  C  Ε  F  Ρ  Χ  L  V  Κ  S  W  Μ  Α  D  Ρ
S  J  Q  Ζ  Α  Ο  D  Ε  Α  D  Υ  F  G  Ρ  Τ  Υ  D
Β  Μ  Q  Q  Β  Β  D  Ρ  Ε  Ο  Ζ  L  Α  D  I  J  J
```

ΣΥΛΛΑΜΒΆΝΕΙ
ΒΡΏΜΙΚΟ
ΣΌΛΟ
ΕΤΉΣΙΑ
ΕΝΔΙΑΪΤΗΜΑ
ΑΠΌΨΕ
ΑΚΡΙΒΏΣ
ΜΑΣ
ΝΌΤΙΟ
ΑΡΝΊ
ΤΡΈΧΕΙ
ΕΞΑΙΡΕΤΙΚΆ
ΜΈΤΡΗΣΗ
ΧΛΕΥΑΣΜΌΣ
ΔΈΚΑ
ΚΑΚΆΟ
ΛΗΣΤΈΨΕΙ
ΡΊΞΤΕ
ΥΠΕΝΘΥΜΊΣΩ
ΌΦΕΛΟΣ

Puzzle 176

ΝΑΡΚΩΤΙΚΏΝ
ΑΚΡΙΒΉ
ΓΙΑΤΡΌ
ΤΟΊΧΟ
ΕΣΤΊΑΣΗΣ
ΊΝΤΣΕΣ
ΔΎΟ
ΑΜΈΣΩΣ
ΠΕΡΙΟΧΉ
ΧΤΈΝΑ
ΣΑΒΒΑΤΟΚΎΡΙΑΚΟ
ΙΠΠΌΤΗΣ
ΤΎΧΗ
ΧΡΌΝΙΑ
ΏΘΗΣΗ
ΔΎΝΑΜΗ
ΣΚΆΛΑ
ΑΠΟΔΕΊΞΕΙΣ
ΉΘΕΛΕ
ΆΝΕΜΟ

```
Σ  D  J  Ε  Q  Τ  Η  Ν  C  Ρ  Ν  Χ  Η  Ζ  I  Ν  Ρ
Υ  Α  I  Ν  Ό  Ρ  Χ  Χ  Α  Σ  Κ  Ά  Λ  Α  Π  Η  Α
Α  Σ  Β  Τ  Η  Κ  Ύ  F  Ν  Ρ  Β  S  Χ  Δ  Π  Ί  S
Ρ  Υ  D  Β  Μ  V  Τ  Ε  D  U  Κ  Υ  Υ  Ύ  Ό  Ν  Χ
Χ  Σ  Η  Σ  Α  Ί  Τ  Σ  Ε  Χ  Α  Ω  Χ  Ο  Τ  Τ  Τ
Ή  Α  Σ  Ζ  Ν  Τ  Α  W  W  L  Μ  Q  Τ  Α  Η  Σ  Έ
Θ  Π  Η  Ό  Ύ  Q  Ο  Μ  Χ  W  Έ  D  Q  I  Σ  Ε  Ν
Ε  Ο  Θ  Ρ  Δ  C  V  Κ  Χ  Υ  Σ  W  D  Χ  Κ  Σ  Α
Λ  Δ  Ώ  Τ  Ο  Ί  Χ  Ο  Ύ  W  Ω  Κ  Β  Ρ  Τ  Ώ  Μ
Ε  Ε  V  Α  Κ  V  Ζ  Μ  Ζ  Ρ  Σ  J  C  D  S  Τ  Ν
Ο  Ί  I  I  Κ  C  Κ  Ε  S  G  I  F  Ρ  Β  Ζ  F  Β
Η  Ξ  W  Γ  Α  Ρ  C  Ν  U  Α  Α  Α  Ρ  Υ  Η  C  Ζ
V  Ε  Q  V  Μ  Χ  I  Ά  Ν  Β  Μ  Κ  Κ  C  J  Ρ  U
S  I  Ε  Ρ  Ε  J  Ν  Β  Τ  G  Τ  D  Υ  Ο  Ζ  Χ  Ο
Β  Σ  D  C  V  G  G  C  Ή  Χ  Ο  I  Ρ  Ε  Π  Ρ  C
```

Puzzle 177

```
K E O Y K E M Π I Σ T O Σ Ύ N H Έ
A Π N Π Z T B I S N I Φ Y Q K J N
Λ I K Ό P B F O I R E O X D D H A
Ω T O Λ V H D Ί W K Σ P C C F N A
Σ Y L O G D S Δ N Ό Ί Ό T Ό C Έ B
Ό X M I Q U R I E M Σ A F F K M Π
P H V Π Y U L A T Σ A Γ I Έ P A Y
I M H O T P W Δ Ύ I Φ K G L G T K
Σ Έ Σ Z E M X I O T O M Σ H K E N
M N H W K J Y K D I Π Π M J L T Ή
A H Θ M H E G A Έ Λ A Ό J L N P B
Φ A Σ I A N Ό Σ P O H Δ X P Q I Q
D E Ί V W S P Ί Ω Π Q I D A J J V
Q W Λ H S M L A Σ A G H S A B U M
O K O Q O R T N T G Λ A B Ή U I P
```

ΕΠΙΤΥΧΗΜΈΝΗ
ΈΝΑ
ΚΑΛΩΣΌΡΙΣΜΑ
ΤΕΤΑΜΈΝΗ
ΠΥΚΝΉ
ΥΠΌΛΟΙΠΟ
ΦΑΣΙΑΝΌ
ΔΙΑΔΙΚΑΣΊΑ
ΠΟΛΙΤΙΣΜΌ
ΚΑΚΌ
ΟΎΤΕ
ΕΜΠΙΣΤΟΣΎΝΗ
ΟΛΊΣΘΗΣΗ
ΌΡΟΦΟ
ΈΡΩΣ
ΛΑΒΉ
ΤΣΑΓΙΈΡΑ
ΑΠΟΦΑΣΊΣΕΙ
ΠΌΔΙ
ΣΚΑΜΝΊ

Puzzle 178

ΑΤΜΌ
ΝΤΟΥΛΆΠΙ
ΠΡΟΠΟΝΗΤΉΣ
ΜΈΤΡΙΑ
ΚΟΎΠΑ
ΑΠΟΡΡΌΦΗΣΗ
ΑΠΟΣΤΑΛΕΊ
ΚΑΝΟΝΊΣΕΙ
ΑΠΟΦΎΓΕΤΕ
ΠΙΆΤΑ
ΚΥΡΙΑΚΉ
ΜΕΓΆΛΑ
ΔΊΔΑΞΕ
ΠΡΟΣΟΧΉ
ΞΗΡΑΣΊΑ
ΠΕΙ
ΣΥΜΒΑΊΝΟΥΝ
ΆΦΘΟΝΟ
ΜΠΆΣΚΕΤ
ΠΡΌΘΥΜΑ

```
M Έ T P I A K Y J J T V R A Π L B
I M Π Ά Σ K E T J K Q M D L I E Π
A Π O Φ Ύ Γ E T E O N O Θ Φ Ά K B
K E Ά K Y P I A K Ή H A N C T O Z
A B D Λ C Q N H C M L A K V A Ύ K
N L Z U Y W S Π S A L A X F A Π A
O M E L H O B U P V U I Y I F A Ί
N Q Ξ E D S T N Y O N Ί A B M Y Σ
Ί I A O X K F N R S Π M E Γ Ά Λ A
Σ A Δ T B J K H U C O O A F X P P
E A Ί W M U K R E P N M N D U D H
I R Δ P Z Ό Π P O Σ O X Ή H R W Ξ
C N Z J Π P Ό Θ Y M A T L G T S J
A Π O Σ T A Λ E Ί O A F K H Z Ή T
A Π O P P Ό Φ H Σ H P C W O E G Σ
```

Puzzle 179

```
Ο  Υ  Π  Ρ  Σ  B  F  C  U  O  P  T  H  N  Ί  K  N
Γ  S  Ή  N  Y  O  Λ  Ά  B  Σ  I  E  Y  P  K  Ά  Δ
Δ  P  P  C  M  Q  P  G  B  E  Π  U  G  P  X  I  J
Ό  P  E  S  N  A  T  Ό  N  I  A  Φ  M  X  Ί  Λ  F
N  H  O  E  R  E  R  K  Γ  M  Π  U  Z  B  J  A  Z
T  H  S  Δ  O  D  K  Ό  C  H  Ά  F  V  N  K  Π  C
A  L  O  C  Ά  Y  W  M  J  Ή  K  A  I  Δ  A  T  Σ
Ό  P  J  J  K  X  M  K  Γ  I  I  T  B  K  Q  K
M  E  Ί  Ω  Σ  H  I  A  W  O  F  U  Δ  D  K  H  A
Θ  H  U  M  G  C  M  N  H  Λ  N  Q  K  U  E  T  T
A  D  B  S  Q  L  J  S  O  Λ  Z  U  K  H  U  C  O
B  A  M  I  Q  S  H  R  D  Y  G  I  M  Q  G  D  I
C  W  O  P  T  X  Ά  I  K  Σ  O  N  P  P  H  G  K
E  Ξ  A  Φ  A  N  Ί  Z  O  N  T  A  I  O  E  P  Ί
A  Π  O  Φ  E  Ύ  Γ  O  Y  N  J  U  S  H  N  K  A
```

ΠΉΡΕ
ΒΑΘΜΌ
ΠΑΠΆΚΙ
ΚΑΤΟΙΚΊΑ
ΦΑΙΝΌΤΑΝ
ΕΞΑΦΑΝΊΖΟΝΤΑΙ
ΤΥΡΊ
ΣΤΑΔΙΑΚΉ
ΣΥΛΛΟΓΉ
ΑΠΟΦΕΎΓΟΥΝ
ΟΓΔΌΝΤΑ
ΠΑΛΙΆ
ΜΕΊΩΣΗ
ΕΙΣΒΆΛΟΥΝ
ΡΟΔΆΚΙΝΟ
ΣΚΙΆΧΤΡΟ
ΔΙΚΗΓΌΡΟΣ
ΔΆΚΡΥ
ΚΌΜΜΑ
ΚΊΝΗΤΡΟ

Puzzle 180

ΟΡΊΖΟΥΝ
ΕΠΗΡΕΆΖΟΥΝ
ΔΩΔΕΚΑ
ΠΡΟΚΕΙΜΈΝΟΥ
ΑΓΓΟΎΡΙ
ΠΡΟΣ
ΚΑΤΗΓΟΡΊΑ
ΓΟΝΕΊΣ
ΕΠΙΚΟΙΝΩΝΊΑ
ΔΩΡΕΆΝ
ΠΕΤΡΕΛΑΊΟΥ
ΒΌΡΕΙΑ
ΜΠΙΖΈΛΙΑ
ΚΑΤΆΛΛΗΛΟ
ΌΡΙΟ
ΥΠΌΣΧΟΝΤΑΙ
ΣΤΑΦΥΛΙΏΝ
ΝΑ
ΑΝΤΊΚΕΣ
ΚΑΙ

```
K  F  V  F  T  C  N  E  Π  H  P  E  Ά  Z  O  Y  N
N  A  Ί  N  Ω  N  I  O  K  I  Π  E  M  Y  K  O  Ώ
L  N  T  J  Z  S  Π  C  J  A  A  N  Π  B  A  Ί  I
A  Y  T  H  C  U  P  I  D  T  E  K  I  Ό  T  A  Λ
K  N  M  A  Γ  R  O  P  Z  N  M  Q  Z  P  Ά  Λ  Y
E  Ά  T  P  S  O  Σ  L  T  O  Z  F  Έ  E  Λ  E  Φ
Δ  E  Q  Ί  R  N  P  X  X  X  J  U  Λ  I  Λ  P  A
Ώ  P  S  I  K  D  B  Ί  K  Σ  E  F  I  A  H  T  T
Δ  Ω  H  P  P  E  F  C  A  Ό  W  K  A  A  Λ  E  Σ
B  Δ  I  Ύ  F  B  Σ  N  O  Π  A  H  W  R  O  Π  Ί
Ό  P  I  O  O  Z  D  D  N  Y  O  Z  Ί  P  O  X  E
H  F  F  Γ  Π  P  O  K  E  I  M  Έ  N  O  Y  X  N
Z  J  L  Γ  J  Z  H  L  T  F  B  K  P  O  I  Y  O
E  H  M  A  L  K  J  I  M  W  M  N  K  B  B  J  Γ
I  Z  X  Z  L  R  P  Z  G  U  C  U  V  G  L  B  Z
```

Puzzle 181

```
Α Ν Ω Φ Μ Ύ Σ Η Λ Ε Κ Τ Ρ Ι Κ Ό Π
Μ Ρ Κ Ο Υ Ν Ο Υ Π Ϊ Δ Ι Κ Ε Ρ U P
Α Ε Κ Η Θ Ν Ά Θ Σ Ι Α G O O Κ Χ Ω
Κ Σ Α Τ Π Ί Τ Σ Α G Κ Q Τ Β Α Ι Τ
Ρ Η S H I V U J I R J O Ό W Γ Ε Α
Ά Θ F D A Κ Ν Χ G L Ν D Π Ρ Κ Θ Ρ
Κ Ώ W Τ Χ C Έ L C D Ρ Ι Ο Κ Ο Α Χ
L Λ Q S C Μ Η Σ Ι Q Υ Μ Υ Ό Υ Ν Ι
Ε Ε Ε Ν Ν Ι L Ρ D Α Ν Ϊ Λ Σ Ρ Α Κ
J C Α Ι Υ D Υ S V Ν Τ Ω Ο Τ Ό Τ Ό
Υ Ρ Υ G Δ Μ Ε Ά Λ Η Ρ Ο Ο Τ Η F
Σ Ή Γ Ω Γ Α Ρ Α Π Κ Ν Π Ι Σ Ν Φ Α
Ο F H Ι Ζ Ι Ρ Υ Β Ι L Μ Ν Κ Η Ό Ο
Τ Α Ϊ Ρ Ω Δ Ο Ι Α Ν Ν Ε Γ Μ Ή Ρ Ι
Μ Ν Έ Ν Τ Ι Μ Α Ά Τ J Q Τ R G Α Ν
```

ΚΌΣΤΟΣ
ΜΕΓΆΛΗ
ΏΘΗΣΕ
ΘΑΝΑΤΗΦΌΡΑ
ΑΡΚΤΙΚΈΣ
ΚΟΤΌΠΟΥΛΟ
ΣΎΜΦΩΝΑ
ΙΑΤΡΙΚΉ
ΠΑΡΑΓΩΓΉΣ
ΜΑΚΡΆ
ΓΕΝΝΑΙΟΔΩΡΊΑ
ΈΝΤΙΜΑ
ΑΙΣΘΆΝΘΗΚΕ
ΚΑΓΚΟΥΡΌ
ΠΡΩΤΑΡΧΙΚΌ
ΚΛΕΙΔΑΡΙΆ
ΠΊΤΣΑ
ΠΡΩΊ
ΚΟΥΝΟΥΠΊΔΙ
ΗΛΕΚΤΡΙΚΌ

Puzzle 182

ΑΝΌΗΤΟΣ
ΤΑΜΕΊΟ
ΒΛΈΠΟΝΤΑΣ
ΣΤΌΧΟΣ
ΤΡΟΦΊΜΩΝ
ΑΛΛΗΛΕΠΙΔΡΟΎΝ
ΣΉΜΕΡΑ
ΑΝΑΚΑΤΕΎΟΥΜΕ
ΤΈΡΑΣ
ΗΛΙΚΊΑ
ΑΝΤΊ
ΔΙΟΡΊΣΕΙ
ΤΡΙΆΝΤΑ
ΑΠΛΟΠΟΊΗΣΗ
ΣΑΦΈΣ
ΚΡΟΚΟΔΕΊΛΙΑ
ΠΡΟΪΌΝΤΩΝ
ΧΑΡΑΚΤΗΡΙΣΤΙΚΌ
ΦΡΈΖΙΑ
ΧΡΉΜΑΤΑ

```
L Α Τ Α Μ Ή Ρ Χ V Ζ Χ Ρ U Α Ν Τ Β
Α Ν Σ Χ Α Ι Ζ Έ Ρ Φ Α Ϊ Κ Ι Λ Η Λ
G Α Κ Ή Ζ Ν Ι Ε Σ Ί Ρ Ο Ι Δ F C Έ
Ζ Κ Ρ Ρ Μ Ζ Τ W Ν Α Ν Ζ J Υ Ζ Π
Τ Α Ο D Ζ Ε Ϊ Ί Ω Ω Κ Υ S Ι Ε J Ο
Ρ Τ Κ G Α Β Ρ Ο Μ Α Τ G G C S L Ν
Ι Ε Ο Ι U Σ C Α Ϊ Α Η Ν Η R Ζ Ρ Τ
Ά Ύ Δ W Α Α Η Ρ Φ Ν Ρ Χ Ό Η Β W Α
Ν Ο Ε Α L Φ Υ Ρ Ο Ό Ι Ο Α Ϊ Σ R Σ
Τ Υ Ί S W Έ Σ Ε Ρ Η Σ Α L Τ Ο Ο S
Α Μ Λ Ρ Τ Σ V Ο Τ Τ Τ Β Ε Έ Χ Ρ W
W Ε Ι Τ Α Μ Ε Ί Ο Ο Ι Ι J Ρ Ό J Π
W Η Α Χ S J S Α R Σ Κ Ζ U Α Τ L L
Α Π Λ Ο Π Ο Ί Η Σ Η Ό Ε Κ Σ Σ R C
Α Λ Λ Η Λ Ε Π Ι Δ Ρ Ο Ύ Ν G Ο Μ Υ
```

Puzzle 183

```
J  K  A  E  R  A  Y  Ή  K  T  G  D  K  M  Y  S  J
O  O  N  P  A  Σ  T  P  Y  O  B  Ό  T  N  O  Δ  O
R  K  T  Ω  E  H  M  H  Y  O  N  Q  A  F  K  T  J
A  K  A  Δ  K  C  O  M  M  H  B  U  F  M  O  R  Ύ
Λ  Ι  Γ  Ι  T  O  Y  Λ  Ί  Π  A  Δ  Ί  K  T  Y  O
E  N  Ω  Ό  W  M  D  O  Φ  O  X  I  J  Q  Z  Π  M
Π  O  N  Σ  B  C  C  T  T  O  P  R  G  F  N  A  Σ
O  Λ  Ι  Σ  O  P  E  Τ  Ό  M  P  E  Θ  G  T  P  A
Ύ  A  Σ  R  U  N  R  K  W  A  V  H  X  A  Q  Ά  I
R  Ί  M  O  J  F  P  Q  P  M  K  Q  T  Y  H  Γ  Δ
Q  M  Ό  M  P  O  K  Έ  Φ  E  P  E  O  Έ  T  O  E
L  H  Σ  E  Δ  N  Ύ  Σ  R  G  H  J  W  F  Σ  N  X
C  Δ  Ι  Δ  Ι  O  K  T  H  Σ  Ί  A  Σ  N  N  T  Σ
L  E  Σ  Ι  Π  Ό  T  N  E  V  T  D  F  C  H  A  X
N  Σ  K  A  M  Π  Ί  N  A  Ί  N  I  A  T  J  A  I
```

ΣΎΝΔΕΣΗ
ΤΟΥΛΊΠΑ
ΑΛΕΠΟΎ
ΤΑΙΝΊΑ
ΑΝΤΑΓΩΝΙΣΜΌ
ΤΥΧΕΡΟΊ
ΠΑΡΆΓΟΝΤΑ
ΤΟΛΜΗΡΉ
ΙΔΙΟΚΤΗΣΊΑΣ
ΕΝΤΌΠΙΣΕ
ΕΡΩΔΙΌΣ
ΣΧΕΔΙΑΣΜΟΎ
ΟΔΟΝΤΌΒΟΥΡΤΣΑ
ΚΟΡΜΌ
ΦΟΡΗΤΈΣ
ΘΕΡΜΌΤΕΡΟΣ
ΚΑΜΠΊΝΑ
ΚΟΚΚΙΝΟΛΑΊΜΗΔΕΣ
ΈΦΕΡΕ
ΔΊΚΤΥΟ

Puzzle 184

ΒΑΣΊΛΙΣΣΑ
ΑΝΆΛΥΣΗ
ΕΛΆΦΙΑ
ΙΣΧΎΟΥΝ
ΚΎΚΛΟΥ
ΑΣΤΥΝΟΜΊΑ
ΡΉΜΑ
ΣΚΙ
ΈΤΣΙ
ΦΩΤΕΙΝΌ
ΔΙΑΦΑΝΉ
ΣΠΆΝΙΟ
ΑΠΆΝΤΗΣΗ
ΠΈΝΕΣ
ΨΈΜΑ
ΑΚΡΙΒΆ
ΥΓΊΗ
ΜΗΔΈΝ
ΚΟΡΏΝΑ
ΟΔΟΝΤΊΑΤΡΟ

```
Ά  Σ  Π  Ά  N  I  O  Δ  A  X  N  A  P  Y  O  B  W
B  I  I  Z  I  T  P  I  Σ  T  Έ  N  Ή  Γ  Δ  A  W
I  Σ  X  Ύ  O  Y  N  A  H  E  M  Ά  M  I  O  Σ  Y
P  G  A  C  I  O  Έ  Φ  N  Λ  M  Λ  A  Ή  N  Ί  A
K  K  T  K  G  Λ  Δ  A  V  Ά  C  Y  Ί  F  T  Λ  K
A  N  Ώ  P  O  K  H  N  T  Φ  Λ  Σ  M  H  Ί  I  U
P  P  B  I  Y  Ύ  M  Ή  M  I  J  H  O  Z  A  Σ  K
K  I  V  T  T  K  C  B  V  A  S  I  N  V  T  Σ  D
L  Q  E  D  Σ  Ψ  Q  M  G  T  X  Z  Y  D  P  A  O
N  X  I  E  K  Σ  Έ  E  W  D  M  Q  T  Z  O  L  P
M  C  A  E  I  P  B  M  D  M  Q  D  Σ  Z  X  F  Π
A  Π  Ά  N  T  H  Σ  H  A  H  Z  D  A  G  M  L  Έ
F  G  G  W  T  W  Φ  Ω  T  E  I  N  Ό  C  N  L  N
R  Q  V  R  T  N  E  K  F  P  I  Y  A  C  W  T  E
J  G  N  W  W  A  G  E  N  G  I  F  F  G  H  N  Σ
```

Puzzle 185

```
A M E F I Ό M E Λ Λ O N T I K Ή Σ
Φ Π Y H H T C K F N Y K O Σ L Π T
Ά B P L Δ Σ K S E I Π Ά Έ Q S Ί Ά
N B E Ό O E L D Z B A Π Ξ A A Ν Δ
T T Q R Σ Z Ί B O C Σ O A Σ J A I
A X E S Έ E N Π D Q X T Λ Y Π K O
Σ O K G Λ P K Q N Ύ A E Λ N P A Ά
M R W J A A J T J O Λ X O E O K Γ
A Z R W Φ V H G H N Ί B Σ P Σ K Γ
L W G J Σ M I A V I T Z P Γ Π C E
O L P D A F N J J P Σ E Q Ά A T Λ
Δ E Δ O M Έ N Ω N I A K G T Θ I O
E E C S A J K H C O G D A H E N Σ
K Έ N T P O Z F D X J V O T Ί A U
G X I O N O Σ T I B Ά Δ A Σ Ά I Z
```

ΚΈΝΤΡΟ
ΑΠΡΌΣΕΚΤΗ
ΠΑΣΧΑΛΊΤΣΑ
ΜΕΛΛΟΝΤΙΚΉ
ΔΕΔΟΜΈΝΩΝ
ΑΣΦΑΛΈΣ
ΦΆΝΤΑΣΜΑ
ΔΕΊΠΝΟ
ΣΤΆΔΙΟ
ΧΟΙΡΙΝΟΎ
ΚΑΤΆ
ΖΕΣΤΌ
ΣΟΚ
ΧΙΟΝΟΣΤΙΒΆΔΑΣ
ΠΡΟΣΠΑΘΕΊ
ΣΥΝΕΡΓΆΤΗ
ΆΓΓΕΛΟΣ
ΚΆΠΟΤΕ
ΠΊΝΑΚΑ
ΈΞΑΛΛΟΣ

Puzzle 186

ΣΑΛΆΧΙ
ΓΕΝΝΉΘΗΚΕ
ΠΡΟΣΦΟΡΆ
ΔΙΠΛΟΎΝ
ΠΥΡΟΣΒΈΣΤΗΣ
ΕΝΗΛΊΚΩΝ
ΧΏΝΕΨΕΙ
ΠΆΡΑ
ΚΙΛΆ
ΈΚΘΕΣΗ
ΕΞΆΠΛΩΣΗ
ΚΌΛΠΟ
ΡΟΎΧΑ
ΓΝΏΣΗ
ΧΑΜΌΓΕΛΟ
ΗΛΙΟΒΑΣΙΛΈΜΑΤΟΣ
ΣΠΆΝΙΑ
ΚΎΚΝΟ
ΣΠΗΛΙΆ
ΠΡΌΣΒΑΣΗ

```
Π W S V D Y B N X Π H E Q R L Σ P
U P E W D A E Q Ω P Λ Ξ V M M Π H
D D Ό W L Z N G N O I Ά Λ I K H Q
Z C U Σ Z A C W Έ Σ O Π I O L Λ I
E O H P B M F Z Ψ Φ B Λ D O A I Y
K N N Y K A G V E O A Ω O P R Ά G
H K H M B Z Σ K I P Σ Σ B L M A E
Θ Ύ Δ Λ W A D H V Ά I H Σ E Θ K Έ
Ή K I C Ί K E F S O Λ E Γ Ό M A X
N Σ Π Q Y K Σ H T Σ Έ B Σ O P Y Π
N A Λ X H K Ω M I D M Π B R N K D
E Λ O L M F B N C J A I Ά W O Ό A
Γ Ά Ύ Γ N Ώ Σ H S Y T Z S P A Λ U
R X N W A C Q A X Ύ O P W Y A Π T
A I N Ά Π Σ J E R N Σ C Y K V O M
```

Puzzle 187

```
E  G  H  J  K  Σ  E  K  V  B  K  Έ  K  A  Ψ  E  Σ
A  Ί  T  G  E  O  P  N  Δ  Ά  A  F  I  O  Y  W  Φ
Λ  I  T  E  Ή  Φ  Γ  Σ  T  Π  T  P  Ί  T  O  P
M  E  X  E  Δ  O  A  H  H  P  Έ  Σ  Ά  Y  V  H  A
K  P  Π  Y  I  Ύ  Λ  O  Σ  A  Λ  I  Θ  G  F  A  Γ
U  Ά  A  T  E  Σ  E  Z  H  X  O  A  A  K  B  H  Ί
U  Π  N  J  O  N  Ί  O  Ξ  O  U  P  K  H  M  J  Δ
O  K  Y  U  O  M  O  Π  Ύ  Σ  V  U  Σ  O  I  O  A
C  Z  X  M  B  L  Έ  Σ  Ά  Ί  X  A  M  Γ  Y  Π  A
Φ  Ύ  Γ  E  I  Z  M  P  I  P  E  P  Y  L  D  L  S
J  A  Δ  Ύ  O  Λ  A  T  E  Π  T  X  E  J  A  S  C
N  E  P  O  X  Ύ  T  H  L  I  E  Ί  T  V  H  F  Y
G  K  R  W  Y  H  X  B  X  N  E  P  Δ  H  H  D  W
L  C  H  N  C  L  W  A  M  H  Θ  Σ  Ί  A  N  Y  Σ
Σ  Y  N  Θ  Ή  K  H  K  Z  N  K  W  L  H  R  E  S
```

ΣΟΦΟΎΣ
ΠΑΡΤΊΔΑ
ΣΚΑΘΆΡΙ
ΦΎΓΕΙ
ΚΑΠΈΛΟ
ΠΕΤΑΛΟΎΔΑ
ΠΥΓΜΑΧΊΑΣ
ΣΥΝΑΙΣΘΗΜΑ
ΑΎΞΗΣΗΣ
ΒΆΤΡΑΧΟΣ
ΛΕΠΤΟΜΈΡΕΙΕΣ
ΣΥΝΘΉΚΗ
ΣΦΡΑΓΊΔΑ
ΝΕΡΟΧΎΤΗ
ΒΟΟΕΙΔΉ
ΈΚΑΨΕ
ΕΊΤΕ
ΠΆΡΕΙ
ΤΡΊΤΟ
ΕΡΓΑΛΕΊΟ

Puzzle 188

ΠΡΌΚΛΗΣΗ
ΕΠΙΠΤΏΣΕΙΣ
ΑΣΗΜΈΝΙΑ
ΑΓΝΟΟΎΜΕ
ΑΣΤΈΡΩΝ
ΑΠΟΤΈΛΕΣΜΑ
ΒΙΤΑΜΊΝΕΣ
ΠΑΝΤΡΕΥΤΕΊ
ΧΌΜΠΙ
ΚΑΛΛΙΤΈΧΝΗ
ΧΑΡΤΑΕΤΌ
ΠΟΔΙΆ
ΜΠΎΡΑ
ΠΤΕΡΎΓΙΟ
ΚΟΥΝΙΈΜΑΙ
ΚΈΡΔΟΣ
ΟΙΚΟΝΟΜΙΚΉ
ΚΆΤΩ
ΚΟΛΈΓΙΟ
ΠΛΕΥΡΆ

```
Ό  T  E  A  T  P  A  X  K  K  R  K  E  Π  Σ  A  S
X  H  J  C  D  I  Π  U  A  V  Ά  W  M  O  I  X  G
U  Y  U  R  H  N  O  D  Λ  K  A  T  N  Δ  E  N  M
O  O  T  A  Σ  T  V  Λ  O  Γ  X  Ω  I  Σ  O  Y
T  F  D  U  H  N  Έ  S  I  Y  N  Π  Ό  Ά  Ώ  C  Y
V  K  Ί  Ή  Λ  N  Λ  R  T  N  O  T  S  M  T  U  F
I  Z  E  T  K  V  E  A  Έ  I  O  E  K  Y  Π  D  G
Q  M  T  G  Ό  I  Σ  J  X  Έ  Ύ  P  Έ  S  I  I  M
Q  C  Y  K  P  N  M  F  N  M  M  Ύ  P  W  Π  D  Π
H  T  E  L  Π  G  A  O  H  A  E  Γ  Δ  F  E  R  Ύ
S  Ά  P  Y  E  Λ  Π  S  N  I  T  I  O  A  W  T  P
B  I  T  A  M  Ί  N  E  Σ  O  T  O  Σ  J  K  A  A
Z  Z  N  Ω  P  Έ  T  Σ  A  N  K  Z  P  Y  M  I  H
J  K  A  I  N  Έ  M  H  Σ  A  I  I  S  Z  Z  L  V
R  X  Π  O  N  K  O  Λ  Έ  Γ  I  O  O  M  P  J  F
```

Puzzle 189

```
X Π F H X S K F K E F N V Σ R W A
J A Γ Έ Λ A Σ E A N U L Y Y U U N
V P J E E G N I T T B S L M F R T
T Ά N X Y Σ A B Ά Ά Λ I Λ B H O Ί
B Λ E R B U H I Π Ξ C Y K E S R Θ
C O H Π F K Z K A E X N X Ί P Π E
Ό Γ E T I Y T O Y I R S Ή T A I Σ
T H A N W Σ C R Σ V B G Y K M Θ H
E O G T T A T O H A C F E W Φ A V
Γ N N R Y O L Ή G E N I K Ή Ί N G
A K U R J C Π O Σ K V C Σ Φ Z Ώ Y
Π Ί M D P O B I C E H A A A O Σ V
A Λ B V E G I E Σ Ώ I Λ T Π Y K J
A Γ Ό P A Σ E M U M N C A E N Y W
S H N G E T O H R K Ό H K H G X Y
```

ΠΑΓΕΤΟ
ΤΟΝ
ΕΝΤΟΠΙΣΜΌ
ΑΝΤΙΘΕΣΗ
ΚΑΤΑΣΚΕΥΉ
ΕΝΤΆΞΕΙ
ΕΠΙΣΤΉΣΕΙ
ΣΥΜΒΕΊ
ΠΑΡΆΛΟΓΗ
ΓΈΛΑΣΕ
ΓΕΝΙΚΉ
ΡΑΜΦΊΖΟΥΝ
ΛΙΛΆ
ΛΙΏΣΕΙ
ΛΊΚΝΟ
ΑΓΌΡΑΣΕ
ΕΠΑΦΉ
ΚΑΤΆΠΑΥΣΗ
ΣΥΧΝΆ
ΠΙΘΑΝΏΣ

Puzzle 190

ΠΕΤΣΈΤΑ
ΙΚΑΝΌΤΗΤΑ
ΥΨΗΛΉΣ
ΡΆΦΙ
ΑΦΙΕΡΏΣΕΙ
ΚΆΣΤΑΝΑ
ΤΑΞΊΔΙΑ
ΤΑΥΤΌΤΗΤΑΣ
ΚΆΤΟΙΚΟΣ
ΨΥΧΡΌΣ
ΣΎΡΜΑ
ΖΈΒΡΑ
ΈΡΧΕΤΑΙ
ΕΡΓΑΖΌΜΕΝΟΣ
ΕΠΙΔΙΏΚΟΥΝ
ΣΩΛΉΝΑ
ΦΟΡΆ
ΛΌΦΟ
ΑΡΙΣΤΕΡΌ
ΠΕΡΙΕΧΟΜΈΝΟΥ

```
Π E P I E X O M Έ N O Y P I A E V
Z Έ B P A K Ά Σ T A N A Ά Y K Π P
F R K L T N Ψ Φ O P Ά W Φ Ψ I B
H M G U Έ M Ή Y L Q U Ό I H A Δ E
E H F K Σ S N Λ X R B P B Λ K I J
T P U R T I A U Ω P R E V Ή V Ώ Z
A M Γ W E P R X Z Σ Ό T J Σ Y K Σ
Y X W A Π L L H I E Σ Σ Q Z W O Ύ
T S Z I Z I J K Ά T O I K O Σ Y P
Ό M F Δ G Ό P E F A V P Q V U N M
T N H Ί S N M Λ Ό Φ O A N T D S A
H D F Ξ Z Y M E A Φ I E P Ώ Σ E I
T J D A H E R Y N Έ P X E T A I C
A T H T Ό N A K I O A E N D L Q J
Σ E T X A U P N U W Σ A C M D P G
```

Puzzle 191

```
Σ  I  E  Θ  Ή  N  Y  Σ  H  A  T  Y  P  Q  O  L  O
W  Π  V  M  R  S  X  T  Z  Ί  N  T  Z  E  P  S  X
I  N  Ί  D  D  H  S  F  D  Φ  R  E  Π  Π  E  Z  H
Λ  Y  U  T  Y  U  T  C  X  A  E  Ξ  P  P  T  W  M
Ύ  A  P  M  I  F  V  S  D  P  Q  E  Ό  A  Ύ  Ί  Ά
O  I  P  Ά  Σ  Σ  Ω  Λ  Γ  M  T  B  K  O  O  T
P  E  Σ  J  E  P  M  B  T  O  A  Ά  A  T  K  K  Ω
A  B  Έ  T  P  Q  V  Z  O  Θ  M  Z  T  I  Σ  I  N
M  I  Π  L  O  Q  U  A  V  P  Ά  O  A  K  R  T  K
T  S  O  T  Y  Σ  I  U  S  O  H  Y  G  Έ  H  K  O
Ό  K  I  T  A  M  E  Θ  O  Π  A  N  I  Σ  L  E  P
D  B  K  E  B  T  M  Λ  J  M  H  Γ  Έ  T  H  Σ  Ά
S  F  O  T  Ψ  D  M  B  Ί  Σ  Ά  Π  I  O  F  O  K
I  R  I  E  W  Ό  L  U  W  Δ  M  X  M  P  G  P  I
H  R  I  L  U  H  K  I  K  W  A  M  H  R  D  Π  K
```

ΗΓΕΤΗΣ
ΕΞΕΤΆΖΟΥΝ
ΣΠΊΤΙ
ΚΟΡΆΚΙ
ΈΠΟΙΚΟΙ
ΣΆΠΙΟ
ΟΡΘΟΓΡΑΦΊΑ
ΓΛΩΣΣΆΡΙΟ
ΠΡΟΣΕΚΤΙΚΟΊ
ΠΡΑΚΤΙΚΈΣ
ΠΡΌΒΑΤΑ
ΜΑΡΟΎΛΙ
ΑΠΟΘΕΜΑΤΙΚΌ
ΟΧΗΜΆΤΩΝ
ΙΣΤΟΣΕΛΊΔΑ
ΤΖΊΝΤΖΕΡ
ΜΑΜΆ
ΚΌΨΕΙ
ΣΚΟΎΤΕΡ
ΣΥΝΉΘΕΙΣ

Puzzle 192

ΧΆΣΕΤΕ
ΠΟΣΌΤΗΤΑ
ΜΕ
ΕΚΤΟΠΊΣΕΙ
ΑΡΧΊΣΕΙ
ΖΥΓΊΖΕΙ
ΣΎΓΧΡΟΝΗ
ΣΤΑΥΡΌ
ΟΙΚΟΝΟΜΊΑ
ΟΥΣΙΑΣΤΙΚΌ
ΦΕΓΓΆΡΙ
ΔΙΔΆΣΚΕΙ
ΒΙΒΛΊΟ
ΠΑΠΠΟΎΣ
ΌΜΩΣ
ΕΛΚΥΣΤΙΚΉ
ΣΥΜΠΎΚΝΩΜΑ
ΓΕΎΜΑ
ΑΕΡΟΠΛΆΝΟ
ΣΟΥΗΔΌΣ

```
O  G  V  F  Π  A  V  W  E  Z  Δ  X  T  E  C  Z  H
U  Ό  P  Y  A  T  Σ  M  B  J  I  Ά  U  N  I  Y  R
Σ  E  N  Z  Π  H  Ό  Ω  R  A  Δ  Σ  W  Z  Σ  Γ  L
Ύ  H  C  O  Π  T  K  W  M  S  Ά  E  T  N  Ό  Ί  C
Γ  E  L  W  O  Ό  I  S  Y  Ό  S  T  W  F  Δ  Z  O
X  B  T  V  Ύ  S  T  Y  W  T  K  E  U  H  H  E  L
P  B  I  E  Σ  O  S  M  P  W  E  A  H  D  Y  I  F
O  Γ  I  Z  X  Π  A  Π  S  R  I  R  Q  G  O  O  B
N  E  P  B  Z  Z  I  Ύ  E  K  T  O  Π  Ί  Σ  E  I
H  Ύ  Ά  F  Λ  J  S  K  E  Λ  K  Y  Σ  T  I  K  Ή
Q  M  Γ  J  V  Ί  Y  N  A  P  X  Ί  Σ  E  I  Y  Z
X  A  Γ  Y  E  Z  O  Ω  A  E  P  O  Π  Λ  Ά  N  O
F  Q  E  M  A  R  F  M  R  D  W  M  V  A  G  W  A
D  O  Φ  X  L  N  G  A  Ί  M  O  N  O  K  I  O  V
U  V  B  C  R  U  U  Y  B  J  F  A  Z  S  B  Q  A
```

Puzzle 193

```
V S A Q K J C A V P M F U G T C A
Q N I U Q T O N Ό M A T O Σ Έ I O
Y Π N H Λ Ί A Y S D J H Y A T Π S
F Π G O Y V C O W C A Y O Δ O I R
I P Έ Π I Π T Έ E O A E T I Y Σ K
X O H N E M Ό X E N Y Σ F P Σ T Ά
A Φ C K O Q E Γ F A Z S C Ί S E M
P A F T S X Ή Y E K Σ A P A Π Ύ E
O N W G Y G I Σ I T Y A Z E N O P
Ύ Ή M J F Y Z Λ E Ή A M P Σ Z Y A
M Q C V H Q P K Έ T V Ύ K K U N K
E U Π O Λ Y Θ P Ό N A Λ E V E T X
N X P A Δ Ύ N A M O Y O T W U T F
A Δ I K A Σ T Ή Σ Y X O B H Y G Ά
Σ Y N Δ Υ Ά Z O Y N Z O K B Z G D
```

ΑΡΚΕΤΆ
ΜΎΛΟ
ΣΥΓΧΈΟΥΝ
ΚΆΜΕΡΑ
ΠΙΠΈΡΙ
ΈΤΟΥΣ
ΣΥΝΕΧΌΜΕΝΗ
ΊΡΙΔΑΣ
ΑΚΤΉ
ΠΑΡΑΣΚΕΥΉ
ΔΙΚΑΣΤΉΣ
ΠΟΛΥΘΡΌΝΑ
ΧΑΡΟΎΜΕΝΑ
ΠΙΣΤΕΎΟΥΝ
ΥΠΝΗΛΊΑ
ΟΝΌΜΑΤΟΣ
ΠΡΟΦΑΝΉ
ΚΟΥΝΈΛΙ
ΑΔΎΝΑΜΟ
ΣΥΝΔΥΆΖΟΥΝ

Puzzle 194

ΕΡΓΑΣΊΑΣ
ΒΟΥΝΏΝ
ΔΕΎΤΕΡΟΣ
ΑΓΑΠΗΜΈΝΟ
ΆΜΜΟ
ΚΌΣΜΟ
ΚΑΦΈ
ΕΠΙΛΈΞΕΤΕ
ΑΓΑΠΗΤΈ
ΣΥΛΛΆΒΕΙ
ΟΡΓΑΝΏΣΕΙ
ΤΗΣ
ΔΟΚΙΜΉ
ΔΥΝΑΤΆ
ΛΙΒΆΔΙ
ΠΙΆΤΟ
ΒΊΣΟΝΕΣ
ΕΚΦΡΆΖΟΥΝ
ΝΤΟΥΛΆΠΑ
ΔΊΠΛΩΜΑ

```
B Z J U Z Y B G R A Y V I F Δ A L
Q D Q X Y L T Ί K Y R H I Y E Γ D
V Y R G A N M J Σ B Z Z P X Ύ A E
R W A U R F X V H O L J J H T Π Π
S E Q B S M Q A T D N W C G E H I
A O I Έ T H Π A Γ A A E S Z P M Λ
M H C Φ Δ Y N A T Ά Π Q Σ N O Έ Έ
Ω X J A N B O I E B Ά Λ Λ Y Σ N Ξ
Λ Δ O K I M Ή Y X Q Λ C A O A O E
Π I E Σ Ώ N A Γ P O Y I J Z Ί T T
Ί K B P I Z N Ώ N Y O B H Ά Σ Ά E
Δ I Ό Ά V I Ά M M O T J N P A I J
P U V Σ Δ U T F I N N Y N Φ Γ Π J
S M Y F M I D B C U W N Z K P U M
M Y O B K O D Z S D O U T E E G U
```

Puzzle 195

```
F E W B B E K A Z V E B D H Δ E A
K A P Φ Ϊ Z Ξ A X Y P Ώ N A I N N
A E L U O U J A Ό M O P Φ O A Δ T
Ά F C J F Σ E W Φ V B X Z A Φ I I
K O I Λ Ό T H T A A A Ή L T Ά A Π
I N A Σ C V B M M Έ N K P A N Φ P
T E T N H E Ϊ X E B X I H F E Έ O
A Ξ Y R E M O R P Δ J T Σ I I P Σ
M Ά Λ R R Ξ A P V O Z A E T A O Ω
Γ P Ϊ W Z B Ά N N M W M P Π E N Π
A A Ξ E O Z C P T H W Ω Ϊ Λ E Ϊ E
P Π E B R N X E T I C Σ A Ά Y I Ύ
Π X I T L A L U N H K H Ξ K M T O
Π Λ O Ϊ A P X O Σ G T Έ E A I L Y
F L W D T O Q H C B V O Σ J M M N
```

ΕΞΑΦΑΝΙΣΤΕΊ
ΤΥΛΊΞΕΙ
ΚΟΙΛΌΤΗΤΑ
ΑΝΤΙΠΡΟΣΩΠΕΎΟΥΝ
ΚΑΡΦΊ
ΣΩΜΑΤΙΚΉ
ΑΧΥΡΏΝΑ
ΠΛΟΊΑΡΧΟΣ
ΣΕ
ΈΒΔΟΜΗ
ΕΞΑΊΡΕΣΗ
ΕΊΧΕ
ΔΙΑΦΆΝΕΙΑ
ΣΗΜΑΝΤΙΚΈΣ
ΑΝΕΞΆΡΤΗΤΟ
ΠΛΆΚΑ
ΌΜΟΡΦΟ
ΕΝΔΙΑΦΈΡΟΝ
ΠΡΑΓΜΑΤΙΚΆ
ΠΑΡΆΞΕΝΟ

Puzzle 196

ΉΡΘΕ
ΣΥΓΚΡΌΤΗΜΑ
ΥΠΕΎΘΥΝΟΣ
ΦΟΎΣΤΑ
ΕΝΤΟΠΊΣΕΙ
ΦΡΈΣΚΑ
ΟΡΙΣΜΈΝΑ
ΕΙΔΙΚΆ
ΦΘΆΝΟΥΝ
ΈΔΕΙΞΕ
ΕΜΠΟΡΙΚΌ
ΒΡΑΔΙΆ
ΚΌΚΚΙΝΟ
ΠΕΡΙΛΑΜΒΆΝΟΥΝ
ΕΛΕΥΘΕΡΊΑΣ
ΠΡΟΕΙΔΟΠΟΊΗΣΗ
ΕΠΙΚΊΝΔΥΝΩΝ
ΕΞΟΧΙΚΉ
ΜΙΛΉΣΩ
ΕΠΙΣΤΉΜΗ

```
E I Δ I K Ά T Π L Π Z E U I J X E
R Y Y S N R F P E E H Λ E Z X T N
Ό Z P X P Z R O E P Σ E Ξ O X W T
K R V P Ω H C E Π I Y Y O F S S O
I Ό C O Σ G L I I Λ Γ Θ X W D E Π
P V K C Ή N J Δ S A K E I J T H Ϊ
O Ή J K Λ Y Z O T M P P K I Σ Έ Σ
Π P D O I O O Π Ή B Ό Ϊ Ή I O Δ E
M Θ B P M N V O M Ά T A W Z N E I
E E P I D Ά O Ϊ H N H Σ T T Y I L
B Z A Σ D Θ I H K O M K M Σ Θ Ξ N
M E Δ M K Φ Q S H Y A C M T Ύ E T
W I I Έ E E O H H N V H D O E O X
W W Ά N Ω Y Δ N Ϊ K I Π E Π C Φ
L M Z A V D Φ P Έ Σ K A A M Y R Z
```

Puzzle 197

```
U  E  O  A  Δ  M  Φ  V  E  Q  O  I  S  O  C  P  Y
L  K  A  N  I  Ύ  Ά  A  Π  Y  N  Q  R  B  C  A  K
Π  K  O  Ά  Σ  Γ  P  Y  I  N  X  S  N  P  Y  Σ  M
Λ  Λ  B  Γ  T  A  M  T  K  T  W  P  Ύ  Ή  Λ  Y  A
Ή  H  F  K  Ά  C  A  O  Ί  Σ  Ί  Γ  O  Y  P  O  I
P  Σ  J  H  Z  V  O  Π  N  D  Ξ  J  P  W  D  X  E
H  Ί  Π  L  E  I  V  E  Δ  M  A  D  O  I  P  Έ  Σ
I  A  L  P  I  J  Q  Π  Y  Z  T  G  Γ  Ή  S  P  Ώ
C  G  R  C  Ά  A  P  O  N  V  Q  V  H  B  G  T  Λ
Z  T  J  R  C  Σ  Z  Ί  A  Δ  Ό  N  T  I  A  M  H
H  F  Y  Y  F  S  O  Θ  E  K  O  H  A  P  J  D  Δ
P  J  F  Q  Z  J  H  H  P  K  X  B  K  T  I  G  I
N  Ό  Σ  T  I  M  A  Σ  U  N  E  O  M  N  K  Z  X
G  M  W  J  U  H  T  H  X  O  G  O  T  Y  G  R  A
A  N  T  I  Σ  T  Ά  Θ  M  I  Σ  H  Σ  Σ  L  A  J
```

ΠΡΆΣΟ
ΔΗΛΏΣΕΙ
ΤΑΞΊ
ΑΝΆΓΚΗ
ΑΥΛΉ
ΕΠΙΚΊΝΔΥΝΑ
ΠΛΉΡΗ
ΣΥΝΤΡΙΒΉ
ΝΌΣΤΙΜΑ
ΚΑΤΗΓΟΡΟΎΝ
ΦΆΡΜΑ
ΕΚΕΊ
ΜΎΓΑ
ΤΡΈΧΟΥΣΑ
ΑΝΤΙΣΤΆΘΜΙΣΗΣ
ΣΊΓΟΥΡΟΙ
ΑΥΤΟΠΕΠΟΊΘΗΣΗ
ΔΌΝΤΙΑ
ΔΙΣΤΆΖΕΙ
ΕΚΚΛΗΣΊΑ

Puzzle 198

ΑΚΑΔΗΜΑΪΚΌ
ΠΗΓΑΊΝΕΙ
ΦΡΆΟΥΛΑ
ΤΗΛΕΌΡΑΣΗ
ΚΎΡΙΟ
ΓΎΡΟ
ΓΙΓΑΝΤΙΑΊΕΣ
ΕΥΝΟΪΚΉ
ΚΟΥΝΆΒΙ
ΨΥΧΙΚΉ
ΕΥΧΑΡΙΣΤΉΣΟΥΝ
ΚΡΑΤΉΣΕΙ
ΛΆΜΨΗ
ΕΛΙΚΌΠΤΕΡΟ
ΚΑΡΠΟΎΖΙ
ΕΥΚΑΙΡΊΑ
ΛΎΣΗ
ΣΙΩΠΉ
ΥΠΟΘΈΤΩ
ΔΙΑΔΙΚΑΣΊΑΣ

```
H  P  O  E  Q  S  O  P  E  T  Π  Ό  K  I  Λ  E  E
Σ  B  B  Ό  Ψ  Y  X  I  K  Ή  J  P  J  D  T  Y  Y
A  E  T  K  Π  Y  M  B  N  Y  Y  M  Q  G  N  N  K
P  H  G  Ϊ  H  Ψ  M  Ά  Λ  K  N  Π  Q  P  X  O  A
Ό  E  K  A  Γ  D  M  N  S  R  U  K  O  V  R  Ϊ  I
E  E  W  M  A  G  U  Y  K  Ύ  P  I  O  Θ  W  K  P
Λ  Ύ  Σ  H  Ί  T  E  O  S  R  D  F  Y  G  Έ  Ή  Ί
H  Q  I  Δ  N  D  C  K  Φ  P  Ά  O  Y  Λ  A  T  A
T  H  X  A  Έ  Δ  I  A  Δ  I  K  A  Σ  Ί  A  Σ  Ω
F  F  K  K  I  Γ  A  N  T  I  A  Ί  E  Σ  L
L  L  Y  A  Σ  I  Ω  Π  Ή  K  A  P  Π  O  Ύ  Z  I
E  Y  X  A  P  I  Σ  T  Ή  Σ  O  Y  N  A  H  M  B
K  P  A  T  Ή  Σ  E  I  E  B  S  H  I  U  A  T  L
N  G  U  Z  M  S  G  E  M  D  O  P  N  N  Q  L  U
K  V  Γ  Ύ  P  O  I  X  S  X  G  P  Y  E  G  Z  I
```

Puzzle 199

```
R O Δ C E P O S G B B R C K Q O Π
A N N H Ψ M A K Ά N A U Z U X F P
S E Γ X M M P N F C R Γ K H D U Ό
K M S K Ύ O M A T O Π N Ό E X Ή Σ
H Ί M S A N K X W J T Y P N B T K
N E N Y O Z Ί P H T Σ O Π Y I A Λ
Έ K P H Ξ H Ό L A I Σ Ό Γ A Λ N H
M I S Z M H Y N I T Ά Ό Λ O Y Σ Σ
Σ T J T Q P B I Λ Q I P R Λ J Z H
I N Q F W N I W Ύ M T K C O J I W
Θ A N S Q Y E Q Φ I I R Ή K I Q M
H E Λ Έ Γ X O Y A M I T O Ό I K J
N X H Ή Φ O P T Σ I Π E P A U H
Y J P Y Z I O Ύ Σ E Y Z V Π M K Y
Σ Ξ E X Ω P I Σ T Ή Q N G M X Y D
```

ΣΥΝΗΘΙΣΜΈΝΗ
ΣΤΑΦΎΛΙΑ
ΜΠΡΌΚΟΛΟ
ΈΚΡΗΞΗ
ΡΥΖΙΟΎ
ΌΛΟΥΣ
ΛΑΓΌΣ
ΔΗΜΟΚΡΑΤΙΚΉ
ΕΛΈΓΧΟΥ
ΠΟΤΑΜΟΎ
ΙΤΙΆΣ
ΉΤΑΝ
ΠΡΌΣΚΛΗΣΗ
ΑΝΤΙΚΕΊΜΕΝΟ
ΒΑΓΌΝΙ
ΕΠΙΣΤΡΟΦΉ
ΑΝΆΚΑΜΨΗ
ΓΚΑΖΌΝ
ΞΕΧΩΡΙΣΤΉ
ΥΠΟΣΤΗΡΊΖΟΥΝ

Puzzle 200

ΚΙΝΗΜΑΤΟΓΡΆΦΟΥ
ΔΙΕΥΘΥΝΤΉΣ
ΣΚΛΗΡΌ
ΔΊΝΟΥΝ
ΕΚΛΟΓΉ
ΑΛΛΗΛΕΠΊΔΡΑΣΗ
ΥΠΟΒΆΛΕΙ
ΤΡΕΛΌΣ
ΛΙΟΝΤΆΡΙ
ΛΕΜΌΝΙ
ΧΑΡΑΚΤΉΡΑΣ
ΤΟΥΣ
ΠΕΡΙΟΧΉΣ
ΚΑΛΆ
ΦΑΣΌΛΙΑ
ΚΥΝΉΓΙ
ΧΩΡΊΣ
ΜΕΊΓΜΑ
ΑΝΗΣΥΧΟΎΝ
ΠΛΟΥΣΙΌΤΕΡΟ

```
X Y X V Δ Δ Ί N O Y N Y X A A I X
C B Q H A I Λ Ό Σ A Φ O U N Λ G A
W A P A Σ E D B Y C Φ N H Λ V P
Y I Γ Ή N Y K Y C J Z Ά R Σ H M A
F Π K D T O F Λ Θ Z J P V Y Λ Π K
I B O R Q T A G H Y I G X E Λ T
G D L B E X L I K P N O T O Π O Ή
X O I P Ά T N O I Λ Ό T P Ύ Ί Y P
K C U M Λ Λ X Q P M M A Ή N Δ Σ A
V G D B A B E W Q E E M U Σ P I Σ
R O M L K X V I G Ί Λ H P Ό A Ό Z
Π E P I O X Ή Σ Y Γ U N U Λ Σ T B
X A K V Q K Z S N M P I T E H E Z
L L A D X Ω P Ί Σ A B K K P H P G
R Q V E K Λ O Γ Ή G L Q U T D O N
```

Puzzle 201

```
N Θ D Σ Σ Λ A Γ O Y Δ Ά K I X A D
L Έ D I H J E U G A T E N Ά X K E
R Σ R P M N Y O Σ Ή N Ω Φ M Y Σ Π
Z H U E E Z O M Q Y P A V K H U E
Σ E M Σ I K Z P Ή F Z B Φ P Σ X K
E M Λ Σ Ω O L K Γ N L B S Έ H Y T
Δ S Y Έ M A E P Ά L A H E O P Σ E
Ά Q T T A L Z U N K Ό P H O Ώ Ω Ί
T T Σ R T T D O T S L O E E E Θ N
N S Q A Ά X C F I K O N X Z Θ Ή O
O W U F P E A D A V B P O C A N Y
T V N Ώ I Π Y O N Y O K J T N Y N
A X S G O Σ I M Ά K Y O Π X A Σ J
K A M H Λ O Π Ά P Δ A Λ H G K O V
E L Y L A Π O K A Λ Ύ Π T O Y N J
```

ΕΠΕΚΤΕΊΝΟΥΝ
ΣΗΜΕΙΩΜΑΤΆΡΙΟ
ΑΝΑΘΕΏΡΗΣΗ
ΣΤΥΛ
ΣΥΜΦΩΝΉΣΟΥΝ
ΘΈΣΗ
ΕΚΑΤΟΝΤΆΔΕΣ
ΛΑΓΟΥΔΆΚΙ
ΓΆΝΤΙΑ
ΚΌΡΗ
ΖΕΛΈ
ΤΈΣΣΕΡΙΣ
ΣΥΝΉΘΩΣ
ΜΉΝΑ
ΚΑΜΗΛΟΠΆΡΔΑΛΗ
ΑΠΟΚΑΛΎΠΤΟΥΝ
ΑΝΑΦΈΡΩ
ΆΝΕΤΑ
ΚΟΥΝΟΥΠΙΏΝ
ΠΟΥΚΆΜΙΣΟ

Puzzle 202

ΛΟΓΑΡΙΑΣΜΌ
ΙΣΧΎ
ΑΜΟΙΒΏΝ
ΠΑΊΖΟΥΝ
ΧΆΜΠΟΥΡΓΚΕΡ
ΚΑΛΆΘΙ
ΜΥΣΤΉΡΙΑ
ΤΑΧΥΔΡΌΜΟΣ
ΚΑΤΆΡΡΕΥΣΗ
ΚΆΤΑΓΜΑ
ΦΟΡΤΗΓΌ
ΈΝΘΕΤΟ
ΑΓΕΛΆΔΑ
ΕΝΝΈΑ
ΜΕΡΙΚΆ
ΚΆΤΙ
ΜΠΆΛΑ
ΓΝΩΣΤΉ
ΔΗΜΙΟΥΡΓΉΣΕΙ
ΤΊΓΡΗ

```
M D K L M E Έ E A G J G D E M Δ X
N Y O Z Ί A Π N D J R X U D E H Ά
Ώ P Σ I N N Ό F Θ Y G R H E P M M
B F T T O I M O C E F E Σ Σ I I Π
I T F Ά Ή T Σ Ω N Γ T J Y O K O O
O H P K T P A X E R W O E M Ά Y Y
M F S K W E I V Ύ X O V P Ό G P P
A N X Q Y M P A Λ Ά Π M P P E Γ Γ
U Z Ό Y G R A M A Γ E Λ Ά Δ A Ή K
T Ί Γ P H U Γ Γ D Y A J T Y E Σ E
D I H Q E J O A K V Q Z A X N E P
F W T U Z K Λ T W A T W K A N I S
G C P H W C U Ά U G L E L T Έ O M
W U O S O Y Q K K A Λ Ά Θ I A X C
B Z Φ Z G I A Z O J R A H F T G W
```

Puzzle 203

```
X Z A A U Φ R R V J G M K P A P E
Ά P Ί Q S O I E Δ Ά K O L F Π F Ξ
Σ C Φ I C P X P Έ Ω Σ H C M Ό Σ H
O W A W V H Σ E P Ί A Φ A N Σ Ή Γ
Y B P Σ Ή T H T I O Φ G X V T M Ή
N D Γ C E Ό A O T Y Π I K Ό A A Σ
D O O W X T M N Ή M H T P H Σ T E
F J M Z H N Έ Έ I I U N G Y H O I
Δ P O V P L P P Q Y R Ό F U Θ Σ Z
N Y T T L E K T R T L Δ N N G M A
P I N M V C S D F I N N S U R B Ό
F R Y A N Ώ Λ E X L F L J B Y F N
U F Σ H T N B V U Ά Δ E I A Σ N G
Z N D Q N Ό M O T O Σ I K Λ Έ T A
G O Z L L Z N A Q M Q N T B H U Q
```

ΔΌΝΤΙ
ΜΝΉΜΗ
ΜΟΤΟΣΙΚΛΈΤΑ
ΡΥΘΜΌ
ΑΦΑΊΡΕΣΗ
ΣΥΝΤΟΜΟΓΡΑΦΊΑ
ΧΕΛΏΝΑ
ΦΟΙΤΗΤΉΣ
ΚΡΈΜΑ
ΤΥΠΙΚΌ
ΕΞΉΓΗΣΕΙ
ΧΡΈΩΣΗ
ΆΔΕΙΟ
ΑΠΌΣΤΑΣΗ
ΦΟΡΗΤΌ
ΤΡΈΝΟ
ΆΔΕΙΑΣ
ΔΥΝΑΤΌΝ
ΣΉΜΑΤΟΣ
ΧΆΣΟΥΝ

Puzzle 204

ΚΑΝΈΛΑ
ΧΡΟΝΟΔΙΆΓΡΑΜΜΑ
ΈΛΛΕΙΨΗ
ΣΩΣΤΌ
ΚΆΛΥΨΗΣ
ΠΆΓΩΜΑ
ΧΙΟΝΆΝΘΡΩΠΟ
ΠΡΌΛΗΨΗ
ΚΟΥΤΆΛΙ
ΌΝΕΙΡΟ
ΠΟΥΛΙΆ
ΣΤΕΡΉΣΕΙ
ΜΕΤΕΓΚΑΤΆΣΤΑΣΗ
ΕΠΑΡΚΉ
ΠΡΟΣΕΚΤΙΚΉ
ΦΑΝΤΑΣΤΕΊΤΕ
ΆΜΕΣΗ
ΕΠΙΘΕΤΙΚΉ
ΤΗΛΈΦΩΝΟ
ΠΛΕΥΡΈΣ

```
X D Y H Π O N Ω Φ Έ Λ H T V S E M
P H G O R P G Z Ή K I T E Θ I Π E
O L Ψ X R I O E Π E Π A P K Ή T T
N G R H A E Σ Σ I Ά M P W K G J E
O Z Φ Σ Λ N T U E Σ Γ G D G E D Γ
Δ Έ A E Έ Ό E Y N K M Ω H P E W K
I Λ N M N T P I T O T U M Y Q E A
Ά Λ T Ά A Σ Ή Π Z C Q I V A T U T
Γ E A Y K Ω Σ W G N A M K S K N Ά
P I Σ H O Σ E Π O Y Λ I Ά Ή Z V Σ
A Ψ T H Z D I S M K Ά Λ Y Ψ H Σ T
M H E R N M Π Λ E Y P Έ Σ D V H A
M Q Ί I S X I O N Ά N Θ P Ω Π O Σ
A V T K O Y T Ά Λ I U Q Q H N K H
F B E G Z G D L L V M A U D I F V
```

Puzzle 205

```
E  Σ  É  P  O  Φ  Q  Θ  Y  N  N  D  O  S  C  L  R
Π  K  R  D  A  E  K  Θ  Λ  Z  C  A  N  Y  W  M  V
I  A  K  C  H  N  B  Y  E  I  K  Ά  Π  A  K  G  Π
B  N  Γ  P  O  Θ  I  Ά  Ί  B  C  I  N  I  R  P
I  T  Y  L  O  V  V  W  S  E  A  E  O  R  F  T  O
Ώ  Z  Z  N  Π  E  U  S  Ά  I  Σ  O  P  Δ  J  Q  É
Σ  Ό  Ί  H  Σ  H  N  Ί  K  Z  F  U  J  Ό  H  D  Δ
O  X  N  A  Σ  H  Θ  Ύ  O  Λ  O  K  A  P  A  Π  P
Y  O  A  I  Σ  T  Ί  P  O  K  C  K  G  Q  N  T  O
N  I  W  J  Ω  E  M  Φ  Ά  N  I  Σ  H  J  E  U  Y
I  P  S  O  Π  D  G  H  I  K  F  G  E  C  P  C  S
I  O  O  Q  Ό  D  D  T  Z  J  H  S  K  P  Q  C  Q
U  Σ  E  I  Σ  A  Γ  Ω  Γ  I  K  Ά  V  W  Δ  K  I
K  M  Z  A  N  A  Γ  N  Ω  P  Ί  Σ  T  E  U  N  M
S  X  L  Z  Σ  Y  Σ  T  Ή  M  A  T  O  Σ  C  X  Ά
```

ΔΡΟΣΙΆ
ΠΑΡΑΚΟΛΟΎΘΗΣΑΝ
ΕΙΣΑΓΩΓΙΚΆ
ΕΜΦΆΝΙΣΗ
ΣΥΣΤΉΜΑΤΟΣ
ΚΟΡΊΤΣΙΑ
ΚΑΠΆΚΙ
ΕΠΙΒΙΏΣΟΥΝ
ΑΝΑΓΝΩΡΊΣΤΕ
ΚΟΥΖΊΝΑ
ΚΊΝΗΣΗ
ΘΕΊΑ
ΘΛΙΒΕΡΌ
ΣΚΑΝΤΖΌΧΟΙΡΟΣ
ΠΡΟΈΔΡΟΥ
ΆΝΔΡΕΣ
ΦΟΡΈΣ
ΓΡΟΘΙΆ
ΌΠΩΣ
ΣΠΟΡ

Puzzle 206

ΛΎΓΚΑ
ΒΡΟΧΕΡΈΣ
ΑΓΓΑΡΕΊΑ
ΑΡΆΧΝΗ
ΤΑΧΎΤΗΤΑ
ΣΟΥΤ
ΤΡΊΜΗΝΟ
ΘΈΑΜΑ
ΕΥΤΥΧΙΣΜΈΝΗ
ΙΔΈΑ
ΔΗΛΗΤΉΡΙΟ
ΣΗΜΕΊΟ
ΠΌΡΤΑ
ΠΟΛΎ
ΑΓΡΙΌΓΑΤΑ
ΑΣΤΈΡΙ
ΜΈΛΟΣ
ΑΝΕΜΏΝΗ
ΜΙΜΗΘΟΎΝ
ΕΠΕΝΔΎΣΕΩΝ

```
H  G  A  J  V  G  T  Σ  O  Λ  É  M  W  B  A  G  E
Λ  W  T  W  P  R  P  W  O  H  N  X  Ά  P  A  D  Y
I  Ύ  A  Z  M  L  Ί  K  J  Y  V  Y  W  O  K  L  T
C  J  Γ  N  A  T  M  X  Δ  C  T  J  E  X  Z  Q  Y
A  F  Ό  K  X  A  H  Π  G  H  C  J  B  E  V  X  X
J  C  I  G  A  X  N  Ό  S  Q  Λ  S  W  P  A  Θ  I
G  K  P  M  J  Ύ  O  P  J  Y  J  H  D  É  M  É  Σ
N  F  Γ  Z  T  T  G  T  I  Δ  É  A  T  Σ  N  A  M
W  N  A  H  U  H  P  A  E  H  Z  T  C  Ή  Y  M  É
B  J  W  R  W  T  A  Γ  Γ  A  P  E  Ί  A  P  A  N
I  A  B  C  T  A  Σ  H  M  E  Ί  O  N  H  R  I  H
G  E  Π  E  N  Δ  Ύ  Σ  E  Ω  N  N  C  P  W  W  O
V  D  C  P  K  E  I  Y  G  W  Z  A  Σ  T  É  P  I
M  I  M  H  Θ  O  Ύ  N  K  A  N  E  M  Ώ  N  H  S
G  K  X  Π  O  Λ  Ύ  A  H  U  Q  X  Z  S  D  T  I
```

Puzzle 207

```
Τ  Β  D  Μ  Λ  Κ  Π  R  V  Μ  F  Η  Β  G  F  Λ  Μ
Λ  Ε  V  Ζ  Μ  Μ  Λ  Α  Α  Β  J  Τ  Ο  Τ  Η  Λ  Λ
Λ  Σ  Τ  Η  V  Χ  Ά  Ι  Χ  D  Χ  Ί  Ρ  Ρ  Μ  U  C
Β  Ε  Τ  Ά  Ε  V  Τ  Υ  Ν  J  S  Ρ  Τ  Ε  Λ  Ρ  U
Μ  Ρ  Η  Ε  Ρ  Α  Ο  Ζ  Α  Κ  R  Τ  Ε  Q  Ξ  Α  Τ
S  Ά  Ε  Υ  Χ  Τ  Σ  F  Κ  Ό  Ε  Κ  Μ  Ε  Υ  Ε  Ι
Η  Ο  W  Ι  F  Ν  Η  J  Κ  Κ  W  Ε  Ί  C  W  Κ  Ι
Φ  Ο  Ζ  W  R  Ά  Ι  V  Ν  Ο  Υ  Χ  Ρ  Ι  F  Μ  Ό
Ι  Χ  W  Τ  Ρ  Σ  D  Κ  V  Ρ  Π  Τ  Ε  Q  Ν  J  Λ
Λ  Κ  D  Α  Τ  Υ  D  Ή  Α  Ο  C  Π  Ρ  Ρ  V  Ο
Ι  Σ  Ι  Τ  Ά  Ρ  Ι  Μ  Χ  Χ  Δ  Ι  Ρ  Υ  Ι  Τ  Ρ
Κ  J  Χ  Η  Ο  Ν  Έ  Μ  Η  Ι  Ο  Π  Ο  Τ  Κ  Α  Τ
Ό  Κ  Ι  Λ  Υ  Q  C  Ί  Ε  Χ  Ο  Δ  Ο  Ν  Ε  Ξ
Σ  Υ  Ζ  Η  Τ  Ή  Σ  Ο  Υ  Ν  Ή  Ν  Α  Χ  Η  Μ  V
Ρ  Ό  Π  Α  Λ  Ο  R  Α  Ο  Ρ  Σ  Ώ  Π  F  Ο  C  Ν
```

ΤΡΊΤΗ
ΚΌΚΟΡΑ
ΤΡΈΞΕΙ
ΣΥΖΗΤΉΣΟΥΝ
ΤΑΚΤΟΠΟΙΗΜΈΝΟ
ΥΠΟΔΟΧΉΣ
ΠΏΣ
ΞΕΝΟΔΟΧΕΊΟ
ΡΟΛΌΙ
ΠΛΆΤΟΣ
ΤΕΧΝΙΚΉ
ΥΛΙΚΌ
ΤΕΤΆΡΤΗ
ΡΌΠΑΛΟ
ΠΕΡΊΜΕΤΡΟ
ΤΣΆΝΤΑ
ΆΡΕΣΕ
ΦΙΛΙΚΌ
ΣΙΤΆΡΙ
ΜΗΧΑΝΉ

Puzzle 208

ΑΠΟΘΉΚΕΥΣΗ
ΜΑΓΕΙΡΕΎΟΥΝ
ΚΟΥΡΤΊΝΑ
ΕΊΣΟΔΟΣ
ΑΝΑΜΈΝΕΤΑΙ
ΦΙΛΟΔΟΞΊΑ
ΑΞΊΖΕΙ
ΣΥΓΚΡΟΎΟΝΤΑΙ
ΕΠΙΦΆΝΕΙΑ
ΕΚΝΕΥΡΙΣΜΈΝΟΣ
ΠΑΙΧΝΙΔΙΆΡΙΚΟ
ΕΊΔΗ
ΜΕΤΆ
ΠΑΡΑΤΉΡΗΣΗΣ
ΜΠΛΕ
ΡΆΒΩ
ΠΟΤΌ
ΓΡΎΛΙΣΜΑ
ΒΑΜΒΑΚΙΟΎ
ΓΆΛΑ

```
Σ  Γ  Γ  Β  Ρ  Η  Α  Ι  Ε  Ν  Ά  Φ  Ι  Π  Ε  Α  Β
Η  Ρ  Ά  Α  Ρ  G  Ί  Ε  Ί  Λ  V  U  Υ  U  Α  Ν  Ζ
Σ  Ύ  Λ  Μ  Μ  Κ  Ξ  Ζ  Δ  W  Π  Λ  Ν  Χ  C  Α  Ρ
Η  Λ  Α  Β  F  C  Ο  Ί  Η  Ε  Μ  Μ  Υ  C  Μ  Μ  S
Ρ  Ι  Α  Α  D  Ρ  Δ  Ξ  Ί  Ο  Ν  Ο  V  W  Έ  G
Ή  Σ  Ν  Κ  Ν  Ε  Ο  Α  Α  Σ  V  Χ  Ύ  Τ  C  Ν  G
Τ  Μ  Ί  Ι  Ε  Μ  Λ  Q  Ε  Ο  U  Τ  Ε  J  Ρ  Ε  J
Α  Α  Τ  Ο  Μ  Μ  Ι  G  Β  Δ  F  Κ  Ρ  Μ  Ν  Τ  V
Ρ  J  Ρ  Ύ  Ω  Ε  Φ  Μ  R  Ο  D  F  Ι  Κ  Υ  Α  Ε
Α  Τ  Υ  Ζ  Β  G  Τ  W  Q  Σ  Α  J  Ε  Ν  Υ  Ι  Υ
Π  Α  Ο  Μ  Ά  Η  Χ  Ά  J  F  C  F  F  G  Β  Ρ  U  Α
C  Ο  Κ  Ι  Ρ  Ά  Ι  Δ  Ι  Ν  Χ  Ι  Α  Π  R  Ν  Α
Ι  Α  Τ  Ν  Ο  Ύ  Ο  Ρ  Κ  Γ  Υ  Σ  Μ  Ο  Η  L  D
Υ  Β  R  Ό  Ε  Κ  Ν  Ε  Υ  Ρ  Ι  Σ  Μ  Έ  Ν  Ο  Σ
Α  Π  Ο  Θ  Ή  Κ  Ε  Υ  Σ  Η  Α  Β  U  D  Τ  Τ  Μ
```

Puzzle 209

```
Λ  Ι  Γ  Ό  Τ  Ε  Ρ  Ο  H  Ο  J  Τ  W  V  Ι  Σ  Σ
Ε  Π  Ι  Κ  Ί  Ν  Δ  Υ  Ν  Α  Λ  U  Ζ  Α  J  Κ  Τ
Π  Ε  Ρ  Ί  Φ  Ρ  Α  Ξ  H  Α  Ε  Ί  U  V  Υ  Ν  Α
C  Μ  Π  Ρ  Ο  Ϊ  Ό  Ν  Τ  Ω  Ν  U  Σ  H  X  W  Φ
Ε  Π  Ι  Κ  Ί  Ν  Δ  Υ  Ν  Ω  Ν  R  X  Θ  Υ  Μ  Ί
Α  Ν  Α  Ζ  Ή  Τ  H  Σ  H  X  F  J  G  Τ  Η  Α  Δ
Ό  Ρ  Ε  Τ  Σ  Ι  Ρ  Α  Σ  Ο  Γ  V  Ρ  Ν  C  Σ  Α
Τ  J  Ή  J  J  Q  Ρ  Τ  Ω  Ι  Ι  Ώ  Ρ  Ε  Σ  H  H
Α  C  Ζ  Τ  Υ  X  Σ  Ύ  Ί  Ρ  Α  X  Ι  U  L  Σ  R
Μ  R  R  Σ  Κ  Ζ  Μ  Π  Τ  Ι  W  Ε  Υ  Κ  F  H  Ο
Ε  Ρ  Τ  Ρ  J  Α  F  Ο  Λ  Ν  Ο  H  Σ  Ρ  Ε  Κ  Σ
Ί  V  Ε  Ε  X  X  Ρ  U  Ε  Ο  F  Β  Ε  Κ  Υ  Ί  Ρ
Ο  Γ  Λ  Υ  Κ  Ι  Ά  Α  Β  Ύ  C  J  C  Ρ  Β  Ο  F
Π  Ο  Ι  Ό  Τ  H  Τ  Α  X  F  L  Ζ  Κ  Α  Ν  Ι  G
Ε  Ξ  Ε  Ρ  Ε  Υ  Ν  Ή  Σ  Ε  Τ  Ε  J  Ν  Ν  Δ  Ι
```

ΒΕΛΤΊΩΣΗ
ΧΑΡΑΚΤΉΡΑ
ΔΙΟΊΚΗΣΗΣ
ΓΛΥΚΙΆ
ΛΙΓΟΤΕΡΟ
ΏΡΕΣ
ΓΙΑ
ΠΟΙΌΤΗΤΑ
ΑΝΑΖΉΤΗΣΗ
ΤΎΠΟ
ΕΞΕΡΕΥΝΉΣΕΤΕ
ΠΕΡΊΦΡΑΞΗ
ΣΤΑΦΊΔΑ
ΟΛΊΣΘΗΣΗ
ΠΡΟΪΌΝΤΩΝ
ΤΑΜΕΊΟ
ΧΟΙΡΙΝΟΎ
ΑΡΙΣΤΕΡΌ
ΕΠΙΚΊΝΔΥΝΩΝ
ΕΠΙΚΊΝΔΥΝΑ

Puzzle 210

ΠΑΙΧΝΊΔΙ
ΟΝΤΙΣΙΌΝ
ΓΈΝΝΗΣΗ
ΦΘΗΝΉ
ΠΡΟΣΩΠΙΚΌ
ΣΥΝΑΝΤΉΘΗΚΕ
ΣΤΥΛΌ
ΘΌΡΥΒΟ
ΣΥΝΉΘΕΙΑ
ΦΏΝΑΞΕ
ΑΠΌΔΟΣΗ
ΨΑΛΊΔΙ
ΔΙΑΤΗΡΗΘΕΊ
ΣΤΊΒΟΥ
ΕΣΤΊΑΣΗΣ
ΤΡΊΤΟ
ΨΥΧΙΚΉ
ΕΚΑΤΟΝΤΆΔΕΣ
ΣΥΝΤΟΜΟΓΡΑΦΊΑ
ΘΈΑΜΑ

```
Ε  Ο  Λ  Υ  Τ  Σ  Ί  U  Ν  Ό  Ι  Σ  Ι  Τ  Ν  Ο  Ψ
Σ  Κ  Ι  H  V  Q  Ε  C  G  Σ  Β  Υ  Κ  J  X  Β  Α
Υ  Ι  Α  Μ  Α  Έ  Θ  Α  Ρ  Υ  D  Ν  F  F  G  Υ  Λ
Ν  Π  W  Τ  Υ  R  H  Β  Ζ  Ν  Β  Α  Μ  Ρ  C  Ρ  Ί
Τ  Ω  Α  J  Ο  D  Ρ  L  Ε  Ή  Α  Ν  Μ  D  H  Ό  Δ
Ο  Σ  S  C  Β  Ν  H  Ζ  L  Θ  Τ  Ρ  Ι  Σ  Θ  Ι
Μ  Ο  Ο  Τ  Ί  Ρ  Τ  G  Q  Ε  Σ  Ή  Φ  Θ  H  Ν  Ή
Ο  Ρ  J  Ε  Τ  H  Α  Ά  Τ  Ι  R  Θ  F  Q  Ν  Ν  Ε
Γ  Π  Β  F  Σ  Β  Ι  Ρ  Δ  Α  Τ  H  V  Σ  Ν  Σ  Σ
Ρ  Q  Σ  C  Ή  Ρ  Δ  G  Ι  Ε  Κ  Κ  X  X  Έ  Β  Τ
Α  F  Τ  Ρ  Κ  H  J  U  J  Ξ  Σ  Ε  J  D  Γ  L  Ί
Φ  V  G  Σ  Ι  Υ  V  Q  Υ  Α  Π  Ό  D  Ο  Σ  H  Α
Ί  Π  Α  Ι  X  Ν  Ί  Δ  Ι  Ν  H  Β  C  J  D  Τ  Σ
Α  Υ  Ζ  Ρ  Υ  D  Α  Μ  Α  Ώ  U  J  U  W  Q  Ζ  Η
X  U  W  H  Ψ  F  J  Σ  H  Φ  X  J  Α  Ε  U  Ρ  Σ
```

Puzzle 211

```
Σ  Α  Ί  Σ  Υ  Ο  Γ  Ο  Λ  Ά  Z  Ο  Υ  T  J  I  X
P  M  Π  B  J  T  H  J  X  Q  S  A  P  A  Y  X  T
F  H  Z  Λ  M  E  T  A  Φ  O  P  Ά  Σ  I  S  T  S
F  Λ  B  D  Ή  Λ  O  T  Σ  I  Π  E  P  N  E  R  F
F  K  Ό  L  H  T  S  D  L  B  H  W  O  Ί  T  N  A
Q  Γ  K  Y  T  I  I  Q  M  A  G  I  B  A  Q  Q  Ό
N  Έ  I  Σ  R  A  S  G  G  D  H  E  T  Z  K  D  N
I  E  N  Ί  A  Γ  H  Π  W  B  E  Ψ  X  P  P  Π  X
B  P  O  X  M  Φ  O  B  Y  K  J  Ά  P  P  D  E  J
Ά  P  K  P  Ό  P  Έ  E  Ξ  Ά  Ί  P  E  Σ  H  P  X
N  Q  I  T  K  A  W  Σ  F  X  A  Γ  D  R  N  I  P
Y  U  E  M  A  K  Ά  Θ  I  Σ  E  I  P  H  D  Έ  Q
O  Π  P  O  N  Ό  M  I  O  L  T  P  B  Q  D  X  Y
K  T  V  W  O  R  Q  P  U  O  Y  E  Z  K  L  E  W
A  N  Θ  P  Ώ  Π  O  Y  Σ  Σ  K  Π  Z  O  T  I  W
```

ΕΠΙΣΤΟΛΉ
ΠΡΟΝΌΜΙΟ
ΑΚΌΜΑ
ΑΝΘΡΏΠΟΥΣ
ΕΙΚΟΝΙΚΌ
ΆΛΟΓΟ
ΑΠΛΉ
ΠΕΡΙΈΧΕΙ
ΠΕΡΙΓΡΆΨΕΙ
ΈΓΚΛΗΜΑ
ΑΝΤΊΟ
ΜΕΤΑΦΟΡΆΣ
ΚΆΘΙΣΕ
ΟΥΣΊΑΣ
ΣΑΦΈΣ
ΤΑΙΝΊΑ
ΕΞΑΊΡΕΣΗ
ΚΟΥΝΆΒΙ
ΠΗΓΑΊΝΕΙ
ΌΝΕΙΡΟ

Puzzle 212

ΑΝΤΑΝΑΚΛΆ
ΜΑΘΗΤΉ
ΔΙΕΎΘΥΝΣΗ
ΠΙΆΝΟ
ΜΟΎΜΙΑ
ΣΠΑΘΊ
ΛΟΥΚΆΝΙΚΑ
ΘΕΩΡΊΑ
ΣΦΥΡΊ
ΚΑΤΆΒΑΣΗ
ΕΞΑΠΑΤΉΣΕΙ
ΟΙΚΟΓΕΝΕΙΑΚΌ
ΚΆΛΤΣΕΣ
ΣΥΝΕΔΡΊΑΣΗ
ΞΗΡΑΣΊΑ
ΜΠΙΖΈΛΙΑ
ΣΎΜΦΩΝΑ
ΛΙΛΆ
ΥΠΟΣΤΗΡΊΖΟΥΝ
ΧΙΟΝΆΝΘΡΩΠΟ

```
L  O  Θ  E  M  E  Λ  O  Y  K  Ά  N  I  K  A  K  D
X  I  E  K  K  A  Ξ  Z  C  J  O  I  Z  V  G  Ά  K
I  K  Ω  A  C  I  Θ  A  I  Λ  Έ  Z  I  Π  M  Λ  Y
O  O  P  T  P  M  Σ  H  Π  D  O  D  Ί  M  Q  T  Π
N  Γ  Ί  Ά  R  Ύ  H  Y  T  A  J  Z  P  G  L  Σ  O
Ά  E  A  B  N  O  Σ  U  N  Ή  T  Y  Y  X  B  E  Σ
N  N  C  A  R  M  N  E  V  E  I  Ή  Φ  N  U  Σ  T
Θ  E  M  Σ  O  H  Y  N  D  U  Δ  N  Σ  F  V  V  H
P  I  P  H  W  G  Θ  C  D  E  R  P  W  E  C  F  P
Ω  A  N  Ω  Φ  M  Ύ  Σ  O  W  Z  M  Ί  I  I  K  Ί
Π  K  Q  G  W  E  E  B  N  O  U  C  Θ  A  I  B  Z
O  Ό  P  E  C  Λ  I  Λ  Ά  O  O  L  A  B  Σ  P  O
R  F  B  Q  Y  Y  Δ  M  I  N  Z  G  Π  I  X  H  Y
Ξ  Η  P  A  Σ  Ί  A  N  Π  C  Z  C  Σ  M  N  Q  N
B  U  H  A  N  T  A  N  A  K  Λ  Ά  V  U  X  A  O
```

Puzzle 213

S	A	P	G	Z	Δ	Y	Z	Z	I	J	C	N	P	C	M	I
A	Γ	O	P	Ά	Ύ	A	M	X	U	D	Y	E	V	B	V	Έ
D	E	F	J	E	Π	Π	O	Σ	N	A	U	W	W	Z	T	P
N	H	X	V	T	A	O	Y	H	A	W	H	Ή	G	K	R	Ω
Π	J	Q	O	Ί	M	Δ	Σ	Γ	T	P	Ί	M	H	N	O	Σ
Y	P	Q	H	E	H	Ί	I	Y	W	Z	Έ	I	J	Y	L	G
Π	A	Ό	N	T	W	Δ	K	Z	Ά	K	I	T	O	Λ	I	Π
O	K	N	Θ	Φ	U	O	Ή	C	U	T	Q	E	M	N	C	E
Ψ	P	A	U	E	B	Y	U	O	N	A	N	W	N	M	M	Π
Ή	Ί	P	L	K	Σ	N	H	N	X	G	M	U	N	X	O	I
Φ	Δ	Y	N	Σ	A	H	Σ	H	P	Ώ	E	Θ	I	Π	E	Λ
I	A	O	E	K	A	T	O	M	M	Ύ	P	I	A	K	Y	Έ
O	N	O	Θ	Φ	Ά	A	U	M	N	U	M	W	D	L	V	Ξ
Σ	G	D	H	M	I	K	O	S	A	K	N	N	P	X	M	T
D	J	Z	P	O	H	B	J	Q	M	G	A	J	T	Z	P	E

ΟΥΡΑΝΌ
ΕΠΙΛΈΞΤΕ
ΤΙΜΉ
ΜΟΥΣΙΚΉ
ΓΗΣ
ΥΠΟΨΉΦΙΟΣ
ΕΠΙΘΕΏΡΗΣΗ
ΠΡΌΘΕΣΗ
ΣΚΕΦΤΕΊΤΕ
ΑΚΡΊΔΑ
ΕΚΑΤΟΜΜΎΡΙΑ
ΑΓΟΡΆ
ΑΠΟΔΊΔΟΥΝ
ΠΙΛΟΤΙΚΆ
ΔΎΝΑΜΗ
ΈΡΩΣ
ΆΦΘΟΝΟ
ΝΑ
ΤΈΡΑΣ
ΤΡΊΜΗΝΟ

Puzzle 214

ΚΟΥΤΊ
ΦΟΎΡΝΟ
ΔΕΜΈΝΗ
ΠΡΌΣΦΑΤΗ
ΠΛΎΣΗΣ
ΤΟΜΉΣ
ΔΡΑΜΑΤΙΚΉ
ΣΤΑΘΜΌΣ
ΧΡΉΣΙΜΕΣ
ΜΕΛΈΤΗΣ
ΧΉΝΑΣ
ΠΟΛΛΏΝ
ΑΠΟΔΕΊΞΕΙΣ
ΧΡΌΝΙΑ
ΜΕΓΆΛΑ
ΝΤΟΥΛΆΠΙ
ΠΥΡΟΣΒΈΣΤΗΣ
ΆΝΔΡΕΣ
ΑΓΡΙΌΓΑΤΑ
ΒΡΟΧΕΡΈΣ

Π	Y	P	O	Σ	B	Έ	Σ	T	H	Σ	Ά	A	B	J	K	K
B	F	A	T	A	Γ	Ό	I	P	Γ	A	C	N	I	P	V	I
P	T	Σ	B	R	M	K	E	A	T	P	U	R	Δ	V	C	L
O	O	T	N	S	E	D	Ξ	M	M	F	I	J	X	P	R	Z
X	M	A	H	W	Γ	Ό	Ί	T	Y	O	K	V	W	Π	E	W
E	Ή	Θ	D	N	Ά	O	E	U	K	M	S	J	I	P	H	Σ
P	Σ	M	S	W	Λ	K	Δ	Δ	T	N	N	I	Π	Ό	O	E
Έ	O	Ό	Δ	Q	A	H	O	N	P	Ύ	O	Φ	Ά	Σ	Y	M
Σ	N	Σ	S	E	W	A	Π	G	M	A	Y	R	Λ	Φ	B	I
J	Ώ	O	L	Y	M	S	A	Y	E	X	M	O	Y	A	I	Σ
Π	Λ	Ύ	Σ	H	Σ	Έ	I	O	Λ	Ή	R	A	O	T	C	Ή
G	Λ	K	D	E	M	M	N	Y	Έ	N	D	E	T	H	M	P
Z	O	H	A	E	P	Y	Ό	H	T	A	L	Q	N	I	O	X
O	Π	L	V	R	Z	T	P	G	H	Σ	X	R	V	Z	K	E
U	X	L	K	W	U	N	X	J	Σ	O	I	U	M	O	K	Ή

Puzzle 215

```
V X Q K N C V Σ Ό K I N Θ E A Σ D
O L K B Y I W Y O T K Έ Δ X Σ Y Σ
A C B P Ω T Σ Γ Q U K C E T Η Σ O
M Ύ L A H B N X M O J C Ύ H M T R
Σ O Ξ T E K Ά A X M F T T Λ Έ Ή K
Ά L A H N E G P Y Y I P E E N M U
Φ M X W Σ Σ C Ώ Φ P G V P Σ I A M
Z L N J C H H Y O Ί X M O K A T Ύ
O G F I Y T Σ Y P Z R R Σ Ό Θ O T
N Y Π H Γ Ή Σ G H E J J O Π A Σ H
H N S R S Z Z Q T I N Z A I K S T
S W N D M L N N Έ Z A T Λ O Z Q W
V F J E A M Q X Σ F A T Ά B A P Γ
W J P Σ Φ Ά Λ M A T O Σ T F Y W B
E K Π A Ί Δ E Y Σ H G U I P F F U
```

ΠΗΓΉΣ
ΜΎΤΗ
ΓΡΑΒΆΤΑ
ΕΚΠΑΊΔΕΥΣΗ
ΕΘΝΙΚΌΣ
ΣΥΓΧΑΡΏ
ΦΆΣΜΑ
ΣΦΆΛΜΑΤΟΣ
ΤΗΛΕΣΚΌΠΙΟ
ΈΚΤΟΥ
ΑΛΆΤΙ
ΜΥΡΊΖΕΙ
ΘΑ
ΖΉΤΗΣΕ
ΦΟΡΗΤΈΣ
ΑΎΞΗΣΗΣ
ΑΣΗΜΈΝΙΑ
ΔΕΎΤΕΡΟΣ
ΣΥΣΤΉΜΑΤΟΣ
ΡΆΒΩ

Puzzle 216

ΤΊΤΛΟ
ΟΔΟΝΤΌΠΑΣΤΑ
ΜΩΡΌ
ΦΩΝΆΖΟΥΝ
ΑΛΛΑΓΉ
ΠΙΝΈΛΟ
ΒΆΣΗΣ
ΧΙΛΙΆΔΕΣ
ΕΞΑΙΡΕΤΙΚΌ
ΣΎΝΤΟΜΟ
ΡΑΠΑΝΆΚΙ
ΑΣΤΕΊΟ
ΆΤΟΜΟ
ΣΚΟΠΌ
ΠΡΌΓΟΝΟ
ΟΔΟΝΤΊΑΤΡΟ
ΕΠΙΛΈΞΕΤΕ
ΣΗΜΑΝΤΙΚΈΣ
ΘΈΣΗ
ΚΌΚΟΡΑ

```
O Λ Έ N I Π O Ί E T Σ A B V F E A
M Δ Σ K O Π Ό Δ M X Έ O Ά D E Π Λ
O M O T Ά S M U O C K N Σ G H I Λ
T E E N B O P Ω F N I O H N F Λ A
N Ξ E Y T N S Q P W T Γ Σ N Y Έ Γ
Ύ A U O T Ί C S X Ό N Ό F H K Ξ Ή
Σ I X Z H O A T L I A P Π J X E F
L P I Ά H O P T C V M Π C A H T C
W E Λ N T R O Y P M H O E F Σ E I
Y T I Ω Z J K L P O Σ B E A Έ T Z
T I Ά Φ T A Ό T Ί T Λ O V U Θ E A
V K Δ G H I K Ά N A Π A P H J H K
D Ό E R Q G Z F H V V D I K M J A
M P Σ J C O C B J C B Z N C F G W
W B N V R V J C Z T E X Q R K H V
```

Puzzle 217

Π	E	C	G	I	D	M	Z	F	D	C	T	B	T	M	O	R
A	I	Σ	T	Ύ	O	Π	A	P	C	E	O	P	D	S	L	
Δ	P	Θ	Y	E	K	C	R	G	Q	R	Ί	S	Ώ	S	B	H
I	M	K	A	P	E	Ύ	Λ	A	K	N	A	N	H	J	Ξ	
A	O	E	O	N	I	P	T	Ί	K	Ω	O	Ά	E	D	Ύ	H
T	T	T	K	Ύ	Ώ	Z	U	V	S	Σ	Y	Θ	Σ	Π	O	P
H	O	E	A	R	Δ	Σ	M	X	J	Ί	N	Λ	A	R	E	M	K
P	Σ	H	P	M	Z	A	T	U	Z	M	Ω	I	C	A	Σ	Έ
O	I	S	Ό	E	R	X	V	I	N	Y	T	A	L	A	I	B
Ύ	K	E	T	F	M	L	J	P	I	Θ	Ά	X	T	U	N	N
N	Λ	X	O	F	I	P	M	K	G	N	M	S	I	G	O	H
T	Έ	Σ	Ή	M	A	T	O	Σ	G	E	H	E	K	P	N	I
A	T	X	Z	J	Q	F	L	W	E	Π	X	Ώ	L	R	A	V
I	A	Σ	O	N	Έ	M	Σ	A	P	Y	O	K	P	D	K	K
A	Λ	Λ	H	Λ	E	Π	I	Δ	P	O	Ύ	N	K	Π	W	G

ΤΡΩΝΕ
ΠΑΠΟΎΤΣΙ
ΑΡΚΟΎΔΑ
ΠΡΩΗΝ
ΆΘΛΙΑ
ΚΑΛΎΤΕΡΑ
ΚΑΡΌΤΟ
ΚΟΥΡΑΣΜΈΝΟΣ
ΚΑΝΟΝΙΣΜΟΎ
ΔΙΑΤΗΡΟΎΝΤΑΙ
ΚΊΤΡΙΝΟ
ΤΕΊΝΟΥΝ
ΥΠΕΝΘΥΜΊΣΩ
ΑΛΛΗΛΕΠΙΔΡΟΎΝ
ΠΙΘΑΝΏΣ
ΟΧΗΜΆΤΩΝ
ΈΚΡΗΞΗ
ΣΉΜΑΤΟΣ
ΜΟΤΟΣΙΚΛΈΤΑ
ΣΠΟΡ

Puzzle 218

ΘΈΑΤΡΟ
ΕΚΤΊΜΗΣΗ
ΚΆΘΕ
ΔΕΙΛΌΣ
ΚΑΤΑΙΓΊΔΑ
ΒΕΛΌΝΑ
ΚΌΤΑ
ΜΗΤΈΡΑ
ΕΊΣΟΔΟ
ΜΠΑΜΠΆ
ΠΕΊΡΑΜΑ
ΚΑΟΥΤΣΟΎΚ
ΏΡΑ
ΕΜΠΕΙΡΟΓΝΩΜΌΝΩΝ
ΔΈΝΤΡΑ
ΟΡΊΖΟΥΝ
ΧΑΡΤΑΕΤΌ
ΚΑΦΈ
ΕΝΔΙΑΦΈΡΟΝ
ΠΑΡΑΚΟΛΟΎΘΗΣΑΝ

N	B	B	Q	A	G	J	Y	K	S	R	Ά	M	E	E	Y	K
A	O	E	Z	K	W	D	W	Ό	N	Π	C	E	M	V	P	
Σ	P	Θ	Λ	B	N	S	B	X	Y	T	M	L	M	Π	U	V
H	Ί	Ά	Σ	Ό	V	R	A	N	B	U	A	P	Ώ	E	J	L
Θ	Z	K	S	H	N	I	E	S	Z	M	Π	E	G	I	Y	K
Ύ	O	C	Ό	T	E	A	T	P	A	X	M	Q	P	P	F	A
O	Y	B	Y	S	R	Ί	W	U	S	B	R	E	O	O	H	Φ
Λ	N	P	F	D	J	H	Σ	H	M	Ί	T	K	E	Γ	W	Έ
O	S	S	S	C	H	S	J	O	P	T	A	Έ	Θ	N	Δ	Z
K	A	T	A	I	Γ	Ί	Δ	A	D	C	M	Δ	L	Ω	Έ	U
A	K	A	O	Y	T	Σ	O	Ύ	K	O	A	E	E	M	N	O
P	M	H	T	Έ	P	A	R	F	C	P	P	I	P	Ό	T	B
A	E	N	Δ	I	A	Φ	Έ	P	O	N	Ί	Λ	V	N	P	J
Π	X	O	S	R	P	E	P	L	J	H	E	Ό	B	Ω	A	X
B	J	X	W	D	U	G	I	S	U	J	Π	Σ	Y	N	W	D

Puzzle 219

Έ	D	E	Π	I	Π	T	Ώ	Σ	E	I	Σ	T	A	E	D	P
J	Γ	Y	E	E	H	Z	L	M	S	N	U	E	Σ	M	K	A
P	I	K	I	Ή	Z	M	V	E	L	Y	V	T	T	T	V	X
W	K	Ά	A	X	G	C	Π	F	L	I	W	A	Έ	F	U	Q
B	Ά	I	N	Y	A	T	P	A	P	Ύ	Π	M	P	U	Y	K
W	P	T	O	E	M	K	Ό	T	Λ	A	Π	Έ	Ω	W	Π	A
K	O	Ύ	Π	A	M	A	D	K	W	O	K	N	N	N	O	T
H	K	Z	R	Q	O	O	Ί	O	Λ	Π	N	H	C	G	Λ	H
H	A	Λ	I	E	Y	M	Ά	T	Ω	N	K	I	S	I	O	Γ
X	Ά	Σ	O	Y	N	G	H	F	Y	G	P	J	Ώ	N	G	O
E	K	Π	O	M	Π	Ή	Σ	A	Z	B	O	R	C	N	I	P
Π	P	Ό	Σ	Φ	A	T	A	B	Σ	K	A	M	N	Ί	Σ	O
N	Ί	K	H	G	N	A	T	V	G	V	X	A	W	N	M	Ύ
D	C	Z	B	S	J	W	L	P	M	J	L	P	N	B	Ό	N
J	K	O	G	L	A	N	M	V	T	G	R	X	C	L	K	E

ΈΓΚΑΥΜΑ
ΠΛΟΊΟ
ΕΥΧΉ
ΠΡΌΣΦΑΤΑ
ΜΠΑΛΟΝΙΏΝ
ΥΠΟΛΟΓΙΣΜΌ
ΝΊΚΗ
ΑΛΙΕΥΜΆΤΩΝ
ΕΚΠΟΜΠΉΣ
ΠΑΛΤΌ
ΆΝΕΜΟ
ΣΚΑΜΝΊ
ΤΕΤΑΜΈΝΗ
ΚΟΎΠΑ
ΜΠΥΡΑ
ΑΣΤΈΡΩΝ
ΕΠΙΠΤΏΣΕΙΣ
ΚΟΡΆΚΙ
ΚΑΤΗΓΟΡΟΎΝ
ΧΆΣΟΥΝ

Puzzle 220

ΑΦΉΝΟΝΤΑΣ
ΜΠΑΛΚΌΝΙ
ΜΆΛΛΟΝ
ΣΚΟΤΆΔΙ
ΚΕΦΆΛΙ
ΣΥΝΟΛΙΚΌ
ΑΠΑΣΧΟΛΟΎΝ
ΕΜΦΑΝΙΣΤΕΊ
ΌΡΟ
ΜΈΣΑ
ΣΆΝΤΟΥΙΤΣ
ΕΓΚΑΤΑΣΤΆΘΗΚΑΝ
ΟΙ
ΑΠΑΡΑΊΤΗΤΗ
ΣΎΓΚΡΟΥΣΗ
ΚΑΠΈΛΟ
ΑΝΕΞΆΡΤΗΤΟ
ΔΌΝΤΙΑ
ΕΠΙΒΙΏΣΟΥΝ
ΙΔΈΑ

Σ	Ύ	Γ	K	P	O	Y	Σ	H	T	M	M	N	F	E	N	J
M	Π	A	Λ	K	Ό	N	I	Y	O	N	Έ	Q	F	K	M	Z
D	M	I	M	D	I	F	L	D	M	Y	M	Σ	G	O	Q	X
P	C	T	V	Y	Q	N	Ύ	O	Λ	O	X	Σ	A	Π	A	R
T	X	N	N	A	K	H	Θ	Ά	T	Σ	A	T	A	K	Γ	E
T	U	Ό	X	L	H	F	B	L	B	Ώ	W	L	F	H	E	C
L	F	Δ	V	P	K	P	A	Σ	B	I	Z	M	Q	W	M	I
I	Δ	Έ	A	L	U	E	H	U	T	B	U	Ά	G	G	S	Ό
Δ	R	F	X	Y	F	C	Φ	B	K	I	O	Λ	Έ	Π	A	K
Ά	K	C	K	P	L	A	K	Ά	Σ	Π	Λ	A	V	C	D	I
T	X	S	V	H	O	V	X	P	Λ	E	R	O	P	Ό	U	Λ
O	A	Φ	Ή	N	O	N	T	A	Σ	I	B	N	T	Q	Z	O
K	E	M	Φ	A	N	I	Σ	T	E	Ί	B	L	K	N	F	N
Σ	I	X	A	N	E	Ξ	Ά	P	T	H	T	O	J	N	Ά	
Z	Q	P	N	M	A	Π	A	P	A	Ί	T	H	T	H	W	Σ

Puzzle 221

```
Σ  Y  M  Π  A  Γ  Ή  U  R  Π  A  P  A  Π  Ά  N  Ω
K  A  Π  Ά  K  I  O  A  Y  A  O  K  D  T  Z  T  E
Π  A  P  A  K  O  Λ  O  Y  Θ  E  Ί  V  U  E  G  Ύ
M  M  U  Σ  Έ  T  E  K  P  A  Q  K  B  N  N  X  Ξ
Ή  F  S  D  C  Έ  A  T  D  H  Φ  Ά  Λ  A  I  N  A
A  Φ  Ά  Σ  H  T  O  A  N  Ά  Γ  K  H  K  G  K  T
P  X  O  L  Q  O  M  Π  Ω  Λ  H  T  Ή  Δ  H  A  E
X  P  U  P  Q  I  R  Π  Σ  Ή  M  E  P  A  Ή  Λ  M
Ή  A  E  M  T  A  G  Z  A  E  V  E  G  K  J  Λ  P
B  N  B  V  V  Σ  G  A  T  P  F  Q  W  G  K  I  X
I  B  W  N  A  Q  A  Δ  H  M  Ό  Σ  I  Ω  N  T  L
V  N  S  T  M  E  X  T  E  P  W  W  F  U  F  Έ  K
J  U  L  J  T  W  M  J  A  I  F  V  B  V  T  X  I
K  E  Φ  A  Λ  A  Ί  O  Y  K  T  J  S  E  F  N  A
I  C  J  C  Σ  Ω  M  A  T  I  Δ  Ί  Ω  N  D  H  O
```

ΉΔΗ
ΣΥΜΠΑΓΉ
ΔΗΜΌΣΙΩΝ
ΚΑΤΑΣΤΡΟΦΉ
ΣΩΜΑΤΙΔΊΩΝ
ΚΕΦΑΛΑΊΟΥ
ΑΡΧΉ
ΦΆΣΗ
ΜΠΑΡ
ΜΕΤΑΞΎ
ΦΆΛΑΙΝΑ
ΠΑΡΑΚΟΛΟΥΘΕΊ
ΠΑΡΑΠΆΝΩ
ΠΩΛΗΤΉ
ΑΡΚΕΤΈΣ
ΤΈΤΟΙΑ
ΣΉΜΕΡΑ
ΚΑΛΛΙΤΈΧΝΗ
ΑΝΆΓΚΗ
ΚΑΠΆΚΙ

Puzzle 222

ΕΠΈΚΤΑΣΗ
ΓΕΝΕΘΛΊΩΝ
ΤΈΛΟΣ
ΧΕΙΜΏΝΑ
ΤΟΥΛΆΧΙΣΤΟΝ
ΓΕΎΣΗ
ΡΌΛΟ
ΤΊΠΟΤΑ
ΚΆΡΤΑ
ΜΠΡΟΣΤΆ
ΠΕΡΊΟΔΟ
ΚΆΠΟΥ
ΈΞΥΠΝΗ
ΕΞΈΤΑΣΗΣ
ΒΡΑΒΕΊΟ
ΕΝΕΡΓΌ
ΠΉΡΕ
ΤΡΟΦΊΜΩΝ
ΦΎΓΕΙ
ΛΙΟΝΤΆΡΙ

```
E  Γ  J  F  H  N  L  Q  D  P  T  A  J  B  U  Έ  V
P  Ξ  E  L  Z  B  Π  E  P  Ί  O  Δ  O  P  K  Ξ  K
Ή  O  Έ  N  Γ  E  Ύ  Σ  H  U  X  N  W  A  Ά  Y  Y
Π  U  E  T  E  Z  Y  G  W  S  Y  K  Y  B  P  Π  P
E  P  K  N  A  Θ  N  N  Ό  Γ  P  E  N  E  T  N  Y
Π  L  S  R  T  Σ  Λ  T  P  Ό  Λ  O  N  Ί  A  H  L
Έ  P  A  A  O  Q  H  Ί  Έ  P  N  Z  W  O  C  D  M
K  A  H  M  Π  J  M  Σ  Ω  Λ  M  Π  P  O  Σ  T  Ά
T  N  Ω  M  Ί  Φ  O  P  T  N  O  R  X  S  A  B  Y
A  Ώ  V  G  T  W  P  N  X  B  W  Σ  L  V  F  K  J
Σ  M  O  Y  T  O  Y  Λ  Ά  X  I  Σ  T  O  N  Y  Q
H  I  P  Ά  T  N  O  I  Λ  H  E  F  Z  N  V  M  C
D  E  B  E  A  G  Π  O  A  Q  Γ  M  M  U  U  D  A
B  X  Q  Y  A  R  Ά  I  H  W  Ύ  D  U  N  T  G  L
U  C  L  Z  U  U  K  L  M  S  Φ  A  Q  W  V  O  Y
```

Puzzle 223

```
B  G  A  P  H  O  Y  E  L  U  Z  M  H  D  W  O  B
N  O  G  X  F  M  O  V  N  Z  B  J  Y  B  Y  Y  X
Έ  G  X  O  H  O  B  C  H  S  K  O  R  T  W  P  V
P  T  G  L  Q  Σ  S  Ό  P  E  B  I  Λ  Θ  E  D  A
K  I  O  N  I  Π  M  Ύ  Λ  O  K  J  X  F  S  P  B
N  X  X  Y  F  O  M  X  S  T  Π  P  Ά  Ξ  H  X  Ά
J  O  O  H  Σ  N  Ό  Z  E  Σ  A  M  U  V  D  T  A
N  Ω  E  Σ  Ύ  Δ  N  E  Π  E  Ά  Δ  E  I  A  Ύ  Π
S  G  I  O  Z  I  K  Γ  Ή  M  P  Y  M  Z  Y  Π  O
S  Q  T  Δ  I  A  X  Ά  Σ  E  T  E  V  Y  M  H  Δ
Y  K  F  K  K  K  E  N  I  Ί  O  W  O  Q  M  Ώ
W  Q  U  Έ  R  Ή  K  I  M  P  E  Θ  C  Y  W  A  Σ
W  W  O  M  O  I  O  K  A  T  A  Λ  H  Ξ  Ί  A  E
E  N  Έ  P  Γ  E  I  A  Σ  B  G  J  E  H  Q  G  I
A  Y  G  U  I  X  E  A  Π  O  Σ  T  A  Λ  E  Ί  O
```

ΧΤΎΠΗΜΑ
ΕΝΙΑΊΟ
ΜΥΡΜΉΓΚΙ
ΟΜΟΙΟΚΑΤΑΛΗΞΊΑ
ΆΔΕΙΑ
ΠΡΆΞΗ
ΣΕΖΟΝ
ΕΝΈΡΓΕΙΑΣ
ΜΥΤΕΡΆ
ΑΠΟΔΏΣΕΙ
ΈΚΔΟΣΗ
ΚΟΛΎΜΠΙ
ΒΌΛΤΑ
ΘΕΡΜΙΚΉ
ΟΜΟΣΠΟΝΔΙΑΚΉ
ΑΠΟΣΤΑΛΕΊ
ΧΆΣΕΤΕ
ΈΤΟΥΣ
ΘΛΙΒΕΡΌ
ΕΠΕΝΔΎΣΕΩΝ

Puzzle 224

AIXMHPΌ
ΚΕΦΆΛΑΙΟ
ΠΆΡΚΟ
ΠΑΞΙΜΆΔΙ
ΝΟΜΙΚΉ
ΧΑΛΑΡΏΣΤΕ
ΚΟΎΚΛΑ
ΠΡΑΚΤΙΚΉ
ΌΠΛΟ
ΑΛΥΣΊΔΑ
ΜΕΙΟΨΗΦΊΑ
ΚΥΚΛΟΦΟΡΟΎΝ
ΧΡΙΣΤΟΎΓΕΝΝΑ
ΔΟΜΉ
ΑΔΕΛΦΌ
ΠΡΩΊ
ΦΡΈΖΙΑ
ΠΥΓΜΑΧΊΑΣ
ΠΟΔΙΆ
ΕΙΣΑΓΩΓΙΚΆ

```
Π  Π  V  Ή  W  Q  T  W  Q  Y  Q  W  P  V  G  U  Δ
Y  P  D  K  N  S  B  R  W  T  L  K  E  W  A  H  O
Γ  Ω  R  I  V  Z  E  I  Σ  A  Γ  Ω  Γ  I  K  Ά  M
M  Ί  K  T  X  P  I  Σ  T  O  Ύ  Γ  E  N  N  A  Ή
A  X  O  K  P  Ά  Π  S  J  L  B  C  K  D  A  T  K
X  O  Ύ  A  Q  J  X  N  D  D  Q  V  X  P  I  B  Y
Ί  H  K  P  Z  T  Z  N  O  A  J  K  S  U  X  S  K
A  O  Λ  Π  Ό  O  Y  K  D  M  Λ  R  Y  W  M  L  Λ
Σ  U  A  I  Z  Έ  P  Φ  E  Ό  I  Y  S  A  H  C  O
X  A  Λ  A  P  Ώ  Σ  T  E  Φ  O  K  Σ  H  P  D  Φ
G  K  O  H  B  G  F  K  C  Λ  Ά  T  Ή  Ί  Ό  R  O
M  E  I  O  Ψ  H  Φ  Ί  A  E  Y  Λ  Y  K  D  Δ  Y  P
S  S  S  J  A  Z  R  F  F  Δ  F  G  A  E  A  A  O
Π  A  Ξ  I  M  Ά  Δ  I  E  A  O  Y  S  I  R  Q  Ύ
S  C  V  D  Q  Π  O  Δ  I  Ά  N  N  E  W  O  K  N
```

Puzzle 225

```
E N O X Λ Ή Σ E I Q Y K E N T M Π
O N E M Ί E K I T N A M E P Ό Φ Ώ
N K C C Γ E N N A Ί A Ί Y P N S Σ
E D L Δ Έ N T P O V G A Σ Y Q Z A
R U L S O Ό N I X A Σ Φ I Θ A T O
Δ I K A Σ T Ή Σ A G N O G I H W D
Φ M F U H Π I M M B Q P V R K Σ Z
Λ E A K Z E J N Ό T Ί Ά I U Y A H
I W T B O Λ F H Γ N Z Σ P X X I P
T Y C M M Γ N Ω E Σ Ά Φ O Π A Ώ V
Z W N C G Y I R Λ R Q T D N A N U
Ά Π I Έ Σ T E Ό O E Σ T Y O E A X
N H T D O Z U M T A Y T V B C Σ N
I Π A Ί Z O Y N A P X Ί Σ E I M O
Q G F N Z K A T Ά Λ O Γ O E C L M
```

ΕΝΟΧΛΉΣΕΙ
ΔΈΝΤΡΟ
ΑΙΏΝΑ
ΑΊΣΘΗΣΗ
ΑΠΟΦΆΣΕΩΝ
ΓΕΝΝΑΊΑ
ΑΦΟΡΆ
ΛΕΠΤΌ
ΚΟΓΙΌΤ
ΦΛΙΤΖΆΝΙ
ΚΑΤΆΛΟΓΟ
ΠΙΈΣΤΕ
ΦΌΡΕΜΑ
ΧΑΜΌΓΕΛΟ
ΑΡΧΊΣΕΙ
ΔΙΚΑΣΤΉΣ
ΒΊΣΟΝΕΣ
ΑΝΤΙΚΕΊΜΕΝΟ
ΠΑΊΖΟΥΝ
ΠΏΣ

Puzzle 226

ΚΑΝΈΝΑ
ΑΠΟΣΠΆΣΕΙ
ΣΑΠΟΎΝΙ
ΧΥΜΌ
ΠΛΗΡΟΦΟΡΙΏΝ
ΦΡΆΣΗ
ΤΑΚΤΟΠΟΙΗΜΈΝΑ
ΓΙΑΤΊ
ΚΌΜΠΟΣ
ΤΕΧΝΟΛΟΓΊΑ
ΜΆΤΙΑ
ΙΣΤΟΡΊΑ
ΣΧΌΛΙΟ
ΕΚΠΟΜΠΉ
ΑΝΑΨΥΧΉΣ
ΈΚΑΝΕ
ΑΝΑΚΑΤΕΎΟΥΜΕ
ΡΉΜΑ
ΠΕΡΙΕΧΟΜΈΝΟΥ
ΠΡΟΈΔΡΟΥ

```
Y A Σ B T N X M B S E C F X V Φ Σ
W Π D X I F H F C S Ί U L N D P A
Q O V Q Ό D A P M Ά T I A P F Ά Π
B Σ I A N Λ X Y M Ό A C M M X Σ O
U Π Y N Q G I X C N I B Y D Ή H Y
A Ά A Έ K X S O A W Γ D Q G Π P N
N Σ A N A K A T E Ύ O Y M E M J I
A E H A Ί P O T Σ I Q O L O O E M
Ψ I Q K N Ώ I P O Φ O P H Λ Π R U
Y N K Ό M Π O Σ P F S J L K E B
X T E X N O Λ O Γ Ί A Έ O N E K P
Ή O X M D P S X F E E O W W N C P
Σ D Y O N Έ M O X E I P E Π A M C
B K M W H K O U R N G Π V V K P C
T A K T O Π O I H M Έ N A V Έ U S
```

Puzzle 227

```
Z  A  I  E  Θ  Ά  Π  Σ  O  P  Π  L  A  L  Y  A  B
S  B  Y  S  Z  Q  Q  A  Ί  A  X  P  A  H  N  P  G
N  A  D  I  X  Z  L  M  Π  I  Y  Π  N  H  Λ  Ί  A
O  M  Z  J  A  C  F  E  T  A  J  N  W  I  X  Y  T
E  G  B  S  J  Q  T  D  F  T  Γ  Q  F  M  D  R  O
K  A  M  Π  Ύ  Λ  H  A  Z  N  M  Ά  K  I  Σ  Y  Φ
A  Λ  E  Π  O  Ύ  Σ  O  Φ  O  Ύ  Σ  Λ  M  O  Y  K
S  S  X  P  T  L  W  Y  Θ  Z  E  Σ  O  Y  Π  O
Q  C  J  E  R  Y  O  T  C  Ά  X  N  Σ  W  Σ  O  M
E  K  X  S  B  C  T  N  K  X  Ί  W  L  J  Θ  M
B  M  I  L  Y  Π  N  Y  U  V  D  T  N  R  O  Έ  Ά
K  U  M  H  Ψ  M  Ά  Λ  W  C  G  P  J  O  V  T  T
A  Γ  Έ  Λ  H  Σ  Ό  P  O  X  W  Y  O  N  Σ  Ω  I
E  P  Γ  A  Σ  Ί  A  A  E  M  Ύ  O  P  A  X  K  U
N  Ό  Σ  T  I  M  A  C  M  I  V  K  C  F  S  H  S
```

ΑΓΈΛΗΣ
ΚΟΜΜΆΤΙ
ΝΤΟΥΣ
ΠΡΟΣΠΆΘΕΙΑ
ΧΟΡΌ
ΕΡΓΑΣΊΑ
ΦΥΣΙΚΆ
ΧΑΡΟΎΜΕ
ΚΑΜΠΎΛΗ
ΚΆΘΟΝΤΑΙ
ΠΑΠΑΓΆΛΟΣ
ΑΡΧΑΊΑ
ΚΟΥΡΤΊΝΕΣ
ΑΛΕΠΟΎ
ΠΆΡΕΙ
ΣΟΦΟΎΣ
ΥΠΝΗΛΊΑ
ΝΌΣΤΙΜΑ
ΥΠΟΘΈΤΩ
ΛΆΜΨΗ

Puzzle 228

ΠΎΛΗ
ΆΝΘΡΩΠΟΣ
ΣΩΣΤΉ
ΛΈΞΗ
ΑΝΑΚΑΛΎΨΕΤΕ
ΒΟΗΘΉΣΕΙ
ΣΟΦΊΑΣ
ΑΠΟΣΤΟΛΉ
ΚΑΜΉΛΑ
ΣΟΒΑΡΈΣ
ΘΥΜΩΜΈΝΟΣ
ΚΑΠΝΌΣ
ΣΤΑΔΙΑΚΉ
ΔΩΡΕΆΝ
ΘΕΡΜΌΤΕΡΟΣ
ΦΆΡΜΑ
ΆΜΕΣΗ
ΜΕΤΕΓΚΑΤΆΣΤΑΣΗ
ΠΟΛΎ
ΥΠΟΔΟΧΉΣ

```
Y  R  K  J  E  X  A  C  B  R  S  C  Z  U  L  X  B
Q  O  Q  O  O  R  N  Σ  O  P  E  T  Ό  M  P  E  Θ
F  Q  X  O  Θ  N  A  A  H  Σ  E  M  Ά  C  A  J  N
K  A  D  H  Y  G  K  Ί  Θ  A  Π  O  Σ  T  O  Λ  Ή
A  F  B  K  M  Σ  A  Φ  Ή  Y  W  G  U  P  F  F  P
M  S  O  R  Ω  T  Λ  O  Σ  Ή  X  O  Δ  O  Π  Y  M
Ή  I  U  A  M  A  Ύ  Σ  E  Έ  H  J  A  S  B  N  V
Λ  R  U  B  Έ  Δ  Ψ  H  I  E  P  C  V  N  F  S  Z
A  F  Q  T  N  I  E  Σ  H  T  C  A  M  P  Ά  Φ  A
K  I  V  Y  O  A  T  Ω  L  N  A  S  B  N  Z  W  X
Λ  Έ  Ξ  H  Σ  K  E  Σ  G  M  Z  X  D  O  O  F  L
T  H  A  C  Λ  Ή  T  T  Δ  Ω  P  E  Ά  N  Σ  Λ  F
J  Y  M  C  E  Ύ  G  Ή  Ά  N  Θ  P  Ω  Π  O  Σ  Ύ
K  A  Π  N  Ό  Σ  Π  Z  Q  X  S  Q  F  Z  S  J  N
H  L  M  E  T  E  Γ  K  A  T  Ά  Σ  T  A  Σ  H  C
```

Puzzle 229

```
C P N B T Σ Ύ O Π Π A Π N L O E K
O T Ά O C Y G J Z H Γ N L Έ Q S D
W S E V Σ R Y A B T Γ B X E Ω Q Y
Z C J Z N O O O D X A H T G I N U
E C I S H O K I M Ώ P B F I E M Π
Ή M I K O Δ F Ό X F E B N Δ Π Έ Y
O C Π R Φ N W X M I Ί I K I A Γ K
Z X Y O O A Y T Ά A A N Y A Π I N
Έ Ψ C D P Π E P Ί E P Γ O B O Σ Ή
B Ά A Z Ό I O M I Λ Ί A Σ Ά Ύ T K
P P C L Q F K Y L J P Y I Σ T H U
A I Έ Θ N O Σ Ό T E D Y Z T Σ Z M
M A Ί Λ A P A Π K L V Y Z E I K F
J E I D F E F N D Q W J D F A E G
Z A N Q T U P Z C R O P Z G M Q V
```

ΑΥΤΆ
ΕΆΝ
ΝΟΣΟΚΌΜΑ
ΠΑΠΟΎΤΣΙΑ
ΟΜΙΛΊΑΣ
ΜΈΓΙΣΤΗ
ΔΙΑΒΆΣΤΕ
ΠΕΡΊΕΡΓΟ
ΈΘΝΟΣ
ΠΑΡΑΛΊΑ
ΨΆΡΙΑ
ΝΈΩΝ
ΒΡΏΜΙΚΟ
ΌΡΟΦΟ
ΠΥΚΝΉ
ΖΈΒΡΑ
ΠΑΠΠΟΎΣ
ΔΟΚΙΜΉ
ΕΜΠΟΡΙΚΌ
ΑΓΓΑΡΕΊΑ

Puzzle 230

ΑΝΑΒΆΛΕΙ
ΑΠΟΞΗΡΑΜΈΝΑ
ΤΟΠΙΚΉ
ΨΗΦΟΦΟΡΊΑ
ΆΝΘΙΣΗ
ΛΟΥΛΟΎΔΙΑ
ΜΑΤΙΆ
ΨΩΜΊ
ΣΥΝΈΔΡΙΟ
ΕΝΤΥΠΩΣΙΆΖΟΥΝ
ΛΩΡΊΔΑ
ΠΡΆΓΜΑΤΑ
ΑΣΤΈΡΙΑ
ΑΥΓΌ
ΟΙΚΟΝΟΜΙΚΉΣ
ΣΎΝΟΡΑ
ΠΟΝΤΊΚΙ
ΑΡΚΤΙΚΈΣ
ΒΆΤΡΑΧΟΣ
ΤΗΛΕΌΡΑΣΗ

```
Ψ H Φ O Φ O P Ί A Π R S C X A T O
A B R D Σ Ή K I M O N O K I O O P
A P O N Ύ Σ A Q P N V V E A D Π R
P I I K Z K U Ά I T A M N Π D I J
K B P P G I E J H Ί D X T O M K A
T U F Έ M L D O E K V V Y Ξ J Ή Y
I Y A P T R K U Z I N G Π H Σ Λ Γ
K T H X Y Σ Ά N Θ I Σ H Ω P Y O Ό
Έ N Z Z T S A Δ Ί P Ω Λ Σ A N Y N
Σ B Ά T P A X O Σ T I X I M Έ Λ S
A N A B Ά Λ E I D A Q R Ά Έ D O G
Ψ Ω M Ί Π P Ά Γ M A T A Z N P Ύ F
T H Λ E Ό P A Σ H V V O O A I Δ Y
U L A A P Y J K T W D F Y W O I G
Y L D U M I B A B H M Q N U D A S
```

Puzzle 231

```
V D I D Y F E Σ J Z B A P I Ά Σ O
E K Δ Ή Λ Ω Σ H T T X I L R Δ T Q
Φ Σ O V G G M G A A V C C U Έ O W
A A E O R X Z J P M M Z O J K I U
Π Ί N Φ H Q D U L Ή J Ά X A A X F
E Σ Y T Ί M P U I B W I T T T E Γ
I H O G A Δ V G O C M Λ B H O Ί P
K T Π A V Σ I N Ό I X Y A T Σ O A
O K Έ K H E T Λ Ά Σ O O P Ό L E Φ
N O Λ W V Y Y E V Σ B Π E N F B E
Ί I B Z P J M O Ί L F X Θ A I H Ί
Z Δ O K G V Q E C T A W E K C I O
O I P A T K Έ N Z X E J Ί I Y J Y
Y P Π Σ Y N Δ Y Ά Z O Y N O Z G Q
N E K Λ O Γ Ή W T D V H F X C O A
```

ΑΠΕΙΚΟΝΊΖΟΥΝ
ΕΚΔΉΛΩΣΗ
ΠΡΟΒΛΈΠΟΥΝ
ΛΆΣΟ
ΧΙΌΝΙ
ΣΤΑΜΆΤΗΣΕ
ΦΊΔΙ
ΝΈΚΤΑΡ
ΣΤΟΙΧΕΊΟ
ΒΉΜΑ
ΒΑΡΙΆ
ΔΈΚΑΤΟ
ΓΡΑΦΕΊΟΥ
ΒΑΡΕΘΕΊ
ΙΔΙΟΚΤΗΣΊΑΣ
ΙΚΑΝΌΤΗΤΑ
ΣΥΝΔΥΆΖΟΥΝ
ΕΚΛΟΓΉ
ΦΑΝΤΑΣΤΕΊΤΕ
ΠΟΥΛΙΆ

Puzzle 232

ΘΆΛΑΣΣΑ
ΣΟΦΉ
ΘΥΜΊΖΕΙ
ΚΑΤΣΑΡΌΛΑ
ΤΟΙΧΟΓΡΑΦΊΑ
ΑΓΓΛΙΚΆ
ΣΗΜΆΔΙ
ΕΠΙΣΤΉΜΟΝΑΣ
ΓΕΛΆΣΕΙ
ΑΣ
ΚΑΛΩΣΌΡΙΣΜΑ
ΠΑΡΑΓΩΓΉΣ
ΑΠΆΝΤΗΣΗ
ΣΤΆΔΙΟ
ΑΠΟΤΈΛΕΣΜΑ
ΠΕΤΣΈΤΑ
ΗΓΈΤΗΣ
ΔΙΔΆΣΚΕΙ
ΠΡΑΓΜΑΤΙΚΆ
ΔΥΝΑΤΌΝ

```
A K K A T G C T J Θ C O O O T Π W
Π A A Π M O T L D Ά U Ά E V O E B
Ά M T O I Δ Ά T Σ Λ X K H T I T O
N Σ Σ T E Δ O L X A T I D G X Σ W
T I A Έ K E Ά I E Σ Ά L E Γ O Έ L
H P P Λ Σ Σ Π M Z Σ V Γ E N Γ T V
Σ Ό Ό E Ά Y O I H A M Γ J O R A Π
H Σ Λ Σ Δ X N Φ Σ Σ R A W M A V A
E Ω Α M I T H Δ Ή T T Y H Z Φ Z P
D Λ Z A Δ R N Y I M Ή J K I Ί R A
K A M T P X H N W R L M M Z A T Γ
Ά K I T A M Γ A P Π C S O C A P Ω
T Z W M Y E A T V B O E K N Σ E Γ
Θ Y M Ί Z E I Ό H Γ Έ T H Σ A X Ή
F N F A M Z C N O W A X H W M Σ Σ
```

Puzzle 233

```
P C G U T X Ί J D B E D V N T T J
Y P V K Q J P Δ F X U I E M M A P
B N K Y B Σ Σ K R I Z Ά Λ A X N X C
K A T H Γ O P Ί A A I E Λ F Y Y E
Z I Σ Σ S P G W Z Ί Σ M Ί R O Δ Π
L Σ X Ω V Ό G D G Γ O Q M C Λ P I
O Ή O Έ Z Γ W J A P P K N S Ά O K
W T Λ P Q H M D P Y Δ K H O B M O
R E E X Y K H M R O P H Δ Ί Σ E I
F Q Ί Q I I J X Έ T O Π H R I Ί N
T R O G M Δ U A M I Σ Ώ P B E O Ω
M A X A Ί P I W I E K C O H C Y N
A N O I K T Ά T M Λ C C U S J C Ί
Π E P I Π E T E I Ώ Δ H C T W Z A
Σ Y N A I Σ Θ M A T I K Ή Q O L
```

ΊΔΙΑ
ΣΧΟΛΕΊΟ
ΠΕΡΙΠΕΤΕΙΏΔΗ
ΛΊΜΝΗ
ΤΑΧΥΔΡΟΜΕΊΟΥ
ΒΡΏΣΙΜΑ
ΣΥΝΑΙΣΘΗΜΑΤΙΚΉ
ΠΟΤΈ
ΛΕΙΤΟΥΡΓΊΑ
ΜΑΧΑΊΡΙ
ΣΊΔΗΡΟ
ΧΑΛΆΖΙ
ΑΝΟΙΚΤΆ
ΕΤΉΣΙΑ
ΔΙΚΗΓΌΡΟΣ
ΕΙΣΒΆΛΟΥΝ
ΕΠΙΚΟΙΝΩΝΊΑ
ΚΑΤΗΓΟΡΊΑ
ΧΡΈΩΣΗ
ΔΡΟΣΙΆ

Puzzle 234

ΣΤΆΘΗΚΕ
ΝΤΟΜΆΤΑ
ΣΥΝΟΨΊΖΟΥΝ
ΕΊΔΟΣ
ΕΜΠΕΙΡΊΑ
ΤΈΤΑΡΤΟ
ΣΤΡΑΤΟΎ
ΣΑΦΏΣ
ΣΙΝΤΡΙΒΆΝΙ
ΔΕΊΤΕ
ΚΥΒΕΡΝΉΤΗΣ
ΝΥΦΊΤΣΑ
ΗΛΙΌΛΟΥΣΤΗ
ΓΕΝΙΚΈΣ
ΚΑΡΈΚΛΑ
ΤΈΝΙΣ
ΠΡΌΣΒΑΣΗ
ΚΌΣΜΟ
ΕΞΟΧΙΚΉ
ΈΝΘΕΤΟ

```
K V M F R L C A N U V X H M X K Π
T Y T I N Ά B I P T N I Σ W W O P
Έ A B C A T W V F G O T E Θ N Έ Ό
T Ή U E Ί V Έ E F M H M O M K K Σ
A K Q N P A D N Z Y S D Ά O W G B
P I J R I N X Ύ I J N L F T A E A
T X N V E Γ Ή O W Σ Y A H Z A K Σ
O O X Q Π E H T Σ Y O Λ Ό I Λ H
X Ξ U I M N O A H A Z J V C N Θ K
Δ E Ί T E I U P G Σ Ί W S P B Ά A
E Ί Δ O Σ K J T S T Ψ H J Z K T P
D H W M A Έ B Σ O Ί O Y P N Q Σ Έ
G B G Σ I Σ B Y V Φ N A N L H E K
D D P Ό M K L M D Y Y S X Z M M Λ
P Y H K M U W N Z N Σ Ώ Φ A Σ E A
```

Puzzle 235

A	E	Σ	H	Θ	Ώ	B	T	C	Y	N	C	D	E	Y	N	R
T	P	K	Ή	E	T	Σ	Ή	I	O	Π	O	Λ	Π	A	W	G
N	X	Ύ	Γ	I	H	A	P	E	T	Ό	Σ	Σ	I	P	E	Π
A	Y	Λ	O	A	Π	M	I	D	H	U	R	F	Φ	O	C	D
Φ	Q	O	Λ	T	P	O	X	A	Λ	Ί	E	D	Ά	T	X	E
Έ	M	Σ	I	N	Λ	J	S	A	S	Q	W	S	N	H	Y	P
Λ	Π	H	Π	O	W	Y	K	Ό	F	H	Ό	N	E	K	E	Q
E	I	Σ	E	N	M	C	O	G	T	T	K	P	I	V	T	O
W	Z	H	Ά	X	Z	V	K	W	H	O	Λ	A	Π	Ό	P
N	Έ	N	Y	Ά	V	T	U	R	W	T	W	K	Λ	P	H
Q	Λ	P	Q	W	Λ	I	E	U	U	J	U	A	Έ	Z	A	A
C	I	Έ	B	X	Y	Z	M	J	Q	L	V	M	Δ	W	X	X
K	L	B	R	B	B	R	L	P	H	T	X	U	Γ	Ά	T	A
P	D	Y	O	M	A	Λ	O	Γ	A	P	I	A	Σ	M	Ό	O
T	B	K	U	E	V	V	K	W	Y	U	H	I	G	L	T	V

ΧΑΛΑΡΌ
ΓΆΤΑ
ΚΥΒΈΡΝΗΣΗΣ
ΧΑΛΊ
ΚΕΝΌ
ΧΆΝΟΝΤΑΙ
ΜΠΙΖΈΛΙ
ΠΕΡΙΣΣΌΤΕΡΑ
ΑΠΛΟΠΟΪΉΣΤΕ
ΕΛΈΦΑΝΤΑ
ΚΟΥΛΤΟΎΡΑ
ΣΚΎΛΟΣ
ΧΆΛΥΒΑ
ΕΠΙΛΟΓΉ
ΔΈΚΑ
ΏΘΗΣΕ
ΠΟΣΌΤΗΤΑ
ΛΟΓΑΡΙΑΣΜΌ
ΡΌΠΑΛΟ
ΕΠΙΦΆΝΕΙΑ

Puzzle 236

ΑΓΕΝΉΣ
ΔΙΆΔΡΟΜΟ
ΑΝΏΤΕΡΟΣ
ΧΡΏΜΑΤΑ
ΠΕΊΤΕ
ΠΡΙΝ
ΚΆΡΔΑΜΟ
ΦΩΝΉ
ΛΕΠΤΉ
ΠΡΟΣΩΠΙΚΆ
ΡΑΒΔΊ
ΑΝΟΙΧΤΉ
ΚΑΤΟΙΚΊΑ
ΖΕΣΤΌ
ΈΚΑΨΕ
ΜΑΜΆ
ΕΛΚΥΣΤΙΚΉ
ΔΥΝΑΤΆ
ΕΥΚΑΙΡΊΑ
ΆΔΕΙΟ

X	N	P	S	L	V	W	X	H	J	C	D	N	H	J	A	W
D	K	F	A	L	P	Q	C	X	H	L	C	I	L	O	E	W
Δ	Y	N	A	T	Ά	K	I	Π	Ω	Σ	O	P	Π	Q	G	H
K	M	Z	Ί	A	N	O	I	X	T	Ή	F	Π	A	P	U	P
Ά	E	Q	K	X	J	B	E	Z	W	C	P	G	V	B	R	H
P	K	I	I	W	P	N	U	D	K	U	L	S	E	F	Δ	N
Δ	A	B	O	N	W	Ώ	O	I	E	Δ	Ά	Z	X	U	L	Ί
A	K	G	T	Z	H	B	M	Φ	Ω	N	Ή	T	E	I	P	Z
M	W	H	A	J	E	I	O	A	M	A	M	Ά	Ψ	Σ	W	Z
O	P	M	K	L	Σ	O	P	E	T	Ώ	N	A	A	L	T	K
Π	E	Ί	T	E	Ή	V	Δ	T	X	A	F	V	K	Q	Y	Ό
U	O	S	J	A	N	G	Ά	W	D	J	P	L	Έ	B	V	U
U	O	L	V	A	E	F	I	E	Λ	K	Y	Σ	T	I	K	Ή
E	C	Y	J	M	G	J	Δ	B	P	N	B	B	G	C	K	U
Λ	E	Π	T	Ή	A	Ί	P	I	A	K	Y	E	L	D	Y	I

Puzzle 237

```
E  S  T  Y  A  P  C  L  E  Έ  M  D  L  Φ  Y  Z  P
Σ  Ά  Π  M  A  Π  M  A  V  M  T  R  K  G  O  T  Σ
T  B  B  U  V  Q  H  Z  M  S  O  U  Y  Π  P  U
I  E  Λ  Έ  Θ  G  T  H  C  L  H  G  I  R  Ύ  F  Ά
A  I  A  U  Z  O  Y  T  B  F  N  L  O  M  T  T  L
T  I  L  W  F  X  C  Ό  R  A  C  K  Q  G  O  R  W
Ό  S  X  E  O  F  E  K  H  Θ  Ή  N  N  E  Γ  I  H
P  A  Ί  P  Ω  Δ  O  I  A  N  N  E  Γ  A  E  X  Σ
I  B  H  U  G  Θ  Σ  T  S  G  N  T  Z  H  F  E  Ύ
O  I  Y  H  F  Λ  K  A  A  Σ  T  Y  N  O  M  Ί  A
Λ  A  Ϊ  K  Ά  I  H  M  Π  Ά  Λ  A  O  N  Ά  Λ  Π
F  J  D  Z  E  B  N  Γ  G  Q  D  S  W  N  B  I  I
I  I  W  J  T  E  Ή  A  H  L  K  P  L  Q  Ά  Φ  K
K  H  D  D  L  P  B  P  J  Y  K  S  Z  F  B  Θ  A
Z  R  K  D  C  Ή  K  Π  A  Φ  I  E  P  Ώ  N  Ω  Φ
```

ΠΡΑΓΜΑΤΙΚΌΤΗΤΑ
ΤΎΠΟΥ
ΕΣΤΙΑΤΌΡΙΟ
ΈΤΟΙΜΟΙ
ΛΑΪΚΆ
ΣΚΗΝΉ
ΘΛΙΒΕΡΉ
ΦΙΛΊ
ΘΈΛΕΙ
ΜΠΑΜΠΆΣ
ΠΛΆΝΟ
ΠΑΎΣΗ
ΣΤΟ
ΑΦΙΕΡΏΝΩ
ΓΕΝΝΑΙΟΔΩΡΊΑ
ΑΣΤΥΝΟΜΊΑ
ΓΕΝΝΉΘΗΚΕ
ΦΟΡΆ
ΦΘΆΝΟΥΝ
ΜΠΆΛΑ

Puzzle 238

ΦΤΩΧΆ
ΛΊΠΟΣ
ΑΠΌΦΟΙΤΟΣ
ΣΥΜΜΕΤΈΧΟΥΝ
ΚΡΑΣΊ
ΈΡΧΟΝΤΑΙ
ΠΑΝΟΜΟΙΌΤΥΠΑ
ΔΕΥΤΕΡΕΎΟΥΣΑ
ΔΗΜΟΣΊΕΥΣΗ
ΣΤΆΣΗ
ΕΚΘΕΣΙΑΚΌ
ΜΗΔΈΝ
ΔΕΊΠΝΟ
ΤΖΊΝΤΖΕΡ
ΑΧΥΡΏΝΑ
ΤΑΞΊ
ΔΗΜΟΚΡΑΤΙΚΉ
ΑΓΕΛΆΔΑ
ΕΞΗΓΉΣΕΙ
ΚΑΝΈΛΑ

```
R  N  O  C  Q  V  N  Σ  Σ  M  A  S  A  R  B  H  K
Φ  T  Ω  Χ  Ά  C  U  X  O  H  Σ  X  Π  A  S  I  A
V  T  I  Z  L  D  Ή  Ί  T  Δ  Y  Σ  Y  G  S  O  N
Λ  Ί  Π  O  Σ  C  K  Σ  I  Έ  O  Y  T  P  J  J  Έ
U  H  H  M  Ί  I  I  A  O  N  Ύ  M  Ό  E  Ώ  Q  Λ
I  F  S  F  H  Ξ  T  P  Φ  E  E  M  I  Z  U  N  A
E  K  Θ  E  Σ  I  A  K  Ό  C  P  E  O  T  X  T  A
Σ  Z  D  C  Y  A  P  T  Π  C  E  T  M  N  U  A  Δ
Ή  U  H  C  E  T  K  H  A  H  T  Έ  O  Ί  R  C  Ά
Γ  L  V  Y  Ί  N  O  Δ  G  L  Y  X  N  Z  J  I  Λ
H  W  U  Z  Σ  O  M  P  E  M  E  O  A  T  Σ  G  E
Ξ  V  A  D  O  X  H  Q  Z  Ί  Δ  Y  Π  F  T  C  Γ
E  R  D  D  M  P  Δ  Q  L  I  Π  N  I  P  Ά  M  A
F  A  F  Q  H  Έ  O  T  W  H  X  N  I  S  Σ  P  W
F  E  N  Q  Δ  N  E  U  E  L  H  B  O  P  H  K  H
```

Puzzle 239

```
T K B D O T A P Ό A Φ L O R O C V
I Y W N M Y F I B O Φ P T N Ύ Σ
N Π Ω M M P I K T L D H P X H V E
E G Π A Δ Ί P E M H Φ E Γ Έ B W K
P T B A B U X H Έ Σ B O I H Σ Y X
O L O K Σ Ύ Δ T X E P Y E V T F Ω
X M G U J Ί K G O Θ Ά Q X G Σ Ή P
Ύ N K U A M A I Y Ί Σ Q Έ Q Ύ K Ή
T Ύ A O H V H Σ N T H A P Z N I Σ
H O K I P Ά I Δ I N X I A Π N T E
E P U M R I B M S A T N Π A E A I
N O F H E Ξ E T Ά Z O Y N Ξ Φ M F
J Φ N W P Q U L Z A P L G Ί O Ω Q
O A J M C N F M B Z W S Y A O Σ U
S B N Z D I L R A K G R F Σ N F T
```

ΕΦΗΜΕΡΊΔΑ
ΑΦΟΡΟΎΝ
ΑΦΗΓΗΤΉ
ΣΎΝΤΡΟΦΟ
ΣΎΝΝΕΦΟ
ΑΌΡΑΤΟ
ΈΧΟΥΝ
ΠΑΡΈΧΕΙ
ΕΚΧΩΡΉΣΕΙ
ΑΞΊΑΣ
ΙΠΠΑΣΊΑΣ
ΒΡΆΣΗ
ΔΎΣΚΟΛΟ
ΤΥΡΊ
ΝΕΡΟΧΎΤΗ
ΑΝΤΊΘΕΣΗ
ΕΞΕΤΆΖΟΥΝ
ΣΩΜΑΤΙΚΉ
ΦΟΡΈΣ
ΠΑΙΧΝΙΔΙΆΡΙΚΟ

Puzzle 240

ΚΌΜΜΑΤΑ
ΠΡΟΧΩΡΉΣΤΕ
ΠΑΡΌΜΟΙΑ
ΚΡΕΜΜΎΔΙ
ΠΡΌΚΕΙΤΑΙ
ΕΝΕΡΓΌΣ
ΑΡΙΘΜΌ
ΌΓΚΟ
ΠΌΛΕΜΟ
ΜΠΑΝΆΝΑ
ΓΈΦΥΡΑ
ΠΈΡΑΣΕ
ΞΕΧΩΡΙΣΤΉ
ΓΚΑΖΌΝ
ΠΛΟΥΣΙΌΤΕΡΟ
ΑΛΛΗΛΕΠΊΔΡΑΣΗ
ΚΆΤΑΓΜΑ
ΜΥΣΤΉΡΙΑ
ΛΎΓΚΑ
ΆΡΕΣΕ

```
Ά K P Γ K A Z Ό N L M K O Π Ξ A M
P Q Ό Q J L L G F O J D V Λ E Λ Π
E D Y M T U Q U Q V L X P O X Λ A
Σ J P Z M O M E Λ Ό Π I S Y Ω H N
E W K V A A K Ά T A Γ M A Σ P Λ Ά
Σ Π G B P I T Γ N K G U Π I I E N
A P C E I P M A Ό Γ F N A Ό Σ Π A
P Ό E Y Θ Ή Y D A Ύ V V P T T Ί I
Έ K B J M T U U R Λ Ύ Q Ό E Ή Δ A
Π E H U Ό Σ Ό Γ P E N E M P L P D
O I I E N Y Γ Έ Φ Y P A O O X A T
P T R Z S M M I L H H Z I R F Σ O
D A Π P O X Ω P Ή Σ T E A N J H V
A I Δ Ύ M M E P K A L K O P T V J
A C Z W T L G G G E J J X M J J R
```

Puzzle 241

Λ	Φ	M	D	W	Q	Θ	Π	X	O	W	S	L	R	L	K	C
E	O	T	V	Q	M	E	P	G	G	N	Z	A	Q	W	Y	O
Ω	Ύ	L	U	F	D	T	O	Z	M	B	A	Σ	I	K	Ό	A
Φ	Σ	G	V	O	M	I	Σ	Έ	Θ	A	I	D	T	A	V	F
O	T	A	I	N	Y	K	Φ	K	I	Q	Y	Q	Ά	J	N	T
P	A	A	O	H	N	Ό	O	L	R	F	A	M	M	M	Έ	P
E	Ψ	Y	X	Ό	Σ	P	T	A	Λ	Έ	N	T	O	Λ	O	
Ί	A	R	I	D	C	N	Ά	A	M	Σ	I	M	Ό	N	K	Π
O	Π	A	P	A	T	H	P	Ή	Σ	T	E	I	R	Ω	H	O
Z	B	O	O	E	I	Δ	Ή	K	M	W	Y	Z	K	Φ	Θ	Π
M	Y	S	P	P	Σ	Έ	K	I	T	K	A	P	Π	Έ	P	O
O	Π	O	T	E	Δ	Ή	Π	O	T	E	A	S	A	Λ	O	Ί
K	Ί	N	H	T	P	O	X	H	F	K	F	P	X	H	P	H
O	V	U	F	I	J	F	I	Z	K	V	X	Z	A	T	Y	Σ
Z	G	M	C	P	X	A	N	Y	P	L	U	L	D	Π	K	H

ΝΑΙ
ΠΑΡΑΤΗΡΉΣΤΕ
ΤΡΟΠΟΠΟΊΗΣΗ
ΜΆΤΙ
ΤΑΛΈΝΤΟ
ΒΑΣΙΚΌ
ΠΑΡΑΚΜΉ
ΔΙΑΘΈΣΙΜΟ
ΝΌΜΙΣΜΑ
ΟΠΟΤΕΔΉΠΟΤΕ
ΛΕΩΦΟΡΕΊΟ
ΈΛΚΗΘΡΟ
ΘΕΤΙΚΌ
ΚΊΝΗΤΡΟ
ΠΡΟΣΦΟΡΆ
ΒΟΟΕΙΔΉ
ΨΥΧΡΌΣ
ΠΡΑΚΤΙΚΈΣ
ΦΟΎΣΤΑ
ΤΗΛΈΦΩΝΟ

Puzzle 242

ΒΑΘΜΟΎ
ΕΊΝΑΙ
ΑΝΑΜΟΝΉΣ
ΔΡΆΚΟΣ
ΚΟΥΝΕΛΙΏΝ
ΑΝΆ
ΑΠΟΤΎΠΩΣΗ
ΠΟΛΊΤΗ
ΠΛΟΉΓΗΣΗ
ΦΩΤΙΆ
ΠΟΛΎΧΡΩΜΟ
ΛΑΣΠΩΜΈΝΟ
ΦΟΒΆΤΑΙ
ΤΣΙΠ
ΟΡΓΆΝΩΣΗ
ΠΊΣΤΗΣ
ΔΆΚΡΥ
ΑΝΌΗΤΟΣ
ΚΆΣΤΑΝΑ
ΛΙΒΆΔΙ

J	W	A	T	J	O	K	A	Π	O	T	Ύ	Π	Ω	Σ	H	S
E	N	Q	W	I	J	P	Ά	I	U	M	K	D	U	C	R	H
T	H	Δ	Ά	K	P	Y	Γ	Σ	M	X	Π	Ί	Σ	T	H	Σ
I	A	N	Ό	H	T	O	Σ	Ά	T	R	Z	W	L	K	Λ	H
A	N	A	M	O	N	Ή	Σ	D	N	A	P	R	C	J	A	Γ
N	P	Ύ	O	M	Θ	A	B	A	O	Ω	N	N	L	Z	Σ	Ή
Ί	B	I	L	Ω	F	U	H	Y	U	D	Σ	A	M	Λ	Π	O
E	O	K	V	P	P	O	C	K	C	B	K	H	V	I	Ω	Λ
T	C	N	G	X	K	O	Y	N	E	Λ	I	Ώ	N	B	M	Π
Q	H	Y	F	Ύ	T	Σ	I	Π	H	M	V	P	J	Ά	Έ	C
Φ	Q	K	V	Λ	Φ	O	B	Ά	T	A	I	G	D	Δ	N	K
B	Ω	C	H	O	X	K	O	F	Ί	V	M	V	M	I	O	P
M	M	T	A	Π	D	Ά	H	G	Λ	X	Y	E	Z	Z	O	R
R	Z	A	I	T	Z	P	D	G	O	D	Z	A	N	Ά	Q	J
T	L	E	Z	Ά	B	Δ	V	V	Π	D	S	W	J	D	I	Y

Puzzle 243

```
K W J K E P X T B H F A O I G Π A
F O E A N É Γ P O Θ I Ά Λ H Ψ A Φ
H Z Q T N Ό R Y E Σ E Π Έ Ω Σ P P
L U Q E Y Z Λ F B B D Z Δ K Q Ά Ά
T Y W Y O P L O I P Ό V M E D F T
A O V Θ Λ I F X Y L M Λ A M H Σ A
X R N Ύ Ά Δ K U M Σ L P Y Ύ N A N
P S R N B Ί Y O I B P Y O O H T E
I Y T Σ M Ξ M N N N M X W Λ Π N M
Y K B E Y A U P D O Γ Ό N A T O Ύ
R G T I Σ T D Z M L M A X K F Γ O
U L G Σ Θ E Ω P O Ύ N Ί S M G Ά P
H I D E B O A I E N Ά Φ A I Δ P A
L E Z H O O Q D O Y C U Q V W A X
V P U X X V G T B F E J S D S Π Q
```

ΘΕΩΡΟΎΝ
ΠΟΥΛΌΒΕΡ
ΠΑΡΆΓΟΝΤΑΣ
ΠΑΡΆ
ΩΣ
ΚΑΤΕΥΘΎΝΣΕΙΣ
ΑΦΡΆΤΑ
ΚΑΛΟΎΜΕ
ΤΑΞΊΔΙ
ΣΥΜΒΆΛΟΥΝ
ΨΗΛΆ
ΓΌΝΑΤΟ
ΈΠΕΣΕ
ΈΝΑ
ΌΡΙΟ
ΟΙΚΟΝΟΜΊΑ
ΧΑΡΟΎΜΕΝΑ
ΔΙΑΦΆΝΕΙΑ
ΌΛΟΥΣ
ΓΡΟΘΙΆ

Puzzle 244

ΟΛΟΚΛΗΡΏΣΕΙ
ΜΈΘΟΔΟΣ
ΦΎΛΛΟ
ΤΡΑΜ
ΈΣΠΑΣΕ
ΜΑΎΡΟ
ΓΑΛΟΠΟΎΛΑΣ
ΚΆΘΟΜΑΙ
ΖΩΝΤΑΝΉ
ΠΊΤΣΑ
ΠΡΟΣΠΑΘΕΊ
ΚΟΛΈΓΙΟ
ΒΙΤΑΜΊΝΕΣ
ΒΙΒΛΊΟ
ΟΡΓΑΝΏΣΕΙ
ΠΕΡΙΛΑΜΒΆΝΟΥΝ
ΖΕΛΈ
ΦΟΡΗΤΌ
ΠΡΟΣΕΚΤΙΚΉ
ΚΟΡΊΤΣΙΑ

```
Y J Z W M B O Ί Λ B I B F X H N O
Γ K B Ω S Z L P M A Ύ P O J D H Λ
Π A B N N Ό R Z Γ A A V Λ K B D O
P Σ Λ Y V T U A I A I B Λ V Q O K
O T I O N H A V J I N K Ύ P T M Λ
Σ Ί N N Π P Y N R Y J Ώ Φ M P Έ H
E Π E Ά I O I F Ή N B D Σ X A Θ P
K N M B L Φ Ύ X K C H F E E M O Ώ
T B Z M J W Λ A P M R N Σ I Δ Σ
I I O A L N X T A C U J Ί A A O E
K Q S Λ Z D O T N Σ Q V M Π M Σ I
Ή A J I K O P Ί T Σ I A A Σ O L Y
H H I P K O Λ Έ Γ I O W T Έ Θ R B
A P Ί E Θ A Π Σ O P Π E I S Ά W N
E M R Π K Q Z E Λ Έ S I B D K A M
```

Puzzle 245

W	N	E	Π	A	S	F	H	M	I	T	I	Ά	Σ	Θ	A
T	Z	I	M	A	T	G	K	L	P	W	O	F	H	T	P	P
N	X	Σ	H	P	O	Y	C	Z	S	J	K	Έ	Y	Q	H	I
Σ	X	A	Z	A	M	H	T	Σ	Ά	T	A	K	N	M	Σ	Θ
Y	I	Γ	Y	M	I	O	W	X	O	C	B	J	W	V	K	M
M	Σ	Ω	P	E	K	E	B	Δ	O	M	Ά	Δ	A	G	E	O
Π	X	Γ	K	Ί	Ή	H	M	C	U	P	V	J	R	M	Y	M
Έ	Ύ	Ή	G	N	Y	O	N	Ί	E	T	K	E	Π	E	T	H
P	Π	Σ	Γ	E	B	Y	K	C	A	W	W	O	D	C	I	X
A	A	N	Λ	I	T	E	M	W	T	Z	Q	E	S	E	K	A
Σ	T	B	Ώ	M	I	V	N	P	K	W	I	D	Ά	A	Έ	N
M	I	Λ	Σ	B	P	V	M	Z	I	Y	M	M	N	C	Σ	Ή
A	N	A	Σ	F	M	H	S	M	Ί	T	Q	V	E	Q	J	V
Z	Ά	B	A	M	E	Ί	Ω	Σ	H	N	Ώ	I	T	N	O	Δ
R	Z	Ή	A	P	I	Θ	M	H	T	Ή	H	R	A	N	K	U

ΣΥΜΠΈΡΑΣΜΑ
ΓΛΩΣΣΑ
ΔΟΝΤΙΏΝ
ΕΒΔΟΜΆΔΑ
ΑΤΟΜΙΚΉ
ΠΑΡΑΜΕΊΝΕΙ
ΒΕΝΖΊΝΗ
ΚΑΤΆΣΤΗΜΑ
ΘΡΗΣΚΕΥΤΙΚΈΣ
ΠΑΤΙΝΆΖ
ΑΡΙΘΜΟΜΗΧΑΝΉ
ΕΙΣΑΓΩΓΉΣ
ΑΡΙΘΜΗΤΉ
ΝΈΟΙ
ΛΑΒΉ
ΜΕΊΩΣΗ
ΙΤΙΆΣ
ΆΝΕΤΑ
ΕΠΕΚΤΕΊΝΟΥΝ
ΙΣΧΎ

Puzzle 246

ΞΈΝΩΝ
ΈΝΤΕΚΑ
ΛΆΘΟΣ
ΧΏΡΑΣ
ΓΡΉΓΟΡΑ
ΤΣΈΠΗ
ΎΠΝΟ
ΤΟΥ
ΟΚΤΏ
ΕΠΙΤΥΓΧΆΝΟΥΝ
ΔΕΝ
ΓΌΜΑ
ΚΈΡΔΙΣΑΝ
ΕΝΤΌΠΙΣΕ
ΧΙΟΝΟΣΤΙΒΆΔΑΣ
ΦΡΈΣΚΑ
ΚΡΑΤΉΣΕΙ
ΔΗΛΗΤΉΡΙΟ
ΜΕΤΆ
ΕΊΣΟΔΟΣ

X	G	Q	T	N	Y	O	N	Ά	X	Γ	Y	T	I	Π	E	X
K	Ώ	M	F	V	J	F	H	V	L	K	Y	Σ	E	O	U	I
Έ	T	P	U	V	Y	E	X	T	M	U	T	Έ	Y	Z	A	O
P	K	R	A	P	O	Γ	Ή	P	Γ	R	Y	Π	G	I	O	N
Δ	O	I	K	Σ	T	S	A	Ά	N	A	O	H	U	Z	B	O
I	N	N	Σ	J	W	J	B	V	T	I	Λ	Y	Δ	E	N	Σ
Σ	Π	U	Έ	L	R	V	A	U	V	E	Z	Ά	O	G	V	T
A	Ύ	R	P	N	I	P	C	W	Γ	Ό	M	A	Θ	Q	L	I
N	O	G	Φ	Δ	H	Λ	H	T	Ή	P	I	O	U	O	H	B
J	X	A	R	Y	L	W	P	X	E	J	S	D	U	R	Σ	Ά
S	I	K	Y	E	N	M	H	Y	H	N	F	T	U	M	L	Δ
J	T	E	Σ	I	Π	Ό	T	N	E	Ί	Σ	O	Δ	O	Σ	A
R	A	T	K	P	A	T	Ή	Σ	E	I	E	H	X	I	V	Σ
K	C	N	Ω	N	Έ	Ξ	Z	J	R	I	V	F	V	L	D	H
N	K	Έ	T	H	A	K	P	E	T	S	C	C	L	V	P	A

Puzzle 247

```
Ό Φ Ε Λ Ο Σ Α Δ Ο Κ Ι Μ Α Σ Ί Α F
Υ C U P F U Χ Γ Χ Υ J Τ Κ C Z V D
Ά Κ Ι Τ Κ Ε Σ Ο Ρ Π F Ι Χ Ο V S A
Σ Ο Λ Α Κ Σ Ά Δ Ν Ό Δ Ε Χ Σ F D Δ
Ε C C Α Ν Ο W Q Ώ Ν Τ Ρ Ρ Β S J E
Κ Γ Ζ Η V S Ή Ζ Κ Κ Ο Η Ζ Κ Ν Μ Λ
Ί G Χ S D Η Ξ S Ι D Χ Π Σ Κ G Χ Φ
Α Q Ν Ε Ć Ή Ε Τ Μ Κ Ι Β Λ Τ F S Ή
Ν Ν Χ D Ι Γ Ρ Τ Ο F Α C W Ώ Α V Η
Υ F Τ Ο Q Ρ Ε Τ Ν U L Ά Ν Α Ν Α Ρ
Γ Υ Κ Τ F Α Ί Ξ Ο Δ Ο Λ Ι Φ Έ V V
S Ε Ί Δ Η Μ F Δ Κ Β Η Q Ό Μ Τ Α J
G Ε U Η Σ Α Ί Κ Ι Ο Ν Ε Υ Ι Χ Ρ J
C R Β Β Ο Υ R Χ Ο Ο Υ L Α Q Χ Μ V
Ε Μ Π Λ Ε Κ Ό Μ Ε Ν Η V Ζ Ι C Η A
```

ΓΥΝΑΊΚΕΣ
ΟΠΛΩΝ
ΉΞΕΡΕ
ΑΝΑΝΆ
ΑΓΡΌΤΗΣ
ΣΧΕΔΌΝ
ΟΙΚΟΝΟΜΙΚΏΝ
ΑΡΓΉ
ΕΝΟΙΚΊΑΣΗ
ΔΟΚΙΜΑΣΊΑ
ΑΔΕΛΦΉ
ΕΓΧΕΙΡΊΔΙΟ
ΕΜΠΛΕΚΌΜΕΝΗ
ΠΡΟΣΕΚΤΙΚΆ
ΔΆΣΚΑΛΟΣ
ΌΦΕΛΟΣ
ΧΤΈΝΑ
ΑΤΜΌ
ΕΊΔΗ
ΦΙΛΟΔΟΞΊΑ

Puzzle 248

ΚΑΡΙΈΡΑ
ΈΚΠΛΗΞΗ
ΙΔΙΩΤΙΚΌ
ΚΑΝΈΝΑΝ
ΓΙΑΤΡΌΣ
ΠΛΕΟΝΈΚΤΗΜΑ
ΧΆΣΕΙ
ΠΡΏΤΟ
ΕΠΌΜΕΝΗ
ΠΡΆΣΙΝΟ
ΣΤΡΑΤΌΠΕΔΟ
ΣΥΣΤΑΤΙΚΌ
ΔΕΚΑΕΤΊΑ
ΚΥΡΊΑ
ΥΠΟΛΟΓΙΖΕΙ
ΑΙΣΘΆΝΘΗΚΕ
ΚΌΣΤΟΣ
ΕΞΆΠΛΩΣΗ
ΟΝΌΜΑΤΟΣ
ΓΆΝΤΙΑ

```
Α Ι Σ Θ Ά Ν Θ Η Κ Ε Ε U C J Ι Κ Μ
Ρ Μ Ι Δ Ι Ω Τ Ι Κ Ό G Π Ο Ι Η Υ Υ
Έ D Η Τ J D F Ε G F Ά U Ό Ο Ι Ρ J
Ι Π Ο Τ L Ο Χ Σ Η C Ν Μ R Μ S Ί Ι
Ρ Ρ U C Κ Q V Ά G Β Τ Ν Η Ε Ε Α F
Α Ώ Ε Η L Έ Κ Χ Η J Ι Ν Κ W Σ Ν C
Κ Τ Ο U Μ Α Ν L J Ο Α L Β Κ Τ Κ Η
Γ Ο Β Q Ο Q J Ο Ν Ι Σ Ά Ρ Π Ρ Α Σ
Q Ι S Η Υ Α Ί Τ Ε Α Κ Ε Δ F Α Ν Ω
R Ν Α Ι Ε Ζ Ί Γ Ο L Ο Π Υ Κ Τ Έ Λ
D Σ Ο Τ Α Μ Ό Ν Ο Ε Π Η Α D Ό Ν Π
Q Υ Ο C Ρ Κ Ό Σ Τ Ο Σ V Ρ Τ Π Α Ά
Ζ Q Q J Χ Ό Κ Ι Τ Α Τ Σ Υ Σ Ε Ν Ξ
Μ Β F U Ε Ν Σ Έ Κ Π Λ Η Ξ Η Δ S E
U Β Q Q F L R L Α J J V Ε J Ο L V
```

Puzzle 249

```
Π  Π  L  F  M  M  Σ  G  Ί  E  Λ  X  O  N  E  A  Z
A  O  E  F  A  C  X  W  D  Π  D  Y  W  Z  N  N  B
A  Σ  P  P  S  Y  Έ  Z  Y  I  M  K  Z  A  W  T  A
F  Ό  E  E  Ϊ  V  Σ  H  Y  Λ  Έ  Y  I  L  X  A  Z
H  N  R  W  Ϊ  Π  H  C  C  O  P  P  P  Y  A  Γ  Π
X  O  B  Ό  K  A  Λ  A  M  Γ  O  W  Ύ  O  N  Ω  P
H  E  F  V  N  Ά  V  O  R  Ή  Σ  P  O  I  T  N  O
M  L  Λ  H  B  I  M  G  K  Σ  D  A  Γ  A  Ϊ  I  Π
O  W  H  Ώ  O  Δ  F  F  N  H  Y  A  Γ  F  Σ  Σ  O
T  K  D  Ό  N  I  P  I  A  K  O  Λ  A  K  T  M  N
N  P  V  K  Z  A  B  P  A  Δ  I  Ά  W  Y  P  Ό  H
Ύ  E  H  V  J  Π  Δ  P  O  Σ  E  P  Ό  Q  O  A  T
Σ  K  Λ  P  Ή  Q  J  Q  Z  Q  Y  V  K  Φ  T  Ή
Δ  I  K  A  Σ  T  Ή  P  I  O  C  C  T  Q  H  A  Σ
W  R  B  G  V  H  K  N  Z  M  B  H  E  O  C  V  F
```

ΠΟΡΕΊΑ
ΠΕΡΊΠΛΟΚΗ
ΕΝΟΧΛΕΊ
ΑΝΤΙΣΤΡΟΦΗ
ΔΡΟΣΕΡΌ
ΣΧΈΣΗ
ΜΈΡΟΣ
ΔΙΚΑΣΤΉΡΙΟ
ΚΑΛΟΚΑΙΡΙΝΌ
ΝΌΣΟ
ΣΎΝΤΟΜΗ
ΠΑΙΔΙΆ
ΣΚΛΗΡΉ
ΕΠΙΛΟΓΉΣ
ΜΑΛΑΚΌ
ΠΡΟΠΟΝΗΤΉΣ
ΑΓΓΟΎΡΙ
ΑΝΤΑΓΩΝΙΣΜΌ
ΒΡΑΔΙΆ
ΧΕΛΏΝΑ

Puzzle 250

ΤΑΙΡΙΆΖΕΙ
ΒΑΣΙΛΙΚΉ
ΓΕΝΙΆ
ΜΈΤΡΟΥ
ΣΥΝΟΔΕΎΟΥΝ
ΘΕΡΜΟΚΡΑΣΊΑ
ΚΑΘΉΚΟΝ
ΦΥΤΆ
ΜΑΖΊ
ΣΥΝΟΜΙΛΊΑ
ΜΗΧΑΝΙΚΆ
ΔΏΡΟ
ΣΑΛΙΓΚΆΡΙ
ΦΌΒΟ
ΤΟΥΛΊΠΑ
ΕΚΦΡΆΖΟΥΝ
ΣΥΛΛΆΒΕΙ
ΕΛΕΥΘΕΡΊΑΣ
ΠΡΆΣΟ
ΣΤΕΡΉΣΕΙ

```
E  Λ  E  Y  Θ  E  P  Ϊ  A  Σ  W  J  O  X  Q  N  L
D  I  E  Z  Ά  I  P  I  A  T  P  Z  T  O  E  R  W
G  W  N  M  K  Θ  E  P  M  O  K  P  A  Σ  Ϊ  A  F
C  D  R  C  I  E  Σ  Ή  P  E  T  Σ  W  M  Y  Σ  L
R  C  Z  Σ  N  O  K  Ή  Θ  A  K  E  P  P  D  Y  Δ
Π  D  Ϊ  Z  A  M  Ή  C  E  S  U  U  Q  X  H  N  Ώ
Y  P  H  N  X  Λ  K  A  I  W  K  I  U  W  T  O  P
X  Σ  Ά  R  H  Ά  I  N  E  Γ  L  B  Σ  D  O  M  O
P  Z  L  Σ  M  N  Λ  Γ  A  P  Z  P  Y  O  Y  I  S
E  S  U  S  O  K  I  M  K  G  Y  K  Λ  Φ  Λ  Λ  E
P  Z  Y  D  V  Σ  E  R  J  Ά  O  T  Λ  Ό  Ϊ  Ϊ  S
K  L  R  D  P  E  A  U  E  T  P  J  Ά  B  Π  A  H
J  I  X  L  P  S  B  R  N  Y  T  I  B  O  A  B  L
E  K  Φ  P  Ά  Z  O  Y  N  Φ  Έ  L  E  L  H  G  M
Σ  Y  N  O  Δ  E  Ύ  O  Y  N  M  D  I  R  W  Q  V
```

Puzzle 251

```
Z  B  Y  L  J  M  H  X  K  V  K  G  Z  Q  E  Z  Q
V  P  W  Ό  M  Σ  A  I  Σ  A  Λ  Π  A  Λ  Λ  O  Π
Δ  Ί  K  H  Z  L  T  I  F  O  W  K  Ί  R  Λ  F  P
Λ  N  Ω  T  Ή  Λ  B  O  Π  A  P  T  K  N  E  E  Ί
E  O  Δ  Y  P  Ά  K  O  X  Σ  O  M  I  O  I  Y  Ξ
Ω  N  T  J  G  Ί  I  Q  S  P  W  F  Λ  S  Π  Θ  E
Φ  E  V  F  L  E  Γ  W  F  U  Y  D  H  X  T  Ύ  I
O  M  U  S  G  T  S  Ω  P  Ω  T  Ή  Σ  Ω  I  N  W
P  Ί  M  B  Q  R  V  O  N  I  K  K  Ό  K  K  H  B
E  E  W  S  G  H  T  I  F  O  W  H  C  F  Ή  B  Σ
Ί  K  M  Z  D  R  Σ  Y  N  H  Θ  I  Σ  M  Έ  N  H
Ω  P  Έ  T  I  A  P  E  Π  O  M  K  Q  Q  P  T  M
N  A  Σ  H  M  E  Ί  O  D  M  P  T  F  N  G  N  Ώ
Δ  I  A  T  H  P  O  Ύ  N  X  T  I  T  Y  P  L  N
M  Y  A  Λ  Ό  M  Σ  E  Ί  A  I  T  N  A  Γ  I  Γ
```

ΔΊΚΗ
ΠΕΡΑΙΤΈΡΩ
ΕΥΘΎΝΗ
ΜΥΑΛΌ
ΑΠΟΒΛΉΤΩΝ
ΡΩΤΉΣΩ
ΕΛΛΕΙΠΤΙΚΉ
ΚΕΊΜΕΝΟ
ΤΡΊΓΩΝΟ
ΠΟΛΛΑΠΛΑΣΙΑΣΜΌ
ΛΕΩΦΟΡΕΊΩΝ
ΓΝΏΜΗΣ
ΜΟΣΧΟΚΆΡΥΔΟ
ΡΊΞΕΙ
ΔΙΑΤΗΡΟΎΝ
ΗΛΙΚΊΑ
ΚΌΚΚΙΝΟ
ΓΙΓΑΝΤΙΑΊΕΣ
ΣΥΝΗΘΙΣΜΈΝΗ
ΣΗΜΕΊΟ

Puzzle 252

ΑΡΓΌΤΕΡΑ
ΠΡΑΓΜΑΤΙΚΉ
ΙΚΑΝΉ
ΠΕΙΝΑΣΜΈΝΟΙ
ΞΑΦΝΙΚΆ
ΆΓΧΟΣ
ΧΆΡΗ
ΨΆΧΝΕΙ
ΟΜΠΡΈΛΑΣ
ΜΠΟΥΚΆΛΙ
ΔΙΑΝΈΜΟΥΝ
ΞΎΣΤΡΑ
ΆΝΟΙΞΗ
ΊΝΤΣΕΣ
ΧΡΉΜΑΤΑ
ΣΤΌΧΟΣ
ΚΑΤΆΠΑΥΣΗ
ΈΡΧΕΤΑΙ
ΠΟΤΑΜΟΎ
ΕΥΤΥΧΙΣΜΈΝΗ

```
A  H  F  M  X  M  O  H  P  Ά  X  L  J  P  A  W  I
C  V  U  I  F  P  R  N  Ύ  Ξ  A  Φ  N  I  K  Ά  N
T  B  B  J  X  R  Ή  Έ  O  Z  H  Ψ  V  F  P  P  M
I  Λ  Ά  K  Y  O  Π  M  M  L  W  G  Ά  K  Z  W  A
O  R  I  O  N  Έ  M  Σ  A  N  I  E  Π  X  S  A  X
K  Ά  N  O  I  Ξ  H  I  T  T  U  M  V  Q  N  X  U
I  A  T  E  X  P  Έ  X  O  L  A  N  G  N  P  E  Y
X  I  T  V  N  G  P  Y  Π  Ξ  Ύ  Σ  T  P  A  D  I
Z  L  Ά  X  F  P  T  Δ  I  A  N  Έ  M  O  Y  N
K  I  J  P  Π  Y  B  Y  O  M  Π  P  Έ  Λ  A  Σ  Ά
I  A  L  D  E  A  D  E  R  X  I  L  E  C  G  X  Γ
Ί  N  T  Σ  E  Σ  Y  H  H  M  K  R  A  M  I  C  X
Σ  T  Ό  X  O  Σ  P  Σ  A  M  A  K  P  Q  B  N  O
A  P  Γ  Ό  T  E  P  A  H  L  N  B  V  H  M  G  Σ
Π  P  A  Γ  M  A  T  I  K  Ή  Ή  X  M  F  Q  K  P
```

Puzzle 253

```
Σ  Δ  W  W  G  O  K  Σ  I  V  X  V  M  K  Q  G  B
I  Y  E  M  O  B  Έ  K  H  D  F  G  C  U  X  A  O
E  Y  Λ  I  X  E  P  A  Ί  Φ  A  P  Γ  Ω  E  Γ  Ύ
Y  I  H  Λ  Λ  M  Δ  Θ  Q  P  U  Σ  Ό  Λ  E  P  T
N  V  W  K  A  Ά  O  Ά  Λ  Π  A  S  F  U  Z  W  Y
B  B  X  W  E  M  Σ  P  A  J  Π  V  V  F  I  E  P
V  J  R  Y  J  J  B  I  J  M  O  P  I  V  V  W  O
Σ  K  E  Λ  E  T  Ό  Ά  S  M  Y  N  K  T  M  B  H
Π  E  Δ  I  Ά  Δ  E  S  N  U  A  Z  Y  D  B  A  Ά
Y  Y  L  R  L  G  P  R  M  E  E  M  J  Δ  V  K  M
A  E  T  Ό  Σ  Σ  T  Ή  Λ  H  I  G  T  F  N  B  A
Σ  H  M  E  I  Ω  M  A  T  Ά  P  I  O  L  N  Ί  Y
H  Λ  I  O  Φ  Ά  N  E  I  A  Σ  Π  Ό  Δ  I  B  K
E  Π  I  T  P  Έ  Π  O  Y  N  I  D  A  J  U  K  O
X  I  J  L  I  Δ  I  O  K  T  Ή  T  H  N  E  Q  K
```

ΑΕΤΌΣ
ΚΊΝΔΥΝΟ
ΜΟΒ
ΙΔΙΟΚΤΉΤΗ
ΒΟΎΤΥΡΟ
ΓΕΩΓΡΑΦΊΑ
ΣΚΕΛΕΤΌ
ΑΠΛΆ
ΣΤΉΛΗ
ΗΛΙΟΦΆΝΕΙΑΣ
ΠΕΔΙΆΔΕΣ
ΠΟΥ
ΔΕΙΛΆ
ΕΠΙΤΡΈΠΟΥΝ
ΣΥΛΛΑΜΒΆΝΕΙ
ΠΌΔΙ
ΣΚΑΘΆΡΙ
ΚΈΡΔΟΣ
ΤΡΕΛΌΣ
ΣΗΜΕΙΩΜΑΤΆΡΙΟ

Puzzle 254

ΈΔΩΣΕ
ΠΡΟΪΌΝ
ΑΡΓΆ
ΚΡΑΥΓΉ
ΠΟΛΙΤΙΚΉ
ΔΙΑΧΕΊΡΙΣΗ
ΑΚΟΎΣΕΙ
ΜΙΣΉ
ΟΠΟΊΩΝ
ΚΟΥΝΆΩ
ΣΊΓΟΥΡΑ
ΤΣΆΙ
ΊΔΡΥΜΑ
ΠΙΘΑΝΌ
ΑΠΟΦΎΓΕΤΕ
ΣΟΚ
ΕΊΤΕ
ΉΡΘΕ
ΑΝΗΣΥΧΟΎΝ
ΦΟΙΤΗΤΉΣ

```
J  O  Q  H  Ί  I  A  V  D  B  A  Έ  O  O  N  Ή  N
O  U  G  J  Δ  Δ  N  E  Ί  T  E  S  Δ  J  D  P  M
D  X  H  L  P  I  H  O  Π  O  Ί  Ω  N  Ω  P  Θ  I
Π  A  M  A  Y  A  Σ  Ή  T  H  T  I  O  Φ  Σ  E  Σ
P  B  K  S  M  X  Y  Γ  A  K  O  Ύ  Σ  E  I  E  Ή
O  R  R  N  A  E  X  Y  A  Π  O  Ω  Ά  N  Y  O  K
Ϊ  F  H  B  P  Ί  O  A  T  Π  I  T  Σ  Ά  I  S  I
Ό  S  U  M  Y  P  Ύ  P  M  J  O  Θ  S  N  A  I  T
N  A  D  E  O  I  N  K  D  U  X  Φ  A  L  H  F  I
R  I  I  D  Γ  Σ  Z  Q  V  W  W  Z  Ύ  N  Z  P  Λ
Z  I  Z  R  Ί  H  K  J  L  V  B  X  M  Γ  Ό  M  O
S  B  G  O  Σ  O  W  Q  D  Y  C  J  L  J  E  P  Π
U  W  Q  M  Σ  O  K  V  O  B  T  A  U  E  L  T  J
N  A  L  D  U  V  W  L  Y  J  H  I  A  J  W  Q  E
X  Z  A  P  Γ  Ά  O  H  V  O  P  E  O  B  Y  L  Y
```

Puzzle 255

```
E F N E U U Π J L Z B G X I F Q O
Ξ Y J Π W B Z P V L Y M H E S X M
Y M R Ί N B N A O Ύ Δ Π Λ Ή P Ω Σ
Π P F Σ A Ύ P I O M Y V X O A U Y
H A T H T Ό N E Q B Ή X T Σ Π X L
P U E M J K S K T R G Θ B O Ί N M
E Q I O Q N M O O P K G E K Σ R O
T K Δ P Z S A I K Ύ T P O I Ω K N
O Ό Ή A D L U N R A W F H O E Z Ά
Ύ M Σ A A S I Ω C J U J J T E Σ Δ
N M E L E H A N N F I F U Ά F D A
Ά A Ω Y T J A I Γ Ά B Y O K Y O K
I K N H H Y A K T P O Π I K Ή F F
H J P R N M W Ή Z Ή T H M A G H X
X G P H Σ I Γ Γ Έ Σ O P Π O Y V W
```

ΕΙΔΉΣΕΩΝ
ΚΟΙΝΩΝΙΚΉ
ΠΊΣΩ
ΖΉΤΗΜΑ
ΠΛΉΡΩΣ
ΠΡΟΜΉΘΕΙΕΣ
ΠΡΟΣΈΓΓΙΣΗ
ΕΠΊΣΗΜΟ
ΤΑ
ΕΞΥΠΗΡΕΤΟΎΝ
ΆΚΡΗ
ΑΎΡΙΟ
ΤΡΟΠΙΚΉ
ΕΝΌΤΗΤΑ
ΜΟΝΆΔΑ
ΟΡΤΎΚΙΑ
ΚΟΥΚΟΥΒΆΓΙΑ
ΔΎΟ
ΚΌΜΜΑ
ΚΆΤΟΙΚΟΣ

Puzzle 256

ΑΠΌΛΥΤΗ
ΧΤΥΠΉΣΕΙ
ΚΛΕΙΔΊ
ΕΠΊΘΕΣΗ
ΜΈΣΗ
ΧΑΡΤΊ
ΠΑΙΔΊ
ΤΡΎΠΑ
ΌΜΟΡΦΗ
ΚΡΈΑΣ
ΟΔΟΝΤΌΚΡΕΜΑ
ΑΠΟΣΎΡΕΙ
ΒΛΈΜΜΑ
ΝΌΤΙΑ
ΤΡΟΧΙΆ
ΛΊΚΝΟ
ΕΠΙΔΙΩΚΟΥΝ
ΈΠΟΙΚΟΙ
ΝΤΟΥΛΆΠΑ
ΠΑΡΆΞΕΝΟ

```
T Q E R O J M N L I N G P L L F T
U V O V U Δ N Y O K Ώ I Δ I Π E Λ
X A P T Ί H O Ό M Z Z K P U X K Ί
A I K O K D Z N T T P O X I Ά P K
Π A U H L L S V T I O K I O Π Έ N
O B Y C E H B V S Ό A M M Έ Λ B O
Σ I E Σ Ή Π Y T X R K K O T A M E
Ύ F S Y W Ί Δ I A Π P N T O Y E
P V B B H Π Δ Θ F D T B E H K I O
E R Y B I Ά I I E T C R Ξ M R A T
I U J R V Λ E K I Σ V K Ά S A X P
U Q G H T Y Λ Ό Π A H Φ P O M Ό Y
X B Z V R O K Z Q Έ D J A S X M Π
M Έ Σ H H T Q Q O P A L Π G N V A
H R Q K T N L F W K S K U A S E H
```

Puzzle 257

M	A	D	X	A	P	V	P	X	X	H	K	W	B	O	M	P
Z	Ά	P	S	K	X	U	A	N	N	F	C	P	D	I	N	K
Y	R	Σ	D	I	T	O	Λ	M	H	P	Ή	I	P	P	A	G
O	B	D	K	Δ	A	Π	Ά	N	H	Σ	Ω	Λ	Ή	Δ	A	U
A	X	Z	P	A	T	E	Λ	E	Y	T	A	Ί	A	X	X	Γ
T	L	U	G	D	J	N	K	T	A	T	P	U	A	X	J	K
Φ	A	Ί	M	A	T	O	Σ	E	Π	Ό	M	E	N	O	Σ	P
K	Ί	T	H	Γ	Ά	N	I	K	E	G	J	Z	R	B	E	Ί
D	Λ	Λ	Γ	Λ	Ω	Σ	Σ	Ά	P	I	O	J	T	O	Λ	Z
W	N	Έ	O	Λ	I	Ώ	Σ	E	I	S	F	E	Q	Y	H	A
N	K	P	Ψ	Γ	A	Λ	O	Π	O	Ύ	Λ	A	T	N	Q
M	X	X	F	O	Σ	H	Ξ	Y	T	Π	Ά	N	A	I	I	Z
B	F	H	G	U	Y	E	Π	Ί	Σ	K	E	Ψ	H	Ά	A	M
I	A	X	Q	M	U	N	Y	O	N	X	Ί	E	Δ	J	K	N
M	E	P	I	K	Έ	Σ	Y	C	I	K	N	G	V	V	Ό	E

ΑΊΜΑΤΟΣ
ΒΟΥΤΙΆ
ΤΕΛΕΥΤΑΊΑ
ΓΑΛΟΠΟΎΛΑ
ΔΑΠΆΝΗ
ΤΗΓΆΝΙ
ΔΉΛΩΣΗ
ΦΊΛΟΥΣ
ΣΕΛΗΝΙΑΚΌ
ΜΆΣΚΑ
ΓΚΡΊΖΑ
ΜΕΡΙΚΈΣ
ΔΕΊΧΝΟΥΝ
ΕΠΊΣΚΕΨΗ
ΕΠΌΜΕΝΟ
ΚΛΈΨΟΥΝ
ΑΝΆΠΤΥΞΗΣ
ΤΟΛΜΗΡΉ
ΛΙΏΣΕΙ
ΓΛΩΣΣΆΡΙΟ

Puzzle 258

ΦΩΛΙΆ
ΚΑΤΑΛΆΒΕΙ
ΣΠΆΣΕΙ
ΕΣΤΊΑΣΗ
ΘΕΡΜΌΤΗΤΑΣ
ΦΡΟΎΤΑ
ΜΉΛΟ
ΜΑΚΙΓΙΆΖ
ΚΡΕΒΆΤΙ
ΚΑΜΠΑΝΟΎΛΕΣ
ΚΡΊΣΙΜΗ
ΕΥΤΥΧΈΣ
ΕΥΧΆΡΙΣΤΗ
ΕΚΤΟΣ
ΔΊΔΑΞΕ
ΈΞΑΛΛΟΣ
ΠΛΕΥΡΆ
ΓΕΎΜΑ
ΕΊΧΕ
ΜΙΜΗΘΟΎΝ

Q	P	V	D	Π	O	S	W	Φ	P	O	Ύ	T	A	D	Z	Σ
I	Z	C	E	M	Λ	J	G	H	S	W	J	F	U	Z	Ά	Π
Δ	Γ	E	Ύ	M	A	E	C	L	E	K	T	Ό	Σ	K	I	Ά
M	Ί	S	I	R	U	E	Y	P	I	X	F	Z	F	L	Γ	Σ
K	K	Δ	U	A	F	Y	R	P	W	F	Ί	F	E	E	I	E
P	P	X	A	O	D	X	R	Z	Ά	N	B	E	V	G	K	I
Ί	E	G	R	Ξ	Ά	Θ	E	P	M	Ό	T	H	T	A	Σ
Σ	B	J	T	C	E	P	A	Ύ	O	Θ	H	M	I	M	O
I	Ά	O	M	N	J	I	E	B	Ά	Λ	A	T	A	K	T	Λ
M	T	M	Ή	Λ	O	Σ	Z	N	E	U	M	R	Q	S	J	Λ
H	I	O	T	X	H	T	E	Σ	T	Ί	A	Σ	H	M	Y	A
P	Q	R	H	N	N	H	E	Y	T	Y	X	Έ	Σ	Z	S	Ξ
Φ	Ω	Λ	I	Ά	K	A	M	Π	A	N	O	Ύ	Λ	E	Σ	Έ
N	Y	L	H	D	R	H	T	R	U	K	Y	A	Z	X	Z	U
K	C	W	S	X	Q	B	G	E	K	X	V	G	W	G	Z	U

Puzzle 259

```
A  Υ  Τ  Ο  Κ  Ί  Ν  Η  Τ  Ο  Φ  L  U  R  I  R  F
I  Π  D  R  B  M  Z  C  H  C  M  P  F  U  Y  Q  C
Σ  Ρ  Ρ  I  N  Ί  Φ  Λ  Ε  Δ  Γ  Q  Ά  Y  Q  R  M
Τ  Α  Α  Ο  Π  Ι  Σ  Ί  N  A  Δ  Έ  L  O  X  L  H
Ο  Ρ  N  M  H  N  B  Y  O  T  K  I  Λ  Έ  Y  E  U
Ρ  Α  Ό  Y  Ό  Γ  L  A  Λ  Έ  M  A  P  A  K  Λ  M
I  K  M  Θ  Π  T  O  R  E  C  Y  K  D  S  Σ  O  A
Κ  Ά  O  Ό  M  I  M  Ύ  L  S  S  O  U  B  F  E  T
O  T  I  Ρ  Υ  Q  M  M  M  D  A  W  N  T  G  F  N
Ύ  Ω  Α  Π  O  U  Y  X  D  E  T  Σ  Ά  M  Y  Θ  Ά
M  Q  Z  L  A  C  U  O  D  M  N  G  C  I  A  S  P
Τ  F  W  M  K  L  W  I  I  Z  J  O  T  V  R  I  A
S  X  Y  Q  L  I  Y  E  Λ  Έ  Γ  X  E  T  A  I  Σ
Α  Π  Ο  Φ  E  Ύ  Γ  O  Y  N  Y  O  N  Ά  T  Φ  C
Τ  D  S  H  X  Ρ  Ω  M  Ά  T  Ω  N  Q  M  Z  G  A
```

ΕΛΈΓΧΕΤΑΙ
ΣΑΡΆΝΤΑ
ΚΑΡΑΜΈΛΑ
ΠΡΌΘΥΜΟΙ
ΚΑΟΥΜΠΌΗ
ΘΥΜΆΣΤΕ
ΠΙΣΊΝΑ
ΑΝΌΜΟΙΑ
ΕΥΈΛΙΚΤΟ
ΧΡΩΜΆΤΩΝ
ΔΕΛΦΊΝΙ
ΠΑΡΑΚΆΤΩ
ΠΡΟΗΓΟΎΜΕΝΟ
ΦΤΆΝΟΥΝ
ΙΣΤΟΡΙΚΟΎ
ΑΥΤΟΚΊΝΗΤΟ
ΑΠΟΦΕΎΓΟΥΝ
ΚΑΙ
ΓΈΛΑΣΕ
ΦΡΆΟΥΛΑ

Puzzle 260

ΣΥΜΠΌΝΙΑ
ΠΈΤΡΑ
ΣΚΈΦΤΟΝΤΑΙ
ΕΠΙΤΡΟΠΉ
ΠΌΔΙΑ
ΜΠΆΝΙΟ
ΔΑΧΤΥΛΊΔΙ
ΘΕΡΜΌΜΕΤΡΟ
ΑΠΑΓΟΡΕΎΟΥΝ
ΓΥΑΛΊ
ΑΡΝΊ
ΥΠΌΣΧΟΝΤΑΙ
ΔΩΔΕΚΑ
ΆΓΓΕΛΟΣ
ΠΆΡΑ
ΣΥΝΑΊΣΘΗΜΑ
ΠΑΡΆΛΟΓΗ
ΆΜΜΟ
ΥΠΟΒΆΛΕΙ
ΠΛΆΤΟΣ

```
I  Q  I  W  Ί  S  L  P  W  D  Y  Q  K  A  Π  Π  A
Z  M  A  O  Λ  I  C  J  N  F  U  Y  T  J  A  Ά  Π
Π  Έ  T  Ρ  A  M  H  Θ  Σ  Ί  A  N  Y  Σ  Ρ  Ρ  A
Ά  Δ  N  T  Y  Z  F  Z  Z  R  J  D  I  S  Ά  A  Γ
M  A  O  E  Γ  Σ  Υ  M  Π  Ό  N  I  A  Y  Λ  T  O
M  X  T  M  U  O  Π  Z  K  B  A  A  K  Π  O  A  Ρ
O  T  Φ  Ό  W  Λ  I  Ό  Q  S  K  T  E  O  Γ  Y  E
N  Y  Έ  M  L  E  C  N  Δ  L  I  N  D  B  H  D  Ύ
L  Λ  K  Ρ  X  Γ  V  C  Ά  I  S  O  Ώ  Ά  O  H  O
W  Ί  Σ  E  M  Γ  L  Q  F  Π  A  X  Δ  Λ  T  U  Y
I  Δ  R  Θ  H  Ά  F  M  Y  B  M  Σ  I  E  M  J  N
D  I  G  Π  Λ  Ά  T  O  Σ  I  K  Ό  L  I  A  T  W
N  E  Π  I  T  Ρ  Ο  Π  Ή  J  F  Π  S  K  P  W  Q
C  L  C  F  N  P  F  L  Y  Q  P  Y  W  E  N  X  Y
K  C  C  L  M  Z  M  F  W  K  T  O  C  W  Ί  O  C
```

Puzzle 261

```
M  E  Γ  Έ  Θ  O  Y  Σ  E  Y  Y  B  H  Λ  R  Ή  M
Σ  Y  X  N  Ά  N  I  Y  N  L  Q  R  R  A  J  K  A
Σ  Y  M  M  E  T  Ά  Σ  X  O  Y  N  D  Γ  U  I  P
F  W  D  N  Σ  A  Ί  Σ  O  Δ  O  Φ  O  P  T  O
P  K  T  D  V  A  Y  N  H  Ί  E  Y  B  Y  D  I  Ύ
N  Ή  H  F  G  D  J  Q  Σ  E  N  J  H  Δ  T  P  Λ
E  Π  A  N  Ά  Λ  H  Ψ  H  Γ  T  C  O  Ά  M  K  I
Π  O  E  O  Y  A  Y  S  B  Y  O  K  P  K  N  Q  E
A  K  Σ  P  P  N  L  J  M  Ψ  Π  B  Ύ  I  N  H  D
Π  A  Φ  V  Ώ  O  M  J  Y  L  Ί  O  Ά  K  J  N  D
Ά  I  Ά  K  D  T  W  Q  Λ  V  Σ  F  U  P  Λ  G  Z
K  Δ  Λ  M  W  Ί  H  G  O  O  E  X  C  G  K  O  X
I  L  M  L  Z  E  Σ  K  V  I  W  S  V  G  A  Y
V  W  A  Y  H  Γ  N  E  H  N  X  Ά  P  A  Z  L  N
U  V  Y  R  K  J  J  Ό  Π  Ω  Σ  L  W  R  B  P  Y
```

TΡΟΦΟΔΟΣΊΑΣ
ΣΥΜΜΕΤΆΣΧΟΥΝ
ΔΙΑΚΟΠΉ
ΕΡΏΤΗΣΗ
ΣΦΆΛΜΑ
ΜΕΓΈΘΟΥΣ
ΨΥΓΕΊΟ
ΒΆΡΚΑ
ΓΕΊΤΟΝΑ
ΚΟΛΎΜΒΗΣΗΣ
ΕΠΑΝΆΛΗΨΗ
ΚΡΙΤΙΚΉ
ΠΑΠΆΚΙ
ΚΎΚΛΟΥ
ΣΥΧΝΆ
ΜΑΡΟΎΛΙ
ΕΝΤΟΠΊΣΕΙ
ΛΑΓΟΥΔΆΚΙ
ΌΠΩΣ
ΑΡΆΧΝΗ

Puzzle 262

ΘΡΑΎΣΜΑ
ΣΥΝΕΧΊΣΕΙ
ΔΕΔΟΜΈΝΑ
ΔΙΆΣΗΜΗ
ΣΎΝΟΛΟ
ΟΙΚΟΓΈΝΕΙΑ
ΠΡΊΓΚΙΠΑΣ
ΒΟΎΡΤΣΑ
ΛΕΠΤΟΜΈΡΕΙΑ
ΔΟΘΕΊ
ΜΌΝΟ
ΦΑΣΟΛΙΏΝ
ΣΥΧΝΉ
ΡΙΠΉ
ΠΡΌΘΥΜΑ
ΚΈΝΤΡΟ
ΑΥΤΟΠΕΠΟΊΘΗΣΗ
ΚΑΛΆ
ΤΑΧΥΔΡΌΜΟΣ
ΡΥΘΜΌ

```
K  Λ  E  Π  T  O  M  Έ  P  E  I  A  I  C  G  F  T
V  Έ  A  Y  T  O  Π  E  Π  O  Ί  Θ  H  Σ  H  Ή  A
D  Ή  N  X  Y  Σ  G  Z  J  U  E  X  Y  S  T  Π  X
Q  Δ  H  T  S  E  V  S  F  K  A  Λ  Ά  D  P  I  Y
R  E  C  T  P  N  Σ  Ύ  N  O  Λ  Ό  M  Θ  Y  P  Δ
U  Δ  T  H  P  O  U  T  U  G  T  J  A  O  B  Δ  P
Σ  O  T  Y  P  A  R  W  L  A  Z  M  D  I  O  I  Ό
Y  M  Φ  I  B  P  Q  Y  N  C  Z  Ό  Q  K  Ύ  Ά  M
N  Έ  A  M  Σ  Ύ  A  P  Θ  O  S  N  K  O  P  Σ  O
E  N  Σ  A  Π  I  K  Γ  Ί  P  Π  O  T  G  T  H  Σ
X  A  O  E  P  N  P  C  E  E  Y  N  X  Έ  Σ  M  Y
Ί  R  Λ  L  X  C  E  M  T  F  Θ  C  T  N  A  H  K
Σ  L  I  S  R  Y  V  F  R  G  C  O  V  E  I  I  F
E  L  Ώ  L  D  H  I  W  A  P  K  C  Δ  I  Y  F  B
I  K  N  Π  P  Ό  Θ  Y  M  A  Y  M  X  A  I  Q  Q
```

Puzzle 263

```
B T G O N P S X Δ E S L Q B O X A
Σ A M J M J S P I M E Ί N E T E I
Σ Υ Ρ Έ T Σ I Υ A Σ Υ M Φ Ω N Ί A
X K M Ύ W O P Σ Φ Δ P N J O A U K
P E I Π T T Δ Ό Υ E Υ Υ I Ρ Π Σ N
Ό I V Ά E H V Ρ Γ Υ T X H E Ό Φ Ρ
N Ρ M B X Ρ T Ρ Ή T Ί T Σ T Ψ O O
O H P H Q T I A Σ Έ Δ E E Π E Υ Γ
D N E V M Z Ρ Φ Σ Ρ Ω Ρ Ρ Ό K Γ Δ
E I Q Ρ E T Ύ O O A N Ί Ί K N Γ Ό
Ρ K U T D B E Q F Ρ T Δ A I E Ά N
Υ Ή B J Υ V G Z H O Ά A I Λ Ρ T
K O K K I N O Λ A Ί M H Δ E Σ I A
S W C B F S T D J J G D N U Υ B C
L O I K M W C Ρ C U X Q T L W C E
```

ΝΥΧΤΕΡΊΔΑ
ΣΥΜΠΕΡΙΦΟΡΆ
ΧΡΌΝΟ
ΕΙΡΗΝΙΚΉ
ΔΙΑΊΡΕΣΗ
ΣΥΜΦΩΝΊΑ
ΔΕΥΤΈΡΑ
ΒΑΡΎΤΗΤΑΣ
ΧΡΥΣΌ
ΡΥΤΊΔΩΝ
ΣΦΟΥΓΓΆΡΙ
ΔΙΑΦΥΓΉΣ
ΜΕΊΝΕΤΕ
ΑΠΌΨΕ
ΟΎΤΕ
ΣΚΙΆΧΤΡΟ
ΟΓΔΌΝΤΑ
ΚΟΚΚΙΝΟΛΑΊΜΗΔΕΣ
ΈΤΣΙ
ΕΛΙΚΌΠΤΕΡΟ

Puzzle 264

ΔΙΑΤΑΡΑΧΉ
ΕΛΠΊΔΑ
ΕΎΚΟΛΟ
ΣΆΒΒΑΤΟ
ΚΑΘΡΈΦΤΗ
ΠΑΡΑΔΟΣΙΑΚΌ
ΈΠΙΠΛΑ
ΔΙΑΦΟΡΆ
ΠΕΡΙΒΆΛΛΟΝ
ΦΥΤΙΚΆ
ΜΕΓΑΛΎΤΕΡΗ
ΉΧΟΥ
ΓΙΑΤΡΌ
ΚΥΡΙΑΚΉ
ΧΑΡΑΚΤΗΡΙΣΤΙΚΌ
ΤΑΞΊΔΙΑ
ΣΟΥΗΔΌΣ
ΠΑΡΑΣΚΕΥΉ
ΕΚΕΊ
ΤΈΣΣΕΡΙΣ

```
Π M E Γ A Λ Ύ T E Ρ H T J A Ρ O X
Δ A Λ Π I Π Έ C G I B Υ Ρ N H Σ A
I I Ρ Ρ X K V G G E T L F J V Ά Ρ
A Δ C A Γ I A T Ρ Ό X K V T B B A
T Ί E G Σ Π E Ρ I B Ά Λ Λ O N B K
A Ξ S Λ Ό K A I Σ O Δ A Ρ A Π A T
Ρ A Ή T Π D E T Έ Σ Σ E Ρ I Σ T H
A T X K Ά Ί F Υ E Ύ K O Λ O U O Ρ
X Φ O Σ Ρ N Δ A Ή K A I Ρ Υ K B I
Ή Υ Υ K O X X A K A Θ Ρ Έ Φ T H Σ
G T O Q Φ Υ Z D X Z D Q E T L H T
E I Q T A M H E W N I W K L V N I
L K M E I B T Δ G C J N E H C H K
M Ά Υ G Δ X U Υ Ό Ρ Υ I Ί W F Ρ Ό
A B V F W Ρ A V T Σ C N Q T Υ K K
```

Puzzle 265

Η	Σ	Ε	Ν	Έ	Μ	Ω	Ν	Ο	Μ	Ο	Π	Α	Ε	Π	S	S
V	Η	T	N	S	A	Z	E	Π	Ά	P	T	B	X	Λ	Π	H
V	Y	K	I	N	N	Y	O	Λ	Έ	Θ	C	H	U	Y	A	X
E	W	P	E	Γ	J	Λ	X	E	P	S	Z	H	N	P	D	
Y	P	F	Z	F	M	B	Ύ	M	E	P	I	K	Ά	T	Ά	F
S	Z	G	Ί	H	Ό	Ή	M	A	M	Ω	P	O	Ύ	H	Γ	E
D	J	E	Γ	H	K	I	Q	Z	N	L	F	B	L	P	O	N
F	Ά	K	Y	Λ	Γ	L	R	V	V	Ά	O	G	O	Ί	N	O
K	Y	Z	Z	A	K	T	Ή	R	Q	S	K	I	I	O	T	K
Γ	P	Ή	Γ	O	P	H	I	N	P	A	T	A	G	Y	A	F
Σ	Y	N	Ά	N	T	H	Σ	H	Q	V	Y	T	M	O	C	C
A	P	O	Y	P	A	Ί	O	Σ	N	B	Z	U	J	Ψ	J	W
L	A	S	P	S	K	E	A	Y	Ξ	Ή	Θ	K	E	H	P	
S	X	Q	C	U	T	Ώ	Θ	H	Σ	H	X	Y	F	S	L	Q
N	I	K	Ή	Σ	E	I	F	S	H	V	A	I	W	L	P	Q

ΣΥΝΆΝΤΗΣΗ
ΑΡΟΥΡΑΊΟΣ
ΑΥΞΉΘΗΚΕ
ΝΙΚΉΣΕΙ
ΑΠΟΜΟΝΩΜΈΝΕΣ
ΠΛΥΝΤΗΡΊΟΥ
ΜΩΡΟΎ
ΓΡΉΓΟΡΗ
ΤΡΆΠΕΖΑ
ΓΚΌΜΕΝΑ
ΘΈΛΟΥΝ
ΓΛΥΚΆ
ΣΤΙΓΜΉ
ΏΘΗΣΗ
ΠΑΡΆΓΟΝΤΑ
ΖΥΓΊΖΕΙ
ΑΚΤΉ
ΜΎΛΟ
ΑΝΆΚΑΜΨΗ
ΜΕΡΙΚΆ

Puzzle 266

ΈΡΕΥΝΑ
ΧΉΝΑ
ΣΠΑΝΆΚΙ
ΣΟΎΠΑ
ΔΑΓΚΏΣΕΙ
ΛΌΓΟ
ΠΊΕΣΗ
ΦΟΒΟΎΝΤΑΙ
ΆΣΚΗΣΗ
ΤΏΡΑ
ΠΡΩΙΝΌ
ΚΑΝΑΡΊΝΙ
ΔΈΡΜΑ
ΤΟΊΧΟ
ΔΙΑΔΙΚΑΣΊΑ
ΚΎΚΝΟ
ΓΝΏΣΗ
ΠΡΟΣΕΚΤΙΚΟΊ
ΕΞΑΦΑΝΙΣΤΕΊ
ΠΛΕΥΡΈΣ

R	D	T	K	H	E	Q	Y	G	O	P	N	T	I	Έ	Κ	Π
X	Ή	N	A	Ύ	W	F	F	F	Ά	K	W	Ώ	H	P	A	P
R	C	H	S	F	K	Ό	H	C	N	Σ	R	P	B	E	N	O
Δ	W	K	L	D	V	N	P	W	M	O	K	A	U	Y	A	Σ
Φ	I	S	T	V	E	I	O	X	Ί	O	T	H	W	N	P	E
O	W	A	D	I	T	Ω	N	F	Z	M	I	Σ	S	A	Ί	K
B	C	J	Δ	J	K	P	O	Z	B	C	H	E	E	H	N	T
O	R	E	B	I	E	Π	B	P	J	T	W	Ί	B	Σ	I	I
Ύ	P	Y	G	C	K	W	J	E	U	U	Σ	Π	E	Ώ	W	K
N	X	Y	D	B	L	A	G	L	Y	O	Π	T	P	N	L	O
T	R	N	R	V	I	E	Σ	Ώ	K	G	A	D	Δ	Γ	Ί	
A	Σ	O	Ύ	Π	A	H	D	Ί	D	M	N	D	Έ	K	T	E
I	Λ	Ό	Γ	O	D	H	O	E	A	V	Ά	H	P	I	D	H
E	Ξ	A	Φ	A	N	I	Σ	T	E	Ί	K	U	M	F	X	D
Π	Λ	E	Y	P	Έ	Σ	P	J	Y	U	I	I	A	I	Z	M

Puzzle 267

```
K P H W R Y G J B B C H I R Y S Σ
T W D R O U O V Ώ C Y T Y G R H T
T N Q X C T J X C Δ E Ί K T H Σ Ή
R Ρ Ά P P Ω Σ T O R E W M N J H P
D V Έ D M H B W N E F K P A M Γ I
T S F X Π Λ A N Ή T E Σ H C J Ό Ξ
O M K F E A Π Λ O Π O Ί H Σ H Λ H
Y O V Q F I K Ά T N A X M U C O Σ
A Π O P P Ί Π T O Y N H F R H I V
I H Π P Q E V Π M Έ Λ I Σ Σ A Ξ A
E L O R Ύ Ή P E Θ A T Σ S D I A L
Γ J K Y M Γ T E X N O Λ O Γ Ί A Σ
O J Σ D U R L X O T G F H S K I I
U U Ά Λ Λ A N Ί T P Y O K M W Y R
Y Σ Y N E P Γ Ά T H O N B S M U F
```

ΕΠΤΆ
ΑΞΙΟΛΌΓΗΣΗ
ΣΤΑΘΕΡΉ
ΑΠΟΡΡΊΠΤΟΥΝ
ΣΤΉΡΙΞΗΣ
ΆΡΡΩΣΤΟ
ΤΕΧΝΟΛΟΓΊΑΣ
ΧΑΝΤΆΚΙ
ΕΔΏ
ΜΈΛΙΣΣΑ
ΓΕΙΑ
ΑΛΛΆ
ΠΛΑΝΉΤΕΣ
ΔΕΊΚΤΗΣ
ΆΣΚΟΠΟ
ΤΡΈΧΕΙ
ΑΠΛΟΠΟΊΗΣΗ
ΣΥΝΕΡΓΆΤΗ
ΓΎΡΟ
ΚΟΥΡΤΊΝΑ

Puzzle 268

ΓΡΑΜΜΉ
ΕΙΡΉΝΗ
ΣΥΜΒΟΎΛΙΟ
ΣΕΙΡΆ
ΚΑΤΣΙΚΊΣΙΟ
ΔΑΝΕΊΖΟΥΝ
ΕΞΥΠΝΌΤΕΡΑ
ΣΥΓΓΝΏΜΗ
ΛΕΠΤΆ
ΓΕΛΟΊΑ
ΜΟΛΎΒΔΟΥ
ΔΥΤΙΚΈΣ
ΚΑΚΆΟ
ΚΑΓΚΟΥΡΌ
ΣΥΓΧΈΟΥΝ
ΥΠΕΎΘΥΝΟΣ
ΣΤΑΦΎΛΙΑ
ΑΠΟΚΑΛΎΠΤΟΥΝ
ΣΤΥΛ
ΚΆΤΙ

```
A I Λ Ύ Φ A T Σ E Σ I Y O S I Z V
Π Δ Y T I K Έ Σ P H Y Σ U S L M O
O M Y E R O C V T Ά T Γ T W C Z S
K O O I Σ Ί K I Σ T A K X Y D H P
A Λ E Z Y K D P I Π I Γ V E Έ Λ T Q
Λ Ύ Ξ U Γ A A Z W E D E V M O Q J
Ύ B Y L Γ R Σ Γ W Λ E Λ I T Ά Y L
Π Δ Π L N O B L K S P O V N K Z N
T O N H Ώ Q D D D O S Ί F O A X N
O Y Ό Ή M M A P Γ D Y A Y P K X J
Y L T Q H N Ή P I E Ά P I E Σ K G
N M E Σ Y M B O Ύ Λ I O Ό O T Ά U
Y C P W P W X H Δ A N E Ί Z O Y N T R
E C A Y Π E Ύ Θ Y N O Σ K D I I E
N V N G I Z N I H U Q M V Q R A C
```

Puzzle 269

```
E  Θ  T  L  T  I  T  Π  Ό  B  A  T  A  Π  Σ  U
Y  A  U  O  Q  T  P  G  G  W  H  Λ  A  P  A  Y  N
Γ  Y  U  Q  Q  K  Y  K  G  B  P  Λ  G  Ώ  P  Λ  W
E  M  H  L  W  W  Φ  Z  Γ  C  P  Ύ  I  Δ  Ά  Λ  E
N  Ά  M  X  G  Z  E  K  B  Y  G  Φ  X  E  Γ  O  U
I  Σ  A  H  Σ  Ω  P  Έ  M  H  N  E  M  K  P  Γ  P
K  I  M  D  U  E  Ά  P  E  S  L  Y  S  K  A  Ή  S
Ό  A  M  P  M  Ξ  I  K  X  R  Q  Q  R  E  Φ  Y  E
Δ  Ω  M  Ά  T  I  O  Σ  O  R  V  C  G  N  O  V  Ί
G  O  L  Z  D  E  V  G  Ύ  Y  J  R  Z  Ώ  T  C  K
K  Y  X  W  G  Δ  U  F  U  Z  Δ  J  X  Σ  T  B  O
O  H  D  J  O  Έ  Y  R  B  N  Y  O  T  T  X  Γ  Σ
M  Ί  Σ  O  Y  Σ  D  A  Y  O  X  Γ  Ύ  E  G  Ά  I
Ά  Λ  Λ  E  Σ  F  X  O  Ί  P  Ω  N  Ό  N  V  Λ  J
D  O  G  S  U  C  K  A  X  M  L  I  V  J  I  A  L
```

ΜΊΣΟΥΣ
ΕΥΓΕΝΙΚΌ
ΦΎΛΛΑ
ΔΩΜΆΤΙΟ
ΔΏΡΑ
ΤΡΥΦΕΡΆ
ΚΟΥΔΟΎΝΙ
ΕΊΚΟΣΙ
ΓΚΡΙ
ΧΟΊΡΩΝ
ΠΑΡΆΓΡΑΦΟ
ΣΎΖΥΓΟ
ΆΛΛΕΣ
ΕΚΚΕΝΏΣΤΕ
ΕΝΗΜΈΡΩΣΗ
ΘΑΥΜΆΣΙΑ
ΣΥΛΛΟΓΉ
ΠΡΌΒΑΤΑ
ΈΔΕΙΞΕ
ΓΆΛΑ

Puzzle 270

ΑΠΟΓΟΗΤΕΥΜΈΝΟΣ
ΕΠΙΜΈΡΟΥΣ
ΠΟΔΟΣΦΑΊΡΟΥ
ΤΆΞΗ
ΣΤΟΜΆΧΙ
ΈΡΙΞΕ
ΕΡΜΊΝΑ
ΧΆΠΙ
ΠΟΛΛΆ
ΆΛΛΟ
ΚΈΙΚ
ΠΟΔΉΛΑΤΟ
ΕΞΩΤΕΡΙΚΌΣ
ΆΡΘΡΟ
ΠΡΟΆΣΠΙΣΗΣ
ΚΟΤΟΠΟΥΛΟ
ΣΤΑΥΡΌ
ΜΕ
ΠΛΆΚΑ
ΣΚΛΗΡΌ

```
Σ  K  Λ  H  P  Ό  L  K  K  W  Y  Π  O  P  Θ  P  Ά
P  B  Ά  Λ  Λ  O  T  A  Q  H  P  Σ  Λ  W  A  B  U
L  W  A  F  E  E  M  S  T  Q  K  H  Y  Ά  O  V  T
I  K  H  Q  B  M  Π  P  L  S  J  Σ  O  V  K  G  S
T  Ά  Ξ  H  V  E  I  I  Π  Ά  X  I  Π  U  W  A  Π
I  I  V  Z  N  E  Ξ  R  F  M  E  P  Π  Ό  W  Z  N  O
S  R  F  O  A  I  F  A  S  Έ  G  Σ  T  A  Z  Ί  Δ
E  Ξ  Ω  T  E  P  I  K  Ό  Σ  P  Ά  O  U  K  M  Ή
P  B  B  B  T  Έ  N  K  Έ  I  K  O  K  I  D  P  Λ
Π  O  Λ  Λ  Ά  Σ  T  A  Y  P  Ό  P  Y  Y  W  E  A
H  Y  O  P  Ί  A  Φ  Σ  O  Δ  O  Π  C  Σ  T  W  T
A  Π  O  Γ  O  H  T  E  Y  M  Έ  N  O  Σ  F  Q  O
E  D  Σ  T  O  M  Ά  X  I  Z  F  Q  T  A  D  H  G
M  V  Q  N  W  J  N  K  J  M  Q  E  K  E  N  V  U
V  X  L  H  J  U  B  B  X  Z  P  U  W  A  Y  T  N
```

Puzzle 271

```
Π  Ε  Ι  Β  Ν  Ε  Π  Ι  Τ  Υ  Χ  Ί  Α  Μ  Α  Ρ  Ό
C  Ε  Α  Ϊ  Ρ  Ι  Α  Τ  Ε  V  R  Χ  R  Μ  Ρ  Κ  Ι
Z  Κ  Τ  G  Z  W  Χ  V  L  D  D  N  C  Ε  Ό  O  L
Y  N  N  Ρ  Κ  Κ  Α  L  N  D  D  Χ  Μ  Τ  Φ  Ρ  V
V  Η  O  Μ  Ε  Τ  W  N  Ώ  Β  Ι  O  Μ  Α  Η  Ϊ  S
O  Ι  Z  Τ  Ε  Λ  Ι  Μ  V  O  Ϊ  L  O  Β  Τ  Τ  Η
C  Ε  Ά  C  Ή  Θ  Α  Τ  Σ  Α  O  Ή  Ά  Λ  Α  Σ  Ρ
Τ  D  Γ  Z  S  Κ  Ι  Ϊ  Ξ  Ό  Ρ  Κ  Ι  Η  N  Ι  R
L  Ε  Ρ  F  V  N  Ρ  U  O  D  Ε  Ι  Κ  Τ  Α  Α  Ρ
J  S  Ε  G  L  Z  Τ  Τ  R  Υ  Χ  N  Σ  Ή  Θ  Τ  F
Π  Υ  Ρ  Μ  Α  Υ  Έ  V  Ϊ  Β  Υ  Χ  Τ  J  G  C  Ρ
Ε  Ό  Μ  Α  Μ  Β  Μ  C  S  Ε  Τ  Ε  N  J  U  R  O
R  N  N  V  F  Σ  Η  Σ  Η  Ρ  Ή  Τ  Α  Ρ  Α  Π  Z
O  W  S  O  Έ  N  Τ  O  N  O  Σ  D  V  Β  J  U  Τ
U  Ε  L  F  J  U  U  Κ  Χ  Y  L  W  R  U  Κ  W  Ρ
```

ΣΚΙΆ
ΠΌΝΟ
ΞΌΡΚΙ
ΡΟΖ
ΕΠΙΤΥΧΊΑ
ΚΟΡΊΤΣΙ
ΕΤΑΙΡΊΑ
ΌΡΑΜΑ
ΜΕΤΑΒΛΗΤΉ
ΑΣΤΑΘΉ
ΈΝΤΟΝΟΣ
ΕΡΓΆΖΟΝΤΑΙ
ΝΗΣΊ
ΜΈΤΡΙΑ
ΠΕΤΡΕΛΑΊΟΥ
ΘΑΝΑΤΗΦΌΡΑ
ΤΥΧΕΡΟΊ
ΑΜΟΙΒΏΝ
ΤΕΧΝΙΚΉ
ΠΑΡΑΤΉΡΗΣΗΣ

Puzzle 272

ΣΑΜΠΟΥΆΝ
ΧΡΏΜΑ
ΚΟΙΝΌ
ΠΩΛΟΎΝ
ΈΞΩ
ΦΈΡΕΙ
ΚΑΛΎΤΕΡΟ
ΜΥΡΩΔΙΆ
ΛΑΟΓΡΑΦΙΚΌ
ΧΌΚΕΪ
ΕΚΔΏΣΕΙ
ΔΙΆΦΟΡΑ
ΑΡΣΕΝΙΚΌ
ΠΈΝΤΕ
ΧΑΡΙΤΩΜΈΝΟ
ΔΊΚΤΥΟ
ΣΠΊΤΙ
ΣΥΜΠΎΚΝΩΜΑ
ΚΑΜΗΛΟΠΆΡΔΑΛΗ
ΑΝΑΓΝΩΡΊΣΤΕ

```
Χ  Α  Α  Μ  Ε  G  Q  Ρ  V  N  W  Κ  Α  Μ  Ρ  Α  Χ
Α  Ρ  N  Υ  Π  Κ  Λ  Α  Ο  Γ  Ρ  Α  Φ  Ι  Κ  Ό  Ό
Ρ  Σ  Α  Ρ  Κ  Ω  Δ  S  Έ  Ξ  Ω  Β  Κ  Τ  R  N  Κ
Ι  Ε  Γ  Ω  V  Α  Λ  Ώ  Χ  Χ  R  Ρ  G  Ϊ  Ι  Ι  Ε
Τ  N  N  Δ  Χ  L  Μ  Ο  Σ  Τ  J  Μ  Ι  Π  Υ  O  Ϊ
Ω  Ι  Ω  Ι  R  Μ  Χ  Ή  Υ  Ε  Κ  Τ  Β  S  S  Κ  Y
Μ  Κ  Ρ  Ά  S  J  Ρ  Π  Λ  N  Ι  F  L  G  G  Ι  C
Έ  Ό  Ϊ  Χ  F  N  Ώ  Έ  L  O  Υ  J  Ι  O  Y  Η  Ε
N  Υ  Σ  Τ  D  Β  Μ  N  Ε  Κ  Π  C  Φ  Έ  R  Ε  Ι
O  Υ  Τ  Κ  Ϊ  Δ  Α  Τ  Β  V  C  Ά  Q  Z  Z  R  Τ
D  N  Ε  R  F  Ι  Z  Ε  Z  U  O  O  Ρ  W  Β  Κ  O
Σ  Υ  Μ  Π  Ύ  Κ  N  Ω  Μ  Α  Ι  Υ  L  Δ  L  W  U
Ε  O  Ι  Β  Β  Ε  Ε  N  N  Ά  Υ  O  Π  Μ  Α  Σ  Z
Κ  Α  Λ  Ύ  Τ  Ε  Ρ  Ο  Δ  Ι  Ά  Φ  Ο  Ρ  Α  Λ  Η
G  N  Τ  Ε  G  V  Χ  S  Y  F  Y  Υ  Ρ  N  Ι  Ι  Η
```

Puzzle 273

M	Ά	Γ	Ε	Ι	Ρ	Α	Σ	Α	Ί	Σ	Α	Ρ	Γ	Υ	Z	J
S	F	D	A	Q	L	D	I	Π	Ρ	Κ	Υ	Ν	Ή	Γ	I	J
T	F	N	N	G	C	K	P	O	M	Έ	W	W	I	G	H	Z
P	W	Ώ	Ί	E	F	P	Σ	Φ	Λ	E	I	L	Q	A	X	M
U	C	I	Z	K	Y	Q	S	A	M	H	T	Γ	U	B	Έ	L
O	O	Π	Y	T	Ό	P	Π	Σ	U	M	Σ	A	A	L	P	G
Q	T	Y	O	Έ	A	L	D	Ί	D	O	E	T	Φ	Σ	I	K
U	Ύ	O	K	Λ	A	X	Y	Σ	F	Δ	A	N	Έ	O	T	T
W	A	N	N	E	X	Z	M	E	H	B	X	Ά	Y	Ψ	P	D
H	M	Y	Σ	Σ	C	B	V	I	X	Έ	Σ	Π	N	N	E	Ά
J	F	O	L	H	E	Π	I	K	Ί	N	Δ	Y	N	O	O	I
G	H	K	N	W	B	A	D	T	A	Δ	E	I	Ά	Z	E	I
Q	Y	Q	U	O	N	O	H	D	I	R	P	S	Z	L	A	C
P	X	F	S	M	K	Π	A	T	Ά	T	A	Σ	Q	O	Y	Q
Σ	Y	N	Ή	Θ	Ω	Σ	R	Z	Π	P	Ό	B	Λ	H	M	A

ΜΆΓΕΙΡΑΣ
ΠΡΌΤΥΠΟ
ΧΈΡΙ
ΠΆΝΤΑ
ΠΡΌΒΛΗΜΑ
ΥΓΡΑΣΊΑ
ΑΔΕΙΆΖΕΙ
ΕΚΤΈΛΕΣΗ
ΧΑΛΚΟΎ
ΕΠΙΚΊΝΔΥΝΟ
ΠΑΤΆΤΑΣ
ΜΕΤΑΦΟΡΆ
ΛΗΣΤΈΨΕΙ
ΑΠΟΦΑΣΊΣΕΙ
ΤΣΑΓΙΈΡΑ
ΈΒΔΟΜΗ
ΚΥΝΉΓΙ
ΚΟΥΝΟΥΠΙΏΝ
ΣΥΝΉΘΩΣ
ΚΟΥΖΊΝΑ

Puzzle 274

ΔΥΣΤΥΧΊΑ
ΦΩΣ
ΚΑΛΠΑΣΜΌ
ΛΑΜΒΆΝΟΝΤΑΣ
ΦΡΑΓΚΟΣΤΆΦΥΛΟ
ΓΙΑΓΙΆ
ΗΛΙΈΛΑΙΟ
ΕΡΓΟΣΤΆΣΙΟ
ΖΏΑ
ΠΑΤΡΊΔΑ
ΚΑΘΑΡΌ
ΒΑΣΙΛΙΆ
ΧΆΡΤΗ
ΔΙΕΘΝΉ
ΆΛΛΟΣ
ΨΕΥΔΉ
ΠΡΟΣ
ΟΡΘΟΓΡΑΦΊΑ
ΠΙΣΤΕΎΟΥΝ
ΜΠΡΌΚΟΛΟ

Π	W	Y	V	O	Ή	M	U	U	E	E	P	N	Π	Φ	Ψ	Λ
A	A	H	P	K	N	V	A	T	A	U	R	K	I	P	E	A
H	B	T	T	Z	Θ	O	Ί	Ό	Z	Ώ	A	U	Σ	A	Y	M
Y	M	P	P	L	E	M	Φ	M	H	M	X	H	T	Γ	Δ	B
P	I	Ά	K	Ί	I	B	A	Σ	I	Λ	I	Ά	E	K	Ή	Ά
Q	V	X	K	A	Δ	F	P	A	O	G	H	R	Ύ	O	Δ	N
E	W	L	N	O	R	A	Γ	Π	I	P	P	L	O	Σ	Y	O
M	Π	P	Ό	K	O	Λ	O	Λ	Σ	U	Π	E	Y	T	Σ	N
Φ	Ω	Σ	P	U	I	E	Θ	A	Ά	V	Z	S	N	Ά	T	T
V	I	O	A	S	A	R	P	K	T	Γ	I	A	C	Φ	Y	A
H	V	Λ	Θ	N	Λ	I	O	J	S	Z	I	G	K	Y	X	Σ
B	U	L	A	L	Έ	H	J	X	O	N	Y	A	X	Λ	Ί	V
R	A	Ά	K	D	I	C	U	D	Γ	P	Q	D	Γ	O	A	P
R	M	P	Z	Q	Λ	C	O	P	P	Z	F	I	Q	I	E	K
D	A	T	N	P	H	U	H	J	E	V	W	Q	A	Ζ	Ά	F

Puzzle 275

```
Κ  Π  Σ  V  H  K  K  B  I  O  Λ  E  T  Ί  O  M  C
Λ  A  Y  V  J  A  R  Ά  K  I  Λ  Ά  T  Φ  E  S  M
E  T  Γ  Z  W  T  P  Δ  N  I  G  T  L  P  J  J  B
I  Ά  K  H  U  A  N  I  K  E  A  Q  G  A  G  M  O
Δ  T  P  M  P  Σ  J  A  A  Π  I  K  Ά  K  A  Σ  Y
A  A  Ό  T  O  K  G  Π  T  E  A  T  G  W  S  A  B
P  U  T  G  Ύ  E  W  I  A  P  T  P  Y  L  J  Δ  Ά
I  Q  H  B  X  Y  X  Σ  Δ  Ί  N  A  B  X  X  I  Λ
Ά  A  M  O  A  Ή  R  T  Ύ  M  O  F  O  M  B  P  I
L  M  A  P  D  Σ  E  Ώ  Σ  E  T  G  U  Z  F  Ί  A
E  Y  K  O  Λ  Ί  A  Σ  E  T  Π  Ό  M  O  P  Φ  O
Φ  Ω  T  E  I  N  Ό  E  I  P  Ύ  F  P  T  Q  M  M
O  T  L  W  K  W  Z  T  Σ  O  Λ  T  G  E  P  P  J
E  O  O  S  J  R  I  E  U  H  A  M  T  E  P  R  V
M  E  Γ  A  Λ  Ώ  N  O  Y  N  K  R  K  I  G  L  N
```

ΕΥΚΟΛΊΑ
ΚΆΝΕΙ
ΔΙΑΠΙΣΤΏΣΕΤΕ
ΒΟΥΒΆΛΙΑ
ΚΑΤΑΣΚΕΥΉΣ
ΚΑΛΎΠΤΟΝΤΑΙ
ΒΙΟΛΕΤΊ
ΜΕΓΑΛΏΝΟΥΝ
ΣΑΚΆΚΙ
ΚΑΤΑΔΎΣΕΙΣ
ΠΑΤΆΤΑ
ΚΛΕΙΔΑΡΙΆ
ΦΩΤΕΙΝΌ
ΡΟΎΧΑ
ΚΙΛΆ
ΊΡΙΔΑΣ
ΌΜΟΡΦΟ
ΚΑΡΦΊ
ΣΥΓΚΡΌΤΗΜΑ
ΠΕΡΊΜΕΤΡΟ

Puzzle 276

ΝΩΡΊΣ
ΦΤΆΣΕΙ
ΓΕΡΆΚΙ
ΑΝΤΊΔΡΑΣΗ
ΚΎΡΙΟΣ
ΕΙΣΑΓΆΓΕΙ
ΣΤΑΘΕΊ
ΚΕΡΆΣΙ
ΑΝΆΒΑΣΗ
ΠΛΗΜΜΎΡΑ
ΣΗΜΕΊΩΣΗ
ΌΡΟΣ
ΜΕΙΏΣΕΙ
ΑΝΑΜΟΝΉ
ΣΑΒΒΑΤΟΚΎΡΙΑΚΟ
ΕΡΓΑΖΌΜΕΝΟΣ
ΡΆΦΙ
ΣΚΟΎΤΕΡ
ΑΝΑΘΕΏΡΗΣΗ
ΜΑΓΕΙΡΕΎΟΥΝ

```
M  Π  E  I  Σ  A  Γ  Ά  Γ  E  I  I  J  C  G  Σ  G
I  A  Λ  A  N  T  Ί  Δ  P  A  Σ  H  E  G  V  A  V
L  G  Γ  H  Z  I  I  E  Σ  Ώ  I  E  M  Q  D  B  E
D  X  K  E  M  X  X  K  O  Σ  Ί  P  Ω  N  A  B  O
G  N  J  T  I  M  U  M  S  P  W  Γ  P  H  O  A  D
Y  G  V  K  A  P  Ύ  E  Ί  E  Θ  A  T  Σ  V  T  A
R  X  E  K  G  Z  E  P  M  Y  E  Z  H  H  I  O  N
P  Ά  Φ  Ι  Ύ  A  K  Ύ  A  Z  N  Ό  Σ  P  F  K  Ά
S  C  Q  Σ  W  P  C  A  O  Z  O  M  Ω  Ώ  K  Ύ  B
L  B  O  Ά  B  E  I  E  Q  Y  P  E  Ί  E  M  P  A
W  F  T  P  J  T  K  O  Q  C  N  N  E  Θ  H  I  Σ
K  G  V  E  H  Ύ  Ά  J  Σ  Ή  N  O  M  A  N  A  H
O  L  Q  K  A  O  P  Y  O  G  E  Σ  H  N  E  K  O
X  E  W  D  N  K  E  T  P  F  K  L  Σ  A  U  O  N
S  N  O  T  U  Σ  Γ  N  Ό  Φ  T  Ά  Σ  E  I  B  A
```

Puzzle 277

```
D D C K A J I Σ A N B U P X V A Q
K S G D F N A T Ή M L V L S D T P
Λ I E E B O T O N R Έ A U B F Λ D
Ί V S B G B N I E B C Σ Π Ά Γ O Δ
Σ W M C X W O X Γ U A O Ω O S B I
H M C B I U Ύ E Y Π N K H Σ Ί L Π
A A N C W F O I E P Ή Υ L Ή M C Λ
P Γ D T V M P Ώ W O K Λ O Φ C Y O
K T Ό J V Q K Δ M Ό O K H A J N Ύ
W E X P T T Γ H K Δ Y S V P F Y N
J V P Π A P Υ Σ T O N X Z Γ D A I
R E K H D Σ Σ H Q Y O L P Γ J B R
O W Υ Γ Q X E N R J Z K U E A J D
P P E Ή T C T Ί Έ Φ E P E M H H A
A Λ Ή Θ E I A K Δ H Λ Ώ Σ E I V S
```

ΊΣΗ
ΚΛΊΣΗ
ΠΡΟΌΔΟΥ
ΒΟΛΤ
ΣΤΟΙΧΕΙΏΔΗ
ΑΝΉΚΟΥΝ
ΑΛΉΘΕΙΑ
ΛΎΚΟΣ
ΕΓΓΡΑΦΉΣ
ΠΗΓΉ
ΠΆΓΟ
ΕΥΓΕΝΉ
ΑΜΈΣΩΣ
ΈΦΕΡΕ
ΔΙΠΛΟΎΝ
ΑΓΌΡΑΣΕ
ΔΗΛΏΣΕΙ
ΉΤΑΝ
ΚΊΝΗΣΗ
ΣΥΓΚΡΟΎΟΝΤΑΙ

Puzzle 278

ΣΥΡΤΆΡΙ
ΕΠΑΓΓΕΛΜΑΤΙΚΟΎ
ΑΝΟΙΧΤΉΡΙ
ΑΠΟΔΕΊΞΕΙ
ΜΠΛΟΎΖΑ
ΜΥΣΤΉΡΙΟ
ΝΕΡΟΎ
ΧΘΕΣ
ΣΤΡΑΤΙΩΤΙΚΉ
ΑΠΑΙΤΟΎΝ
ΒΙΒΛΙΟΘΉΚΗ
ΜΑΪΝΤΑΝΌ
ΜΊΛΗΣΕ
ΖΏΩΝ
ΕΞΑΙΡΕΤΙΚΆ
ΒΑΣΊΛΙΣΣΑ
ΟΙΚΟΝΟΜΙΚΉ
ΠΡΌΣΚΛΗΣΗ
ΕΠΑΡΚΉ
ΣΥΖΗΤΉΣΟΥΝ

```
A Σ O S P B A Σ Ί Λ I Σ Σ A V W W
P Y E Ξ A I P E T I K Ά D O M C C
A Z Ύ O Λ Π M X I P Ή T X I O N A
B H O U I Q R E Θ R N E A K L Ω Σ
G T P C M P X N E E C H Π O O Ώ T
N Ή E I U Ί Ή X C D Σ K O N X Z P
T Σ N W U K Λ T Y R B Ή Δ O Q A A
V O R D T N M H Σ K K Θ E M H P T
E Y Ή U L U C R Σ Y T O Ί I H C I
V N K S E A Y X X E M I Ξ K U J Ω
H P P M A Ϊ N T A N Ό Λ E Ή M J T
P C A Σ Y P T Ά P I C B I V B I I
A E Π A Γ Γ E Λ M A T I K O Ύ A K
Y J E A Π A I T O Ύ N B P M Z C Ή
Π P Ό Σ K Λ H Σ H H B S T E J Z U
```

Puzzle 279

```
Σ Έ Τ Σ Α Μ Υ Α Θ Ν Ζ Κ V Β Ρ Η Ε
Ἰ Ε Θ Α Τ Σ Ι Τ Ν Α Ε Σ Λ D Ε Α Ο
M D M N X Η Ε L S Ο Υ Κ Χ Ο Κ Ρ Α
V V R R Ε Ύ Ρ Κ Η D Γ Α Υ Λ Υ G Σ
Ζ Τ D M M Ζ Τ Ζ G Σ Ά Π Ο Η Τ Β Τ
Κ Β Η Ο C Ε Μ Η J Ρ Ρ Ά U Λ Q M Ἰ
Υ Ζ G Υ Ά Λ Μ Α Τ Q Ι Ν Α Λ Μ Π Λ
Ο Ρ Γ Α Ν Ώ Σ Τ Ε Α U Η Τ Ά Κ Ο Α
R Χ Ν Τ Ε Σ Σ Ε Λ Ἰ D Α Υ Π Σ Υ Χ
Α Π Ε Λ Π Ι Σ Μ Έ Ν Ο Ι Ο Υ Q Κ Σ
Π Ο Ι Κ Ι Λ Ἰ A R B M Λ C L Q Ά Α
Π Ρ Ο Τ Ε Ἰ Ν Ο Υ Ν Ύ J Ά Ρ Ρ Λ Π
Ε Α Υ Τ Ό G U U F L Γ Ι V Γ Ε Ι G
Ε Ν Δ Ι Α Ἰ Τ Η Μ Α Α Ο J Ζ Ε Α U
Υ Ι Κ Α Ν Ο Π Ο Ι Η Μ Έ Ν Ο Ι M U
```

ΠΡΟΤΕΊΝΟΥΝ
ΟΡΓΑΝΏΣΤΕ
ΣΚΑΠΆΝΗ
ΘΑΥΜΑΣΤΈΣ
ΙΚΑΝΟΠΟΙΗΜΈΝΟΙ
ΕΑΥΤΌ
ΖΕΥΓΆΡΙ
ΆΛΜΑ
ΑΝΤΙΣΤΑΘΕΊ
ΣΕΛΊΔΑ
ΠΟΙΚΙΛΊΑ
ΜΕΓΆΛΟ
ΜΠΟΥΚΆΛΙΑ
ΑΠΕΛΠΙΣΜΈΝΟΙ
ΚΛΟΥΒΊ
ΥΠΆΛΛΗΛΟ
ΕΝΔΙΑΊΤΗΜΑ
ΠΑΣΧΑΛΊΤΣΑ
ΜΎΓΑ
ΤΑΧΎΤΗΤΑ

Puzzle 280

ΈΚΒΑΣΗ
ΣΥΓΧΩΡΉΣΕΙ
ΠΗΛΊΚΟ
ΑΓΏΝΑ
ΠΡΟΣΘΈΣΕΤΕ
ΕΠΊΣΗΜΑ
ΠΟΛΙΤΙΣΤΙΚΉ
ΑΠΌΦΑΣΗ
ΚΕΡΊ
ΉΛΙΟ
ΔΙΑΒΕΒΑΙΏΣΩ
ΑΠΕΛΕΥΘΈΡΩΣΗ
ΣΟΚΟΛΆΤΑΣ
ΝΑΡΚΩΤΙΚΏΝ
ΠΑΓΕΤΌ
ΑΦΙΕΡΏΣΕΙ
ΔΙΣΤΆΖΕΙ
ΑΦΑΊΡΕΣΗ
ΑΝΕΜΏΝΗ
ΦΙΛΙΚΌ

```
Α Χ Μ Ι G S S Δ Α Δ Σ Κ Η Ν C F D
Ζ Ν Ι V D Ζ Ι Ι Φ Ι Ο Κ Ἰ Λ Η Π D
Β Ώ Ε Ε Q F Ζ Σ Ι Α Κ G Κ Μ Ι Η Τ
D Κ Σ Μ Η V Ρ Τ Ε Β Ο Ό Τ Ε Γ Α Π
Έ Ι Ή S Ώ C Χ Ά Ρ Ε Λ Κ Ε U Ρ Ο U
Κ Τ Ρ D G Ν Q Ζ Ώ Β Ά Ι Π Ν Τ Ἰ Ζ
Β Ω Ω D Α Η Η Ε Σ Α Τ Λ Ἰ Ή Λ Ι Ο
Α Κ Χ Α G Π Τ Ι Ε Ι Α Ι Σ Α U Ζ C
Σ Ρ Γ Γ C R Ό U Ι Ώ Σ Φ Η S Μ C U
Η Α Υ Ώ Κ Κ Q Φ Ε S G G Μ Q L Χ Χ
J Ν S Ν L Ο Α U Α Ω Ο C Α L Ζ C Ε
C Ν Τ Α J Ή Κ Ι Τ Σ Ι Τ Ι Λ Ο Π Η
Α Φ Α Ἰ Ρ Ε Σ Η S Ν Η Α Η F Η L Ζ
S V Ζ Α Π Ε Λ Ε Υ Θ Έ Ρ Ω Σ Η J Μ
S Ν Π Ρ Ο Σ Θ Έ Σ Ε Τ Ε W J V Q Ι
```

Puzzle 281

```
S Ή Y E K Σ A T A K R I S Q Λ Z Z
J Z N T G O Ό E D N C F Ύ X A Π I
R U K J S W Y Δ W R K R C D M Y U
R Z P R H I Q N A O K P J J B Π D
Σ Π K R C D R X O M S A H O Ά P I
E P I Y L V Z P I Y Έ G V N N Ω O
N Ά E Γ A Σ Ί A Σ Π Λ Y Έ O T O
Ά Γ E O W M V X R P D Ί O M Y A Σ
P M J V A P I S M O Z H Δ Σ N P Y
I A N L G Ύ G U K K Π R G I S X M
O T Π P Ό Σ Ω Π O M I Ξ Έ N Σ I B
V I M R Z C I N V A O F V O A K E
M O H V A A W Y M Λ I Q S K Ύ Ό Ί
J Z H V V P I E D Λ N H D Σ P A K
A D H N M Σ H T X Ί A Π N N A Q N
```

ΠΑΧΎ
ΡΟΚ
ΠΑΪΧΤΗΣ
ΣΑΎΡΑ
ΠΙΟ
ΜΑΛΛΊ
ΣΕΝΆΡΙΟ
ΈΞΙ
ΣΚΟΝΙΣΜΈΝΟ
ΠΡΆΓΜΑΤΙ
ΛΑΜΒΆΝΟΥΝ
ΣΌΔΑ
ΠΡΌΣΩΠΟ
ΚΟΥΝΟΥΠΊΔΙ
ΠΡΩΤΑΡΧΙΚΌ
ΣΥΜΒΕΊ
ΚΑΤΑΣΚΕΥΉ
ΣΎΡΜΑ
ΕΡΓΑΣΊΑΣ
ΜΈΛΟΣ

Puzzle 282

ΓΙΓΑΝΤΙΑΊΑ
ΙΑΤΡΙΚΉΣ
ΠΟΣΌ
ΑΠΕΙΛΉ
ΑΝΕΞΑΡΤΗΣΊΑΣ
ΜΈΝΟΥΝ
ΈΘΙΜΟ
ΑΙΤΊΑ
ΣΥΝΈΛΕΥΣΗ
ΛΗΦΘΕΊ
ΠΑΛΙΆ
ΠΡΟΚΕΙΜΈΝΟΥ
ΚΡΟΚΟΔΕΊΛΙΑ
ΨΈΜΑ
ΤΟΝ
ΚΑΡΠΟΎΖΙ
ΣΥΜΦΩΝΉΣΟΥΝ
ΚΑΤΆΡΡΕΥΣΗ
ΔΌΝΤΙ
ΥΛΙΚΌ

```
Γ T O K Σ Ψ S J J J X E X A T B Π
I K A P S Y Έ K A P Π O Ύ Z I J P
Γ A N O F W M M Y Y I T W W M Q O
A T E K V P M Φ A W K Π A Λ I Ά K
N Ά Ξ O M I Θ Έ Ω Z V F M J T N E
T P A Δ F M B D J N Σ B S S N E I
I P P E Y M G T Y Ύ Ή H W B Ό A M
A E T Ί E Θ Φ H Λ O K Σ H V Δ Π Έ
Ί Y H Λ Y T H W B N I Y O C N E N
A Σ Σ I U Λ X B T Έ P E X Y E I O
O H Ί A Ί T I A P M T Λ J W N Λ Y
Z K A W V Z R K D E A Έ H S O Ή J
I Ό Σ O Π S X N Ό Y I N N K T S B
R E K O J L A Z U A K Y W W X Z M
E M V C D R T J D L E S E F Z Q E
```

Puzzle 283

```
A  N  Ά  Π  M  A  K  Π  R  S  D  P  T  R  E  E  S
Π  I  X  O  C  U  A  Z  E  W  R  Y  F  B  Π  Φ  Z
Ή  K  M  Q  Q  P  W  Q  K  Ί  N  W  Q  P  I  E  M
Δ  Ά  W  O  G  Λ  X  J  T  V  Σ  H  T  E  Σ  Ύ  K
H  Δ  I  M  P  K  A  N  N  D  N  E  I  Ά  T  P  E
Ξ  Y  A  H  Ω  P  Ύ  Γ  Q  O  R  S  I  K  P  E  P
E  O  K  P  Σ  X  A  M  Ό  P  O  Λ  Ό  I  O  I  Δ
B  K  P  Έ  O  F  Z  G  C  Σ  V  M  P  Δ  Φ  F  Ί
G  P  I  U  Y  B  I  C  Ί  G  N  D  I  A  Ή  Δ  Z
P  A  B  C  T  W  Q  L  X  A  Q  G  A  K  C  I  O
C  S  Ώ  Π  Λ  O  Ί  A  P  X  O  Σ  K  E  D  A  Y
B  W  Σ  Ώ  X  Y  T  Y  E  I  I  Z  W  Δ  O  Φ  N
K  F  S  J  R  Z  V  O  X  O  T  I  F  K  X  A  Z
F  A  M  V  B  L  O  K  Z  W  Ό  Z  C  I  D  N  J
M  C  L  N  V  I  K  F  K  W  N  V  X  Z  C  Ή  X
```

KAIPΌ
ΠΉΔΗΞΕ
KAMΠΆNA
EΦEΎPEI
ΠΕΊΣΕΙ
APKOYΔΆKI
AIMOPPAΓΊA
EYTYXΏΣ
KEPΔΊZOYN
ΓΥPΩ
ΈPHMO
ΔEKAΔIKΆ
NΌTIO
AKPIBΏΣ
ΔIAΦANΉ
ΠΛOΊAPXOΣ
EΠIΣTPOΦΉ
ΛAΓOΣ
ΣOYT
POΛΌI

Puzzle 284

```
Δ  I  A  Θ  Έ  Σ  I  M  H  X  Q  Π  J  V  Ώ  O  K
O  E  P  D  W  G  Q  Y  R  X  Ό  Λ  E  P  T  Δ  A
M  I  E  Σ  Ά  P  E  Π  F  D  T  Ή  G  X  Σ  O  N
N  Ό  K  F  O  A  N  Έ  M  Σ  I  P  O  J  I  N  O
Y  V  Λ  O  H  K  J  L  Q  Z  R  H  X  P  P  T  N
H  Q  D  I  Γ  R  U  T  M  X  Q  G  H  Y  A  Ό  Ί
L  Q  W  M  Σ  Έ  B  D  E  I  Δ  I  K  Ά  X  B  Σ
Σ  O  Γ  Ύ  E  Z  N  R  T  O  T  N  R  O  Y  O  E
Y  Y  N  T  Σ  Ή  Y  E  K  Σ  I  Π  E  F  E  Y  I
O  R  N  G  H  Z  B  A  I  N  Ά  Π  Σ  B  P  P  P
Λ  A  B  Θ  L  E  A  I  I  E  Ξ  Ά  T  N  E  T  Y
Λ  D  Q  X  Ή  W  U  M  Z  O  Σ  W  Z  D  A  Σ  O
Ά  C  L  D  Ό  K  I  T  A  T  Σ  I  P  E  Π  A  H
Z  G  F  J  Y  I  H  T  Σ  I  N  Ό  N  A  K  A  X
T  A  K  T  O  Π  O  I  H  M  Έ  N  O  J  A  H  M
```

EYXAPIΣTΏ
TPEΛΌ
OIKOΓΈNEIEΣ
EΠIΣKEYΉΣ
MΌΛIΣ
AKANΌNIΣTH
ΠEPΆΣEI
ΠEPIΣTATIKΌ
ΔIAΘΈΣIMH
ZEΎΓOΣ
ΆΛΛOYΣ
KANONΊΣEI
OΔONTOBOYPTΣA
ΣΠΆNIA
ΣYNΘΉKH
ENTΆΞEI
EIΔIKΆ
OPIΣMΈNA
ΠΛΉPH
TAKTOΠOIHMΈNO

Puzzle 285

```
M P J U H Σ O Φ Y Λ Έ K G J Σ J J
J E M Φ Ά N I Σ H Π T H Σ X K U K
K A K Ό P M E A H Y Ό H I F Ά M V
M G A N C A H T C H D Λ X V Λ N S
S T D T M A H Y R T X Ό O C E E L
L S H D N H A G W H I K C I Σ E S
E P Ω Δ I Ό Σ D L O O I N Ά Π Σ M
T Σ A Λ A K Ω M Έ N O T J M O O Ή
A Δ Ί Π M A Λ O Γ Y Π E P O G N N
E Ξ Σ H Σ H Γ Ή Δ O Γ P Σ Ί L A Y
V F Ί I I T F X C N O O H E T I M
Q O W Z U I F R L Ί N Φ M Φ X H A
W K J W E O U G E Δ E A A A O Q P
F X O V C I R C R X Ί I Ί P C B L
A E N T O Π I Σ M Ό Σ Δ A Γ V C P
```

ΤΣΑΛΑΚΩΜΈΝΟ
ΓΡΑΦΕΊΟ
ΣΗΜΑΊΑ
ΚΈΛΥΦΟΣ
ΜΉΝΥΜΑ
ΣΚΆΛΕΣ
ΠΥΓΟΛΑΜΠΊΔΑ
ΟΔΉΓΗΣΗΣ
ΔΙΑΦΟΡΕΤΙΚΌ
ΚΑΚΌ
ΥΠΌΛΟΙΠΟ
ΓΟΝΕΊΣ
ΕΡΩΔΙΌΣ
ΣΠΆΝΙΟ
ΕΝΤΟΠΙΣΜΌ
ΤΗΣ
ΔΊΝΟΥΝ
ΕΜΦΆΝΙΣΗ
ΤΡΊΤΗ
ΑΞΊΖΕΙ

Puzzle 286

ΚΑΡΔΙΆ
ΚΛΆΔΟ
ΚΑΒΟΎΡΙΑ
ΜΟΛΎΒΙ
ΠΡΟΤΙΜΟΎΝ
ΣΤΡΑΤΙΏΤΗΣ
ΤΟ
ΞΗΡΌ
ΑΧΛΆΔΙ
ΖΩΉ
ΠΑΊΞΙΜΟ
ΒΡΟΧΉ
ΈΛΞΗΣ
ΔΙΑΘΈΤΟΥΝ
ΜΕΤΑΞΈΝΙΑ
ΩΡΑΊΑ
ΑΓΝΟΟΎΜΕ
ΠΡΟΦΑΝΉ
ΣΊΓΟΥΡΟΙ
ΧΑΡΑΚΤΉΡΑΣ

```
Δ F Π G B A S R V M A D P M Σ Σ A
I E A Ί A P Ω P T Σ Γ Π X E Ί T Έ
A K Ί P A V Σ Y B O N P D T Γ P Λ
Θ J Ξ Z E U I R C D O O P A O A Ξ
Έ T I W V P E A K L O Φ V Ξ Y T H
T F M B E H D I O Z Ύ A U Έ P I Σ
O X O S R Π Ό P H Ξ M N Z N O Ώ N
Y D I T D D P Ύ R B E Ή Ω I I T O
N K X M U B M O L L Σ W Ή A A H I
G F Λ O Z N X B T X V G L F X Σ A
L Z K Ά I Δ P A K I P M L C Λ S M
M I X Y Δ T G K C V M S D G Ά X P
M M Y D V O B P O X Ή O W F Δ H L
Q J X A P A K T Ή P A Σ Ύ W I A V
M O Λ Ύ B I Q W Y Z P D V N T W R
```

Puzzle 287

```
Σ Η Σ Ω Λ Ή Δ Η A R J A C N H Ä R
D H N O T H V O K Π W R L Y P N X
E N M A N Q W G O W P Z T G I Θ N
N Έ Y A W G B L Ύ R D Ό T P P P F
H M Π M N B L Β Σ G O D Λ P R A R
Λ Η Έ K T Z D E A Y Γ Ά H M K H
Ί X P Σ E T I D T N V R I Y Ψ A W
K Y Ή E A X E K E Ό M N Ή M H H A
Ω T Φ U D E Θ Ή K I T E Θ I P E
N I A Ά R J Λ O N I K Ά Δ O P A M
S Π N Y I B Έ O A E Q S S K B P Ά
X E O O S Λ N U X Δ Ί Π Λ Ω M A N
U G I Y Z X A X Ή Ά P Θ P A H H X
F H B J O J Π Y M L N D T Q D U E
I D E N D Y E Y Γ W G H M E F Z Ξ
```

ΣΗΜΑΝΤΙΚΉ
ΕΠΑΝΈΛΘΕΙ
ΥΠΕΡΉΦΑΝΟΙ
ΆΝΘΡΑΚΑ
ΣΉΜΑ
ΑΥΓΆ
ΑΚΟΎΣΕΤΕ
ΆΡΘΡΑ
ΓΥΑΛΙΆ
ΔΉΛΩΣΗΣ
ΕΙΚΌΝΑ
ΞΕΧΝΆΜΕ
ΕΠΙΤΥΧΗΜΈΝΗ
ΡΟΔΆΚΙΝΟ
ΕΝΗΛΊΚΩΝ
ΔΊΠΛΩΜΑ
ΜΝΉΜΗ
ΕΠΙΘΕΤΙΚΉ
ΠΡΌΛΗΨΗ
ΜΗΧΑΝΉ

Puzzle 288

ΞΩΤΙΚΌ
ΤΙΜΩΡΉΣΕΙ
ΧΎΝΕΤΑΙ
ΠΑΡΟΎΣΑ
ΑΥΤΌΜΑΤΗ
ΑΠΌΚΡΥΨΗ
ΔΆΣΟΣ
ΠΑΝΤΟΎ
ΥΓΡΆ
ΕΛΆΦΙΑ
ΜΕΛΛΟΝΤΙΚΉ
ΑΠΡΌΣΕΚΤΗ
ΚΌΛΠΟ
ΤΑΥΤΌΤΗΤΑΣ
ΠΙΆΤΟ
ΤΥΛΊΞΕΙ
ΚΙΝΗΜΑΤΟΓΡΆΦΟΥ
ΔΗΜΙΟΥΡΓΉΣΕΙ
ΑΣΤΈΡΙ
ΜΠΛΕ

```
A A Σ T Έ P I Π A D Ή T E C Δ K J
S Π E L M I O A Π A K Y Λ H I M
H S Ό G K M I P P Y I Λ Ά N M N D
V B K K J R T Ό T T Ί Φ U I H D
I K Q M P Z P Ύ Σ Ό N Ξ I C O M A
B V Ό N B Y Σ E M O E A I Y A C
P D Q Λ U S Ψ A K A Λ I T D P T K
W N X Z Π K N H T T Λ S S R Γ O Z
K H D Π R O B M H H E Λ Π M Ή Γ X
E S F P I E Σ Ή P Ω M I T Z S P H
Δ Ά Σ O Σ Ά X Ύ N E T A I R E Ά V
S L Y Γ P Ά T H S X A A Z Y I Φ U
Z B Q R M I Ύ O T N A Π C V B O K
T A Y T Ό T H T A Σ A Y Y B E Y X
N A Y U Ξ Ω T I K Ό W G F E R C L
```

Puzzle 289

```
A O S A I E B Ί P K A A A K E I E
Π I Δ Λ K F I X I H M Σ Y V Ξ Y I
Ό P J E Σ Ό B Σ A X M Φ Λ C A H Y
Λ Ύ B Ύ Π Θ P F Z C I A Ή U Φ W I
A K Y P D Ί Ύ E G V E Λ T X A S I
Y D C I V Q Π M C X Λ Έ Ά T N O K
Σ B G P D I J E A A Ά Σ A A Ί P G
H H Ό K Ά Λ Y Ψ H Σ I O N N Z A T
D F T P K E P Q M V Δ H Ό Ά O Δ F
S B M B E B P B T Z L H H Γ N I Y
S Z K Z L I N H Σ V Q M T N T Ά R
O E I D N N A Γ Ή Π L J O Ω A Γ U
V S N N Q G H K F N O I W Σ I G A
K T Q E Z O O J C P U N X H H X G
E K N E Y P I Σ M Έ N O Σ Σ O C M
```

AKPΊBEIA
ΠΉΓΑΝ
ΘΎΜΑ
ΑΝΆΓΝΩΣΗΣ
ΑΝΌΗΤΟ
ΑΣΒΌΣ
ΔΙΆΛΕΙΜΜΑ
ΑΛΕΎΡΙ
ΓΆΙΔΑΡΟ
ΕΠΊΠΕΔΟ
ΚΟΝΤΆ
ΑΠΌΛΑΥΣΗ
ΕΞΑΦΑΝΊΖΟΝΤΑΙ
ΒΌΡΕΙΑ
ΣΚΙ
ΑΣΦΑΛΈΣ
ΑΥΛΉ
ΚΎΡΙΟ
ΚΆΛΥΨΗΣ
ΕΚΝΕΥΡΙΣΜΈΝΟΣ

Puzzle 290

ΒΙΑΣΎΝΗ
ΜΑΚΡΙΝΌ
ΠΕΡΙΟΔΙΚΌ
ΔΕΞΙΆ
ΜΑΡΓΑΡΊΤΑ
ΦΑΝΤΑΣΊΑΣ
ΔΙΆΡΚΕΙΑ
ΕΘΕΛΟΝΤΙΚΉ
ΛΟΥΛΟΎΔΙ
ΔΙΠΛΌ
ΣΥΜΜΕΤΈΧΩΝ
ΚΡΎΟ
ΜΠΑΛΌΝΙΑ
ΦΟΡΕΘΕΊ
ΠΕΙ
ΜΕΓΆΛΗ
ΕΠΙΣΤΉΣΕΙ
ΒΑΓΌΝΙ
ΜΉΝΑ
ΣΙΤΆΡΙ

```
E P M W G Δ H E L W V C O Ί Δ Φ E
O L A C Q I E Σ Ή T Σ I Π E I A Θ
P N P H J Π N J Y P M N D Θ Ά N E
P L Γ Λ A Λ D Σ J N T Ό M E P T Λ
U T A Ά O Ό H Z Y H F Γ V P K A O
B H P Ύ Y K L H M X A W O E Σ N
M L Ί E P E Λ F H D M B W Φ I Ί T
Δ H T M K T D O N P D E T Q A A I
V E A D H N H I Ύ C U S T U R Σ K
I H Ξ N M B O D Σ Δ E G T Έ Z P Ή
Z Ό N I P K A M A E I K X E X A P
R V N E Ά O Z X I Σ I T Ά P I Ω A
A X E Π Z U B T B Q M W W J V R N
Π E P I O Δ I K Ό P M Y M W W O Ή
M Π A Λ Ό N I A H I X L X T C C M
```

Puzzle 291

```
Ξ  Η  Μ  Έ  Ρ  Α  Σ  Ε  B  S  L  S  I  X  D  E  W
Χ  Α  Κ  Λ  Ή  Σ  Η  Ξ  U  R  L  G  S  Y  F  Ί  Z
D  Ί  Φ  F  W  G  G  A  N  J  Y  S  S  F  G  Δ  T
I  E  L  N  H  N  Ύ  Σ  O  T  Σ  I  Π  M  E  E  E
C  Π  F  H  I  I  H  K  K  Y  N  H  Γ  Ή  Σ  E  I
L  A  J  T  N  K  E  O  T  Z  R  I  W  Z  Y  R  P
N  P  P  Σ  Ό  M  Ή  Ύ  Z  Ύ  F  D  G  U  E  C  U
P  E  F  I  M  Y  Q  N  D  M  X  F  G  E  Ί  N  Σ
P  Θ  Y  Π  E  N  U  A  X  O  X  H  Σ  Ύ  Λ  Q  K
K  A  B  Ό  L  C  S  Q  H  I  G  B  V  K  Y  E  Ί
Σ  Ά  Π  I  O  P  T  E  M  Ό  Ψ  Y  E  R  O  U  O
Y  B  B  Ξ  K  A  N  A  Π  Έ  F  K  T  R  Π  N  Y
C  Y  Q  A  Y  F  Z  Ω  Γ  P  A  Φ  Ί  Z  E  I  P
M  H  X  A  N  I  K  Ό  Σ  F  F  R  X  N  R  T  O
E  N  Δ  I  A  Φ  Έ  P  O  Y  Σ  A  N  D  F  Z  Σ
```

ΑΞΙΌΠΙΣΤΗ
ΜΗΧΑΝΙΚΌΣ
ΠΟΥΛΊ
ΕΞΑΣΚΟΎΝ
ΕΊΔΕ
ΚΑΝΑΠΈ
ΥΨΌΜΕΤΡΟ
ΚΥΝΗΓΉΣΕΙ
ΚΛΉΣΗ
ΖΩΓΡΑΦΊΖΕΙ
ΕΝΔΙΑΦΈΡΟΥΣΑ
ΘΕΡΑΠΕΊΑ
ΞΑΦΝΙΚΉ
ΣΚΊΟΥΡΟΣ
ΗΜΈΡΑΣ
ΤΎΧΗ
ΕΜΠΙΣΤΟΣΎΝΗ
ΣΆΠΙΟ
ΛΎΣΗ
ΛΕΜΌΝΙ

Puzzle 292

ΣΟΥ
ΚΑΡΦΊΤΣΑ
ΆΓΡΙΑ
ΚΡΊΣΗ
ΑΣΦΑΛΕΊΑΣ
ΒΕΛΑΝΊΔΙΑ
ΛΕΜΟΝΆΔΑ
ΘΟΛΌ
ΦΥΣΙΚΌΣ
ΣΥΖΉΤΗΣΗ
ΣΤΡΑΤΗΓΙΚΉ
ΜΑΣ
ΚΑΤΆΛΛΗΛΟ
ΈΝΤΙΜΑ
ΑΝΆΛΥΣΗ
ΟΥΣΙΑΣΤΙΚΌ
ΕΚΤΟΠΊΣΕΙ
ΣΕ
ΦΑΣΌΛΙΑ
ΓΡΎΛΙΣΜΑ

```
E  M  Σ  Ό  K  I  Σ  Y  Φ  Θ  A  P  Q  L  L  Σ  X
A  K  E  I  H  Z  S  Y  Z  W  O  O  B  Γ  Σ  T  A
A  A  T  K  A  P  Φ  Ί  T  Σ  A  Λ  A  P  O  P  A
Y  Z  Z  O  Σ  Y  Z  Ή  T  H  Σ  H  Ό  Ύ  Y  A  K
M  M  G  N  Π  J  B  K  L  Σ  R  A  K  Λ  Ί  T  T
N  W  F  C  K  Ί  H  A  T  Y  Έ  L  I  I  A  H  L
K  Λ  H  P  R  Y  S  W  V  Λ  N  Ά  T  Σ  Σ  Γ  C
I  J  E  H  O  B  Ί  E  Q  Ά  T  T  Σ  M  Φ  I  G
Z  Z  R  M  M  Y  P  F  I  N  I  A  A  A  A  K  O
G  G  R  D  O  O  K  E  V  A  M  K  I  Y  Λ  Ή  Q
Ά  Γ  P  I  A  N  A  E  N  O  A  C  Σ  M  E  X  U
H  R  O  Y  B  B  Ά  K  U  S  W  Q  Y  A  Ί  G  D
Φ  A  Σ  Ό  Λ  I  A  Δ  S  N  V  G  O  Σ  A  W  B
I  A  V  H  Q  H  K  T  A  H  J  N  C  D  Σ  C  E
J  V  K  H  N  F  B  E  Λ  A  N  Ί  Δ  I  A  V  W
```

Puzzle 293

```
K Y K Λ I K Ή U H N R J G I Z B X
S N K N X F J F Q V Z Z J Y Ω V K
T Σ E C A C T A K K J G D I Γ P X
Π E T A Λ O Ύ D A Ί M E P H P V Δ
F N Ί L N N Σ O Ί E Θ N Q A C I
P Έ G E A R N A X Z D O K I Φ R A
Ί Π H Θ Ί Q C M K Έ G B U Y I M Σ
Π P Ό K Λ H Σ H Ή P Δ A D O K Z K
M H T P I K Ή G W K I I B X Ή E E
A T Σ Ω M Ό E N I W O B O F Σ N Δ
B Z N Ύ O P I A Ξ E U Σ Ά L F B Ά
H W Y Y L B Y X E I P Ό T E P H Σ
V O E K N Y O Σ Ή T Σ I P A X Y E
A Π A P A Ί T H T O M A N K B D I
Z U M C Y U F V J K K O G G I T L
```

ΗΡΕΜΊΑ
ΕΞΑΙΡΟΎΝ
ΣΧΈΔΙΟ
ΑΠΑΡΑΊΤΗΤΟ
ΚΥΚΛΙΚΉ
ΧΕΙΡΌΤΕΡΗ
ΖΩΓΡΑΦΙΚΉΣ
ΔΙΑΣΚΕΔΆΣΕΙ
ΜΗΤΡΙΚΉ
ΜΉΚΟΣ
ΒΑΜΠΊΡ
ΟΜΙΛΊΑ
ΘΕΊΟΣ
ΑΚΡΙΒΆ
ΠΈΝΕΣ
ΠΕΤΑΛΟΎΔΑ
ΠΡΌΚΛΗΣΗ
ΌΜΩΣ
ΕΥΧΑΡΙΣΤΉΣΟΥΝ
ΘΕΊΑ

Puzzle 294

ΚΥΡΊΑΡΧΗ
ΓΟΓΓΎΛΙΑ
ΏΡΙΜΗ
ΕΚΣΤΡΑΤΕΊΑ
ΚΆΠΟΙΟΣ
ΟΔΥΝΗΡΆ
ΠΛΟΎΣΙΟ
ΦΡΟΝΤΊΔΑ
ΟΡΑΤΌ
ΜΟΥΣΕΊΟ
ΜΈΓΑΙΡΑ
ΚΕΝΤΡΙΚΉ
ΑΠΟΡΡΌΦΗΣΗ
ΕΠΗΡΕΆΖΟΥΝ
ΣΠΗΛΙΆ
ΣΑΛΆΧΙ
ΛΕΠΤΟΜΈΡΕΙΕΣ
ΚΟΥΝΙΈΜΑΙ
ΑΝΑΦΈΡΩ
ΈΛΛΕΙΨΗ

```
X W Π B E A Π O P P Ό Φ H Σ H K H
P E Λ M Π Ά M Έ Γ A I P A K D E W
W Y O O H I Y Z G P R X O O P N X
Q R Ύ Y P Λ F F H T F A Y D T Σ
Q I Σ Σ E H E D Ω P Έ Φ A N A P A
S H I E Ά Π Y Π G L I R Q I M I Λ
O A O Ί Z Σ K P T Σ T Y W Έ V K Ά
Έ Δ Y O O S Q N J O K U E M S Ή X
Λ Ί Y R Y V A V Y I M Ό T A P O I
Λ T C N N T G Q U O G Έ Y I Q L M
E N G Y H M I P Ώ Π G E P G Q M H
I O K X G P I M C Ά Y T X E D G P
Ψ P P I V R Ά J Q K I D D Q I X H
H Φ E K Σ T P A T E Ί A H E H E L
Γ O Γ Γ Ύ Λ I A K Y P Ί A P X H Σ
```

Puzzle 295

C	Π	A	Ί	Θ	O	Y	Σ	A	J	Ά	P	K	J	I	U	E
K	D	P	N	I	I	E	Ύ	E	N	Π	A	N	A	L	L	
P	T	L	O	B	U	G	Y	K	I	E	Ψ	Έ	N	Ω	X	J
N	L	K	W	Γ	O	F	J	Z	M	Σ	Ή	X	O	P	B	F
Φ	Ό	P	O	P	H	W	V	D	H	X	Σ	Έ	Λ	H	I	
Λ	R	V	A	H	E	Ά	B	J	O	T	L	Ό	U	J	I	N
M	Ά	B	B	M	Σ	Σ	M	R	Z	C	Z	Λ	Y	L	F	Y
Ά	A	M	Ή	D	Ω	K	B	M	C	D	P	O	U	P	E	A
Γ	T	C	Π	L	T	O	X	C	A	Γ	P	A	Σ	Ί	Δ	I
I	I	D	Ω	A	E	P	W	Q	M	T	L	T	V	B	M	E
Σ	K	E	I	U	P	Ά	E	N	A	I	O	I	J	F	P	Θ
Σ	B	H	Σ	X	I	P	H	M	Q	P	K	Σ	W	A	T	Ή
A	D	T	Z	Q	K	E	O	P	Ά	Y	P	C	H	A	O	
M	D	Z	Q	R	Ή	I	Y	I	K	Ψ	Y	O	Ό	W	J	B
Σ	Y	Γ	K	E	K	P	I	M	Έ	N	H	Σ	Ώ	T	Π	W

ΒΟΉΘΕΙΑ
ΑΊΘΟΥΣΑ
ΨΆΡΙ
ΆΝΕΣΗ
ΑΝΑΠΝΕΎΣΕΙ
ΕΣΩΤΕΡΙΚΉ
ΠΤΏΣΗ
ΜΙΚΡΌ
ΣΥΓΚΕΚΡΙΜΈΝΗ
ΓΡΑΣΊΔΙ
ΒΡΟΧΉΣ
ΠΡΟΓΡΆΜΜΑΤΟΣ
ΛΈΣΧΗ
ΣΚΟΡΆΡΕΙ
ΜΆΓΙΣΣΑ
ΦΌΡΟΥ
ΛΆΜΠΑ
ΣΌΛΟ
ΧΏΝΕΨΕΙ
ΣΙΩΠΉ

Puzzle 296

ΚΑΤΆΣΤΑΣΗ
ΚΎΚΛΟ
ΑΎΞΗΣΗ
ΔΕΙ
ΣΥΝΈΝΤΕΥΞΗ
ΚΑΛΑΜΆΡΙΑ
ΔΆΧΤΥΛΟ
ΤΜΉΜΑ
ΣΥΜΦΩΝΊΑΣ
ΚΌΝΔΟΡΑΣ
ΣΗΜΑΝΤΙΚΌ
ΑΠΟΣΤΟΛΉΣ
ΠΑΡΟΝΟΜΑΣΤΉ
ΔΙΟΡΊΣΕΙ
ΑΝΤΊ
ΚΆΤΩ
ΣΩΛΉΝΑ
ΚΟΥΝΈΛΙ
ΚΆΜΕΡΑ
ΚΟΥΤΆΛΙ

K	D	O	L	D	U	T	K	Ά	M	E	P	A	M	Ή	M	T
A	K	I	Δ	Ά	X	T	Y	Λ	Ό	K	O	Y	T	Ά	Λ	I
B	N	A	O	Σ	Y	N	Έ	N	T	E	Y	Ξ	H	I	J	H
Σ	K	T	Λ	P	V	J	I	Σ	Y	M	Φ	Ω	N	Ί	A	Σ
Ω	Ό	D	Ί	A	Ί	X	K	Q	G	Π	P	O	K	M	V	H
Λ	N	G	A	V	M	Σ	X	J	R	A	A	O	P	K	H	Ξ
Ή	Δ	D	X	N	Δ	Ά	E	J	G	P	A	V	W	W	U	Ύ
N	O	V	Q	L	E	Z	P	I	Z	O	Z	T	J	G	K	A
A	P	U	A	P	I	Ό	K	I	T	N	A	M	H	Σ	Ύ	P
I	A	K	H	X	K	K	I	K	A	O	U	G	Z	B	K	Z
Z	Σ	W	G	A	P	T	O	Ά	Q	M	A	K	K	K	Λ	X
K	S	H	E	I	Q	G	N	T	H	A	F	Z	Y	D	O	L
K	O	Y	N	Έ	Λ	I	M	Ω	O	Σ	A	P	Q	J	Z	Z
A	Π	O	Σ	T	O	Λ	Ή	Σ	C	T	M	J	R	A	M	Z
P	K	A	T	Ά	Σ	T	A	Σ	H	Ή	X	A	X	Z	Z	R

Puzzle 297

```
T D A P K Σ Y M B O Y Λ Έ Σ B D X
C K L J O D J S A I N Ό I Γ A P K
Z V O B Λ J I K I A C C P X M P E
Δ S X C Λ E P Λ T T X I F B Z I
Π I U R Ά A Ά T Ί N B Σ N T A E K
Y T E M E Z Γ N M Ύ Π Y Ό Q K Δ S
D R E Y I Γ Ά P O O N K L I A Q
N T V P Θ N E W Π P Λ Ή E M O M X
F U X S Ύ Y Φ R L H Y Θ P Π Ύ Ά Y
J J F E U Γ N Z P Λ T E O Λ G Σ R
D L P Q B F I T Z Π E I Σ O K K N
G D M P L P Y O Ή D Λ Σ W K Ύ H E
B P E Θ Ί O K M Σ Ή F U O M N P
K O I N Ω N Ί A Σ H Θ Έ M A A O I
Y M Q P Π P O E I Δ O Π O Ί H Σ H
```

ΜΊΛΙΑ
ΚΟΙΝΩΝΊΑΣ
ΚΡΑΓΙΌΝΙΑ
ΘΈΜΑ
ΠΛΗΡΟΎΝΤΑΙ
ΠΟΛΥΤΕΛΉ
ΚΎΜΑ
ΣΥΜΒΟΥΛΈΣ
ΜΠΛΟΚ
ΡΙΝΌΚΕΡΟΣ
ΚΟΛΛΆΕΙ
ΒΡΕΘΕΊ
ΑΓΆΠΗ
ΔΑΜΆΣΚΗΝΟ
ΠΤΕΡΎΓΙΟ
ΣΥΝΉΘΕΙΣ
ΦΕΓΓΆΡΙ
ΠΡΟΕΙΔΟΠΟΊΗΣΗ
ΔΙΕΥΘΥΝΤΉΣ
ΒΑΜΒΑΚΙΟΎ

Puzzle 298

ΒΡΑΣΤΉΡΑ
ΊΣΩΣ
ΘΗΛΥΚΌ
ΚΑΘΗΓΗΤΉΣ
ΡΕΚΌΡ
ΔΈΣΜΕΥΣΗ
ΛΕΥΚΌ
ΔΙΕΥΚΡΙΝΊΣΕΙ
ΤΡΕΜΆΜΕΝΟ
ΕΞΑΡΤΆΤΑΙ
ΑΝΗΣΥΧΊΑ
ΚΑΛΑΜΠΟΚΙΟΎ
ΑΣΤΥΝΟΜΙΚΌΣ
ΧΛΕΥΑΣΜΌΣ
ΦΑΙΝΌΤΑΝ
ΙΣΧΎΟΥΝ
ΧΌΜΠΙ
ΣΎΓΧΡΟΝΗ
ΠΙΠΈΡΙ
ΑΓΑΠΗΤΈ

```
U T K A Λ A M Π O K I O Ύ J V M Q
N C P Ό K E P K A Θ H Γ H T Ή Σ F
H Σ Y E M Σ Έ Δ P P T N D B E L C
Λ D C G M A Σ T Y N O M I K Ό Σ K
X E U J I Ά G J L V Q C C U P Q U
Λ I Y Y Π E M C Z L D J L Z V G C
E D D K M G Ξ E O J N C N Ί Σ Ω Σ
Y M Z Z Ό P D A N E S L D N U D H
A X I S X G J D P O I Σ X Ύ O Y N
Σ S Z X Y V O A Έ T H Π A Γ A G O
M Φ A I N Ό T A N I Ά R K N T H P
Ό N Θ H Λ Y K Ό A P Ή T Σ A P B X
Σ C H J Y M Π I Π Έ P I A V G K Γ
A N H Σ Y X Ί A X H L A C I E U Ύ
Δ I E Y K P I N Ί Σ E I K Z F F Σ
```

Puzzle 299

```
B A T U J A W R I S W A H I R Y F
P R H H P W H K Z H Q L O R E C X
H Z G R K A Σ K Ό Λ Y G T E Y C M
H H L L G D X A Q T B B L D L K Π
Σ O P I O X Ό Z T N A K Σ O Ψ Ύ E
E K S F Έ X E I F T A S Y Y K Y P
Θ B S R N Ή P A Θ A K R O L O Ψ Δ
K T Ί P I O Λ C R T A T T Y N H E
Έ A Π O Θ E M A T I K Ό Z B M Λ M
O O B N K A V K V U M I Ά H Ή Έ
N N N Έ Z E B P M B F I L O K Σ N
F M Z P I N Z U K L L A X R Λ I A
S Q F T Π I P O Ύ N I Λ Z H X Φ O
M E Ί Γ M A X A Λ A P Ώ Σ E T E G
W W F D X A D Γ Ί N O N T A I M R
```

ΚΑΛΉ
ΎΨΟΣ
ΦΛΟΙΌ
ΓΙΝΟΝΤΑΙ
ΠΙΡΟΎΝΙ
ΛΑΙΜΌ
ΚΑΘΑΡΉ
ΚΑΣΚΌΛ
ΧΑΛΑΡΏΣΕΤΕ
ΚΤΊΡΙΟ
ΜΠΕΡΔΕΜΈΝΑ
ΈΧΕΙ
ΤΖΆΚΙ
ΈΚΘΕΣΗ
ΥΨΗΛΉΣ
ΑΠΟΘΕΜΑΤΙΚΌ
ΜΕΊΓΜΑ
ΤΟΥΣ
ΤΡΈΝΟ
ΣΚΑΝΤΖΌΧΟΙΡΟΣ

Puzzle 300

ΠΑΡΑΔΈΧΟΝΤΑΙ
ΌΤΙ
ΚΛΈΨΤΕ
ΕΠΕΞΕΡΓΑΣΊΑΣ
ΣΥΓΓΡΑΦΈΑΣ
ΑΠΟΛΑΜΒΆΝΟΥΝ
ΤΈΛΕΙΑ
ΚΑΤΑΣΚΕΎΑΣΜΑ
ΠΕΡΊΠΤΩΣΗ
ΣΤΌΜΑ
ΤΡΟΜΕΡΉ
ΗΛΊΘΙΟ
ΧΩΡΙΌ
ΚΑΤΆΡΤΙΣΗΣ
ΓΝΩΣΤΌ
ΧΕΊΛΟΣ
ΜΠΆΣΚΕΤ
ΑΕΡΟΠΛΆΝΟ
ΑΝΤΙΣΤΆΘΜΙΣΗΣ
ΠΌΡΤΑ

```
B Π Α Ρ Α Δ Έ Χ Ο Ν Τ Α Ι Ε Γ Α Α
C K S A E V Ό A Y B N X A Π N Π E
O L Q X C B T E K Σ Ά Π M E Ω O P
K L V P M A I E Λ Έ T P Ό Ξ Σ Λ O
K A T A Σ K E Ύ A Σ M A T E T A Π
I L B I Q F U Y G L D J Σ P Ό M Λ
Σ H Σ I M Θ Ά T Σ I T N A Γ Q B Ά
H O V Σ A Έ Φ A P Γ Y Σ A T Ά N
H Λ T Q U Q N U K O E N W Σ Q N O
R Q Ί I E L P V J Λ M O D Ί M O K
T H O Θ Q D I H A G Έ E O A F Y R
D Σ H Σ I T P Ά T A K Ψ P Σ B N Y
R Z U R W O X Ω P I Ό V T Ή T O D
H X G R T V E G Ό Σ O Λ I E X Q V
J X N B H Σ Ω T Π Ί P E Π W R W G
```

Puzzle 301

Φ	Α	Π	Χ	Ι	Α	U	Q	Q	Α	Μ	Σ	Α	Τ	Ν	Ά	Φ
Ο	Π	Μ	Ο	Μ	Ι	Τ	Ύ	Λ	Ο	Π	Υ	Υ	Ρ	Υ	Ρ	Π
Ρ	Α	R	Υ	Ρ	Α	G	J	J	Χ	Τ	Ν	Π	Υ	Ο	Ι	Ο
Τ	Λ	Ζ	Α	Ρ	Τ	Ν	Ζ	R	Β	J	Ε	Ο	Ζ	Ζ	L	Υ
Η	Ό	Ρ	Ί	V	Ν	Ο	F	W	F	Β	Χ	Κ	Ι	Ί	G	Κ
Γ	L	D	Θ	Ν	Ά	Α	Κ	S	V	Ζ	Ό	Α	Ο	Φ	F	Ά
Ό	Σ	Η	Υ	F	Σ	R	L	Α	F	Χ	Μ	Τ	Ύ	Μ	C	Μ
Υ	Η	Ύ	Ο	Q	Τ	Τ	D	Λ	Λ	J	Ε	Ά	Ο	Α	Δ	Ι
Ω	Σ	Ή	Λ	Ι	Μ	Ι	Ρ	Ά	Ι	Ί	Ν	Σ	Σ	Ρ	Ι	Σ
V	Η	Ζ	Ο	Λ	Ο	Ι	Ε	Κ	U	Κ	Η	Τ	Ύ	Q	Α	Ο
Κ	Ρ	Q	Κ	S	Η	Ε	V	Σ	Κ	G	V	Η	Ν	Χ	Τ	Β
Ν	Τ	Α	Α	J	G	Ψ	Τ	Ζ	Ο	Q	Ε	Μ	Δ	Ο	Ρ	Ν
W	Έ	Ο	C	Β	S	Ό	Η	R	Ρ	C	Ο	Α	Ε	F	Ι	Ε
Τ	Μ	G	U	Κ	W	Κ	Ρ	Η	Μ	U	Μ	C	Σ	W	Β	C
Τ	S	Q	Ι	Ε	C	V	Ι	F	Ό	U	Ζ	R	Η	Υ	Ή	V

ΜΈΤΡΗΣΗΣ
ΔΙΑΤΡΙΒΉ
ΠΟΛΎΤΙΜΟ
ΑΚΟΛΟΥΘΊΑ
ΠΟΡΤΟΚΑΛΊ
ΥΠΟΚΑΤΆΣΤΗΜΑ
ΑΠΑΛΌ
ΣΎΛΛΗΨΗ
ΣΚΆΛΑ
ΚΟΡΜΌ
ΣΎΝΔΕΣΗ
ΦΆΝΤΑΣΜΑ
ΡΑΜΦΊΖΟΥΝ
ΚΌΨΕΙ
ΣΥΝΕΧΌΜΕΝΗ
ΜΙΛΉΣΩ
ΡΥΖΙΟΎ
ΠΟΥΚΆΜΙΣΟ
ΦΟΡΤΗΓΌ
ΤΣΆΝΤΑ

Puzzle 302

ΥΠΗΡΕΣΙΏΝ
ΥΨΗΛΌΤΕΡΗ
ΓΡΆΦΗΜΑ
ΙΔΙΑΊΤΕΡΑ
ΛΑΜΠΡΉ
ΝΕΡΌ
ΑΥΓΏΝ
ΠΑΝΊ
ΓΑΤΆΚΙ
ΔΕΊΚΤΗ
ΛΕΟΠΆΡΔΑΛΗ
ΔΡΑΣΤΗΡΙΌΤΗΤΑ
ΠΟΛΙΤΙΣΜΌ
ΣΥΜΒΑΊΝΟΥΝ
ΒΑΘΜΌ
ΤΡΙΆΝΤΑ
ΣΧΕΔΙΑΣΜΟΎ
ΣΦΡΑΓΊΔΑ
ΛΌΦΟ
ΕΥΝΟΪΚΉ

Ι	Ε	Ο	Σ	J	Λ	Σ	Δ	Ι	Τ	J	L	Ε	Ε	L	Υ	Δ
Ι	Ο	Τ	Φ	D	Ε	Β	Υ	Ε	D	Ζ	Η	Ο	Χ	Ρ	Ψ	Ρ
Ο	Χ	G	Ρ	Α	Ο	Ι	Ν	Μ	Ί	Ν	Α	Π	D	Κ	Η	Α
F	Ι	Υ	Α	Β	Π	Λ	Q	Ύ	Β	Κ	Ζ	C	Ρ	S	Λ	Σ
Χ	Ι	Ε	Γ	Υ	Ά	Χ	Α	Ο	R	Α	Τ	Μ	G	Ε	Ό	Τ
R	Κ	Χ	Ί	S	Ρ	S	Ρ	Μ	U	Η	Ί	Η	Μ	J	Τ	Η
Τ	Ά	Q	Δ	Q	Δ	D	Ε	Σ	Π	Η	Κ	Ν	V	Η	Ε	Ρ
Τ	Τ	Υ	Α	C	Α	J	Τ	Α	Ν	Ρ	D	Ώ	Ο	D	Ρ	Ι
Β	Α	Θ	Μ	Ό	Λ	Υ	Ί	Ι	Ν	G	Ή	Γ	Φ	Υ	Η	Ό
Κ	Γ	J	Υ	R	Η	W	Α	Δ	L	Ζ	Κ	Υ	Ό	W	Ν	Τ
Τ	Ρ	Ι	Ά	Ν	Τ	Α	Ι	Ε	R	Ρ	Ϊ	Α	Α	L	R	Η
Γ	Ρ	Ά	Φ	Η	Μ	Α	Δ	Χ	Κ	Β	Ο	Ν	L	R	W	Τ
J	Μ	Μ	L	Μ	J	Q	Ι	Σ	Ε	S	Ν	Ε	J	W	R	Α
Ο	U	Υ	Π	Η	Ρ	Ε	Σ	Ι	Ώ	Ν	Υ	Ρ	Τ	F	Ο	Χ
Π	Ο	Λ	Ι	Τ	Ι	Σ	Μ	Ό	D	Κ	Ε	Ό	C	U	F	D

Puzzle 303

```
C B Ά B U Z B Ή K I T H N P A B T
H M M Z O B S K U Z Π S G R J F P
Ί Λ Υ Κ Σ A F A W U Γ Π H D C Q Έ
B A N G J Y D T D A E F Ό X Ά F X
D P A Έ N N E O X G Γ Σ J T Λ F O
Q Q A Ί M Y Θ I Π E O Λ Ί Φ H X Y
E U A X A B W A Y F N U X E M Σ Σ
W I E Ψ Ί P P O Π A Ό Y I R A U A
T P E Ι Σ O H A W R Σ B U E X C L
H T E K B O N Ω Φ Ό I Δ A P N Ή M
A Σ O N Έ M Σ A I Σ Y O Θ N E Σ T
V Y K A T E Ύ Θ Y N Σ H M J Y Y B
X C T C Z C H Y S M Π O P E Ί X Y
Y A P Ί Δ I A Σ K Έ Δ A Σ H Y O P
T F D A W Y P O G T U S K S C C V
```

ΑΡΝΗΤΙΚΉ
ΕΝΘΟΥΣΙΑΣΜΈΝΟΣ
ΕΠΙΘΥΜΊΑ
ΤΡΕΙΣ
ΉΣΥΧΟ
ΆΜΥΝΑ
ΜΠΟΡΕΊ
ΑΥΤΊ
ΣΚΥΛΊ
ΧΑΜΗΛΆ
ΒΡΑΧΊΟΝΑ
ΑΠΟΡΡΊΨΕΙ
ΡΑΔΙΌΦΩΝΟ
ΓΕΓΟΝΌΣ
ΔΙΑΣΚΈΔΑΣΗ
ΚΑΤΕΎΘΥΝΣΗ
ΦΊΛΟ
ΙΠΠΌΤΗΣ
ΤΡΈΧΟΥΣΑ
ΕΝΝΈΑ

Puzzle 304

ΛΕΞΙΛΌΓΙΟ
ΠΡΟΤΕΊΝΟΥΜΕ
ΕΎΡΗΜΑ
ΎΦΟΣ
ΤΥΧΑΊΑ
ΓΥΑΛΙΣΤΕΡΉ
ΚΟΥΡΑΣΜΈΝΟ
ΚΟΥΤΆΒΙ
ΣΥΝΔΥΑΣΜΌ
ΧΏΡΟ
ΜΙΛΆΜΕ
ΤΥΦΏΝΑ
ΠΛΉΡΩΣΗΣ
ΜΈΤΡΗΣΗ
ΉΘΕΛΕ
ΑΝΤΊΚΕΣ
ΥΓΊΗ
ΠΑΡΤΊΔΑ
ΤΕΤΆΡΤΗ
ΠΟΤΌ

```
D V W E M Y O N Ί E T O P Π O T Λ
Ή A L R I U I P Σ M Y R G N K Y E
F Θ C G H M K Q Y Ά X N G O N Φ Ξ
N B E Λ P F C V N Λ A O N Y K Ώ I
Ό J O Λ R C V Δ I Ί E N W O N Λ
T C F Γ E X T X Y M A Ή I Γ Y A Ό
O E Y C Y O O Ώ A D M G B N P H Γ
Π Q T A M A Y P Σ Q H X Ά E A A I
C M W Ά R A Λ O M M P V T O Σ N O
V P K O P M A I Ό K Ύ M Y I M T P
Ύ Φ O Σ I T N N Σ R E O O R Έ Ί I
Z Q T O Y S H L Y T Z K K J N K F
Π A P T Ί Δ A N X G E C O S O E Y
S R B H F N E J Η Σ H P T Έ M Σ H
J R L Y E J A Σ H Σ Ω P Ή Λ Π W C
```

Puzzle 305

```
Α  Ι  Ρ  Ά  Ν  Ρ  Υ  Ο  Π  Β  Κ  L  L  Δ  Ψ  Β  Σ
Δ  Ν  Ύ  Ο  Θ  Η  Τ  Ν  Α  Ν  Υ  Σ  Ν  Ε  Ω  D  Υ
Ά  U  Α  Τ  Η  Τ  Ό  Λ  Ι  Ο  Κ  F  Υ  Δ  Μ  D  Ν
Μ  Ύ  Ο  Μ  Σ  Υ  Θ  Η  Λ  Π  D  W  Ο  Ο  Ά  Μ  Ε
Ο  Π  F  Ι  Έ  D  Ο  Ο  Η  Χ  Β  F  Ζ  Μ  Κ  W  Ρ
Μ  S  Ρ  V  Ρ  Ν  G  Ρ  Τ  Τ  Ρ  Η  Ί  Έ  Ι  Γ  Γ
Τ  Ε  L  Ο  Ρ  U  Ε  Μ  Π  V  V  Μ  Ρ  Ν  Α  Ω  Ά
S  Ξ  S  U  Σ  V  Χ  Τ  Μ  Ο  Τ  Ή  Ο  Ω  Κ  Ν  Ζ
Ρ  Η  F  Β  U  Π  L  W  Α  F  Ρ  Τ  Θ  Ν  Ο  Ί  Ο
Π  Β  S  Η  Ρ  Ά  Ό  Κ  Ι  Τ  Σ  Α  Λ  Π  Α  Ν
Ρ  Ά  V  V  Ο  Α  Θ  Ά  Κ  Ρ  Ι  Κ  Ε  Ρ  S  Τ
Μ  Ρ  Γ  Ι  W  V  D  G  Ε  Ι  Ι  Π  S  Ι  G  Κ  Α
Ή  Τ  Σ  Ω  Ν  Γ  Ε  U  Ι  Ι  U  Ε  Ο  Τ  D  Β  Ι
F  G  Ε  C  Μ  W  Ο  Ί  Ε  Λ  Α  Γ  Ρ  Ε  Ζ  G  W
Α  J  S  L  Ο  Α  Ι  Η  D  Α  J  Σ  Κ  Λ  Ι  Π  Ο
```

ΠΛΑΣΤΙΚΌ
ΣΥΝΑΝΤΗΘΟΎΝ
ΚΛΙΠ
ΚΑΘΟΡΊΖΟΥΝ
ΣΥΝΕΡΓΆΖΟΝΤΑΙ
ΠΟΥΡΝΆΡΙΑ
ΠΡΟΣΠΆΘΕΙΑΣ
ΓΩΝΊΑ
ΤΡΆΒΗΞΕ
ΆΚΑΜΠΤΗ
ΨΩΜΆΚΙΑ
ΟΜΆΔΑ
ΠΛΗΘΥΣΜΟΎ
ΔΕΔΟΜΈΝΩΝ
ΕΡΓΑΛΕΊΟ
ΚΟΙΛΌΤΗΤΑ
ΕΠΙΣΤΉΜΗ
ΓΝΩΣΤΉ
ΠΆΓΩΜΑ
ΑΝΑΜΈΝΕΤΑΙ

Puzzle 306

ΑΠΌΘΕΜΑ
ΒΑΘΙΆ
ΠΆΝΩ
ΕΙΣΌΔΟΥ
ΣΥΝΈΧΕΙΑ
ΜΆΘΗΜΑ
ΕΝΑΛΛΑΚΤΙΚΉ
ΔΑΝΕΙΣΤΕΊ
ΜΟΤΈΛ
ΣΚΟΥΛΉΚΙ
ΒΊΑΣ
ΠΑΝΤΕΛΌΝΙΑ
ΣΧΟΛΙΚΉ
ΓΗ
ΚΆΠΟΤΕ
ΑΡΚΕΤΆ
ΚΑΛΆΘΙ
ΆΔΕΙΑΣ
ΤΥΠΙΚΌ
ΚΡΈΜΑ

```
F  Χ  G  Υ  Ά  Β  Μ  C  Ρ  Υ  Ρ  U  G  Σ  G  G  Ο
U  F  W  Ε  Δ  Ί  Ε  Ά  Τ  Ε  Κ  Ρ  Α  Κ  Ρ  Κ  Ο
W  Ρ  F  Α  Ε  Ε  Κ  Π  Θ  W  Ι  D  Η  Ο  F  V  S
Ε  V  Ζ  Ν  Ι  Τ  G  F  Α  Η  Γ  J  Υ  Υ  Ν  Μ  S
Ω  Ν  Ά  Π  Α  Σ  Η  R  U  Ν  Μ  W  F  Λ  Ε  Μ  U
Σ  Ζ  Α  W  Σ  Ι  Q  R  Ε  Β  Τ  Α  Q  Ή  Τ  Α  S
Υ  Β  S  Λ  Q  Ε  Μ  Ο  Τ  Έ  Λ  Ε  L  Κ  Ν  Α  Κ
Ν  Ί  Ν  S  Λ  Ν  V  S  Ο  Ρ  Υ  V  Λ  Ι  S  Χ  C
Έ  Α  Κ  D  Ι  Α  Ο  G  Π  Ν  Υ  Ο  Δ  Ό  Σ  Ι  Ε
Χ  Σ  Ρ  R  Ε  Δ  Κ  Q  Ά  Ν  G  Ζ  C  Ε  Ν  Υ  W
Ε  Ν  Έ  F  R  F  Χ  Τ  Κ  Α  F  G  G  G  D  Ι  Κ
Ι  L  Μ  W  V  Ε  D  Τ  Ι  Θ  Ά  Λ  Α  Κ  Ρ  Χ  Α
Α  Η  Α  Μ  Ε  Θ  Ό  Π  Α  Κ  Ε  Β  Α  Θ  Ι  Ά  Τ
Ε  Β  L  V  Α  U  L  L  Ο  Χ  Ή  Κ  Ι  Λ  Ο  Χ  Σ
V  C  Τ  Υ  Π  Ι  Κ  Ό  Τ  Ε  Ν  Α  C  Υ  C  Η  Α
```

Puzzle 307

```
Τ Π Β W Π Μ Α Ν Ι Τ Ά Ρ Ι Α Η Τ Ν
Κ Ρ Ε Ο Ο Ρ Ε Τ Ό Λ Η Ψ Δ Κ F Ύ Η
Γ R A P P L O Ξ Ε Σ Π Ά Σ Ε Ι Π Β
Ε Q L Γ I S W Σ Τ Τ Ν Υ Α Β Ε Ο Μ
Ν Ι F Ο Ι Ο Ο U T Ι Ζ Ε Ο Υ J Σ Η
Ι Μ Η Ρ Ό Κ Χ Ό Ν Α Ι Σ Α Φ Χ D Ο
Κ L W C Π Q Ό Ή Υ Τ Τ J Υ S P D M
Ή Υ Β C Α L R Β Ο Ε Τ Ε Β C V G Ο
J Χ F Υ V R Ν Ι Τ Θ Α R Ύ Κ Χ C Λ
Κ Α Μ Π Ί Ν Α R Π Ί Π Η D Ο G Υ Ο
Ρ Ι Q V Κ R G Τ Ί Τ Ε U S C Υ Ρ Γ
Μ R Ο Ν Μ V Ν Ν Π Ο Ι Β D Α Χ Ν Ί
Μ Α L D S Ν U Υ Μ Π Ν Μ V U V Ε Α
V Ι L Η L Ο C Σ Ε Υ Ή Χ Ο Σ Ο Ρ Π
Π Ο Ρ Τ Ρ Έ Τ Ο Ε Κ Κ Λ Η Σ Ί Α C
```

ΟΜΟΛΟΓΙΑ
ΑΠΌ
ΤΑΠΕΙΝΉ
ΨΗΛΌΤΕΡΟ
ΞΕΣΠΆΣΕΙ
ΜΑΝΙΤΆΡΙΑ
ΕΜΠΊΠΤΟΥΝ
ΤΡΑΓΙΚΌ
ΠΡΟΣΤΑΤΕΎΟΥΝ
ΤΎΠΟΣ
ΥΠΟΤΊΘΕΤΑΙ
ΠΟΡΤΡΈΤΟ
ΠΕΡΙΟΧΉ
ΦΑΣΙΑΝΌ
ΠΡΟΣΟΧΉ
ΚΑΜΠΊΝΑ
ΓΕΝΙΚΉ
ΕΚΚΛΗΣΊΑ
ΣΥΝΤΡΙΒΉ
ΚΌΡΗ

Puzzle 308

ΑΝΤΑΠΟΚΡΊΝΟΝΤΑΙ
ΠΑΡΆΞΕΝΑ
ΗΘΙΚΌ
ΤΟΥΡΚΊΑ
ΠΕΔΊΟ
ΜΟΝΑΧΙΚΌ
ΡΕΎΜΑ
ΣΥΝΕΙΔΗΤΟΠΟΙΟΎΝ
ΠΆΣΧΟΥΝ
ΠΕΡΙΚΟΠΉ
ΚΌΛΛΑ
ΠΑΡΆΘΥΡΟ
ΚΑΝΌΝΑ
ΑΡΚΕΊ
ΠΑΡΑΚΟΛΟΥΘΉΣΟΥΝ
ΡΊΞΤΕ
ΠΙΆΤΑ
ΑΔΎΝΑΜΟ
ΠΕΡΙΟΧΉΣ
ΧΡΟΝΟΔΙΆΓΡΑΜΜΑ

```
Χ Ν Ύ Ο Ι Ο Π Ο Τ Η D Ι Ε Ν Υ Σ Τ
Ρ Υ Α Ν Τ Α Π Ο Κ Ρ Ί Ν Ο Ν Τ Α Ι
Ο Ο Ρ Ι U Q Α U Κ Α Ν L Ν J Q Π L
Ν Σ Ή Χ Ο Ι Ρ Ε Π Ν Ο Α G V Π Ε S
Ο Ή W Τ Ρ Ε Ύ Μ Α Ό Ρ Α Ν Α Ά Ρ Υ
Δ Θ V S Ο G Β W Μ Ν Κ Ι Α Μ Σ Ι Ζ
Ι Υ F U Κ Υ Ζ Α Ε Α S Ι L Τ Χ Κ Η
Ά Ο Ρ Υ Θ Ά Ρ Α Π Κ Β L Χ Κ Ο Ο Θ
Γ Λ Q Β C J Ρ Κ Ν L W Τ Β Α Υ Π Ι
Ρ Ο Η V U Η Ν Ι Ί Ε Κ Ρ Α L Ν Ή Ι
Α Κ Q Ζ Ε J Ρ Ε L Α Ι G V Λ V Ο Ό
Μ Α Π Ι Ά Τ Α Ί R S Χ Ρ U Ό Ζ Ί Μ
Μ Ρ Μ L C F Υ Ν Ξ W U Ο Q Κ G Δ D
Α Α Δ Ύ Ν Α Μ Ο Μ Τ Ρ F Τ Q J Ε U
U Π Π Α Ρ Ά Ξ Ε Ν Α Ε W C F Ε Π S
```

Puzzle 309

```
A Ί P T X Σ U S V V D B F M Δ E K
Ί Γ S C D A T P X K Z I R E I T E
Φ Z A G Ό Έ U K J G A A P T A Y K
H D V Π T T L D E F R Σ K O Δ M O
Ψ Π D M H A R B D Y U T Ά X I H P
O Λ Ύ Ξ O M G F Ή Σ J I Λ I K Γ Ώ
I A O A N M Έ G Φ Y T K T K A O N
E T I B A A H N P N O Ά Σ Ό Σ P A
Λ E D Z T P Z Y O Ό E X A V Ί Ί R
Π Ί N L A Γ L O M Λ V Π Γ A A A
K A Y O K Y X Θ C O M K A Έ Σ S Y
E Π Έ T E I O Ά O Y G E Z Φ Λ P A
I E Σ Ύ E N Π M E U F U W U Ή E U
E A E G V L Z G P I T U W H V Q D
D H X I I P T U V C M Q G B J F P
```

EMΠNEΎΣEI
TPΊA
KΆΛTΣA
EΠΈTEIO
ETYMHΓOPΊA
ΠΛEIOΨHΦΊA
ΣYNΌΛOY
MOPΦΉ
ΞΎΛO
METOXIKΌ
BIAΣTIKΆ
ΠΛATEΊA
MΆΘOYN
ΓPAMMATΈAΣ
KATANOHTΌ
KOPΏNA
EΠAΦΉ
AΓAΠHMΈNO
ΔIAΔIKAΣΊAΣ
EΛΈΓXOY

Puzzle 310

ΔIAPPOΉ
AKATΆΛΛHΛH
TΎMΠANO
ΈNOXOI
NOΣOKOMEΊO
AΠΈNANTI
ΣTENΌ
TEPΆΣTIA
TΊΓPHΣ
AΓΌPI
MAΪMOΎ
AΊTHMA
ΔIAΠPAΓMATEYTEΊ
AKTINΊΔIO
MΈΣO
ΣXΉMA
ΠΊNAKA
IΣTOΣEΛΊΔA
ΣΩΣTO
ΞENOΔOXEΊO

```
M H Y F I M Δ E X Π O F N B E T V
A Λ Z B O V I U U I Ί N B E D Ύ O
Ϊ H R R S X A L I J E N X S W M Ί
M Λ R C S E P O V Έ X T A O A Π E
O A R R Y O P H M N O Z Ί K D A M
Ύ Ά X Q L C O C H O Δ R U Γ A N O
Σ T E N Ό O Ή R T X O H M X P O K
D A A E A Γ Ό P I O N L Y H Z H O
V K A Π R F Z T N I E J N F C J Σ
F A M X Έ M Έ Σ O I Ξ K S L Q U O
K K H X P N I Σ T O Σ E Λ Ί Δ A N
Ί E T Y E T A M Γ A P Π A I Δ X B
H O Ί U N T D N T E P Ά Σ T I A I
F A A M Ή X Σ Ό T Σ Ω Σ H F K M I
O Y E P L H N J O I Δ Ί N I T K A
```

Puzzle 311

```
Α Ρ Α Χ Ά Μ Π Ο Υ Ρ Γ Κ Ε Ρ G Τ Η
Ί Ν Τ Π Χ Q Ο Μ R J X Q X R G Ρ Λ
Φ Π Α Κ Ό Ρ D Μ F Μ L F S K R Έ Ι
Α Ρ F G Σ Α Τ Ν Ο Π Έ Λ Β Μ Ξ Ο
Ρ Ο Ρ Τ Ν Ε Τ Ε Ν Ί Ρ Κ Γ Υ Σ Ε Β
Γ Σ V L Η Ω Η Α J C Μ S Ν L Α Ι Α
Ο Δ F Κ L V Ρ S Σ S Π S Τ Μ Γ Ε Σ
Τ Ο L Ν G Ζ Γ Ί Ο Η Ο Q Ο Κ Κ Σ Ι
Ω Κ Α W V W Ί F Σ Ρ Λ Ο R Ε Ά Ύ Λ
Φ Ο Υ Q F Ζ Τ V Υ Ε Κ G Β S Λ Λ Έ
Β Ύ Κ Τ Τ Μ Υ Χ F R Ι Α Ν Α Ι Ε Μ
Χ Ν Π Α Ν Τ Ρ Ε Υ Τ Ε Ί Ζ Β Α W Α
Α Κ Ρ Ι Β Ή R Ρ Λ Ά Χ Α Ν Ο Σ Α Τ
U Χ Π Ο Λ Υ Θ Ρ Ό Ν Α Ε Ο Τ Ε Β Ο
Ο Ν Ι Π Π Ο Π Ό Τ Α Μ Ο Σ Ρ Ρ V Σ
```

ΤΗ
ΛΎΣΕΙ
ΛΆΧΑΝΟ
ΑΝΑΓΝΩΡΊΣΕΙ
ΙΠΠΟΠΟΤΑΜΟΣ
ΜΠΟΛ
ΡΌΚΑ
ΣΥΓΚΡΊΝΕΤΕ
ΦΩΤΟΓΡΑΦΊΑ
ΠΡΟΣΔΟΚΟΎΝ
ΑΓΚΆΛΙΑΣΕ
ΑΚΡΙΒΉ
ΒΛΈΠΟΝΤΑΣ
ΗΛΙΟΒΑΣΙΛΈΜΑΤΟΣ
ΠΑΝΤΡΕΥΤΕΊ
ΠΟΛΥΘΡΌΝΑ
ΤΊΓΡΗ
ΧΆΜΠΟΥΡΓΚΕΡ
ΑΠΌΣΤΑΣΗ
ΤΡΈΞΕΙ

Puzzle 312

ΠΆΠΙΑ
ΕΞΈΠΛΗΞΕ
ΥΓΡΌ
ΑΝΑΤΟΛΙΚΆ
ΖΆΧΑΡΗ
ΈΔΡΑ
ΛΊΓΟ
ΦΡΆΧΤΗ
ΚΎΡΙΕ
ΦΘΟΡΆ
ΚΡΕΒΑΤΟΚΆΜΑΡΑ
ΑΡΈΝΑ
ΣΤΑΦΥΛΙΏΝ
ΗΛΕΚΤΡΙΚΌ
ΜΑΚΡΆ
ΙΑΤΡΙΚΉ
ΚΑΤΆ
ΒΟΥΝΏΝ
ΑΚΑΔΗΜΑΪΚΌ
ΧΩΡΊΣ

```
Α Χ Κ Ζ Ά Χ Α Ρ Η F Μ Ρ Η Κ Τ Σ Β
Η Ν J Α Χ Ω Ρ Ί Σ L V Τ Τ Ρ W Τ Ρ
Λ Ρ Α Q Τ Μ S J Μ Α Q L Χ Ε Ζ Α G
Ε L Ρ Τ Ε Ά Ν Ν Μ Α Κ Ρ Ά Β Ζ Φ U
Κ F Ι W Ο Η Q Ν Κ Ι S W Ρ Α Ε Υ Κ
Τ Η Ν L Β Α Ρ Κ Ο Q V D Φ Τ Ξ Λ F
Ρ D Α Μ V Ο Ι Χ Υ Β Α Ο Ο Ο Έ Ι Έ
Ι W Μ Α Ο Γ Υ Κ Ο S Η Α Ζ Κ Π Ώ Δ
Κ Ι Β Τ D Ί F Ν Ά Τ Ο Ρ Ο Θ Φ Ά Λ Ν Ρ
Ό Ε Μ V W Λ F Q Ώ Α Χ S W Μ Η Ρ Α
Υ Γ Ρ Ό C Ι J Μ S Ν Ο J Ι Α Ε Ξ Κ D
Ι Ν U Μ Χ Α Ρ Η Ρ Έ V U Ε Ρ Ε Ύ Κ
W Η R Κ Π Ά Π Ι Α Ρ D Ε U Α Υ Ρ Q
Ε Q L L G Ι U Η Ι Α Τ Ρ Ι Κ Ή Ι Κ
Α Κ Α Δ Η Μ Α Ϊ Κ Ό Υ S Ρ V R Ε J
```

Puzzle 313

```
E D I Y Ξ E T N D G X V M H M K A
B P A Π Έ Θ G P Z L Z F Y Z Π H Π
I J T E N E J R O R Ή F P M A F Λ
S I U N Ω Λ V J Π Π K V A Q Λ I O
K A Y Θ N O T B Λ U I J S S O A Π
G Q O Y R N W U Ό Z T K U U N Δ O
O F P M X T U F K I A Έ Ή H I A I
F L P Ί P I Z O P P M P G K Ώ M Ή
P R O Σ I K Ό Z N P A X F P N Ά Σ
D Q X Ω Ή Θ A K P E B F B Σ T
Π P Ά Σ O M H C A U Δ T D D O K E
S N E H C L T A T Ά B A P Γ H H B
A P I Σ T E P Ό Z B Ά I Ξ E Δ N Q
K J Σ Ύ N T O M H K Ί N C F G O G
C H P P E Q Φ Δ I K H Γ Ό P O Σ H
```

ΑΡΙΣΤΕΡΌ
ΔΡΑΜΑΤΙΚΉ
ΘΑ
ΓΡΑΒΆΤΑ
ΥΠΕΝΘΥΜΊΣΩ
ΝΊΚΗ
ΜΠΑΛΟΝΙΏΝ
ΔΙΚΗΓΌΡΟΣ
ΑΠΛΟΠΟΙΉΣΤΕ
ΞΈΝΩΝ
ΣΎΝΤΟΜΗ
ΠΡΆΣΟ
ΈΡΧΕΤΑΙ
ΤΡΟΠΙΚΉ
ΚΌΛΠΟ
ΕΘΕΛΟΝΤΙΚΉ
ΔΕΞΙΆ
ΜΑΣ
ΔΑΜΆΣΚΗΝΟ
ΦΟΡΤΗΓΌ

Puzzle 314

XOIPINOΎ
ΑΠΌΔΟΣΗ
ΑΝΆΓΚΗ
ΧΑΜΌΓΕΛΟ
ΠΡΙΝ
ΤΎΠΟΥ
ΤΥΡΊ
ΧΡΉΜΑΤΑ
ΊΝΤΣΕΣ
ΑΡΓΌΤΕΡΑ
ΔΕΛΦΊΝΙ
ΠΕΡΙΒΆΛΛΟΝ
ΈΡΙΞΕ
ΣΤΟΜΆΧΙ
ΠΙΟ
ΈΡΗΜΟ
ΤΥΦΏΝΑ
ΚΑΘΟΡΊΖΟΥΝ
ΠΆΝΩ
ΠΆΣΧΟΥΝ

```
Π V A C A M B R Δ R T Y U J T Έ Π
P O Z B N E X W E J W Y N A E P Ά
I Q W E Ά H I G Λ X E A P X T H N
N Q D R Γ I M X Φ B L W P Ί Y M Ω
B X A J K H M M Ί K J B Q I Φ O Π
I B T P H A Ύ O N I P I O X Ώ R E
J G A H Γ U J L I B P X I Ά N W P
X V M Ί K Ό Έ P I Ξ E A W M A L I
Y H Ή L N Q T K C S A M N O X U B
V W P N D T J E O P Π Ό D T A Y Ά
F Q X G B L Σ O P M Ό G O Σ M J Λ
Π Ά Σ X O Y N E Q A Δ E Π I O B Λ
N X T Ύ Π O Y C S I O Λ X K P O O
K A Θ O P Ί Z O Y N Σ O R T J A N
N O N M Z H H S K X H F I B J F W
```

Puzzle 315

```
J Λ A P Σ E N I K Ό P E K Ό P D Σ
A K Έ Δ L K T P B Ό Y T Y P O Y
M L R Ξ Y E P E Δ Έ T V X H W B M
Ό K A M H I F E O Σ X G R K R E Π
K O Y P T Ί N E Σ Σ Ό Z Z C Q C Έ
A N K D H O X R R A O Δ M X V I P
Y F N C T N C I A Λ Έ M A P A K A
A X V S Ί G W M T Ά K I Δ I E Γ Σ
H G A P A E A D T X K T W S N H M
M I U T P T H S I I M N W P R M A
X R E Σ A I Λ Ά K Γ A Ό C S G P U
E H C E Π K K O W S U Δ V L D Y F
U P V R A Λ A O Γ P A Φ I K Ό M C
B Z Y E E H K R I Δ I A Ί P E Σ H
R N A K A Δ H M A Ï K Ό Y K M P S
```

ΑΚΌΜΑ
ΑΠΑΡΑΊΤΗΤΗ
ΜΥΡΜΉΓΚΙ
ΚΟΥΡΤΊΝΕΣ
ΛΈΞΗ
ΔΈΚΑ
ΣΥΜΠΈΡΑΣΜΑ
ΒΟΎΤΥΡΟ
ΚΑΡΑΜΈΛΑ
ΔΙΑΊΡΕΣΗ
ΑΡΣΕΝΙΚΌ
ΛΑΟΓΡΑΦΙΚΌ
ΧΈΡΙ
ΣΌΔΑ
ΔΌΝΤΙ
ΕΙΔΙΚΆ
ΣΑΛΆΧΙ
ΡΕΚΌΡ
ΑΓΚΆΛΙΑΣΕ
ΑΚΑΔΗΜΑΪΚΌ

Puzzle 316

ΣΤΥΛΌ
ΘΕΩΡΊΑ
ΣΉΜΑΤΟΣ
ΔΈΝΤΡΑ
ΤΈΤΟΙΑ
ΓΕΝΝΉΘΗΚΕ
ΕΝΟΙΚΊΑΣΗ
ΣΧΕΔΌΝ
ΈΔΩΣΕ
ΕΠΊΣΗΜΟ
ΠΑΡΆΛΟΓΗ
ΕΡΏΤΗΣΗ
ΜΕΡΙΚΆ
ΆΡΘΡΟ
ΚΥΝΉΓΙ
ΤΟΝ
ΔΙΕΥΘΥΝΤΗΣ
ΦΆΝΤΑΣΜΑ
ΙΠΠΌΤΗΣ
ΕΤΥΜΗΓΟΡΊΑ

```
T M X T P J V A Φ E P T Q M M A V
D C Y D A H Γ O Λ Ά P A Π Z Z P Q
Σ L R A F E K H Θ Ή N N E Γ B A X
H Ή K M M P N D X J Ό T N T Y K N
T E M M E P I K Ά Σ D I A H Y J Ά
Ό T G A I O T Έ T P E Y L Σ N P P
Π Y T M T I C E Δ R X V Σ H M U Θ
Π M C O V O F A A Ω Σ L T T I A P
I H Z E P Q Σ H B P Σ B Y Ώ Y C O
Γ Γ Θ E Ω P Ί A T R Z E Λ P M C L
Ή O X X T C F A S R S Y Ό E V V S
N P M I X X X P T W X H T R X G E
Y Ί C Y E E Π Ί Σ H M O O U Q M J
K A I E N O I K Ί A Σ H N C G I D
Δ Έ N T P A Z Δ I E Y Θ Y N T H Σ
```

Puzzle 317

```
K  W  R  U  Y  O  N  E  Ξ  Ά  P  A  Π  Z  S  J  K
A  Δ  Ί  T  N  O  P  Φ  K  G  W  H  W  X  M  V  A
T  N  V  C  Ό  M  X  K  Π  Θ  B  I  C  F  Z  U  Λ
Σ  W  N  Y  Z  E  I  T  A  B  E  G  Z  Q  H  D  Ω
A  Y  Ω  J  E  T  D  M  Ί  J  H  Σ  Ώ  N  Γ  F  Σ
P  V  Έ  B  Σ  Ά  I  L  Ξ  E  O  Q  I  Y  Q  C  Ό
Ό  A  N  A  M  O  N  Ή  I  G  H  Y  L  A  T  L  P
Λ  U  E  D  T  A  N  U  M  B  W  G  F  R  K  P  I
A  L  Y  L  B  N  B  O  X  O  I  Q  H  I  Ό  Σ
X  Ό  K  E  Ϊ  K  A  O  Y  T  Σ  O  Ύ  K  J  C  M
E  I  Σ  B  Ά  Λ  O  Y  N  Z  A  K  S  R  W  K  A
Φ  A  N  T  A  Σ  Ί  A  Σ  M  E  I  Ώ  Σ  E  I  M
Ψ  Ω  M  Ϊ  P  Z  I  P  E  H  G  O  G  O  X  J  Y
Λ  I  Ώ  Σ  E  I  J  E  D  V  G  Π  D  X  S  N  G
Π  P  A  Γ  M  A  T  I  K  Ά  O  Έ  V  L  Q  K  V
```

KAOYTΣOΎK
ΣEZΌN
NΈΩN
ΨΩMΊ
ΠPAΓMATIKΆ
KAΛΩΣΌPIΣMA
KATΣAPΌΛA
EIΣBΆΛOYN
EKΘEΣIAKΌ
METΆ
ΠAPΆΞENO
ΈΠOIKOI
ΛIΏΣEI
ΓNΏΣH
XΌKEΪ
ANAMONΉ
MEIΏΣEI
ΠAΊΞIMO
ΦANTAΣΊAΣ
ΦPONTΊΔA

Puzzle 318

BPOXEPΈΣ
KAPΌTO
KΌTA
KATAIΓΊΔA
KEΦAΛAΊOY
ΦPΈZIA
HΛIΌΛOYΣTH
ΔΎΣKOΛO
ΓΛΏΣΣA
ΣΊΓOYPA
ΣYMΠEPIΦOPΆ
ΣTAΦΎΛIA
ΣKΆΛEΣ
TΎXH
MHTPIKΉ
TΈΛEIA
ΣΎNΔEΣH
ΠPOΣΠΆΘEIAΣ
TYΠIKΌ
BAΘIΆ

```
V  Δ  X  Y  Σ  G  A  O  C  Q  L  X  P  H  Φ  Q  A
D  F  Ύ  B  F  T  O  T  J  F  E  W  X  Λ  P  Q  Y
W  M  J  Σ  A  P  A  Σ  Σ  Ώ  Λ  Γ  Σ  I  Έ  D  S
E  A  T  Ό  K  Θ  C  Φ  W  I  M  S  Ύ  Ό  Z  V  F
Ό  C  T  B  J  O  I  I  Ύ  Z  C  F  N  Λ  I  T  Q
K  T  Ύ  X  H  F  Λ  Ά  Y  Λ  S  X  Δ  O  A  Σ  M
I  T  Έ  Λ  E  I  A  O  Y  Y  I  Z  E  Y  H  K  H
Π  P  O  Σ  Π  Ά  Θ  E  I  A  Σ  A  Σ  Σ  E  Ά  B
Y  S  T  B  P  O  X  E  P  Έ  Σ  B  H  T  I  Λ  E
T  L  Ό  N  K  E  Φ  A  Λ  A  Ί  O  Y  H  D  E  V
T  A  P  Y  O  Γ  Ί  Σ  M  S  O  H  M  D  N  Σ  P
R  W  A  Δ  Ί  Γ  I  A  T  A  K  R  T  T  J  E  A
H  Ή  K  I  P  T  H  M  Q  X  J  M  K  N  A  A  A
Σ  Y  M  Π  E  P  I  Φ  O  P  Ά  A  B  E  O  O  B
X  W  S  G  E  Q  A  V  L  K  Q  L  N  I  Z  R  D
```

Puzzle 319

```
Y N X J Γ Σ Y Γ X Ω P Ή Σ E I L Z
S S T L Α Σ Y M Φ Ω N Ή Σ O Y N V
R B Ύ K Λ M A Λ Λ Ί K B X H S F H
T N Π J O A M R X Y W H H P T T R
G S H J Π Y Γ P Ό S D R R L P N F
Σ P M A O Σ Y N Δ Y A Σ M Ό N E B
T Y A M Ύ A J A P M M E Λ Έ T H Σ
Ή X T C Λ M Φ Ω Λ I Ά T V E O T P
Λ Σ B H A E Q Έ K Θ E S H S V Ύ Ή
H Ύ E Y A Ί Δ Ό N T I A B P C X M
C N T M H N Ύ O Θ H M I M C X O A
K N S G I E A Σ T A Θ Ή D S J P R
Q E F L Y T B Y V H A L X Y H E S
A Φ D Y K E A Γ A Π H M Έ N O N K
H O Y V M Έ Γ A I P A Z Q R F J D
```

ΜΕΛΈΤΗΣ
ΔΌΝΤΙΑ
ΧΤΎΠΗΜΑ
ΡΉΜΑ
ΝΕΡΟΧΎΤΗ
ΣΎΝΝΕΦΟ
ΣΤΉΛΗ
ΓΑΛΟΠΟΎΛΑ
ΜΙΜΗΘΟΎΝ
ΦΩΛΙΆ
ΜΕΊΝΕΤΕ
ΑΣΤΑΘΉ
ΣΥΓΧΩΡΉΣΕΙ
ΜΑΛΛΊ
ΣΥΜΦΩΝΉΣΟΥΝ
ΜΈΓΑΙΡΑ
ΈΚΘΕΣΗ
ΣΥΝΔΥΑΣΜΌ
ΑΓΑΠΗΜΈΝΟ
ΥΓΡΌ

Puzzle 320

ΑΝΘΡΏΠΟΥΣ
ΕΡΓΑΣΊΑ
ΑΓΈΛΗΣ
ΣΥΝΑΙΣΘΗΜΑΤΙΚΉ
ΜΗΔΈΝ
ΈΡΧΟΝΤΑΙ
ΔΗΛΗΤΉΡΙΟ
ΦΡΈΣΚΑ
ΑΔΕΛΦΉ
ΤΟΥΛΊΠΑ
ΗΛΙΟΦΆΝΕΙΑΣ
ΚΟΙΝΩΝΙΚΉ
ΟΓΔΌΝΤΑ
ΓΕΙΑ
ΛΑΜΒΆΝΟΝΤΑΣ
ΈΞΙ
ΚΑΙΡΌ
ΤΗΣ
ΣΙΤΆΡΙ
ΓΩΝΊΑ

```
Σ Y N A I Σ Θ H M A T I K Ή X S T
A Ή P N P H J T X T L L H S C A O
Σ K K Z Ά Λ I W P N Ή Φ Λ E Δ A Y
A I V J T Έ Γ X K Ό H I I Έ O C Λ
T N Q T I Γ E S C Δ X I O R Ξ A Ί
N Ω Θ Ό Σ A I D R Γ N V Φ G B I Π
O N W P V R A C A O B O Ά U N A A
N I I I Ώ E P Γ A Σ Ί A N V G T M
Ά O K A C Π Y N K S B K E T A N H
B K E K J N O Φ J L A G I I V O Δ
M B I U N B T Y P F H M A O V X Έ
A F K G Q X P C Σ Έ Q G Σ V U P N
Λ O I P Ή T H Λ H Δ Σ V I V Q Έ H
O Q Q O O F N U T X P K P W U F K
O W X V Γ Ω N Ί A U D W A M W Y Q
```

Puzzle 321

```
D H N Z A I P Ά N P Y O Π D B M A
R I E Σ Ί N O N A K Λ Ύ Σ E I A Λ
B W L D P P Ή Γ I G G S U Σ Σ K Λ
I H O Z P D A K Έ M R C A A A P H
Σ K O Π Ό S I I O Φ J P X Π P Ά Λ
Δ I Ά Λ E I M M A Y Y O D Σ Ά S E
Y Π Ό Σ X O N T A I N P N Έ N I Π
E F S Y A A F C E H Φ Q A P T Σ I
F W E O E P P K Z Q Θ J O A Ύ Δ
Π P Ό Θ E Σ H I A E H Ί D V G Λ P
Z K S C Z G Z D Θ I N T H R C Λ O
A P O Y P A Ϊ O Σ M Ή Λ U K N H Ύ
Λ E Ω Φ O P E Ί Ω N H O V K C Ψ N
Σ Y M M E T Έ X O Y N T C M E H B
T W S S X Y P F O V F Z Ή D U P N
```

ΦΘΗΝΉ
ΠΡΌΘΕΣΗ
ΣΚΟΠΌ
ΤΊΤΛΟ
ΑΛΛΗΛΕΠΙΔΡΟΎΝ
ΣΥΜΜΕΤΈΧΟΥΝ
ΓΈΦΥΡΑ
ΈΣΠΑΣΕ
ΑΡΙΘΜΗΤΉ
ΛΕΩΦΟΡΕΊΩΝ
ΣΑΡΆΝΤΑ
ΥΠΌΣΧΟΝΤΑΙ
ΑΡΟΥΡΑΊΟΣ
ΑΝΉΚΟΥΝ
ΚΑΝΟΝΊΣΕΙ
ΔΙΆΛΕΙΜΜΑ
ΣΎΛΛΗΨΗ
ΠΟΥΡΝΆΡΙΑ
ΛΎΣΕΙ
ΜΑΚΡΆ

Puzzle 322

ΠΡΟΪΌΝΤΩΝ
ΆΦΘΟΝΟ
ΠΛΎΣΗΣ
ΤΕΊΝΟΥΝ
ΣΥΜΠΑΓΉ
ΠΏΣ
ΑΝΑΚΑΛΎΨΕΤΕ
ΒΉΜΑ
ΑΓΓΛΙΚΆ
ΧΑΛΆΖΙ
ΈΝΘΕΤΟ
ΤΈΝΙΣ
ΞΕΧΩΡΙΣΤΉ
ΠΑΙΔΙΆ
ΠΡΟΪΌΝ
ΚΑΝΑΡΊΝΙ
ΜΕΤΑΦΟΡΆ
ΕΠΙΚΊΝΔΥΝΟ
ΚΑΤΕΎΘΥΝΣΗ
ΚΆΠΟΤΕ

```
Ξ K G T A E Π I K Ί N Δ Y N O T M
E Έ A U O N B Y C R S Q C J Π Έ E
X N M N N G A V R X X K Z W P N T
Ω Θ Ή C A I R K K D Z C W Q O I A
P E B D J P P E A U V F W R Ϊ Σ Φ
I T W I Π T Ί D R Λ M H B W Ό Ό Ω
Σ O T Ά A T V N K J Ύ P R F N Π P
T D K Φ I E C E I Y Z Ψ A V T Σ Ά
Ή C M Θ Δ Ί S U Z J L Z E L Ω Y K
Π B F O I N N Q Ά D Z R T T N M I
F Λ C N Ά O C D Λ I A F O U E Π Λ
T X Ύ O Y Y R K A D R T Π X I A Γ
X B E Σ T N N R X K T K Ά J D Γ Γ
C A C E H Π P O Ϊ Ό N T K W C H A
W W R V H Σ N Y Θ Ύ E T A K W S Z
```

Puzzle 323

```
L E M Q T R A R H L F Y U H Ά Z F
V Π V W B W Ί P K Λ Y Σ B A M E Z
A I J L S Z T C K P E U Ύ A M Λ T
K Π O H Σ Y E Δ Ί A Π K E Z O Έ L
A T C Σ Ό X A Z S Y C A T Z Y J A
P Ώ C Y P Y K N O A N X U P H Γ L
Φ Σ N O T Q E J F Z L D O F I N Ό
Ί E F P A C Δ I A Θ Έ Σ I M O K G
T I K K I Y Z E P Σ Ω Π Ό S Z Y Ό
Σ Σ Z Γ Γ Z Q Γ I A T Ά T P A Ξ E
A O P Ύ A M J Ύ I T M Ί O J B W G
M D Y Σ M N T Φ O Λ Y O Π Ό T O K
T M Z M T W Λ A I M Ό Λ E P T V A
E K N E Y P I Σ M Έ N O Σ S D P A
X F V I L O Z A X F Z O E D R Y Q
```

ΕΚΠΑΊΔΕΥΣΗ
ΕΠΙΠΤΏΣΕΙΣ
ΣΎΓΚΡΟΥΣΗ
ΦΎΓΕΙ
ΔΙΑΘΈΣΙΜΟ
ΖΕΛΈ
ΠΊΤΣΑ
ΜΑΎΡΟ
ΔΕΚΑΕΤΊΑ
ΓΙΑΤΡΌΣ
ΆΜΜΟ
ΌΠΩΣ
ΣΎΖΥΓΟ
ΚΟΤΌΠΟΥΛΟ
ΤΡΕΛΌ
ΕΚΝΕΥΡΙΣΜΈΝΟΣ
ΚΑΡΦΊΤΣΑ
ΕΞΑΡΤΆΤΑΙ
ΛΑΙΜΌ
ΗΛΕΚΤΡΙΚΌ

Puzzle 324

ΟΛΊΣΘΗΣΗ
ΡΌΛΟ
ΆΝΘΡΩΠΟΣ
ΜΆΤΙ
ΙΤΙΆΣ
ΑΓΡΌΤΗΣ
ΜΑΖΊ
ΣΚΑΘΆΡΙ
ΑΚΟΎΣΕΙ
ΠΑΡΑΣΚΕΥΉ
ΕΞΩΤΕΡΙΚΌΣ
ΑΜΟΙΒΏΝ
ΠΡΟΌΔΟΥ
ΤΑΚΤΟΠΟΙΗΜΈΝΟ
ΠΥΓΟΛΑΜΠΊΔΑ
ΞΕΧΝΆΜΕ
ΚΟΝΤΆ
ΚΛΉΣΗ
ΚΎΜΑ
ΧΩΡΙΌ

```
L X N X K A Δ Ί Π M A Λ O Γ Y Π T
Q Ω I F F R Q D N V I I S O E P A
I P E Z Σ K A Θ Ά P I D B Q P O K
E I Z L P D S M U D C M S T J Ό T
Σ Ό N U J Σ Ό K I P E T Ω Ξ E Δ O
Ύ M T Q L A H Σ Ή Λ K I B J M O Π
O T Ά T N O K T H M V T D R Ά Y O
K M B T Z K W P Ό Λ O I I L N F I
A Ύ T B I M E W Z P K Ά J P X P H
J A M A M O I B Ώ N Γ Σ J U E F M
M Ί Z A M P Q O Q R I A R W Ξ I Έ
C R B Π A P A Σ K E Y Ή M I W A N
C P Q S E G Ά N Θ P Ω Π O Σ D B O
Y K R X M C H R W O Λ Ί Σ Θ H Σ H
N U G U V N L K Q V U I J W H S I
```

Puzzle 325

```
W K V W B I S R W G Z R P W S T A
C D W F R R C D A Σ Σ A Λ Ά Θ I D
Π E P I K O Π Ή Σ Π Y K N Ή F L Y
Σ T Σ J G Σ Y N E X Ί Σ E I A I M
H Ί O Έ H O Z Y M T E Ί Δ E M T Ά
M E I Σ T A Π O P P Ί Π T O Y N Σ
A Δ K O X Σ H B K Ό M M A T A D K
N E O Φ Ά Π A P Ά F C A Q G N C A
T M Γ Ί P N Z M E A Γ N O O Ύ M E
I T Έ A Φ T S T Y E N A F X W T Q
K G N Σ O I P Ό T A I T Σ E I S U
Ή O E J R D Y Q N X Θ O X F D O F
L H I Δ Ί Ξ A T T M J Π J G F T Z
H G E B D G K O V S Y Ί L Y T U K
B O Σ F V V N B Y A L T P Z E X Z
```

ΤΊΠΟΤΑ
ΣΟΦΊΑΣ
ΠΥΚΝΉ
ΑΣ
ΘΆΛΑΣΣΑ
ΔΕΊΤΕ
ΕΣΤΙΑΤΌΡΙΟ
ΚΌΜΜΑΤΑ
ΤΑΞΊΔΙ
ΠΑΡΆ
ΜΆΣΚΑ
ΣΥΝΕΧΊΣΕΙ
ΑΠΟΡΡΊΠΤΟΥΝ
ΘΑΥΜΑΣΤΈΣ
ΟΙΚΟΓΈΝΕΙΕΣ
ΑΓΝΟΟΎΜΕ
ΣΗΜΑΝΤΙΚΉ
ΕΊΔΕ
ΠΕΡΙΚΟΠΉ
ΦΡΆΧΤΗ

Puzzle 326

ΧΑΡΑΚΤΉΡΑ
ΣΥΝΤΟΜΟΓΡΑΦΊΑ
ΕΚΤΊΜΗΣΗ
ΑΙΧΜΗΡΌ
ΔΈΚΑΤΟ
ΘΕΤΙΚΌ
ΔΆΣΚΑΛΟΣ
ΑΙΣΘΆΝΘΗΚΕ
ΕΥΘΎΝΗ
ΜΙΣΉ
ΕΙΔΉΣΕΩΝ
ΦΊΛΟΥΣ
ΠΑΡΑΚΆΤΩ
ΑΝΌΜΟΙΑ
ΡΙΠΉ
ΕΓΓΡΑΦΉΣ
ΣΥΝΈΛΕΥΣΗ
ΕΝΔΙΑΦΈΡΟΥΣΑ
ΑΝΑΜΈΝΕΤΑΙ
ΣΥΝΤΡΙΒΉ

```
Y C A Θ U I A T E N Έ M A N A W F
E M O E H Q Q Z K I B M W Q A Y L
K L B T T O L L T Ό P H M X I A V
M Y T I A W K G Ί O X Σ Z B T X G
J Σ Ή K U K X N M Z S Y L T D T Z
E Ή B Ό V Z Έ M H A G E G L U J Z
J Φ I X U P C Δ Σ Σ O Λ A K Σ Ά Δ
Π A P A K Ά T Ω H M H Έ P W O G B
F P T A Q E G E K H Θ N Ά Θ Σ I A
P Γ N Ω E Σ Ή Δ I E S Y Ύ Z B J F
U Γ Y P O H Σ Π C W T Σ V Θ I D X
J E Σ L A S I K I Q Φ Ί Λ O Y Σ Y
E Σ Y N T O M O Γ P A Φ Ί A G E E
X A P A K T Ή P A A N Ό M O I A S
E N Δ I A Φ Έ P O Y Σ A D P Y V W
```

Puzzle 327

```
N K C S B O C T A B Θ A R D Z Y K
Έ V S V R I Y E Σ I Δ Ό Π G H O Y
K B S L Y G X T Φ P Φ D P X H A J
T G Q P Y V B Ά A Y I K Q Y P W T
A D Q J S M J P Λ I Λ J W E B R I
P K O Ύ K Λ A T Έ D Ί D V D B O Π
A C I R K L M H Σ E B K C E I M A
D H Γ L W R V P O Ί E Λ A Γ P E P
O X Έ Σ X O Λ I K Ή Q Ξ Δ E I N Ά
N Y Λ Q N B Δ E N Z H V A S G Ά Γ
V J O Q N E J Σ X Ή M A I N R E P
E R K C H E I Δ Ύ M M E P K Ώ A A
S X M Π O Y K Ά Λ I F L Ά L H Φ Φ
F P D J O S T Y K E T P Ψ K X N O
U Q X R I E K Γ I A T P Ό J F N G
```

ΦΩΝΑΞΕ
ΘΌΡΥΒΟ
ΆΝΕΜΟ
ΚΟΎΚΛΑ
ΨΆΡΙΑ
ΝΈΚΤΑΡ
ΦΙΛΊ
ΚΡΕΜΜΎΔΙ
ΚΟΛΈΓΙΟ
ΔΕΝ
ΜΠΟΥΚΆΛΙ
ΠΌΔΙ
ΓΙΑΤΡΌ
ΠΑΡΆΓΡΑΦΟ
ΑΣΦΑΛΈΣ
ΔΕΙ
ΤΕΤΆΡΤΗ
ΕΡΓΑΛΕΊΟ
ΣΧΟΛΙΚΉ
ΣΧΉΜΑ

Puzzle 328

ΚΟΥΝΆΒΙ
ΚΆΘΙΣΕ
ΑΠΛΉ
ΠΙΆΝΟ
ΝΑ
ΚΑΛΎΤΕΡΑ
ΑΝΕΞΆΡΤΗΤΟ
ΠΩΛΗΤΉ
ΧΆΣΕΤΕ
ΛΕΠΤΉ
ΣΥΣΤΑΤΙΚΌ
ΣΚΛΗΡΌ
ΚΑΛΎΤΕΡΟ
ΈΞΩ
ΑΝΟΙΧΤΉΡΙ
ΑΠΌΚΡΥΨΗ
ΘΟΛΌ
ΕΠΙΣΤΉΜΗ
ΟΜΆΔΑ
ΣΥΝΌΛΟΥ

```
Q Q I H D U U U P X Θ T J R Z A Y
Z O V F E T N T S Ά O N Ά I Π A Z
O F Y S O S K Q I Σ Λ Z X Z T N W
W B Π Ω Λ H T Ή A E Ό D K G C O L
K G V O Q E I P Π T O Z C Έ X I A
A Π Ό K P Y Ψ H Λ E Q M H Ξ O X N
O W K E C A O B Ή Z B Q Ά Ω A T E
N A O Σ Π B A Λ U Z I C Q Δ C Ή Ξ
M P Y I O I E Z Ό D E X N B A P Ά
A J N Θ W Z Σ Ή J N L I H F A I P
K F Ά Ά C J T T F T Y N W F A M T
I A B K L A T Π Ή J P Σ T Y C N H
X A I H E B Q E I M Σ K Λ H P Ό T
Q A A P E T Ύ Λ A K H X Q S H M O
Σ Y Σ T A T I K Ό K A Λ Ύ T E P O
```

Puzzle 329

```
L Z B O I Σ Ί K I Σ T A K G N W Z
A A K K C K R A O X H M Ά T Ω N A
I G N K T R V T M H X A N I K Ό Σ
W G X D B P Z Ά V K Q O E P W C Y
C H Σ H Γ Ό Λ O I Ξ A E T Ύ O T E
T Λ T Σ P T N D N X Ί L Ά K S Q I
U I E Σ A N Ώ Λ E X P W Ξ D U M
Π Έ Y Ή I K J K V K O B H E A U Έ
E Λ Έ Λ N P Ά F B D T Π T Ώ Σ H T
P A Λ O F H Ά K L R Σ O Y G C S P
I I I T T P D X I D I O C T H U I
O O K Σ I A T Θ Y M Ω M Έ N O Σ A
X H T O P R Y U R E K T T P H V H
Ή E O Π L Γ Y N A Ί K E Σ F R F X
I A C A Σ Y N Έ X E I A P U R G N
```

ΟΧΗΜΆΤΩΝ
ΙΣΤΟΡΊΑ
ΘΥΜΩΜΈΝΟΣ
ΓΥΝΑΊΚΕΣ
ΧΕΛΏΝΑ
ΕΥΧΆΡΙΣΤΗ
ΕΥΈΛΙΚΤΟ
ΟΎΤΕ
ΑΞΙΟΛΌΓΗΣΗ
ΚΑΤΣΙΚΊΣΙΟ
ΤΆΞΗ
ΜΈΤΡΙΑ
ΗΛΙΈΛΑΙΟ
ΣΑΚΆΚΙ
ΜΗΧΑΝΙΚΌΣ
ΠΤΏΣΗ
ΑΠΟΣΤΟΛΉΣ
ΣΥΝΈΧΕΙΑ
ΠΕΡΙΟΧΉ
ΚΑΤΆ

Puzzle 330

ΦΩΝΆΖΟΥΝ
ΠΡΌΣΦΑΤΑ
ΦΆΣΗ
ΤΣΙΠ
ΕΊΝΑΙ
ΕΝΤΌΠΙΣΕ
ΕΛΛΕΙΠΤΙΚΉ
ΕΥΤΥΧΙΣΜΈΝΗ
ΠΟΔΟΣΦΑΊΡΟΥ
ΛΗΣΤΈΨΕΙ
ΌΡΟΣ
ΚΎΡΙΟΣ
ΝΩΡΊΣ
ΕΥΓΕΝΉ
ΚΑΤΑΣΚΕΥΉ
ΔΙΑΘΈΤΟΥΝ
ΜΕΓΆΛΗ
ΙΔΙΑΊΤΕΡΑ
ΔΑΝΕΙΣΤΕΊ
ΠΑΡΆΞΕΝΑ

```
G L H Δ I A Θ Έ T O Y N P O R Λ N
M M Z Λ A F K L K E G B S L T H Ω
N Q Q I Ά C A Y X Ί E P Y K W Σ P
E C Q K P Γ Y D N N A Q B Y U T Ί
Σ Ή N E Γ Y E T D A L O I V L Έ Σ
I K F Z H N Έ M Σ I X Y T Y E Ψ B
Π I Σ T Π O Δ O Σ Φ A Ί P O Y E H
Ό T Δ T Φ Π P Ό Σ Φ A T A Y I I O
T Π Q I T Ω Δ A N E I Σ T E Ί I W
N I B P A A N E Ξ Ά P A Π J I V A
E E R C P Ί X Ά T W O Σ N S J X M
J Λ W U N E T W Z B I O Φ Ά Σ H R
Q Λ Q P X G I E Σ O I P Ύ K F X F
J E V Q N Q S V P I Y Ό G E S A L
Z Q Ή Y E K Σ A T A K N E K M B N
```

Puzzle 331

```
Δ  M  W  U  P  Λ  T  W  Y  E  G  X  G  C  I  B  Π
Α  I  Α  L  Z  Έ  T  Η  Π  Α  Γ  Α  M  U  Α  O  E
Ν  Ν  Α  E  Η  Σ  Α  T  Σ  Ά  T  Α  K  T  T  X  P
Ί  Φ  T  Φ  O  X  Y  C  T  U  P  E  D  B  N  K  Ί
Z  Ό  Α  I  Y  Η  Η  J  K  Ό  K  K  I  N  O  Ύ  O
Y  P  P  Ν  Σ  Γ  U  M  F  N  U  M  L  Θ  Z  K  Δ
O  O  Ά  Ύ  L  T  Ή  M  T  Q  P  T  Q  Έ  Ί  Λ  O
K  Y  X  O  M  L  Α  Σ  Η  I  X  G  O  Α  N  O  Π
Ό  K  Ν  P  O  I  W  Θ  Θ  Έ  Α  M  Α  T  Α  M  Α
Σ  Z  Η  I  B  I  Z  C  E  W  Y  S  G  P  Φ  Σ  Ί
T  O  F  Π  L  S  Η  D  S  Ί  G  E  X  O  Α  K  X
O  Π  Δ  I  Α  T  Η  P  O  Ύ  N  T  Α  I  Ξ  Η  T
Σ  I  O  J  C  I  E  X  V  D  Α  V  J  X  E  N  Η
W  Q  Η  Y  N  J  D  N  Q  U  Q  B  K  Y  F  Ή  Σ
V  P  Q  D  W  E  J  K  N  D  W  T  E  C  Η  S  X
```

ΘΈΑΜΑ
ΔΙΑΤΗΡΟΎΝΤΑΙ
ΘΈΑΤΡΟ
ΠΕΡΊΟΔΟ
ΣΚΗΝΉ
ΚΌΣΤΟΣ
ΚΌΚΚΙΝΟ
ΠΟΥ
ΑΡΆΧΝΗ
ΔΙΑΦΥΓΉΣ
ΚΟΥΖΊΝΑ
ΑΝΤΙΣΤΑΘΕΊ
ΠΑΊΧΤΗΣ
ΕΞΑΦΑΝΊΖΟΝΤΑΙ
ΦΌΡΟΥ
ΛΈΣΧΗ
ΚΎΚΛΟ
ΚΑΤΆΣΤΑΣΗ
ΑΓΑΠΗΤΈ
ΠΙΡΟΎΝΙ

Puzzle 332

ΤΎΠΟ
ΑΝΑΖΉΤΗΣΗ
ΖΉΤΗΣΕ
ΜΠΑΛΚΌΝΙ
ΧΥΜΌ
ΠΟΣΌΤΗΤΑ
ΑΠΌΦΟΙΤΟΣ
ΚΑΤΕΥΘΎΝΣΕΙΣ
ΚΑΛΟΚΑΙΡΙΝΌ
ΠΡΟΗΓΟΎΜΕΝΟ
ΣΥΓΧΈΟΥΝ
ΕΙΡΉΝΗ
ΣΥΛΛΟΓΉ
ΤΣΑΓΙΈΡΑ
ΌΜΟΡΦΟ
ΔΙΆΡΚΕΙΑ
ΚΡΊΣΗ
ΟΡΑΤΌ
ΚΆΜΕΡΑ
ΌΤΙ

```
T  Α  C  Ν  Y  Σ  O  T  I  O  Φ  Ό  Π  Α  Z  R  K
J  Ύ  I  F  Η  Ν  Ή  P  I  E  Σ  Η  T  Ή  Z  D  P
Π  E  Π  I  Σ  Α  Γ  O  Α  M  Y  K  X  Y  M  Ό  Ί
P  V  E  O  Η  T  O  J  T  T  D  Α  O  K  F  T  Σ
O  L  T  Φ  T  Σ  Λ  Z  Η  E  Ό  L  C  Α  J  P  Η
Η  L  K  P  Ή  Α  L  Α  T  D  T  O  I  T  E  F  I
Γ  L  Ά  O  Z  Γ  Y  Q  Ό  T  F  K  T  E  J  P  M
O  Α  M  M  Α  I  Σ  Z  Σ  F  W  Α  Η  Y  Q  C  T
Ύ  S  E  Ν  Έ  U  J  O  B  F  I  Α  Θ  N  G  Z
M  Q  P  R  Α  P  E  F  Π  G  F  P  I  Ύ  Ό  T  I
E  S  Α  N  S  Α  I  E  K  P  Ά  I  Δ  N  T  J  I
Ν  M  Π  Α  Λ  K  Ό  Ν  I  M  J  N  W  Σ  G  Y  E
O  X  N  Η  U  X  K  B  O  U  D  Ό  C  E  L  C  N
G  C  R  K  Η  U  U  W  D  T  Y  J  J  I  J  I  Z
F  Z  B  J  I  L  N  Y  O  Έ  X  Γ  Y  Σ  J  X  Η
```

Puzzle 333

X	E	I	P	Ό	T	E	P	H	B	E	T	L	Y	P	U	N
Σ	T	O	I	X	E	I	Ώ	Δ	H	Π	Π	M	C	W	D	Y
Z	I	Σ	Σ	T	A	Y	P	Ό	Σ	I	Έ	N	Ή	Z	F	Φ
H	T	A	M	Ό	T	Y	A	W	H	Σ	P	A	Ό	M	O	Ί
Y	Y	Ί	A	D	E	D	I	O	Φ	T	A	G	D	Σ	A	T
X	Ά	P	H	Π	H	J	Q	Z	Ό	P	Σ	Q	Q	O	O	Σ
K	N	E	Z	A	Ό	V	I	W	P	O	E	E	B	A	K	A
W	A	Θ	L	P	I	Ψ	Z	G	P	Φ	M	Έ	Σ	O	Y	I
P	T	Y	K	S	L	L	E	L	O	Ή	Z	A	N	E	N	Φ
U	H	E	A	K	P	I	B	Ά	Π	K	M	X	M	J	H	Ά
U	P	Λ	Λ	F	V	F	F	C	A	U	C	E	H	W	Γ	Λ
Y	X	E	Λ	Δ	I	A	Φ	Ά	N	E	I	A	E	B	Ή	E
T	X	O	Ύ	Y	E	C	Z	A	A	H	D	B	W	Q	Σ	N
Z	Z	G	Φ	O	K	A	T	O	F	P	R	J	G	R	E	D
O	H	Q	G	Q	P	I	N	E	R	Q	F	V	X	C	I	A

ΝΥΦΊΤΣΑ
ΠΈΡΑΣΕ
ΑΝΆ
ΔΙΑΦΆΝΕΙΑ
ΝΌΣΟ
ΕΛΕΥΘΕΡΊΑΣ
ΧΆΡΗ
ΑΠΌΨΕ
ΦΎΛΛΑ
ΣΤΑΥΡΌ
ΣΤΟΙΧΕΙΏΔΗ
ΕΠΙΣΤΡΟΦΉ
ΕΛΆΦΙΑ
ΑΥΤΌΜΑΤΗ
ΚΥΝΗΓΉΣΕΙ
ΑΚΡΙΒΆ
ΧΕΙΡΌΤΕΡΗ
ΑΠΟΡΡΌΦΗΣΗ
ΤΜΉΜΑ
ΜΈΣΟ

Puzzle 334

ΣΥΝΑΝΤΉΘΗΚΕ
ΠΕΡΙΓΡΆΨΕΙ
ΧΡΌΝΙΑ
ΣΚΑΜΝΊ
ΦΑΝΤΑΣΤΕΊΤΕ
ΝΤΟΜΆΤΑ
ΑΝΟΙΧΤΉ
ΚΑΤΆΣΤΗΜΑ
ΕΓΧΕΙΡΊΔΙΟ
ΣΕΛΗΝΙΑΚΌ
ΕΠΤΆ
ΕΥΓΕΝΙΚΌ
ΚΑΡΦΊ
ΛΑΜΒΆΝΟΥΝ
ΚΎΡΙΟ
ΛΆΜΠΑ
ΣΦΡΑΓΊΔΑ
ΔΡΑΣΤΗΡΙΌΤΗΤΑ
ΝΕΡΌ
ΤΡΈΧΟΥΣΑ

N	E	Λ	Ά	M	Π	A	Δ	Ό	K	A	I	N	H	Λ	E	Σ
K	T	K	G	U	B	B	P	K	A	P	Φ	Ί	L	P	G	Y
Q	Ί	O	W	C	L	Y	A	M	H	T	Σ	Ά	T	A	K	N
M	E	K	M	J	T	B	Σ	X	P	Ό	N	I	A	W	O	A
C	T	K	L	Ά	Ή	O	T	X	A	F	G	Z	Σ	O	X	N
A	Σ	X	Ύ	P	T	G	H	X	G	J	Ό	S	Y	E	F	T
Δ	A	T	W	P	X	A	P	S	P	Z	K	Z	O	F	Q	Ή
Ί	T	D	D	N	I	O	I	Δ	Ί	P	I	E	X	Γ	E	Θ
Γ	N	B	F	A	O	O	Ό	P	E	N	N	Q	Έ	I	Z	H
A	A	M	S	W	N	A	T	W	E	Q	E	S	P	T	Y	K
P	Φ	M	A	E	A	B	H	G	A	R	Γ	O	T	W	C	E
Φ	S	J	W	K	P	Y	T	U	O	D	Y	E	Π	T	Ά	V
Σ	B	W	S	O	Σ	Q	A	O	H	R	E	V	D	I	O	F
Z	V	A	M	B	P	Π	E	P	I	Γ	P	Ά	Ψ	E	I	X
Λ	A	M	B	Ά	N	O	Y	N	C	V	N	J	X	Y	Z	C

Puzzle 335

```
Α Ί Χ Υ Τ Σ Υ Δ Ο Ρ Γ Α Ν Ώ Σ Τ Ε
S D Z W P R C G D Y Q F K U I T R
V G A V A Ί M E P H C P Σ J T O Σ
M L R R Γ E E J G B V H Ή M T H
L M P O I Π G Z Ά I Γ I K A M P Σ
L P I J K R E R Q S W E Ί T L O A
Z V F D Ό U F T H F Q Ψ Δ A P Φ T
M G M B A O G V P E F Ό J Λ U Ί Έ
K H W D Ά K F U E K K T Έ A M Ξ
Σ Υ M B Ά Λ O Y N Y Λ E U N S Ω E
E A Π Ό O A A Y D G E A Ί T G N Y
Z T F D H K J D K U N M Ί O Λ Ύ Ξ
E Y X A P I Σ T Ή Σ O Y N O Q O N
E K A T O N T Ά Δ E Σ J Z B Y V C
K W O O L A Ξ I Ό Π I Σ T H U W M
```

ΕΚΑΤΟΝΤΆΔΕΣ
ΤΟΜΉΣ
ΤΡΟΦΊΜΩΝ
ΕΞΈΤΑΣΗΣ
ΤΑΛΈΝΤΟ
ΣΥΜΒΆΛΟΥΝ
ΔΊΚΗ
ΜΑΚΙΓΙΆΖ
ΚΑΛΆ
ΕΚΕΊ
ΠΕΤΡΕΛΑΊΟΥ
ΔΥΣΤΥΧΊΑ
ΟΡΓΑΝΏΣΤΕ
ΑΞΙΌΠΙΣΤΗ
ΕΥΧΑΡΙΣΤΉΣΟΥΝ
ΗΡΕΜΊΑ
ΚΌΨΕΙ
ΤΡΑΓΙΚΌ
ΑΠΌ
ΞΎΛΟ

Puzzle 336

ΤΑΜΕΊΟ
ΕΞΑΊΡΕΣΗ
ΛΙΛΆ
ΣΦΥΡΊ
ΕΠΙΛΈΞΕΤΕ
ΜΕΤΑΞΎ
ΈΞΥΠΝΗ
ΧΙΌΝΙ
ΔΙΑΝΈΜΟΥΝ
ΕΊΤΕ
ΣΟΚ
ΑΠΟΦΎΓΕΤΕ
ΛΕΠΤΟΜΈΡΕΙΑ
ΕΛΙΚΌΠΤΕΡΟ
ΠΡΌΒΑΤΑ
ΠΑΤΆΤΑΣ
ΚΙΝΗΜΑΤΟΓΡΆΦΟΥ
ΑΝΌΗΤΟ
ΦΟΡΕΘΕΊ
ΠΛΟΎΣΙΟ

```
K A Q A I E P Έ M O T Π E Λ E L E
I Π Q Y G O Λ Δ I A N Έ M O Y N Ξ
N O Z N Y A E I R F D P W I T Σ A
H Φ A D H Y N N K M H C N Σ A Φ Ί
M Ύ Ξ A T E M Ό O Ό N S Ύ M Y P
A Γ F B O O S I Σ Z Π A K O E P E
T E C H Y P E X L M Y T E Λ Ί Ί Σ
O T J P B M X M V T Ξ Ά E Π O Π H
Γ E T E Ξ Έ Λ I Π E Έ T G K P O
P Φ O P E Θ E Ί K S D A C S O Ό I
Ά C F B M K Z Λ G B T Π P Y F B Z
Φ S P E Ί T E I Q C P Y K Q Q A G
O K I I D D O Λ S Y E G G C F T L
Y A N Ό H T O Ά R Z Q V K D W A X
N G S Z U P O E H S L Z R D C W C
```

Puzzle 337

```
Θ  E  C  Z  H  S  F  J  Y  K  K  D  Q  J  L  W  E
B  P  C  X  W  F  O  X  F  H  Ά  K  Q  Y  Π  O  Ξ
A  D  A  Ί  Λ  O  K  Y  E  Ή  Φ  P  I  K  A  L  A
P  C  E  Ύ  A  Δ  Ά  Λ  E  Γ  A  O  T  C  X  J  I
Ύ  S  I  N  Σ  O  Λ  Έ  T  O  X  T  Ύ  A  Ύ  V  P
T  U  M  X  D  M  I  F  Σ  Λ  A  X  Y  P  V  H  E
H  Ό  T  H  O  N  A  T  A  K  A  X  E  W  N  H  T
T  K  N  Σ  W  O  T  S  T  E  Π  I  J  E  C  O  I
A  I  A  E  A  K  N  N  H  Z  A  A  M  H  C  E  K
Σ  X  T  Ί  N  Ή  Ύ  J  T  Z  Λ  M  T  D  T  K  Ά
G  A  Λ  Π  A  Θ  O  Y  Ό  Q  Ό  E  M  C  N  X  H
V  N  V  V  N  A  B  Q  T  F  N  P  S  T  Y  Y  C
T  O  T  U  Ά  K  O  U  Y  M  Π  A  P  B  Y  Y  S
D  M  E  U  M  L  Φ  X  A  A  N  A  Φ  Έ  P  Ω  K
N  Y  O  L  L  D  E  M  T  H  I  D  E  L  W  B  J
```

ΦΟΎΡΝΟ
ΜΠΑΡ
ΚΆΡΤΑ
ΤΈΛΟΣ
ΕΚΛΟΓΉ
ΑΓΕΛΆΔΑ
ΑΝΑΝΆ
ΚΑΘΉΚΟΝ
ΘΡΑΎΣΜΑ
ΒΑΡΎΤΗΤΑΣ
ΦΟΒΟΎΝΤΑΙ
ΠΊΕΣΗ
ΕΥΚΟΛΊΑ
ΕΞΑΙΡΕΤΙΚΆ
ΠΑΧΎ
ΤΑΥΤΟΤΗΤΑΣ
ΑΝΑΦΈΡΩ
ΑΠΑΛΌ
ΜΟΝΑΧΙΚΌ
ΚΑΤΑΝΟΗΤΌ

Puzzle 338

ΕΚΑΤΟΜΜΎΡΙΑ
ΣΩΜΑΤΙΔΊΩΝ
ΚΑΝΈΝΑ
ΆΜΕΣΗ
ΦΆΡΜΑ
ΟΜΙΛΊΑΣ
ΒΑΡΙΆ
ΠΡΟΣΩΠΙΚΆ
ΠΡΟΧΩΡΉΣΤΕ
ΌΡΙΟ
ΦΌΒΟ
ΚΡΕΒΆΤΙ
ΆΣΚΟΠΟ
ΕΚΔΏΣΕΙ
ΑΝΤΊΔΡΑΣΗ
ΕΡΩΔΙΌΣ
ΕΞΑΙΡΟΎΝ
ΚΟΥΝΙΈΜΑΙ
ΕΝΘΟΥΣΙΑΣΜΈΝΟΣ
ΥΓΙΉ

```
D  Σ  K  Y  K  O  Y  N  I  Έ  M  A  I  Ά  K  G  V
F  O  T  A  B  B  M  T  B  R  N  M  Q  M  P  V  Z
S  N  E  C  V  Ό  I  E  F  L  Ω  K  Φ  E  E  Q  H
I  Έ  X  I  V  Φ  O  T  Ξ  N  Ί  C  Ά  Σ  B  P  K
E  M  V  L  R  N  M  Σ  G  A  Δ  K  P  H  Ά  N  A
H  Σ  E  E  T  A  I  Ή  E  I  I  C  M  G  T  N  N
B  A  P  I  Ά  N  Λ  P  P  P  T  P  A  O  I  U  Έ
U  I  U  T  K  T  Ί  Ω  Ω  Ύ  A  C  O  I  P  Ό  N
E  Σ  U  E  I  Ί  A  X  Δ  M  M  M  W  Ύ  F  Y  A
K  Y  Y  L  Π  Δ  Σ  O  I  M  Ω  D  T  Q  N  F  Y
Δ  O  G  B  Ω  P  I  P  Ό  O  Σ  Ά  Σ  K  O  Π  O
Ώ  Θ  I  U  S  A  K  Π  S  T  I  E  Y  R  H  A  B
Σ  N  Ή  H  O  Σ  Q  N  B  A  U  J  O  B  S  J  M
E  E  J  R  P  H  Y  V  I  K  I  Z  K  O  N  Y  U
I  A  X  T  Π  E  L  P  W  E  B  U  T  C  F  F  R
```

Puzzle 339

```
Y D O F J G D M A Z Σ A Ί Ξ Ά T G
Π L E R R O T Ύ L M X A P J S P B
P H A R R M Q Γ Ή R E Π D I Z Ί V
O Γ Ά N T I A A X K Δ Λ E V K Γ P
E O Z U I T Y B P U I Ά J H F Ω X
I U U C P Ύ O V A C A N F W Q N D
Δ Σ W N S Λ P Z R Z Σ K E H I O G
O B Ύ F L O Ά K A K M R G Γ L Q G
Π Y S N L Π U V X Y O X Γ Έ Λ E A
O S L A O C P N Z K Ύ Έ Δ E I Ξ E
Ί C G Q J P E Ξ Y Π Ν Ό T E P A Π
H B D J X Y A K O Y P T Ί N A O I
Σ N S X D Θ E P M Ό T E P O Σ W Ά
H A Ύ Ξ H Σ H P Q P Q S L K T W T
K A M Π A N O Ύ Λ E Σ Σ Y Y O J A
```

ΑΡΧΉ
ΘΕΡΜΌΤΕΡΟΣ
ΣΎΝΟΡΑ
ΑΞΊΑΣ
ΓΆΝΤΙΑ
ΤΡΊΓΩΝΟ
ΑΠΛΆ
ΚΑΜΠΑΝΟΎΛΕΣ
ΚΟΥΡΤΊΝΑ
ΚΑΚΆΟ
ΕΞΥΠΝΌΤΕΡΑ
ΈΔΕΙΞΕ
ΜΎΓΑ
ΑΎΞΗΣΗ
ΠΡΟΕΙΔΟΠΟΊΗΣΗ
ΠΟΛΎΤΙΜΟ
ΣΧΕΔΙΑΣΜΟΎ
ΓΕΝΙΚΉ
ΠΙΆΤΑ
ΕΛΈΓΧΟΥ

Puzzle 340

ΛΙΓΟΤΕΡΟ
ΓΈΝΝΗΣΗ
ΣΥΝΕΔΡΊΑΣΗ
ΧΑΡΤΑΕΤΌ
ΑΠΕΙΚΟΝΊΖΟΥΝ
ΧΆΛΥΒΑ
ΣΚΎΛΟΣ
ΠΛΟΥΣΙΌΤΕΡΟ
ΚΑΡΙΈΡΑ
ΓΚΌΜΕΝΑ
ΠΛΕΥΡΈΣ
ΚΟΙΝΌ
ΑΠΑΙΤΟΎΝ
ΡΟΔΆΚΙΝΟ
ΠΙΆΤΟ
ΣΆΠΙΟ
ΟΔΥΝΗΡΆ
ΓΟΓΓΎΛΙΑ
ΣΎΓΧΡΟΝΗ
ΔΙΑΤΡΙΒΉ

```
Z S M R R A C U Π X O N A P S A Y
X A P T A E T Ό I T J N Π A B Q B
Λ I Γ Ό T E P O Ά I A N E M Ό K Γ
K A P I Έ P A I T O M Y I O U Z Σ
L U Q P O T M F O Ή N D K P Q O Y
Σ Ύ Γ X P O N H L B Ύ N O E T S N
Γ X J E I R Σ Ά Π I O Z N T M H E
R Έ Ά N B S Y P J P T D Ί Ό C E Δ
B I Λ U M U H W T I Z Z I D G P
M O G N Y X M N P A A D O Σ I Q Ί
K Y K E H B H Y U I Π N Y Y D C A
Σ O Λ Ύ K Σ A Δ D Δ A N O W V Σ
D B I A L M H O Γ O Γ Γ Ύ Λ I A H
D T H N X N Π Λ E Y P Έ Σ Π E E K
N Y B U Ό P O Δ Ά K I N O B M P P
```

Puzzle 341

```
O D Z Σ W Π Ι E Σ Ά T Φ F K Γ Z E
E A H Π F P F Ι Π B G W D Ι Ι Ω Π
O D B Ά W O P Ώ X Ι C E Y E N N Ι
B O Ι N D Σ Y K Ι E Π X Q Σ O T Λ
M P X Ι Έ Q E Q M M E P Ι N A Έ
S B X O Ι Γ W X A Π W D A Π T N Ξ
P H N H A Γ R M J Ι E X Π O A Ή T
Ι W G Ή M Ι K O Δ Σ F P O T Ι K E
Ή T A N M Σ P T T T Έ D Σ K R G Y
X R K D Ό H A H Q O F K Ό E R H G
U U Q D K E Y K F Σ M H Ι Ι P K M
Ι Σ T O P Ι K O Ύ Ύ M N Σ P T C D
Π Ι Έ Σ T E X F X N Q J Ό W E X N
Π Λ H M M Ύ P A M H C O Λ R R M O
Z L V T L O U T L T R P O B Z R O
```

ΕΠΙΛΈΞΤΕ
ΠΙΈΣΤΕ
ΔΟΚΙΜΉ
ΖΩΝΤΑΝΉ
ΚΌΜΜΑ
ΠΡΟΣΈΓΓΙΣΗ
ΜΕΡΙΚΈΣ
ΙΣΤΟΡΙΚΟΎ
ΠΛΗΜΜΎΡΑ
ΦΤΆΣΕΙ
ΉΤΑΝ
ΠΟΣΌ
ΣΠΆΝΙΟ
ΕΠΊΠΕΔΟ
ΠΕΙ
ΕΜΠΙΣΤΟΣΎΝΗ
ΕΚΤΟΠΊΣΕΙ
ΣΌΛΟ
ΓΊΝΟΝΤΑΙ
ΧΏΡΟ

Puzzle 342

ΨΥΧΙΚΉ
ΔΕΙΛΌΣ
ΈΚΑΝΕ
ΑΛΕΠΟΎ
ΠΎΛΗ
ΣΑΦΏΣ
ΠΟΥΛΌΒΕΡ
ΨΆΧΝΕΙ
ΑΕΤΌΣ
ΣΥΜΦΩΝΊΑ
ΣΤΡΑΤΙΩΤΙΚΉ
ΤΟ
ΗΜΈΡΑΣ
ΑΝΆΛΥΣΗ
ΣΥΜΒΟΥΛΈΣ
ΘΗΛΥΚΌ
ΆΜΥΝΑ
ΕΎΡΗΜΑ
ΚΑΜΠΊΝΑ
ΜΑΝΙΤΆΡΙΑ

```
Ψ U W C O Σ Ι S M Q O Ψ A A J C Σ
Ά Q Q P F T T Π Ύ Λ H Y N H T O Y
X H M Έ P A Σ P R X Y X Ά U Y Π M
N J L W P F Q D A Z Ι Λ R A O B
E T L Ι S A Φ Ώ S T J K Y O E Y O
Ι Σ Y M Φ Ω N Ί A Έ Ι H Σ Σ T Λ Y
M A N Ι T Ά P Ι A C K Ω H Ό Ό Ό Λ
G A P M Z B S L S Ι E A T Λ Σ B Έ
E Ύ P H M A Ά M Y N A L N Ι Ό E Σ
D O Y Ι D A Y T D M C G A E K P L
B Π U K W E H W E F L X J Δ Y Ή H
Y E H S K W W M R W Q J Q L A K P
K Λ Q D T P B Y H Ι O O B H H G X
N A K A M Π Ί N A L U S Z L Θ K C
F K N U F D A G S X H U P H D T G
```

Puzzle 343

```
O Q C J P J I R Ά Γ Γ Υ Ο Φ Σ G G
Σ Ύ Ν Τ Ρ Ο Φ Ο V Κ Τ Μ Μ Κ Λ Π Π
Γ Α Λ Ο Π Ο Ύ Λ Α Σ Α Η S F Ύ Ε Ή
F G D Γ S N Π U P A X M G B K P Δ
N B W Ό R Ω O A Ύ Q Y Υ Π Ή O Ά H
Δ Z F Λ T Φ I D A O X L C T Σ Σ Ξ
G I T X F Έ K V Σ Q Y R K K H E E
T Π Α I B Λ I Σ H M Ά Δ I A D I P
N Ά T T V H Λ I C H K P V C N N L
B Λ P Z H T Ί B R I S Q O H Z B F
W Y O D F P A I Λ Ά B Y O B G G I
W O Λ U J S H Z H G U D S Q Y V S
H T Ό K Y E Λ Θ Δ Ά X T Y Λ Ό F W
S N I J C Z I N E Έ N T O N O Σ B
F T U C G E F I O Ί T Q T B I Z T
```

ΔΙΑΤΗΡΗΘΕΊ
ΝΤΟΥΛΆΠΙ
ΣΗΜΆΔΙ
ΣΎΝΤΡΟΦΟ
ΤΗΛΈΦΩΝΟ
ΓΑΛΟΠΟΎΛΑΣ
ΣΦΟΥΓΓΆΡΙ
ΑΚΤΉ
ΛΌΓΟ
ΈΝΤΟΝΟΣ
ΒΟΥΒΆΛΙΑ
ΛΎΚΟΣ
ΠΟΙΚΙΛΊΑ
ΣΑΎΡΑ
ΡΟΛΌΙ
ΠΉΔΗΞΕ
ΠΕΡΆΣΕΙ
ΔΆΧΤΥΛΌ
ΛΕΥΚΌ
ΆΚΑΜΠΤΗ

Puzzle 344

ΧΡΉΣΙΜΕΣ
ΠΥΓΜΑΧΊΑΣ
ΕΠΙΣΤΉΜΟΝΑΣ
ΑΦΗΓΗΤΉ
ΟΡΓΆΝΩΣΗ
ΔΙΑΧΕΊΡΙΣΗ
ΛΊΚΝΟ
ΦΑΣΟΛΙΏΝ
ΔΕΥΤΈΡΑ
ΜΕΓΑΛΎΤΕΡΗ
ΛΕΠΤΆ
ΠΡΌΒΛΗΜΑ
ΠΡΟΣ
ΆΛΜΑ
ΠΡΟΣΘΈΣΕΤΕ
ΑΚΑΝΌΝΙΣΤΗ
ΜΙΚΡΌ
ΑΣΤΥΝΟΜΙΚΌΣ
ΚΟΙΛΌΤΗΤΑ
ΚΌΛΛΑ

```
Δ A M L Σ Ό K I M O N Y T Σ A Φ N
I I U E E T H Σ Ω N Ά Γ P O Φ A G
X Y A D Γ K O I Λ Ό T H T A H Σ C
Z V Λ X Z A F H Y Z Π H I X Γ O K
O I Λ J E I Λ B W Z E W R O H Λ F
J A Ό I T Ί D Ύ K O Λ W E F T I L
T X K G V A P Έ T Y E Δ F E Ή Ώ C
M I K P Ό T I I M E D Π B Z A N L
V R K Y Σ E M I Σ Ή P X P C M N U
L Z W O U O T L S H E H C O P L C
E Π I Σ T Ή M O N A Σ F Q N S V T
Π P O Σ Θ Έ Σ E T E X F S K G Z J
T A K A N Ό N I Σ T H S O Ί W M G
D Z Π P Ό B Λ H M A F D U Λ W J Q
Π Υ Γ M A X Ί A Σ Ά Λ M A I E P A
```

Puzzle 345

```
A Q B Ý O I K A B M A B F C E T Z
D U T G A L D Π Λ E X N S T Π E Q
N U U X N V J Ó C Ä E Z A W A Λ P
L G M Ä K I N Φ A Ξ Γ C T S Γ E G
I J E L J K D A Δ Z Z A P E Γ Y S
D L P G T O J S S Ώ W Y V S E T K
L N Ó Z A K Γ H Z X P S U T Λ A Π
Z Ó K Ä Θ O N T A I N O H E M Í O
P I J N O N E M Í E K I T N A A P
D Σ H T Ώ I T A P T Σ S K C T D T
K I W E M Z R Í M Π O P E Í I G O
J T E I O M L A T Ä T A Π J K T K
O N I Σ Ä P Π P Y Y D É N A O C A
Π O P E Í A H Ω F V E E V H Ý A Λ
X F L Q H T U Σ A Λ I Γ K Ä P I Í
```

ΟΝΤΙΣΙΌΝ
ΑΝΤΙΚΕΊΜΕΝΟ
ΚΆΘΟΝΤΑΙ
ΓΚΑΖΌΝ
ΈΝΑ
ΠΡΆΣΙΝΟ
ΠΟΡΕΊΑ
ΣΑΛΙΓΚΆΡΙ
ΔΏΡΟ
ΞΑΦΝΙΚΆ
ΤΕΛΕΥΤΑΊΑ
ΓΆΛΑ
ΠΑΤΆΤΑ
ΕΠΑΓΓΕΛΜΑΤΙΚΟΎ
ΑΠΌΦΑΣΗ
ΩΡΑΊΑ
ΣΤΡΑΤΙΏΤΗΣ
ΒΑΜΒΑΚΙΟΎ
ΠΟΡΤΟΚΑΛΊ
ΜΠΟΡΕΊ

Puzzle 346

ΣΤΑΦΊΔΑ
ΠΙΝΈΛΟ
ΚΆΘΕ
ΊΔΙΑ
ΛΎΓΚΑ
ΓΙΓΑΝΤΙΑΊΕΣ
ΠΡΟΜΉΘΕΙΕΣ
ΚΟΛΎΜΒΗΣΗΣ
ΣΚΊΑΧΤΡΟ
ΤΟΊΧΟ
ΣΟΎΠΑ
ΔΑΝΕΊΖΟΥΝ
ΓΚΡΙ
ΖΏΑ
ΚΕΡΔΊΖΟΥΝ
ΤΣΑΛΑΚΩΜΈΝΟ
ΠΡΟΤΙΜΟΎΝ
ΑΥΤΊ
ΠΟΤΌ
ΝΟΣΟΚΟΜΕΊΟ

```
T S B C D Q X U I S S Γ O I R F P
M X W C R J O P T X Ä I K Σ U N U
B G Q X E M N Ý O M I T O P Π V L
Π A Y T Í S O K D M Y N F Í I A N
Π P G G A Y L V N Y O Z Í Δ P E K
I K O N É M Ω K A Λ A Σ T I L N Y
N O X M Σ T A Φ Í Δ A Ώ G A S D K
É Λ Í Y Ή N H B J G K W Z Π O T Ό
Λ Ý O E F Θ X C Q D Γ V M Ý Z Y J
O M T K X R E V N H Ý T C O V V M
R B N Ä O T P I E M Λ P E Σ W D Y
D H J Θ A J O Í E M O K O Σ O N Y
I Σ H E A Z N Z X Σ V M O K G O Z
O H L J M S I J Δ A N E Í Z O Y N
B Σ E Í A I T N A Γ I Γ Z J W U C
```

Puzzle 347

```
Λ Ά Μ Ψ Η Σ Υ Γ Κ Ρ Ο Ύ Ο Ν Τ Α Ι
Ν Ε Ρ Ο Ύ Π Ρ Ω Ι Ν Ό L L C M I S
Μ R S G D C T Q Π Έ T P A M G E Q
Ο J W E U F U Ώ P A F U Q A Γ Θ W
Κ Υ Ή S C A U E S X Q G P Q E Ά T
Τ Z Κ Ο J D B J B S B X D P N Π T
U F I Ν R A I Ν Έ Μ Η Σ A X I Σ R
Σ Υ Ν Έ Δ Ρ Ι Ο C M V Έ I I Κ Ο A
C Υ Φ Μ Ε Μ B Ν U I A Η Κ U Έ P G
L A A Σ Ν G Κ Ρ Ό B T G Z Δ Σ Π D
I A Ξ A Ο Σ Υ Κ Ο Π Ή Κ I X Ο Ξ E
B J Μ Ρ X Κ G T Ο X Μ Μ Ε X L Σ Q
I B C Υ Λ Υ X G Κ B Ή Υ Q J I I Η
U Z G Ο Ε Λ Ό Ν Ε Ι Ρ Ο Σ W Y V M
Σ Z I Κ Ί Ί C R X C Έ Κ Π Λ Η Ξ Η
```

ΌΝΕΙΡΟ
ΑΣΗΜΈΝΙΑ
ΚΟΥΡΑΣΜΈΝΟΣ
ΏΡΑ
ΈΚΔΟΣΗ
ΛΆΜΨΗ
ΠΡΟΣΠΆΘΕΙΑ
ΣΥΝΈΔΡΙΟ
ΕΞΟΧΙΚΉ
ΓΕΝΙΚΈΣ
ΈΚΠΛΗΞΗ
ΕΝΟΧΛΕΊ
ΠΈΤΡΑ
ΣΥΜΠΌΝΙΑ
ΠΡΩΙΝΌ
ΣΥΓΚΡΟΎΟΝΤΑΙ
ΝΕΡΟΎ
ΒΡΟΧΉ
ΞΑΦΝΙΚΉ
ΣΚΥΛΊ

Puzzle 348

ΑΓΟΡΆ
ΑΎΞΗΣΗΣ
ΜΎΤΗ
ΠΑΝΟΜΟΙΌΤΥΠΑ
ΠΟΛΎΧΡΩΜΟ
ΠΛΕΟΝΈΚΤΗΜΑ
ΠΕΡΊΠΛΟΚΗ
ΣΗΜΕΊΟ
ΉΡΘΕ
ΕΠΙΔΙΏΚΟΥΝ
ΕΝΤΟΠΊΣΕΙ
ΚΑΘΡΈΦΤΗ
ΕΠΙΜΈΡΟΥΣ
ΕΥΤΥΧΏΣ
ΤΡΊΤΗ
ΜΠΛΕ
ΣΥΝΈΝΤΕΥΞΗ
ΧΛΕΥΑΣΜΌΣ
ΚΟΡΜΌ
ΜΑΪΜΟΎ

```
Η R A B E A T Σ Σ Η Μ Ε Ί Ο U M E
S F Γ Z Υ Ν Ρ Ό J X Η E T S Κ A Π
A F Ο V T G W Μ P L Η E X P A Ϊ I
Π P P G Υ I E Σ Ί Π Ο T Ν E Θ Μ Δ
Υ Ο Ά Μ X Z Θ A D R Ο Ο Ο T P Ο I
T A Λ L Ώ Κ Ρ Υ Ύ S A X Η R Έ Ύ Ώ
Ό M W Ύ Σ Ρ Ή E F Ξ S Υ Q Μ Φ E Κ
I X Π A X Ο S Λ G T Η T V V T Π Ο
Ο F D Λ Υ P Ν X Ο Ρ Μ Σ S I Η I Υ
Μ T P A E R Ω Ό T Ί L Ο Η T Ύ Μ Ν
Ο V R D Q I I Μ J T W I V S Μ Έ F
Ν R A W I A F P Ο Η R P E Ο S Κ P T
A Μ Η T Κ Έ Ν Ο E Λ Π F E Η Μ Ο C
Π X Υ S Μ Μ Η Κ Ο Λ Π Ί P E Π Υ S
A C C Ν Ν W Η Ξ Υ E T Ν E Ν Υ Σ G
```

Puzzle 349

```
P  T  N  X  Π  M  A  E  Y  X  A  P  I  Σ  T  Ώ  Q
C  L  Z  X  P  K  N  Ά  E  C  B  X  F  U  X  P  H
Z  H  N  Q  O  Y  J  Ω  A  I  P  Ά  I  Λ  H  Π  Σ
V  N  Y  K  N  P  D  P  N  O  I  Π  F  O  E  L  H
R  Ό  O  U  Ό  V  V  G  A  Y  M  I  P  Π  C  N  P
X  T  N  B  M  D  J  R  T  K  Δ  I  K  M  G  J  Ώ
B  I  Ά  N  I  C  C  X  O  J  P  N  Λ  Q  K  F  E
I  O  B  Σ  O  Δ  Ί  E  Λ  I  Q  A  Ί  Ί  Q  A  Θ
T  Y  M  W  Q  R  G  I  K  K  Y  Y  K  A  C  I
A  J  A  Λ  Ή  M  A  K  K  J  E  C  B  Γ  I  H  Π
M  E  Λ  G  D  Z  I  T  Ά  C  F  D  G  C  Ή  Π  E
Ί  B  I  M  E  T  A  B  Λ  H  T  Ή  K  Q  N  P  E
N  Z  P  B  P  E  Π  E  K  T  E  Ί  N  O  Y  N  B
E  K  E  T  E  Σ  Ύ  O  K  A  L  D  A  A  W  K  L
Σ  T  Π  O  P  T  P  Έ  T  O  S  T  G  O  C  A  B
```

ΕΠΙΚΊΝΔΥΝΩΝ
ΠΡΟΝΌΜΙΟ
ΕΠΙΘΕΏΡΗΣΗ
ΚΑΜΉΛΑ
ΕΆΝ
ΕΊΔΟΣ
ΠΕΡΙΛΑΜΒΆΝΟΥΝ
ΒΙΤΑΜΊΝΕΣ
ΕΠΕΚΤΕΊΝΟΥΝ
ΚΡΑΥΓΉ
ΧΆΠΙ
ΜΕΤΑΒΛΗΤΉ
ΝΌΤΙΟ
ΕΥΧΑΡΙΣΤΏ
ΑΚΟΎΣΕΤΕ
ΟΜΙΛΊΑ
ΣΠΗΛΙΆ
ΠΟΡΤΡΈΤΟ
ΜΠΟΛ
ΑΝΑΤΟΛΙΚΆ

Puzzle 350

ΧΙΟΝΆΝΘΡΩΠΟ
ΣΥΝΟΛΙΚΌ
ΚΆΘΟΜΑΙ
ΠΑΡΑΜΕΊΝΕΙ
ΑΝΆΠΤΥΞΗΣ
ΘΕΡΜΌΤΗΤΑΣ
ΜΑΡΟΎΛΙ
ΣΟΥΗΔΌΣ
ΚΥΡΙΑΚΉ
ΑΠΛΟΠΟΊΗΣΗ
ΤΕΧΝΟΛΟΓΊΑΣ
ΔΏΡΑ
ΚΟΡΊΤΣΙ
ΔΙΆΦΟΡΑ
ΦΙΛΙΚΌ
ΠΟΛΙΤΙΣΤΙΚΉ
ΧΎΝΕΤΑΙ
ΘΎΜΑ
ΠΕΤΑΛΟΎΔΑ
ΠΙΠΈΡΙ

```
Σ  Q  T  H  Z  Δ  M  Z  X  S  M  A  T  Θ  Δ  E  I
H  O  E  F  M  Ώ  M  U  B  I  A  Π  E  E  I  Ή  K
Ξ  Π  Y  Π  I  P  Έ  Π  I  Π  P  Λ  X  P  Ά  K  H
Y  Ω  T  H  E  A  M  Ύ  Θ  U  O  O  N  M  Φ  I  L
T  P  N  I  Δ  T  J  L  K  D  Ύ  Π  O  Ό  O  T  Z
Π  Θ  U  Q  N  Ό  A  L  D  A  Λ  O  Λ  T  P  Σ  W
Ά  N  F  H  M  P  Σ  Λ  V  W  I  Ί  O  H  A  I  Y
N  Ά  Φ  I  Λ  I  K  Ό  O  G  D  H  Γ  T  M  T  C
A  N  U  U  W  T  F  X  T  Ύ  H  Σ  Ί  A  G  I  E
F  O  Y  Q  A  O  T  S  Ύ  K  Δ  H  A  Σ  R  Λ  R
U  I  Σ  T  Ί  P  O  K  J  N  L  A  Σ  Y  V  O  A
Y  X  R  X  X  M  I  E  N  Ί  E  M  A  P  A  Π  G
K  Ά  Θ  O  M  A  I  F  X  J  Q  T  J  D  A  L  U
D  X  W  Q  H  R  L  B  C  D  Ή  K  A  I  P  Y  K
O  P  Σ  Y  N  O  Λ  I  K  Ό  M  R  T  I  I  V  A
```

Puzzle 351

```
Y  U  Y  Ρ  Y  Π  Ό  Λ  Ο  Ι  Π  Ο  Σ  Α  Υ  Χ  Q
S  Π  M  B  B  V  L  K  U  F  T  N  Ύ  K  G  Θ  Φ
J  X  Ά  Ά  R  S  D  J  I  X  U  Ό  N  T  S  E  P
T  Y  I  Λ  Θ  W  Z  R  Z  Σ  I  M  Ο  Ι  Π  Σ  Ά
B  B  T  T  Λ  Η  Σ  E  N  Ά  Α  T  Λ  N  O  J  Σ
A  K  A  U  X  Η  M  X  M  I  N  B  Ό  Ί  Y  U  H
Z  J  M  Σ  R  E  Λ  A  U  C  Έ  A  V  Δ  Λ  B  Λ
L  N  E  Ή  Z  F  W  O  Z  T  P  S  K  I  I  B  Ύ
Λ  E  O  Π  Ά  Ρ  Δ  Α  Λ  Η  Α  N  K  O  Ά  T  Π
M  A  Ό  M  Σ  I  N  Ω  Γ  Α  T  N  A  W  J  M  M
X  Y  Π  O  Λ  Λ  Ά  G  X  P  A  S  J  H  S  F  A
O  Z  N  Π  Z  R  G  Σ  T  A  Φ  Y  Λ  I  Ώ  N  K
O  K  U  K  O  U  D  E  B  G  G  P  Q  E  D  X  T
N  Y  G  E  Π  Α  Ρ  Α  Δ  Έ  Χ  Ο  N  T  A  I  F
Q  P  Y  N  M  R  B  M  V  C  A  K  D  G  L  L  P
```

ΕΚΠΟΜΠΉΣ
ΦΡΆΣΗ
ΚΑΜΠΎΛΗ
ΜΑΤΙΆ
ΠΟΥΛΙΆ
ΒΑΣΙΚΌ
ΑΝΤΑΓΩΝΙΣΜΌ
ΜΌΝΟ
ΣΎΝΟΛΟ
ΠΟΛΛΆ
ΧΘΕΣ
ΥΠΆΛΛΗΛΟ
ΥΠΌΛΟΙΠΟ
ΆΝΕΣΗ
ΠΑΡΑΔΈΧΟΝΤΑΙ
ΛΕΟΠΆΡΔΑΛΗ
ΜΆΘΗΜΑ
ΑΚΤΙΝΊΔΙΟ
ΣΤΑΦΥΛΙΏΝ
ΑΡΈΝΑ

Puzzle 352

ΜΕΤΑΦΟΡΆΣ
ΘΈΣΗ
ΦΆΛΑΙΝΑ
ΣΤΑΔΙΑΚΉ
ΗΓΈΤΗΣ
ΑΡΙΘΜΟΜΗΧΑΝΉ
ΚΡΑΤΉΣΕΙ
ΠΡΟΣΕΚΤΙΚΆ
ΚΕΊΜΕΝΟ
ΚΟΥΝΆΩ
ΟΠΟΊΩΝ
ΠΛΆΚΑ
ΊΣΗ
ΚΑΒΟΎΡΙΑ
ΆΓΡΙΑ
ΜΉΚΟΣ
ΈΛΛΕΙΨΗ
ΕΚΣΤΡΑΤΕΊΑ
ΠΑΡΑΚΟΛΟΥΘΉΣΟΥΝ
ΜΟΡΦΉ

```
K  Π  S  W  O  W  V  L  Π  M  R  M  R  E  N  C  N
P  A  Y  S  P  G  K  N  S  Λ  P  J  A  J  Q  L  H
A  P  Ί  C  Ά  Γ  P  I  A  Ω  Ά  N  Y  O  K  H  Z
T  A  J  E  V  X  E  Ά  K  I  T  K  E  Σ  O  P  Π
Ή  K  Σ  H  T  Έ  Γ  H  H  B  A  G  A  K  J  M  F
Σ  O  Θ  Ή  N  A  X  H  M  O  M  Θ  I  P  A  O  J
E  Λ  N  Έ  E  B  P  Φ  Ά  Λ  A  I  N  A  A  P  H
I  O  M  H  Σ  R  K  T  W  C  J  K  C  N  N  Φ  M
E  Y  Z  F  O  H  E  S  S  U  S  A  O  F  I  Ή  R
Ί  Θ  R  P  Z  Z  D  M  G  K  V  B  N  W  I  P  E
Σ  Ή  K  A  I  Δ  A  T  S  U  E  O  E  V  P  O  M
H  Σ  Ά  P  O  Φ  A  T  E  M  S  Ύ  M  Ή  K  O  Σ
O  O  B  T  N  N  C  K  E  R  F  P  Ί  V  J  J  V
Y  Y  V  P  C  L  X  Z  W  H  Ψ  I  E  Λ  Λ  Έ  W
S  N  Ω  Ί  O  Π  O  R  E  O  V  A  K  K  T  O  D
```

Puzzle 353

```
K E T Q K Θ Σ C V Q F V M E Γ B
O Ξ K A T E Y Ό K A B Q S I Π E A
Y A Δ Λ B Ί M M A A A D B Λ A N Γ
K Φ J P I A M Θ Γ H Π J V Ά Λ N Ό
O A O G A Π E A E L J Ά Ό M I A N
Y N L L T G T N B J X N E Ά I I
B I R F N E Ά Σ Ή X O V A H A O U
Ά Σ Z M O H Σ K Σ R O Ί T N A Δ T
Γ T V M Z N X C Ω D M D N I B Ω G
I E H K Ά T O M T Σ O M Ϊ Y S P B
A Ί S A Γ X Y X D P F J A U I Ί A
W O D O P R N Π A I Δ Ί M O Z A Θ
Y Σ A I E Γ P Έ N E B P A Δ I Ά M
D X X T J E X P D B O B K Z I S O
Y T X P J M X C J A E S D V C Y Ύ
```

ΑΝΤΊΟ
ΣΤΑΘΜΌΣ
ΕΝΈΡΓΕΙΑΣ
ΑΓΕΝΉΣ
ΓΕΝΝΑΙΟΔΩΡΊΑ
ΒΑΘΜΟΎ
ΩΣ
ΒΡΑΔΙΆ
ΚΟΥΚΟΥΒΆΓΙΑ
ΠΑΙΔΊ
ΣΥΜΜΕΤΆΣΧΟΥΝ
ΕΞΑΦΑΝΙΣΤΕΊ
ΕΡΓΆΖΟΝΤΑΙ
ΜΑΪΝΤΑΝΌ
ΣΚΑΠΆΝΗ
ΠΑΛΙΆ
ΒΑΓΌΝΙ
ΘΕΊΑ
ΜΙΛΆΜΕ
ΚΛΙΠ

Puzzle 354

ΕΞΕΡΕΥΝΉΣΕΤΕ
ΠΡΟΣΩΠΙΚΌ
ΙΔΈΑ
ΒΡΑΒΕΊΟ
ΣΊΔΗΡΟ
ΚΆΡΔΑΜΟ
ΆΡΕΣΕ
ΓΡΟΘΙΆ
ΣΥΝΆΝΤΗΣΗ
ΨΈΜΑ
ΑΙΤΊΑ
ΜΕΤΑΞΈΝΙΑ
ΥΠΕΡΉΦΑΝΟΙ
ΜΉΝΑ
ΖΩΓΡΑΦΙΚΉΣ
ΕΠΗΡΕΆΖΟΥΝ
ΑΕΡΟΠΛΆΝΟ
ΔΕΊΚΤΗ
ΓΕΓΟΝΌΣ
ΤΕΡΆΣΤΙΑ

```
Z K Ά P Δ A M O A Π E E D O M J D
Σ Ω J X A F U N S P S Π C R S P Y
Y A Γ N J N P G H O L H A S Y D O
N E O P H Δ Ί Σ Y Σ X P M Y W A S
Ά P W L A K G L P Ω Z E Γ Y O O Ψ
N O Q S Ί Φ A E Z Π Y Ά P I J D Έ
T Π R Q T O I I F I Π Z O X Δ D M
H Λ R Z I Σ T K X K E O Θ Q V Έ A
Σ Ά Q G A Ό Σ T Ή Ό P Y I G Q A A
H N T M Ά N Ά C D Σ Ή N Ά C A G I
M O X M P O P C F Y Φ Δ E Ί K T H
P Ή O U E Γ E V H I A S N Y I T G
O Y N Δ Σ E T E Σ Ή N Y E P E Ξ E
I I U A E Γ J C E G O Ί E B A P B
M E T A Ξ Έ N I A X I A N O O B W
```

Puzzle 355

```
Π  U  G  Z  Q  Q  R  U  S  T  Γ  K  N  E  Ό  W  I
E  A  T  N  Ά  I  P  T  M  N  Y  Ό  Y  Π  Λ  Z  N
I  K  I  E  Σ  Ά  Π  Σ  E  Ξ  A  N  X  I  O  A  N
D  I  E  X  X  W  J  F  D  Q  Λ  Δ  T  T  Y  F  C
X  Z  Σ  Ό  N  E  T  Σ  J  R  I  O  E  P  Σ  V  T
G  X  Ώ  K  Ω  Ί  Q  W  B  A  Σ  P  P  O  P  Y  X
F  W  P  J  T  F  Δ  K  S  I  T  A  Ί  Π  X  M  M
J  C  H  G  Ή  K  N  I  E  M  E  Σ  Δ  Ή  Q  Y  K
Ή  I  Λ  V  Λ  K  Ύ  K  N  O  P  V  A  R  G  G  P
K  Π  K  Z  B  J  Q  C  H  H  Ή  M  Π  Ύ  P  A  Ύ
Y  M  O  Z  O  A  N  Ά  B  A  Σ  H  H  H  A  R  O
F  R  Λ  K  Π  A  Π  O  Σ  T  O  Λ  Ή  M  E  I  J
E  R  O  Z  A  Z  Ή  T  H  M  A  M  O  Ύ  M  I  A
D  S  P  J  Q  I  A  Π  A  Γ  O  P  E  Ύ  O  Y  N
P  C  J  E  D  Y  Δ  A  T  Z  G  J  E  C  E  U  L
```

ΠΑΙΧΝΊΔΙ
ΜΟΎΜΙΑ
ΜΠΎΡΑ
ΑΠΟΣΤΟΛΉ
ΌΛΟΥΣ
ΟΛΟΚΛΗΡΏΣΕΙ
ΑΠΟΒΛΉΤΩΝ
ΖΉΤΗΜΑ
ΑΠΑΓΟΡΕΎΟΥΝ
ΕΠΙΤΡΟΠΉ
ΔΙΑΚΟΠΉ
ΝΥΧΤΕΡΊΔΑ
ΚΎΚΝΟ
ΑΝΆΒΑΣΗ
ΚΡΎΟ
ΚΌΝΔΟΡΑΣ
ΤΡΙΆΝΤΑ
ΓΥΑΛΙΣΤΕΡΉ
ΞΕΣΠΆΣΕΙ
ΣΤΕΝΌ

Puzzle 356

ΕΙΚΟΝΙΚΌ
ΟΜΟΣΠΟΝΔΙΑΚΉ
ΑΝΑΨΥΧΉΣ
ΓΙΑΤΊ
ΠΑΡΑΓΩΓΉΣ
ΧΆΝΟΝΤΑΙ
ΠΟΛΊΤΗ
ΤΣΈΠΗ
ΔΥΤΙΚΈΣ
ΒΑΣΙΛΙΆ
ΑΦΙΕΡΏΣΕΙ
ΛΑΓΌΣ
ΆΛΛΟΥΣ
ΜΉΝΥΜΑ
ΣΗΜΑΊΑ
ΑΥΓΆ
ΣΧΈΔΙΟ
ΜΊΛΙΑ
ΉΣΥΧΟ
ΤΥΧΑΊΑ

```
C  P  I  O  I  Δ  Έ  X  Σ  R  D  T  Ά  L  U  J  U
A  S  C  J  M  I  X  Y  V  P  O  N  Λ  Y  K  D  O
Γ  I  A  T  Ί  O  M  A  F  O  M  N  N  Λ  L  J  I
M  Ή  N  Y  M  A  Σ  H  I  H  I  U  O  A  L  L  V
G  B  I  H  R  F  D  Π  H  Σ  Ή  X  Y  Ψ  A  N  A
B  X  E  E  R  U  Έ  O  E  F  D  Σ  Ή  Π  E  T
Π  Q  Σ  S  F  G  X  Σ  H  N  P  I  T  Σ  O  Ί  Y
Δ  A  Ώ  X  A  A  P  T  Q  A  Δ  P  D  Y  Λ  K  X
Y  I  P  C  Ά  I  Λ  I  Σ  A  B  I  D  X  Ί  O  A
T  Λ  E  A  Ά  N  E  Λ  A  Γ  Ό  Σ  A  O  T  N  Ί
I  Ί  I  C  Γ  H  O  Σ  H  M  A  Ί  A  K  H  I  A
K  M  Φ  V  Y  Ω  U  N  C  G  K  P  G  S  Ή  K  O
Έ  D  A  E  A  C  Γ  E  T  E  H  F  E  X  Z  Ό  L
Σ  Y  X  E  C  Σ  K  Ή  X  A  O  N  S  D  B  Z  C  W
V  X  D  A  M  R  I  Σ  F  I  W  W  N  L  W  I
```

Puzzle 357

```
T  E  Z  Ά  T  Υ  Φ  K  X  R  T  K  M  C  O  N  Υ
Γ  Ύ  H  Σ  H  Λ  K  Σ  Ό  Ρ  Π  H  N  B  T  C  I
F  Ό  M  F  H  I  Ύ  O  Π  A  Σ  Ί  Ρ  Ω  X  Π
J  S  N  Π  G  K  C  Ρ  C  Υ  Υ  Ά  L  E  E  M  Π
D  W  V  A  A  Ό  V  Υ  H  Z  E  T  Ρ  K  Λ  O  O
H  M  Q  L  T  N  H  S  H  A  J  Σ  Π  Φ  Έ  T  Π
G  D  X  R  Q  O  O  U  O  C  H  X  A  Ρ  Γ  Έ  Ό
Σ  X  Έ  Σ  H  X  B  Ρ  O  X  Ή  Σ  Ρ  Ά  X  Λ  T
V  V  S  U  Z  J  F  S  R  A  F  B  Ό  Z  E  B  A
O  L  Υ  S  Q  Υ  K  E  Υ  X  Ή  N  M  O  T  Ρ  M
U  O  S  S  V  N  L  G  A  G  V  A  O  Υ  A  Ώ  O
C  H  V  L  U  W  L  Υ  M  O  I  J  I  N  I  Σ  Σ
B  B  J  G  S  H  Σ  A  Δ  Έ  K  Σ  A  I  Δ  I  B
Υ  E  W  J  C  E  Ρ  Γ  O  Σ  T  Ά  Σ  I  O  M  G
C  A  Υ  Λ  E  Π  T  O  M  Έ  Ρ  E  I  E  Σ  A  M
```

ΕΥΧΉ
ΣΑΠΟΎΝΙ
ΒΡΏΣΙΜΑ
ΣΤΆΣΗ
ΠΑΡΌΜΟΙΑ
ΓΌΝΑΤΟ
ΣΧΈΣΗ
ΕΚΦΡΆΖΟΥΝ
ΦΥΤΆ
ΕΛΈΓΧΕΤΑΙ
ΕΡΓΟΣΤΆΣΙΟ
ΠΡΌΣΚΛΗΣΗ
ΥΛΙΚΌ
ΛΕΠΤΟΜΈΡΕΙΕΣ
ΒΡΟΧΉΣ
ΔΙΑΣΚΈΔΑΣΗ
ΜΟΤΈΛ
ΤΎΜΠΑΝΟ
ΙΠΠΟΠΌΤΑΜΟΣ
ΧΩΡΊΣ

Puzzle 358

ΚΑΦΈ
ΧΆΣΟΥΝ
ΉΔΗ
ΓΕΝΕΘΛΊΩΝ
ΑΝΑΚΑΤΕΎΟΥΜΕ
ΙΔΙΟΚΤΗΣΊΑΣ
ΜΈΘΟΔΟΣ
ΟΡΤΎΚΙΑ
ΑΎΡΙΟ
ΆΚΡΗ
ΣΤΉΡΙΞΗΣ
ΠΡΟΆΣΠΙΣΗΣ
ΣΚΙΆ
ΜΊΛΗΣΕ
ΞΩΤΙΚΌ
ΕΥΝΟΪΚΉ
ΑΡΚΕΤΆ
ΤΎΠΟΣ
ΧΆΜΠΟΥΡΓΚΕΡ
ΑΝΑΓΝΩΡΊΣΕΙ

```
D  Γ  M  U  Ά  K  Σ  D  F  I  M  X  Σ  Σ  U  U  B
N  E  Ί  T  K  T  T  Ρ  Z  Δ  Έ  Z  L  K  B  M  U
B  N  Λ  X  Ρ  E  Ή  T  A  I  Θ  S  O  I  Ρ  Ύ  A
X  E  H  X  H  M  Ρ  Ύ  S  O  O  Ά  G  Ά  S  L  Υ
Ρ  Θ  Σ  Ά  Z  Υ  I  Π  E  K  Δ  Ρ  T  L  M  G  M
K  Λ  E  S  V  O  Ξ  O  K  T  O  Υ  V  E  C  F  L
A  Ί  N  O  N  Ύ  H  S  G  H  Σ  J  W  J  K  B  G
Φ  Ω  V  Υ  F  E  Σ  Σ  H  Σ  I  Π  Σ  Ά  O  Ρ  Π
Έ  N  G  N  T  T  I  E  Σ  Ί  Ρ  Ω  N  Γ  A  N  A
S  G  N  Q  A  A  J  W  M  A  I  K  Ύ  T  Ρ  O  N
E  Υ  N  O  Ϊ  K  Ή  Ρ  D  Σ  D  M  T  Z  G  B  W
F  Ή  U  U  G  A  X  Ά  M  Π  O  Υ  Ρ  Γ  K  E  Ρ
K  F  Δ  A  I  N  Ρ  O  N  S  I  J  E  S  O  G  I
U  X  M  H  G  A  T  X  X  I  X  C  X  C  K  U  E  Z
Ξ  Ω  T  I  K  Ό  A  L  Z  L  V  H  Q  S  T  H  Y
```

Puzzle 359

A	J	N	E	M	A	Ί	E	Π	A	P	E	Θ	Π	A	K	Π
Φ	R	A	Γ	Π	O	Ί	U	U	S	N	I	A	Ό	Π	Έ	P
Ή	R	Γ	V	R	I	Y	Σ	N	U	W	R	Έ	Λ	O	P	O
N	Y	Ό	C	A	E	Θ	Σ	Θ	D	W	E	Θ	E	Δ	Δ	Π
O	S	M	V	A	Ά	D	E	E	H	C	B	I	M	Ί	I	O
N	V	A	C	L	A	H	D	T	Ί	Σ	R	M	O	Δ	Σ	N
T	R	J	T	P	Λ	J	G	H	I	O	H	O	D	O	A	H
A	G	V	E	S	O	D	Q	K	L	K	J	P	R	Y	N	T
Σ	F	Ω	N	I	K	K	U	Q	Q	M	Ή	N	X	N	Σ	Ή
Ό	Λ	E	M	Ό	N	I	Ά	N	Θ	P	A	K	A	F	T	Σ
N	O	N	Ω	N	Ά	Π	A	P	A	Π	V	C	M	Y	I	I
A	Σ	T	Y	N	O	M	Ί	A	T	T	W	T	X	X	Γ	Q
P	I	Z	L	R	K	Ό	S	V	P	Y	B	E	B	I	M	V
Y	S	Q	U	P	I	X	P	P	E	I	N	X	N	A	Ή	W
O	N	E	M	Ά	M	E	P	T	X	J	W	P	K	U	L	R

ΑΠΟΔΊΔΟΥΝ
ΟΥΡΑΝΌ
ΑΦΉΝΟΝΤΑΣ
ΠΑΡΑΠΆΝΩ
ΑΊΣΘΗΣΗ
ΑΣΤΥΝΟΜΊΑ
ΠΌΛΕΜΟ
ΚΈΡΔΙΣΑΝ
ΓΌΜΑ
ΠΡΟΠΟΝΗΤΉΣ
ΣΤΙΓΜΉ
ΈΘΙΜΟ
ΕΠΙΘΕΤΙΚΉ
ΆΝΘΡΑΚΑ
ΛΕΜΌΝΙ
ΘΕΡΑΠΕΊΑ
ΜΟΥΣΕΊΟ
ΚΟΛΛΆΕΙ
ΧΌΜΠΙ
ΤΡΕΜΆΜΕΝΟ

Puzzle 360

ΨΑΛΊΔΙ
ΈΓΚΛΗΜΑ
ΕΊΣΟΔΟ
ΠΡΑΚΤΙΚΉ
ΤΕΧΝΟΛΟΓΊΑ
ΠΛΗΡΟΦΟΡΙΏΝ
ΤΟΠΙΚΉ
ΕΛΚΥΣΤΙΚΉ
ΔΕΥΤΕΡΕΎΟΥΣΑ
ΠΑΡΈΧΕΙ
ΠΡΟΣΕΚΤΙΚΉ
ΌΦΕΛΟΣ
ΟΠΛΩΝ
ΜΗΧΑΝΙΚΆ
ΆΓΧΟΣ
ΣΚΟΎΤΕΡ
ΟΡΙΣΜΈΝΑ
ΠΡΟΣΟΧΉ
ΠΡΟΣΔΟΚΟΎΝ
ΒΟΥΝΏΝ

S	T	P	Π	E	Λ	K	Y	Σ	T	I	K	Ή	Z	P	S	X
B	N	Ώ	I	P	O	Φ	O	P	H	Λ	Π	J	K	T	G	D
Ά	Γ	X	O	Σ	O	A	P	W	E	I	W	Q	G	E	H	Π
V	K	A	N	Έ	M	Σ	I	P	O	F	M	W	A	X	N	P
W	X	P	S	W	Z	O	Δ	N	Q	H	L	U	Σ	N	Y	O
Σ	K	O	Ύ	T	E	P	Ί	O	H	Ή	N	Ώ	N	Y	O	B	Σ
E	I	Z	X	A	M	B	Λ	G	K	I	W	U	O	Λ	M	E
Y	Ί	U	U	Q	X	X	A	J	I	O	K	N	Ύ	O	H	K
Ό	S	Σ	F	B	E	U	Ψ	R	T	Π	Ύ	K	E	Γ	X	T
E	Φ	M	O	B	G	X	X	Ή	K	A	B	N	P	Ί	A	I
R	Y	E	H	Δ	X	K	S	K	A	P	K	Q	E	A	N	K
F	N	Ώ	Λ	Π	O	Z	C	I	P	Έ	R	Y	T	B	I	Ή
I	Q	Ή	X	O	Σ	O	P	Π	Π	X	Q	G	Y	W	K	Y
C	T	H	V	D	Σ	I	B	O	X	E	U	G	E	P	Ά	W
Έ	Γ	K	Λ	H	M	A	A	T	S	I	C	S	Δ	P	A	Z

Puzzle 361

```
Π  B  Φ  K  F  G  Q  L  A  B  H  M  E  W  U  K  X
Ρ  Π  Δ  Ω  W  N  B  H  W  Y  V  Z  X  W  H  A  P
Ό  Ρ  E  E  T  Ρ  I  O  L  Y  D  O  M  U  G  M  Ω
Γ  O  B  W  M  O  N  Π  Ί  E  Δ  E  U  Z  W  H  M
O  T  L  V  É  Γ  G  C  R  W  V  V  B  K  Λ  Ά  
N  E  F  C  G  T  N  Ρ  E  O  Y  B  B  D  O  O  T
O  Ί  M  P  I  I  Ρ  H  A  M  Ω  Γ  Ά  Π  Y  Π  Ω
Ω  N  K  Z  Q  L  E  Δ  Λ  Φ  M  B  Z  Δ  Ρ  Ά  N
T  O  Λ  O  K  Ύ  E  Z  K  O  Ί  O  Y  Ή  A  Ρ  A
É  Y  B  B  X  L  T  Ρ  É  W  X  A  B  Λ  Σ  Δ  M
Θ  N  F  B  C  N  Y  C  Ρ  T  W  Ρ  J  Ω  M  Λ  V
O  I  Γ  Ύ  Ρ  E  T  Π  A  Ρ  M  Θ  Ρ  Σ  É  Λ  S
Π  Λ  O  Ή  Γ  Η  Σ  H  K  R  G  Ρ  J  H  N  H  R
Y  Π  O  Λ  O  Γ  Ί  Z  E  I  Y  Ά  D  Σ  O  D  G
Θ  A  Y  M  Ά  Σ  I  A  E  M  Π  Ί  Π  T  O  Y  N
```

ΔΕΜΈΝΗ
ΠΡΌΓΟΝΟ
ΥΠΟΘΈΤΩ
ΚΑΡΈΚΛΑ
ΔΕΙΠΝΟ
ΠΛΟΉΓΗΣΗ
ΥΠΟΛΟΓΊΖΕΙ
ΜΟΒ
ΧΡΩΜΆΤΩΝ
ΕΎΚΟΛΟ
ΘΑΥΜΆΣΙΑ
ΚΑΜΗΛΟΠΆΡΔΑΛΗ
ΠΡΟΤΕΊΝΟΥΝ
ΔΉΛΩΣΗΣ
ΆΡΘΡΑ
ΠΤΕΡΎΓΙΟ
ΚΟΥΡΑΣΜΈΝΟ
ΠΆΓΩΜΑ
ΕΜΠΊΠΤΟΥΝ
ΦΩΤΟΓΡΑΦΊΑ

Puzzle 362

ΜΠΙΖΈΛΙΑ
ΠΗΓΉΣ
ΜΆΛΛΟΝ
ΝΟΣΟΚΌΜΑ
ΣΧΟΛΕΊΟ
ΚΑΛΟΎΜΕ
ΙΣΧΎ
ΜΈΤΡΟΥ
ΠΟΛΛΑΠΛΑΣΙΑΣΜΌ
ΙΔΙΟΚΤΉΤΗ
ΤΣΆΙ
ΆΣΚΗΣΗ
ΕΊΚΟΣΙ
ΔΙΑΘΈΣΙΜΗ
ΔΆΣΟΣ
ΚΕΝΤΡΙΚΉ
ΚΟΥΤΆΛΙ
ΚΑΣΚΌΛ
ΠΑΝΤΕΛΌΝΙΑ
ΖΆΧΑΡΗ

```
T  H  M  I  Σ  É  Θ  A  I  Δ  Π  U  I  B  U  L  Π
Σ  T  G  Π  Y  G  C  W  Σ  H  A  Σ  Y  B  K  V  O
Ά  Ή  A  R  I  J  M  N  O  G  N  O  Λ  Λ  Ά  M  Λ
I  T  G  X  U  Z  M  T  K  T  T  Σ  Ό  D  Q  D  Λ
W  K  R  W  N  I  É  B  Ί  Y  E  Ά  K  G  Q  A  A
K  O  G  D  V  Ρ  G  Λ  E  H  Λ  Δ  Σ  L  Z  Ά  Π
A  I  X  Z  G  W  R  R  I  Ρ  Ό  M  A  H  N  Σ  Λ
Λ  Δ  K  N  G  H  Σ  M  V  A  N  Π  K  Q  Z  K  A
O  I  A  Y  O  Ρ  T  É  M  X  I  Q  H  C  N  H  Σ
Ύ  X  Σ  I  B  Σ  U  B  K  Ά  A  T  L  Γ  Σ  I
M  D  L  H  O  B  O  U  V  Z  E  J  G  F  Ή  H  A
E  A  J  G  U  Q  S  K  K  O  Y  T  Ά  Λ  I  Σ  Σ
K  E  N  T  Ρ  I  K  Ή  Ό  Σ  X  O  Λ  E  Ί  O  M
Y  T  W  K  N  W  Ρ  Q  I  M  L  V  E  F  M  X  Ό
F  F  E  C  C  S  G  X  R  R  A  G  S  U  Ρ  S  G
```

Puzzle 363

```
P F F H Ά Ϊ K I Λ H U R A F H F N
Z O M S E Π S K F F V H Π O C U Ό
G H K G W R O Σ O N E M Ό Π E Δ M
Έ B Δ O M H T K L P G F Λ E I Z I
Z R W B Q P Q H A Ϊ E P A Γ Γ A Σ
P R X P Ώ M A T A Λ Q M Y I K E M
X Z J Q N J X Y K C Ύ O Σ M W P A
Δ I A Δ I K A Σ Ί A Σ Π H S Ό G O
W T G N Z F M E Y Ύ O T A P T Σ
R P G E U J G S G W O Λ V O O Q B
T M Y B D U R X L B Q Ή H O Y D Q
Y T K D I K F I D X T M Σ Φ D N P
Y Ψ Ό M E T P O Γ O Λ Ά H X Θ L J
Σ Y Z Ή T H Σ H A A D E Θ U M E G
Π E P I Π E T E I Ώ Δ H Ώ W J K Ϊ
```

ΆΛΟΓΟ
ΌΡΟ
ΑΓΓΑΡΕΊΑ
ΠΕΡΙΠΕΤΕΙΏΔΗ
ΣΤΡΑΤΟΎ
ΧΡΏΜΑΤΑ
ΝΌΜΙΣΜΑ
ΗΛΙΚΊΑ
ΕΠΌΜΕΝΟ
ΜΉΛΟ
ΏΘΗΣΗ
ΑΠΟΚΑΛΎΠΤΟΥΝ
ΈΒΔΟΜΗ
ΡΟΚ
ΛΗΦΘΕΊ
ΣΚΙ
ΑΠΌΛΑΥΣΗ
ΥΨΌΜΕΤΡΟ
ΣΥΖΉΤΗΣΗ
ΔΙΑΔΙΚΑΣΊΑΣ

Puzzle 364

ΜΩΡΌ
ΚΟΓΙΌΤ
ΑΥΤΆ
ΟΙΚΟΝΟΜΙΚΉΣ
ΡΌΠΑΛΟ
ΛΟΓΑΡΙΑΣΜΌ
ΤΖΊΝΤΖΕΡ
ΑΠΟΤΎΠΩΣΗ
ΒΕΝΖΊΝΗ
ΕΠΙΤΡΈΠΟΥΝ
ΚΊΝΔΥΝΟ
ΠΛΉΡΩΣ
ΕΣΤΊΑΣΗ
ΜΠΆΝΙΟ
ΔΙΆΣΗΜΗ
ΣΆΒΒΑΤΟ
ΘΈΛΟΥΝ
ΑΥΓΏΝ
ΔΕΔΟΜΈΝΩΝ
ΚΑΝΌΝΑ

```
Δ O I K O N O M I K Ή Σ V B I K Θ
I L P I X E E Π I T P Έ Π O Y N Έ
Ά S O P H Σ Ω Π Ύ T O Π A P F B Λ
Σ C A I M T K O Γ I Ό T F Ό T A O
H A I H N Ϊ M O Q P H I L P Q Y
M J Y A T A Δ M Π Ά N I O A Λ Ω N
H K W Γ A Σ E Z B T Ϊ O D Λ O T M
S O O S Ώ H Δ H A Y Z D B O G Z V
X W F X N N O K S A N N O T A Ϊ W
K A N Ό N A M V Ϊ U E A A A P N M
C F O M Q G Έ Z J N B K R B I T P
H U S U E O N N N M Δ N T B A Z E
D F R I M C Ω G T D S Y C Ά Σ E M
N S O M V W N O L N H G N Σ M P Y
U T S Π Λ Ή P Ω Σ H H M O O Ό Y J
```

Puzzle 365

```
K  Α  Λ  I  E  Y  M  Ά  T  Ω  N  M  D  I  Y  I  T
T  A  E  N  E  O  H  G  U  U  V  Π  Δ  K  J  C  O
O  P  T  F  M  T  Σ  X  R  W  Z  A  Ί  A  Δ  X  I
H  Ώ  K  A  H  F  H  Π  D  R  I  M  K  N  E  O  X
P  T  G  X  Σ  F  P  E  O  A  P  Π  T  O  Ί  Λ  O
Π  D  G  K  O  K  Ώ  I  M  Λ  L  Ά  Y  Π  X  I  Γ
E  A  Ί  Π  Λ  E  Z  Y  Ά  Λ  Σ  O  O  N  O  P
T  E  P  R  L  D  Θ  Y  F  K  Δ  Ώ  M  I  O  N  A
N  V  G  Ά  V  N  A  B  Ή  Σ  Έ  N  N  H  Y  T  Φ
A  W  V  R  Γ  F  N  N  Y  Σ  N  E  Y  M  N  Ά  Ί
Z  B  F  N  C  O  A  O  M  E  T  M  D  Έ  K  P  A
Γ  Λ  Y  K  I  Ά  N  I  L  Ί  P  Z  Z  N  X  I  L
K  U  K  J  X  T  Q  T  E  X  O  W  N  O  L  R  T
E  I  P  H  N  I  K  Ή  A  E  Y  M  A  I  P  F  S
J  O  I  K  O  N  O  M  I  K  Ή  X  R  K  Y  J  T
```

ΓΛΥΚΙΆ
ΠΟΛΛΏΝ
ΑΛΙΕΥΜΆΤΩΝ
ΛΙΟΝΤΆΡΙ
ΔΈΝΤΡΟ
ΤΟΙΧΟΓΡΑΦΊΑ
ΜΠΑΜΠΆΣ
ΤΟΥ
ΔΕΊΧΝΟΥΝ
ΕΊΧΕ
ΕΙΡΗΝΙΚΉ
ΕΛΠΊΔΑ
ΠΑΡΆΓΟΝΤΑ
ΤΏΡΑ
ΔΊΚΤΥΟ
ΚΑΤΑΣΚΕΥΉΣ
ΑΝΑΘΕΏΡΗΣΗ
ΟΙΚΟΝΟΜΙΚΉ
ΙΚΑΝΟΠΟΙΗΜΈΝΟΙ
ΣΚΆΛΑ

Puzzle 366

ΣΑΦΈΣ
ΔΎΝΑΜΗ
ΤΙΜΉ
ΑΣΤΕΊΟ
ΣΉΜΕΡΑ
ΚΟΛΎΜΠΙ
ΑΠΟΣΠΆΣΕΙ
ΏΘΗΣΕ
ΚΊΝΗΤΡΟ
ΈΞΑΛΛΟΣ
ΤΑΞΊΔΙΑ
ΣΤΑΘΕΡΉ
ΣΥΝΉΘΩΣ
ΚΑΤΑΔΎΣΕΙΣ
ΙΑΤΡΙΚΉΣ
ΓΎΡΩ
ΔΊΠΛΩΜΑ
ΓΡΎΛΙΣΜΑ
ΠΡΌΚΛΗΣΗ
ΠΡΟΣΤΑΤΕΎΟΥΝ

```
X  I  Σ  Έ  Φ  A  Σ  Ω  Θ  Ή  N  Y  Σ  D  A  Π  K
W  A  Z  T  X  I  F  O  F  D  M  B  N  E  Σ  P  A
S  T  H  M  A  N  Ύ  Δ  W  T  I  M  Ή  U  T  O  T
Ω  P  Ύ  Γ  J  Θ  T  L  K  S  Q  Q  J  L  E  Σ  A
P  I  Z  A  G  I  E  Σ  Ά  Π  Σ  O  Π  A  Ί  T  Δ
K  K  A  M  X  K  C  P  K  S  J  B  Z  I  O  A  Ύ
G  Ή  E  Ω  X  O  N  Q  Ή  O  U  M  J  Δ  O  T  Σ
H  Σ  H  Λ  K  Ό  P  Π  H  Γ  W  C  S  Ί  G  E  E
K  K  F  Π  Έ  Ώ  Θ  H  Σ  E  P  N  F  Ξ  Q  Ύ  I
Ί  O  L  Ί  T  Ξ  G  H  V  C  O  Ύ  R  A  K  O  Σ
N  Λ  T  Δ  Z  M  A  T  K  N  H  N  Λ  T  D  Y  C
H  Ύ  Z  U  Q  C  P  Λ  S  C  D  V  R  I  V  N  F
T  M  Σ  Ή  M  E  P  A  Λ  F  D  K  N  N  Σ  X  P
P  Π  T  L  C  W  K  T  K  O  B  N  M  O  L  M  T
O  I  B  K  G  V  U  Q  R  O  Σ  S  Y  S  Z  O  A
```

Puzzle 367

```
Y R Q X O T C R K Π U U C O Z N B
R E V Y R A B R A H H Q Q C D F X
L N S C E U N Q Π Γ L M B Ή D T Z
F B N W R R I Η Έ A G U P P K X
Π Λ A N Ή T E Σ Λ Ί A J H E Y R Y
Σ Δ L W J O Σ Ύ O N W X I M G D O
O Y I J M Q Ά E X E H R B O P C F
T M N Σ Δ N X Γ R I Q X C P R G T
H Σ D E T I Δ I A Φ O P E T I K Ό
Ό Π J M X Ά A Α Π O T Έ Λ E Σ M A
N Ά V C R Ό Z Φ X Q Q M Ί Σ O Y Σ
A Σ E Q N K M E O Π Ω Λ O Ύ N O S
L E K Y P Ί A E I P A T O M I K Ή
D I Z N Q I I R N W Ά Λ A I Ώ N A
K Α Λ Π Α Σ M Ό M H Σ A T K Έ Π E
```

ΠΗΓΑΊΝΕΙ
ΚΑΠΈΛΟ
ΓΕΎΣΗ
ΕΠΈΚΤΑΣΗ
ΑΙΏΝΑ
ΑΠΟΤΈΛΕΣΜΑ
ΑΝΌΗΤΟΣ
ΑΤΟΜΙΚΉ
ΚΥΡΊΑ
ΧΆΣΕΙ
ΣΠΆΣΕΙ
ΔΙΑΦΟΡΆ
ΠΛΑΝΉΤΕΣ
ΜΊΣΟΥΣ
ΠΩΛΟΎΝ
ΚΑΛΠΑΣΜΌ
ΔΙΣΤΆΖΕΙ
ΔΙΑΦΟΡΕΤΙΚΌ
ΤΡΟΜΕΡΉ
ΣΥΝΕΧΌΜΕΝΗ

Puzzle 368

ΚΆΛΤΣΕΣ
ΓΗΣ
ΒΕΛΌΝΑ
ΚΑΛΛΙΤΈΧΝΗ
ΒΆΤΡΑΧΟΣ
ΠΡΟΒΛΈΠΟΥΝ
ΜΠΑΝΆΝΑ
ΖΥΓΊΖΕΙ
ΚΛΟΥΒΊ
ΕΠΙΤΥΧΗΜΈΝΗ
ΕΠΙΣΤΉΣΕΙ
ΔΙΠΛΟ
ΡΙΝΌΚΕΡΟΣ
ΚΑΛΑΜΠΟΚΙΟΎ
ΜΙΛΉΣΩ
ΒΊΑΣ
ΕΝΑΛΛΑΚΤΙΚΉ
ΨΗΛΌΤΕΡΟ
ΠΛΕΙΟΨΗΦΊΑ
ΤΗ

```
W K K Α Λ Α Μ Π Ο Κ I O Ύ G K Π E
X Z Λ Σ Δ I Π Λ Ό B W L N Q Ά Λ Π
K A D O L I E Σ Ή T Σ I Π E Λ E I
J U F X Y F E Z N Y S H J A T I T
A G S A Ί B I S Ί W U U S J Σ O Y
Π S O P G Q Ί X T Γ B S N W E Ψ X
P O F T W A N R Q Σ Y Q I R Σ H H
O L Z Ά X N A P W O X Z Z U O Φ M
B S Q B V Ά N P I P U Ω T V O Ί Έ
Λ P H L L N Ό G E E L U Σ U D A N
Έ S R E N A Λ Λ A K T I K Ή C G H
Π M D G J Π E U Z Ό J S Y Y Λ N Z
O W A Z X M B C U N Γ H Σ W C I B
Y A G T H N X Έ T I Λ Λ A K Z T M
N S D C D V C W O P E T Ό Λ H Ψ Q
```

Puzzle 369

J	E	Ή	M	K	A	P	A	Π	G	A	I	V	W	H	S	X
N	K	M	C	V	Z	Y	Σ	A	Έ	Φ	A	P	Γ	Γ	Y	Σ
Y	J	C	J	V	Y	V	J	Z	P	N	I	E	Ξ	Έ	P	T
O	G	B	B	E	D	F	U	O	Z	H	E	L	Y	Δ	B	J
Σ	C	G	N	Π	E	P	I	O	X	Ή	Σ	Σ	E	I	Σ	X
Ή	Ή	E	M	Π	O	P	I	K	Ό	W	Ά	Έ	Π	Ά	Φ	H
T	N	T	B	O	Γ	W	L	D	D	N	Δ	T	P	Δ	Ά	R
H	A	G	H	N	E	O	U	G	L	C	E	E	Ό	P	Λ	T
Z	Φ	U	D	T	N	P	R	Q	Y	D	K	K	Σ	O	M	O
Y	A	N	Ή	K	I	P	T	A	I	A	Σ	P	Ω	M	A	H
Σ	I	T	G	O	Ά	O	K	I	R	L	A	A	Π	O	D	I
F	Δ	N	E	S	Z	C	Φ	Γ	C	H	I	L	O	T	R	R
Σ	Ω	Λ	Ή	N	A	Q	G	J	L	Ί	Δ	B	A	P	K	O
G	F	J	Y	Z	I	L	V	J	K	S	D	W	I	D	D	X
F	P	K	Q	P	O	Q	R	V	W	I	R	M	X	C	Z	C

ΓΙΑ
ΑΡΚΕΤΈΣ
ΕΜΠΟΡΙΚΌ
ΚΕΝΌ
ΡΑΒΔΊ
ΔΙΆΔΡΟΜΟ
ΠΑΡΑΚΜΉ
ΓΕΝΙΆ
ΦΟΙΤΗΤΉΣ
ΣΦΆΛΜΑ
ΣΥΖΗΤΉΣΟΥΝ
ΠΡΌΣΩΠΟ
ΔΙΑΦΑΝΉ
ΠΈΝΕΣ
ΔΙΑΣΚΕΔΆΣΕΙ
ΣΩΛΉΝΑ
ΣΥΓΓΡΑΦΈΑΣ
ΠΕΡΙΟΧΉΣ
ΤΡΈΞΕΙ
ΙΑΤΡΙΚΉ

Puzzle 370

ΦΆΣΜΑ
ΜΠΑΜΠΆ
ΈΓΚΑΥΜΑ
ΚΑΠΆΚΙ
ΓΡΑΦΕΊΟΥ
ΛΆΣΟ
ΣΙΝΤΡΙΒΆΝΙ
ΟΚΤΏ
ΓΡΉΓΟΡΑ
ΕΠΙΛΟΓΉΣ
ΑΥΤΟΚΊΝΗΤΟ
ΤΡΟΦΟΔΟΣΊΑΣ
ΓΡΉΓΟΡΗ
ΜΩΡΟΎ
ΧΡΏΜΑ
ΑΝΕΜΏΝΗ
ΠΛΉΡΗ
ΕΝΗΛΊΚΩΝ
ΒΟΉΘΕΙΑ
ΜΠΕΡΔΕΜΈΝΑ

S	B	Γ	F	Z	F	C	X	K	Q	B	P	Φ	X	T	Λ	V
L	Z	C	P	G	X	L	P	A	L	O	X	Ά	L	P	Ά	J
E	H	K	G	Ή	R	F	Ώ	Π	Γ	Ή	O	Σ	O	O	Σ	V
M	Π	K	L	I	Γ	Ύ	M	Ά	P	Θ	N	M	K	Φ	O	Γ
F	Π	I	V	E	F	O	A	K	A	E	Έ	A	T	O	T	P
J	Y	E	Λ	Q	F	P	P	I	Φ	I	Γ	X	Ώ	Δ	H	Ή
E	Z	L	P	O	H	Ω	M	H	E	A	K	K	Y	O	N	Γ
G	W	I	N	Δ	Γ	M	I	P	Ί	U	A	N	S	Σ	Ί	O
H	V	N	Ά	T	E	Ή	R	Ή	O	G	Y	G	E	Ί	K	P
O	H	G	Π	E	X	M	Σ	Λ	Y	A	M	N	M	A	O	A
A	N	E	M	Ώ	N	H	Έ	Π	U	R	A	O	F	Σ	T	I
Z	Y	E	A	V	Q	O	N	N	C	V	E	L	H	L	Y	X
O	L	X	Π	O	Q	X	V	W	A	A	G	F	A	G	A	I
V	S	R	M	Σ	I	N	T	P	I	B	Ά	N	I	F	I	K
I	W	J	X	A	E	N	H	Λ	Ί	K	Ω	N	R	S	B	T

Puzzle 371

```
O Ί A I N E Σ E Π É Σ O Φ Ή E A P
R I M H T É P A K Q N G Y X Π S O
J E Z H Q E Ξ H B Ä P T K I A O F
M X O G I X E C A O Π O N A N I E
V É G T R V B I I J I O Z L É E S
Q P A M Σ Σ K E Λ E T Ό Y Π A E S
X T K É I K Σ P T S S N P Θ O M
R T K J S G E Ώ D B X S M Ό E N X
C A I Λ Θ Ά G Λ G X S L M Λ I A C
W Ξ J I M K M H F M A Z H H M V R
Y Ί N A Π Ά P Δ S Y O M Y Ψ O Z R
E A P J N U Θ Z C B L P N H A J W
S Y P W T E A O B L I Q E U X A C
Δ H M Ό Σ I Ω N Y O N É M O X R D
Σ E Δ H M Ί A Λ O N I K K O K K W
```

ΆΘΛΙΑ
ΜΗΤΈΡΑ
ΟΙ
ΔΗΜΌΣΙΩΝ
ΚΆΠΟΥ
ΕΝΙΑΊΟ
ΣΟΦΉ
ΤΑΞΊ
ΈΠΕΣΕ
ΣΚΕΛΕΤΌ
ΚΟΚΚΙΝΟΛΑΊΜΗΔΕΣ
ΤΡΈΧΕΙ
ΚΈΙΚ
ΔΗΛΏΣΕΙ
ΜΈΝΟΥΝ
ΠΡΌΛΗΨΗ
ΕΠΑΝΈΛΘΕΙ
ΠΑΝΊ
ΤΡΆΒΗΞΕ
ΜΆΘΟΥΝ

Puzzle 372

ΛΟΥΚΆΝΙΚΑ
ΣΗΜΑΝΤΙΚΈΣ
ΑΠΟΦΆΣΕΩΝ
ΚΌΜΠΟΣ
ΤΗΛΕΌΡΑΣΗ
ΑΝΑΒΆΛΕΙ
ΕΤΉΣΙΑ
ΆΔΕΙΟ
ΠΛΆΝΟ
ΔΗΜΟΚΡΑΤΙΚΉ
ΜΟΣΧΟΚΆΡΥΔΟ
ΤΟΛΜΗΡΉ
ΓΥΑΛΊ
ΝΙΚΉΣΕΙ
ΑΠΟΓΟΗΤΕΥΜΈΝΟΣ
ΠΑΤΡΊΔΑ
ΣΤΑΘΕΊ
ΚΑΛΑΜΆΡΙΑ
ΑΓΆΠΗ
ΚΤΊΡΙΟ

```
A T A Γ O Z I P Π M A S R S Δ Z Q
Π H K Γ Y T X E A O Π T E H H G E
O Λ I U Ά A L B T Σ O A W M M N Z
Γ E N S K Π Λ W P X Φ Θ E A O W K
O Ό Ά F Z E H Ί Ί O Ά E U N K S T
H P K K P V N A Δ K Σ Ί W T P O Ί
T A Y G D Z V N A Ά E X H I A I P
E Σ O N Ά Λ Π A G P Ω Y V K T E I
Y H Λ I Q J H B T Y N D P É I Σ O
M D U T E F Q Ά R Δ V M K Σ K Ή R
É V W B N Δ P Λ Σ O Π M Ό K Ή K I
N S H G E X Ά E K A Λ A M Ά P I A
O W S B K D A I Σ Ή T E Y I F N V
Σ T O Λ M H P Ή R L R C H U B I G
W L R P D C L F K G H Q A M Y S G
```

Puzzle 373

K	X	W	W	H	Φ	O	P	T	Σ	Ί	T	N	A	M	M	B
B	Ά	V	Y	G	X	M	Z	S	C	B	K	Q	C	D	Y	Π	C
Π	Ή	T	Σ	Ω	Σ	A	C	T	F	L	A	N	W	P	I	E
Θ	P	F	A	R	P	N	K	Π	E	Ί	Σ	E	I	Ί	Z	Ξ
Έ	R	Ώ	X	Γ	U	Ύ	W	A	D	S	W	M	A	Z	Έ	A
M	W	Z	T	S	M	Δ	N	O	T	B	W	O	K	E	Λ	Π
A	J	U	G	O	K	A	M	Z	S	Ά	Y	V	G	I	I	A
E	Π	I	K	O	I	N	Ω	N	Ί	A	Λ	A	V	X	J	T
E	Π	I	B	I	Ώ	Σ	O	Y	N	A	W	Λ	J	G	G	Ή
I	D	C	Y	Σ	Έ	K	I	T	Y	E	K	Σ	H	P	Θ	Σ
P	E	Ύ	M	A	I	N	D	F	E	K	P	F	D	Λ	P	E
K	Ί	T	P	I	N	O	L	E	B	Y	H	C	R	E	H	I
V	B	X	R	B	T	H	Λ	E	Σ	K	Ό	Π	I	O	P	N
Y	V	E	H	U	Λ	Ω	P	Ί	Δ	A	N	L	G	V	Y	X
I	X	P	I	Σ	T	Ο	Ύ	Γ	E	N	N	A	U	O	O	G

ΕΞΑΠΑΤΉΣΕΙ
ΜΥΡΊΖΕΙ
ΤΗΛΕΣΚΌΠΙΟ
ΚΊΤΡΙΝΟ
ΕΠΙΒΙΏΣΟΥΝ
ΧΡΙΣΤΟΎΓΕΝΝΑ
ΣΩΣΤΉ
ΛΩΡΊΔΑ
ΕΠΙΚΟΙΝΩΝΊΑ
ΜΠΙΖΈΛΙ
ΚΆΤΑΓΜΑ
ΘΡΗΣΚΕΥΤΙΚΈΣ
ΠΡΏΤΟ
ΑΝΤΙΣΤΡΟΦΗ
ΚΑΙ
ΠΕΊΣΕΙ
ΘΈΜΑ
ΑΔΎΝΑΜΟ
ΡΕΎΜΑ
ΑΚΑΤΆΛΛΗΛΗ

Puzzle 374

ΦΟΡΗΤΈΣ
ΟΔΟΝΤΊΑΤΡΟ
ΣΎΝΤΟΜΟ
ΝΟΜΙΚΉ
ΠΑΠΠΟΎΣ
ΚΑΤΟΙΚΊΑ
ΔΑΧΤΥΛΊΔΙ
ΣΥΝΕΡΓΆΤΗ
ΠΑΡΑΤΉΡΗΣΗΣ
ΜΥΡΩΔΙΆ
ΜΈΛΟΣ
ΠΡΆΓΜΑΤΙ
ΚΆΛΥΨΗΣ
ΖΩΓΡΑΦΊΖΕΙ
ΣΤΡΑΤΗΓΙΚΉ
ΘΕΙΟΣ
ΑΠΑΡΑΊΤΗΤΟ
ΣΙΩΠΉ
ΑΝΤΊΚΕΣ
ΠΛΗΘΥΣΜΟΎ

F	N	D	F	Σ	Ύ	N	T	O	M	O	N	U	X	W	V	N
Σ	Y	N	E	P	Γ	Ά	T	H	S	Z	H	O	M	Y	S	U
Σ	T	P	A	T	H	Γ	I	K	Ή	V	B	Y	M	D	F	C
Φ	O	P	H	T	Έ	Σ	O	Λ	Έ	M	Ή	Π	Ω	I	Σ	J
B	Δ	Π	T	Π	A	Ύ	O	M	Σ	Y	Θ	H	Λ	Π	K	D
K	A	A	Z	P	Π	O	S	B	Z	E	Y	C	V	K	X	Ή
A	X	P	Ω	Ά	A	Π	H	T	L	X	K	N	N	F	D	F
T	T	A	Γ	Γ	P	Π	O	Δ	O	N	T	Ί	A	T	P	O
O	Y	T	P	M	A	A	M	C	K	Θ	H	P	T	G	V	E
I	Λ	Ή	A	A	Ί	Π	Y	C	Ά	E	E	N	E	N	C	A
K	Ί	P	Φ	T	T	C	P	E	Λ	B	L	Ί	Q	E	A	V
Ί	Δ	H	Ί	I	H	W	Ω	P	Y	Q	E	W	O	P	Q	Z
A	I	Σ	Z	I	T	Y	Δ	O	Ψ	K	Y	C	X	Σ	H	U
E	X	H	E	W	O	X	I	W	H	T	P	Q	H	W	F	P
K	L	Σ	I	W	J	J	Ά	H	Σ	Q	M	D	S	Q	F	E

Puzzle 375

```
Θ  D  A  C  B  Y  V  L  W  I  E  T  G  V  S  N  M
C  E  X  V  J  Ό  U  X  M  R  Ξ  G  X  N  X  O  Έ
Φ  S  P  Y  T  T  P  Y  A  B  E  G  G  X  P  N  T
X  Ό  K  M  W  A  M  E  A  H  T  Y  Λ  Ό  Π  A  P
A  P  P  V  I  N  C  W  I  C  Ά  O  C  P  Y  T  H
P  E  O  E  P  K  A  G  Λ  A  Z  A  X  C  O  H  Σ
T  Σ  B  G  M  Ή  Y  Ό  M  O  Π  P  Z  H  T  H
Ί  O  U  R  H  A  W  Z  Σ  H  Y  O  G  V  J  Ό  Σ
B  P  L  F  L  J  L  A  A  T  N  Σ  L  D  V  N  Ω
D  Δ  U  K  L  B  A  I  Φ  Ό  U  T  A  M  D  E  P
E  Π  A  N  Ά  Λ  H  Ψ  P  D  A  C  X  V  F  Έ
Δ  I  K  A  Σ  T  Ή  Σ  H  K  F  Λ  V  S  C  J  M
Σ  A  Έ  T  A  M  M  A  P  Γ  C  E  N  A  I  E  H
K  O  Y  N  E  Λ  I  Ώ  N  Y  N  Ί  O  A  M  S  N
Σ  K  O  Y  Λ  Ή  K  I  H  Σ  H  T  N  Ά  Π  A  E
```

ΑΠΟΣΤΑΛΕΊ
ΘΕΡΜΙΚΉ
ΔΙΚΑΣΤΉΣ
ΦΌΡΕΜΑ
ΑΠΆΝΤΗΣΗ
ΕΞΕΤΆΖΟΥΝ
ΝΑΙ
ΚΟΥΝΕΛΙΏΝ
ΔΡΟΣΕΡΌ
ΕΝΌΤΗΤΑ
ΧΑΡΤΊ
ΑΠΌΛΥΤΗ
ΕΠΑΝΆΛΗΨΗ
ΕΝΗΜΈΡΩΣΗ
ΣΥΓΚΡΌΤΗΜΑ
ΒΌΡΕΙΑ
ΦΑΣΌΛΙΑ
ΜΈΤΡΗΣΗ
ΣΚΟΥΛΉΚΙ
ΓΡΑΜΜΑΤΈΑΣ

Puzzle 376

ΣΠΑΘΊ
ΑΣΤΈΡΩΝ
ΣΚΟΤΆΔΙ
ΘΛΙΒΕΡΌ
ΠΡΩΊ
ΧΑΛΑΡΏΣΤΕ
ΚΑΤΆΛΟΓΟ
ΕΚΠΟΜΠΉ
ΜΥΣΤΉΡΙΑ
ΧΏΡΑΣ
ΤΗΓΆΝΙ
ΔΙΑΤΑΡΑΧΉ
ΑΠΟΜΟΝΩΜΈΝΕΣ
ΚΆΤΙ
ΚΆΝΕΙ
ΠΗΛΊΚΟ
ΕΜΦΆΝΙΣΗ
ΑΝΆΓΝΩΣΗΣ
ΠΡΟΓΡΆΜΜΑΤΟΣ
ΒΛΈΠΟΝΤΑΣ

```
Π  Ρ  Ο  Γ  Ρ  Ά  Μ  Μ  Α  Τ  Ο  Σ  Ν  Η  J  Η  A
Τ  Δ  I  Α  Τ  Α  Ρ  Α  Χ  Ή  G  K  Τ  Ρ  V  Τ  Π
Σ  Κ  Ο  Τ  Ά  Δ  I  Θ  Ρ  M  J  V  Τ  X  V  Η  Ο
I  Σ  Α  Τ  Ν  Ο  Π  Έ  Λ  B  C  C  V  Τ  L  E  M
Η  Η  Β  G  Τ  Γ  Η  D  A  I  Ρ  Ή  Τ  Σ  Υ  M  Ο
W  V  Β  Η  Η  Ο  L  R  R  Τ  Β  D  U  K  Ρ  E  N
D  M  Τ  K  Γ  Λ  W  D  I  Ά  I  E  I  Ρ  Τ  M  Ω
Π  Ρ  Ω  Ί  Ά  Α  P  L  M  K  Σ  Α  Ρ  Ώ  X  Φ  M
P  W  Ρ  Θ  Ν  Τ  E  Y  C  R  I  Ν  Ρ  Ό  Τ  Ά  Έ
Q  I  Ν  A  I  Α  I  K  Α  Σ  Τ  Έ  Ρ  Ω  Ν  Ν  Ν
G  D  D  Π  Ν  K  Σ  K  Π  Ν  R  G  S  Τ  L  I  E
D  S  Σ  Y  L  C  G  Ά  O  Q  V  V  U  Β  Σ  Σ
X  Α  Λ  Α  Ρ  Ώ  Σ  Τ  E  Ν  M  F  S  Τ  G  Η  Ρ
W  Z  U  O  Π  Η  Λ  Ί  K  O  E  Π  Ρ  Α  Β  E  Ο
Α  Ν  Ά  Γ  Ν  Ω  Σ  Η  Σ  G  X  I  Ή  X  U  I  E
```

Puzzle 377

```
Γ  Ν  Ώ  Μ  Η  Σ  D  Χ  Έ  V  J  C  Q  I  U  J  W
Κ  Ζ  Β  Κ  Ρ  Ζ  U  W  Τ  Χ  Υ  F  U  R  Κ  Ν  Q
Ν  Ύ  R  Β  Ε  Ψ  Α  Κ  Έ  R  Ε  U  J  R  Ο  Κ  Κ
Σ  Σ  Κ  Ν  V  Ρ  Η  Ο  Ό  Κ  Ι  Τ  Ω  Ι  Δ  Ι  Ι
Υ  Υ  Ε  Λ  Ν  J  Ά  Ν  Ό  Υ  Q  D  Ο  C  R  S  S
Γ  Μ  Π  Υ  Ο  S  Μ  Σ  Κ  Α  Θ  Α  Ρ  Ή  Α  Τ  Τ
Κ  Π  Ι  Κ  F  Υ  W  Κ  Ι  Ι  Γ  Ρ  Ά  Φ  Η  Μ  Α
Ε  Ύ  Λ  Ρ  Α  Α  F  Τ  Ρ  Κ  Q  Ε  Μ  Σ  Ζ  Ο
Κ  Κ  Ο  Ε  Κ  R  Ε  Ν  Έ  Μ  W  Μ  Ζ  Ύ  Ο  Κ
Ρ  Ν  Γ  Υ  Β  Κ  Ζ  C  Α  Τ  Κ  Q  U  Κ  Λ  C  S
Ι  Ω  Ή  D  Υ  S  Ν  Χ  Μ  Σ  L  Τ  Χ  Χ  Ε  Τ  D
Μ  Μ  Κ  Λ  Ί  Σ  Η  Τ  Η  Α  Μ  Ε  Θ  Ό  Π  Α  Ι
Έ  Α  V  Ρ  Ρ  G  Α  Τ  Σ  Α  Π  Ό  Τ  Ν  Ο  Δ  Ο
Ν  Ώ  Ι  Τ  Ν  Ο  Δ  Α  Π  Ο  Δ  Ε  Ί  Ξ  Ε  Ι  Ν
Η  Υ  Π  Ο  Σ  Τ  Η  Ρ  Ί  Ζ  Ο  Υ  Ν  S  W  V  Ε
```

ΥΠΟΣΤΗΡΊΖΟΥΝ
ΟΔΟΝΤΌΠΑΣΤΑ
ΑΣΤΈΡΙΑ
ΕΠΙΛΟΓΉ
ΈΚΑΨΕ
ΔΟΝΤΙΏΝ
ΙΔΙΩΤΙΚΌ
ΓΝΏΜΗΣ
ΚΎΚΛΟΥ
ΣΥΜΠΎΚΝΩΜΑ
ΚΕΡΆΣΙ
ΚΛΊΣΗ
ΑΠΟΔΕΊΞΕΙ
ΛΎΣΗ
ΣΥΓΚΕΚΡΙΜΈΝΗ
ΣΗΜΑΝΤΙΚΌ
ΈΧΕΙ
ΚΑΘΑΡΉ
ΓΡΆΦΗΜΑ
ΑΠΌΘΕΜΑ

Puzzle 378

ΠΡΏΗΝ
ΑΝΟΙΚΤΆ
ΙΠΠΑΣΊΑΣ
ΈΛΚΗΘΡΟ
ΕΞΥΠΗΡΕΤΟΎΝ
ΓΈΛΑΣΕ
ΑΡΝΊ
ΒΆΡΚΑ
ΔΈΡΜΑ
ΚΑΓΚΟΥΡΌ
ΜΠΡΌΚΟΛΟ
ΈΦΕΡΕ
ΤΑΧΎΤΗΤΑ
ΣΕΝΆΡΙΟ
ΕΝΤΆΞΕΙ
ΜΑΡΓΑΡΊΤΑ
ΤΡΈΝΟ
ΑΡΝΗΤΙΚΉ
ΗΘΙΚΌ
ΑΓΌΡΙ

```
Ε  Ξ  Υ  Π  Η  Ρ  Ε  Τ  Ο  Ύ  Ν  Έ  Ο  Ι  G  Ι  Ε
Π  Α  Β  Η  Κ  Ι  Σ  Ρ  Λ  W  U  Φ  V  Π  Ο  W  Ν
Ε  Ρ  Κ  Q  Μ  Χ  Α  Α  Ο  Ν  Η  Ε  Ν  Π  Χ  R  Τ
R  C  Ώ  C  Ρ  Χ  Λ  Τ  Κ  Α  F  Ρ  Μ  Α  Υ  Χ  Ά
Τ  S  Ε  Η  Η  Ρ  Έ  Η  Ό  U  F  Ε  Μ  Σ  V  Η  Ξ
Ρ  Ο  Ή  Χ  Ν  Ζ  G  Τ  Ρ  Κ  Ο  Υ  Α  Ί  C  L  Ε
Έ  G  Κ  F  C  Β  J  Ύ  Π  R  Ι  Ζ  Ε  Α  V  Κ  Ι
Ν  Ρ  Ι  R  Έ  Η  W  Χ  Μ  Q  D  Κ  Α  Σ  D  Ζ  Ρ
Ο  S  Τ  R  Β  Λ  Α  Τ  Ί  Ρ  Α  Γ  Ρ  Α  Μ  Ό
G  J  Η  U  S  S  Κ  Τ  Ο  Q  Χ  Γ  Χ  U  F  S  Γ
Σ  Ε  Ν  Ά  Ρ  Ι  Ο  Η  V  Α  R  Κ  V  Q  Ι  U  Α
Α  Q  Ρ  L  S  W  Q  C  Θ  Κ  Τ  Ο  L  Υ  Χ  D  Μ
S  Ο  Α  Ε  Q  V  Ζ  Χ  Ρ  Ρ  G  Υ  Α  Ρ  Ν  Ί  Ρ
Q  Ε  Μ  Α  Ν  Ο  Ι  Κ  Τ  Ά  Ο  Ρ  R  W  Β  Ε  Έ
U  Μ  Ε  Ν  Q  Χ  R  Κ  Α  Β  Ν  Ό  Κ  Ι  Θ  Η  Δ
```

Puzzle 379

```
K  A  I  Δ  Ό  Π  J  E  Q  Φ  E  U  Σ  Σ  Σ  Π
Q  Έ  Π  A  B  W  E  N  I  O  Σ  E  Π  A  T  E  A
T  A  N  O  B  J  N  P  X  B  Ω  F  O  B  Ά  Λ  P
K  Ν  A  T  Φ  G  N  Z  F  Ά  T  I  Λ  B  Θ  Ί  Ά
L  P  W  R  P  A  K  Ό  P  T  E  E  O  A  H  Δ  Θ
E  T  F  Ά  K  O  Σ  Q  I  A  P  Z  Γ  T  K  A  Y
L  M  H  N  A  L  J  Ί  R  I  I  Ά  I  O  E  I  P
Έ  N  O  X  O  I  A  V  Σ  E  K  I  Σ  K  T  P  O
Z  J  V  Y  R  T  W  E  J  E  Ή  P  M  Ύ  Λ  O  Π
N  Ω  E  Σ  Ύ  Δ  N  E  Π  E  I  I  Ό  P  G  Q  V
P  H  H  K  Σ  Y  M  Φ  Ω  N  Ί  A  Σ  I  W  D  L
O  Q  L  B  T  C  C  Q  E  Y  E  T  I  A  X  N  E
A  S  Z  W  H  Ό  J  B  L  N  L  Y  E  K  V  M  L
E  B  V  F  P  H  Σ  H  Σ  H  Γ  Ή  Δ  O  O  I  O
X  G  F  I  K  A  N  Ό  T  H  T  A  M  U  S  W  M
```

ΥΠΟΛΟΓΙΣΜΌ
ΕΠΕΝΔΎΣΕΩΝ
ΠΟΛΎ
ΙΚΑΝΌΤΗΤΑ
ΣΤΆΘΗΚΕ
ΦΟΒΆΤΑΙ
ΤΑΙΡΙΆΖΕΙ
ΕΚΤΌΣ
ΠΌΔΙΑ
ΣΥΧΝΆ
ΚΈΝΤΡΟ
ΑΠΟΦΑΣΊΣΕΙ
ΣΑΒΒΑΤΟΚΎΡΙΑΚΟ
ΣΕΛΊΔΑ
ΟΔΉΓΗΣΗΣ
ΕΣΩΤΕΡΙΚΉ
ΣΥΜΦΩΝΊΑΣ
ΠΑΡΆΘΥΡΟ
ΈΝΟΧΟΙ
ΡΌΚΑ

Puzzle 380

ΟΡΊΖΟΥΝ
ΑΠΑΣΧΟΛΟΎΝ
ΑΠΟΔΏΣΕΙ
ΕΝΟΧΛΉΣΕΙ
ΝΤΟΥΣ
ΒΡΏΜΙΚΟ
ΈΤΟΙΜΟΙ
ΧΤΈΝΑ
ΔΙΚΑΣΤΉΡΙΟ
ΣΤΌΧΟΣ
ΔΉΛΩΣΗ
ΠΑΠΆΚΙ
ΔΑΓΚΏΣΕΙ
ΆΛΛΕΣ
ΠΈΝΤΕ
ΠΙΣΤΕΎΟΥΝ
ΖΕΥΓΆΡΙ
ΑΡΚΟΥΔΆΚΙ
ΕΝΤΟΠΙΣΜΌ
ΑΧΛΆΔΙ

```
Σ  O  Q  X  K  H  G  R  A  R  F  N  E  F  L  O  E
T  X  M  L  S  H  S  S  W  X  J  I  V  G  M  P  N
Ό  T  E  N  P  H  Z  J  N  S  Λ  A  K  H  O  X  Ί  O
X  Έ  T  Y  N  N  I  N  O  W  Q  Ά  K  R  T  Z  X
O  N  Ύ  O  Λ  O  X  Σ  A  Π  A  Π  Δ  Q  A  O  Λ
Σ  A  H  Ύ  R  O  I  P  Ή  T  Σ  A  K  I  Δ  Y  Ή
Q  B  Σ  E  Λ  Λ  Ά  S  R  I  Y  Π  X  E  Σ  N  Σ
K  L  Ω  T  G  Π  N  T  O  Y  Σ  Z  Σ  Σ  S  H  E
R  V  Λ  Σ  W  Q  Έ  Έ  N  O  K  I  M  Ώ  P  B  I
S  X  Ή  I  E  Z  F  N  T  D  Z  S  L  K  P  S  N
P  P  Δ  Π  I  I  V  A  T  O  Y  P  Z  Γ  B  D  C
B  Z  E  Y  Γ  Ά  P  I  U  E  I  P  E  A  J  S  V
A  Π  O  Δ  Ώ  Σ  E  I  W  A  M  M  Z  D  S  W  T
A  P  K  O  Y  Δ  Ά  K  I  L  F  Z  O  F  H  U  S
E  N  T  O  Π  I  Σ  M  Ό  T  D  J  J  I  Z  W  V
```

Puzzle 381

```
Z  P  O  B  L  R  W  R  L  H  M  O  P  U  A  C  Φ
C  H  Π  Η  Γ  Ή  S  L  M  Y  B  H  H  Q  I  F  A
Y  Π  O  T  Ί  Θ  E  T  A  I  V  A  X  W  Δ  V  I
Π  A  Σ  X  A  Λ  Ί  T  Σ  A  S  T  U  A  Ί  X  N
T  D  L  U  F  K  Φ  Ω  T  I  Ά  Y  H  P  N  W  Ό
J  T  R  J  E  C  A  A  P  A  V  P  D  Δ  A  Ή  T
A  N  Ά  K  A  M  Ψ  H  Y  N  N  K  Q  Έ  Λ  R  A
Γ  H  M  Ώ  N  Γ  Y  Σ  Γ  Y  H  J  F  E  L  N
V  B  Y  N  R  V  R  Y  R  Ό  I  Σ  B  B  H  N
E  C  R  O  Y  V  R  X  O  V  F  W  D  Y  Q  J  J
M  T  V  V  F  Ή  K  I  T  I  P  K  N  M  X  U  K
B  E  S  I  L  J  G  U  Έ  A  Γ  Ώ  N  A  I  Ί  Q
Θ  A  N  A  T  H  Φ  Ό  P  A  J  H  Y  D  A  O  A
O  Π  Ή  Γ  A  N  N  Z  W  B  O  W  M  Έ  P  O  Σ
Π  A  Π  A  Γ  Ά  Λ  O  Σ  H  L  E  X  N  F  C  Z
```

ΈΤΟΥΣ
ΠΑΠΑΓΆΛΟΣ
ΑΥΓΌ
ΦΩΤΙΆ
ΜΈΡΟΣ
ΚΡΙΤΙΚΉ
ΑΝΆΚΑΜΨΗ
ΣΥΓΓΝΏΜΗ
ΘΑΝΑΤΗΦΌΡΑ
ΠΗΓΉ
ΠΑΣΧΑΛΊΤΣΑ
ΑΓΏΝΑ
ΜΗΧΑΝΉ
ΠΉΓΑΝ
ΒΕΛΑΝΊΔΙΑ
ΦΑΙΝΌΤΑΝ
ΑΝΗΣΥΧΊΑ
ΓΗ
ΥΠΟΤΊΘΕΤΑΙ
ΈΔΡΑ

Puzzle 382

ΠΑΡΑΚΟΛΟΥΘΕΊ
ΠΆΡΚΟ
ΒΑΣΙΛΙΚΉ
ΜΥΑΛΌ
ΝΤΟΥΛΆΠΑ
ΔΑΠΆΝΗ
ΔΊΔΑΞΕ
ΑΥΤΟΠΕΠΟΊΘΗΣΗ
ΔΟΘΕΊ
ΧΡΥΣΌ
ΑΥΞΉΘΗΚΕ
ΜΑΓΕΙΡΕΎΟΥΝ
ΠΡΩΤΑΡΧΙΚΌ
ΠΡΟΚΕΙΜΈΝΟΥ
ΚΑΚΌ
ΧΑΡΑΚΤΉΡΑΣ
ΑΠΡΌΣΕΚΤΗ
ΣΚΊΟΥΡΟΣ
ΧΩΝΈΨΕΙ
ΣΩΣΤΟ

```
X  Ω  N  Έ  Ψ  E  I  Z  S  E  X  A  L  Z  M  A  Σ
O  Ό  Π  A  P  A  K  O  Λ  O  Y  Θ  E  Ί  J  Π  K
H  Λ  A  Y  T  O  Π  E  Π  O  Ί  Θ  H  Σ  H  Ά  Ί
B  A  Σ  I  Λ  I  K  Ή  Y  K  A  K  Ό  Y  Λ  O
H  Y  C  W  F  Π  P  O  K  E  I  M  Έ  N  O  Y  Y
Δ  M  A  Π  P  Ό  Σ  E  K  T  H  N  G  Y  Π  O  P
I  A  F  N  K  Σ  A  Ξ  E  E  J  U  R  O  P  T  O
K  Π  X  E  Y  P  A  K  K  S  G  M  Ύ  Ω  N  Σ
C  S  Q  Ά  K  P  Ή  Δ  J  H  I  W  V  E  T  B  H
Π  W  L  T  N  X  T  Ί  E  Θ  O  Δ  K  P  A  Y  Q
F  Ά  T  F  T  H  K  Δ  E  Ή  U  S  Q  I  P  R  H
B  P  P  M  D  N  A  G  S  Ξ  V  A  D  E  X  O  D
W  A  J  K  S  J  P  W  N  Y  I  Y  Z  Γ  I  A  G
Y  R  M  N  O  H  A  I  A  A  A  S  C  A  K  G  G
Σ  Ω  Σ  T  Ό  J  X  X  U  Q  T  X  J  M  Ό  V  C
```

Puzzle 383

H	Q	N	G	V	B	E	H	K	K	D	K	J	L	C	D	A
T	J	F	Y	E	R	X	Q	A	Ψ	H	Λ	Ά	H	H	B	Φ
C	Z	O	N	Ύ	O	P	H	T	A	I	Δ	J	Q	X	I	O
T	E	T	A	M	Έ	N	H	A	Ί	Λ	A	P	A	Π	O	P
Δ	Q	A	Q	S	Z	R	E	Λ	Ξ	Ά	Ί	Ψ	E	A	Λ	Ά
O	E	Σ	Π	W	P	O	Π	Ά	H	Φ	A	Y	G	Σ	E	M
C	X	Ύ	C	O	D	L	A	B	P	E	I	X	K	O	T	H
T	A	O	T	G	Ξ	V	Φ	E	Ό	K	T	P	J	I	Ί	J
A	F	P	Z	E	T	H	Ή	I	C	P	N	Ό	X	O	Λ	U
G	U	A	S	T	P	C	P	L	P	I	A	Σ	P	Π	C	Ά
P	C	Π	R	D	F	O	J	A	Z	V	Γ	D	C	Ά	W	X
J	U	I	Q	R	Y	B	Σ	V	M	T	I	Z	Q	K	L	G
K	A	T	H	Γ	O	P	Ί	A	H	Έ	Γ	E	J	B	A	S
K	Δ	Ω	P	E	Ά	N	J	E	F	G	N	S	X	A	P	T
Π	E	Δ	I	Ά	Δ	E	Σ	H	L	V	Y	A	I	L	X	K

ΔΕΎΤΕΡΟΣ
ΤΕΤΑΜΈΝΗ
ΚΕΦΆΛΙ
ΑΦΟΡΆ
ΔΩΡΕΆΝ
ΠΑΡΑΛΊΑ
ΑΠΟΞΗΡΑΜΈΝΑ
ΚΑΤΗΓΟΡΊΑ
ΨΥΧΡΌΣ
ΨΗΛΆ
ΔΙΑΤΗΡΟΎΝ
ΠΕΔΙΆΔΕΣ
ΚΑΤΑΛΆΒΕΙ
ΚΙΛΆ
ΒΙΟΛΕΤΊ
ΓΙΓΑΝΤΙΑΊΑ
ΞΗΡΌ
ΠΑΡΟΎΣΑ
ΚΆΠΟΙΟΣ
ΕΠΑΦΉ

Puzzle 384

ΑΚΡΊΔΑ
ΒΆΣΗΣ
ΠΉΡΕ
ΒΊΣΟΝΕΣ
ΆΝΘΙΣΗ
ΠΡΑΚΤΙΚΈΣ
ΑΡΓΆ
ΑΠΟΣΎΡΕΙ
ΚΡΊΣΙΜΗ
ΘΕΡΜΌΜΕΤΡΟ
ΨΥΓΕΊΟ
ΜΎΛΟ
ΠΆΝΤΑ
ΚΑΡΔΙΆ
ΑΣΒΌΣ
ΑΊΘΟΥΣΑ
ΠΛΗΡΟΎΝΤΑΙ
ΜΕΊΓΜΑ
ΧΕΊΛΟΣ
ΚΟΡΏΝΑ

Π	Ρ	Α	Κ	Τ	Ι	Κ	Έ	Σ	Κ	Ε	Χ	J	Κ	Ά	Α	Κ
Π	Ά	Ν	Τ	Α	Σ	Υ	Ο	Θ	Ί	Α	Ε	Θ	Ρ	Ν	Ν	L
Π	Λ	Η	Ρ	Ο	Ύ	Ν	Τ	Α	Ι	Ν	Ί	Ε	Ί	Θ	G	J
Α	Π	Ο	Σ	Ύ	Ρ	Ε	Ι	V	Ρ	Ώ	Λ	Ρ	Σ	Ι	Q	V
Δ	U	Λ	Β	H	J	S	M	E	Κ	Ρ	Ο	Μ	Ι	Σ	Α	Χ
Ί	Ι	Ύ	U	U	Σ	Κ	Υ	V	Τ	Ο	Σ	Ό	Μ	Η	E	V
Ρ	Ψ	Μ	Z	Τ	Ν	Ά	D	V	Η	Κ	V	Μ	Η	Β	Q	S
Κ	Υ	Υ	J	V	O	I	Β	Τ	I	Q	U	E	Ρ	Ή	Π	G
Α	Κ	Ι	Γ	Κ	D	Ν	V	Ρ	G	Α	Κ	Τ	Ο	Ρ	Μ	E
Z	Ρ	Χ	H	Ε	Μ	Ε	Ί	Γ	Μ	Α	Α	Ρ	Ρ	F	C	X
Σ	Κ	Ο	Ρ	Β	Ί	Ν	Ν	F	Μ	Q	Ρ	Ο	Q	F	Y	X
Ό	L	Q	I	Κ	Q	Ο	Α	Ρ	Ρ	Β	Δ	Β	C	L	E	W
Β	Ί	Σ	Ο	Ν	Ε	Σ	Z	L	Μ	Q	I	L	S	J	Z	U
Σ	S	Β	Z	I	Κ	U	J	Χ	Κ	Ο	Ά	G	N	Y	O	X
Α	Ρ	Γ	Ά	Β	F	L	H	J	M	O	Q	I	Q	G	A	E

Puzzle 385

```
J  F  I  E  B  Ά  Λ  Λ  Υ  Σ  Έ  Λ  I  N  O  Π  V
L  B  K  M  Z  T  O  E  J  Y  G  X  D  W  Ή  P  Z
A  G  Q  Y  U  E  Y  K  A  I  P  Ί  A  T  T  Ό  W
Η  Λ  I  O  B  A  Σ  I  Λ  Έ  M  A  T  O  Σ  Σ  I
Σ  Ά  A  N  J  M  Ω  P  Y  F  L  Π  P  R  Ω  B  T
Y  Λ  T  Ί  V  H  P  V  Y  Π  F  G  Λ  C  N  A  K
Λ  Λ  N  E  J  Σ  Έ  N  Z  T  N  G  K  E  Γ  Σ  E
Λ  O  O  T  V  Ί  B  C  Z  G  Ί  H  V  E  Y  H  T
A  W  T  O  Η  Π  Z  B  T  U  C  Δ  Λ  Q  I  P  Σ
M  N  Π  P  B  E  Δ  Ώ  Δ  E  K  A  Ω  Ί  W  Z  Ά
B  J  Ύ  Π  B  U  I  N  T  A  U  S  N  N  A  M  B
Ά  B  Λ  E  Γ  A  Z  Ό  M  E  N  O  Σ  A  F  A
N  Y  A  I  E  Θ  Ή  N  Y  Σ  R  U  I  D  J  H  I
E  T  K  K  U  T  C  K  D  M  B  W  M  D  H  B  Δ
I  E  M  Π  E  I  P  O  Γ  N  Ω  M  Ό  N  Ω  N  U
```

ΣΈΛΙΝΟ
ΣΥΝΉΘΕΙΑ
ΈΡΩΣ
ΕΜΠΕΙΡΟΓΝΩΜΌΝΩΝ
ΥΠΝΗΛΊΑ
ΔΙΑΒΆΣΤΕ
ΠΡΌΣΒΑΣΗ
ΕΥΚΑΙΡΊΑ
ΣΥΛΛΆΒΕΙ
ΣΥΛΛΑΜΒΆΝΕΙ
ΠΛΕΥΡΆ
ΔΏΔΕΚΑ
ΡΥΤΊΔΩΝ
ΆΛΛΟ
ΚΑΛΎΠΤΟΝΤΑΙ
ΕΡΓΑΖΌΜΕΝΟΣ
ΕΠΊΣΗΜΑ
ΠΡΟΤΕΊΝΟΥΜΕ
ΓΝΩΣΤΉ
ΗΛΙΟΒΑΣΙΛΈΜΑΤΟΣ

Puzzle 386

ΣΆΝΤΟΥΙΤΣ
ΜΠΡΟΣΤΆ
ΤΟΥΛΆΧΙΣΤΟΝ
ΤΑΚΤΟΠΟΙΗΜΈΝΑ
ΠΑΠΟΎΤΣΙΑ
ΛΊΜΝΗ
ΘΛΙΒΕΡΉ
ΑΌΡΑΤΟ
ΔΆΚΡΥ
ΟΝΌΜΑΤΟΣ
ΓΕΩΓΡΑΦΊΑ
ΟΔΟΝΤΌΚΡΕΜΑ
ΕΠΊΣΚΕΨΗ
ΆΓΓΕΛΟΣ
ΣΟΥ
ΕΝΝΈΑ
ΦΊΛΟ
ΤΡΕΙΣ
ΤΡΊΑ
ΣΥΓΚΡΊΝΕΤΕ

```
T  O  Y  Λ  Ά  X  I  Σ  T  O  N  G  R  R  K  H  E
L  N  S  U  Δ  T  P  E  I  Σ  A  P  Z  F  M  Π  N
J  A  B  M  H  Ά  Σ  O  Λ  E  Γ  Γ  Ά  T  Π  A  N
R  R  F  J  B  E  K  O  A  T  O  K  T  A  P  Π  Έ
M  L  N  G  X  G  J  P  Y  E  Δ  Σ  T  K  O  O  A
L  W  Y  T  M  S  G  B  Y  N  O  Ά  P  T  Σ  Ύ  Z
B  E  J  J  L  U  J  L  B  Ί  N  N  U  O  T  T  W
Θ  Λ  I  B  E  P  Ή  P  N  P  T  T  J  Π  Ά  Σ  X
E  Π  Ί  Σ  K  E  Ψ  H  R  K  Ό  O  B  O  H  I  A
Γ  E  Ω  Γ  P  A  Φ  Ί  A  Γ  K  Y  H  I  U  A  Ό
R  S  W  P  P  E  Ί  O  O  Y  P  I  E  H  Y  Z  P
I  M  E  Y  F  Φ  J  P  C  S  E  T  A  M  T  W  A
Λ  Ί  M  N  H  Ί  L  F  T  O  M  Σ  X  Έ  V  J  T
P  W  V  R  Z  Λ  U  Σ  O  T  A  M  Ό  N  O  V  O
I  J  I  T  U  O  G  F  V  H  C  V  O  A  D  J  K
```

Puzzle 387

E	Q	M	O	V	Π	Z	X	T	M	C	S	L	H	C	X	P
Q	I	K	Ί	Σ	A	P	K	F	W	S	J	F	Ή	T	P	B
G	Y	M	X	E	Γ	Λ	Ί	Γ	O	V	M	H	M	Λ	L	D
B	B	X	U	X	E	O	I	K	O	Γ	E	N	E	I	A	C
Q	H	O	Y	Ό	T	Σ	E	Z	D	Π	M	Ύ	M	O	Ί	K
N	G	Π	E	A	Ό	M	Θ	Y	P	Λ	H	Σ	M	Έ	G	L
Ά	I	P	A	Δ	I	E	Λ	K	G	O	H	A	V	N	A	F
X	Q	V	Z	Π	F	N	Q	U	Q	Ί	L	I	M	O	P	H
Φ	Ω	X	Ά	O	N	L	Z	Q	A	T	B	Y	F	P	P	R
Y	T	L	F	T	E	Ύ	N	E	I	P	Ύ	K	A	A	O	F
V	G	W	Z	D	Ή	C	T	C	K	X	T	X	D	M	M	B
O	M	Π	P	Έ	Λ	A	Σ	Σ	B	O	R	Γ	X	N	I	W
N	V	M	J	P	Y	N	Y	W	I	Σ	J	U	Ά	M	A	J
Π	P	A	Γ	M	A	T	I	K	Ό	T	H	T	A	T	C	U
Q	F	Q	I	K	N	I	W	N	I	E	H	O	M	S	A	K

ΠΑΠΟΎΤΣΙ
ΓΆΤΑ
ΖΕΣΤΌ
ΠΡΑΓΜΑΤΙΚΌΤΗΤΑ
ΚΡΑΣΊ
ΦΤΩΧΆ
ΝΈΟΙ
ΟΜΠΡΈΛΑΣ
ΡΥΘΜΌ
ΟΙΚΟΓΕΝΕΙΑ
ΜΕ
ΚΛΕΙΔΑΡΙΆ
ΠΑΓΕΤΌ
ΠΛΟΊΑΡΧΟΣ
ΑΙΜΟΡΡΑΓΊΑ
ΑΥΛΉ
ΒΙΑΣΎΝΗ
ΚΑΛΉ
ΚΎΡΙΕ
ΛΊΓΟ

Puzzle 388

ΣΤΊΒΟΥ
ΡΑΠΑΝΆΚΙ
ΠΑΡΑΚΟΛΟΎΘΗΣΑΝ
ΦΊΔΙ
ΟΙΚΟΝΟΜΊΑ
ΑΤΜΌ
ΠΟΛΙΤΙΚΉ
ΝΌΤΙΑ
ΥΠΟΒΆΛΕΙ
ΔΕΔΟΜΈΝΑ
ΈΡΕΥΝΑ
ΚΊΝΗΣΗ
ΒΑΣΊΛΙΣΣΑ
ΉΛΙΟ
ΚΑΜΠΆΝΑ
ΚΟΥΝΈΛΙ
ΔΙΟΡΊΣΕΙ
ΎΨΟΣ
ΥΠΟΚΑΤΆΣΤΗΜΑ
ΠΛΉΡΩΣΗΣ

G	M	D	L	P	K	N	Q	V	Q	J	P	C	Ύ	B	I	C
H	K	N	I	J	Ί	Ό	C	X	I	W	G	T	Ψ	W	O	W
Q	U	G	E	Y	N	T	Π	X	C	I	A	I	O	N	I	O
N	W	X	R	Z	H	I	N	O	E	H	Z	T	Σ	D	K	C
V	E	P	T	K	Σ	A	S	I	Λ	Y	P	X	M	R	O	S
T	E	W	C	L	H	E	D	Λ	G	I	Δ	Ί	Φ	Ό	N	Σ
Π	Λ	Ή	P	Ω	Σ	H	Σ	Ή	U	Y	T	X	Z	U	O	T
Y	Π	O	K	A	T	Ά	Σ	T	H	M	A	I	N	E	M	Ί
Δ	I	O	P	Ί	Σ	E	I	F	I	I	B	M	K	W	Ί	B
Έ	B	A	Σ	Ί	Λ	I	Σ	Σ	A	T	O	Y	B	Ή	A	O
O	P	Π	A	P	A	K	O	Λ	O	Ύ	Θ	H	Σ	A	N	Y
E	N	E	Y	Π	O	B	Ά	Λ	E	I	Λ	Έ	N	Y	O	K
J	K	S	Y	Q	P	A	Π	A	N	Ά	K	I	W	U	C	T
V	W	C	A	N	Έ	M	O	Δ	E	Δ	A	D	T	I	E	Y
F	U	G	F	M	A	K	A	M	Π	Ά	N	A	P	H	V	F

Puzzle 389

N	K	B	F	C	G	V	I	E	R	U	U	C	C	S	A	R
C	A	H	O	E	I	U	J	H	A	U	S	J	R	D	G	M
R	Λ	H	X	C	E	T	Σ	Ί	P	Ω	N	Γ	A	N	A	N
E	Ά	W	E	Σ	H	T	Ά	M	A	T	Σ	W	I	U	A	J
G	Θ	P	I	F	B	O	I	P	Ά	Σ	Σ	Ω	Λ	Γ	K	K
H	I	O	M	A	C	Ά	A	T	Λ	Ό	B	Q	Ί	Q	O	Λ
N	P	N	Ώ	T	R	Y	T	B	M	C	Z	M	E	O	Λ	O
O	H	L	N	U	P	N	N	A	T	P	Ό	Π	Δ	N	O	Y
F	K	T	A	U	B	F	O	E	N	F	Q	M	O	E	Y	Λ
Ί	I	O	M	P	Y	C	T	U	J	Y	W	F	K	V	Θ	O
K	Σ	Σ	Π	Ί	T	I	Φ	S	K	T	Δ	B	O	Q	Ί	Ύ
T	Z	Ω	N	Z	N	P	Έ	L	F	U	U	L	P	N	A	Δ
N	A	M	Σ	A	Ύ	E	K	Σ	A	T	A	K	K	T	L	I
P	O	Ύ	X	A	N	Ί	Σ	I	Π	M	E	Ί	Ω	Σ	H	A
E	Σ	T	Ί	A	Σ	H	Σ	H	Σ	I	T	P	Ά	T	A	K

ΕΣΤΙΑΣΗΣ
ΧΕΙΜΏΝΑ
ΒΌΛΤΑ
ΛΟΥΛΟΎΔΙΑ
ΣΤΑΜΆΤΗΣΕ
ΔΥΝΑΤΆ
ΜΕΊΩΣΗ
ΓΛΩΣΣΆΡΙΟ
ΠΙΣΊΝΑ
ΣΚΈΦΤΟΝΤΑΙ
ΑΝΑΓΝΩΡΊΣΤΕ
ΣΠΊΤΙ
ΡΟΎΧΑ
ΚΡΟΚΟΔΕΊΛΙΑ
ΊΣΩΣ
ΠΌΡΤΑ
ΚΑΤΆΡΤΙΣΗΣ
ΚΑΤΑΣΚΕΎΑΣΜΑ
ΑΚΟΛΟΥΘΊΑ
ΚΑΛΆΘΙ

Puzzle 390

ΕΞΑΙΡΕΤΙΚΌ
ΘΥΜΊΖΕΙ
ΌΓΚΟ
ΑΡΙΘΜΌ
ΕΝΕΡΓΌΣ
ΣΤΕΡΉΣΕΙ
ΜΟΝΆΔΑ
ΤΡΟΧΙΆ
ΦΡΆΟΥΛΑ
ΕΠΙΤΥΧΊΑ
ΔΙΠΛΟΎΝ
ΑΠΕΙΛΉ
ΠΕΡΙΣΤΑΤΙΚΌ
ΚΆΤΩ
ΑΝΤΊ
ΕΠΕΞΕΡΓΑΣΊΑΣ
ΉΘΕΛΕ
ΤΟΥΡΚΊΑ
ΙΣΤΟΣΕΛΊΔΑ
ΑΠΈΝΑΝΤΙ

A	Σ	T	E	P	Ή	Σ	E	I	E	O	S	H	I	P	J	I
A	Π	P	N	E	Π	E	Ξ	E	P	Γ	A	Σ	Ί	A	Σ	Σ
Δ	V	Έ	G	J	A	Z	Q	Q	S	F	C	F	R	Z	X	T
M	I	A	N	U	Y	O	W	E	U	X	W	Y	H	L	A	O
G	B	Π	Y	A	Δ	Ά	N	O	M	Y	Ω	E	A	K	L	Σ
T	P	S	Λ	U	N	E	Ξ	A	I	P	E	T	I	K	Ό	E
O	Ά	I	X	O	P	T	U	O	N	Z	M	O	Ά	M	Ή	Λ
Y	O	V	U	H	Ύ	V	I	A	P	I	Θ	M	Ό	K	Θ	Ί
P	L	M	S	I	A	N	E	Π	I	T	Y	X	Ί	A	E	Δ
K	Φ	P	Ά	O	Y	Λ	A	J	N	B	A	S	T	E	L	A
Ί	E	N	E	P	Γ	Ό	Σ	Q	M	E	Π	D	N	H	E	N
A	Z	M	Θ	Y	M	Ί	Z	E	I	A	E	L	A	B	D	T
I	R	V	K	H	L	Ό	Γ	K	O	S	I	Q	F	Y	G	N
Π	E	P	I	Σ	T	A	T	I	K	Ό	Λ	L	L	S	J	C
C	Q	C	Q	X	A	V	I	H	Z	P	Ή	I	U	W	T	H

Puzzle 391

```
I  F  Ρ  Κ  Τ  Α  Ν  Γ  V  Β  L  Ζ  Τ  Η  Χ  Χ  Θ
Κ  Β  Q  Λ  Ή  Q  Α  Ρ  Ο  Β  W  L  Σ  Χ  Κ  Ο  Ε
Α  Λ  Α  Έ  Ο  Ν  Η  Α  Τ  Η  Τ  Ό  Ι  Ο  Π  Ρ  Ρ
Ν  Ε  Ε  Ψ  Ρ  Χ  Ι  Φ  Έ  Ν  Τ  Ι  Μ  Α  Λ  Ό  Μ
Ή  Ω  J  Ο  Τ  W  Ο  Ε  V  F  C  Y  L  Ε  Ε  Κ  Ο
Χ  Φ  Ρ  Y  Ζ  J  Ν  Ί  Π  Ρ  Κ  Α  Β  Ρ  Π  Ν  Κ
D  Ο  J  Ν  Β  Ά  Έ  Ο  Ε  Α  Ο  G  Ι  Π  Τ  Ε  Ρ
S  Ρ  Μ  F  Q  Δ  Μ  L  Ο  Q  Τ  Α  L  Ρ  Ό  Β  Α
V  Ε  Ν  Ρ  Ι  Ε  Σ  Ύ  Ε  Ν  Π  Μ  Ε  Ό  Ρ  J  Σ
R  Ί  Ζ  V  S  Ι  Α  Ν  U  Q  Ν  G  Ρ  Θ  Ρ  C  Ί
Τ  Ο  Ζ  Ρ  Ρ  Α  Ν  Έ  Κ  Ρ  Η  Ξ  Η  Υ  Ά  Η  Α
Ζ  U  Τ  S  S  Ε  Ι  G  Ε  Κ  Τ  Ρ  Ρ  Μ  Β  Ζ  Y
F  Β  V  Ν  Ζ  Τ  Ε  Κ  Σ  Ά  Π  Μ  Ό  Α  Ω  Κ  F
S  Ν  U  Κ  C  Y  Π  Ζ  Β  J  U  Q  Ι  Κ  Τ  U  W
Ο  Ρ  Γ  Α  Ν  Ώ  Σ  Ε  Ι  Α  Τ  Ι  Ε  Κ  Ό  Ρ  Π
```

ΠΟΙΌΤΗΤΑ
ΡΆΒΩ
ΈΚΡΗΞΗ
ΆΔΕΙΑ
ΛΕΠΤΟ
ΧΟΡΌ
ΠΡΌΚΕΙΤΑΙ
ΛΕΩΦΟΡΕΊΟ
ΟΡΓΑΝΏΣΕΙ
ΘΕΡΜΟΚΡΑΣΊΑ
ΠΕΙΝΑΣΜΈΝΟΙ
ΙΚΑΝΉ
ΚΛΈΨΟΥΝ
ΠΡΌΘΥΜΑ
ΓΡΑΦΕΊΟ
ΈΝΤΙΜΑ
ΜΠΆΣΚΕΤ
ΚΌΡΗ
ΤΑΠΕΙΝΉ
ΕΜΠΝΕΎΣΕΙ

Puzzle 392

ΤΡΊΤΟ
ΜΑΘΗΤΉ
ΚΌΚΟΡΑ
ΕΝΤΥΠΩΣΙΆΖΟΥΝ
ΚΌΣΜΟ
ΤΈΤΑΡΤΟ
ΣΤΟ
ΑΝΗΣΥΧΟΎΝ
ΣΥΝΑΊΣΘΗΜΑ
ΣΥΧΝΉ
ΈΤΣΙ
ΝΗΣΊ
ΑΓΌΡΑΣΕ
ΣΥΝΘΉΚΗ
ΣΊΓΟΥΡΟΙ
ΠΟΥΛΊ
ΣΚΑΝΤΖΌΧΟΙΡΟΣ
ΥΨΗΛΌΤΕΡΗ
ΜΕΤΟΧΙΚΌ
ΠΑΝΤΡΕΥΤΕΊ

```
Σ  Ο  Ρ  Ι  Ο  Χ  Ό  Ζ  Τ  Ν  Α  Κ  Σ  Μ  S  Ζ  V
Ε  Ί  R  Μ  D  Κ  Χ  J  C  C  U  V  Τ  S  F  Β  Ζ
W  U  Γ  S  Ν  F  W  S  U  Β  D  L  Α  D  Ε  G  V
G  J  F  Ο  Μ  Σ  Ό  Κ  Ή  Τ  Η  Θ  Α  Μ  Q  Α  Ζ
Ν  Ύ  Ο  Χ  Υ  Σ  Η  Ν  Α  Ρ  Κ  Μ  Κ  J  Α  G  Η
Ν  Η  Σ  Ί  U  Ρ  Χ  Ν  Τ  Ί  Ή  W  J  Q  Μ  S  S
Α  L  Ρ  Η  Ζ  S  Ο  C  G  Τ  Θ  L  J  Ζ  Η  Χ  Ν
Α  Γ  Ό  Ρ  Α  Σ  Ε  Ι  Ζ  Ο  Ν  Μ  Ι  Ζ  Θ  Κ  Ζ
Χ  Η  Η  D  Π  Α  Ν  Τ  Ρ  Ε  Υ  Τ  Ε  Ί  Σ  Ζ  Ρ
Χ  W  Ν  Π  Ο  Υ  Λ  Ί  Κ  Ι  Σ  Τ  Έ  Ο  Ί  Q  Μ
Τ  Έ  Τ  Α  Ρ  Τ  Ο  Μ  Ο  V  V  Τ  Σ  Χ  Α  R  Ι
W  G  Ζ  Ν  Y  Ο  Ζ  Ά  Ι  Σ  Ω  Π  Υ  Τ  Ν  Ε  Α
Y  Ψ  Η  Λ  Ό  Τ  Ε  Ρ  Η  Σ  J  Η  J  Χ  G  Y  Β
Μ  Ε  Τ  Ο  Χ  Ι  Κ  Ό  Κ  Κ  Χ  Τ  Ζ  Ν  R  Ε  V  L
Κ  Ό  Κ  Ο  Ρ  Α  S  Η  Q  S  Β  Ο  Ή  V  Ο  W  W
```

Puzzle 393

```
P  Q  Q  I  V  L  E  E  M  Έ  Σ  A  A  N  B  B  L
Ά  I  Λ  A  Y  Γ  K  H  I  T  B  M  Ί  P  H  U  D
Φ  V  I  Q  A  N  T  W  D  Σ  G  P  Γ  P  W  K  A
I  Δ  K  J  X  A  Έ  M  O  I  Ό  Π  P  Ά  Ξ  H  Λ
W  Ύ  F  I  U  G  Λ  R  N  X  M  Δ  Y  D  A  Σ  Λ
Z  O  X  A  X  F  E  K  Έ  S  T  H  O  P  D  A  A
T  I  F  P  V  Y  Σ  E  M  Σ  R  A  T  Y  X  B  Γ
W  Λ  A  A  H  K  H  O  Ω  Ό  V  A  I  C  Π  K  Ή
Y  Ό  D  A  T  D  H  S  T  N  Λ  O  E  Z  E  Έ  E
Z  X  Q  D  T  W  F  C  I  Π  Z  I  Λ  Z  Δ  S  Y
H  Σ  N  F  Ί  E  Θ  E  P  A  B  M  Σ  Ώ  Ί  G  D
Y  W  T  M  R  P  R  R  A  K  I  L  C  Ω  O  A  C
I  D  K  E  N  A  G  S  X  H  D  C  H  N  O  C  C
Σ  H  M  E  I  Ω  M  A  T  Ά  P  I  O  X  Ή  N  A
V  L  X  Ά  P  T  H  X  O  M  Z  I  V  V  M  N  K
```

ΑΛΛΑΓΉ
ΜΈΣΑ
ΠΡΆΞΗ
ΣΧΌΛΙΟ
ΚΑΠΝΌΣ
ΒΑΡΕΘΕΊ
ΛΕΙΤΟΥΡΓΊΑ
ΣΗΜΕΙΩΜΑΤΆΡΙΟ
ΔΎΟ
ΧΉΝΑ
ΧΑΡΙΤΩΜΈΝΟ
ΕΚΤΈΛΕΣΗ
ΧΆΡΤΗ
ΡΆΦΙ
ΖΏΩΝ
ΈΚΒΑΣΗ
ΜΌΛΙΣ
ΓΥΑΛΙΆ
ΕΙΣΌΔΟΥ
ΠΕΔΊΟ

Puzzle 394

ΑΠΟΘΉΚΕΥΣΗ
ΧΙΛΙΆΔΕΣ
ΚΟΜΜΆΤΙ
ΧΡΈΩΣΗ
ΛΑΪΚΆ
ΒΡΆΣΗ
ΣΥΝΟΜΙΛΊΑ
ΚΑΤΆΠΑΥΣΗ
ΚΆΤΟΙΚΟΣ
ΑΠΟΦΕΎΓΟΥΝ
ΑΛΛΆ
ΨΕΥΔΉ
ΆΛΛΟΣ
ΊΡΙΔΑΣ
ΑΛΕΎΡΙ
ΑΣΦΑΛΕΊΑΣ
ΌΜΩΣ
ΨΆΡΙ
ΕΠΈΤΕΙΟ
ΔΙΑΠΡΑΓΜΑΤΕΥΤΕΊ

```
X  P  Έ  Ω  Σ  H  R  Ή  Δ  Y  E  Ψ  Ά  A  Q  P  O
C  V  K  H  Σ  Y  E  K  Ή  Θ  O  Π  A  Λ  Q  N  Z
X  I  Ά  K  O  G  M  B  O  K  M  A  Έ  G  Λ  E  A
P  Q  K  N  E  Z  M  D  J  J  L  I  M  T  J  O  K
Y  Σ  Ϊ  F  O  Q  D  E  W  V  G  D  N  G  E  N  Σ
Δ  I  A  Π  P  A  Γ  M  A  T  E  Y  T  E  Ί  I  P
A  K  Λ  Δ  Σ  Y  N  O  M  I  Λ  Ί  A  S  R  A  O
Λ  U  M  O  I  A  Π  O  Φ  E  Ύ  Γ  O  Y  N  Σ  K
Λ  Y  L  H  I  P  Ύ  E  Λ  A  F  R  A  W  N  Φ  Ά
Ά  Y  Y  G  U  D  Ί  R  P  E  X  J  C  Z  E  A  T
Ψ  Ά  R  I  T  Ά  M  M  O  K  U  K  K  R  T  Λ  O
Y  O  K  A  T  Ά  Π  A  Y  Σ  H  Y  R  U  N  E  I
Z  U  L  M  X  J  Z  D  I  I  W  H  X  S  C  Ί  K
W  X  I  Λ  I  Ά  Δ  E  Σ  Ω  M  Ό  Z  F  U  A  O
H  S  M  J  E  B  B  Β  P  Ά  Σ  H  X  N  Y  B  Σ  Σ
```

Puzzle 395

```
O Z E U J I V A V S E S T O A Π W
A M A P Í E Π J T Í Q A Δ N E G
U F O Y T W J E N L Δ B X H O T P Q
L M D Λ W C U Λ K V H S Y N I Í H
Q K R Y O G R Φ H E J N Δ T Σ Φ P
T P Ώ N E Γ X Ό D Φ G A P Ó T P P
C Y Z O D V Í A Y H O J O B Ά A X
Π E T Σ É T A A E M Y T M O Θ Ξ Y
L N B E Π Λ O Í O E J Q E Y M H K
N Z N Σ Á Í Σ A Γ P E F Í P I B D
Z É B P A Y X L S Í H G O T Σ D K
Φ H Z W L H T O M Δ P M Y Σ H D P
P O É Λ Ξ H Σ Ó J A M I P A Σ P É
E K P C X J E P Π P Ó Σ Φ A T H M
Y L J Ά B R C M V C Q B R U C Z A
```

ΠΕΡΊΦΡΑΞΗ
ΠΡΌΣΦΑΤΗ
ΤΡΏΝΕ
ΠΕΊΡΑΜΑ
ΠΛΟΊΟ
ΑΔΕΛΦΌ
ΖΈΒΡΑ
ΠΕΤΣΈΤΑ
ΤΑΧΥΔΡΟΜΕΊΟΥ
ΦΟΡΆ
ΕΦΗΜΕΡΊΔΑ
ΕΊΔΗ
ΕΑΥΤΌ
ΕΡΓΑΣΊΑΣ
ΟΔΟΝΤΌΒΟΥΡΤΣΑ
ΈΛΞΗΣ
ΣΕ
ΑΝΤΙΣΤΆΘΜΙΣΗΣ
ΚΡΈΜΑ
ΟΜΟΛΟΓΊΑ

Puzzle 396

ΤΑΙΝΊΑ
ΣΟΦΟΎΣ
ΠΕΊΤΕ
ΛΊΠΟΣ
ΦΟΡΈΣ
ΔΡΆΚΟΣ
ΚΟΡΊΤΣΙΑ
ΣΥΝΗΘΙΣΜΈΝΗ
ΡΩΤΉΣΩ
ΔΕΙΛΆ
ΠΟΔΉΛΑΤΟ
ΚΟΥΝΟΥΠΙΏΝ
ΥΓΡΑΣΊΑ
ΜΠΟΥΚΆΛΙΑ
ΣΎΡΜΑ
ΣΚΟΝΙΣΜΈΝΟ
ΑΚΡΙΒΏΣ
ΔΙΕΥΚΡΙΝΊΣΕΙ
ΠΑΡΤΊΔΑ
ΕΞΈΠΛΗΞΕ

```
Π Η Σ K Δ Φ N H Π C B T C W I O Y
O N Ύ O E O F G E Ξ H Λ Π É Ξ E Γ
Δ É P Y I P S U Í W D X F I G T P
Ή M M N Λ É X U T P C Y A E L E A
Λ Σ A O Ά Σ A S E T I Z E D C W Σ
A I J Y N P Π M Π O Y K A Λ I A Í
T Θ B Π K D A K O P Í T Σ I A D A
O H K I V P Σ K O N I Σ M É N O
T N A Ώ B J T Q O D D S S A D S X
K Y Σ N D O Í T M Π N J U R Z U J
Z Σ O K Ά P Δ S A D Í V K M Z N F
J S Φ D Y I A C F I W Λ L L C T Q
Q E O A K P I B Ώ Σ N P Ω T Ή Σ Ω
Y W Ύ Q P A B D T F S Í K X Z H I
I E Σ Í N I P K Y E I Δ A F A P N
```

Puzzle 397

```
Σ  S  U  Ψ  F  O  H  Δ  Έ  Σ  M  E  Y  Σ  H  F  X
Ύ  O  U  Ω  I  Q  Σ  M  P  X  S  R  R  B  Q  Y  Z
M  R  M  M  F  E  A  I  V  A  B  T  Q  B  E  I  Q
Φ  C  E  Ά  E  Y  T  P  A  Λ  Θ  Y  M  Ά  Σ  T  E
Ω  Y  Γ  K  B  O  Σ  Ί  X  Ί  A  Z  W  P  Δ  B  E
N  D  Ά  I  I  N  Ά  A  E  Ί  Y  S  M  Γ  I  O  Π
A  U  Λ  A  V  Έ  T  X  K  K  Σ  Y  V  Y  A  H  I
Ό  K  A  Λ  A  M  A  A  E  P  Δ  E  D  X  P  Θ  Φ
K  P  Έ  A  Σ  O  K  M  Y  G  A  Ή  I  L  P  Ή  Ά
G  V  O  Z  E  X  Γ  V  O  W  J  Γ  Λ  M  O  Σ  N
R  O  I  P  T  E  E  P  Q  C  T  U  I  Ω  Ή  E  E
Q  T  M  R  A  I  T  F  U  U  X  A  K  Ό  Σ  I  I
S  V  S  T  D  P  E  N  B  U  B  O  M  O  N  H  A
F  V  G  N  I  E  M  Π  O  Λ  Y  T  E  Λ  Ή  I  C
O  N  V  E  L  Π  V  N  I  W  Y  Y  Γ  Ύ  P  O  A
```

ΣΎΜΦΩΝΑ
ΜΕΓΆΛΑ
ΑΡΧΊΣΕΙ
ΠΕΡΙΕΧΟΜΈΝΟΥ
ΜΕΤΕΓΚΑΤΆΣΤΑΣΗ
ΒΟΗΘΉΣΕΙ
ΕΚΔΉΛΩΣΗ
ΜΑΧΑΊΡΙ
ΕΠΙΦΆΝΕΙΑ
ΧΑΛΊ
ΜΑΛΑΚΌ
ΚΡΈΑΣ
ΘΥΜΆΣΤΕ
ΓΎΡΟ
ΥΓΡΆ
ΠΟΛΥΤΕΛΉ
ΚΡΑΓΙΌΝΙΑ
ΔΈΣΜΕΥΣΗ
ΨΩΜΆΚΙΑ
ΔΙΑΡΡΟΉ

Puzzle 398

ΕΠΙΚΊΝΔΥΝΑ
ΒΕΛΤΊΩΣΗ
ΜΟΥΣΙΚΉ
ΕΘΝΙΚΌΣ
ΠΙΘΑΝΏΣ
ΑΡΚΟΎΔΑ
ΠΆΡΕΙ
ΠΟΤΈ
ΚΟΥΛΤΟΎΡΑ
ΚΑΝΈΝΑΝ
ΑΓΓΟΎΡΙ
ΚΑΘΑΡΌ
ΖΕΎΓΟΣ
ΓΟΝΕΊΣ
ΦΥΣΙΚΌΣ
ΥΨΗΛΉΣ
ΠΟΥΚΆΜΙΣΟ
ΣΥΜΒΑΊΝΟΥΝ
ΡΊΞΤΕ
ΞΕΝΟΔΟΧΕΊΟ

```
K  E  M  U  R  K  R  Y  O  I  I  Z  U  O  G  Σ  E
M  O  Y  Σ  I  K  Ή  Ψ  I  P  Ύ  O  Γ  Γ  A  Y  Π
P  E  Γ  L  C  V  K  H  Φ  O  K  Σ  P  Π  R  M  I
V  Θ  F  O  H  V  N  Λ  Y  G  J  I  Ί  Ά  O  B  K
D  N  R  G  N  E  Ή  Σ  A  H  M  Ξ  P  W  A  Ί
L  I  K  D  Q  E  U  Σ  I  P  P  Ά  T  E  V  Ί  N
L  K  Z  L  G  R  Ί  P  K  Ύ  N  K  E  I  B  N  Δ
I  Ό  P  A  Θ  A  K  Σ  Ό  O  G  Y  O  F  W  O  Y
Π  Σ  Z  E  Ύ  Γ  O  Σ  Σ  T  T  O  I  Ύ  H  Y  N
M  O  V  W  L  F  U  E  I  Λ  O  Π  J  A  Δ  N  A
I  O  T  R  L  H  X  P  W  Y  N  A  N  Έ  N  A  K
K  F  W  Έ  O  W  Q  V  M  O  U  K  A  I  N  Y  P
Y  O  G  F  P  B  G  R  W  K  Π  I  Θ  A  N  Ώ  Σ
W  R  H  Z  Ξ  E  N  O  Δ  O  X  E  Ί  O  K  X  Z
B  E  Λ  T  Ί  Ω  Σ  H  I  G  X  X  C  Q  G  A  V
```

Puzzle 399

```
K A N O N I Σ M O Ύ E X E Π B N Λ
M M A T M N Ή M H H D T M P P K E
D U K Σ Φ Ύ Λ Λ O G B Y Π A A G M
Q Y H Ω X Ω T P A M Σ Π E Γ Σ Q O
N S Θ P M Σ K Π Q N F Ή I M T Σ N
L D Ά P Φ Ώ Y Y P P G Σ P A Ή Y Ά
F G T Ά J I Ή I B O F E Ί T P N Δ
A X Σ I U A Λ E M E Σ I A I A Ή A
R N A Δ Λ B O O J O P Π E K P Θ D
K A T L A E T U Δ G H N A Ή P E X
R I A B B B Σ J J O O D Ή Θ X I O
W S K B Ή A I P B P Ξ X L T E Σ A
A Z Γ M E I Π Σ H T K Ί E Δ H Ί Q
G O E V E Δ E G U L D A A Q D Σ G
A T V D D J G U S A Φ P Ά T A L O
```

ΕΠΙΣΤΟΛΉ
ΚΑΝΟΝΙΣΜΟΎ
ΕΓΚΑΤΑΣΤΆΘΗΚΑΝ
ΚΥΒΕΡΝΉΤΗΣ
ΕΜΠΕΙΡΊΑ
ΑΦΡΆΤΑ
ΠΡΟΣΠΑΘΕΊ
ΤΡΑΜ
ΦΎΛΛΟ
ΛΑΒΉ
ΦΙΛΟΔΟΞΊΑ
ΠΡΑΓΜΑΤΙΚΉ
ΧΤΥΠΉΣΕΙ
ΔΕΊΚΤΗΣ
ΆΡΡΩΣΤΟ
ΔΙΑΒΕΒΑΙΏΣΩ
ΜΝΉΜΗ
ΛΕΜΟΝΆΔΑ
ΣΥΝΉΘΕΙΣ
ΒΡΑΣΤΉΡΑ

Puzzle 400

ΏΡΕΣ
ΠΙΛΟΤΙΚΆ
ΕΝΕΡΓΌ
ΜΥΤΕΡΆ
ΧΑΡΟΎΜΕ
ΣΟΒΑΡΈΣ
ΧΙΟΝΟΣΤΙΒΆΔΑΣ
ΣΚΛΗΡΉ
ΤΡΕΛΌΣ
ΠΆΡΑ
ΜΕΓΈΘΟΥΣ
ΤΡΆΠΕΖΑ
ΣΠΑΝΆΚΙ
ΞΌΡΚΙ
ΔΙΕΘΝΉ
ΑΜΈΣΩΣ
ΔΊΝΟΥΝ
ΕΞΑΣΚΟΎΝ
ΑΠΟΡΡΊΨΕΙ
ΚΆΛΤΣΑ

```
N H C C G J V H P N Ύ O K Σ A Ξ E
M Ώ T L E E H N C O A H U E Y M N
P P X N Y Z F V J O H B V O L Z E
G E Y X I O N O Σ T I B Ά Δ A Σ P
M Σ Z K K H M P B C O D I T X Ό Γ
Δ Y Σ Έ P A B O Σ Q I S T I A Λ Ό
J Ί T Q Ό M T P Ά Π E Z A J P E Σ
W W N E Ξ H K R J X Ψ W Σ C O P Π
L Z R O P P U J V T Ί Q T Π Ύ T A
A A V K Y Ά K V W C P T Λ Ά M W N
O S L X Ή N Θ E I Δ P Y Ά P E P Ά
Π I Λ O T I K Ά J B O R K A A Q K
M E Γ Έ Θ O Y Σ C R Π E Z C E R I
E V I X P Σ Ω Σ Έ M A Σ K Λ H P Ή
T Q M N L M L N O P B H K A B T Z
```

Puzzle 401

```
B  C  P  O  Ή  V  F  P  Z  P  P  L  K  C  Δ  M  E
O  A  X  A  I  X  I  J  B  T  J  D  Έ  M  E  Έ  Y
Q  A  O  S  N  T  O  Φ  Ό  Λ  Q  D  P  Έ  K  Γ  T
I  J  S  K  Q  F  A  Y  W  R  Q  N  Δ  T  A  I  Y
Π  A  Ί  Z  O  Y  N  Y  O  X  Έ  B  O  P  Δ  Σ  X
O  I  K  O  Γ  E  N  E  I  A  K  Ό  Σ  H  I  T  Έ
A  L  P  H  Ό  A  N  A  M  O  N  Ή  Σ  K  H  Σ
E  Π  I  Θ  Y  M  Ί  A  X  P  Ό  N  O  H  Ά  O  P
B  M  Y  Q  A  Σ  K  X  R  Z  Z  O  Σ  G  Σ  N
C  J  L  G  B  J  E  I  K  S  D  R  S  W  A  Π  T
E  Ξ  Ά  Π  Λ  Ω  Σ  H  T  Y  O  I  L  Z  Q  O  B
R  M  H  M  H  N  Y  G  X  I  C  J  Z  Z  Q  P  Z
K  O  Y  N  O  Y  Π  Ί  Δ  I  Λ  I  F  E  L  R  T
U  Z  I  A  K  D  A  Ί  Φ  H  Ψ  O  I  E  M  T  K
E  I  Σ  A  Γ  Ω  Γ  I  K  Ά  Q  D  Π  H  X  A  R
```

ΟΙΚΟΓΕΝΕΙΑΚΌ
ΣΠΟΡ
ΕΙΣΑΓΩΓΙΚΆ
ΜΕΙΟΨΗΦΊΑ
ΠΑΊΖΟΥΝ
ΜΈΓΙΣΤΗ
ΈΧΟΥΝ
ΑΝΑΜΟΝΉΣ
ΕΞΆΠΛΩΣΗ
ΚΈΡΔΟΣ
ΤΑ
ΕΥΤΥΧΈΣ
ΧΡΌΝΟ
ΉΧΟΥ
ΚΟΥΝΟΥΠΊΔΙ
ΔΕΚΑΔΙΚΆ
ΜΈΤΡΗΣΗΣ
ΛΌΦΟ
ΠΟΛΙΤΙΣΜΌ
ΕΠΙΘΥΜΊΑ

Puzzle 402

ΞΗΡΑΣΊΑ
ΑΛΆΤΙ
ΜΟΤΟΣΙΚΛΈΤΑ
ΝΌΣΤΙΜΑ
ΣΤΟΙΧΕΊΟ
ΓΕΛΆΣΕΙ
ΠΕΡΙΣΣΌΤΕΡΑ
ΧΑΛΑΡΌ
ΑΛΛΗΛΕΠΊΔΡΑΣΗ
ΜΈΛΙΣΣΑ
ΓΕΛΟΊΑ
ΓΡΑΜΜΉ
ΕΚΚΕΝΏΣΤΕ
ΜΆΓΕΙΡΑΣ
ΜΥΣΤΉΡΙΟ
ΑΣΤΈΡΙ
ΦΛΟΙΌ
ΗΛΊΘΙΟ
ΛΕΞΙΛΌΓΙΟ
ΑΝΤΑΠΟΚΡΊΝΟΝΤΑΙ

```
Q  X  C  Y  O  E  M  C  M  R  Y  H  R  B  L  M  A
D  Z  W  P  P  X  Έ  N  Y  A  Λ  Ά  T  I  K  O  N
H  G  Q  G  L  H  Λ  N  Σ  K  T  A  D  Q  A  T  T
Σ  P  O  Ί  E  X  I  O  T  Σ  U  G  J  N  Q  O  A
A  Ί  O  Λ  E  Γ  Σ  E  Ή  M  M  A  P  Γ  O  Σ  Π
P  Σ  E  M  E  C  Σ  Ό  P  A  Λ  A  X  P  I  I  O
Δ  A  T  K  M  C  A  Y  I  E  Σ  Ά  Λ  E  Γ  K  K
Ί  P  N  Έ  K  X  O  F  O  O  T  O  R  Z  Ό  Λ  P
Π  I  Ό  V  P  E  K  G  V  N  Λ  H  R  S  Λ  Έ  Ί
E  E  Σ  X  X  I  N  D  B  B  V  Φ  J  T  I  T  N
Λ  G  T  N  B  Y  S  Ω  B  G  D  B  U  I  Ξ  A  O
H  Ά  I  A  P  E  T  Ό  Σ  Σ  I  P  E  Π  E  J  N
Λ  M  M  P  W  N  G  O  Z  T  B  T  K  Z  Λ  N  T
Λ  A  A  J  N  T  G  E  L  K  E  B  C  O  U  S  A
A  Ί  Σ  A  P  H  E  Ξ  R  P  H  Λ  Ί  Θ  I  O  Y  I
```

Puzzle 403

```
U E T Ί E T Φ E K Σ Q K P Y Π Σ R
A M P Φ J V Z Q Ό Q A O U K Y Ω D
F P Ί J Θ Y A C M H W I L T P M Π
B W M P Z O N H O Z Y N G E O A A
K H H K Π P P I P J Π Ω J K Σ T P
D W N W Ί Δ P Ά Φ Y H N H X B I O
Ά B O D Σ Έ O T H M P Ί L Ω Έ K N
U N B C Ω O E N U D E A F P Σ Ή O
P E O W J P I R R Ά Σ Σ J Ή T P M
M A V I V Π T O Y Σ I G F Σ H E A
F S X D Ξ S Y H W N Ώ Δ B E Σ M Σ
Y D F U Q H E E U Y N Z O I M G T
G Q R Π A Ξ I M Ά Δ I N B Π T Q Ή
Q Π O T A M O Ύ Φ E Γ Γ Ά P I O V
K Ά Σ T A N A X Z V Ί Δ P Y M A W
```

ΤΡΊΜΗΝΟ
ΣΚΕΦΤΕΊΤΕ
ΠΥΡΟΣΒΈΣΤΗΣ
ΠΟΔΙΆ
ΠΑΞΙΜΆΔΙ
ΠΡΟΈΔΡΟΥ
ΣΩΜΑΤΙΚΉ
ΕΚΧΩΡΉΣΕΙ
ΚΆΣΤΑΝΑ
ΠΟΤΑΜΟΎ
ΆΝΟΙΞΗ
ΊΔΡΥΜΑ
ΠΊΣΩ
ΌΜΟΡΦΗ
ΠΑΡΟΝΟΜΑΣΤΉ
ΦΕΓΓΆΡΙ
ΚΟΙΝΩΝΊΑΣ
ΤΟΥΣ
ΥΠΗΡΕΣΙΏΝ
ΦΘΟΡΆ

Puzzle 404

ΑΝΤΙΠΡΟΣΩΠΕΎΟΥΝ
ΑΝΤΑΝΑΚΛΆ
ΆΤΟΜΟ
ΟΜΟΙΟΚΑΤΑΛΗΞΊΑ
ΔΟΜΉ
ΑΛΥΣΊΔΑ
ΑΡΚΤΙΚΈΣ
ΒΟΟΕΙΔΉ
ΉΞΕΡΕ
ΣΤΥΛ
ΦΩΣ
ΠΆΓΟ
ΓΆΙΔΑΡΟ
ΜΑΚΡΙΝΌ
ΟΥΣΙΑΣΤΙΚΌ
ΤΖΆΚΙ
ΧΑΜΗΛΆ
ΆΔΕΙΑΣ
ΧΡΟΝΟΔΙΆΓΡΑΜΜΑ
ΠΛΑΤΕΊΑ

```
A Ί Ξ H Λ A T A K O I O M O O Π X
U N S U T I F Z X Γ T T Γ Ά Y Λ P
H A T K P C Z Ή A Ά Z F Ά Δ Σ A O
U Ή Δ I E O B Ξ Π N R I E I T N
U H Z Z Π Q Ή P E E O G Δ I A E O
C F I M A P M A A H P W A A Σ Ί Δ
Σ A B S G K O S V U J E P Σ T A I
T I Λ N W Y Δ Σ X B R D O T I X Ά
Y N U Y J P J Ω T F M F Z K U Γ
Λ C D C Σ Y Z Φ Ά Π S J T Ά Ό U P
K K O D E Ί G H T R E R I K F E A
X A M H Λ Ά Δ Q O J C Ύ N I G X M
M A K P I N Ό A M G R Z O A X N M
Α P K T I K Έ Σ O A S G G Y O W A
G O I X S M Y Ά Λ K A N A T N A Q
```

Puzzle 405

```
Α Ί Τ Η Μ Α Ο Ρ Θ Ο Γ Ρ Α Φ Ί Α Ε
Υ Μ D Ε Η Ρ Φ Υ Ο Ο Ο Μ Ά Τ R C K
L Ο Ι Τ Ά Μ Ω Δ Κ L L Α Κ Η G Υ Κ
Ι Ρ Κ Κ D Ν Ν Ο Ρ Έ Φ Α Ι Δ Ν Ε Λ
Γ Ν Ω Σ Τ Ό Ή U Σ Χ Ν L Τ W Ε G Η
Σ Υ Γ Χ Α Ρ Ώ Κ Η Σ Έ Μ Υ R Q G Σ
Α Π Τ S Ν Α Χ U Ρ Ν Ο Φ F Χ Ε Ί
Ν Ρ S Υ Ό V Μ Χ Γ Α Β Α Ε Ο Τ W Α
Ω Ί L L Ρ Η Σ Ή Ί Ο Π Ο Π Ο Ρ Τ Δ
Τ Γ Τ Q Θ Α Α Χ Τ Ν W Ε Τ U Ε Ά
Ε Κ R Η G J Ε Q Β V F F Ι Λ Β Μ
Ρ Ι Ζ S Λ Υ Υ C G Μ Β Μ Χ Η Ά Ρ Ο
Ο Π Ν Ύ Ο Ρ Ο G Η Τ Α Κ D Ε Δ R Δ
Σ Α Ν R Π S Β Κ Υ Τ D Ε Q S Ο V Β
Ο Σ Ν Χ Α Ν Ε Ξ Α Ρ Τ Η Σ Ί Α Σ Ε
```

ΣΥΓΧΑΡΏ
ΕΝΔΙΑΦΈΡΟΝ
ΚΑΤΗΓΟΡΟΎΝ
ΦΩΝΉ
ΑΝΏΤΕΡΟΣ
ΤΡΟΠΟΠΟΊΗΣΗ
ΕΒΔΟΜΆΔΑ
ΜΈΣΗ
ΠΡΊΓΚΙΠΑΣ
ΦΥΤΙΚΆ
ΔΩΜΆΤΙΟ
ΟΡΘΟΓΡΑΦΊΑ
ΕΠΑΡΚΉ
ΑΝΕΞΑΡΤΗΣΊΑΣ
ΚΛΆΔΟ
ΓΝΩΣΤΌ
ΕΚΚΛΗΣΊΑ
ΑΊΤΗΜΑ
ΤΊΓΡΗΣ
ΠΟΛΥΘΡΌΝΑ

Puzzle 406

ΑΠΟΔΕΊΞΕΙΣ
ΣΥΣΤΉΜΑΤΟΣ
ΔΡΟΣΙΆ
ΚΥΒΈΡΝΗΣΗΣ
ΠΑΎΣΗ
ΔΗΜΟΣΊΕΥΣΗ
ΠΊΣΤΗΣ
ΕΜΠΛΕΚΌΜΕΝΗ
ΡΊΞΕΙ
ΒΛΈΜΜΑ
ΚΛΕΙΔΊ
ΈΠΙΠΛΑ
ΠΡΟΣΕΚΤΙΚΟΊ
ΣΗΜΕΊΩΣΗ
ΕΝΔΙΑΊΤΗΜΑ
ΑΠΕΛΠΙΣΜΈΝΟΙ
ΔΗΜΙΟΥΡΓΉΣΕΙ
ΣΚΟΡΆΡΕΙ
ΧΑΛΑΡΏΣΕΤΕ
ΑΚΡΙΒΉ

```
Β Τ Π Α V Σ Α Κ Ρ Ι Β Ή Ν R R Δ Δ
L Β Ρ Ε L L Η Υ U W L Ε Ν D Μ Η Η
D L Ο Κ Ν Π Α Μ Μ Έ Λ Β C Ι F Μ Μ
Ά Ι Σ Ο Ρ Δ Ί Κ Ε J Κ U Ο Α W Ο Ι
Κ Α Ε Υ Q Χ Ι Σ Ί Δ Ι Ε Λ Κ Σ Ο
Υ Π Κ Ε Β Ρ Ε Α Τ L Ω Υ Υ Π S Ι Υ
Β Ο Τ Β Ρ Ε Ξ Κ Ί Η Τ Σ J Ι F Ε Ρ
Έ Δ Ι Υ Τ Ε Ί V Α Τ Σ G Η Π Q Υ Γ
Ρ Ε Κ R R Ρ Ρ C Ι Η Η Q Σ Έ Μ Σ Ή
Ν Ί Ο Σ Κ Ο Ρ Ά Ρ Ε Ι Μ Ύ Ρ Ν Η Σ
Η Ξ Ί Ι W D Ε Τ Ε Σ Ώ Ρ Α L Α Χ Ε
Σ Ε Σ Υ Σ Τ Ή Μ Α Τ Ο Σ Π Η C Χ Ι
Η Ι Α Π Ε Λ Π Ι Σ Μ Έ Ν Ο Ι R Ν F
Σ Σ Ε Μ Π Λ Ε Κ Ό Μ Ε Ν Η S J Μ Ε
U Q Ζ F W U S C Ρ R C Μ Κ Ζ Ι Q Q
```

Puzzle 407

```
E  M  Φ  A  N  I  Σ  T  E  Ί  Π  Δ  N  H  Γ  Γ  J
T  L  X  G  P  Z  H  U  L  U  P  I  M  T  Λ  P  W
O  F  B  X  H  V  P  W  J  Q  O  A  F  G  Y  A  Y
Έ  G  W  R  I  A  Z  Z  O  I  Σ  Δ  R  M  K  Σ  Π
Ό  K  I  Δ  O  I  P  E  Π  E  Φ  I  K  E  Ά  Ί  O
O  E  T  Ά  N  Δ  P  E  Σ  Z  O  K  Έ  Γ  N  Δ  Ψ
M  T  U  O  Z  K  A  K  Σ  Ί  P  A  Λ  Ά  V  I  Ή
I  B  Ά  T  Y  O  K  Y  Π  Ξ  Ά  Σ  Y  Λ  K  S  Φ
K  F  Z  I  S  S  N  J  V  A  S  Ί  Φ  O  Y  Z  I
J  D  Q  M  K  V  M  E  F  Z  N  A  O  B  K  O  O
K  O  B  P  M  I  G  M  Ό  K  I  T  Σ  A  Λ  Π  Σ
A  Π  O  Λ  A  M  B  Ά  N  O  Y  N  O  L  I  H  D
A  Π  O  Θ  E  M  A  T  I  K  Ό  G  N  Ύ  K  D  A
Λ  Ά  X  A  N  O  Q  H  W  D  F  J  Θ  V  Ή  M  K
R  J  Y  P  O  G  Q  T  T  J  R  P  Έ  T  Q  D  B
```

ΥΠΟΨΉΦΙΟΣ
ΆΝΔΡΕΣ
ΈΚΤΟΥ
ΕΜΦΑΝΙΣΤΕΊ
ΈΘΝΟΣ
ΠΡΟΣΦΟΡΆ
ΓΛΥΚΆ
ΔΙΑΔΙΚΑΣΊΑ
ΜΕΓΆΛΟ
ΑΞΊΖΕΙ
ΚΈΛΥΦΟΣ
ΠΑΝΤΟΎ
ΠΕΡΙΟΔΙΚΌ
ΚΥΚΛΙΚΉ
ΓΡΑΣΊΔΙ
ΑΠΟΘΕΜΑΤΙΚΌ
ΑΠΟΛΑΜΒΆΝΟΥΝ
ΚΟΥΤΆΒΙ
ΠΛΑΣΤΙΚΌ
ΛΆΧΑΝΟ

Puzzle 408

KOYTΊ
ΠΑΛΤΌ
ΠΑΡΆΓΟΝΤΑΣ
ΠΑΤΙΝΆΖ
ΕΠΙΤΥΓΧΆΝΟΥΝ
ΑΡΓΉ
ΟΙΚΟΝΟΜΙΚΏΝ
ΓΚΡΊΖΑ
ΠΌΝΟ
ΦΈΡΕΙ
ΑΔΕΙΆΖΕΙ
ΕΙΣΑΓΆΓΕΙ
ΜΠΛΟΎΖΑ
ΣΟΚΟΛΆΤΑΣ
ΜΕΛΛΟΝΤΙΚΉ
ΜΠΑΛΌΝΙΑ
ΣΥΜΜΕΤΈΧΩΝ
ΚΑΤΆΛΛΗΛΟ
ΛΑΜΠΡΉ
ΚΡΕΒΑΤΟΚΆΜΑΡΑ

```
Λ  B  D  X  S  T  O  B  N  N  V  P  X  I  Φ  R  Π
E  A  A  C  F  Z  Y  C  O  J  K  I  F  B  Έ  R  A
I  P  M  P  Z  N  A  O  N  Ό  Π  Ό  K  P  P  S  P
Σ  V  M  Π  Γ  E  J  I  N  K  O  Y  T  Ί  E  T  Ά
A  Σ  B  D  P  Ή  C  K  V  K  P  J  M  Λ  I  A  Γ
Γ  Y  F  I  Y  Ή  K  O  Λ  H  Λ  Λ  Ά  T  A  K  O
Ά  M  U  N  Q  Z  Ά  N  I  T  A  Π  Q  U  Z  Π  N
Γ  M  Σ  A  T  Ά  Λ  O  K  O  Σ  S  Q  C  Ί  A  T
E  E  Y  B  Z  N  L  M  A  E  M  E  X  W  P  Δ  A
I  T  L  F  B  L  A  I  N  Ό  Λ  A  Π  M  K  E  Σ
G  Έ  P  X  Q  R  E  K  P  U  F  B  Z  U  Γ  I  E
F  X  V  K  Q  X  R  Ώ  M  Π  Λ  O  Ύ  Z  A  Ά  C
B  Ω  C  Ή  K  I  T  N  O  Λ  Λ  E  M  H  Z  Z  O
F  N  K  P  E  B  A  T  O  K  A  M  A  P  A  E  A
V  H  E  Π  I  T  Y  Γ  X  Ά  N  O  Y  N  M  I  M
```

Puzzle 409

```
Φ Θ Ά Ν Ο Υ Ν Ύ W H A Σ O T Ά Λ Π
Σ Υ Ν Ο Ψ Ί Ζ Ο Υ Ν Τ Φ Υ L F F G
Κ Ο Λ Π M R U I I E A X O M K J T
K A X W B O A Z Υ M Γ A N P B W Z
A Σ T S V B Z Y W Ό Ό U Π H O E D
Θ T C A Z J R P G Π I I Ύ G C Ύ Ί
H P N J Σ W G W B E P Σ T Ό M A N
Γ Ύ N C V T M W A E Γ U V B N G D
H O H Σ Y E P P Ά T A K Q D Z Ω Ή
T B F J I Δ Ύ O Λ Υ O Λ X N E V L
Ή A C R N V L N Φ Σ A M Π O Υ Ά N
Σ O D Q D Q H H K Ή Θ O I Λ B I B
Z E J X G Z H D H D A F P Z H A Y
T R G C B T V J E S H G X X C M I
Σ Υ N E P Γ Ά Z O N T A I D B Z A
```

ΑΓΡΙΌΓΑΤΑ
ΚΑΤΑΣΤΡΟΦΉ
ΣΥΝΟΨΊΖΟΥΝ
ΦΘΆΝΟΥΝ
ΑΦΟΡΟΎΝ
ΎΠΝΟ
ΕΠΌΜΕΝΗ
ΠΛΆΤΟΣ
ΒΟΎΡΤΣΑ
ΣΑΜΠΟΥΆΝ
ΒΙΒΛΙΟΘΉΚΗ
ΣΥΜΒΕΊ
ΚΑΤΆΡΡΕΥΣΗ
ΖΩΉ
ΛΟΥΛΟΎΔΙ
ΜΠΛΟΚ
ΚΑΘΗΓΗΤΉΣ
ΣΤΌΜΑ
ΡΥΖΙΟΎ
ΣΥΝΕΡΓΆΖΟΝΤΑΙ

Puzzle 410

ΧΉΝΑΣ
ΜΑΜΆ
ΑΦΙΕΡΏΝΩ
ΦΟΎΣΤΑ
ΠΑΡΑΤΗΡΉΣΤΕ
ΦΟΡΗΤΌ
ΒΙΒΛΊΟ
ΕΙΣΑΓΩΓΉΣ
ΠΡΌΘΥΜΟΙ
ΓΕΊΤΟΝΑ
ΠΛΥΝΤΗΡΊΟΥ
ΜΟΛΎΒΔΟΥ
ΚΟΥΔΟΎΝΙ
ΕΤΑΙΡΊΑ
ΧΑΛΚΟΎ
ΝΑΡΚΩΤΙΚΏΝ
ΕΦΕΎΡΕΙ
ΑΚΡΊΒΕΙΑ
ΠΕΡΊΠΤΩΣΗ
ΑΡΚΕΊ

```
B H E A Ί P I A T E U T S Ά M A M
C I Ύ O K Λ A X C P T A T V Z Φ R
V N B H O P U C M Z G F A M K I T
W Ύ C Λ J A Ί U Φ O P H T Ό V E D
S O S V Ί J E B C X Ή N A Σ O P A
R Δ K G P O K Π E J J C O L O Ώ N
N Y U C B Z P U Λ I G H J G M N J
Z O Y Φ Z W A Y D Y A L F R N Ω M
H K I O M Y Θ Ό P Π N V Y K D B R
I E P Ύ E Φ E I H Σ Ω T Π Ί P E Π
Q V M Σ M O Λ Ύ B Δ O Y H H B A R
S A C T E I Σ A Γ Ω Γ Ή Σ P V F T
E B G A N O T Ί E Γ Q J N D Ί K Z
Π A P A T H P Ή Σ T E J V Z H O U
N A P K Ω T I K Ώ N G A J D G R Y
```

Puzzle 411

```
Y M P Γ A T Ά K I F N F A H E D Δ
O Έ Π A N A K Ξ F D U E I L Y S I
B C H N M G N Ύ D C U M A A B A
R C M U P Φ S C W S H N E R M Q Π
F F K H P Γ Ί T N Ό T A N Y Δ N I
E Q L Q M D K Z G S I P Ά T P Y Σ
Π E P Ί E Γ O O A B Ί A Y E O T
T Y X E P O Ί M R Y C Π N E Π Ύ Ώ
P A Δ I Ό Φ Ω N O M N M S R I X Σ
N Ί V G Δ Φ Y Σ I K Ά A M Ή Σ S E
Q A E U U Ά I P B W X B W J K I T
I N J P K E B E Ί Σ O Δ O S E Y E
C N O X R A X I U V B D H E Y N N
X E I K U L R J Λ B R Q D E Ή C C
J Γ Δ O K I M A Σ Ί A T Y T Σ H T
```

ΓΕΝΝΑΪΑ
ΦΥΣΙΚΆ
ΠΕΡΊΕΡΓΟ
ΔΥΝΑΤΌΝ
ΛΙΒΆΔΙ
ΕΊΣΟΔΟΣ
ΔΟΚΙΜΑΣΊΑ
ΞΎΣΤΡΑ
ΤΥΧΕΡΟΊ
ΔΙΑΠΙΣΤΩΣΕΤΕ
ΣΥΡΤΆΡΙ
ΕΠΙΣΚΕΥΉΣ
ΣΉΜΑ
ΚΑΝΑΠΈ
ΒΑΜΠΊΡ
ΙΣΧΎΟΥΝ
ΡΑΜΦΊΖΟΥΝ
ΓΑΤΆΚΙ
ΡΑΔΙΌΦΩΝΟ
ΤΊΓΡΗ

Puzzle 412

ΚΑΤΆΒΑΣΗ
ΣΦΆΛΜΑΤΟΣ
ΚΟΎΠΑ
ΌΠΛΟ
ΆΝΕΤΑ
ΠΕΡΑΙΤΈΡΩ
ΑΊΜΑΤΟΣ
ΦΤΆΝΟΥΝ
ΤΈΣΣΕΡΙΣ
ΣΥΜΒΟΎΛΙΟ
ΤΡΥΦΕΡΆ
ΕΡΜΊΝΑ
ΦΡΑΓΚΟΣΤΆΦΥΛΟ
ΠΕΡΊΜΕΤΡΟ
ΦΩΤΕΙΝΌ
ΑΛΉΘΕΙΑ
ΑΠΕΛΕΥΘΈΡΩΣΗ
ΠΡΟΦΑΝΉ
ΑΝΑΠΝΕΎΣΕΙ
ΒΡΑΧΊΟΝΑ

```
Σ T Q K B U T L E V D Q H R B Ά D
Y A Έ A N D E V T J K Z Σ O P N M
M Y N Σ W S D A I X U B Φ Π A E T
B G Y A Σ A Ί M A T O Σ Ά E X T O
O N O E Π E Q R N L A B Λ P Ί A K
Ύ I N E K N P K Q I Π X M A O N A
Λ V Ά F O O E I A Q Ό Q A I N Π T
I V T P W X Ύ Ύ Σ T A U T T A P Ά
O V Φ S N P K Π Σ T Y Q O Έ A O B
F A I E Θ Ή Λ A A A E C W Σ P Z Φ A
X N G I O F K F Ό N I E T Ω Φ A Σ
N Ί M S Π E P Ί M E T P O G B N H
C M Φ P A Γ K O Σ T Ά Φ Y Λ O Ή P
T P Y Φ E P Ά T X H T Y M Q G P Q
U E G O Y A Π E Λ E Y Θ Έ P Ω Σ H
```

Puzzle 413

```
B  A  Θ  M  Ό  E  K  U  M  K  A  M  A  P  Ό  N  D
E  N  Q  Q  N  Ξ  T  E  X  N  I  K  Ή  O  X  Q  D
Π  Ό  F  U  R  H  Λ  E  A  J  T  F  E  V  A  J  H
Ί  K  L  M  K  Γ  O  C  Δ  X  Ά  C  Y  T  I  E  R
Θ  I  M  E  D  Ή  B  W  Y  Ώ  M  C  L  N  N  Z  K
E  E  S  Γ  Y  Σ  K  P  G  G  I  W  V  V  Ά  Έ  E
Σ  L  Φ  A  R  E  Y  N  M  T  G  C  I  B  Π  I  Φ
H  P  P  Λ  B  I  K  Ί  T  N  O  Π  S  L  Σ  V  Ά
B  T  O  Ώ  T  Z  E  C  I  N  K  Λ  Έ  Ψ  T  E  Λ
E  A  Ύ  N  Q  Ύ  H  L  T  A  Ύ  F  C  G  C  H  A
N  N  T  O  T  O  Z  R  D  S  A  O  C  L  R  C  I
X  S  A  Y  E  Π  L  E  O  C  Q  Ό  P  O  Φ  O  O
S  C  N  N  X  P  W  E  H  M  C  C  Z  Ω  C  N  T
F  Y  C  C  B  A  Γ  I  A  Γ  I  Ά  P  M  E  C  F
S  J  O  J  T  K  P  P  B  N  D  L  O  L  Z  Θ  V
```

KEΦΆΛAIO
MΆTIA
ΌPOΦO
ΠONTΊKI
EΞHΓΉΣEI
ΘEΩPOΎN
ΈNTEKA
EΠΊΘEΣH
ΦPOΎTA
EΔΩ
TEXNIKΉ
ΌPAMA
ΓIAΓIΆ
MEΓAΛΏNOYN
BOΛT
KAPΠOΎZI
ΣΠΆNIA
EIKΌNA
KΛΈΨTE
BAΘMΌ

Puzzle 414

ΔIOΊKHΣHΣ
OYΣΊAΣ
ΠEPΊEXEI
KYKΛOΦOPOΎN
YΠOΔOXΉΣ
ΨHΦOΦOPΊA
ΣTΆΔIO
MΠΆΛA
ΘΈΛEI
KANΈΛA
ΠAIXNIΔIΆPIKO
ΛAΣΠΩMΈNO
TPΎΠA
ΠAPAΔOΣIAKΌ
XANTΆKI
POZ
ΠPΌTYΠO
MOΛΎBI
ΣYNANTHΘOΎN
ΠΊNAKA

```
Π  Ί  N  A  K  A  N  D  K  C  P  O  Z  R  T  V  R
O  Z  S  U  Y  L  U  S  Y  F  F  I  E  Λ  Έ  Θ  B
O  Π  Y  T  Ό  P  Π  O  K  B  T  Δ  H  F  Z  Z  P
M  K  N  J  W  U  N  D  Λ  A  P  Ά  V  V  R  B  Z
O  Π  I  C  Y  S  N  Ύ  O  Θ  H  T  N  A  N  Y  Σ
N  Y  Ά  P  U  R  O  D  Φ  G  X  Σ  Ψ  Π  W  M  H
Έ  W  Σ  Λ  Ά  T  P  N  O  T  A  P  H  Ύ  Π  O  Σ
M  K  G  Ί  A  I  Y  D  P  S  N  E  Φ  P  E  Λ  H
Ω  I  I  S  A  E  Δ  E  O  R  T  Y  O  T  P  Ύ  K
Π  V  Z  W  N  Σ  E  I  Ύ  B  Ά  M  Φ  C  I  B  Ί
Σ  B  M  N  K  A  Λ  Έ  N  A  K  V  O  I  Έ  I  O
A  R  N  C  F  Z  J  L  F  X  I  O  P  X  X  O  I
Λ  J  V  U  Q  Z  Q  M  X  F  I  K  Ί  W  E  Z  Δ
Π  A  P  A  Δ  O  Σ  I  A  K  Ό  A  A  G  I  K  M
H  M  I  T  K  T  Σ  Ή  X  O  Δ  O  Π  Y  W  V  Q
```

Puzzle 415

```
J Y Σ A U U K T G V M O B O L D H
K Π T Ώ R Y Y N M A Ά P I E Σ E P
Π E P P N U P G Ί T Γ Σ B V C O T
I Ύ A I N A Ί P E K I K Ά P E Γ E
Θ Θ T M U O A W Θ H Σ E Θ Ί T N A
A Y Ό H A X P Y E Y Σ W V I J P A
N N Π I Z V X E P B A T N Ά Σ T Π
Ό O E M K J H N B Z N A Σ O V F Ό
O Σ Δ B Λ Ά Θ O Σ A E X O F A M Σ
N V O X D C Δ Q D C M Y Y N O C T
G T S M W D T Y G R Ύ P T A C K A
A A P Y J H Y X O T O Ώ X J H N Σ
T I M Ω P Ή Σ E I Γ P N M L X E H
A Y Z U L T V C T R A A M Ύ E Γ X
H Y J L L L X C M S X Λ T U O R I
```

ΑΧΥΡΏΝΑ
ΑΝΤΙΘΕΣΗ
ΧΑΡΟΎΜΕΝΑ
ΛΆΘΟΣ
ΣΤΡΑΤΌΠΕΔΟ
ΠΙΘΑΝΌ
ΓΕΎΜΑ
ΛΑΓΟΥΔΆΚΙ
ΥΠΕΎΘΥΝΟΣ
ΣΕΙΡΆ
ΓΕΡΆΚΙ
ΚΕΡΊ
ΣΟΥΤ
ΤΙΜΩΡΉΣΕΙ
ΏΡΙΜΗ
ΚΥΡΊΑΡΧΗ
ΜΆΓΙΣΣΑ
ΒΡΕΘΕΊ
ΤΣΆΝΤΑ
ΑΠΌΣΤΑΣΗ

Puzzle 416

ΔΙΕΎΘΥΝΣΗ
ΤΈΡΑΣ
ΚΟΡΆΚΙ
ΑΡΧΑΊΑ
ΠΡΆΓΜΑΤΑ
ΣΥΝΔΥΆΖΟΥΝ
ΔΙΔΆΣΚΕΙ
ΕΛΈΦΑΝΤΑ
ΟΠΟΤΕΔΉΠΟΤΕ
ΣΥΝΟΔΕΎΟΥΝ
ΒΟΥΤΙΆ
ΚΑΟΥΜΠΌΗ
ΤΑΧΥΔΡΌΜΟΣ
ΧΑΡΑΚΤΗΡΙΣΤΙΚΌ
ΧΟΊΡΩΝ
ΑΦΑΊΡΕΣΗ
ΤΥΛΊΞΕΙ
ΎΦΟΣ
ΦΑΣΙΑΝΌ
ΒΙΑΣΤΙΚΆ

```
Φ K X O Ί P Ω N S Z T O Ύ K Q N A
A X A H Σ E P Ί A Φ A Π Q Φ Q U P
Σ B P O E X D S B J X O E U O O X
I W N T Y I E Ξ Ί Λ Y T Λ Z T Σ A
A N X A Q M R B L S Δ E Έ G F A Ί
N M O K F D Π H A U P Δ Φ C T P A
Ό X S R S O Δ Ό N R Ό Ή A C J Έ T
G E Z A Q D Q I H X M Π N A Z T A
B I A Σ T I K Ά Δ S O O T P X Y M
Δ I E Ύ Θ Y N Σ H Ά S T A R R E Γ
Σ Y N O Δ E Ύ O Y N Σ E R E Q H A
Σ Y N Δ Y Ά Z O Y N I K Ά P O K P
B O Y T I Ά W T Q G W V E F I C Π
D J J I Z B M O T B N K Z I V J D
A X A P A K T H P I Σ T I K Ό T A
```

Puzzle 417

```
K Z N B O I E G H M Y K I Q V H W
E Y E R F R Q Y I X Π P A L G T H
P W F O T V N Ή Ή U O J Π Π B A G
Ί C W T D G O K Π N K U P Π N M T
Q N Q Y S U T A E S A B Ό E E Ό Z
Y Δ I A Θ Έ Σ I M H T Φ Θ P Θ T Σ
Π G U R X B I Δ O Y Ά Ω I N Y H
E Q Λ H A I X N P A Σ T M O I A Ψ
Ύ S S Y N W Ά O T L T E O X K U M
Θ S B V K L Λ Π O K H I I Ή Ό L A
Y O E Z Y Ά Y Σ P J M N E K Σ W K
N R V Z S E O O E E A Ό A Γ O P Ά
O G L C X M T M Γ E N E Θ Λ Ί Ω N
Σ B A C Q F K O Y P T Ί N E Σ D A
T I M Ω P Ή Σ E I M Π Λ O Ύ Z A A
```

ΚΟΥΡΤΊΝΕΣ
ΠΕΡΙΟΧΉ
ΑΥΤΌΜΑΤΗ
ΑΓΟΡΆ
ΟΜΟΣΠΟΝΔΙΑΚΉ
ΓΕΝΕΘΛΊΩΝ
ΔΙΑΘΈΣΙΜΗ
ΤΡΟΜΕΡΉ
ΑΝΆΚΑΜΨΗ
ΤΟΥΛΆΧΙΣΤΟΝ
ΥΠΟΚΑΤΆΣΤΗΜΑ
ΚΑΠΝΌΣ
ΕΘΝΙΚΌΣ
ΓΛΥΚΆ
ΜΠΛΟΎΖΑ
ΠΡΌΘΥΜΟΙ
ΦΩΤΕΙΝΌ
ΤΙΜΩΡΉΣΕΙ
ΚΕΡΊ
ΥΠΕΎΘΥΝΟΣ

Puzzle 418

ΤΥΡΊ
ΚΑΡΑΜΈΛΑ
ΑΚΌΜΑ
ΤΜΉΜΑ
ΕΓΧΕΙΡΊΔΙΟ
ΑΝΑΝΆ
ΧΆΛΥΒΑ
ΣΑΦΏΣ
ΣΥΜΜΕΤΆΣΧΟΥΝ
ΑΊΣΘΗΣΗ
ΔΊΠΛΩΜΑ
ΜΥΡΊΖΕΙ
ΜΗΧΑΝΉ
ΠΑΡΟΎΣΑ
ΠΕΔΙΆΔΕΣ
ΠΛΉΡΩΣΗΣ
ΑΠΈΝΑΝΤΙ
ΠΟΙΌΤΗΤΑ
ΥΓΡΆ
ΖΕΎΓΟΣ

```
I V Π M D D U T Y P Ί N U X R L O
X E N A Λ Έ M A P A K T J Q T I O
Y G W B P G P T D M A N A N Ά S L
N W S Y Q O Q O Z Ό O K N C L Z G
O Y W Λ T V Ύ F F K M D K C Σ D B
J O O Ά P Γ Υ Σ P A A Ί Σ Θ H Σ H
X N B X K T B L A U M M O S Σ Π X
G Q N F Σ Y M D Q W Ω H Γ O Ω E S
S A M U N Ά Y H G H Λ X Ύ M P Δ P
A Π Έ N A N T I M M Π A E P Ή I E
L Y N Z A B X E U A Ί N Z T Λ Ά D
Π O I Ό T H T A M W Δ Ή O O Π Δ R
H F H L G M R W O M L T N L V E E
I D K R M I E Z Ί P Y M C G L Σ D
E Γ X E I P Ί Δ I O P Σ Ώ Φ A Σ V
```

Puzzle 419

```
Π  Z  J  Z  M  Γ  Σ  Υ  Μ  Φ  Ω  Ν  Ί  Α  Σ  Z  Μ
Ο  Έ  L  Σ  Ο  Ν  Έ  Μ  Σ  Ι  Ρ  Υ  Ε  Ν  Κ  Ε  L
Ι  Υ  Ν  J  W  Ώ  Π  Α  Τ  Ι  Ν  Ά  Z  V  J  Σ  Z
Κ  Π  D  T  Ί  Μ  Ε  Π  Α  Λ  Τ  Ό  Q  P  C  X  Μ
Ο  Ό  T  G  Ε  Η  Η  Ν  Ε  Μ  Ό  Κ  Ε  Λ  Π  Μ  Ε
Γ  Λ  D  I  T  Σ  Ο  U  T  Μ  Α  Ρ  Ό  Λ  Ι  Ρ
Ε  Ο  Α  G  Σ  Α  Χ  Η  Κ  Ο  Λ  Π  Ί  Ρ  Ε  Π  Ι
Ν  Ι  Μ  Ρ  Ι  Ρ  Ρ  G  Ν  Ι  Π  Έ  Φ  Ε  Ρ  Ε  Κ
Ε  Π  Q  V  Ε  Ε  Ε  Κ  P  D  L  Ι  F  G  Μ  G  Έ
Ι  Ο  Z  J  Ν  Τ  Ν  Σ  Ε  D  Κ  Ι  Σ  Ε  Z  Ν  Σ
Α  Α  F  G  Α  Ύ  V  Ε  Α  Τ  Κ  Σ  Υ  Μ  Υ  F  Ν
Κ  Z  U  P  Δ  Λ  Η  Μ  Τ  Ε  Ά  Υ  Ο  Α  Ό  Μ  R
Ό  R  Μ  T  W  Α  J  Ε  G  X  W  Ρ  Λ  Η  Ρ  Τ  Μ
D  J  Z  Ε  Ε  Κ  Κ  Ν  Z  Σ  Ν  Μ  Ί  J  Β  Α  Κ
Π  Ο  Ρ  Τ  Ο  Κ  Α  Λ  Ί  G  J  Ε  Φ  Ν  W  Ι  S
```

ΕΚΝΕΥΡΙΣΜΈΝΟΣ
ΦΊΛΟΥΣ
ΚΑΛΎΤΕΡΑ
ΔΑΝΕΙΣΤΕΊ
ΜΕΡΙΚΈΣ
ΠΟΡΤΟΚΑΛΊ
ΠΕΡΊΠΛΟΚΗ
ΜΑΡΟΎΛΙ
ΥΠΌΛΟΙΠΟ
ΑΡΚΕΤΆ
ΓΝΏΜΗΣ
ΈΦΕΡΕ
ΣΥΜΦΩΝΊΑΣ
ΕΝΤΟΠΙΣΜΌ
ΠΈΝΤΕ
ΣΕ
ΟΙΚΟΓΕΝΕΙΑΚΌ
ΕΜΠΛΕΚΌΜΕΝΗ
ΠΑΤΙΝΆΖ
ΠΑΛΤΌ

Puzzle 420

ΡΕΚΌΡ
ΣΎΝΝΕΦΟ
ΔΊΚΗ
ΜΕΤΑΞΎ
ΕΡΩΔΙΌΣ
ΜΌΝΟ
ΜΉΚΟΣ
ΕΡΓΆΖΟΝΤΑΙ
ΟΡΙΣΜΈΝΑ
ΘΑΥΜΆΣΙΑ
ΓΡΎΛΙΣΜΑ
ΑΝΤΊΣΤΡΟΦΗ
ΑΠΆΝΤΗΣΗ
ΑΌΡΑΤΟ
ΑΤΜΌ
ΣΤΊΒΟΥ
ΕΣΤΊΑΣΗΣ
ΔΙΕΘΝΉ
ΣΤΆΔΙΟ
ΚΥΚΛΟΦΟΡΟΎΝ

```
F  Ύ  Ξ  Α  T  Ε  Μ  J  P  Ε  Z  P  L  U  P  Δ  Γ
L  Ν  F  Μ  Ό  Μ  T  Α  Ι  Ρ  Ό  Κ  Ε  Ρ  L  Ί  Ρ
D  F  Υ  Ο  Β  P  Α  D  W  Ω  Μ  Ή  Κ  Ο  Σ  Κ  Ύ
Σ  T  Ί  Β  Ο  Υ  Α  Κ  Η  Δ  Ρ  Ν  X  Ε  W  Η  Λ
Σ  Ύ  Ν  Ν  Ε  Φ  Ο  T  Ν  Ι  Z  Θ  J  Η  T  Α  Ι
Θ  Ο  W  D  W  Ε  Ο  P  Ό  R  Ε  Ι  Φ  C  Μ  Σ
D  Α  P  Α  T  Ε  L  L  Ν  Σ  Ρ  Ι  Α  Ο  D  P  Μ
Ε  X  Ι  X  Ν  Ι  Υ  Ό  Ι  Κ  Δ  T  Ρ  S  Η  Α
Υ  Β  L  Μ  Σ  D  L  Μ  Μ  Α  Π  Ά  Ν  T  Η  Σ  Η
L  Η  Η  Α  Ά  Μ  J  Z  J  X  Q  T  Ο  Σ  J  Ο  L
Μ  S  G  J  Κ  Σ  Έ  F  V  C  J  V  Z  Ί  X  W  Ε
W  Κ  Ε  Κ  R  X  Ι  Ν  Η  Ο  Ι  Δ  Ά  T  Σ  R  Z
Ε  Ι  C  F  F  Ο  Z  Α  Α  W  P  P  Γ  Ν  T  Υ  F
Κ  Υ  Κ  Λ  Ο  Φ  Ο  Ρ  Ο  Ύ  Ν  P  P  Α  R  S  Β
Ε  Σ  T  Ί  Α  Σ  Η  Σ  Υ  P  J  C  Ε  Μ  Κ  Ε  F
```

Puzzle 421

```
Μ Π Λ Η Ρ Ο Φ Ο Ρ Ι Ώ Ν Υ Ο Χ Έ Μ
L E E T A I P Ί A O H E J M N E A
A A Γ Σ T O P Ί A Σ E Σ T N Ί K
S Σ U A E N I Ή Ο K H E G A Ύ E I
F Y Δ Z Λ K Y N Λ J Ί Z V Σ O Λ Γ
E O G W A Ύ U U E T O M H T P X I
O P C S O L T N P P Π L Σ Έ Ω O Ά
Ά Έ T W O C G E T Z O S Ω P E N Z
K Φ J J H V Z I P J Δ X Π I Θ E W
A A F M F E N I H H I Ύ A A X Z
K I K K B F O W T S E T T T K D V
V Δ C Ό A D U X P E O U O L H J B
P N X F J H A D L N P O Π E H O Ή
R E D U K C H P Z T Π J A Γ H Σ M
O I K O N O M I K Ή Σ R D E K N A
```

ΊΝΤΣΕΣ
ΝΕΡΟΧΎΤΗ
ΒΉΜΑ
ΤΡΕΛΌ
ΕΝΔΙΑΦΈΡΟΥΣΑ
ΙΣΤΟΡΊΑ
ΜΑΚΙΓΙΆΖ
ΠΡΟΕΙΔΟΠΟΊΗΣΗ
ΚΑΚΆΟ
ΜΕΓΑΛΎΤΕΡΗ
ΕΝΟΧΛΕΊ
ΠΛΗΡΟΦΟΡΙΏΝ
ΑΠΟΤΎΠΩΣΗ
ΟΙΚΟΝΟΜΙΚΉΣ
ΓΗΣ
ΑΣΤΕΡΙΑ
ΚΑΚΌ
ΈΧΟΥΝ
ΕΤΑΙΡΊΑ
ΘΕΩΡΟΎΝ

Puzzle 422

ΣΤΟΜΆΧΙ
ΑΝΆΓΚΗ
ΓΕΙΑ
ΠΑΡΆ
ΣΧΉΜΑ
ΠΛΟΎΣΙΟ
ΚΑΜΠΊΝΑ
ΨΆΧΝΕΙ
ΓΕΝΝΑΙΟΔΩΡΊΑ
ΔΕΊΠΝΟ
ΒΕΛΌΝΑ
ΑΡΚΕΤΈΣ
ΜΠΕΡΔΕΜΈΝΑ
ΣΥΓΚΡΌΤΗΜΑ
ΜΈΡΟΣ
ΣΆΝΤΟΥΙΤΣ
ΑΚΟΛΟΥΘΊΑ
ΧΕΙΜΏΝΑ
ΚΟΡΊΤΣΙΑ
ΣΗΜΕΊΩΣΗ

```
Σ Σ Μ Π Α Ρ Ά F D Σ F R Γ D G O F
Ά X Q Έ L O L S N Y N O E Y V O F
N Ή E H P O W U P Γ Q A N Ό Λ E B
T M H C M O Q Σ Z K T F N Π A J W
O A I R A I Σ T Ί P O K A W Ί B S
Y C T R I A Z O F Ό A E I Y Θ E S
I Π V O E R W M I T R G O L Y B Δ
T N Λ Z Γ M Σ Ά H H A M Δ U O F I
Σ Q E O H Z N X K M M C Ω N Λ W W
V J Q C Ύ D T I Γ A U K P C O J B
F C G U O Σ T P Ά A R O Ί E K A R
O U L V A E I E N X Ά Ψ A U A U V
K A M Π Ί N A O A P K E T Έ Σ J Q
M Π E P Δ E M Έ N A N Ώ M I E X R
W W Σ H M E Ί Ω Σ H J Z F B S V H
```

Puzzle 423

```
Z  Δ  O  W  W  N  Y  O  Z  Ί  P  O  E  Δ  S  Φ  T
X  I  K  Ά  T  N  A  X  Έ  O  U  X  Ξ  I  O  Λ  Σ
R  A  B  S  Ή  G  Y  I  B  K  U  Q  Ἄ  E  Δ  I  A
B  Σ  Ί  E  N  O  Γ  B  P  S  V  F  Π  Y  O  T  Γ
M  K  T  W  I  Δ  E  E  A  F  N  Y  Λ  K  N  Z  I
T  Έ  A  Z  E  I  H  B  D  A  D  N  Ω  P  T  Ά  Έ
F  Δ  I  T  Π  Q  T  Λ  R  X  Z  D  Σ  I  Ό  N  P
P  A  Γ  K  A  X  K  W  Ὠ  L  E  Z  H  N  B  I  A
W  Σ  P  R  T  D  E  J  K  Σ  Z  N  T  Ί  O  Ά  J
H  H  Y  X  C  K  Σ  E  V  H  E  G  A  Σ  Y  Γ  H
Σ  T  I  Γ  M  Ή  Ό  K  H  L  A  I  I  E  P  P  X
F  J  H  A  T  Ί  P  A  Γ  P  A  M  T  I  T  I  T
G  I  C  U  T  D  Π  T  J  Z  R  T  Ί  N  Σ  A  S
A  G  J  Z  B  Σ  A  T  H  T  Ύ  P  A  B  A  A  F
Σ  H  M  A  N  T  I  K  Ό  F  C  P  E  X  O  O  E
```

ΦΛΙΤΖΆΝΙ
ΤΣΑΓΙΈΡΑ
ΒΑΡΎΤΗΤΑΣ
ΆΓΡΙΑ
ΑΙΤΊΑ
ΓΙΑΤΊ
ΔΙΑΣΚΈΔΑΣΗ
ΣΤΙΓΜΉ
ΔΗΛΏΣΕΙ
ΣΗΜΑΝΤΙΚΌ
ΜΑΡΓΑΡΊΤΑ
ΟΡΊΖΟΥΝ
ΑΠΡΌΣΕΚΤΗ
ΤΑΠΕΙΝΉ
ΟΔΟΝΤΌΒΟΥΡΤΣΑ
ΖΈΒΡΑ
ΔΙΕΥΚΡΙΝΊΣΕΙ
ΓΟΝΕΊΣ
ΕΞΆΠΛΩΣΗ
ΧΑΝΤΆΚΙ

Puzzle 424

ΓΈΦΥΡΑ
ΡΙΠΉ
ΠΙΆΤΟ
ΚΌΜΜΑ
ΤΣΈΠΗ
ΠΡΌΣΩΠΟ
ΓΕΝΙΆ
ΦΌΡΕΜΑ
ΕΚΤΟΣ
ΠΑΣΧΑΛΊΤΣΑ
ΛΊΓΟ
ΣΥΝΑΊΣΘΗΜΑ
ΚΟΜΜΆΤΙ
ΕΊΔΗ
ΠΡΑΓΜΑΤΙΚΉ
ΆΝΟΙΞΗ
ΦΥΤΙΚΆ
ΧΑΛΑΡΏΣΕΤΕ
ΕΔΩ
ΜΆΤΙΑ

```
Π  H  G  W  H  V  Z  S  O  J  T  K  I  V  G  W  O
I  Q  I  Π  R  V  J  Ά  E  K  E  M  Q  V  M  W  L
Ά  V  M  A  M  M  Ό  K  P  V  E  U  Ά  Z  I  G  D
T  M  H  Σ  A  X  W  I  L  Y  A  M  P  T  Q  E  T
O  J  W  X  Ό  L  D  T  V  R  Q  Z  Σ  N  I  V  C
Π  N  G  A  V  T  M  Y  R  M  W  F  Y  J  F  A  X
Ω  E  O  Λ  J  H  K  Φ  O  T  R  V  N  Z  H  M  A
Σ  O  Γ  Ί  Λ  V  Q  E  T  F  Y  T  A  R  E  E  Λ
Ό  Q  P  T  Γ  Έ  Φ  Y  P  A  D  Z  Ί  M  X  P  A
P  J  P  Σ  K  O  M  M  Ά  T  I  P  Σ  E  L  Ό  P
Π  J  A  A  S  K  U  O  I  F  I  B  Θ  Δ  V  Φ  Ώ
T  Σ  Έ  Π  H  Ξ  I  O  N  Ά  H  X  H  Ώ  Y  E  Σ
N  O  H  W  M  P  O  X  E  U  S  P  M  U  B  E  E
B  L  E  Ί  Δ  H  Y  Y  Γ  E  G  M  A  Z  O  K  T
W  F  P  I  Π  Ή  K  I  T  A  M  Γ  A  P  Π  A  E
```

Puzzle 425

Σ	Υ	Ν	Α	Ν	Τ	Η	Θ	Ο	Ύ	Ν	Λ	S	D	P	K	F
H	W	E	E	Υ	Ρ	Τ	Μ	Σ	Η	Ν	B	Ύ	X	S	L	T
Z	O	Ρ	Ν	Δ	S	Μ	Υ	Ά	S	T	T	Υ	Σ	N	F	P
Ά	Μ	Α	Θ	Η	Τ	Ή	D	P	O	J	Υ	J	X	H	S	E
D	Θ	Μ	J	Q	O	K	N	Π	U	W	G	U	H	E	Q	Λ
O	B	Λ	Σ	Υ	Γ	K	Ρ	Ο	Ύ	O	Ν	T	Α	I	B	Ό
Α	F	K	I	Λ	Έ	Σ	X	H	D	L	Μ	N	C	F	Φ	Σ
Ξ	K	J	Ρ	Α	X	Υ	Ο	Ύ	O	K	Λ	Α	X	S	Α	Z
Ί	Z	Η	N	E	Z	Υ	I	Υ	D	Λ	Φ	I	Λ	Ί	Σ	V
Α	N	Z	N	Ω	E	Σ	Ύ	Δ	N	E	Π	E	R	J	I	P
Σ	X	E	Λ	Ώ	N	Α	Ρ	Μ	I	I	T	Z	U	H	A	R
Y	G	K	D	Α	Υ	Α	Ί	Ξ	O	Δ	O	Λ	I	Φ	N	W
Σ	T	E	Ρ	Ή	Σ	E	I	Υ	S	Ί	C	H	E	I	Ό	B
Σ	Υ	Μ	Φ	Ω	N	Ή	Σ	O	Υ	N	X	B	G	B	E	H
R	A	D	O	B	T	A	K	Q	U	S	P	Ο	Ύ	X	A	F

ΠΡΆΣΟ
ΣΥΜΦΩΝΉΣΟΥΝ
ΔΕΝ
ΦΙΛΊ
ΧΕΛΏΝΑ
ΛΈΣΧΗ
ΑΞΊΑΣ
ΣΥΓΚΡΟΎΟΝΤΑΙ
ΆΘΛΙΑ
ΛΎΣΗ
ΕΠΕΝΔΎΣΕΩΝ
ΡΟΎΧΑ
ΣΤΕΡΉΣΕΙ
ΜΑΘΗΤΉ
ΦΙΛΟΔΟΞΊΑ
ΤΡΕΛΌΣ
ΚΛΕΙΔΊ
ΧΑΛΚΟΎ
ΣΥΝΑΝΤΗΘΟΎΝ
ΦΑΣΙΑΝΌ

Puzzle 426

ΔΕΛΦΊΝΙ
ΧΡΉΜΑΤΑ
ΣΌΔΑ
ΑΝΆΛΥΣΗ
ΕΥΤΥΧΏΣ
ΠΑΙΧΝΊΔΙ
ΚΑΦΈ
ΚΊΝΔΥΝΟ
ΔΙΠΛΌ
ΑΓΆΠΗ
ΑΠΟΞΗΡΑΜΈΝΑ
ΚΑΛΎΠΤΟΝΤΑΙ
ΟΔΟΝΤΌΚΡΕΜΑ
ΠΟΛΙΤΙΚΉ
ΦΊΔΙ
ΛΟΥΛΟΎΔΙΑ
ΑΝΏΤΕΡΟΣ
ΙΣΧΎΟΥΝ
ΦΤΆΝΟΥΝ
ΠΑΙΧΝΙΔΙΆΡΙΚΟ

O	I	T	J	Μ	Π	W	Μ	N	Α	J	X	E	Π	L	I	Q
N	Δ	Σ	Υ	R	V	Α	Σ	Ό	Δ	Α	K	Υ	Α	X	Σ	S
Y	Ί	O	I	I	F	R	I	R	L	P	L	T	I	D	X	K
Δ	Φ	P	N	E	R	J	G	X	J	K	H	Υ	X	S	Ύ	N
N	Μ	E	Ί	T	H	T	I	R	N	H	F	X	N	A	O	B
Ί	B	T	Φ	I	Ό	K	Μ	Z	B	Ί	E	Ώ	I	Γ	Υ	F
K	U	Ώ	Λ	R	Λ	K	Α	T	K	S	Δ	Σ	Δ	Ά	N	H
T	B	N	E	T	Π	C	Ρ	Φ	J	I	Z	I	I	Π	Q	C
G	R	A	Δ	Z	I	H	X	E	Έ	Q	Υ	Α	Α	Ά	H	J
L	K	T	O	C	Δ	Q	K	C	Μ	Μ	D	Μ	P	Σ	R	R
W	A	A	Φ	T	Ά	N	O	Υ	N	Α	G	T	I	Υ	G	A
G	H	Μ	Λ	O	Υ	Λ	O	Ύ	Δ	I	A	Υ	K	Α	G	L
Z	C	Ή	K	I	T	I	Λ	O	Π	N	Α	T	O	Ά	G	P
W	R	Ρ	K	Α	Λ	Ύ	Π	T	O	N	T	Α	I	N	F	A
G	X	X	F	A	N	Έ	Μ	A	Ρ	H	Ξ	O	Π	A	Υ	C

Puzzle 427

```
Ρ  Δ  Α  Κ  Σ  Ν  Ο  Q  V  Π  Ι  V  Β  Ε  Β  C  Ν
Α  Έ  Ν  Ι  Ι  Υ  F  G  Ο  W  Ε  Ν  Ε  Ρ  Μ  C  Ι
Α  Ν  Ε  Ν  Δ  Ο  Λ  Υ  Ι  Η  Ξ  Ρ  Μ  Β  Α  Ζ  G
Κ  Τ  Ξ  Η  Ο  Τ  Α  Λ  W  D  Ά  J  Ί  U  Ζ  F  L
Ο  Ρ  Α  Μ  S  Έ  Τ  Ι  Ά  Ω  Τ  Ά  Κ  Ε  Ί  Ε  Ε
Ύ  Ο  Ρ  Α  Μ  Θ  Α  Ε  Β  Β  Ν  Ι  Ο  S  Ρ  R  Ο
Σ  Ι  Τ  Τ  Α  Α  Ί  Σ  Ο  Λ  Ε  Φ  Ό  D  S  Γ  Ι
Ε  V  Η  Ο  Σ  Ι  Λ  Ί  Τ  W  G  Ι  Υ  L  Ρ  Η  Ο
Τ  Ν  Σ  Γ  Φ  Δ  Ι  Π  J  Α  Α  Μ  Ο  Ι  Β  Ώ  Ν
Ε  Α  Ί  Ρ  Α  Ε  Μ  Ο  U  Ι  Θ  Ν  Λ  Μ  Ε  F  W
Μ  Ι  Α  Ά  Λ  Κ  Ο  Τ  U  Τ  Κ  Ή  Ό  L  Υ  W  C
Q  Τ  Σ  Φ  Ε  Ο  U  Κ  Ν  Ό  Q  D  Ν  W  S  Α  G
D  Ι  Ρ  Ο  Ί  D  Ε  Ε  J  Ν  D  Ζ  Υ  R  Ν  V  Κ
Ν  V  Β  Υ  Α  Κ  Ρ  Έ  Μ  Α  Α  Σ  Ε  Χ  Χ  Κ  Υ
J  J  Ζ  Η  Σ  Ά  Ρ  Β  Ν  Ζ  Ρ  Μ  Ο  R  R  U  D
```

ΑΣΤΑΘΉ
ΑΜΟΙΒΏΝ
ΜΑΖΙ
ΣΥΝΌΛΟΥ
ΔΙΑΘΈΤΟΥΝ
ΚΙΝΗΜΑΤΟΓΡΆΦΟΥ
ΕΚΤΟΠΊΣΕΙ
ΟΜΙΛΊΑ
ΑΚΟΎΣΕΤΕ
ΌΦΕΛΟΣ
ΔΈΝΤΡΟ
ΕΝΤΆΞΕΙ
ΣΥΛΛΆΒΕΙ
ΝΌΤΙΑ
ΚΆΤΩ
ΑΣΦΑΛΕΊΑΣ
ΒΡΆΣΗ
ΚΡΈΜΑ
ΑΝΕΞΑΡΤΗΣΊΑΣ
ΠΕΡΊΕΡΓΟ

Puzzle 428

ΣΉΜΑΤΟΣ
ΤΥΠΙΚΌ
ΝΥΦΊΤΣΑ
ΛΙΓΌΤΕΡΟ
ΦΤΆΣΕΙ
ΚΑΘΡΈΦΤΗ
ΣΚΑΠΆΝΗ
ΜΊΛΙΑ
ΔΕΥΤΕΡΕΎΟΥΣΑ
ΠΡΑΚΤΙΚΉ
ΚΟΥΤΆΛΙ
ΑΣΤΈΡΩΝ
ΚΛΊΣΗ
ΔΑΓΚΏΣΕΙ
ΔΩΡΕΆΝ
ΣΥΝΉΘΕΙΑ
ΆΓΓΕΛΟΣ
ΟΡΘΟΓΡΑΦΊΑ
ΎΠΝΟ
ΕΙΚΌΝΑ

```
Α  Ί  Φ  Α  Ρ  Γ  Ο  Θ  Ρ  Ο  Λ  Ζ  Ν  Ν  Τ  Κ  Ζ
Η  Σ  F  U  Μ  Α  R  Σ  Τ  Ε  Ι  Λ  Ά  Τ  Υ  Ο  Κ
Ε  Ζ  Τ  L  Ε  U  Ε  Υ  Υ  Χ  Γ  Μ  Ε  Μ  R  Α  L
Ν  Ι  Ρ  Έ  Μ  Χ  C  Ν  Π  U  Ό  Υ  Ρ  S  J  Ν  S
F  Ε  Κ  U  Ρ  D  Ι  Ή  Ι  Τ  Τ  D  Ω  Ζ  Κ  Ζ  Η
Ζ  Σ  Η  Ό  S  Ω  F  Θ  Κ  Υ  Ε  V  Δ  Χ  Ν  R  Τ
Q  Ά  Ζ  Β  Ν  F  Ν  Ε  Ό  U  Ρ  Μ  J  C  Ζ  Ν  Ι
Σ  Τ  Η  Q  Η  Α  F  Ι  Κ  Q  Ο  W  Ε  J  Ν  Η  Α
Κ  Φ  Ε  Ύ  Ο  Ι  Τ  Α  Σ  Τ  Ί  Φ  Υ  Ν  R  Ε  Ζ
Α  Β  Ε  S  Π  U  Β  Ι  Ή  Κ  Ι  Τ  Κ  Α  Ρ  Π  G
Π  S  Χ  Ο  G  Ν  U  Λ  Μ  W  Κ  L  Ζ  S  Q  L  Α
Ά  Ν  Ε  Β  J  Ι  Ο  Ί  Α  Ά  Γ  Γ  Ε  Λ  Ο  Σ  G
Ν  J  Υ  Χ  R  L  S  Μ  Τ  Δ  Α  Γ  Κ  Ώ  Σ  Ε  Ι
Η  S  Χ  Α  Μ  Α  Σ  Υ  Ο  Ύ  Ε  Ρ  Ε  Τ  Υ  Ε  Δ
Κ  Α  Θ  Ρ  Έ  Φ  Τ  Η  Σ  Ί  Λ  Κ  D  Ρ  V  F  Ζ
```

Puzzle 429

```
U  Π  Δ  O  Y  E  J  G  B  E  M  I  A  I  T  W  C
P  Ά  Ί  N  W  C  N  Σ  T  P  A  T  Ό  Π  E  Δ  O
E  P  N  Y  C  H  R  O  K  Ί  N  H  T  P  O  Y  E
D  K  O  A  Π  Y  T  Ό  I  O  M  O  N  A  Π  F  Q
K  O  Y  H  V  O  C  Y  P  K  Θ  Ά  Λ  A  Σ  Σ  A
K  P  N  T  C  L  P  O  K  J  Ί  D  P  D  T  J  C
Ά  G  Ί  A  W  O  B  G  X  N  M  A  Λ  Ή  M  A  K
P  X  A  Σ  F  C  W  O  F  N  L  F  Σ  V  H  J  Π
T  M  Ό  N  I  P  I  A  K  O  Λ  A  K  H  B  H  P
A  O  T  O  Y  M  B  P  E  Θ  E  Ί  Ά  K  P  H  O
S  N  F  U  B  Z  H  T  Σ  I  Π  Ό  I  Ξ  A  P  Σ
K  A  T  E  Y  Θ  Ύ  N  Σ  E  I  Σ  L  H  M  W  O
T  H  Λ  E  Ό  P  A  Σ  H  M  E  Γ  Ά  Λ  H  A  X
C  H  E  K  K  L  O  V  M  Π  I  Z  Έ  Λ  I  A  Ή
E  Π  E  K  T  E  Ί  N  O  Y  N  Y  C  R  N  N  V
```

ΕΝΟΙΚΊΑΣΗ
ΘΆΛΑΣΣΑ
ΜΕΓΆΛΗ
ΚΑΛΟΚΑΙΡΙΝΌ
ΚΑΤΕΥΘΎΝΣΕΙΣ
ΑΞΙΌΠΙΣΤΗ
ΚΆΡΤΑ
ΠΑΝΟΜΟΙΌΤΥΠΑ
ΕΠΕΚΤΕΊΝΟΥΝ
ΚΑΜΉΛΑ
ΆΚΡΗ
ΠΡΟΣΟΧΉ
ΜΠΙΖΈΛΙΑ
ΚΊΝΗΤΡΟ
ΤΗΛΕΌΡΑΣΗ
ΠΆΡΚΟ
ΚΡΊΣΙΜΗ
ΔΊΝΟΥΝ
ΒΡΕΘΕΊ
ΣΤΡΑΤΌΠΕΔΟ

Puzzle 430

ΞΈΝΩΝ
ΌΠΩΣ
ΣΥΝΕΧΊΣΕΙ
ΕΠΙΛΈΞΕΤΕ
ΣΦΥΡΊ
ΚΟΙΛΌΤΗΤΑ
ΣΥΝΈΔΡΙΟ
ΣΟΥΗΔΌΣ
ΕΠΙΤΡΟΠΉ
ΑΠΟΚΑΛΎΠΤΟΥΝ
ΠΑΡΆΓΟΝΤΑ
ΕΝΙΑΊΟ
ΖΩΓΡΑΦΊΖΕΙ
ΔΉΛΩΣΗ
ΚΛΈΨΟΥΝ
ΚΆΤΟΙΚΟΣ
ΨΩΜΆΚΙΑ
ΧΑΡΟΎΜΕ
ΤΑ
ΤΡΟΠΟΠΟΊΗΣΗ

```
Σ  Y  N  E  X  Ί  Σ  E  I  T  X  I  S  N  J  F  Z
E  Π  I  T  P  O  Π  Ή  E  P  R  A  Y  K  Y  T  I
E  Q  O  Z  C  N  K  U  M  O  T  U  P  K  D  A  O
W  Y  I  H  U  Y  G  Q  E  Π  K  T  Y  O  V  V  I
Π  A  P  Ά  Γ  O  N  T  A  O  L  O  X  R  Ύ  P  X
A  I  Δ  G  O  Ψ  K  J  W  Π  M  S  Z  W  O  M  H
K  K  Έ  I  R  Έ  C  F  J  O  Ί  A  I  N  E  D  E
D  Ά  N  H  P  Λ  Σ  Y  L  Ί  P  Y  Φ  Σ  T  A  S
D  M  Y  H  B  K  I  Ό  Y  H  Δ  Ή  Λ  Ω  Σ  H  W
D  Ω  Σ  V  F  A  I  I  Δ  Σ  O  K  I  O  T  Ά  K
O  Ψ  Y  Y  U  Y  F  N  F  H  Q  Ό  K  N  R  I  I
A  Π  O  K  A  Λ  Ύ  Π  T  O  Y  N  Π  N  N  L  P
Z  Ω  Γ  P  A  Φ  Ί  Z  E  I  K  O  H  Ω  C  S  F
K  O  I  Λ  Ό  T  H  T  A  P  K  J  S  A  S  A  L
M  E  E  Π  I  Λ  Έ  Ξ  E  T  E  Ξ  Έ  N  Ω  N  H
```

Puzzle 431

```
Κ Έ C B Y Σ R X J F S R G C A A W
A K I L N Έ A H V G Q X V E Y E U
N Δ K A I P Ό O M I Ή V Ω K Y Y A
Έ O Ά K D E N V H V K Ί I P O H Γ
N Σ N A Ί X L G I U I E V B Ί U Γ
A H Λ Ξ O K A T Ά Σ T H M A Σ A
W I Π Ή A P T Q O C Y Y Θ S Λ O P
M Q Σ H T B G W Z N O E E D E X E
U S O N Ό M A T O Σ M P Ω J P Γ Ί
M E T A Φ O P Ά V W E T P N T Ά A
K O Λ Ύ M B H Σ H Σ F N Ί O E P E
S W O Y V Z D O E H L A A V Π W U
S R L W N A Y Δ J T I Π M P L A F
P I D E A J J Ί W X S L H T U F R
Z Ή Γ O Λ I Π E W O D E S Q R O R
```

ΘΕΩΡΊΑ
ΒΡΟΧΕΡΈΣ
ΚΑΙΡΌ
ΜΕΤΑΦΟΡΆ
ΤΑΞΊΔΙ
ΚΑΤΆΣΤΗΜΑ
ΠΕΤΡΕΛΑΊΟΥ
ΚΑΝΈΝΑ
ΚΟΛΎΜΒΗΣΗΣ
ΈΚΔΟΣΗ
ΕΊΔΟΣ
ΧΩΡΊΣ
ΆΓΧΟΣ
ΑΓΓΑΡΕΊΑ
ΕΠΙΛΟΓΉ
ΟΝΌΜΑΤΟΣ
ΚΑΛΉ
ΠΑΝΤΡΕΥΤΕΊ
ΜΟΥΣΙΚΉ
ΣΠΑΝΆΚΙ

Puzzle 432

ΠΆΠΙΑ
ΦΡΆΧΤΗ
ΕΥΧΆΡΙΣΤΗ
ΚΆΜΕΡΑ
ΚΑΤΑΝΟΗΤΌ
ΚΡΕΒΆΤΙ
ΛΊΚΝΟ
ΈΚΠΛΗΞΗ
ΜΠΛΕ
ΣΧΈΣΗ
ΠΆΓΩΜΑ
ΝΟΣΟΚΌΜΑ
ΠΕΡΙΟΧΉΣ
ΚΆΠΟΥ
ΚΙΛΆ
ΈΚΡΗΞΗ
ΕΠΙΣΤΟΛΉ
ΠΟΤΑΜΟΎ
ΕΚΚΛΗΣΊΑ
ΠΡΟΣΕΚΤΙΚΟΊ

```
X K R N V S Έ Y Y S C P W C G E X
S Ά D Q J Q I K O N K Ί Λ C V K S
Q M K H T F C R Π D R G T Q J K M
R E G A H H K I Ά L G Y J E D Λ R
P P Z J T Y Q G K O H Σ Έ X Σ H B
J A F A X A Π Ά Π I A Ξ F H C Σ N
N Ύ W A Ά Z N Y Q J P O H T G Ί M
K O K B P G Z O W X J M D Σ C A E
P M Σ Q Φ C H E H Σ Ή X O I P E Π
E A A O K I Λ Ά Ξ T Z Π E P O Λ I
B T Z G K Q A F H X Ό Ά M Ά F Π Σ
Ά O Y K N Ό U C P B T Γ X X O M T
T Π O A P E M M K W O Ω B Y Z W O
I T T U X R F A Έ A O M Z E V J Λ
Π P O Σ E K T I K O Ί A W J M R Ή
```

Puzzle 433

```
Δ  O  S  D  U  U  Λ  U  A  P  T  Έ  Π  D  J  H  L
Q  Ω  S  R  V  T  Ί  H  P  S  H  Q  Ό  P  X  I  Z
Φ  S  M  H  G  P  M  W  I  H  Z  W  T  P  D  T  Y
E  O  B  Ά  E  A  N  E  Θ  W  M  R  I  N  R  L  S
Q  D  Ύ  U  T  O  H  S  M  E  K  T  Έ  Λ  E  Σ  H
R  A  P  Σ  P  I  P  F  O  A  P  I  Σ  T  E  P  Ό
S  L  M  O  T  E  O  Θ  M  T  A  M  E  Ί  O  G  C
I  O  A  P  X  A  X  O  H  F  N  G  M  Σ  Ό  Λ  O
O  N  T  I  Σ  I  Ό  N  X  K  S  L  R  L  A  Φ  W
E  P  Γ  A  Σ  Ί  A  N  A  Z  Λ  T  N  G  E  Ά  P
O  D  T  M  Q  S  M  A  N  A  Γ  Έ  Λ  H  Σ  Λ  Q
K  J  Z  R  W  U  T  O  Ή  N  A  Φ  O  P  Π  A  O
E  Ξ  A  I  P  E  T  I  K  Ό  E  L  N  W  E  I  O
Γ  Y  A  Λ  I  Σ  T  E  P  Ή  G  K  Q  A  F  N  N
K  O  Y  Δ  O  Ύ  N  I  A  N  O  I  K  T  Ά  A  O
```

ΑΡΙΣΤΕΡΌ
ΑΓΈΛΗΣ
ΕΡΓΑΣΊΑ
ΌΤΙ
ΤΑΜΕΊΟ
ΣΌΛΟ
ΟΝΤΙΣΙΌΝ
ΠΈΤΡΑ
ΑΡΙΘΜΟΜΗΧΑΝΉ
ΦΆΛΑΙΝΑ
ΓΥΑΛΙΣΤΕΡΉ
ΈΛΚΗΘΡΟ
ΑΝΟΙΚΤΆ
ΛΊΜΝΗ
ΕΞΑΙΡΕΤΙΚΌ
ΕΚΤΈΛΕΣΗ
ΔΩΜΆΤΙΟ
ΚΟΥΔΟΎΝΙ
ΦΟΎΣΤΑ
ΠΡΟΦΑΝΉ

Puzzle 434

ΑΓΚΆΛΙΑΣΕ
ΔΌΝΤΙΑ
ΛΑΜΒΆΝΟΝΤΑΣ
ΑΙΧΜΗΡΌ
ΕΜΠΙΣΤΟΣΎΝΗ
ΠΕΙ
ΔΟΚΙΜΉ
ΝΙΚΉΣΕΙ
ΠΛΗΘΥΣΜΟΎ
ΣΤΆΘΗΚΕ
ΚΡΑΣΊ
ΔΥΝΑΤΆ
ΣΤΑΜΆΤΗΣΕ
ΚΌΚΟΡΑ
ΧΡΈΩΣΗ
ΕΚΔΉΛΩΣΗ
ΜΕΤΕΓΚΑΤΆΣΤΑΣΗ
ΆΡΡΩΣΤΟ
ΣΚΛΗΡΉ
ΚΑΟΥΜΠΌΗ

```
N  W  R  P  K  P  S  R  O  H  V  J  T  Λ  T  R  F
X  X  X  P  Έ  Ω  Σ  H  M  N  L  Ά  T  A  N  Y  Δ
Z  I  F  A  H  W  K  G  B  Q  I  I  Q  M  D  P  Π
R  U  B  F  I  Σ  T  Ά  Θ  H  K  E  N  B  H  G  Λ
E  N  M  U  E  X  D  F  H  L  F  D  Π  Ά  R  Σ  H
B  Q  K  O  Σ  Ή  M  I  K  O  Δ  N  M  N  I  T  Θ
O  F  M  P  Ή  X  Δ  H  Z  F  F  D  E  O  B  A  Y
W  E  R  K  K  E  Ό  H  P  H  M  V  K  N  K  M  Σ
D  Q  C  U  I  W  N  M  Q  Ό  P  M  Δ  T  F  Ά  M
D  G  O  X  N  O  T  Σ  Ω  P  P  Ά  Ή  A  Σ  T  O
Y  C  T  E  Σ  A  I  Λ  Ά  K  Γ  A  Λ  Σ  K  H  Ύ
H  Ό  Π  M  Y  O  A  K  O  P  N  P  Ω  X  Λ  Σ  C
K  Ό  K  O  P  A  K  P  A  Σ  Ί  G  Σ  O  H  E  A
E  M  Π  I  Σ  T  O  Σ  Ύ  N  H  L  H  G  P  W  I
M  E  T  E  Γ  K  A  T  Ά  Σ  T  A  Σ  H  Ή  D  B
```

Puzzle 435

```
N W G N F B U X F K S R X K R T K
U B U R X U H K B W X G X H M Q H
H N Δ I E Y Θ Y N T Ή Σ I S A O Φ
Σ K Έ H Λ Έ Φ Ω N O P S N Λ J Ύ
E D N O Π Ύ T M Έ T P I A E A J Λ
P N W I I E Ψ Ά P Γ I P E Π K W Λ
Ί X N Δ A K A T Ά Λ Λ H Λ H Ό P A
A E R Έ L L J A Q B Y D E E X O R
I H C X A N E M Ύ O P A X C K I O
Δ R D Σ O T A M Ί A I U B N L A N
K Q Y O E Z I C F W E X I B M Ό M
Π Y Γ O Λ A M Π Ί Δ A M N J L X L
F B H L H F I A Π O Θ Ή K E Y Σ H
Γ P O Θ I Ά M Δ V W J X Y N G K A
O A E P P C G X Ί K Ό K K I N O N
```

ΔΙΑΊΡΕΣΗ
ΔΙΕΥΘΥΝΤΉΣ
ΠΥΓΟΛΑΜΠΊΔΑ
ΜΈΤΡΙΑ
ΚΌΚΚΙΝΟ
ΤΎΠΟ
ΦΎΛΛΑ
ΠΕΡΙΓΡΆΨΕΙ
ΤΗΛΈΦΩΝΟ
ΊΔΙΑ
ΓΡΟΘΙΆ
ΣΧΈΔΙΟ
ΑΚΑΤΆΛΛΗΛΗ
ΕΝΝΈΑ
ΝΈΟΙ
ΣΧΌΛΙΟ
ΑΠΟΘΉΚΕΥΣΗ
ΜΑΛΑΚΌ
ΑΊΜΑΤΟΣ
ΧΑΡΟΎΜΕΝΑ

Puzzle 436

ΠΑΡΆΞΕΝΟ
ΣΚΟΠΌ
ΚΎΜΑ
ΚΎΚΛΟ
ΕΚΔΏΣΕΙ
ΣΩΜΑΤΙΔΊΩΝ
ΡΟΔΆΚΙΝΟ
ΞΑΦΝΙΚΆ
ΚΟΡΜΌ
ΠΑΡΑΜΕΊΝΕΙ
ΛΕΟΠΆΡΔΑΛΗ
ΕΚΠΟΜΠΉΣ
ΠΑΙΔΊ
ΔΙΆΔΡΟΜΟ
ΌΜΩΣ
ΈΛΞΗΣ
ΚΡΈΑΣ
ΛΌΦΟ
ΓΚΡΊΖΑ
ΕΞΗΓΉΣΕΙ

```
P S R S X A E K Π O M Π Ή Σ N X Π
L O Δ I Ά Δ P O M O B N E I D F A
U Y Δ Π A I Δ Ί Y Ξ Λ Ό Φ O N F P
B F I Ά G E F S F R A Z Ί P K G A
C S R A K W J I C S V Φ N T M J M
P G J D L I L C W T I Z N C J J E
L O Σ R H H N G J I V E L I T W Ί
H Λ A Δ P Ά Π O E Λ Ό R G E K C N
A M Έ Σ K O Π Ό K Ό M Ω Σ Σ K Ά E
Π A P Ά Ξ E N O Δ Έ P P V Ή Ύ T I
Z U K C H U P F Ώ Λ O Y J Γ K A U
K A Z R E E F L Σ Ξ K G Z H Λ G L
F Ύ S R O K Q R E H H H N Ξ O N Q
L T M O A N Q E I Σ J L D E Q S W
A C Y A Σ Ω M A T I Δ Ί Ω N U A I
```

Puzzle 437

```
Γ  F  V  Q  T  U  O  R  X  B  S  V  I  J  U  I  P
B  E  N  X  W  E  U  C  I  J  A  E  R  H  U  U  A
P  B  N  L  Ό  T  H  P  O  Φ  Ά  V  T  O  S  G  U
A  D  Ω  N  K  L  C  Z  B  R  I  K  M  D  E  U  Ξ
B  W  T  Z  A  Θ  K  G  Ώ  T  Σ  I  P  A  X  Y  E
E  Q  Ά  D  I  Ί  E  N  G  T  O  X  Y  Σ  Ή  Q  Σ
Ί  W  M  J  Σ  D  A  Ί  H  R  P  T  W  O  B  T  Π
O  W  H  H  O  C  T  S  A  R  Δ  C  H  S  P  S  Ά
N  D  X  Z  Δ  X  B  Q  Π  I  Λ  O  T  I  K  Ά  Σ
N  E  O  F  A  A  Π  O  Σ  Π  Ά  Σ  E  I  I  I  E
A  P  B  L  P  A  Π  O  P  P  Ί  Ψ  E  I  Έ  Δ  I
I  M  E  G  A  E  I  Σ  A  Γ  Ω  Γ  Ή  Σ  K  Ω  B
Z  M  R  J  Π  E  Ξ  Ω  T  E  P  I  K  Ό  Σ  P  Y
N  A  C  Π  P  O  Έ  Δ  P  O  Y  K  Y  P  Y  W
R  Σ  O  Y  A  F  O  D  Y  I  G  D  J  Q  C  M  R
```

ΜΑΣ
ΕΞΩΤΕΡΙΚΌΣ
ΟΧΗΜΆΤΩΝ
ΕΥΧΑΡΙΣΤΏ
ΘΕΊΑ
ΒΡΑΒΕΊΟ
ΞΕΣΠΆΣΕΙ
ΉΣΥΧΟ
ΑΠΟΣΠΆΣΕΙ
ΚΈΙΚ
ΜΥΡΩΔΙΆ
ΝΑΙ
ΑΠΟΡΡΊΨΕΙ
ΠΙΛΟΤΙΚΆ
ΠΡΟΈΔΡΟΥ
ΔΡΟΣΙΆ
ΕΙΣΑΓΩΓΉΣ
ΦΟΡΗΤΌ
ΓΕΝΝΑΊΑ
ΠΑΡΑΔΟΣΙΑΚΌ

Puzzle 438

ΣΧΟΛΙΚΉ
ΑΠΌΦΟΙΤΟΣ
ΣΕΛΗΝΙΑΚΌ
ΕΚΑΤΟΜΜΎΡΙΑ
ΚΑΡΙΈΡΑ
ΣΎΝΤΡΟΦΟ
ΠΡΆΣΙΝΟ
ΚΕΡΔΊΖΟΥΝ
ΣΟΎΠΑ
ΕΝΤΟΠΊΣΕΙ
ΑΝΤΑΓΩΝΙΣΜΌ
ΙΚΑΝΌΤΗΤΑ
ΕΠΊΣΗΜΑ
ΔΏΔΕΚΑ
ΒΡΑΣΤΉΡΑ
ΠΟΛΙΤΙΣΜΌ
ΞΗΡΑΣΊΑ
ΉΞΕΡΕ
ΕΒΔΟΜΆΔΑ
ΠΛΆΤΟΣ

```
S  H  V  K  J  G  V  M  C  Σ  K  Z  F  Ό  R  C  B
A  Σ  C  Z  E  P  E  Ξ  Ή  O  P  A  D  M  K  A  E
C  O  Q  R  U  P  Q  B  U  Ύ  N  M  P  Σ  C  Ί  Q
A  T  W  P  N  Z  Δ  W  O  Π  B  H  U  I  B  Σ  Y
K  Ά  W  J  A  S  U  Ί  X  A  N  Σ  R  T  Έ  A  X
L  Λ  L  I  I  C  P  B  Z  S  E  Ί  B  I  Z  P  Z
A  Π  Ό  Φ  O  I  T  O  Σ  O  I  N  F  Λ  U  H  A
B  E  B  Δ  O  M  Ά  Δ  A  N  Y  E  O  O  B  Ξ  Σ
F  P  Ό  M  Σ  I  N  Ω  Γ  A  T  N  A  Π  L  N  X
I  J  A  E  K  A  T  O  M  M  Ύ  P  I  A  G  R  O
U  I  K  Σ  T  X  H  E  N  T  O  Π  Ί  Σ  E  I  Λ
W  Z  E  L  T  S  Σ  Ύ  N  T  P  O  Φ  O  P  L  I
H  E  Δ  X  G  Ή  I  K  A  N  Ό  T  H  T  A  N  K
J  Q  Ώ  Z  Y  L  P  Σ  E  Λ  H  N  I  A  K  Ό  Ή
N  E  Δ  F  F  F  W  A  Π  P  Ά  Σ  I  N  O  H  G
```

Puzzle 439

```
E  A  Σ  Σ  Ώ  Λ  Γ  F  D  Y  P  L  X  Λ  Υ  Π  A
Π  E  M  Y  O  N  Ί  E  T  O  P  Π  Ω  E  S  O  N
I  N  T  Γ  G  P  Y  F  Q  A  G  C  P  Ω  E  Λ  T
T  Έ  E  I  A  L  W  O  K  K  U  E  I  Φ  U  I  A
Y  P  E  Y  T  U  Y  G  R  C  M  Ό  O  O  M  T  Π
Γ  Γ  U  K  D  P  Ά  T  Σ  I  Π  B  S  P  A  I  O
X  E  E  K  F  Έ  N  K  X  Ά  Σ  E  I  E  Ï  Σ  K
Ά  I  M  Ύ  V  N  I  Ί  J  B  G  V  N  Ί  N  T  P
N  A  R  Σ  P  O  O  Δ  D  G  F  V  T  Ω  T  I  Ί
O  Σ  Ί  O  D  H  Π  Π  Υ  Ξ  Έ  K  Q  N  A  K  N
Y  P  U  N  X  L  M  Π  P  Ό  Θ  Y  M  A  N  Ή  O
N  I  G  O  I  C  E  A  F  W  Y  C  L  X  Ό  G  N
I  X  O  T  M  A  P  E  T  Ί  A  I  Δ  I  V  T  T
X  D  I  N  C  R  T  O  V  G  Z  Q  A  Q  C  V  A
L  P  A  Έ  N  B  G  W  B  Y  O  P  D  F  A  W  I
```

ΓΛΩΣΣΑ
ΛΕΩΦΟΡΕΊΩΝ
ΧΩΡΙΌ
ΙΔΙΑΊΤΕΡΑ
ΤΣΙΠ
ΈΞΥΠΝΗ
ΕΎΡΗΜΑ
ΈΝΤΟΝΟΣ
ΠΟΛΙΤΙΣΤΙΚΉ
ΜΑΪΝΤΑΝΌ
ΕΝΈΡΓΕΙΑΣ
ΔΊΚΤΥΟ
ΧΆΣΕΙ
ΚΆΤΑΓΜΑ
ΤΡΈΝΟ
ΠΡΟΤΕΊΝΟΥΜΕ
ΠΡΌΘΥΜΑ
ΤΑΙΝΊΑ
ΑΝΤΑΠΟΚΡΊΝΟΝΤΑΙ
ΕΠΙΤΥΓΧΆΝΟΥΝ

Puzzle 440

ΟΓΔΌΝΤΑ
ΈΡΧΟΝΤΑΙ
ΤΆΞΗ
ΠΛΕΥΡΈΣ
ΑΠΕΙΚΟΝΊΖΟΥΝ
ΉΡΘΕ
ΑΚΤΙΝΊΔΙΟ
ΑΝΤΊΟ
ΠΡΌΛΗΨΗ
ΕΤΉΣΙΑ
ΚΈΝΤΡΟ
ΚΟΥΝΈΛΙ
ΈΡΕΥΝΑ
ΣΊΓΟΥΡΟΙ
ΈΤΣΙ
ΣΎΜΦΩΝΑ
ΦΥΣΙΚΌΣ
ΑΚΡΙΒΉ
ΓΡΑΣΊΔΙ
ΚΟΡΆΚΙ

```
B  V  A  G  M  H  H  Φ  Σ  Ή  B  Y  B  H  O  Π  A
Σ  Ύ  M  Φ  Ω  N  A  Y  Ί  K  P  L  K  O  Γ  P  Π
A  F  K  Z  V  F  N  Σ  Γ  W  S  Θ  B  P  Δ  Ό  E
K  L  O  G  J  T  Y  I  O  Q  K  D  E  B  Ό  Λ  I
T  E  Y  F  P  W  E  K  Y  P  Z  W  V  O  N  H  K
I  T  N  I  H  M  P  Ό  P  X  O  H  Ξ  Ά  T  Ψ  O
N  Ή  E  Δ  T  Y  E  Σ  O  O  P  J  K  X  A  H  N
Ί  Σ  Λ  Ί  I  U  Z  X  I  A  T  N  O  X  P  E  Ί
Δ  I  I  Σ  Έ  P  Y  E  Λ  Π  N  B  H  Z  Z  F  Z
I  A  P  A  K  P  I  B  Ή  Z  Έ  D  O  Q  Q  V  O
O  Έ  Z  P  B  U  O  U  P  A  K  O  P  Ά  K  I  Y
J  D  T  Γ  H  Y  K  V  I  R  N  W  X  Y  W  I  N
Q  D  E  Σ  E  H  X  Q  T  G  W  T  L  T  V  G  X
Y  M  O  V  I  C  T  K  W  P  D  W  Ί  E  Q  O  T
B  E  S  I  A  S  U  W  N  R  E  V  C  O  G  W  E
```

Puzzle 441

```
Σ  Ή  Χ  Υ  Ψ  Α  Ν  Α  F  Μ  Ζ  Η  Σ  Ω  Ί  Ε  Μ
Ώ  Ι  Κ  Η  Ρ  Θ  Ω  F  Σ  Α  Ν  Λ  Κ  Α  Ι  Χ  Φ
Β  Υ  Ε  Ρ  Ν  Υ  Ε  Β  Ο  Χ  Ε  Ύ  Ο  Λ  Σ  Η  Α
Ι  Κ  D  Ρ  Β  Μ  Σ  Ξ  Τ  Κ  Ρ  Π  Υ  Υ  Κ  Β  Ν
Ρ  Ι  Ρ  Ο  Τ  Ά  Ά  Ε  Α  Q  U  W  Λ  Σ  Ί  Α  Τ
Κ  Η  D  V  Ν  Σ  Φ  L  Μ  Φ  Β  Ζ  Ή  Ί  Ο  F  Α
Α  F  Κ  U  Μ  Τ  Ο  Κ  Μ  Α  Α  Χ  Κ  Δ  Υ  Μ  Σ
Ε  Α  J  Β  Κ  Ε  Π  Κ  Ά  Μ  Δ  Ν  Ι  Α  Ρ  Q  Τ
Β  Μ  Ε  U  W  Χ  Α  Β  Ρ  Υ  Ρ  Ύ  Ι  Α  Ο  Α  Ε
Η  Σ  Ύ  Ε  Γ  Κ  S  L  Γ  Α  Χ  R  Ν  Σ  Σ  Μ  Ί
R  Ύ  Ν  L  D  Η  Ε  Χ  Ο  Κ  Q  Q  D  Α  Τ  Q  Τ
L  Α  Ν  Ά  D  J  U  Ο  Ρ  Γ  Κ  Μ  J  F  Μ  Ε  Ε
Κ  Ρ  Ι  Τ  Ι  Κ  Ή  Ζ  Π  Έ  Β  Q  Ν  Ζ  Ι  Ο  Ί
Ε  Θ  Ε  Α  Β  Β  Ν  F  Α  Ν  V  Ρ  Η  C  Μ  D  Ν
D  Τ  G  Q  Ο  R  F  Ψ  Υ  Γ  Ε  Ί  Ο  V  Ι  Ζ  Ν
```

ΑΝΆ
ΦΑΝΤΑΣΤΕΊΤΕ
ΘΡΑΎΣΜΑ
ΠΎΛΗ
ΕΞΑΦΑΝΙΣΤΕΊ
ΑΝΑΨΥΧΉΣ
ΓΕΎΣΗ
ΈΓΚΑΥΜΑ
ΑΠΟΦΆΣΕΩΝ
ΑΔΎΝΑΜΟ
ΣΚΟΥΛΉΚΙ
ΠΡΟΓΡΆΜΜΑΤΟΣ
ΚΡΙΤΙΚΉ
ΣΚΊΟΥΡΟΣ
ΨΥΓΕΊΟ
ΤΡΕΙΣ
ΜΕΊΩΣΗ
ΑΚΡΙΒΏΣ
ΘΥΜΆΣΤΕ
ΑΛΥΣΊΔΑ

Puzzle 442

ΤΟΥΛΊΠΑ
ΠΏΣ
ΚΆΘΙΣΕ
ΦΆΡΜΑ
ΘΗΛΥΚΌ
ΑΝΆΠΤΥΞΗΣ
ΜΑΤΙΆ
ΤΡΕΜΆΜΕΝΟ
ΈΘΙΜΟ
ΣΤΡΑΤΟΎ
ΜΠΑΝΆΝΑ
ΣΤΡΑΤΗΓΙΚΉ
ΚΆΝΕΙ
ΓΈΛΑΣΕ
ΑΧΛΆΔΙ
ΒΕΛΑΝΊΔΙΑ
ΠΑΠΟΎΤΣΙ
ΜΈΣΗ
ΒΙΒΛΊΟ
ΚΥΡΊΑΡΧΗ

```
Β  S  Β  C  Σ  Η  Ξ  Υ  Τ  Π  Ά  Ν  Α  J  Α  S  U
Ε  Ν  C  Ι  Ε  Ν  Ά  Κ  Μ  Ρ  Ι  W  W  C  Χ  Τ  Κ
Λ  Ζ  S  Σ  Β  U  V  F  S  W  Ε  G  L  Q  Λ  Ρ  S
Α  W  Β  Τ  V  Λ  Α  Ζ  Τ  D  Μ  Τ  F  Ά  Α  Ρ
Ν  Υ  Ι  Ύ  Ό  Η  Ί  D  Ε  L  Β  D  Ά  W  Δ  Τ  L
Ί  Ο  Υ  Ο  Κ  Ζ  F  Ο  Μ  Ι  Θ  Έ  Μ  Μ  Ι  Ο  Τ
Δ  Σ  Ώ  Π  Υ  Υ  Q  Ρ  Μ  Ι  Μ  Ε  C  Κ  Ε  Ύ  Ν
Ι  S  S  Α  Λ  C  Ρ  Ν  Ο  Τ  Α  S  J  F  Σ  Ν  J
Α  U  L  Π  Η  Ο  C  Ί  Ο  L  Τ  F  Η  U  Α  G  Ο
Η  D  W  U  Θ  Μ  Α  Μ  Α  Ο  Ι  G  Κ  Χ  Λ  Μ  Κ
Μ  Π  Α  Ν  Ά  Ν  Α  Α  Μ  Ρ  Ά  Φ  Ά  W  Έ  Έ  Υ
Τ  Ο  Υ  Λ  Ί  Π  Α  Τ  Κ  Μ  Χ  J  Θ  Ο  Γ  Σ  Ο
Σ  Τ  Ρ  Α  Τ  Η  Γ  Ι  Κ  Ή  D  Η  Ι  S  Ε  Η  S
Ρ  L  Α  F  Ο  Β  Β  C  Χ  Η  D  F  Σ  Ρ  W  Η  Α
Ο  G  Ε  D  Ι  Ζ  Υ  Ν  U  R  Β  C  Ε  Q  S  Q  Ν
```

Puzzle 443

```
T E K K E N Ώ Σ T E N E T M Z D Z
P H M A J F O A H Σ Y O P K Γ Ύ Σ
Έ M E O Έ P H M O J O J N Π I T F
X Σ R P J N Π E P I K O Π Ή Ό H C
O A A Φ H Γ H T Ή X Ώ Δ V Z R Δ S
Y Ί Έ Λ Λ E I Ψ H X I O Λ Ό P X I
Σ Σ J J D K X X I R Δ Σ Ψ E Y Δ Ή
A O U J E P T H Z F I Ί P L J Z Y
B Δ B X P Q S E Φ O Π E F J N V C
B O Λ O K Ό P Π M A E Ξ H B Ά P T
A Φ Ή P V F F Y Q H Σ E Ί Π K L N
M O X Θ Π O N T Ί K I Ό F E Y N V
Π P X P E K G I Y Y H M Λ N U E T
Ί T T M K I W J M E M U Z I Q U Z
P N K E R L A R F J Q P Z G A M E
```

ΈΡΗΜΟ
ΣΎΓΚΡΟΥΣΗ
ΡΌΛΟ
ΠΕΡΙΚΟΠΉ
ΠΌΔΙ
ΤΡΈΧΟΥΣΑ
ΠΊΕΣΗ
ΑΦΗΓΗΤΉ
ΕΠΙΔΙΏΚΟΥΝ
ΈΛΛΕΙΨΗ
ΕΊΣΟΔΟ
ΒΟΉΘΕΙΑ
ΤΡΟΦΟΔΟΣΊΑΣ
ΤΡΆΒΗΞΕ
ΦΑΣΌΛΙΑ
ΜΠΡΌΚΟΛΟ
ΨΕΥΔΉ
ΕΚΚΕΝΏΣΤΕ
ΒΑΜΠΊΡ
ΠΟΝΤΊΚΙ

Puzzle 444

ΕΤΥΜΗΓΟΡΊΑ
ΠΡΟΣΠΆΘΕΙΑΣ
ΣΚΆΛΕΣ
ΠΑΡΆΞΕΝΑ
ΔΙΑΦΥΓΉΣ
ΦΑΣΟΛΙΏΝ
ΚΎΚΝΟ
ΑΦΉΝΟΝΤΑΣ
ΈΤΟΙΜΟΙ
ΑΠΑΣΧΟΛΟΎΝ
ΠΕΙΝΑΣΜΈΝΟΙ
ΞΕΝΟΔΟΧΕΊΟ
ΕΓΚΑΤΑΣΤΆΘΗΚΑΝ
ΕΞΑΣΚΟΎΝ
ΥΠΗΡΕΣΙΏΝ
ΤΟΥΣ
ΕΊΣΟΔΟΣ
ΛΙΒΆΔΙ
ΣΦΆΛΜΑΤΟΣ
ΜΠΆΛΑ

```
A H J C Q J N Π Έ T O I M O I Π E
Ξ Π Σ N Ύ O K Σ A Ξ E R U H B E T
E Y A Y C F S V K P C U X G P I Y
N Π I Σ Y O T N G S Ά T G R S N M
O H E A X K Ύ K N O K Ξ I C Q A H
Δ P Θ T E O Z K Σ F R N E F Z Σ Γ
O E Ά N V Q Λ Q Y K C Ώ U N A M O
X Σ Π O Z I R O D C Ά I E T A Έ P
E I Σ N H B T C Ύ K X Λ D W Y N Ί
Ί Ώ O H M Π Ά Λ A N J O E Z Z O A
O N P Φ E Ί Σ O Δ O Σ Σ I Σ Y I G
H Q Π A Λ I B Ά Δ I S A W U B Q Y
P E Σ Φ Ά Λ M A T O Σ Φ Y S G I A
H G X W W X Δ I A Φ Y Γ Ή Σ R C H
E Γ K A T A Σ T Ά Θ H K A N I W Z
```

Puzzle 445

A	Δ	C	M	Π	M	E	P	Ώ	T	H	Σ	H	V	V	J	Z
T	Ή	I	P	A	I	E	Θ	Ή	Λ	A	P	X	N	W	R	Y
U	Λ	O	W	Π	Σ	Ί	P	Ω	N	Z	Ή	X	Y	E	Z	Q
W	Ω	N	T	Ά	P	Ή	Σ	T	Y	Λ	Ό	E	Ψ	A	K	Έ
I	Σ	Έ	B	K	C	C	M	V	E	E	A	Ί	S	P	B	Σ
H	H	M	R	I	V	Z	Δ	E	H	H	Π	Λ	E	X	M	Έ
L	Σ	Σ	K	K	X	I	I	Σ	P	V	Λ	O	K	K	L	T
Θ	Λ	I	B	E	P	Ό	Ά	Y	M	A	O	Σ	A	P	P	Σ
E	H	Π	T	N	M	J	P	Γ	Έ	Δ	Π	J	T	W	D	A
U	N	Λ	S	H	D	O	K	Γ	T	K	O	W	H	H	L	M
O	A	E	D	V	O	S	E	N	P	C	I	E	Γ	L	I	Y
F	L	Π	P	S	H	Q	I	Ώ	H	F	Ή	X	O	K	E	A
C	R	A	D	Γ	H	Z	A	M	Σ	V	Σ	N	P	P	P	Θ
I	W	Z	N	Q	Ό	X	G	H	H	L	T	M	Ί	M	F	V
K	F	S	A	R	S	Σ	B	K	R	X	E	R	A	A	S	E

ΑΠΛΟΠΟΪΉΣΤΕ
ΕΡΏΤΗΣΗ
ΣΤΥΛΌ
ΘΑΥΜΑΣΤΈΣ
ΝΩΡΊΣ
ΔΙΆΡΚΕΙΑ
ΕΥΧΉ
ΔΉΛΩΣΗΣ
ΣΉΜΕΡΑ
ΜΈΤΡΗΣΗ
ΘΛΙΒΕΡΌ
ΈΚΑΨΕ
ΠΑΠΆΚΙ
ΣΥΓΓΝΏΜΗ
ΚΑΤΗΓΟΡΊΑ
ΧΕΊΛΟΣ
ΕΝΕΡΓΌΣ
ΑΠΕΛΠΙΣΜΈΝΟΙ
ΑΡΚΕΊ
ΑΛΉΘΕΙΑ

Puzzle 446

ΓΝΏΣΗ
ΆΝΘΡΩΠΟΣ
ΝΕΡΌ
ΏΡΑ
ΔΥΤΙΚΈΣ
ΚΈΡΔΙΣΑΝ
ΥΠΟΛΟΓΊΖΕΙ
ΜΆΘΟΥΝ
ΑΠΟΓΟΗΤΕΥΜΈΝΟΣ
ΤΟΛΜΗΡΉ
ΠΕΊΣΕΙ
ΜΈΛΟΣ
ΕΜΦΆΝΙΣΗ
ΑΥΞΉΘΗΚΕ
ΝΤΟΥΛΆΠΑ
ΠΑΡΑΛΊΑ
ΑΡΓΆ
ΑΙΜΟΡΡΑΓΊΑ
ΧΟΡΌ
ΣΕΙΡΆ

R	M	U	O	T	A	Y	Ξ	Ή	Θ	H	K	E	M	M	W	M
E	M	Φ	Ά	N	I	Σ	H	N	I	F	R	W	X	Ά	Q	C
X	L	D	Γ	T	M	V	O	W	Z	T	O	O	H	Θ	T	Q
U	S	D	P	I	T	A	A	Λ	S	S	O	D	U	O	F	X
Y	X	A	A	Y	R	D	E	Σ	Έ	N	M	Λ	Y	Y	H	D
A	I	M	O	P	P	A	Γ	Ί	A	M	V	Q	M	N	U	Ώ
A	Π	O	Γ	O	H	T	E	Y	M	Έ	N	O	Σ	H	A	P
N	A	Σ	I	Δ	P	Έ	K	Π	E	Ί	Σ	E	I	E	P	A
Y	Π	O	Λ	O	Γ	Ί	Z	E	I	Π	E	C	V	S	Q	Ή
B	Ά	Π	I	G	C	W	P	J	F	H	A	I	N	O	W	Y
Z	Λ	Ώ	P	N	Δ	Y	T	I	K	Έ	Σ	P	X	E	P	Y
G	Y	P	F	Ώ	F	B	X	Q	E	K	X	R	A	Z	Q	C
B	O	Θ	F	Σ	H	Y	O	P	O	G	O	I	I	Λ	E	P
T	T	N	O	H	Y	Ά	P	I	E	Σ	R	V	K	H	Ί	A
N	N	Ά	X	M	K	W	Ώ	G	M	S	F	N	E	P	Ό	A

Puzzle 447

```
Κ  Α  Λ  Α  Μ  Π  Ο  Κ  Ι  Ο  Ύ  S  Η  S  Μ  Σ  Χ
Β  R  P  S  J  R  Ø  G  P  C  V  A  U  G  Ά  A  T
Σ  Ε  Μ  Z  P  Ε  O  Q  Ά  F  L  Φ  Q  P  Γ  Π  Υ
Γ  Η  Λ  Z  Υ  J  P  F  Ψ  Q  Ὲ  N  C  Ε  O  Π  Ἡ
Ό  Υ  Μ  Τ  Β  R  Ό  L  Β  Z  C  S  Β  C  I  Ύ  Ή
Ν  O  Z  A  Ἰ  O  Ἰ  Ε  P  Ο  Φ  Ω  Ε  Λ  P  Ν  Σ
A  W  T  C  Ἰ  Ω  P  Z  D  D  Υ  U  I  Ε  Α  I  Ε
Τ  O  R  Ν  Κ  Α  Σ  P  V  Η  U  Ν  I  Σ  Z  I
O  C  V  Ε  Ε  D  U  Η  C  V  Μ  Π  Ὼ  W  O  Ὼ  C
Ι  Δ  Ι  O  Κ  Τ  Η  Σ  Ἱ  Α  Σ  Ή  C  Ν  G  Ω  P
Ψ  Ὲ  W  Ν  J  Υ  F  C  W  I  F  P  I  Ν  Η  Ν  Ν
Ω  P  G  W  Ε  V  Η  Τ  Ε  O  Σ  Ε  Σ  Τ  Λ  Ά  Κ
Μ  Ω  Χ  Β  P  Χ  L  F  Β  Τ  I  Η  Μ  P  Μ  P  Η
Ἰ  Σ  V  S  Η  Χ  V  D  Ή  G  P  V  R  W  G  W
Χ  Ε  I  P  Ό  Τ  Ε  P  Η  Τ  Υ  Η  Β  Η  I  Χ  J
```

TÉΤΟΙΑ
ΨΩΜΊ
ΧΕΙΡΌΤΕΡΗ
ΣΗΜΑΊΑ
ΓΌΝΑΤΟ
ΣΑΠΟΎΝΙ
ΙΔΙΟΚΤΗΣΊΑΣ
ΒΟΥΝΏΝ
ΣΑΦΈΣ
ΚΑΛΑΜΠΟΚΙΟΎ
ΚΆΛΤΣΕΣ
ΠΉΡΕ
ΈΡΩΣ
ΛΕΩΦΟΡΕΊΟ
ΖΏΩΝ
ΨΆΡΙ
ΒΕΛΤΊΩΣΗ
ΧΤΥΠΉΣΕΙ
ΜΆΓΕΙΡΑΣ
ΌΡΟΦΟ

Puzzle 448

ΚΑΤΑΙΓΊΔΑ
ΑΝΑΚΑΛΎΨΕΤΕ
ΕΛΆΦΙΑ
ΖΩΝΤΑΝΉ
ΠΕΡΙΛΑΜΒΆΝΟΥΝ
ΠΟΛΊΤΗ
ΤΎΠΟΣ
ΚΑΛΠΑΣΜΌ
ΠΗΓΑΊΝΕΙ
ΜΩΡΟΎ
ΣΤΑΘΕΊ
ΧΡΙΣΤΟΎΓΕΝΝΑ
ΔΊΔΑΞΕ
ΔΙΑΤΗΡΟΎΝ
ΡΥΘΜΌ
ΠΕΡΙΣΤΑΤΙΚΌ
ΡΆΒΩ
ΚΥΚΛΙΚΉ
ΛΟΥΛΟΎΔΙ
ΜΆΓΙΣΣΑ

```
Υ  Π  Κ  Ι  Π  F  Υ  Υ  Μ  C  Χ  Κ  Β  Q  O  W  P
Ε  Ε  Α  Τ  G  Η  Α  Ε  U  I  O  L  G  P  W  I  P
Δ  P  Τ  R  P  Τ  Γ  Ξ  Η  G  Z  S  U  A  P  Υ  S
Ι  Ι  Α  Ό  Κ  Ι  Τ  Α  Τ  Σ  Ι  P  Ε  Ν  D  V  Β
Α  Λ  Ι  Μ  P  Z  C  Δ  Ἱ  F  J  Μ  Τ  Ύ  Π  O  Σ
Τ  Α  G  Σ  Υ  Ω  Λ  Ἱ  Λ  Ν  G  Η  Z  Α  L  P  Μ
Η  Μ  Ἱ  Α  Θ  Ν  O  Δ  O  Ἱ  Ε  Θ  Α  Τ  Σ  Ε  Ω
P  Β  Δ  Π  Μ  Τ  Υ  Ε  Π  Ή  Κ  Ι  Λ  Κ  Υ  Κ  P
O  Ά  Α  Λ  Ό  Α  Λ  Λ  U  O  Μ  Μ  Β  P  C  P  O
Υ  Ν  Χ  Α  L  Ν  O  Ά  I  R  V  R  V  Β  P  O  Ύ
Ν  O  U  Κ  Ν  Ή  Ύ  Φ  W  Z  Η  Μ  G  W  C  P  A
P  Υ  P  Ά  Β  Ω  Δ  I  Q  Μ  Ά  G  I  Σ  Σ  A  Ε
Ε  Ν  Β  Ε  D  I  I  Α  Ν  Ν  J  P  Ν  Υ  P  Τ  O
O  U  L  F  Κ  Χ  P  I  Σ  Τ  O  Υ  Γ  Ε  Ν  Ν  A
Μ  Q  Β  I  Α  Ν  Α  Κ  Α  Λ  Ύ  Ψ  Ε  Τ  Ε  V  Η
```

Puzzle 449

```
Y  P  V  W  N  N  P  T  E  Z  I  P  A  P  Y  P  Λ
X  I  D  O  L  Y  A  K  Γ  Ύ  Λ  G  X  J  M  T  E
A  L  S  X  D  W  I  A  N  A  Φ  Έ  P  Ω  Y  G  Π
J  C  X  K  Σ  Y  N  Δ  Y  Ά  Z  O  Y  N  A  I  T
Σ  C  Q  U  Q  W  Έ  J  L  E  A  Z  R  R  Λ  K  O
A  A  K  R  D  J  Ξ  Z  A  I  Σ  Ό  X  M  Ό  U  M
Σ  N  P  M  D  B  A  G  W  Ί  T  Y  O  K  J  Έ
Y  R  O  Ά  N  A  T  F  O  G  N  Y  Ί  T  V  B  P
N  X  M  I  N  I  E  M  Ύ  O  Λ  A  K  A  T  I  E
O  U  H  N  X  T  M  M  S  X  K  E  B  N  Σ  O  I
Λ  M  W  H  D  T  A  Π  I  Έ  Σ  T  E  Ώ  Q  H  E
I  O  P  N  Y  R  Ή  I  A  Π  Λ  Ή  E  Γ  R  P  Σ
K  F  V  L  Q  P  D  P  Y  L  L  D  B  A  D  Ό  J
Ό  T  O  N  Έ  M  Ω  T  I  P  A  X  T  K  U  K  M
H  Φ  E  Γ  Γ  Ά  P  I  Π  P  Ό  Σ  K  Λ  H  Σ  H
```

ΣΑΡΆΝΤΑ
ΑΝΟΙΧΤΉΡΙ
ΑΠΛΉ
ΑΝΑΦΈΡΩ
ΠΙΈΣΤΕ
ΛΎΓΚΑ
ΣΥΝΟΛΙΚΌ
ΜΕΤΑΞΈΝΙΑ
ΛΕΠΤΟΜΈΡΕΙΕΣ
ΠΡΌΣΚΛΗΣΗ
ΚΑΛΟΎΜΕ
ΕΣΤΙΑΣΗ
ΑΓΏΝΑ
ΜΥΑΛΌ
ΚΌΡΗ
ΧΑΡΙΤΩΜΈΝΟ
ΕΑΥΤΌ
ΦΕΓΓΆΡΙ
ΚΟΥΤΊ
ΣΥΝΔΥΆΖΟΥΝ

Puzzle 450

ΧΈΡΙ
ΈΔΩΣΕ
ΚΌΜΜΑΤΑ
ΠΟΣΌΤΗΤΑ
ΓΊΝΟΝΤΑΙ
ΚΆΘΕ
ΑΎΞΗΣΗΣ
ΜΊΛΗΣΕ
ΣΚΙΆ
ΠΌΛΕΜΟ
ΚΊΤΡΙΝΟ
ΖΕΥΓΆΡΙ
ΆΛΛΕΣ
ΓΕΩΓΡΑΦΊΑ
ΟΙΚΟΓΈΝΕΙΑ
ΖΕΣΤΌ
ΑΠΟΦΕΎΓΟΥΝ
ΠΙΘΑΝΏΣ
ΚΑΤΆΡΡΕΥΣΗ
ΧΟΊΡΩΝ

```
A  O  J  C  M  O  X  X  G  I  T  T  Π  Q  C  J  K
A  T  A  M  M  Ό  K  O  L  I  S  N  Ό  H  Y  D  Ί
R  U  U  B  C  T  A  R  Ί  N  N  I  Λ  U  Y  M  T
Q  W  A  R  B  Σ  T  Z  I  P  Έ  X  E  Θ  Ά  K  P
Ά  Λ  Λ  E  Σ  Ε  Ά  U  P  D  Ω  X  M  Π  A  R  I
Z  O  C  D  B  Z  P  S  O  I  E  N  O  O  Π  A  N
I  E  E  D  V  I  P  E  T  P  A  K  X  Σ  O  Y  Ό
A  J  Y  S  Z  Y  E  Σ  H  Λ  Ί  M  V  Ό  Φ  Ξ  D
T  L  M  Γ  K  Q  Y  Ω  R  N  N  Π  I  T  E  H  A
N  U  C  G  Ά  Z  Σ  Δ  Z  P  V  I  Z  H  Ύ  Σ  Z
O  Q  T  J  V  P  H  Έ  O  G  C  Θ  A  T  Γ  H  P
N  X  F  K  X  T  I  Σ  T  Z  R  A  O  A  O  Σ  H
Ί  A  I  E  N  Έ  Γ  O  K  I  O  N  X  Q  Y  Q  R
Γ  E  Ω  Γ  P  A  Φ  Ί  A  I  U  Ώ  U  O  N  R  I
B  L  H  O  T  A  I  B  U  Q  Ά  Σ  Y  E  O  R  Y
```

Puzzle 451

```
B X K K A S O Y H Φ A E B Σ X T N
D Z K O A A R D X O Π Π P Y A H A
Ή I Γ Y Y P C H W B Ό I A Z M Λ P
X J Q V S N Ό W H Ά Σ K X H Ό E K
O S M M V C E T A T T Ί Ί T Γ Σ Ω
Y I E F X M Λ O A A N O Ή E K T
R I A F T C K V I I Σ Δ N Σ Λ Ό I
K A O Y T Σ Ό K Ώ H Y A O O Π K
Δ T W O X V B A Z K N N K Y A I Ώ
Ώ E T Ψ Έ Λ K J O O E Ω Q N H O N
P X I Π Π Ό T H Σ G B N D F D Q F
A P U U Q L Σ Y M Π Έ P A Σ M A K
G Έ Ψ H Λ Ό T E P O Q Q N K W Z T
U Π P O Σ Φ O P Ά R K U C P X E W
I Y G B S Z R Z F S G I C A L O O
```

ΈΡΧΕΤΑΙ
ΧΑΜΌΓΕΛΟ
ΣΥΜΠΈΡΑΣΜΑ
ΙΠΠΌΤΗΣ
ΚΑΟΥΤΣΌΥΚ
ΚΑΡΌΤΟ
ΥΓΊΗ
ΕΠΙΚΊΝΔΥΝΩΝ
ΔΏΡΑ
ΨΗΛΌΤΕΡΟ
ΣΥΖΗΤΉΣΟΥΝ
ΤΗΛΕΣΚΌΠΙΟ
ΚΟΥΝΕΛΙΏΝ
ΦΟΒΆΤΑΙ
ΉΧΟΥ
ΠΡΟΣΦΟΡΆ
ΝΑΡΚΩΤΙΚΏΝ
ΒΡΑΧΊΟΝΑ
ΚΛΈΨΤΕ
ΑΠΌΣΤΑΣΗ

Puzzle 452

ΜΠΑΛΟΝΙΏΝ
ΣΥΜΠΕΡΙΦΟΡΆ
ΆΦΘΟΝΟ
ΠΑΡΑΚΆΤΩ
ΕΚΤΊΜΗΣΗ
ΣΥΣΤΑΤΙΚΌ
ΗΛΙΈΛΑΙΟ
ΔΙΑΤΗΡΟΎΝΤΑΙ
ΑΠΑΛΌ
ΣΦΟΥΓΓΆΡΙ
ΩΡΑΊΑ
ΠΙΝΈΛΟ
ΚΕΊΜΕΝΟ
ΔΕΔΟΜΈΝΩΝ
ΤΟΙΧΟΓΡΑΦΊΑ
ΝΗΣΊ
ΠΕΊΤΕ
ΣΚΟΡΆΡΕΙ
ΔΗΜΙΟΥΡΓΉΣΕΙ
ΧΉΝΑΣ

```
O N E F S L Π M Π Σ Δ Π Q J K A Z
U W R O F I I Π A Y E E V R L T S
Δ M X U P X N A P M Δ Ί W J Y T A
A I V S W J Έ Λ A Π O T P K X G I
A Σ A N Ή X Λ O K E M E T L P Z P
H Π R T A Y O N Ά P Έ D Y O Z S Ά
Σ Λ A Q H N V I T I N B G L D N Γ
H T I Λ Z P L Ώ Ω Φ Ω H Z U A Y Γ
M R V Έ Ό S O N L O N O Θ Φ Ά U Y
Ί E A H Λ X Ύ C P R K E Ί M E N O
T P Y T K A K U N Ά H N H Σ Ί J Φ
K I X V Ό K I T A T Σ Y Σ C E G Σ
E J I E P Ά P O K Σ A Ί A P Ω M T
Z I A A Ί Φ A P Γ O X I O T W A Z
L C Δ H M I O Y P Γ Ή Σ E I V N Y
```

Puzzle 453

```
B Q R W F S Π Υ Σ B T Υ Λ Ί Ξ E I
P H M E L B P W I Υ X O E Z O T Σ
Ώ M B B H C Ω Z P F N X X Z L O Σ
Σ P I E D C T Z Ά Ά G Θ P D B Π Υ
I X P G L R A T T M Φ B Ή H D Ά N
M A Z D V C P P I K T I F K N K H
A I N Ά Π Σ X A Σ B Ό Σ A D H H Θ
A B O D W A I O M Ό P A Π T U O I
E Λ J K Q K P O M Π A M Π Ά Σ Σ
Π O Ά L V V Ό Ύ Y K G T W Q V K M
Ό Q F T I B N A Σ H Σ H P T Έ M Έ
M P M K I Q A M E Ξ I E Δ Έ U I N
E F X O W S G Ί F R O M G Q T H
N P J Z U E M Σ O X A P T Ά B M Q
H X Y O R Δ I A X E Ί P I Σ H H Z
```

ΣΙΤΆΡΙ
ΚΆΠΟΤΕ
ΜΑΎΡΟ
ΈΔΕΙΞΕ
ΔΙΑΧΕΊΡΙΣΗ
ΠΑΡΌΜΟΙΑ
ΒΡΏΣΙΜΑ
ΜΟΥΣΕΊΟ
ΜΠΑΜΠΆΣ
ΒΆΤΡΑΧΟΣ
ΠΡΩΤΑΡΧΙΚΌ
ΑΣΒΌΣ
ΣΥΝΘΉΚΗ
ΡΆΦΙ
ΣΥΝΗΘΙΣΜΈΝΗ
ΜΈΤΡΗΣΗΣ
ΑΛΆΤΙ
ΕΠΌΜΕΝΗ
ΣΠΆΝΙΑ
ΤΥΛΊΞΕΙ

Puzzle 454

ΛΗΣΤΈΨΕΙ
ΆΜΥΝΑ
ΑΕΤΌΣ
ΝΟΣΟΚΟΜΕΊΟ
ΌΝΕΙΡΟ
ΚΡΎΟ
ΛΑΓΌΣ
ΠΟΛΛΑΠΛΑΣΙΑΣΜΌ
ΓΡΉΓΟΡΗ
ΣΙΝΤΡΙΒΆΝΙ
ΚΑΠΆΚΙ
ΆΔΕΙΟ
ΕΝΗΜΈΡΩΣΗ
ΣΟΥ
ΧΆΡΤΗ
ΚΑΤΆΠΑΥΣΗ
ΑΓΓΟΎΡΙ
ΝΌΣΤΙΜΑ
ΚΑΘΗΓΗΤΉΣ
ΚΑΝΈΛΑ

```
Λ Λ H Σ T Έ Ψ E I W F X G J Ό Ά S
B A Y A Σ O Ί E M O K O Σ O N M O
D Λ Γ D G W L Γ P Ή Γ O P H E Y N
O Έ Z Ό F E R Q N J K M Z K I N E
I N P H Σ Ω P Έ M H N E B T P A B
L A B U P X F A Q F Y M O K O U M
X K C J G E Q E O J X Y F P C O V
J Z C J A F L J T Z C A E Ύ B L P
W V S M M M C Z I W I P Ύ O Γ Γ A
C W I N Ά B I P T N I Σ X W R X Q
R C L U V Y K T E O B I K Ά Π A K
Π O Λ Λ A Π Λ A Σ I A Σ M Ό P N J
Ά Δ E I O J Y O Σ Ό T E A E E T M
K A Θ H Γ H T Ή Σ D N D U A D N H
P B T K R K A T Ά Π A Y Σ H F H J
```

Puzzle 455

```
Δ Q Ό K I T E Θ O Z T I Q X O B Ά
I X R Π A Π M Ά Λ W R M S X L A Λ
A E G Λ U T Ό I Γ O K P R X F Σ Λ
Π K Z E N O O I Π Ά Σ G D V G I O
P X W O J Ί Δ I Δ Ί Λ A Ψ B Z Λ Σ
A Ω E N A E M Y K Z V S U Q H I G
Γ P I Έ Ώ X F J P Ί H X C V T Ά H
M Ή P K P I Q F M Ά A U J P P Γ L
A Σ Ή T E O P L M N K F V R S Y N
T E N H Σ T P X R Z Ή O T C T A M
E I H M Σ H L R V S M X Q D I B
Y Y F A Ί K P Y O T E H H Σ P L X
T Δ H Λ H T Ή P I O N M Έ N O Y N
E F G H L M O M V R A L V Z F M X
Ί T Q C D X P W V J W T S N J I H
```

ΔΗΛΗΤΉΡΙΟ
ΘΕΤΙΚΌ
ΕΙΡΉΝΗ
ΛΆΜΠΑ
ΣΆΠΙΟ
ΠΛΕΟΝΈΚΤΗΜΑ
ΑΥΓΆ
ΒΑΣΙΛΙΆ
ΨΑΛΊΔΙ
ΚΟΓΪΟΤ
ΜΈΝΟΥΝ
ΜΟΣΧΟΚΆΡΥΔΟ
ΚΑΤΟΙΚΊΑ
ΤΟΥΡΚΊΑ
ΔΙΑΠΡΑΓΜΑΤΕΥΤΕΊ
ΆΛΛΟΣ
ΜΝΉΜΗ
ΏΡΕΣ
ΣΤΟΙΧΕΊΟ
ΕΚΧΩΡΉΣΕΙ

Puzzle 456

ΤΈΝΙΣ
ΕΞΈΤΑΣΗΣ
ΓΕΝΙΚΉ
ΔΙΑΤΡΙΒΉ
ΟΔΥΝΗΡΆ
ΠΟΙΚΙΛΊΑ
ΓΕΝΙΚΈΣ
ΠΡΟΝΌΜΙΟ
ΚΆΡΔΑΜΟ
ΝΌΜΙΣΜΑ
ΜΠΆΝΙΟ
ΟΙΚΟΝΟΜΙΚΉ
ΔΙΑΦΟΡΕΤΙΚΌ
ΜΙΛΉΣΩ
ΝΟΜΙΚΉ
ΧΑΡΤΊ
ΠΛΟΊΑΡΧΟΣ
ΑΝΑΜΟΝΉΣ
ΠΆΓΟ
ΎΦΟΣ

```
T U F O G Z B Π M Z X R T S T Γ Δ
Έ K D G I J F Ά C Π Q K H U Π E I
N J K V Ή K V Γ E B Ά K L N O N A
I E W G B V O O B P T N E S I I Φ
Σ O Ξ I J Z N P K U X I B K K O
J T Y Έ P J F V O A D X G O I Ή P
L V K K T D X X M M O G G V Λ N E
P C R I A A Q B J Σ I C A N Ί O T
I E Y N I Ω Σ Ή Λ I M K P O A Δ I
Y U U E Δ Ί H H M M Ό B Ή M H Y K
B D Y Γ U T E Y Σ Ό N T P I R N Ό
Π Λ O Ί A P X O Σ N O M M K J H E
Ύ Φ O Σ Z A O M A Δ P Ά K Ή K P M
H C I I V X S D P B Π M F M I Ά C
A N A M O N Ή Σ P A E Y T K R H M
```

Puzzle 457

```
Ε  Λ  Ε  Μ  Ό  Ν  Ι  Ν  C  Σ  Ι  Δ  Έ  Α  Δ  Ο  Γ
Τ  Π  U  W  X  B  N  Ε  Ν  Ο  Κ  Τ  W  R  Ε  Κ  Ε
Σ  Ι  Ι  Ε  Ξ  Ί  Ε  Δ  Ο  Π  Α  Α  Κ  Η  Ί  Ο  Ν
Ώ  Χ  Ο  Τ  Ν  Έ  Λ  Α  Τ  Ι  Ν  Ζ  Μ  Λ  Τ  Ι  Ν
Ρ  Η  W  Ο  Y  W  Ρ  Ε  G  Β  R  Ι  Ζ  Ν  Ε  Ν  Ή
Α  Τ  Μ  S  Α  Χ  S  F  Α  Ή  Ι  Ο  R  Y  Ί  Ό  Θ
Λ  C  C  R  Ι  V  Η  Γ  Ε  Γ  Ο  Ν  Ό  Σ  Κ  Δ  Η
Α  Ί  Α  Χ  Ρ  Α  Β  Μ  Μ  Η  Ο  Ν  Κ  Ν  C  V  Κ
Χ  R  G  Ζ  Έ  Η  W  G  Έ  Π  D  W  G  Ύ  Ε  Τ  Ε
C  F  Q  J  Π  Ό  Ρ  S  Ι  Ν  Ε  Κ  U  Ο  Ι  Τ  U
L  Ε  Ό  Ν  Ι  Ρ  Κ  Α  Μ  U  Η  U  D  Α  Ζ  Ε  Σ
Τ  L  J  Κ  Π  Α  Π  Ο  Δ  Ώ  Σ  Ε  Ι  Π  Χ  J  L
F  S  Μ  Ι  Ν  Λ  C  V  Ι  Ρ  Ρ  Τ  Τ  Ι  Μ  U  G
J  Ζ  Η  Μ  W  Α  V  V  Ν  Β  D  D  R  Δ  Μ  Ι  Τ
V  Τ  Α  D  Μ  Χ  Α  Π  Ο  Ρ  Ρ  Ί  Π  Τ  Ο  Υ  Ν
```

ΓΕΝΝΉΘΗΚΕ
ΑΠΟΡΡΊΠΤΟΥΝ
ΔΕΊΤΕ
ΣΚΑΜΝΊ
ΤΑΛΈΝΤΟ
ΚΟΙΝΌ
ΠΙΠΈΡΙ
ΓΕΓΟΝΌΣ
ΙΔΈΑ
ΣΤΕΝΌ
ΛΕΜΌΝΙ
ΕΠΙΤΥΧΗΜΈΝΗ
ΧΑΛΑΡΏΣΤΕ
ΑΠΟΔΕΊΞΕΙ
ΑΠΟΔΏΣΕΙ
ΠΗΓΉ
ΔΙΠΛΌΥΝ
ΧΑΛΑΡΌ
ΜΑΚΡΙΝΌ
ΑΡΧΑΊΑ

Puzzle 458

ΕΙΔΙΚΆ
ΛΑΟΓΡΑΦΙΚΌ
ΔΈΚΑ
ΦΡΟΝΤΊΔΑ
ΑΠΟΦΎΓΕΤΕ
ΕΛΈΓΧΟΥ
ΧΑΡΤΑΕΤΌ
ΚΆΘΟΝΤΑΙ
ΤΣΑΛΑΚΩΜΈΝΟ
ΟΛΟΚΛΗΡΏΣΕΙ
ΥΨΌΜΕΤΡΟ
ΤΡΈΞΕΙ
ΕΝΗΛΊΚΩΝ
ΤΡΈΧΕΙ
ΠΑΡΑΤΉΡΗΣΗΣ
ΔΑΧΤΥΛΊΔΙ
ΓΡΑΜΜΑΤΈΑΣ
ΚΑΘΑΡΉ
ΘΕΡΜΌΜΕΤΡΟ
ΔΡΆΚΟΣ

```
Κ  Τ  Σ  Α  Λ  Α  Κ  Ω  Μ  Έ  Ν  Ο  V  Ν  Ν  Μ  Ι
G  Ά  Y  Τ  C  Χ  Τ  U  R  J  Α  Δ  Ρ  G  G  Τ  Χ
J  Κ  Θ  Ε  Τ  Ε  Γ  Ύ  Φ  Ο  Π  Α  Κ  Έ  Δ  U  Ρ
L  Ι  F  Ο  Ρ  Τ  Ε  Μ  Ό  Ψ  Υ  Χ  Ο  Τ  Η  Ι  Μ
Θ  Δ  Ο  Ν  Ν  Ό  Ι  Ε  Ξ  Έ  Ρ  Τ  Β  Y  L  Ε  Ό
Ε  Ι  D  Τ  Ω  Τ  Σ  Ζ  D  D  Q  Y  Β  Α  Η  Σ  Κ
Ρ  Ε  Β  W  Κ  Ε  Α  Δ  Ή  Χ  Q  Λ  Ι  Ο  Υ  Ώ  Ι
Μ  R  J  Ν  Ί  Α  Έ  Ι  Ρ  Α  Δ  Ί  Τ  Ν  Ο  Ρ  Φ
Ό  G  Η  Β  Λ  Τ  Τ  Ε  Α  Ά  Β  Δ  Υ  C  Χ  Η  Α
Μ  G  Τ  Μ  Η  Ρ  Α  Χ  Θ  R  Κ  Ι  Η  Ο  Γ  Λ  Ρ
Ε  J  S  W  Ν  Α  Μ  Έ  Α  F  F  Ο  G  Q  Έ  Κ  Γ
Τ  C  D  C  Ε  Χ  Μ  Ρ  Κ  V  Ι  Μ  Σ  Ο  Λ  Ο  Ο
Ρ  Ο  Ι  Y  L  S  Α  Τ  U  Ε  Ζ  U  R  Κ  Ε  Λ  Α
Ο  C  S  Η  Σ  Η  Ρ  Ή  Τ  Α  Ρ  Α  Π  U  Χ  Ο  Λ
W  J  Ε  Κ  Τ  Τ  Γ  R  Ε  Α  Κ  C  Ι  Β  G  Κ  Ε
```

Puzzle 459

```
Σ  Υ  Ν  Ά  Ν  Τ  Η  Σ  Η  Ρ  Έ  Ι  Κ  W  Μ  Σ  Ε
C  W  U  T  X  I  S  F  Η  Μ  Π  Τ  S  Ζ  D  Ύ  Λ
Σ  Ι  Β  F  Μ  Ν  Υ  Ο  Σ  Ώ  Ι  Β  Ι  Π  Ε  Λ  Π
Π  Ο  Ρ  Τ  Ρ  Έ  Τ  Ο  R  W  Π  Ο  U  Q  C  Λ  Ί
Τ  Υ  Χ  Ε  Ρ  Ο  Ί  L  Κ  D  Λ  Q  Σ  Ν  L  Η  Δ
Σ  Υ  Ν  Ο  Ψ  Ί  Ζ  Ο  Υ  Ν  Α  Μ  Ρ  Έ  Δ  Ψ  Α
Ε  Ε  Ι  Υ  F  Ε  Δ  Ί  Ε  Ι  Ρ  Ύ  Κ  Ι  Ρ  Η  Σ
R  Η  L  Η  Β  Α  Π  Τ  Σ  Ά  Ν  Τ  Α  Q  W  U  Έ
Έ  Γ  Κ  Λ  Η  Μ  Α  Ι  Ξ  Q  Α  Ο  C  Χ  F  Ρ  Μ
Ν  C  Ε  Q  Μ  Χ  Ρ  Ρ  Θ  Ύ  Ρ  Ζ  Ι  Ν  U  V  U
Σ  Υ  Ν  Ο  Μ  Ι  Λ  Ί  Α  Ε  Σ  D  Σ  Q  V  J  L
G  S  Ρ  Μ  Ο  Ρ  Ν  Q  Ε  Κ  Τ  Τ  Σ  Ο  Φ  Ή  Ν
Ζ  Ρ  U  V  Β  S  D  Τ  S  W  S  Ι  Ρ  Έ  Τ  Σ  Α
C  S  D  Β  Ζ  V  Χ  V  Μ  C  V  Ε  Κ  Α  Η  J  Ρ
Α  Λ  Λ  Η  Λ  Ε  Π  Ί  Δ  Ρ  Α  Σ  Η  Ή  Ε  Χ  Η
```

ΣΎΛΛΗΨΗ
ΕΊΔΕ
ΠΟΡΤΡΈΤΟ
ΣΥΝΆΝΤΗΣΗ
ΕΠΙΘΕΤΙΚΉ
ΈΓΚΛΗΜΑ
ΕΛΠΊΔΑ
ΣΟΦΉ
ΕΠΙΒΙΏΣΟΥΝ
ΔΈΡΜΑ
ΚΎΡΙΕ
ΜΈΣΑ
ΣΥΝΟΜΙΛΊΑ
ΑΣΤΈΡΙ
ΑΛΛΗΛΕΠΊΔΡΑΣΗ
ΈΠΙΠΛΑ
ΣΥΝΟΨΊΖΟΥΝ
ΤΥΧΕΡΟΊ
ΞΎΣΤΡΑ
ΤΣΆΝΤΑ

Puzzle 460

ΜΕΛΈΤΗΣ
ΤΗΣ
ΑΝΉΚΟΥΝ
ΚΑΝΑΡΊΝΙ
ΔΙΑΝΈΜΟΥΝ
ΑΡΈΝΑ
ΕΜΠΊΠΤΟΥΝ
ΙΚΑΝΟΠΟΙΗΜΈΝΟΙ
ΠΑΡΑΚΜΉ
ΔΙΚΑΣΤΉΣ
ΣΚΟΤΆΔΙ
ΕΠΊΣΚΕΨΗ
ΦΟΡΈΣ
ΜΑΧΑΊΡΙ
ΓΕΛΆΣΕΙ
ΧΡΟΝΟΔΙΆΓΡΑΜΜΑ
ΕΝΔΙΑΦΈΡΟΝ
ΠΕΡΙΟΔΙΚΌ
ΑΞΊΖΕΙ
ΚΑΤΆΛΛΗΛΟ

```
F  D  Y  J  C  Y  Β  S  X  R  X  X  Μ  Μ  Ι  U  U
S  W  Y  Y  S  Ή  F  G  T  T  U  Y  D  A  R  Μ  Ι
Q  Ν  J  F  L  A  Μ  A  Ξ  Ί  Ζ  Ε  Ι  X  Q  Κ  V
Π  Ε  Ρ  Ι  Ο  Δ  Ι  Κ  Ό  Ε  A  R  J  A  D  Η  D
R  Ν  V  Q  Β  L  Q  J  A  Ν  Έ  Ρ  A  Ί  Ζ  W  Ε
Δ  Ι  Κ  A  Σ  Τ  Ή  Σ  Q  Ρ  Η  A  Y  Ρ  Β  Κ  Ι
Μ  Ε  Λ  Έ  Τ  Η  Σ  Η  Τ  Η  A  Κ  C  Ι  C  J  U
Η  Β  L  Ι  Ο  Ν  Έ  Μ  Η  Ι  Ο  Π  Ο  Ν  A  Κ  Ι
Ψ  C  A  Μ  Μ  A  Ρ  Γ  Ά  Ι  Δ  Ο  Ν  Ο  Ρ  Χ  Ν
Ε  U  R  Ν  X  Ρ  Ο  Λ  Η  Λ  Λ  Ά  Τ  A  Κ  L  Ί
Κ  R  Η  Ρ  V  W  Φ  G  Ε  Λ  Ά  Σ  Ε  Ι  Η  Ε  Ρ
Σ  Κ  Ο  Τ  Ά  Δ  Ι  Δ  Ι  A  Ν  Έ  Μ  Ο  Υ  Ν  A
Ί  W  Ζ  G  Ο  V  Ε  Μ  Π  Ί  Π  Τ  Ο  Υ  Ν  A  Ν
Π  Ε  Ν  Δ  Ι  A  Φ  Έ  Ρ  Ο  Ν  D  V  F  Ζ  Η  A
Ε  A  Ν  Ή  Κ  Ο  Υ  Ν  A  W  X  A  Ο  Ε  Β  Ο  Κ
```

Puzzle 461

X	I	K	Ά	N	A	Π	A	P	Y	U	C	Φ	Γ	W	B	S
L	B	N	I	Ώ	M	Π	Έ	T	O	Y	Σ	A	Ά	I	D	R
V	V	U	T	Λ	S	H	Ό	N	J	Y	J	I	I	I	M	R
L	Y	O	Y	Λ	I	R	W	Λ	Z	T	S	N	Δ	U	J	S
A	A	G	O	O	P	O	R	N	Y	B	H	Ό	A	E	X	Z
U	Ί	Π	B	Π	Ό	U	Q	M	V	T	Σ	T	P	C	S	I
Γ	A	I	Λ	E	Σ	A	P	Έ	Π	G	H	A	O	P	L	C
Έ	T	R	Y	Ά	Ω	N	A	O	C	U	Ξ	N	P	J	I	D
N	Y	V	O	S	Λ	W	V	X	Σ	O	I	P	Ύ	K	C	D
N	E	O	S	Q	A	E	Y	E	B	X	P	Λ	A	K	L	C
H	Λ	D	O	D	K	X	T	A	A	B	Ή	A	T	C	D	J
Σ	E	E	Y	N	O	Ϊ	K	Ή	K	Ά	T	M	L	N	Q	H
H	T	Π	Λ	Ύ	Σ	H	Σ	J	W	P	Σ	Π	M	L	E	L
E	P	Γ	O	Σ	T	Ά	Σ	I	O	K	X	P	K	A	T	O
W	N	F	T	F	N	Y	O	Z	Ί	A	Π	Ή	X	G	Z	H

ΚΑΛΩΣΌΡΙΣΜΑ
ΠΛΎΣΗΣ
ΚΎΡΙΟΣ
ΠΈΡΑΣΕ
ΑΠΛΆ
ΓΈΝΝΗΣΗ
ΤΕΛΕΥΤΑΊΑ
ΕΡΓΟΣΤΆΣΙΟ
ΕΥΝΟΪΚΉ
ΣΤΉΡΙΞΗΣ
ΠΟΛΛΏΝ
ΑΠΌΛΥΤΗ
ΒΆΡΚΑ
ΦΑΙΝΌΤΑΝ
ΈΤΟΥΣ
ΡΑΠΑΝΆΚΙ
ΠΑΊΖΟΥΝ
ΓΆΙΔΑΡΟ
ΛΑΜΠΡΉ
ΒΟΥΤΙΆ

Puzzle 462

ΑΓΝΟΟΎΜΕ
ΟΙΚΟΓΈΝΕΙΕΣ
ΚΑΤΣΙΚΊΣΙΟ
ΌΥΤΕ
ΣΚΎΛΟΣ
ΕΠΙΣΤΉΜΟΝΑΣ
ΣΚΊΑΧΤΡΟ
ΧΆΠΙ
ΧΙΟΝΆΝΘΡΩΠΟ
ΠΑΛΙΆ
ΣΧΟΛΕΊΟ
ΈΞΑΛΛΟΣ
ΚΕΡΆΣΙ
ΒΡΏΜΙΚΟ
ΠΡΑΓΜΑΤΙΚΌΤΗΤΑ
ΕΠΕΞΕΡΓΑΣΊΑΣ
ΜΠΟΥΚΆΛΙΑ
ΚΟΥΝΟΥΠΊΔΙ
ΑΡΚΤΙΚΈΣ
ΑΓΡΙΌΓΑΤΑ

K	E	N	U	S	A	P	K	T	I	K	Έ	Σ	Έ	O	E	Π
Π	I	F	O	P	T	X	Ά	I	K	Σ	B	A	Ξ	I	Π	P
F	A	C	Y	U	A	M	Y	E	J	L	Z	N	A	K	E	A
S	F	Λ	U	C	Γ	Π	F	O	Ύ	T	E	O	Λ	O	Ξ	Γ
C	Y	S	I	E	Ό	O	O	Ί	K	W	J	M	Λ	Γ	E	M
L	Y	C	Σ	Ά	I	Y	Π	E	H	T	R	Ή	O	Έ	P	A
H	A	B	Ά	D	P	K	Ω	Λ	O	T	Z	T	Σ	N	Γ	T
I	R	Q	P	M	Γ	Ά	P	O	W	P	N	Σ	P	E	A	I
X	Y	P	E	P	A	Λ	Θ	X	C	H	F	I	B	I	Σ	K
O	Ά	B	K	N	Y	I	N	Σ	I	R	T	Π	D	E	Ί	Ό
W	M	Π	F	N	C	A	Ά	K	X	O	R	E	A	Σ	A	T
D	X	K	I	K	O	Y	N	O	Y	Π	Ί	Δ	I	I	Σ	H
G	H	U	J	T	N	J	O	N	B	P	Ώ	M	I	K	O	T
E	L	M	K	A	T	Σ	I	K	Ί	Σ	I	O	F	L	A	A
Σ	K	Ύ	Λ	O	Σ	P	X	A	Γ	N	O	O	Ύ	M	E	Q

Puzzle 463

```
L Y P E Π E C J W B R Y D A Y W O
L A I Λ Σ A Ί Γ O Λ O N X E T W M
W D Y Έ F K X C I K P Ό Ξ G J Z O
B F W Γ O Σ Y Ύ P G T A K C C I Λ
E Q L X Y Ά H Y Ά P Ί Λ Y O Π O
E O N E F M P U N S Ό Φ Λ E Δ A Γ
Ξ G W T F O F V E J Σ Ή Γ Η Π U Ί
A Π D A I Q F C Σ Z X Ω G N T O A
I I H I S E Π H P E Ά Z O Y N E Ύ
P G L A E Π I Σ T Ή Σ E I E Q G C
E Q U L Ί Γ I A T P Ό Σ V Q C W S
T J O W Ή K I N X E T X H Y J M C
I I C V A Σ O M A T Ό Π O Π Π I R
K K A M H Λ O Π Ά P Δ A Λ H I A M
Ά H B O A K A X Z T S Z R N Z D G
```

ΓΙΑΤΡΌΣ
ΜΆΣΚΑ
ΠΑΧΎ
ΕΞΑΙΡΕΤΙΚΆ
ΑΛΕΠΟΎ
ΤΕΧΝΟΛΟΓΊΑΣ
ΕΠΗΡΕΆΖΟΥΝ
ΙΠΠΟΠΌΤΑΜΟΣ
ΕΛΈΓΧΕΤΑΙ
ΚΑΜΗΛΟΠΆΡΔΑΛΗ
ΠΗΓΉΣ
ΕΠΙΣΤΉΣΕΙ
ΠΗΛΊΚΟ
ΣΕΝΆΡΙΟ
ΠΟΥΛΊ
ΟΜΟΛΟΓΊΑ
ΑΔΕΛΦΌ
ΞΌΡΚΙ
ΖΩΉ
ΤΕΧΝΙΚΉ

Puzzle 464

ΚΌΤΑ
ΠΑΡΆΓΡΑΦΟ
ΑΠΌΚΡΥΨΗ
ΘΥΜΩΜΈΝΟΣ
ΔΙΑΦΆΝΕΙΑ
ΕΚΛΟΓΉ
ΣΎΝΟΡΑ
ΣΑΛΙΓΚΆΡΙ
ΠΟΡΕΊΑ
ΣΤΑΦΊΔΑ
ΤΕΡΆΣΤΙΑ
ΆΛΛΟΥΣ
ΕΚΦΡΆΖΟΥΝ
ΔΙΆΣΗΜΗ
ΣΙΩΠΉ
ΓΡΆΦΗΜΑ
ΑΠΕΙΛΉ
ΠΟΔΉΛΑΤΟ
ΛΕΞΙΛΌΓΙΟ
ΠΑΞΙΜΆΔΙ

```
Λ O Σ A Π Ό K P Y Ψ H G Σ H I E Y
O E G A I E N Ά Φ A I Δ I T A K H
A Σ Ξ G Λ U G T T T A Q Ω S X C A
M V A I Y I L Z W Ό Ί R Π Q P X E
P P K W Ή Γ O Λ K E H Ή N Y M J
A T E Y R Ό U K Π A P Ά Γ P A Φ O
W U J K R E Γ A Ά G O W I Y P V T
Σ T A Φ Ί Δ A I D P Π T Q K V C F
Γ P Ά Φ H M A T O Q I Ά Λ Λ O Y Σ
Δ I Ά Σ H M H Σ Π O Δ Ή Λ A T O I
W J E Y P Q M Ά B Σ Ύ N O P A W Z
U F A W H F F P Θ Y M Ω M Έ N O Σ
Z I T B Y A Π E I Λ Ή R S F J Q J
J J W M E O X T Π A Ξ I M Ά Δ I A
E K Φ P Ά Z O Y N G T P Q K H C P
```

Puzzle 465

```
I  T  A  K  T  O  Π  O  I  H  M  É  N  O  O  Λ  E
E  E  Ó  A  M  V  E  N  F  G  O  D  I  N  Ó  I  X
Θ  K  Π  Σ  B  I  H  Z  R  K  H  Σ  U  G  M  O  O
Λ  A  A  A  Z  B  S  R  J  F  Y  O  P  Ώ  Δ  N  S
É  Ï  C  T  A  Ω  Σ  Ί  M  Y  Θ  N  E  Π  Y  T  R
N  T  Z  H  O  Λ  Ά  G  E  M  D  É  Ή  G  D  Ά  M
A  H  J  T  N  N  A  J  A  Z  O  M  M  Γ  T  P  Π
Π  M  H  Ό  E  J  T  V  O  U  M  Σ  M  A  I  I  A
E  A  T  T  M  P  K  Ά  W  Ή  Φ  A  Π  E  M  V  Λ
A  F  C  Y  Ό  N  H  U  Δ  L  Y  P  U  D  G  Ά  Ό
W  E  Y  A  Π  Ί  C  D  Q  E  Q  Y  Y  T  G  X  N
U  R  S  T  E  K  X  D  P  S  Σ  O  F  I  K  H  I
C  I  F  Y  G  H  T  O  O  A  U  K  Q  B  M  Q  A
Q  S  Σ  A  B  B  A  T  O  K  Ύ  P  I  A  K  O  J
Π  É  N  E  Σ  W  C  R  Q  P  X  G  O  J  K  R  W
```

ΝΊΚΗ
ΥΠΕΝΘΥΜΊΣΩ
ΚΥΝΉΓΙ
ΤΑΚΤΟΠΟΙΗΜΈΝΟ
ΑΠΌ
ΕΚΑΤΟΝΤΆΔΕΣ
ΧΙΌΝΙ
ΤΑΥΤΌΤΗΤΑΣ
ΔΏΡΟ
ΚΟΥΡΑΣΜΈΝΟΣ
ΕΠΌΜΕΝΟ
ΛΙΟΝΤΆΡΙ
ΠΈΝΕΣ
ΕΠΑΝΈΛΘΕΙ
ΣΑΒΒΑΤΟΚΎΡΙΑΚΟ
ΕΠΑΦΉ
ΑΊΤΗΜΑ
ΜΕΓΆΛΟ
ΜΠΑΛΌΝΙΑ
ΜΑΜΆ

Puzzle 466

ΠΙΟ
ΣΤΑΦΎΛΙΑ
ΑΚΡΙΒΆ
ΣΥΝΑΝΤΉΘΗΚΕ
ΑΥΤΊ
ΣΥΜΠΌΝΙΑ
ΒΙΤΑΜΊΝΕΣ
ΣΊΔΗΡΟ
ΜΉΝΥΜΑ
ΦΟΙΤΗΤΉΣ
ΜΠΑΜΠΆ
ΚΆΤΙ
ΑΚΡΊΔΑ
ΊΣΩΣ
ΊΔΡΥΜΑ
ΚΛΆΔΟ
ΠΡΊΓΚΙΠΑΣ
ΟΙΚΟΝΟΜΙΚΏΝ
ΦΡΟΎΤΑ
ΈΝΤΕΚΑ

```
Σ  Ω  Σ  Ί  V  C  E  O  D  K  Z  D  S  X  É  I  C
X  Y  A  T  Ύ  O  P  Φ  O  I  D  R  D  O  N  J  H
P  R  N  Y  A  K  P  I  B  Ά  W  Σ  G  O  T  K  N
Ά  Π  M  A  Π  M  L  J  Y  P  I  A  M  F  E  B  F
M  M  C  M  N  K  Ά  T  I  N  G  Π  B  J  K  U  Σ
Ή  Q  J  Y  G  T  Σ  Q  Z  A  K  I  M  H  A  T  T
N  N  F  P  F  K  Ή  H  H  O  Λ  K  A  L  Σ  E  A
Y  J  Z  Δ  T  T  T  Θ  K  I  Ά  Γ  H  X  E  E  Φ
M  B  B  Ί  D  G  H  G  H  X  Δ  Ί  G  X  N  I  Ύ
A  Δ  Ί  P  K  A  T  U  O  K  O  P  H  Ά  Ί  Σ  Λ
L  X  Q  W  V  H  I  Z  Q  X  E  Π  E  N  M  M  I
U  J  A  V  W  Q  O  V  H  R  C  H  G  R  A  J  A
Z  Z  N  B  K  G  Φ  G  X  G  L  Π  I  X  T  X  D
O  I  K  O  N  O  M  I  K  Ώ  N  I  I  R  I  Z  A
Σ  Y  M  Π  Ό  N  I  A  N  O  I  W  F  O  B  C  J
```

Puzzle 467

```
W K P G Σ Y O Σ Ί M N K M Ά T I N
F Ό J H K E Y H P N P F Ύ L P H M
Q Σ K X O E V N W X Y M J P A P J
U M O X Ύ V Y Έ U U D K O X I L G
G O G U T I F M R X C M F M Λ O J
S T A P E T Ό Σ Σ I P E Π K Ί N P
Ή P T Γ Z M I S U I Γ D B E A P
K U H Λ R V Y X E E A K B C Δ X N
I L Y P P X Y Ά Π N P D Q O Ά H
X S R K G H J T L N Ί I L G K Λ B
O J N I V U X Y T L E Π C F O E N
Ξ Y A Ά C Y L E C Y Y Σ E T P E U
E Σ Ω T E P I K Ή M Y M H Δ K G A
O W R E I A Σ Έ Λ I N O P L O Q G
A P I Θ M H T Ή H P M Ύ T H R M N
```

ΑΡΙΘΜΗΤΉ
ΜΆΤΙ
ΕΥΤΥΧΙΣΜΈΝΗ
ΕΊΝΑΙ
ΧΥΜΌ
ΚΎΡΙΟ
ΕΠΊΠΕΔΟ
ΓΚΡΙ
ΕΞΟΧΙΚΉ
ΜΎΤΗ
ΆΝΕΣΗ
ΣΚΟΎΤΕΡ
ΓΛΥΚΙΆ
ΜΊΣΟΥΣ
ΕΣΩΤΕΡΙΚΉ
ΣΈΛΙΝΟ
ΚΡΟΚΟΔΕΊΛΙΑ
ΚΌΣΜΟ
ΠΕΡΙΣΣΌΤΕΡΑ
ΛΆΧΑΝΟ

Puzzle 468

ΤΟΝ
ΝΑ
ΑΞΙΟΛΌΓΗΣΗ
ΑΝΤΙΣΤΑΘΕΊ
ΤΡΑΓΙΚΌ
ΚΌΨΕΙ
ΗΡΕΜΊΑ
ΜΟΝΑΧΙΚΌ
ΚΑΜΠΑΝΟΎΛΕΣ
ΔΙΑΤΗΡΗΘΕΊ
ΜΕΤΑΦΟΡΆΣ
ΛΗΦΘΕΊ
ΕΞΑΠΑΤΉΣΕΙ
ΣΕΛΊΔΑ
ΚΑΡΔΙΆ
ΔΙΟΡΊΣΕΙ
ΕΞΈΠΛΗΞΕ
ΓΡΑΜΜΉ
ΕΜΦΑΝΙΣΤΕΊ
ΛΑΣΠΩΜΈΝΟ

```
U Ί S K J O H X M H E Z U Q Q J E
M E T A Φ O P Ά Σ P M Q G X Z N Ξ
N Θ Δ K H F G I O E Φ C X U V X A
R Φ Y I S H C Δ U M A T G X Q G Π
Σ H Y E A I N P N Ί N E W F A N A
E Λ Z Ψ T T A A C A I H M A Ξ Λ T
Λ N D Ό L O H K M V Σ H R N I A Ή
Ί Ό N K B O I P W X T J T T O Σ Σ
Δ K Γ P A M M Ή H G E V P I Λ Π E
A I E Σ Ί P O I Δ Θ Ί M A Σ Ό Ω I
Q X B E Ξ H Λ Π Έ Ξ E W Γ T Γ M H
K A M Π A N O Ύ Λ E Σ Ί I A H Έ L
Z N T R B S W J U B U J K Θ Σ N L
E O D O R F H K Q Z T X Ό E H O T
F M H Y N W H E G M G P G Ί S L X
```

Puzzle 469

```
Δ Έ U L U L S D H Σ K O Σ Y E Δ S
O E K U G H D X N Y A E T Q Y I L
F D Ύ A S Y L E X Z M L V F A A R
L N V T N C D H Έ Ή Π J Y C P B G
D Z T W E E D Σ T T Ά P O Φ A E O
L H E I Z P W H I H N G N Π N B Δ
Ή L Π Q Q T O Θ Λ Σ A V Έ E T A I
N Φ P A O N R Σ Λ H C Z M P I I Δ
E R O O M I Λ Ί A Σ X I O Ί K Ώ Ά
Γ T Σ P O L B Λ K U V Q X Φ E Σ Σ
Y A Ω R T I G O J V V X E P Ί Ω K
E T Π Δ Ά Σ R W B U E B I A M F E
M J I Ύ O K I P O T Σ I P Ξ E N I
C C K O A Z Έ Π A N A K E H N C Z
U U Ό A G K M I E W O D Π J O G X
```

ΟΛΙΣΘΗΣΗ
ΕΥΓΕΝΉ
ΕΠΙΣΤΡΟΦΉ
ΣΟΚ
ΟΜΙΛΊΑΣ
ΙΣΤΟΡΙΚΟΎ
ΈΚΑΝΕ
ΑΝΤΙΚΕΊΜΕΝΟ
ΠΡΟΣΩΠΙΚΌ
ΣΥΖΉΤΗΣΗ
ΚΑΛΛΙΤΈΧΝΗ
ΑΦΟΡΆ
ΔΕΎΤΕΡΌΣ
ΚΑΜΠΆΝΑ
ΠΕΡΊΦΡΑΞΗ
ΠΕΡΙΕΧΟΜΈΝΟΥ
ΔΙΑΒΕΒΑΙΏΣΩ
ΆΤΟΜΟ
ΚΑΝΑΠΈ
ΔΙΔΆΣΚΕΙ

Puzzle 470

ΧΟΙΡΙΝΟΎ
ΔΈΚΑΤΟ
ΔΕΙΛΌΣ
ΔΙΆΦΟΡΑ
ΠΑΡΑΓΩΓΉΣ
ΣΤΆΣΗ
ΥΠΟΘΈΤΩ
ΚΌΜΠΟΣ
ΉΛΙΟ
ΚΊΝΗΣΗ
ΦΎΛΛΟ
ΕΠΙΘΥΜΊΑ
ΆΔΕΙΑΣ
ΕΝΔΙΑΊΤΗΜΑ
ΥΠΟΨΉΦΙΟΣ
ΡΑΔΙΌΦΩΝΟ
ΣΥΡΤΆΡΙ
ΔΟΚΙΜΑΣΊΑ
ΠΡΌΤΥΠΟ
ΛΆΘΟΣ

```
W J W M I Π J W L O I Ά Y X X Δ S
U R C K J E P C I E T Δ Π B R E U
R E P X X T B Ό M H M E O V A I G
K Ί N H Σ H D G T F R I Θ Σ O Λ H
Π Α Ρ Α Γ Ω Γ Ή Σ Y D A Έ Y Y Ό Δ
Φ L Q H U B P J D U Π Σ T P Π Σ O
S Ύ Q E Π I Θ Y M Ί A O Ω T O O K
V U Λ O R R V Q K E W F M Ά Ψ Θ I
F H K Λ D B V D N F T N I P Ή Ά M
B X V W O I J Y P Σ P W Z I Φ Λ A
F K Ό M Π O Σ S O T A K Έ Δ I L Σ
Ή X O I P I N O Ύ Ά O J A D O D Ί
H Λ Δ I Ά Φ O P A Σ F D B N Σ Q A
M I I H R E K A M H T Ί A I Δ N E
C G F O N Ω Φ Ό I Δ A P Q T A U C
```

Puzzle 471

K	A	T	Σ	A	P	Ό	Λ	A	Θ	Y	M	Ί	Z	E	I	E
X	Ί	Y	N	W	F	F	L	G	G	H	E	U	P	Q	H	I
T	A	X	A	F	U	E	T	V	Σ	Ύ	U	F	L	D	Σ
Ύ	X	W	Z	Π	A	E	F	T	A	Y	K	Σ	M	U	F	Ό
Π	Y	Σ	Z	U	A	P	R	J	W	E	O	E	K	E	Ί	Δ
H	T	H	Σ	Έ	Θ	P	K	U	R	M	Λ	Y	E	U	E	O
M	H	Σ	A	Ά	T	Y	A	O	Σ	Σ	O	W	K	V	Λ	Y
A	M	H	W	Y	S	S	Y	Ί	Ύ	Έ	M	K	A	A	K	F
Π	B	K	G	M	C	C	V	T	Δ	B	Y	Π	E	Y	K
C	Λ	Ί	U	W	A	N	W	B	Q	H	A	V	A	Π	Σ	V
H	Ύ	O	P	E	N	H	V	X	N	W	T	N	I	Ί	T	C
N	A	I	Ί	H	G	J	R	S	L	L	X	O	T	Σ	I	S
E	F	Δ	Q	O	Y	A	S	S	Z	Y	F	W	O	H	K	X
Δ	I	A	Δ	I	K	A	Σ	Ί	A	W	O	E	Ύ	M	Ή	Y
Π	P	O	Ά	Σ	Π	I	Σ	H	Σ	T	K	P	N	O	T	F

ΕΠΙΣΗΜΟ
ΚΑΤΣΑΡΌΛΑ
ΧΤΎΠΗΜΑ
ΕΚΕΊ
ΑΠΑΙΤΟΎΝ
ΝΕΡΟΎ
ΘΈΣΗ
ΤΥΧΑΊΑ
ΠΡΟΆΣΠΙΣΗΣ
ΕΛΚΥΣΤΙΚΉ
ΕΎΚΟΛΟ
ΑΥΤΆ
ΑΠΑΡΑΊΤΗΤΟ
ΘΥΜΊΖΕΙ
ΕΙΣΌΔΟΥ
ΠΛΟΊΟ
ΔΈΣΜΕΥΣΗ
ΑΡΚΟΎΔΑ
ΔΙΑΔΙΚΑΣΊΑ
ΔΙΟΊΚΗΣΗΣ

Puzzle 472

ΛΎΣΕΙ
ΕΛΛΕΙΠΤΙΚΉ
ΆΚΑΜΠΤΗ
ΞΑΦΝΙΚΉ
ΤΡΊΤΗ
ΣΤΑΔΙΑΚΉ
ΦΩΤΟΓΡΑΦΊΑ
ΔΙΑΦΟΡΆ
ΚΑΠΈΛΟ
ΣΦΆΛΜΑ
ΤΗΓΆΝΙ
ΔΑΠΆΝΗ
ΔΙΑΒΆΣΤΕ
ΜΕΤΟΧΙΚΌ
ΊΡΙΔΑΣ
ΕΙΣΑΓΩΓΙΚΆ
ΚΟΙΝΩΝΊΑΣ
ΣΑΜΠΟΥΆΝ
ΦΡΑΓΚΟΣΤΆΦΥΛΟ
ΜΕΓΑΛΩΝΟΥΝ

Δ	A	Π	Ά	N	H	U	Ή	K	A	I	Δ	A	T	Σ	M	E
L	M	Ί	T	N	P	F	M	W	P	L	I	T	W	A	E	Λ
O	E	P	Y	X	Ά	K	I	Γ	Ω	Γ	A	Σ	I	E	Γ	Λ
Λ	T	I	G	H	I	P	Y	L	D	G	Φ	X	O	S	A	E
Y	O	Δ	O	Y	U	L	T	W	L	I	O	Y	Y	V	Λ	I
Φ	X	A	N	Ά	Y	O	Π	M	A	Σ	P	S	Q	E	Ώ	Π
Ά	I	Σ	Ή	K	I	N	Φ	A	Ξ	H	Ά	I	Y	Λ	N	T
T	K	P	J	A	K	O	I	N	Ω	N	Ί	A	Σ	Ύ	O	I
Σ	Ό	J	P	M	J	B	N	A	A	K	M	S	B	Σ	Y	K
O	Φ	P	Q	Π	E	V	Ά	Z	W	R	A	N	B	E	N	Ή
K	D	Ά	S	T	X	K	Γ	R	A	Y	K	Π	I	R	I	K
Γ	R	C	Λ	H	E	R	H	T	P	Ί	T	H	Έ	N	E	C
A	E	X	T	M	L	H	T	D	K	T	H	U	Z	Λ	T	U
P	M	T	G	V	A	Ί	Φ	A	P	Γ	O	T	Ω	Φ	O	X
Φ	M	Z	Y	Δ	I	A	B	Ά	Σ	T	E	J	C	P	L	U

Puzzle 473

```
Q F U H G A Ί Σ A P K O M P E Θ O
J P A D G E N Ά T Σ O P Π M M O M
E U Q Ω N Ά Π A P A Π R V L Y V O
W N Q O N L Y I Θ K Θ X M S P T I
C O J U S E H A C E I M Z B M K O
D Ά A T Ά M O T N M Ώ Σ Ό A Ή K K
B P O X Ή Σ Λ E Y K Ό P X Σ Γ O A
I O X Q T X Ή Θ L P N A H Ύ K Y T
A Θ C A R H M Ί W I Z T R Σ I N A
N Φ K N C Z V T Z X M K N J H I Λ
W V D N B M C O B U E Έ P G D Έ H
T E Ί N O Y N Π O O G N U B W M Ξ
L T Z K W S Z Y Y J C Q W K X A Ί
Π O Δ O Σ Φ A Ί P O Y G Q F Z I A
A K A Δ H M A Ϊ K Ό P Y O K Γ A K
```

ΑΚΑΔΗΜΑΪΚΌ
ΜΥΡΜΉΓΚΙ
ΤΕΊΝΟΥΝ
ΝΈΚΤΑΡ
ΠΟΔΟΣΦΑΊΡΟΥ
ΝΤΟΜΆΤΑ
ΚΟΥΝΙΈΜΑΙ
ΛΕΥΚΌ
ΣΤΑΘΜΌΣ
ΒΡΟΧΉΣ
ΠΑΡΑΠΆΝΩ
ΙΣΧΎ
ΜΉΛΟ
ΑΝΑΘΕΏΡΗΣΗ
ΚΑΓΚΟΥΡΌ
ΥΠΟΤΊΘΕΤΑΙ
ΜΠΡΟΣΤΆ
ΘΕΡΜΟΚΡΑΣΊΑ
ΦΘΟΡΆ
ΟΜΟΙΟΚΑΤΑΛΗΞΊΑ

Puzzle 474

ΑΠΑΡΑΊΤΗΤΗ
ΑΓΑΠΗΜΈΝΟ
ΜΈΓΑΙΡΑ
ΠΟΥΡΝΆΡΙΑ
ΈΣΠΑΣΕ
ΕΡΓΑΛΕΊΟ
ΣΥΛΛΟΓΉ
ΣΥΜΒΆΛΟΥΝ
ΠΛΟΥΣΙΌΤΕΡΟ
ΚΑΒΟΎΡΙΑ
ΜΟΤΈΛ
ΔΕΜΈΝΗ
ΘΈΛΟΥΝ
ΕΝΑΛΛΑΚΤΙΚΉ
ΚΛΟΥΒΊ
ΓΥΑΛΊ
ΥΠΟΣΤΗΡΊΖΟΥΝ
ΚΑΤΑΡΤΙΣΗΣ
ΑΡΙΘΜΌ
ΠΡΆΞΗ

```
A W U Π M N F M I Θ Γ Υ A Λ Ί Δ R
P P X X Λ G W N B F Έ M E I J E D
I A I P Ύ O B A K J U Λ Έ T O M V
A A D Θ S T Y K I R L D O U Έ V
Γ H D Q M R Z Σ O A C A P Y Q N V
Έ Ξ Q D O Ό K Q I M K V C B N H Σ
M Ά Ή Y M J N T Y Ό I F M C K C Y
E P Γ A Λ E Ί O S F T B V M Λ J M
Σ Π O V D H U G K I B E P V O Y B
A B Λ A Γ A Π H M Έ N O P Y Y T Ά
Π Z Λ K A T Ά P T I Σ H Σ O B T Λ
Σ U Y Π O Y P N Ά P I A F E Ί I O
Έ L Σ E N A Λ Λ A K T I K Ή U B Y
A Π A P A Ί T H T H U V D N S Y N
Υ Π O Σ T H P Ί Z O Y N X M P D D
```

Puzzle 475

```
A  A  Ί  Θ  O  Y  Σ  A  F  M  V  Σ  A  T  K  T  Σ
I  E  P  Ύ  E  Φ  E  J  X  E  W  H  N  A  A  O  Y
K  G  N  Ή  Σ  Y  M  Π  A  Γ  Ή  M  H  X  N  Ί  N
Ά  J  G  G  T  Q  T  X  B  X  D  A  Σ  Ύ  O  X  T
Z  X  Ά  P  H  K  Π  P  O  Σ  B  N  Y  T  N  O  O
T  M  O  K  Y  E  A  F  O  G  Q  T  X  H  Ί  X  M
Π  A  Π  Π  O  Ύ  Σ  P  S  P  A  I  O  T  Σ  F  O
Σ  Ύ  Γ  X  P  O  N  H  A  V  H  K  Ύ  A  E  R  Γ
H  I  R  S  Ό  T  V  C  V  X  U  É  N  A  I  B  P
Ψ  H  O  O  Φ  H  Σ  I  Γ  Γ  É  Σ  O  P  Π  J  A
Y  K  E  I  L  S  M  V  H  P  V  Q  N  Z  O  Y  Φ
Λ  J  B  K  J  C  P  J  E  K  F  K  T  Q  E  E  Ί
Ά  H  R  C  N  H  K  R  T  C  V  V  A  C  X  D  A
K  I  D  H  W  R  Z  Σ  Y  Γ  K  P  Ί  N  E  T  E
W  F  M  Υ  Σ  Ύ  Z  Y  Γ  Ό  B  Z  Y  F  I  S  F
```

KANONΊΣΕΙ
ΣΥΜΠΑΓΉ
ΣΎΖΥΓΌ
ΣΥΝΤΟΜΟΓΡΑΦΊΑ
ΧΑΡΑΚΤΉΡΑ
ΦΌΡΟΥ
ΧΆΡΗ
ΣΎΓΧΡΟΝΗ
ΠΡΟΣΈΓΓΙΣΗ
ΠΡΟΣ
ΤΟΊΧΟ
ΣΗΜΑΝΤΙΚΈΣ
ΚΆΛΥΨΗΣ
ΠΑΠΠΟΎΣ
ΤΑΧΎΤΗΤΑ
ΑΊΘΟΥΣΑ
ΣΥΓΚΡΊΝΕΤΕ
ΑΝΗΣΥΧΟΎΝ
ΤΖΆΚΙ
ΕΦΕΎΡΕΙ

Puzzle 476

ΠΑΡΑΣΚΕΥΉ
ΛΕΠΤΉ
ΠΛΗΜΜΎΡΑ
ΔΕΊΚΤΗ
ΧΆΣΟΥΝ
ΧΌΜΠΙ
ΆΝΘΡΑΚΑ
ΑΠΌΛΑΥΣΗ
ΚΕΝΌ
ΕΠΙΛΟΓΉΣ
ΣΠΑΘΊ
ΑΡΝΗΤΙΚΉ
ΟΔΉΓΗΣΗΣ
ΦΤΩΧΆ
ΔΎΟ
ΠΟΥΚΆΜΙΣΟ
ΔΕΚΑΔΙΚΆ
ΠΑΝΤΟΎ
ΈΚΤΟΥ
ΜΟΛΎΒΔΟΥ

```
Φ  O  Y  U  A  Π  L  Π  A  R  O  Y  P  B  V  T  H
T  X  C  F  O  Λ  P  U  A  X  V  V  F  F  J  G  T
Ω  Ή  K  I  T  H  N  P  A  P  Y  Σ  P  K  P  L  K
X  Π  Π  Z  M  M  D  Z  F  Y  A  H  Σ  Π  A  Θ  Ί
Ά  A  O  F  E  M  Λ  E  Π  T  Ή  Σ  B  U  N  N  E
K  N  Y  D  Π  Ύ  T  S  Q  A  V  H  K  K  W  I  Δ
Y  T  K  Y  I  P  É  L  S  T  P  Γ  Q  E  N  E  B
C  O  Ά  E  Λ  A  I  K  D  B  J  Ή  P  X  Y  X  Ά
H  Ύ  M  J  O  Ύ  Δ  N  T  Z  J  Δ  H  L  O  Ή  N
B  M  I  Q  G  P  X  T  Z  O  S  O  D  A  Σ  O  Θ
R  G  Σ  M  Ή  X  Ό  M  Π  I  Y  I  O  X  Ά  S  P
L  J  O  B  Σ  A  Π  Ό  Λ  A  Y  Σ  H  A  X  R  A
Δ  E  K  A  Δ  I  K  Ά  N  J  A  D  X  D  N  U  K
M  O  Λ  Ύ  B  Δ  O  Y  Y  E  O  E  H  R  D  A  A
O  E  I  E  Q  Z  B  U  X  Q  K  L  Y  U  P  G  Y
```

Puzzle 477

```
Z G R C Z T A I M I M H Θ O Ύ N K
K G L V M Ώ T K O Γ O Λ Ά T A K O
M O N Ά Δ A U Ά P U V Z M Ί K V Υ
A N H N B K E Δ Ϊ Y G H P U G N
M T L K G B F Y M U B M Z T R O Ά
K O Ύ Π A J C O Σ Ά Λ E T E B N B
B S U K W X L K H F G X I Z V E I
Y A Q Λ P A B P T I K S L A E I F
B Σ H Ή W M A A Έ T C G T Έ P A Σ
T E U Σ S O R X Γ N Έ Z B U I M Z
H B A H Z J A K H U J Λ C W J P V
Q O T G V Σ Ώ Σ Έ M A S E M Έ Σ O
K O T Ό Π O Υ Λ O B Π Z E I X B I
Σ Y N Ή Θ E I Σ D V K A Q R A W W
G T F W M Q B W Y V S W P E C C W
```

ΤΈΛΕΙΑ
ΜΙΜΗΘΟΎΝ
ΚΟΤΌΠΟΥΛΟ
ΚΛΉΣΗ
ΑΣ
ΚΟΥΝΆΒΙ
ΜΈΣΟ
ΜΠΑΡ
ΗΓΈΤΗΣ
ΟΚΤΏ
ΛΆΣΟ
ΚΑΤΆΛΟΓΟ
ΑΡΚΟΥΔΆΚΙ
ΜΟΝΆΔΑ
ΤΡΊΤΟ
ΣΥΝΉΘΕΙΣ
ΑΜΈΣΩΣ
ΑΚΡΊΒΕΙΑ
ΚΟΎΠΑ
ΤΈΡΑΣ

Puzzle 478

ΜΕΙΏΣΕΙ
ΣΥΝΔΥΑΣΜΌ
ΑΠΟΣΤΟΛΉΣ
ΚΑΤΑΣΚΕΥΉ
ΕΠΤΆ
ΠΡΌΒΑΤΑ
ΆΣΚΟΠΟ
ΠΡΟΜΉΘΕΙΕΣ
ΜΑΪΜΟΎ
ΔΙΑΚΟΠΉ
ΑΠΑΓΟΡΕΎΟΥΝ
ΈΒΔΟΜΗ
ΤΖΊΝΤΖΕΡ
ΕΠΈΚΤΑΣΗ
ΕΞΕΤΆΖΟΥΝ
ΒΌΛΤΑ
ΑΝΤΙΠΡΟΣΩΠΕΎΟΥΝ
ΒΛΈΜΜΑ
ΤΈΣΣΕΡΙΣ
ΌΠΛΟ

```
J A Y O X S E C Q T H B O Π C R B
Y N R N V M G Ξ G W L B Z P V T E
Ά T Π E K Ό N V E Z T G K Ό Ά Σ M
Π I F Σ L M G T B T E G F B Σ Ή U
P Π O I E Σ Ώ I E M Ά U T A K Λ E
O P M P G A R C D H B Z P T O O E
M O M E M Y N Y X M J Λ O A Π T Π
Ή Σ L Σ J Δ I A K O Π Ή E Ύ O Σ Έ
Θ Ω U Σ F N P T J Δ K Q L M N O K
E Π L Έ C Y P Λ S B Ό Π Λ O M Π T
I E F T C Σ Q Ό G Έ H K B A A A A
E Ύ O M Ϊ A M B T Z Ί N T Z E P Σ
Σ O A Π A Γ O P E Ύ O Y N X H D H
Ή Y E K Σ A T A K W P Q Y A S M J
K N P U M A F F J C S B D C J Y N
```

Puzzle 479

```
X  K  A  N  A  Γ  N  Ω  P  Ί  Σ  T  E  S  Z  W  U
A  Y  S  M  N  Y  O  Z  Ί  Φ  M  A  P  V  S  O  B
M  P  F  J  Z  Y  H  O  T  H  N  Ί  K  O  T  Y  A
H  Ί  K  Π  A  P  O  N  O  M  A  Σ  T  Ή  Y  T  O
Λ  A  B  P  I  Λ  Έ  Z  I  Π  M  A  S  T  L  P  H
Ά  G  Φ  Z  S  O  P  H  Ά  S  J  P  Y  Σ  Ω  Ί  Σ
X  O  E  A  J  Π  O  T  Έ  I  H  Γ  X  Ω  L  A  H
R  C  C  N  N  C  B  L  E  V  Σ  Y  X  Σ  P  I  P
T  L  Y  Ί  N  T  A  W  U  S  E  Ω  Y  M  A  P  Ώ
E  F  C  M  F  C  A  I  Q  E  M  Q  Π  E  P  Ά  E
P  K  Z  P  H  M  Y  Σ  M  R  Ά  Z  B  Y  D  T  Θ
U  O  Z  E  V  V  U  W  Ί  X  B  T  L  L  T  I  I
L  K  K  N  W  Z  X  Y  D  A  O  R  G  K  E  N  Π
B  Z  G  O  X  I  B  Z  K  W  Σ  J  G  H  J  A  E
I  M  S  D  W  T  E  A  Λ  Λ  A  Γ  Ή  Z  O  M  T
```

ΦΑΝΤΑΣΊΑΣ
ΆΜΕΣΗ
ΜΑΝΙΤΆΡΙΑ
ΕΠΙΘΕΏΡΗΣΗ
ΩΣ
POK
ΚΥΡΊΑ
ΑΥΤΟΚΊΝΗΤΟ
ΜΠΙΖΈΛΙ
ΣΩΣΤΉ
ΤΡΊΑ
ΑΝΑΓΝΩΡΊΣΤΕ
ΕΝΤΥΠΩΣΙΆΖΟΥΝ
ΑΛΛΑΓΉ
ΥΓΡΑΣΊΑ
ΠΟΤΈ
ΠΑΡΟΝΟΜΑΣΤΗ
ΧΑΜΗΛΆ
ΡΑΜΦΊΖΟΥΝ
ΕΡΜΊΝΑ

Puzzle 480

ΔΌΝΤΙ
ΈΞΩ
ΝΌΣΟ
ΦΟΡΕΘΕΊ
ΠΟΛΎΤΙΜΟ
ΣΤΡΑΤΙΩΤΙΚΉ
ΠΟΛΛΆ
ΖΩΓΡΑΦΙΚΉΣ
ΜΟΎΜΙΑ
ΑΤΟΜΙΚΉ
ΑΠΟΣΤΑΛΕΊ
ΒΛΈΠΟΝΤΑΣ
ΑΠΟΣΎΡΕΙ
ΛΕΠΤΌ
ΠΕΔΊΟ
ΛΕΙΤΟΥΡΓΊΑ
ΑΦΡΆΤΑ
ΒΟΎΡΤΣΑ
ΣΥΜΒΟΎΛΙΟ
ΠΕΡΙΈΧΕΙ

```
B  F  S  Y  Ή  K  I  T  Ω  I  T  A  P  T  Σ  Z  B
M  Λ  U  X  K  B  C  Z  D  H  R  E  W  J  Λ  Ω  O
Ω  Ξ  Έ  D  I  E  P  Ύ  Σ  O  Π  A  C  E  E  Γ  Ύ
Σ  A  T  Π  M  C  X  I  F  T  S  U  M  D  Π  P  P
X  Y  Z  X  O  M  I  T  Ύ  Λ  O  Π  Ί  F  T  A  T
Π  Ί  M  V  T  N  B  J  H  U  I  S  E  Λ  Ό  Φ  Σ
H  E  C  B  A  X  T  D  O  T  F  Z  Λ  E  M  I  A
W  Θ  P  W  O  D  M  A  T  Ά  P  Φ  A  I  O  K  A
W  E  A  I  H  Ύ  K  T  Σ  T  B  C  T  T  Ύ  Ή  P
Z  P  C  D  Έ  K  Λ  M  I  U  Z  W  Σ  O  M  Σ  I
V  O  H  M  A  X  A  I  E  Q  Z  N  O  Y  I  V  P
G  Φ  T  N  W  I  E  U  O  T  N  Z  Π  P  A  N  B
G  P  S  D  U  Z  E  I  T  N  Ό  Δ  A  Γ  H  W  F
X  Z  V  Q  T  K  A  H  F  C  Σ  T  O  Ί  Δ  E  Π
Π  O  Λ  Λ  Ά  O  H  Z  S  I  O  Q  N  A  E  O  B
```

Puzzle 481

```
C P M H L R Ό T E Λ E K Σ Ψ A L K
U V M H G Ω P Ύ Γ N M P N H T H Ά
Π O Δ I Ά T T V B C S Y Q Λ H E Π
Δ W G I N Θ A A Λ E Ύ P I Ά Z Y O
B Ά R M O A I Π Z N H U L C G X I
M I K M H H Γ E I E Ψ Έ N Ω X A O
Z B C P Ή M T B M Σ A Ί Φ O Σ P Σ
U I V J Y K E E M I Ί N F P B I Π
Y O N F A Z I K Z V F N Q D A Σ A
O Ύ O K I T A M Λ E Γ Γ A Π E T Ί
M H Δ Έ N C J Π P Ό Σ Φ A T A Ή Ξ
Ξ E X N Ά M E M W E P X L B G Σ I
T E X N O Λ O Γ Ί A Θ R S X P O M
H P Y Z D X F J P L V C N J C Y O
R O R R J Q B D V R P S Q W I N W
```

ΘΑ
ΠΑΊΞΙΜΟ
ΜΗΔΈΝ
ΞΕΧΝΆΜΕ
ΣΟΦΊΑΣ
ΓΙΑΤΡΌ
ΠΡΌΣΦΑΤΑ
ΕΥΧΑΡΙΣΤΉΣΟΥΝ
ΕΠΑΓΓΕΛΜΑΤΙΚΟΎ
ΤΕΧΝΟΛΟΓΊΑ
ΓΎΡΩ
ΣΚΕΛΕΤΌ
ΘΕΡΜΙΚΉ
ΧΩΝΈΨΕΙ
ΚΆΠΟΙΟΣ
ΨΗΛΆ
ΔΆΚΡΥ
ΠΙΣΊΝΑ
ΑΛΕΎΡΙ
ΠΟΔΙΆ

Puzzle 482

ΕΘΕΛΟΝΤΙΚΉ
ΑΔΕΛΦΉ
ΚΑΤΕΎΘΥΝΣΗ
ΑΙΣΘΆΝΘΗΚΕ
ΠΑΊΧΤΗΣ
ΦΟΒΟΎΝΤΑΙ
ΕΞΥΠΝΌΤΕΡΑ
ΑΝΑΤΟΛΙΚΆ
ΝΌΤΙΟ
ΧΆΝΟΝΤΑΙ
ΘΕΡΑΠΕΊΑ
ΔΆΣΟΣ
ΜΩΡΌ
ΣΚΆΛΑ
ΣΥΓΓΡΑΦΈΑΣ
ΠΑΤΡΊΔΑ
ΥΠΝΗΛΊΑ
ΠΊΣΤΗΣ
ΆΝΔΡΕΣ
ΚΡΕΒΑΤΟΚΆΜΑΡΑ

```
W W E E Σ B L U P R A P N H F K J
Ά F Ή C K Θ E P A Π E Ί A U P A Z
S N L Φ Ά V E J Y E A B R V V T A
O C Δ J Λ Σ Y Γ Γ P A Φ Έ A Σ E N
X K D P A E F L Π A T P Ί Δ A Ύ A
L Δ M C E V Δ I V U A H M Y E Θ T
M Ά A N X Σ L A K B Z U D Π Θ Y O
G Σ X Ά N O N T A I U O A N E N Λ
E O I T Ό N U Π Ί Σ T H Σ H Λ Σ I
M Σ A I Σ Θ Ά N Θ H K E Y Λ O H K
E Ω V M U Z P E N G J A V Ί N N Ά
D A P E T Ό N Π Y Ξ E E S A T P F
U I R Ό Φ O B O Ύ N T A I Q I Y V
L I C Π A Ί X T H Σ E R X C K Q O
K P E B A T O K Ά M A P A X Ή P E
```

Puzzle 483

```
Σ C W N F F X S N X E E T F Φ H E
Z T U Σ A Ύ Ρ A Φ Ύ Γ E I B P K B
K J Ή Δ I E O O B T P Q E H Ά Ό Σ
I F W Λ V G Π B A Θ M O Ύ T O N E
N N H Y H D O Λ B P O X Ή E Y Δ Y
D B P D I R T Δ Έ W R U T Π Λ O I
E R I A E V Ό A E Ξ I G W A A P A
A P X Ί Σ E I Y X K H F J P H A B
I Y A B Ή U R Λ R V A Y D K G Σ I
E M Z I P Q X Ή O W R E E Ή X S I
F G K X Ω N Ά Π F S T T T N U S W
P Ό K A X T O M Ή Σ P A C Ί R I S
F T N D Γ U X S G H V K J E A A H
T P K N Y O Δ Ί Δ O Π A H X S K M
O Q S H Σ H Λ K Ό P Π G L B X M F
```

ΠΆΝΩ
ΛΈΞΗ
ΣΥΓΧΩΡΉΣΕΙ
ΣΤΉΛΗ
ΔΕΚΑΕΤΊΑ
ΦΎΓΕΙ
ΤΟΜΉΣ
ΣΑΎΡΑ
ΠΟΤΌ
ΒΡΟΧΉ
ΒΑΘΜΟΎ
ΚΌΝΔΟΡΑΣ
ΑΠΟΔΊΔΟΥΝ
ΠΡΌΚΛΗΣΗ
ΡΌΚΑ
ΑΥΛΉ
ΦΡΆΟΥΛΑ
ΑΡΧΊΣΕΙ
ΒΟΟΕΙΔΉ
ΕΠΑΡΚΉ

Puzzle 484

ΣΥΝΕΙΔΗΤΟΠΟΙΟΎΝ
ΣΧΕΔΌΝ
ΕΙΣΒΆΛΟΥΝ
ΗΛΙΟΦΆΝΕΙΑΣ
ΣΚΗΝΉ
ΚΡΊΣΗ
ΜΎΓΑ
ΠΟΛΎΧΡΩΜΟ
ΦΙΛΙΚΌ
ΑΝΌΗΤΟΣ
ΠΑΠΑΓΆΛΟΣ
ΠΡΑΚΤΙΚΈΣ
ΟΡΓΑΝΏΣΕΙ
ΣΚΑΝΤΖΌΧΟΙΡΟΣ
ΒΑΡΕΘΕΊ
ΚΟΥΝΟΥΠΙΏΝ
ΡΩΤΉΣΩ
ΑΦΟΡΟΎΝ
ΠΑΡΑΤΗΡΉΣΤΕ
ΌΡΑΜΑ

```
Σ Z A M K W T Φ B A P E Θ E Ί J Z
U K E C L L Σ A I E N Ά Φ O I Λ H
M B A Z X E M R Λ D L G O Π Π A
E S S N T V Ύ L C Σ I U W P A P Φ
T U U R T R Γ I P X M K X Γ Π A O
Σ O L C X Z A Q M E Y E Ό A A K P
Ή M O C S K Ό J U Δ J W Y N Γ T O
P Ω T Ή Σ Ω P X F Ό O T T Ώ Ά I Y
H P S N C Y Y Ί O N X A I Σ Λ K N
T X H H Q T U S Σ I J L H E O Έ F
A Ύ Y K Ό P A M A H P G V I Σ Σ U
P Λ U Σ A N Ό H T O Σ O N F S S S
A O E I Σ B Ά Λ O Y N Z Σ M X V M
Π Π Σ Y N E I Δ H T O Π O I O Ύ N
D P W U K O Y N O Y Π I Ώ N U N E
```

Puzzle 485

Π	Α	Ρ	Α	Κ	Ο	Λ	Ο	Υ	Θ	Ε	Ί	Λ	Α	Χ	Π	Ο
Α	Ρ	Γ	Ό	Τ	Ε	Ρ	Α	J	Χ	W	N	Χ	Χ	C	Α	Δ
Λ	Α	Γ	Ο	Υ	Δ	Ά	Κ	Ι	Α	U	C	Ρ	Μ	Α	Ρ	Ο
Ε	Μ	Μ	Ι	Ε	Λ	Έ	Θ	C	Ρ	Ό	F	Ω	F	Δ	Α	Ν
D	Ω	J	Σ	Ξ	Ε	Υ	Ρ	Ή	Α	Μ	Κ	Μ	Σ	Ε	Δ	Τ
V	N	H	V	E	L	M	U	N	K	Σ	S	A	T	I	E	Ό
C	K	D	K	P	A	W	E	S	T	I	E	T	A	Ά	X	Π
Ξ	Ύ	Λ	Ο	Ε	Υ	Q	R	T	Η	Γ	Π	Α	Θ	Z	O	A
I	Π	G	L	Y	N	A	L	Q	P	O	L	O	E	E	N	Σ
H	M	Σ	E	N	O	Σ	Ί	B	I	Λ	Π	F	P	I	T	T
R	Y	Q	V	Ή	S	Q	B	A	Σ	O	C	Λ	Ή	T	A	A
K	Σ	H	G	Σ	K	J	B	C	T	Π	C	I	Ή	B	I	K
E	U	O	H	E	V	C	O	W	I	Y	I	K	A	P	E	B
K	X	Σ	A	T	Ά	T	A	Π	K	L	U	F	E	N	Ω	Q
D	W	F	J	E	N	Y	W	J	Ό	A	N	Ό	H	T	O	Σ

ΤΡΟΠΙΚΉ
ΑΡΓΌΤΕΡΑ
ΞΎΛΟ
ΑΝΌΗΤΟ
ΠΑΤΆΤΑΣ
ΠΑΡΑΔΈΧΟΝΤΑΙ
ΕΞΕΡΕΥΝΉΣΕΤΕ
ΧΡΏΜΑΤΑ
ΠΛΉΡΩΣ
ΣΤΑΘΕΡΉ
ΣΥΜΠΎΚΝΩΜΑ
ΟΔΟΝΤΌΠΑΣΤΑ
ΥΠΟΛΟΓΙΣΜΌ
ΠΑΡΑΚΟΛΟΥΘΕΊ
ΒΊΣΟΝΕΣ
ΧΑΛΊ
ΑΔΕΙΆΖΕΙ
ΘΈΛΕΙ
ΛΑΓΟΥΔΆΚΙ
ΧΑΡΑΚΤΗΡΙΣΤΙΚΌ

Puzzle 486

ΔΈΝΤΡΑ
ΣΕΖΌΝ
ΕΙΔΉΣΕΩΝ
ΑΓΑΠΗΤΈ
ΣΥΓΧΈΟΥΝ
ΠΟΣΌ
ΓΚΑΖΌΝ
ΠΡΟΣΠΆΘΕΙΑ
ΣΤΑΦΥΛΙΏΝ
ΤΎΜΠΑΝΟ
ΠΑΡΈΧΕΙ
ΚΑΡΈΚΛΑ
ΠΑΝΤΕΛΌΝΙΑ
ΤΑΞΊΔΙΑ
ΕΜΠΕΙΡΟΓΝΩΜΌΝΩΝ
ΑΝΤΙΣΤΆΘΜΙΣΗΣ
ΑΠΟΘΕΜΑΤΙΚΌ
ΈΘΝΟΣ
ΚΕΦΆΛΑΙΟ
ΨΗΦΟΦΟΡΊΑ

U	B	Ό	K	I	T	A	M	E	Θ	O	Π	A	E	A	Π	Σ
T	Ύ	M	Π	A	N	O	A	J	D	Y	Q	Γ	M	N	P	T
U	P	Ψ	K	I	Y	Έ	I	E	X	Έ	P	A	Π	T	O	A
E	I	H	A	N	O	F	Θ	M	P	F	M	Π	E	I	Σ	Φ
J	M	Φ	P	Ό	Έ	Q	I	N	O	E	Γ	H	I	Σ	Π	Y
V	A	O	Έ	Λ	X	E	H	L	O	K	M	T	P	T	Ά	Λ
O	Σ	Φ	K	E	Γ	Π	O	Σ	Ό	Σ	O	Έ	O	Ά	Θ	I
O	E	O	Λ	T	Y	N	S	D	X	S	R	I	Γ	Θ	E	Ώ
I	Z	P	A	N	Σ	E	K	V	Q	B	G	Z	N	M	I	N
A	Ό	Ί	P	A	I	Δ	Ί	Ξ	A	T	T	R	Ω	I	A	Ό
Λ	N	A	N	Π	P	X	L	X	W	T	P	U	M	Σ	F	Z
Ά	J	Y	Q	E	J	T	C	Q	T	S	U	L	Ό	H	I	A
Φ	U	S	D	L	Y	T	N	O	F	O	A	P	N	Σ	N	K
E	I	Δ	Ή	Σ	E	Ω	N	Έ	T	W	O	D	Ω	R	Q	Γ
K	Y	N	C	M	I	J	O	F	Δ	L	O	L	N	M	H	U

Puzzle 487

```
A V H X E A N Ή Λ Ω Σ N H V X B Π
N V I U X Σ O K Ύ Λ F Q N B I Ά E
A W S E Q T G F F X U M Z G O Σ P
M Y L O J Y I D X T O X H P N H I
Έ I G G R N Y O N Ά B M A Λ O Σ B
N Ό K I N O K I E F P L A Σ Σ O Ά
E L Z G T M T C D Z K Q Σ Y T Ί Λ
T K C R Ό I O Φ Θ H N Ή Φ N I E Λ
A A W K T K L O B T U K A Έ B Θ O
I M Y K P Ό I I Z Z O I Λ X Ά X N
R E A O G Σ S P R U H N Έ E Δ T F
Φ Ά N T A Σ M A O E M H Σ I A Έ C
E V P B H K V X A Π Ύ P T A Σ N U
B K R F T V J M V A M I P Ό Γ A Έ
L C S X R Z T D S Y D E I X G R H
```

ΠΕΡΙΒΆΛΛΟΝ
ΦΆΝΤΑΣΜΑ
ΦΘΗΝΉ
ΑΝΑΜΈΝΕΤΑΙ
ΑΣΦΑΛΈΣ
ΣΥΝΈΧΕΙΑ
ΛΑΜΒΆΝΟΥΝ
ΛΎΚΟΣ
ΑΣΤΥΝΟΜΙΚΌΣ
ΈΝΑ
ΕΙΚΟΝΙΚΌ
ΕΙΡΗΝΙΚΉ
ΣΩΛΉΝΑ
ΕΜΠΟΡΙΚΌ
ΘΕΊΟΣ
ΑΓΌΡΙ
ΧΤΈΝΑ
ΒΆΣΗΣ
ΧΙΟΝΟΣΤΙΒΆΔΑΣ
ΤΡΎΠΑ

Puzzle 488

ΠΆΣΧΟΥΝ
ΣΑΛΆΧΙ
ΜΕΊΝΕΤΕ
ΤΊΤΛΟ
ΣΥΝΈΛΕΥΣΗ
ΤΕΤΆΡΤΗ
ΣΧΕΔΙΑΣΜΟΎ
ΧΘΕΣ
ΣΎΝΟΛΟ
ΑΝΑΚΑΤΕΎΟΥΜΕ
ΉΔΗ
ΚΟΛΛΆΕΙ
ΔΗΜΌΣΙΩΝ
ΘΑΝΑΤΗΦΌΡΑ
ΑΝΤΊ
ΦΟΡΆ
ΔΟΜΉ
ΦΩΝΉ
ΚΑΤΑΣΤΡΟΦΉ
ΦΥΣΙΚΆ

```
F S I Q R M I Π K F S O D I A M Σ
Q B Q C Z Y C J Ά K S W B V N V Y
F Z V F F Z Φ M P Σ I Ό I R A B N
Q C P R H T O E E T X Λ X Z K S Έ
O R P R A V P Δ H Ί Ά O Q T A K Λ
P R N E G X Ά O I T Λ N Y X T O E
J Z A S Y A I M W Λ Ά Y N N E Λ Y
S D Z R X Y V Ή N O Σ Σ L T Ύ Λ Σ
Σ X E Δ I A Σ M O Ύ D P O E O Ά H
Y R Φ K A T A Σ T P O Φ Ή T Y E A
H S X Ω Φ Y Σ I K Ά L Z O Ά M I N
K K J K N G U X Y Z P Q H P E X T
V N D E Q Ή M E Ί N E T E T H Θ Ί
C S S R R V T N Ω I Σ Ό M H D E S
Θ A N A T H Φ Ό P A J L I T Ή Σ A
```

Puzzle 489

```
Z  W  Φ  W  A  R  E  D  Z  K  X  P  H  J  Ά  Z  E
U  Π  G  Y  R  N  V  O  M  Z  A  R  T  Y  M  U  R
E  Ί  H  E  T  T  O  F  G  S  E  T  V  A  M  J  S
M  T  O  H  Y  Ά  I  Γ  A  I  Γ  M  Ά  O  O  C  P
R  Σ  E  T  Ή  N  A  Λ  Π  K  A  V  N  B  X  I  F
A  A  Λ  Ά  M  Ψ  H  E  C  Ή  N  K  Y  Π  A  C  X
K  Λ  E  I  Δ  A  P  I  Ά  M  A  Y  R  S  V  Σ  T
I  A  T  P  I  K  Ή  E  S  L  M  Q  L  R  D  D  H
Ό  N  B  X  S  S  G  J  S  Ή  O  P  P  A  I  Δ  C
M  Έ  N  X  I  G  R  W  A  S  N  Z  S  N  Y  M  F
O  M  N  X  O  C  T  K  J  D  Ή  B  Z  E  Έ  J  T
P  O  H  I  X  A  Λ  Ά  Z  I  H  M  W  S  F  Ω  K
Φ  Δ  Λ  I  Λ  Ά  A  Λ  I  E  Y  M  Ά  T  Ω  N  N
H  E  L  T  A  Λ  Λ  H  Λ  E  Π  I  Δ  P  O  Ύ  N
A  Δ  Ί  P  E  M  H  Φ  E  K  P  B  H  R  T  Q  S
```

ΑΝΑΜΟΝΉ
ΝΈΩΝ
ΑΛΛΗΛΕΠΙΔΡΟΎΝ
ΧΑΛΆΖΙ
ΆΜΜΟ
ΠΊΤΣΑ
ΠΥΚΝΉ
ΛΙΛΆ
ΛΆΜΨΗ
ΦΥΤΆ
ΑΛΙΕΥΜΆΤΩΝ
ΠΛΑΝΉΤΕΣ
ΙΑΤΡΙΚΉ
ΚΛΕΙΔΑΡΙΆ
ΔΕΔΟΜΈΝΑ
ΕΦΗΜΕΡΊΔΑ
ΔΙΑΡΡΟΉ
ΌΜΟΡΦΗ
ΚΑΤΆΒΑΣΗ
ΓΙΑΓΙΆ

Puzzle 490

ΔΙΚΗΓΌΡΟΣ
ΑΠΌΔΟΣΗ
ΦΡΈΖΙΑ
ΞΕΧΩΡΙΣΤΉ
ΛΑΙΜΌ
ΠΡΟΌΔΟΥ
ΕΓΓΡΑΦΉΣ
ΧΆΣΕΤΕ
ΌΜΟΡΦΟ
ΚΡΑΥΓΉ
ΚΡΑΤΉΣΕΙ
ΥΠΟΒΆΛΕΙ
ΠΡΌΚΕΙΤΑΙ
ΧΉΝΑ
ΚΡΑΓΙΌΝΙΑ
ΤΡΊΜΗΝΟ
ΠΛΑΤΕΊΑ
ΡΊΞΕΙ
ΤΊΓΡΗ
ΡΟΖ

```
X  O  A  H  F  J  B  H  Π  Q  E  X  P  E  B  A  K
K  J  X  I  E  Σ  Ή  T  A  P  K  C  Z  I  Y  Π  P
A  I  N  Ό  I  Γ  A  P  K  S  Ό  M  I  A  Λ  Ό  A
N  I  R  O  T  S  Γ  M  J  K  S  K  F  H  D  Δ  Y
Ή  V  Y  S  R  A  B  P  P  C  N  V  E  F  G  O  Γ
X  Π  P  O  Ό  Δ  O  Y  A  G  B  S  X  I  N  Σ  Ή
Z  I  O  O  F  F  I  S  O  Φ  P  O  M  Ό  T  H  L
R  O  X  F  M  S  H  A  Z  F  Ή  M  Q  F  T  A  C
Y  S  Δ  I  K  H  Γ  Ό  P  O  Σ  Σ  V  E  Ί  M  I
M  H  N  E  T  E  Σ  Ά  X  N  P  Q  U  M  Γ  X  S
W  T  P  Ξ  Q  S  K  Y  O  H  K  A  F  I  P  J  N
Y  F  W  Ί  G  G  H  W  K  M  V  S  A  S  H  W  L
Y  A  U  P  L  I  T  V  O  Ί  Π  Λ  A  T  E  Ί  A
Y  Π  O  B  Ά  Λ  E  I  K  P  Φ  P  Έ  Z  I  A  P
Ξ  E  X  Ω  P  I  Σ  T  Ή  T  T  G  H  O  N  S  P
```

Puzzle 491

Δ	K	E	P	L	L	U	Z	G	Π	Π	Ί	Σ	Ω	R	A	Π
E	I	U	G	X	C	K	U	D	T	K	Π	Ή	E	Y	Γ	A
R	N	A	B	M	Π	O	Λ	Ύ	Ώ	A	E	K	S	T	E	Ύ
R	I	L	T	I	T	I	Ά	Σ	Σ	Θ	P	I	Ί	N	Σ	
I	Z	S	G	A	J	Q	U	P	H	A	Ί	P	Z	Δ	Ή	H
N	Y	O	Π	Έ	P	T	I	Π	E	P	O	T	I	Ω	Σ	K
A	O	N	A	K	L	A	D	V	B	Ό	Δ	A	B	N	Z	Y
T	C	U	Q	Z	P	F	X	S	Z	R	O	I	A	Ω	S	N
Ή	M	H	Z	M	L	A	O	Ή	Y	K	P	C	K	M	N	H
K	L	P	R	R	C	Q	J	W	Q	G	M	V	T	Ί	N	Γ
I	S	Q	E	Y	B	O	H	Θ	Ή	Σ	E	I	Ή	Φ	V	Ή
Γ	E	Λ	O	Ί	A	Y	H	W	H	N	N	Z	L	O	O	Σ
X	Q	L	W	P	K	E	K	X	O	P	I	I	W	P	V	E
A	K	Έ	P	Δ	O	Σ	N	Q	X	R	V	H	G	T	R	I
H	P	Π	Ω	Λ	O	Ύ	N	D	P	H	D	E	D	F	U	Y

ΙΤΙΆΣ
ΠΤΏΣΗ
ΠΕΡΊΟΔΟ
ΚΥΝΗΓΉΣΕΙ
ΤΡΟΦΊΜΩΝ
ΉΤΑΝ
ΑΚΤΉ
ΑΓΕΝΉΣ
ΕΠΙΤΡΈΠΟΥΝ
ΙΑΤΡΙΚΉΣ
ΠΩΛΟΎΝ
ΔΙΑΤΑΡΑΧΉ
ΠΟΛΎ
ΡΥΤΊΔΩΝ
ΒΟΗΘΉΣΕΙ
ΚΑΘΑΡΌ
ΚΈΡΔΟΣ
ΓΕΛΟΊΑ
ΠΙΣΩ
ΠΑΎΣΗ

Puzzle 492

ΤΥΦΏΝΑ
ΛΙΏΣΕΙ
ΓΩΝΊΑ
ΚΡΕΜΜΎΔΙ
ΑΝΑΖΉΤΗΣΗ
ΑΠΌΨΕ
ΕΛΕΥΘΕΡΊΑΣ
ΔΆΧΤΥΛΟ
ΠΛΕΙΟΨΗΦΊΑ
ΔΙΑΦΑΝΉ
ΑΠΟΜΟΝΩΜΈΝΕΣ
ΤΕΤΑΜΈΝΗ
ΆΔΕΙΑ
ΓΎΡΟ
ΡΊΞΤΕ
ΔΕΊΚΤΗΣ
ΦΩΣ
ΑΡΓΉ
ΔΥΝΑΤΌΝ
ΑΧΥΡΏΝΑ

Π	N	W	K	V	O	T	A	W	S	H	T	K	Ί	E	Δ	A
Λ	P	C	X	V	W	Z	G	X	S	O	N	W	N	K	I	S
E	T	Ξ	Ί	P	K	U	A	Y	N	B	J	P	Y	Y	A	H
I	T	E	T	A	M	Έ	N	H	Ό	Y	Q	N	H	O	Φ	I
O	X	K	N	H	P	V	D	E	T	T	P	T	V	R	A	Y
Ψ	A	O	P	Ύ	Γ	X	Z	Z	A	M	R	L	T	T	N	B
H	Π	Γ	Σ	E	N	Έ	M	Ω	N	O	M	O	Π	A	Ή	U
Φ	Ό	Ω	Ω	R	M	Z	D	Y	Y	N	Y	J	S	Q	D	F
Ί	Ψ	N	Φ	P	J	M	G	U	D	Ό	Λ	Y	T	X	Ά	Δ
A	E	Ί	X	G	Q	G	Ύ	J	A	N	Ώ	P	Y	X	A	H
N	Y	A	Z	A	H	Y	E	Δ	W	V	V	P	Φ	W	S	Q
A	P	Γ	Ή	Q	R	E	Q	A	I	E	Δ	Ά	Ώ	V	G	B
F	O	S	H	Λ	I	Ώ	Σ	E	I	P	S	S	N	T	F	D
M	S	M	E	B	D	Y	H	Σ	H	T	Ή	Z	A	N	A	G
E	Λ	E	Y	Θ	E	P	Ί	A	Σ	Z	F	W	V	H	P	T

Puzzle 493

F	K	A	E	K	A	Λ	Ύ	T	E	P	O	T	I	M	Ή	M
A	O	N	Ή	K	I	Λ	I	Σ	A	B	M	U	A	F	Ό	A
Π	Y	A	K	V	Π	W	O	O	S	A	X	U	M	E	M	O
O	P	Γ	T	O	A	O	D	H	D	Y	Ά	N	Θ	I	Σ	H
T	A	N	H	A	N	N	M	U	W	Γ	A	Y	C	Λ	A	R
Έ	Σ	Ω	Y	U	S	T	G	Π	I	Ό	G	B	O	Ά	I	O
Λ	M	P	A	S	Y	Q	Ά	B	Ή	Ό	L	R	W	K	P	Γ
E	Έ	Ί	I	S	N	K	F	M	M	P	Z	A	W	Y	A	A
Σ	N	Σ	W	Q	E	Z	E	Z	Y	O	R	X	A	O	Γ	Λ
M	O	E	G	Y	Δ	E	X	T	H	Σ	J	Q	T	Π	O	O
A	A	I	F	A	P	K	R	C	V	Z	T	J	R	M	Λ	Π
M	E	P	S	P	Ί	R	X	X	K	E	S	Ή	H	W	P	O
W	C	R	H	Σ	A	Φ	Ό	Π	A	Λ	K	C	P	G	T	Ύ
C	A	J	U	M	Σ	M	U	A	L	Έ	F	O	D	I	V	Λ
H	F	T	L	N	H	E	N	Ό	T	H	T	A	J	M	O	A

ΓΑΛΟΠΟΎΛΑ
ΖΕΛΈ
ΚΟΝΤΆ
ΜΠΟΥΚΆΛΙ
ΚΑΛΎΤΕΡΟ
ΣΥΝΕΔΡΊΑΣΗ
ΑΠΌΦΑΣΗ
ΑΝΑΓΝΩΡΊΣΕΙ
ΚΟΥΡΑΣΜΈΝΟ
ΌΡΟ
ΛΟΓΑΡΙΑΣΜΌ
ΤΙΜΉ
ΑΠΟΤΈΛΕΣΜΑ
ΕΝΌΤΗΤΑ
ΕΚΠΟΜΠΉ
ΑΥΓΌ
ΒΑΣΙΛΙΚΉ
ΆΝΘΙΣΗ
ΜΕ
ΜΥΣΤΉΡΙΟ

Puzzle 494

ΔΡΑΜΑΤΙΚΉ
ΆΡΘΡΟ
ΗΛΙΌΛΟΥΣΤΗ
ΣΥΝΑΙΣΘΗΜΑΤΙΚΉ
ΣΗΜΑΝΤΙΚΉ
ΓΥΝΑΊΚΕΣ
ΖΉΤΗΣΕ
ΑΝΟΙΧΤΉ
ΑΝΤΊΔΡΑΣΗ
ΘΕΡΜΌΤΗΤΑΣ
ΕΚΣΤΡΑΤΕΊΑ
ΙΔΙΟΚΤΉΤΗ
ΏΘΗΣΗ
ΚΤΊΡΙΟ
ΑΥΤΟΠΕΠΟΊΘΗΣΗ
ΤΈΤΑΡΤΟ
ΠΕΤΣΈΤΑ
ΕΝΕΡΓΌ
ΣΥΣΤΉΜΑΤΟΣ
ΠΕΡΊΠΤΩΣΗ

Δ	M	F	X	M	Z	C	N	F	H	E	Π	R	E	Θ	I	Σ
F	P	E	C	B	W	Z	V	B	Λ	N	E	T	K	E	Δ	H
H	Σ	A	P	Δ	Ί	T	N	A	I	E	P	W	Σ	P	I	M
Σ	B	Z	M	Ά	P	Θ	P	O	Ό	P	Ί	T	T	M	O	A
H	Y	A	O	A	R	K	P	H	Λ	Γ	Π	Έ	P	Ό	K	N
Θ	A	Σ	M	A	T	A	A	Q	O	Ό	T	T	A	T	T	T
Ί	K	N	T	P	U	J	H	Y	O	Ω	A	T	H	Ή	I	
O	V	D	O	Ή	N	K	K	O	Σ	V	Σ	P	E	T	T	K
Π	U	L	K	I	M	G	Y	Ή	T	C	H	T	Ί	A	H	Ή
E	E	G	U	C	X	A	H	Σ	H	Θ	Ώ	O	A	Σ	K	M
Π	R	G	B	J	V	T	T	A	E	R	F	N	R	L	B	P
O	O	M	X	T	N	P	Ή	O	I	P	Ί	T	K	L	S	W
T	Π	E	T	Σ	Έ	T	A	Y	Σ	E	K	Ί	A	N	Y	Γ
Y	Σ	Y	N	A	I	Σ	Θ	H	M	A	T	I	K	Ή	F	B
A	O	Y	Z	Ή	T	H	Σ	E	V	T	W	H	F	I	S	A

Puzzle 495

```
B  T  S  P  I  J  J  B  K  W  U  P  S  G  W  Λ  R
H  W  Ύ  T  A  G  A  Ϊ  P  I  A  K  Y  E  K  E  G
D  T  J  Π  M  M  Φ  H  C  K  F  N  I  Ἀ  O  A  Π  K
Y  B  W  C  O  O  I  P  Ύ  A  F  Z  I  S  Π  T  Z
M  Ψ  T  Q  Θ  Y  E  Z  P  Ό  Π  A  Λ  O  Y  O  K
F  P  H  Q  Ά  U  P  V  H  Q  J  K  A  N  U  M  F
J  I  I  Λ  K  D  Ώ  B  Y  V  X  A  Y  O  Έ  U
E  R  J  U  Ό  L  N  O  I  E  T  Σ  Γ  Δ  T  P  Q
P  E  V  Z  H  T  Ω  T  S  U  K  K  S  N  B  E  J
Γ  Ά  N  T  I  A  E  Ώ  B  G  Q  Ό  S  Ϊ  X  I  Q
A  Γ  E  Λ  Ά  Δ  A  P  P  Y  O  Λ  Y  K  T  A  Γ
A  Π  Ό  Θ  E  M  A  Π  H  Ύ  Ψ  O  Σ  I  K  E  I
F  N  F  W  J  M  C  X  P  D  Q  E  M  Π  J  V  A
I  E  K  Σ  Φ  P  A  Γ  Ϊ  Δ  A  F  N  E  L  D  K
S  B  E  Ξ  A  Φ  A  N  Ϊ  Z  O  N  T  A  I  N  R
```

ΤΎΠΟΥ
ΕΠΙΚΊΝΔΥΝΟ
ΕΞΑΦΑΝΊΖΟΝΤΑΙ
ΠΟΥ
ΣΦΡΑΓΊΔΑ
ΛΕΠΤΟΜΈΡΕΙΑ
ΑΓΕΛΆΔΑ
ΓΆΝΤΙΑ
ΚΆΘΟΜΑΙ
ΑΎΡΙΟ
ΚΑΣΚΌΛ
ΡΌΠΑΛΟ
ΓΙΑ
ΠΡΏΤΟ
ΑΠΌΘΕΜΑ
ΕΥΚΑΙΡΊΑ
ΎΨΟΣ
ΥΨΗΛΌΤΕΡΗ
ΓΥΑΛΙΆ
ΑΦΙΕΡΏΝΩ

Puzzle 496

ΠΡΟΪΌΝ
ΑΓΡΌΤΗΣ
ΣΥΝΤΡΙΒΉ
ΕΥΈΛΙΚΤΟ
ΣΤΑΥΡΌ
ΡΟΛΌΙ
ΚΥΡΙΑΚΉ
ΠΡΟΣΕΚΤΙΚΆ
ΜΟΒ
ΤΟΥ
ΚΑΤΑΔΎΣΕΙΣ
ΜΗΤΈΡΑ
ΚΕΦΆΛΙ
ΘΛΙΒΕΡΉ
ΟΜΠΡΈΛΑΣ
ΌΓΚΟ
ΣΥΜΒΑΊΝΟΥΝ
ΧΡΌΝΟ
ΜΈΓΙΣΤΗ
ΒΙΒΛΙΟΘΉΚΗ

```
O  X  F  Ά  K  I  T  K  E  Σ  O  P  Π  Σ  Σ  E  B
X  P  Ό  N  O  A  K  Y  P  I  A  K  Ή  Y  Y  Y  D
K  L  P  M  P  G  T  I  G  I  X  J  P  N  M  Έ  J
M  T  G  W  C  J  H  A  L  D  A  M  E  T  B  Λ  N
F  H  T  Σ  I  Γ  Έ  M  Δ  P  V  Q  B  P  A  I  Z
S  K  T  H  C  B  U  Y  K  Ύ  A  K  I  I  Ϊ  K  Z
B  Ή  L  Έ  O  C  K  H  F  N  Σ  K  Λ  B  N  T  J
J  Θ  Π  F  P  E  P  U  X  C  X  E  Θ  Ή  O  O  A
X  O  J  P  W  A  P  O  Λ  Ό  I  T  I  Q  Y  K  Γ
I  I  O  A  O  U  H  O  V  P  Λ  V  Σ  N  Γ  P
S  Λ  K  G  A  Ϊ  P  Y  B  Y  Ά  T  G  A  B  Ό  Ό
L  B  G  Q  N  C  Ό  M  H  A  Φ  O  W  V  N  D  T
A  I  C  H  V  F  O  N  J  T  E  Y  N  X  Z  O  H
O  B  O  M  Π  P  Έ  Λ  A  Σ  K  M  O  B  N  M  Σ
U  J  U  H  E  V  R  J  V  I  J  S  A  Y  H  Z  R
```

Puzzle 497

```
J  S  K  T  W  Π  O  W  P  K  P  K  C  X  E  Π
E  S  S  X  Q  Y  A  B  U  F  R  O  B  Ά  C  K  E
M  I  K  P  Ό  X  T  P  U  O  X  Y  U  M  J  Π  T
O  A  S  E  R  R  Ά  Y  Ά  L  Y  N  K  Π  M  A  A
Θ  Y  N  N  O  Z  B  S  W  Λ  Y  Ά  A  O  I  Ί  Λ
O  R  P  E  H  O  A  X  Y  V  O  Ω  Ί  Y  Λ  Δ  O
Λ  Y  X  A  Ξ  X  P  U  B  R  Q  Γ  Φ  P  Ά  E  Ύ
Ό  I  W  Ξ  N  Ά  Γ  C  A  Y  V  B  H  Γ  M  Y  Δ
X  Y  M  H  N  Ό  P  U  H  Z  G  K  Ψ  K  E  Σ  A
M  U  M  P  V  D  K  T  Q  G  Q  Y  O  E  Y  H  L
V  H  X  Ό  P  G  U  P  H  N  L  O  I  P  B  X  V
T  Έ  Λ  O  Σ  A  P  N  Ί  T  B  I  E  X  Έ  T  U
A  Π  P  O  Ϊ  Ό  N  T  Ω  N  O  D  M  R  W  R  M
K  Z  P  W  N  E  Π  I  Σ  K  E  Y  Ή  Σ  X  G  W
K  A  Λ  A  M  Ά  P  I  A  K  A  N  Έ  N  A  N  J
```

ΓΡΑΒΆΤΑ
ΠΑΡΆΛΟΓΗ
ΠΡΟΪΌΝΤΩΝ
ΕΚΠΑΊΔΕΥΣΗ
ΘΟΛΌ
ΑΝΕΞΆΡΤΗΤΟ
ΤΈΛΟΣ
ΜΙΚΡΌ
ΠΕΤΑΛΟΎΔΑ
ΚΟΥΝΆΩ
ΜΙΛΆΜΕ
ΧΆΜΠΟΥΡΓΚΕΡ
ΟΥΡΑΝΌ
ΚΑΛΑΜΆΡΙΑ
ΈΧΕΙ
ΑΡΝΊ
ΞΗΡΌ
ΚΑΝΈΝΑΝ
ΜΕΙΟΨΗΦΊΑ
ΕΠΙΣΚΕΥΉΣ

Puzzle 498

ΕΚΘΕΣΙΑΚΌ
ΈΞΙ
ΦΡΈΣΚΑ
ΣΚΑΘΆΡΙ
ΔΥΣΤΥΧΊΑ
ΕΞΑΊΡΕΣΗ
ΠΡΟΧΩΡΉΣΤΕ
ΓΙΓΑΝΤΙΑΊΕΣ
ΜΈΘΟΔΟΣ
ΣΠΆΣΕΙ
ΠΌΔΙΑ
ΠΑΓΕΤΌ
ΟΙΚΟΝΟΜΊΑ
ΠΌΡΤΑ
ΧΙΛΙΆΔΕΣ
ΠΆΡΕΙ
ΚΟΥΤΆΒΙ
ΕΙΣΑΓΆΓΕΙ
ΦΘΆΝΟΥΝ
ΓΕΡΆΚΙ

```
X  K  E  I  Σ  A  Γ  Ά  Γ  E  I  L  Q  L  F  L  G
B  I  O  E  A  J  J  C  O  H  I  K  F  R  P  Y  L
A  E  Λ  Y  W  O  H  H  O  I  K  O  N  O  M  Ί  A
A  P  Γ  I  T  X  U  H  Σ  O  Δ  O  Θ  Έ  M  S  Φ
Z  Ά  I  Π  Ά  Ά  G  E  H  E  X  Q  K  U  Q  O  P
A  Π  Γ  R  Q  D  B  R  N  R  P  S  D  W  K  O  Έ
E  N  A  O  G  F  E  I  Q  K  K  Ί  T  W  X  L  Σ
K  I  N  X  G  X  I  Σ  Π  Ό  Δ  I  A  J  D  X  K
Θ  H  T  Ω  Π  J  R  A  L  A  A  P  T  Ξ  Y  A
E  V  I  P  A  Σ  Π  Ά  Σ  E  I  Ά  P  I  E  E  I
Σ  W  A  Ή  Γ  O  W  B  J  Έ  S  O  Ό  E  T  P  A
I  O  Ί  Σ  E  W  N  W  N  Ξ  W  A  Π  E  Γ  Ά  T
A  T  E  T  T  J  E  O  U  I  W  K  M  S  O  K  C
K  F  Σ  E  Ό  F  R  P  B  L  A  Σ  J  O  H  I  X
Ό  Δ  Y  Σ  T  Y  X  Ί  A  Φ  Θ  Ά  N  O  Y  N  F
```

Puzzle 499

```
Ε  Ε  Π  Α  Ν  Ά  Λ  Η  Ψ  Η  Σ  Η  Κ  Σ  Ά  Α  Φ
Ρ  Ί  Μ  Α  Ρ  Δ  Έ  Υ  Λ  Α  Ο  Μ  Ά  Δ  Α  Φ  Ί
Η  Μ  Χ  J  Π  F  L  C  N  J  S  I  E  W  V  I  Λ
Ν  F  Ρ  Ε  Υ  Ο  Ί  Ε  Φ  Α  Ρ  Γ  J  V  F  Ε  Ο
Ύ  Ζ  Q  Ζ  Q  Η  Σ  Η  Φ  Ό  Ρ  Ρ  Ο  Π  Α  Ρ  Ε
Σ  Π  Ά  Ν  Ι  Ο  Ί  Τ  Ε  Λ  Ο  Ι  Β  Χ  Ι  Ώ  C
Α  Κ  J  G  Ζ  Α  F  S  Ο  Κ  Ο  L  Μ  J  Φ  Σ  J
Ι  Έ  Β  C  G  F  U  T  W  Λ  Ρ  Ο  S  J  Ο  Ε  C
Β  Λ  Ε  J  Ν  Η  Μ  Κ  Ι  L  Η  W  J  S  Υ  Ι  Η
Β  Υ  Θ  Ρ  Η  Σ  Κ  Ε  Υ  Τ  Ι  Κ  Έ  Σ  Ρ  Γ  J
Ό  Φ  S  D  Μ  Μ  G  T  C  Α  L  Ε  T  W  Ν  Κ  Η
Ρ  Ο  T  V  L  Α  S  Ν  R  W  Χ  V  Α  W  Ο  Ε  C
Ε  Σ  C  Β  Ε  Χ  Ν  R  Κ  Υ  V  C  Ξ  Ρ  J  C  Ι
Ι  Ζ  Η  C  S  Ε  Q  W  S  Ο  Χ  Κ  Ί  D  W  Β  Κ
Α  Ι  Ν  Ό  Ρ  Χ  Μ  W  G  Η  J  Ε  R  Χ  C  Υ  Μ
```

ΟΜΆΔΑ
ΑΠΟΡΡΌΦΗΣΗ
ΧΡΌΝΙΑ
ΦΟΎΡΝΟ
ΣΠΆΝΙΟ
ΑΠΟΣΤΟΛΉ
ΑΦΙΕΡΏΣΕΙ
ΆΣΚΗΣΗ
ΕΊΧΕ
ΓΡΑΦΕΊΟΥ
ΤΑΞΊ
ΘΡΗΣΚΕΥΤΙΚΈΣ
ΒΌΡΕΙΑ
ΕΠΑΝΆΛΗΨΗ
ΈΔΡΑ
ΓΗ
ΒΙΟΛΕΤΊ
ΦΊΛΟ
ΒΙΑΣΎΝΗ
ΚΈΛΥΦΟΣ

Puzzle 500

ΕΣΤΙΑΤΌΡΙΟ
ΜΙΣΉ
ΚΟΎΚΛΑ
ΜΗΧΑΝΙΚΌΣ
ΕΞΑΙΡΟΎΝ
ΕΠΙΛΈΞΤΕ
ΚΑΜΠΎΛΗ
ΑΕΡΟΠΛΆΝΟ
ΚΕΝΤΡΙΚΉ
ΤΣΆΙ
ΑΥΓΏΝ
ΠΡΟΒΛΈΠΟΥΝ
ΔΡΟΣΕΡΌ
ΧΑΡΑΚΤΉΡΑΣ
ΜΕΊΓΜΑ
ΕΜΠΝΕΎΣΕΙ
ΛΕΜΟΝΆΔΑ
ΛΑΒΉ
ΣΉΜΑ
ΟΥΣΊΑΣ

```
Ε  Π  Ι  Λ  Έ  Ξ  Τ  Ε  Τ  Ο  U  R  Μ  W  U  Η  V
Α  Ε  Ρ  Ο  Π  Λ  Ά  Ν  Ο  Σ  Ε  Χ  Ε  Κ  L  Τ  L
Ε  Σ  Τ  Ι  Α  Τ  Ό  Ρ  Ι  Ο  Ά  Ρ  Ί  Η  Ζ  J  L
Χ  Α  Ρ  Α  Κ  Τ  Ή  Ρ  Α  Σ  U  Ι  Γ  Υ  L  V  Ο
D  U  T  C  S  Ε  Ν  Ι  Α  Ρ  T  R  Μ  Ν  Μ  Ρ  Μ
Ν  S  U  Μ  Α  L  D  Ι  Ε  J  Ι  S  Α  Q  Ε  L  Κ
Ρ  Ό  S  G  Ο  C  Α  Ε  C  Η  Α  J  C  Κ  Ε  R  Υ
U  Κ  Ν  Τ  Α  Υ  Γ  Ώ  Ν  Λ  Ε  Μ  Ο  Ν  Ά  D  Α
Μ  Ι  Σ  Ή  Ζ  D  G  Ε  Ύ  Ύ  Α  Υ  V  C  Ζ  L  Ο
Τ  Ν  Α  S  Κ  Ρ  Ν  Υ  Ο  Π  Έ  Λ  Β  Ο  Ρ  Π  L
W  Α  Ί  Ή  Ε  Ο  Ρ  Ε  Ρ  Μ  D  Α  Κ  Υ  G  Χ  Ν
L  Χ  Σ  Μ  Ι  Σ  R  Μ  Ι  Α  Q  Β  J  Ύ  Τ  Ε  Μ
Κ  Η  Υ  Α  Ν  Ε  F  Χ  Α  Κ  Ε  Ή  Ε  G  Ο  Q  Χ
D  Μ  Ο  Ρ  Ρ  Ρ  Μ  L  Ξ  Κ  Ε  Ν  Τ  Ρ  Ι  Κ  Ή
R  Ρ  Ν  Χ  U  Ό  Α  Ι  Ε  Σ  Ύ  Ε  Ν  Π  Μ  Ε  Ο
```

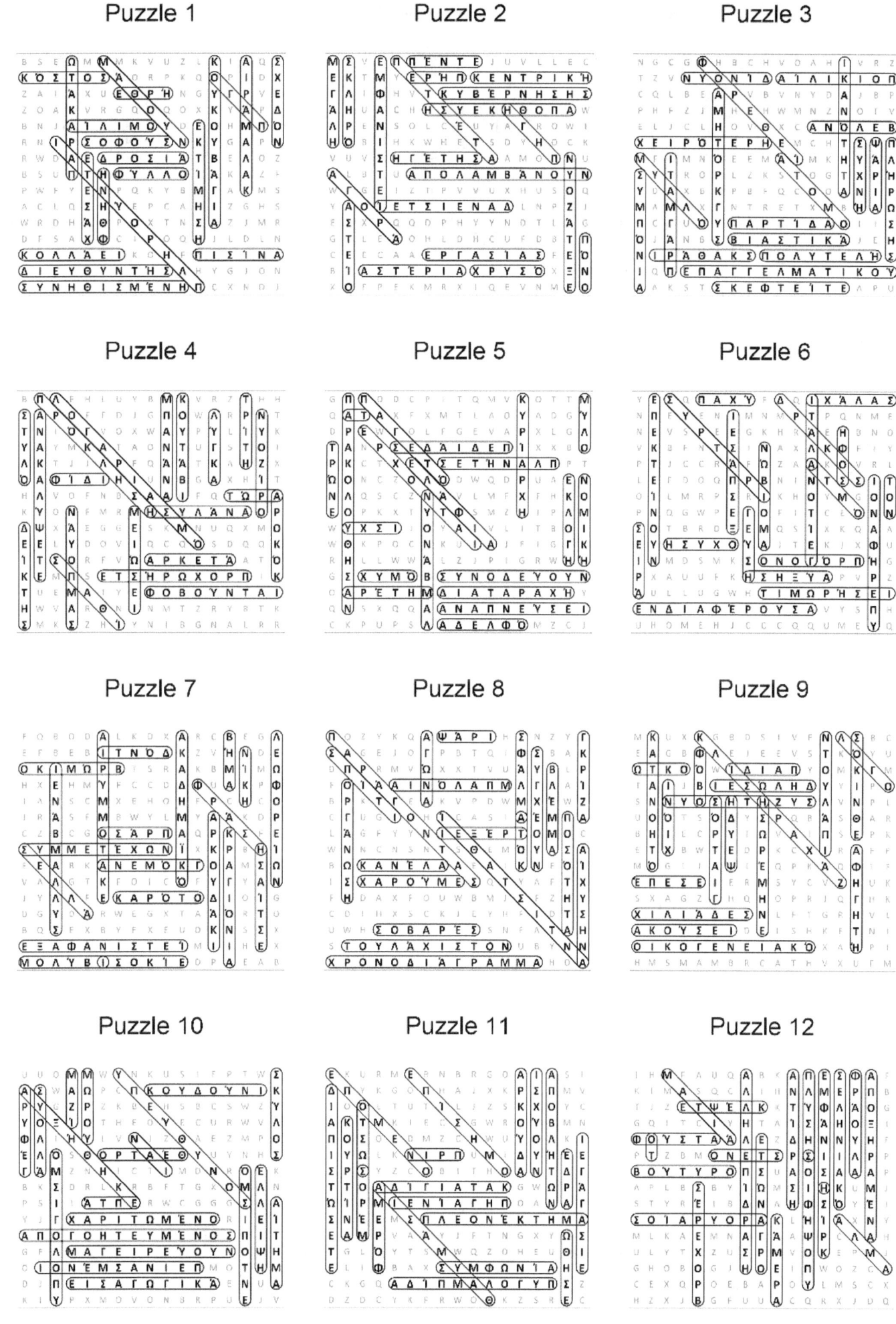

Puzzle 1

Puzzle 2

Puzzle 3

Puzzle 4

Puzzle 5

Puzzle 6

Puzzle 7

Puzzle 8

Puzzle 9

Puzzle 10

Puzzle 11

Puzzle 12

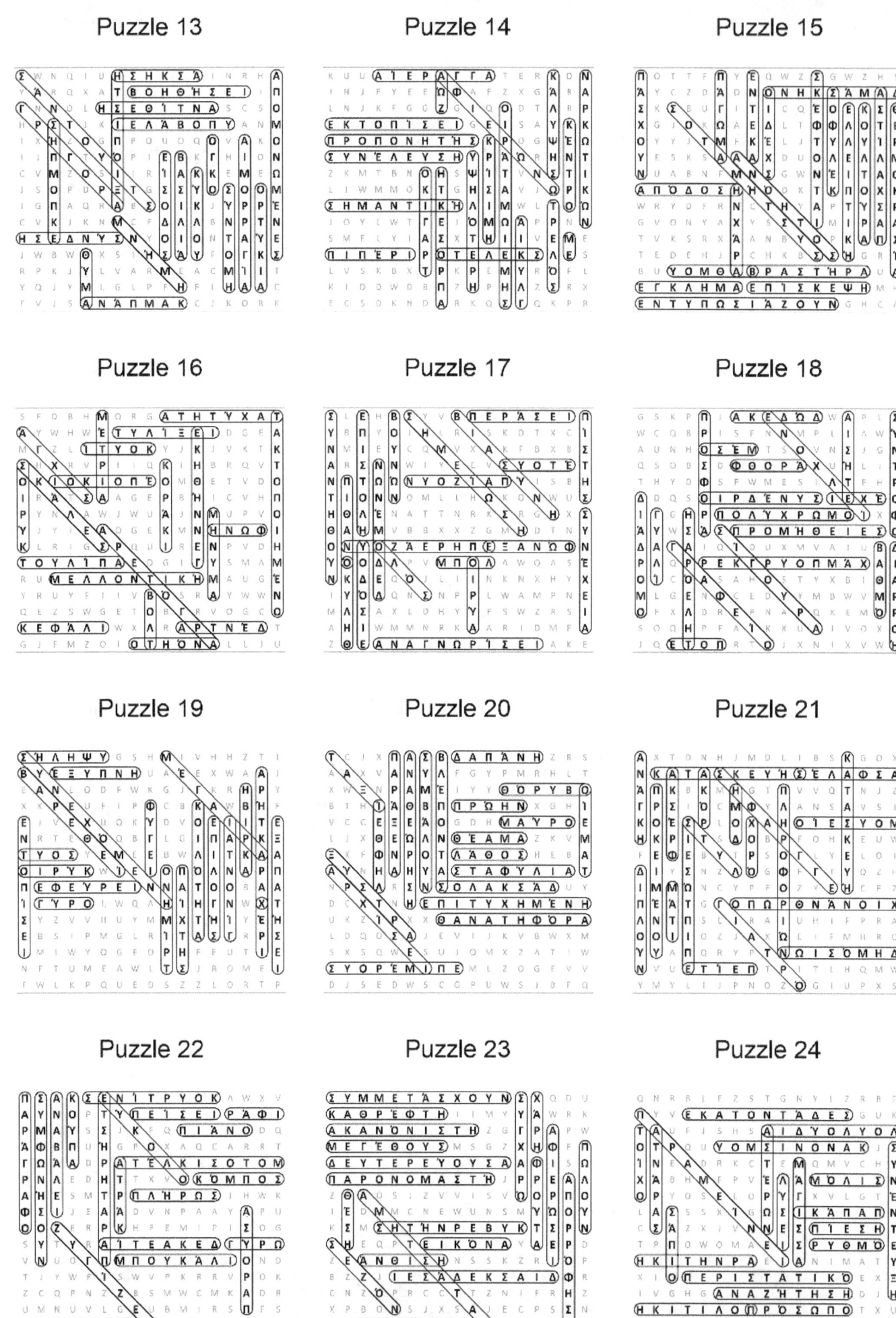

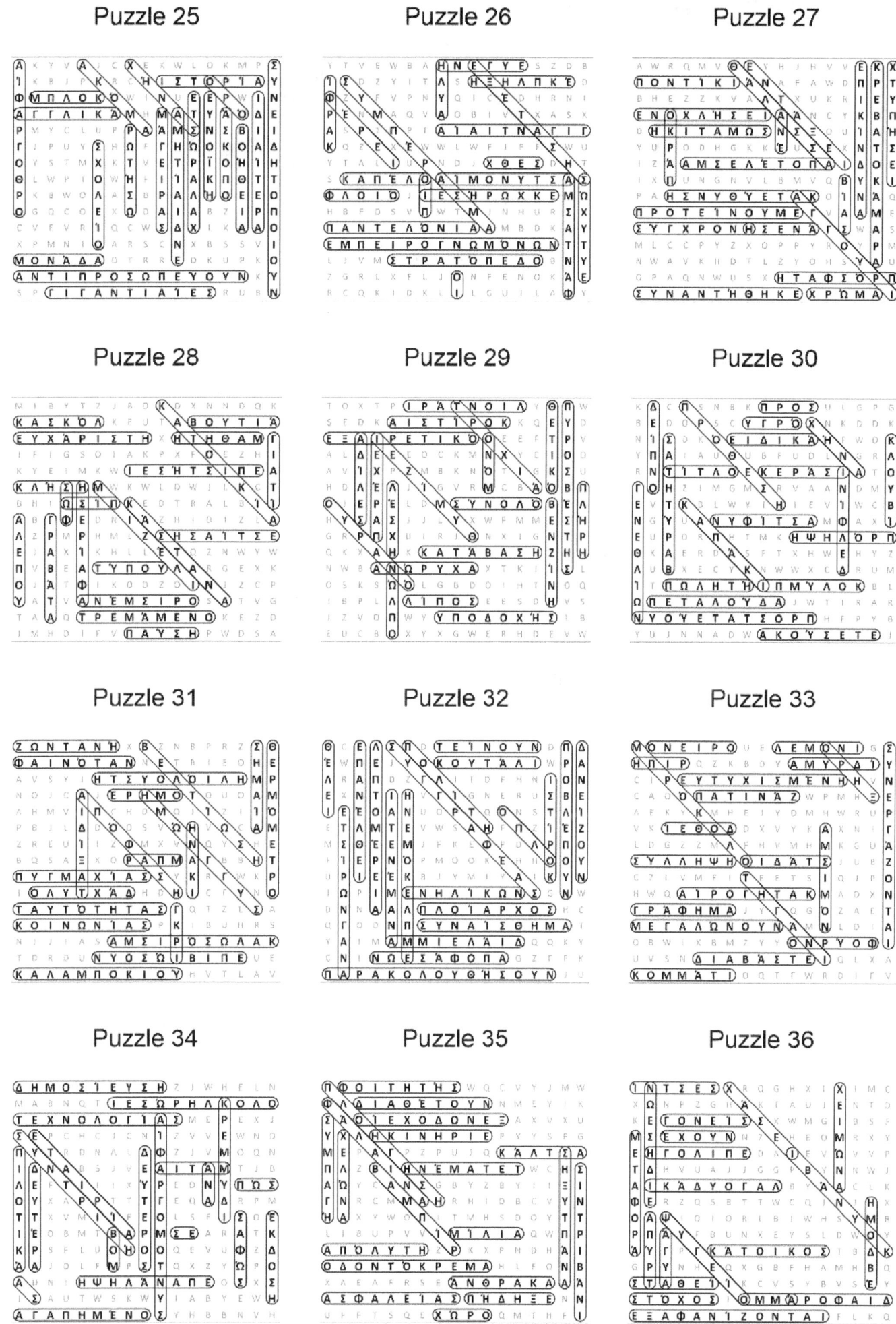

Puzzle 37

Puzzle 38

Puzzle 39

Puzzle 40

Puzzle 41

Puzzle 42

Puzzle 43

Puzzle 44

Puzzle 45

Puzzle 46

Puzzle 47

Puzzle 48

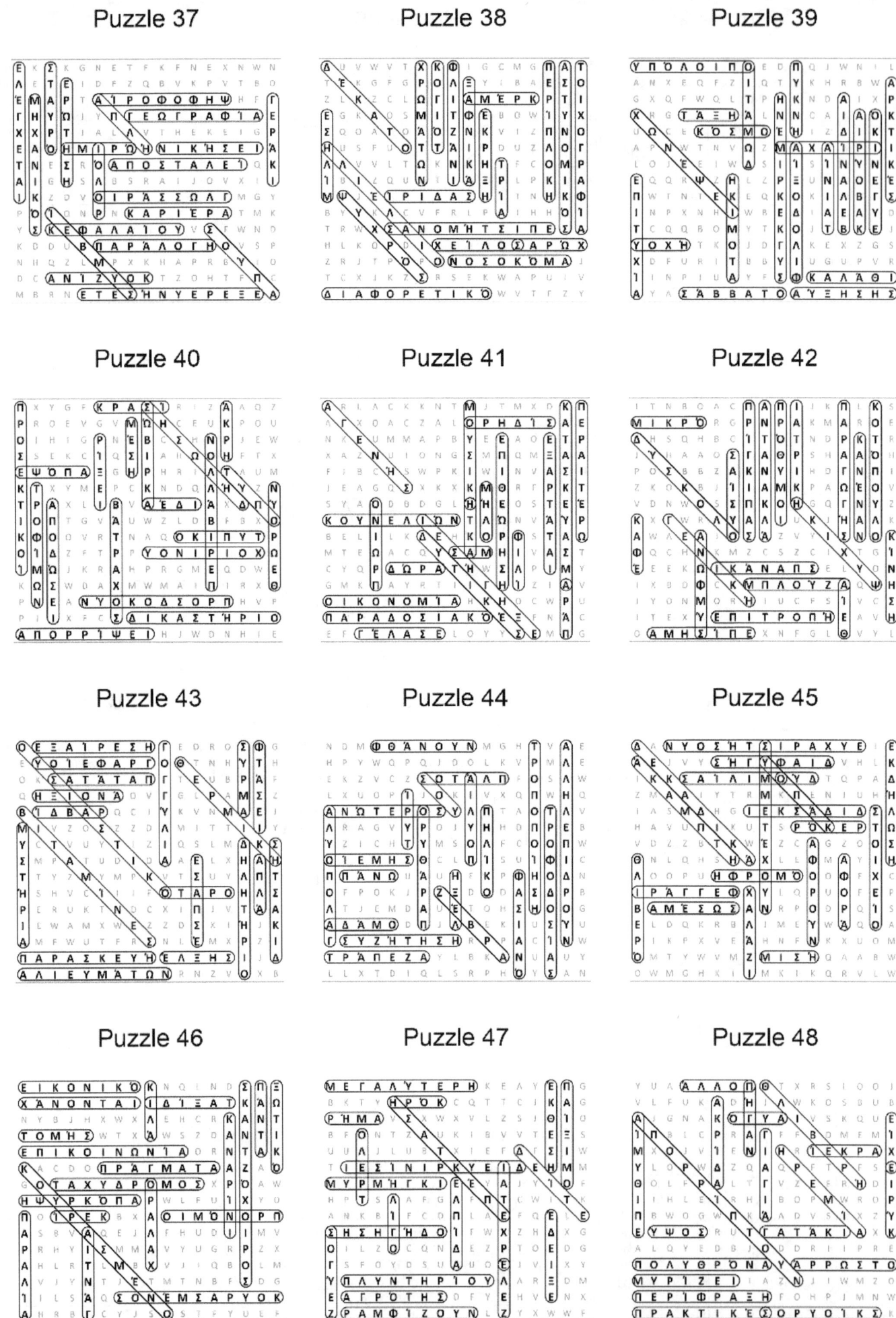

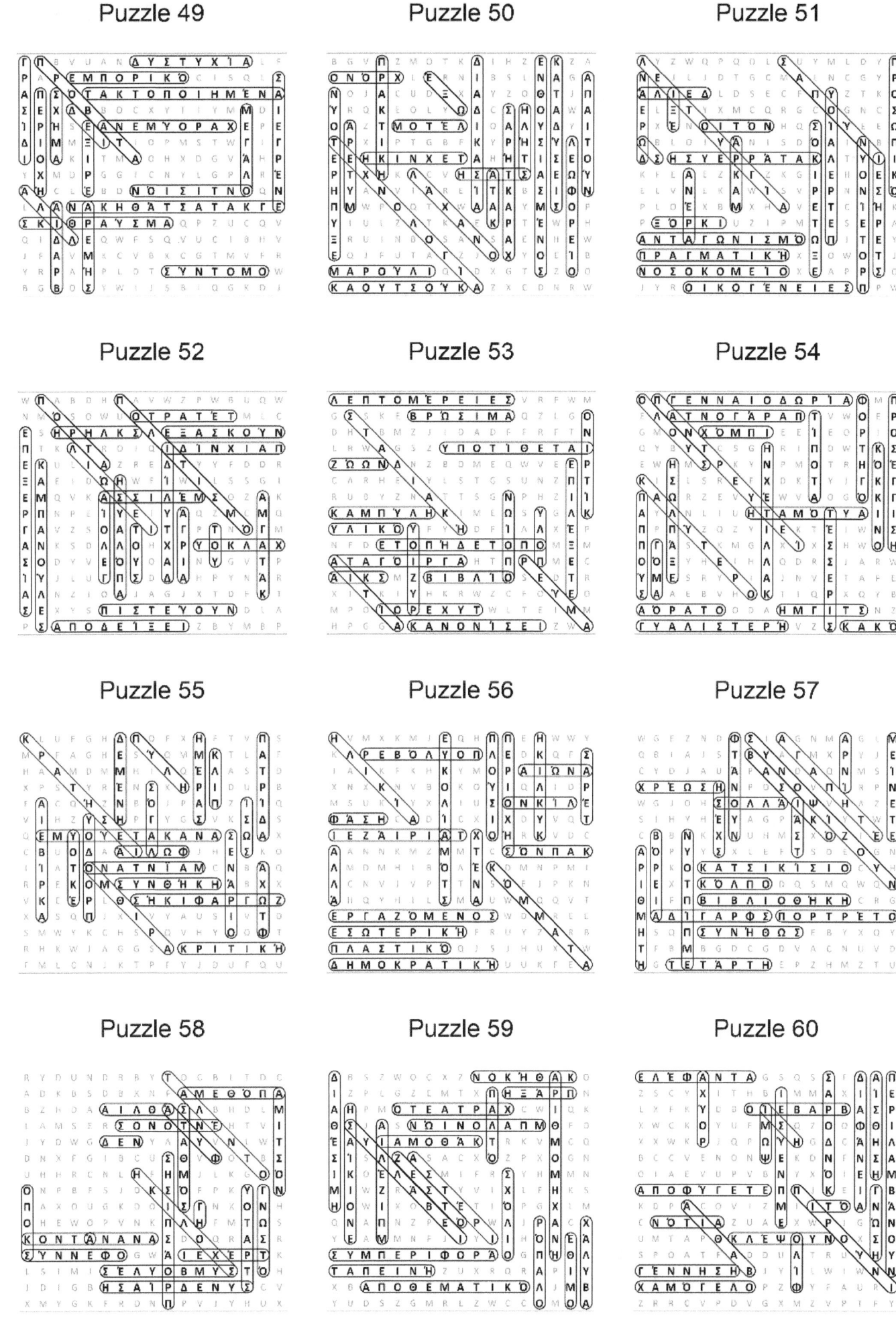

Puzzle 61

Puzzle 62

Puzzle 63

Puzzle 64

Puzzle 65

Puzzle 66

Puzzle 67

Puzzle 68

Puzzle 69

Puzzle 70

Puzzle 71

Puzzle 72

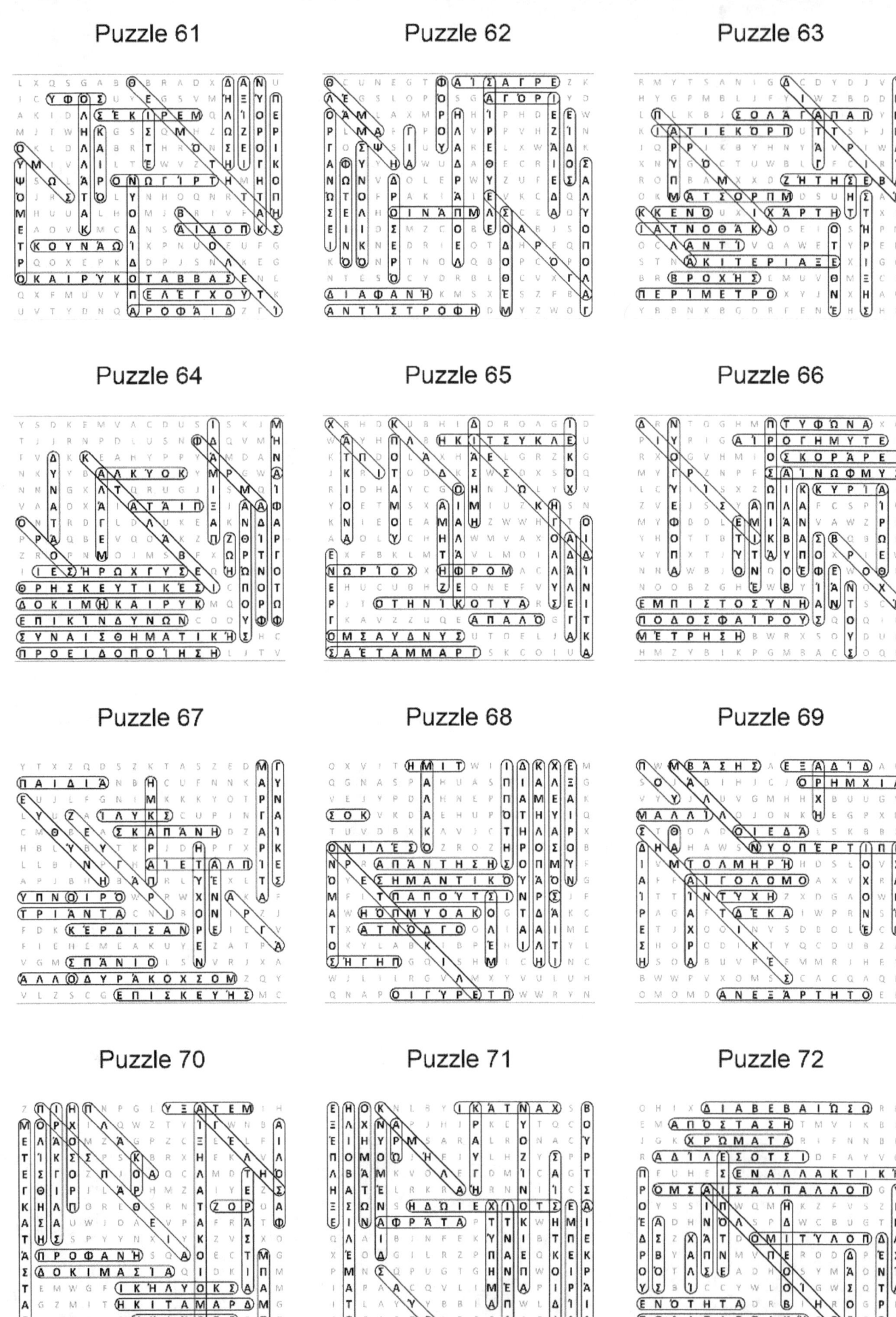

Puzzle 73

Puzzle 74

Puzzle 75

Puzzle 76

Puzzle 77

Puzzle 78

Puzzle 79

Puzzle 80

Puzzle 81

Puzzle 82

Puzzle 83

Puzzle 84

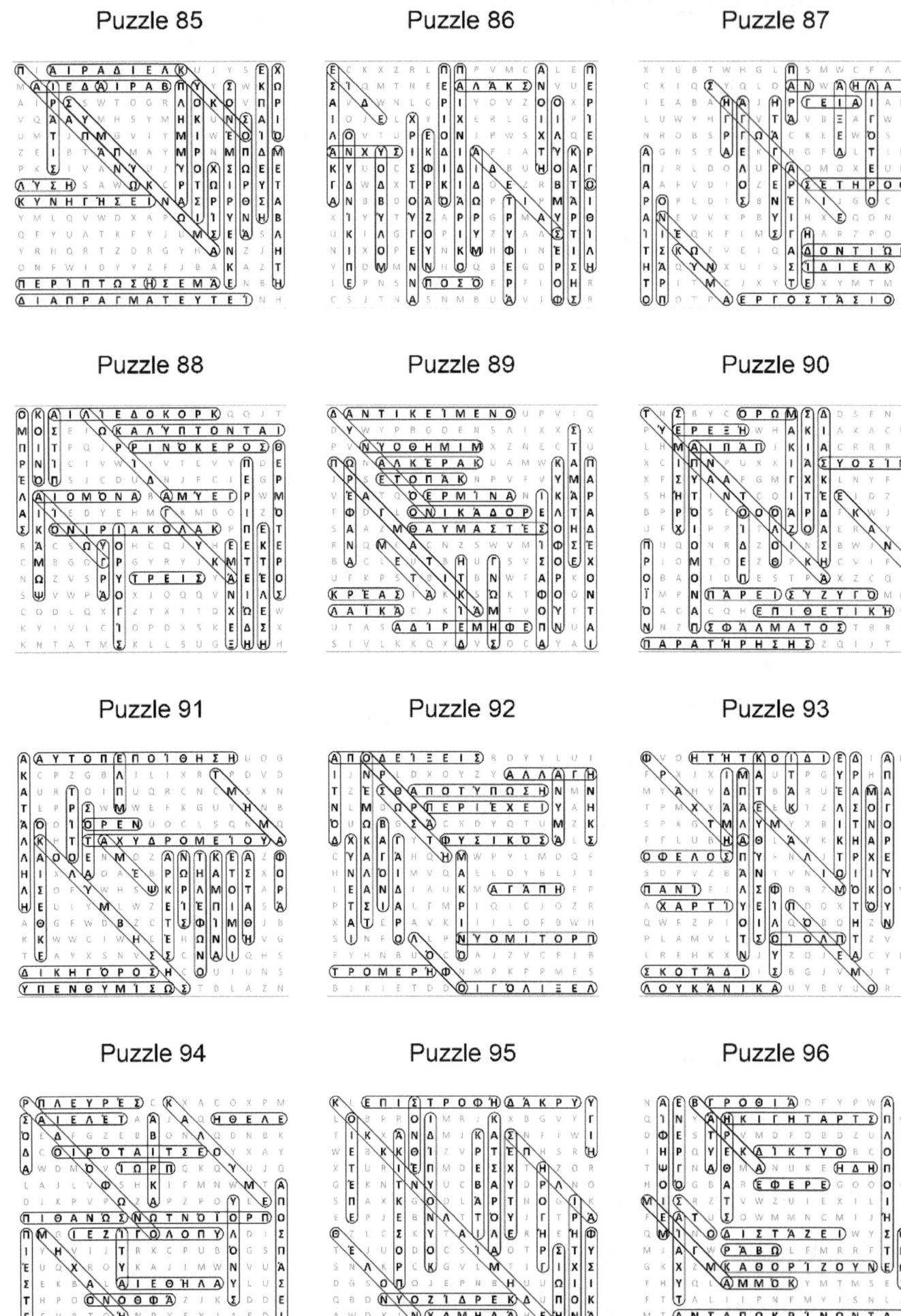

Puzzle 85

Puzzle 86

Puzzle 87

Puzzle 88

Puzzle 89

Puzzle 90

Puzzle 91

Puzzle 92

Puzzle 93

Puzzle 94

Puzzle 95

Puzzle 96

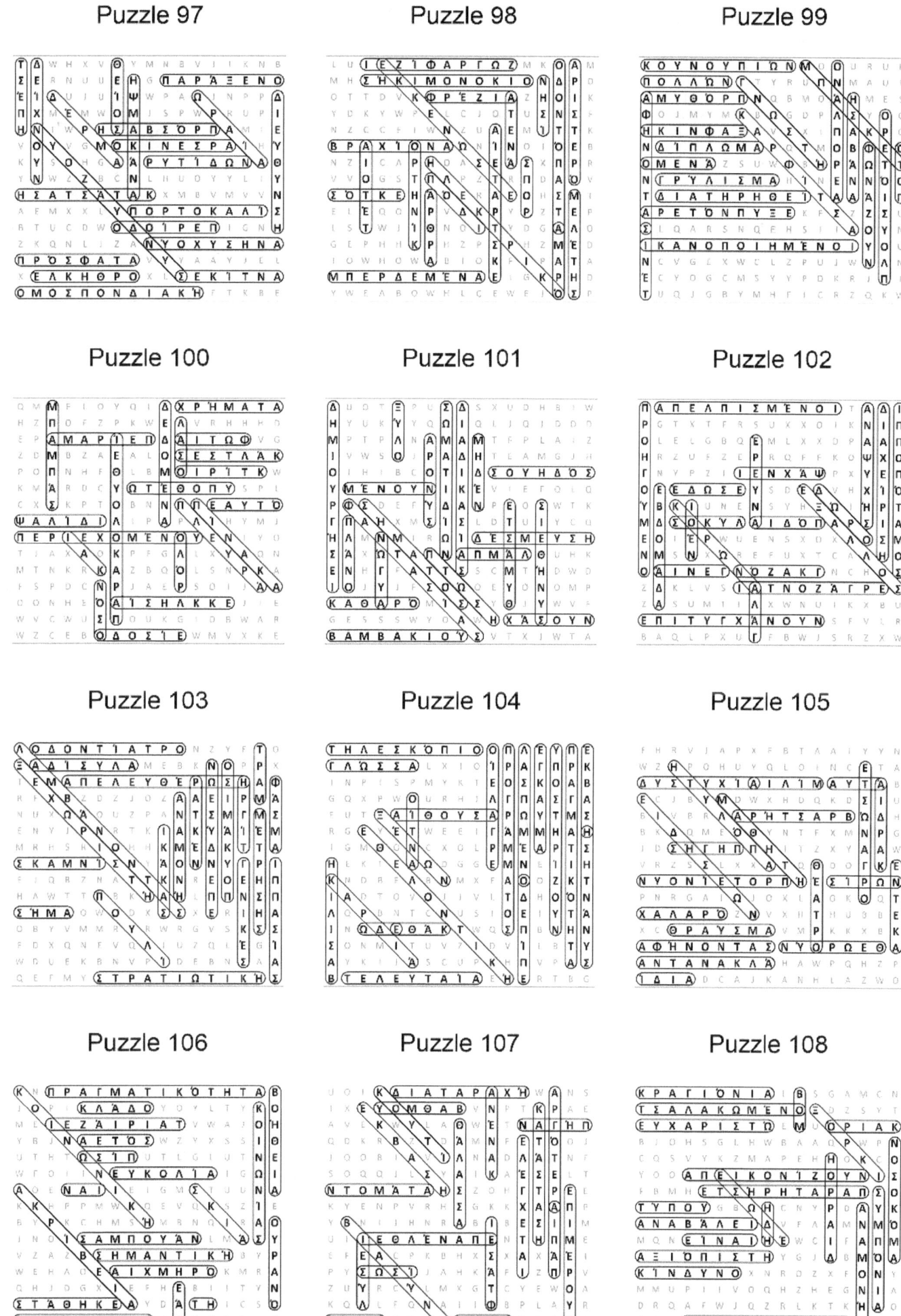

Puzzle 97

Puzzle 98

Puzzle 99

Puzzle 100

Puzzle 101

Puzzle 102

Puzzle 103

Puzzle 104

Puzzle 105

Puzzle 106

Puzzle 107

Puzzle 108

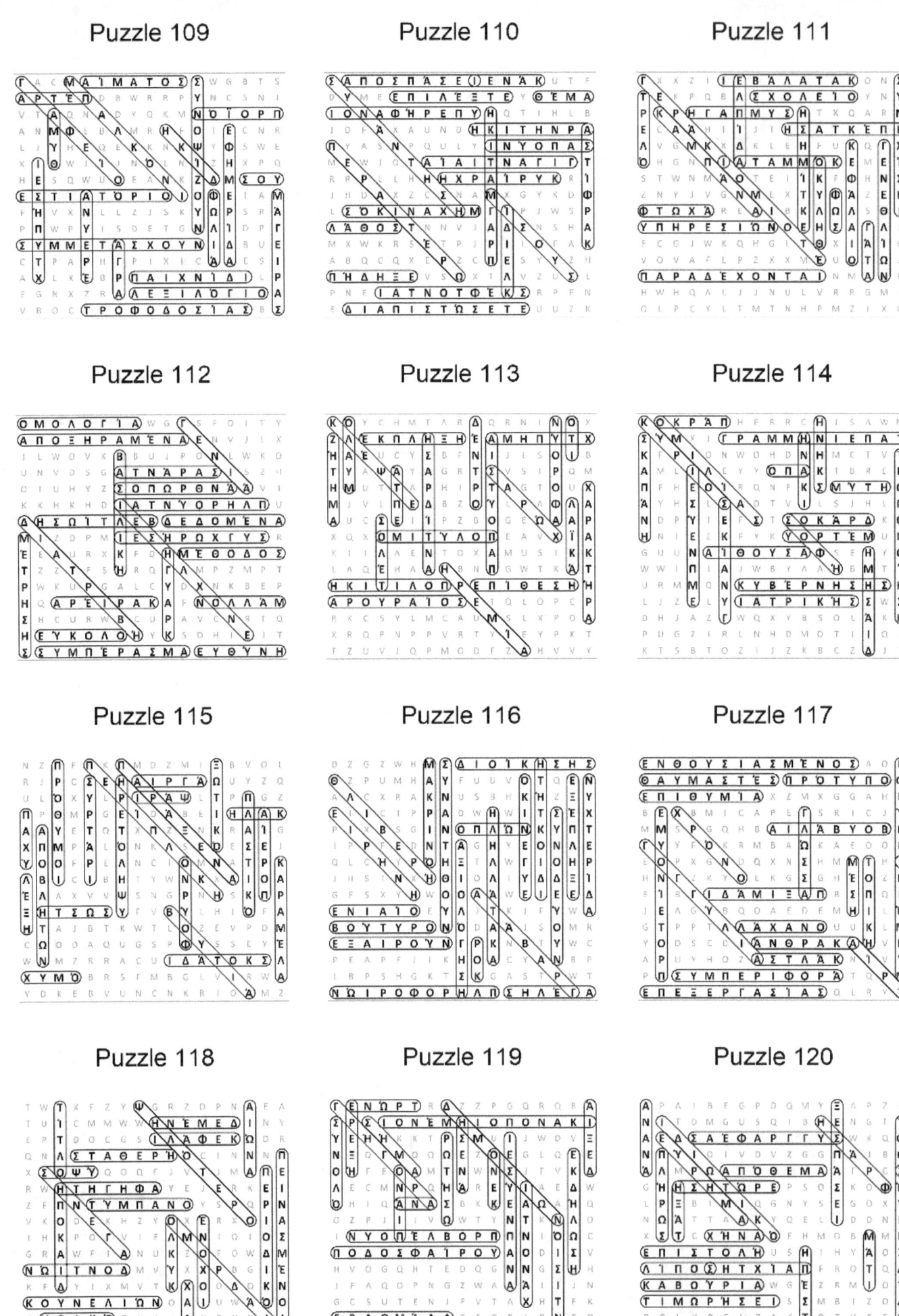

Puzzle 109

Puzzle 110

Puzzle 111

Puzzle 112

Puzzle 113

Puzzle 114

Puzzle 115

Puzzle 116

Puzzle 117

Puzzle 118

Puzzle 119

Puzzle 120

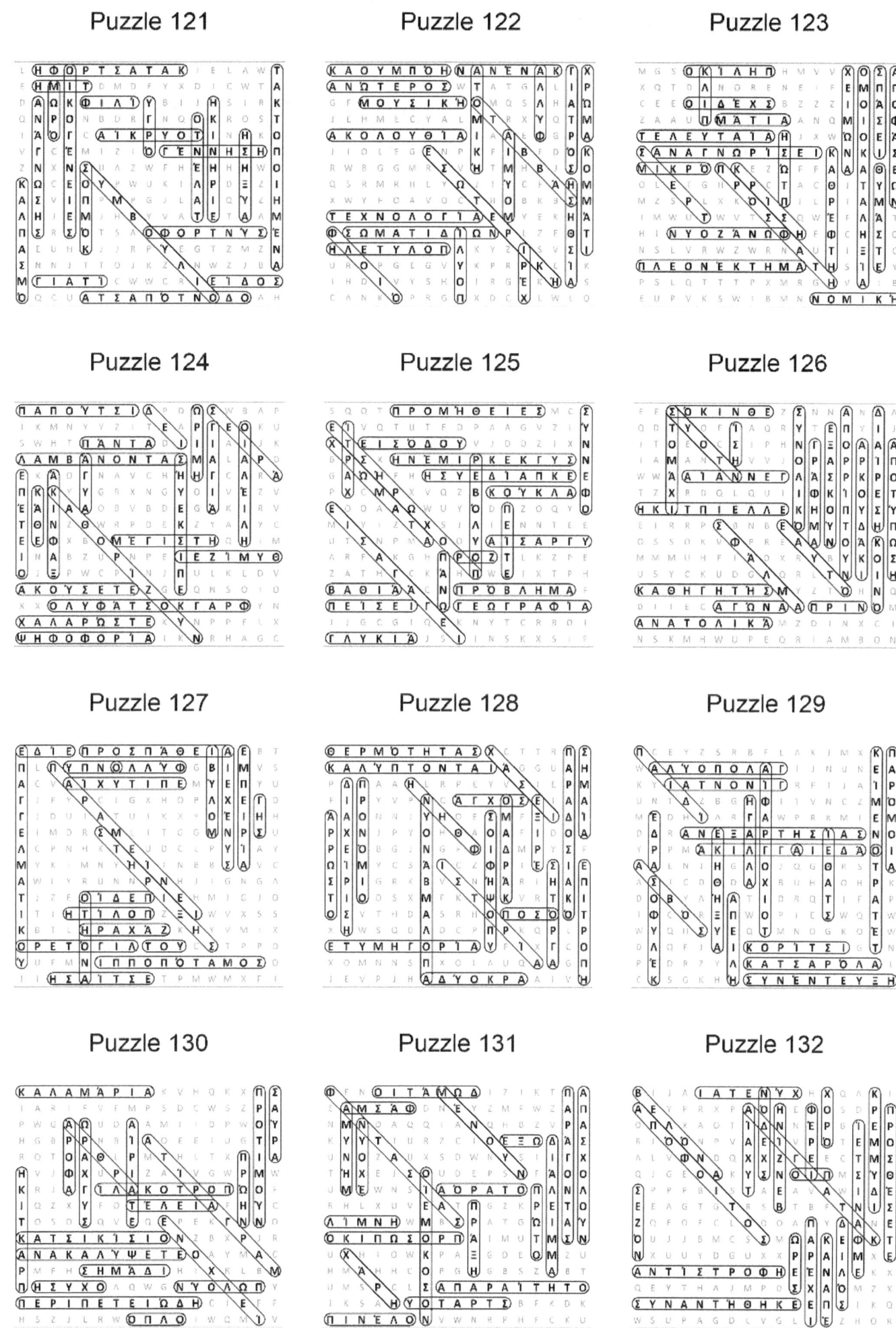

Puzzle 121

Puzzle 122

Puzzle 123

Puzzle 124

Puzzle 125

Puzzle 126

Puzzle 127

Puzzle 128

Puzzle 129

Puzzle 130

Puzzle 131

Puzzle 132

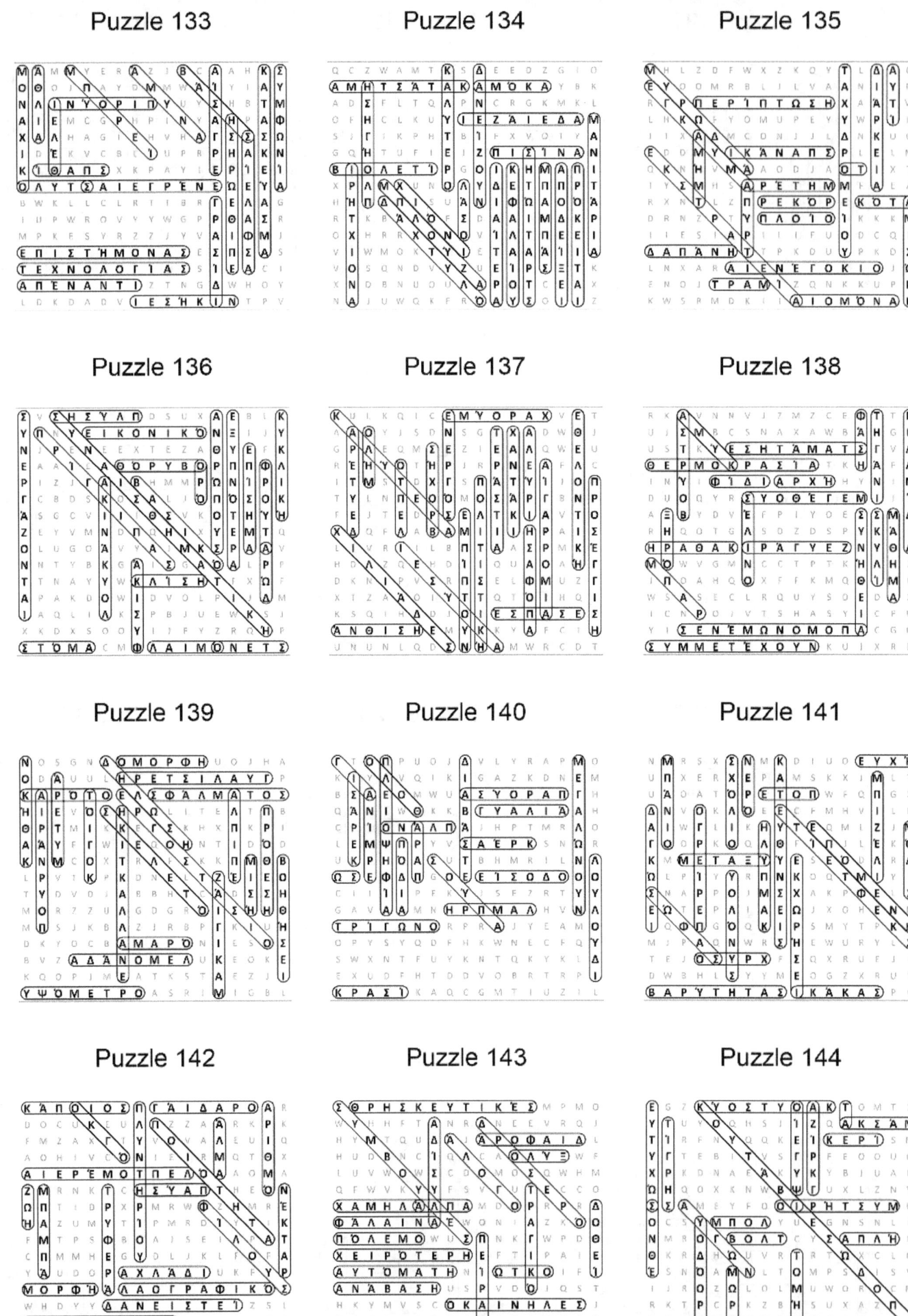

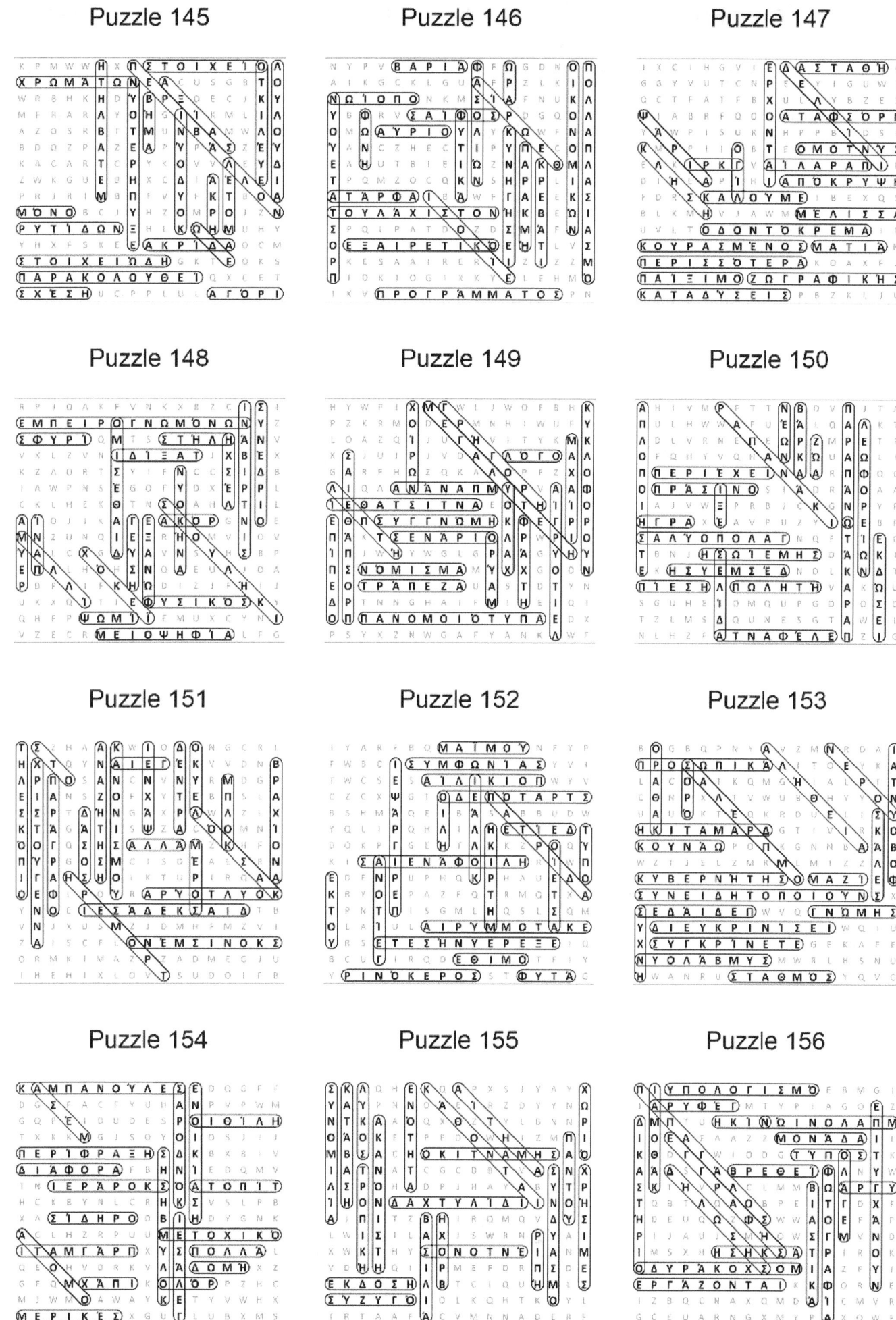

Puzzle 145

Puzzle 146

Puzzle 147

Puzzle 148

Puzzle 149

Puzzle 150

Puzzle 151

Puzzle 152

Puzzle 153

Puzzle 154

Puzzle 155

Puzzle 156

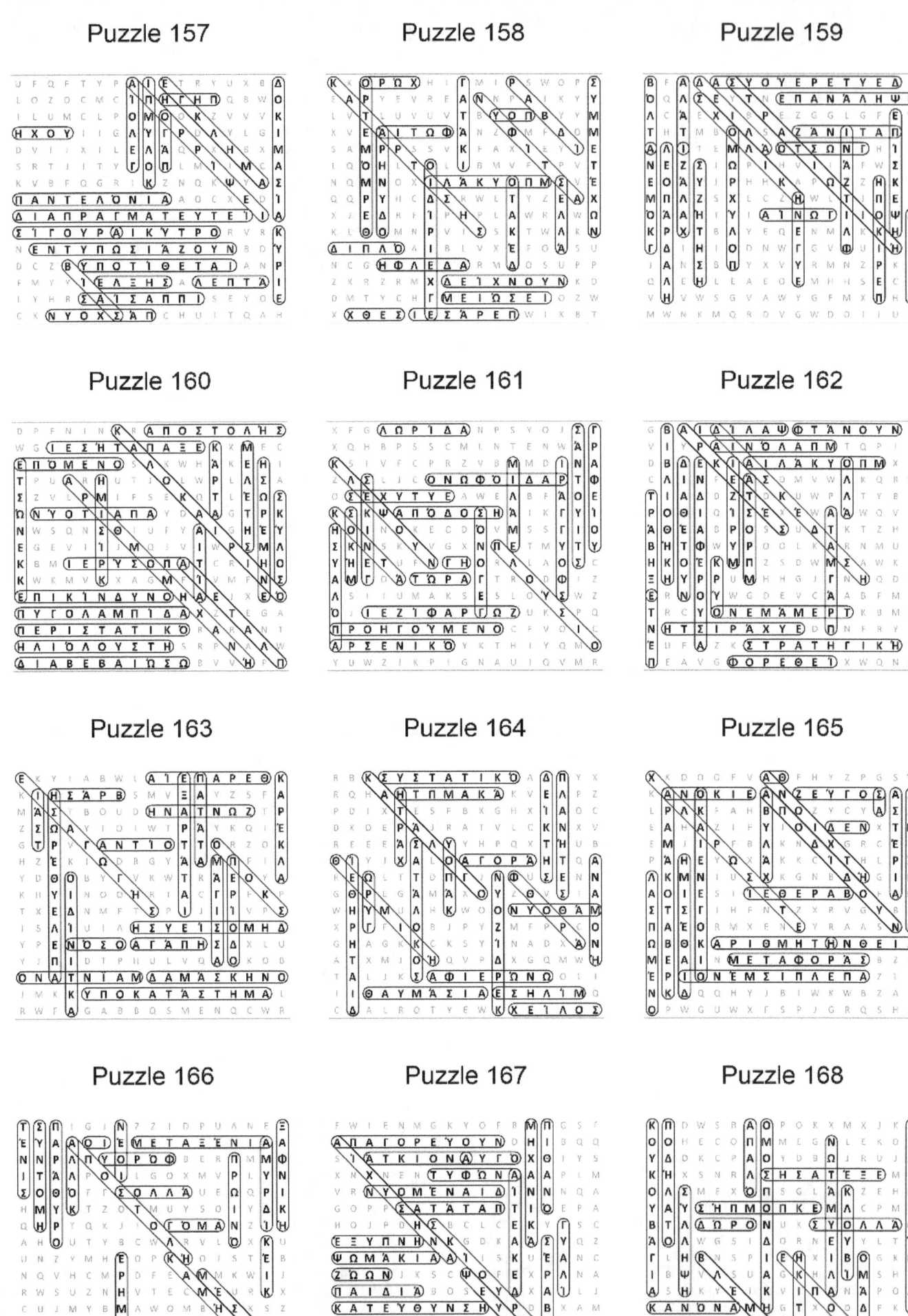

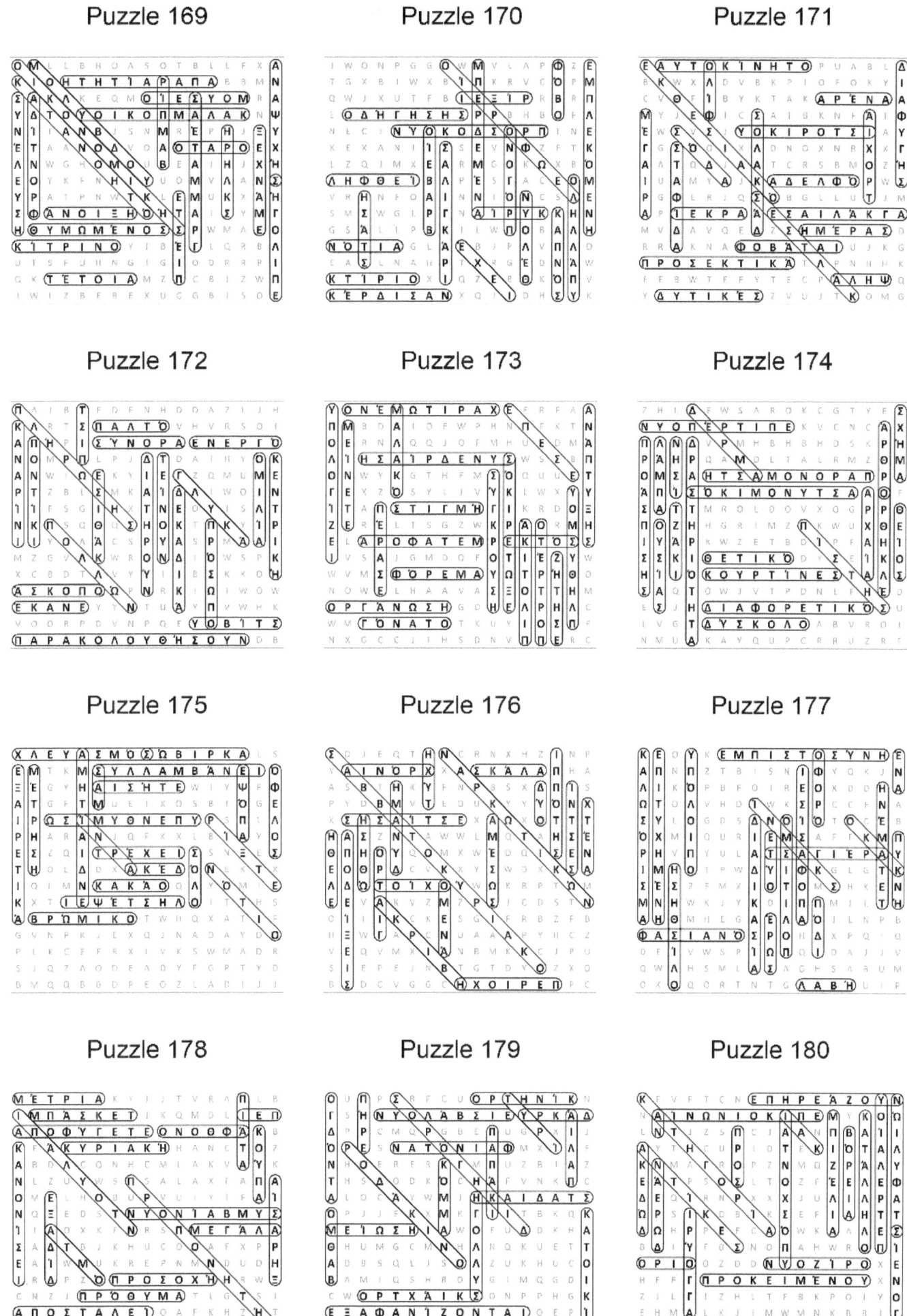

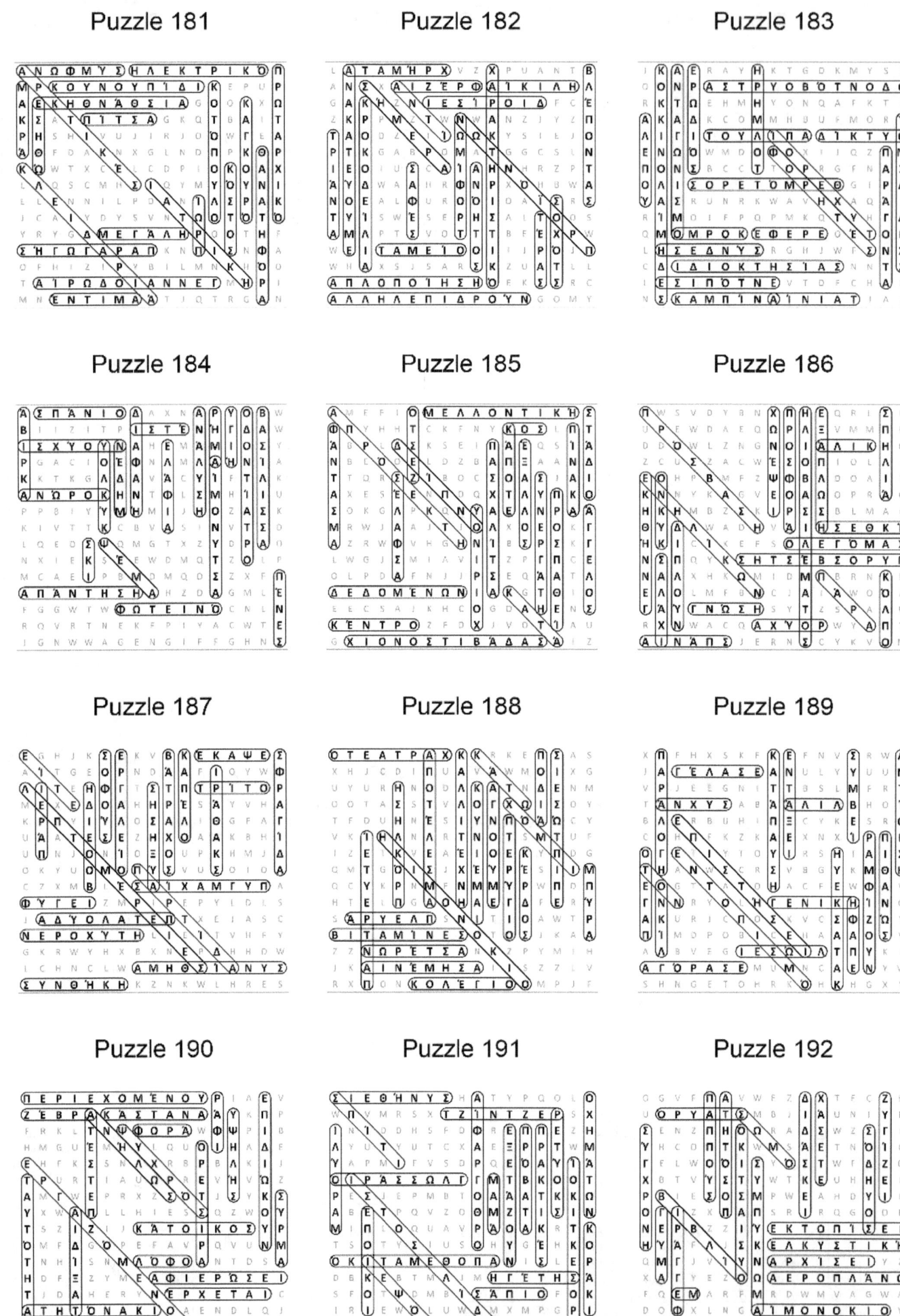

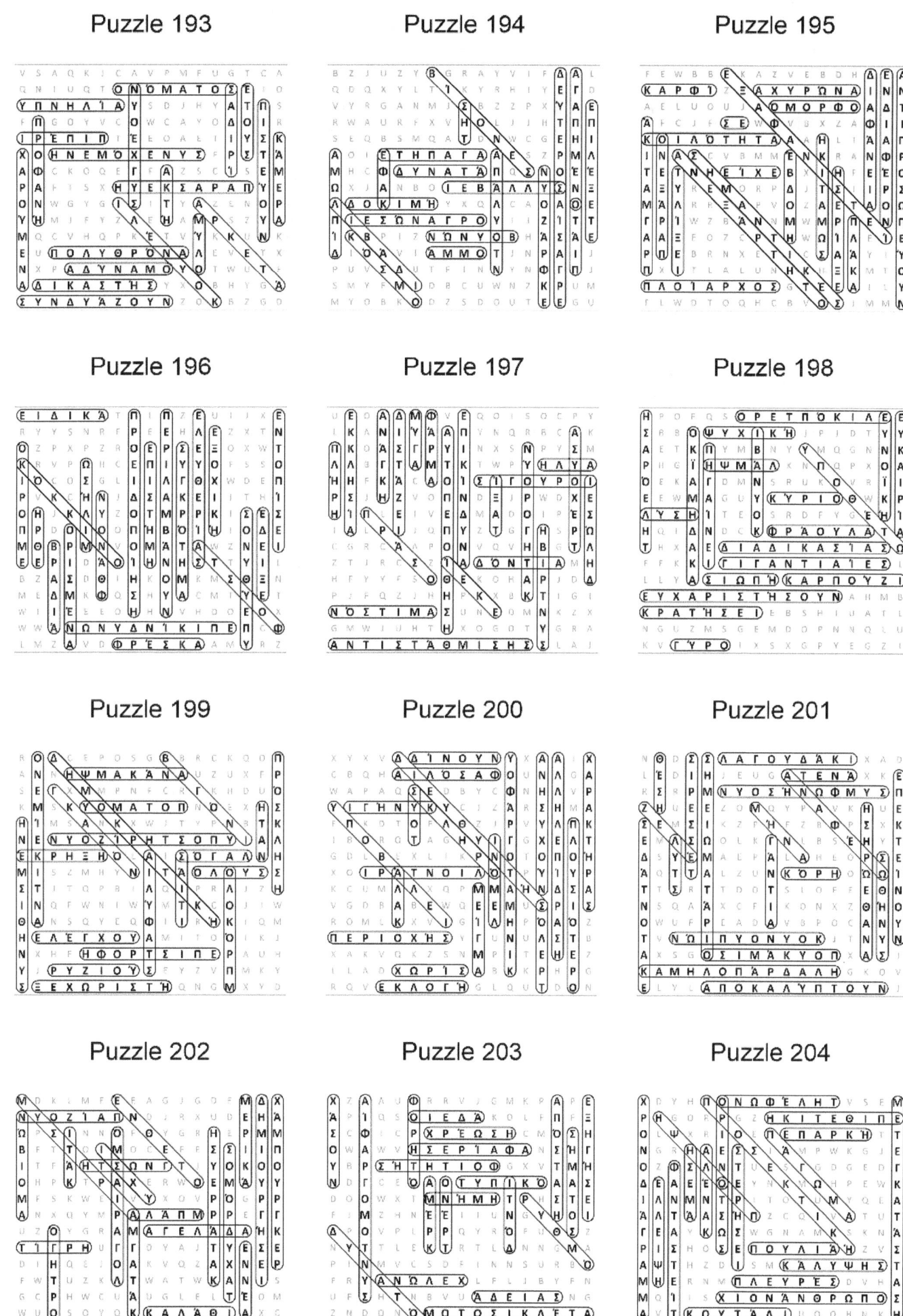

Puzzle 193

Puzzle 194

Puzzle 195

Puzzle 196

Puzzle 197

Puzzle 198

Puzzle 199

Puzzle 200

Puzzle 201

Puzzle 202

Puzzle 203

Puzzle 204

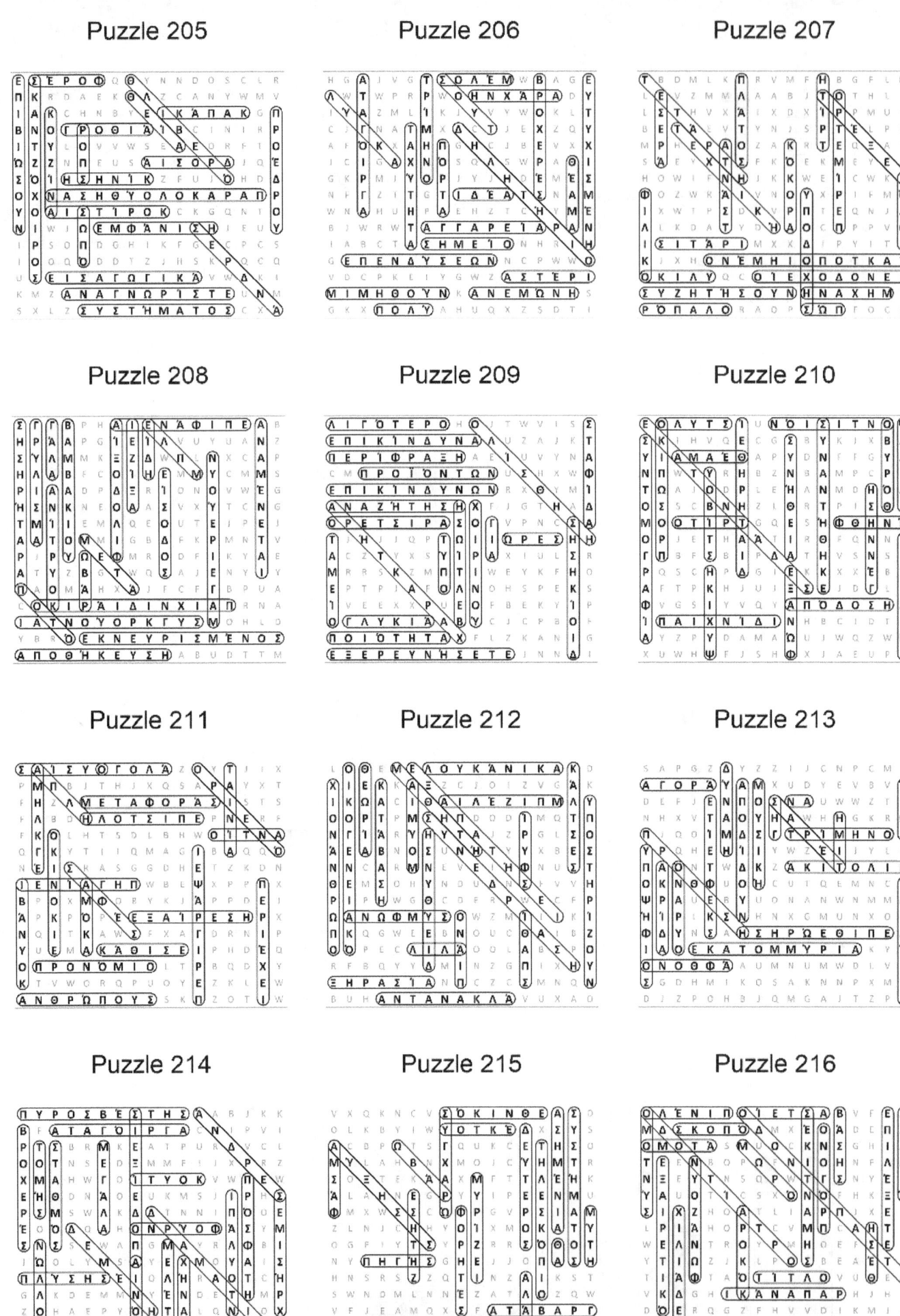

Puzzle 205

Puzzle 206

Puzzle 207

Puzzle 208

Puzzle 209

Puzzle 210

Puzzle 211

Puzzle 212

Puzzle 213

Puzzle 214

Puzzle 215

Puzzle 216

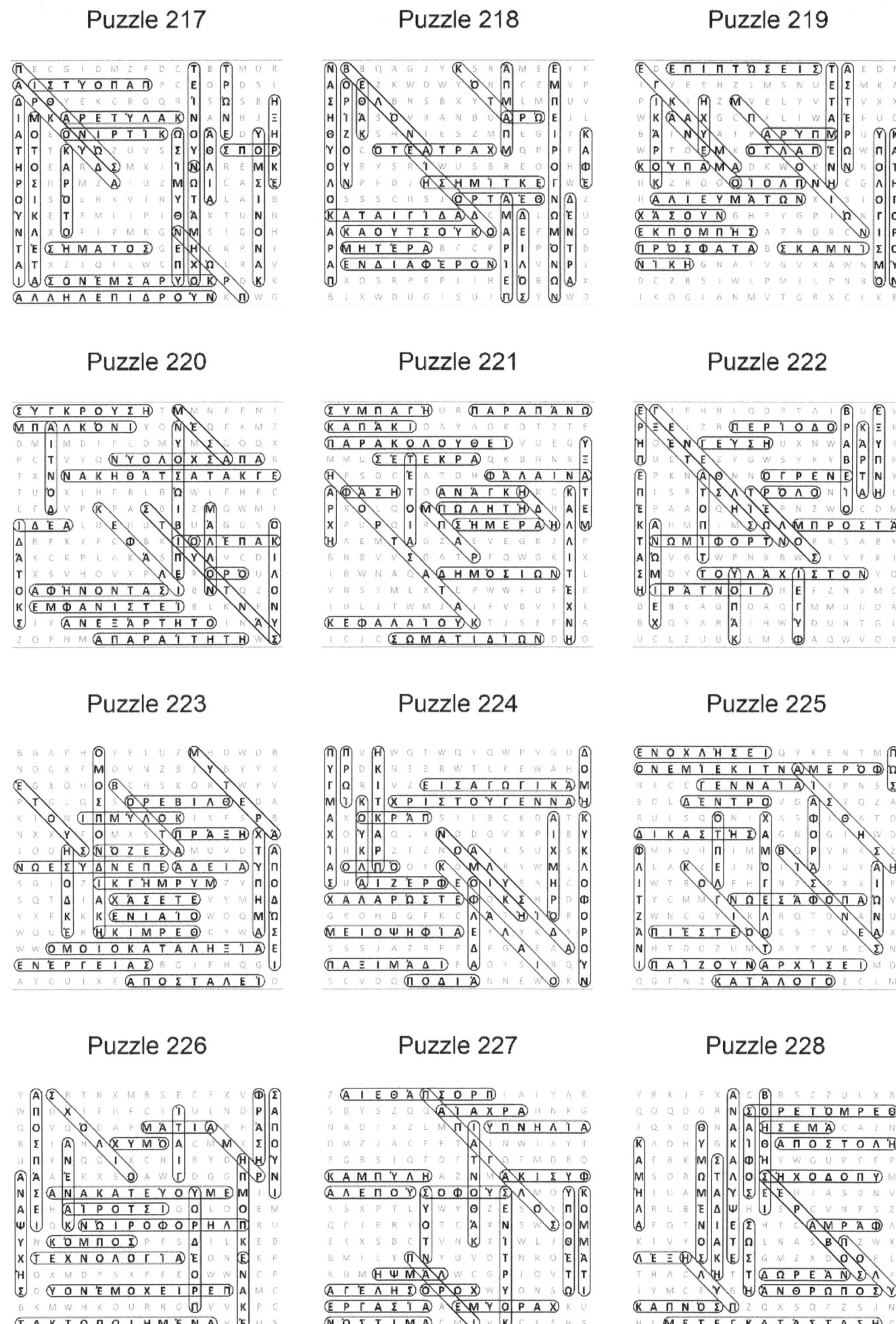

Puzzle 217

Puzzle 218

Puzzle 219

Puzzle 220

Puzzle 221

Puzzle 222

Puzzle 223

Puzzle 224

Puzzle 225

Puzzle 226

Puzzle 227

Puzzle 228

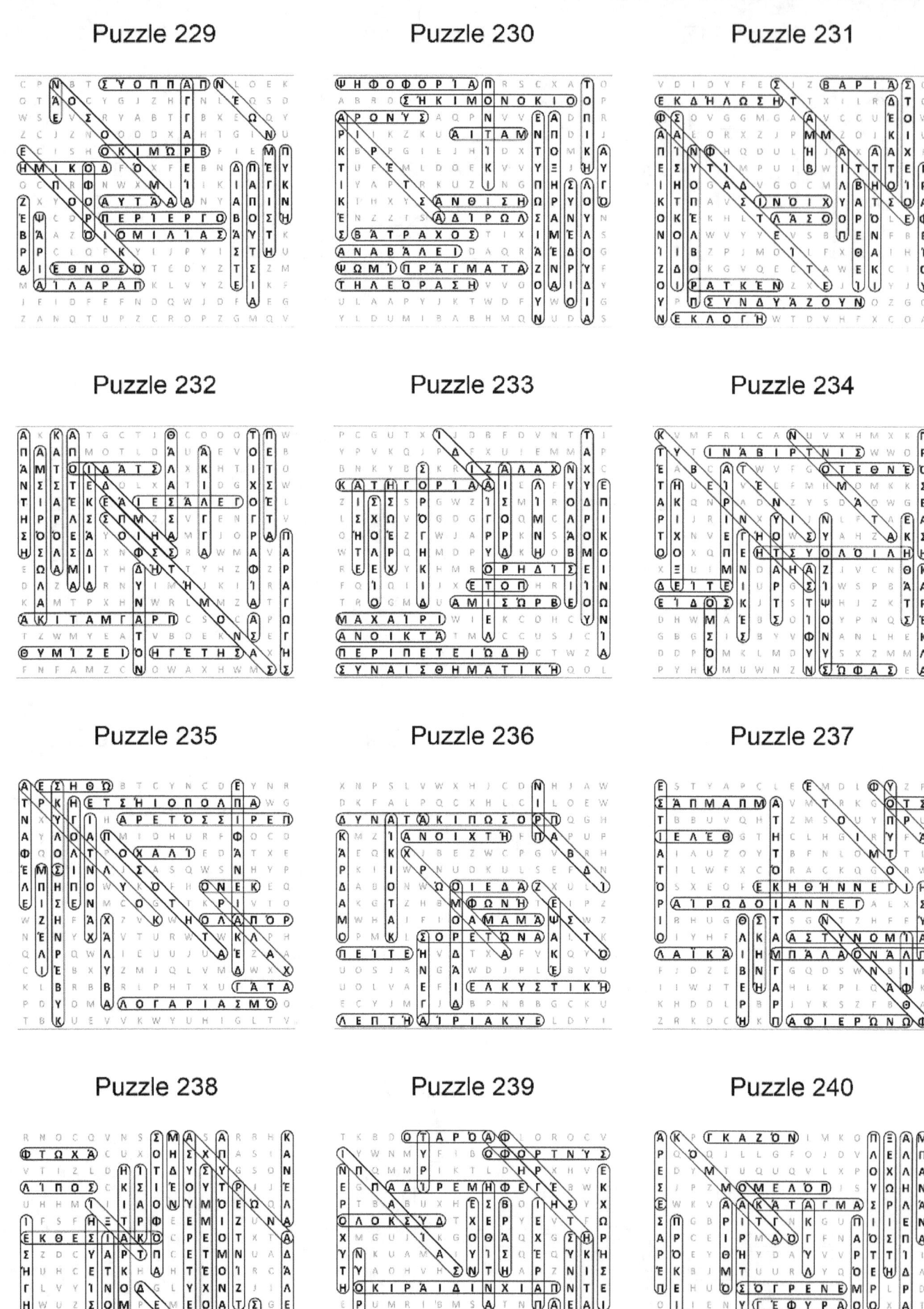

Puzzle 229

Puzzle 230

Puzzle 231

Puzzle 232

Puzzle 233

Puzzle 234

Puzzle 235

Puzzle 236

Puzzle 237

Puzzle 238

Puzzle 239

Puzzle 240

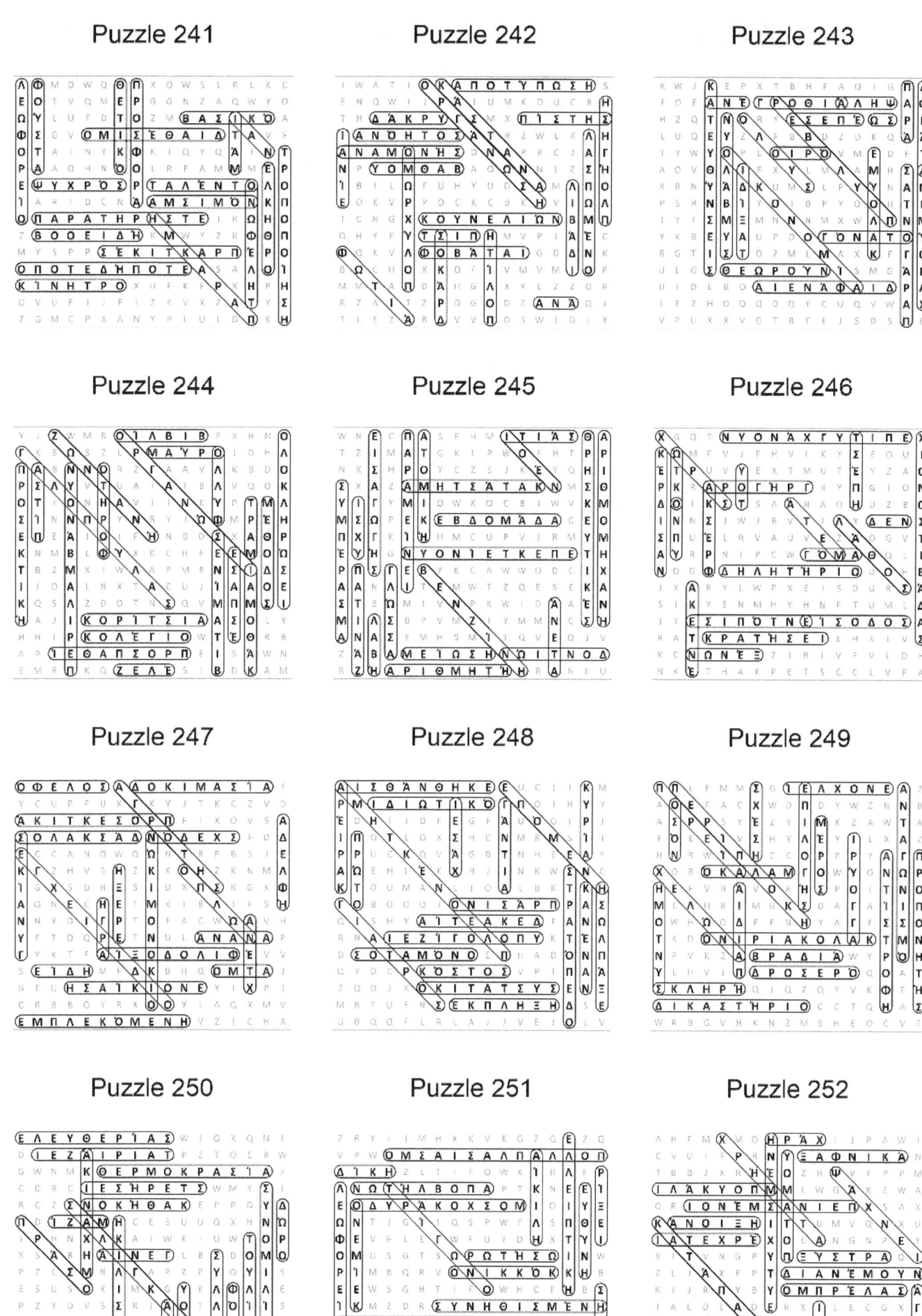

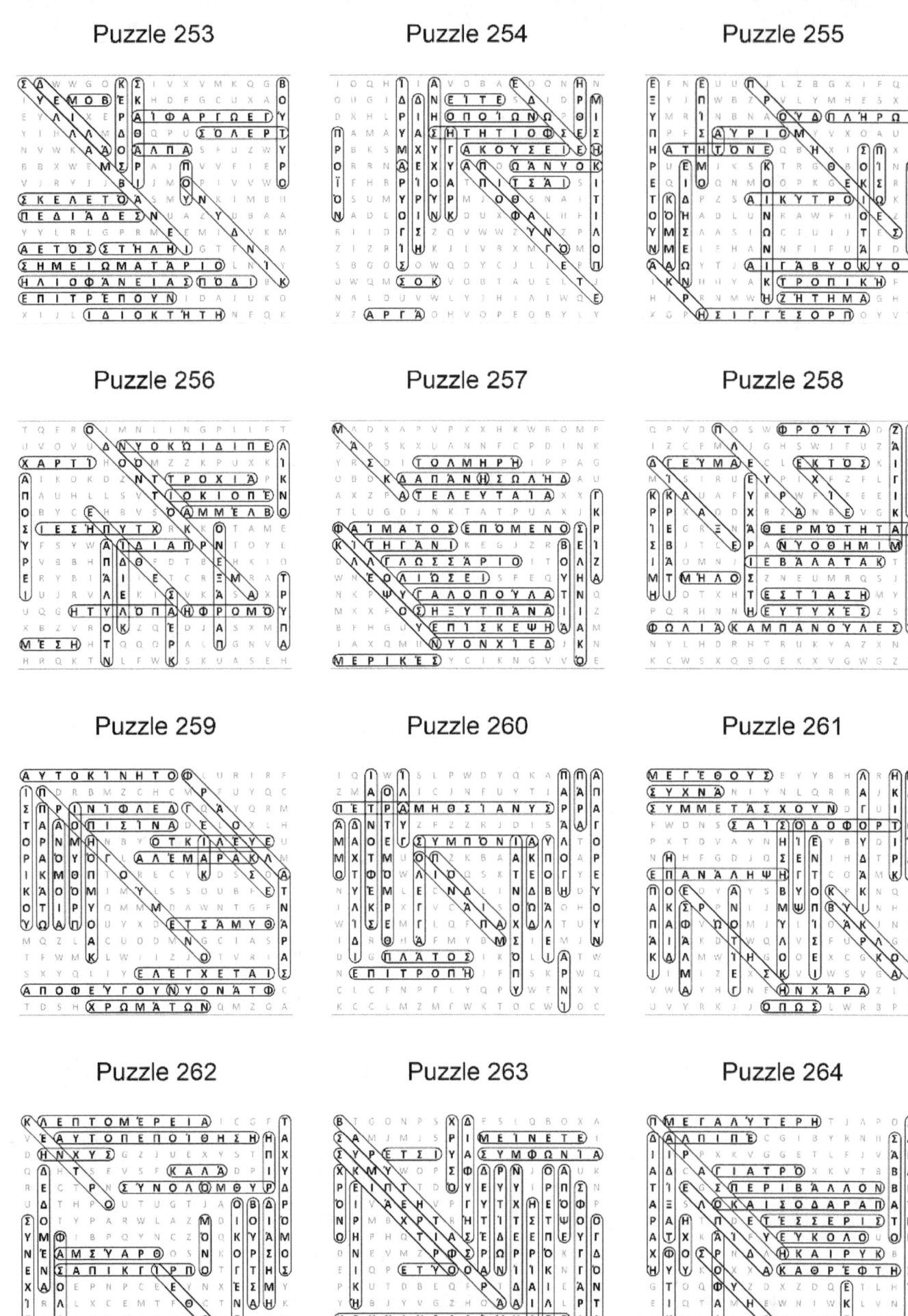

Puzzle 253

Puzzle 254

Puzzle 255

Puzzle 256

Puzzle 257

Puzzle 258

Puzzle 259

Puzzle 260

Puzzle 261

Puzzle 262

Puzzle 263

Puzzle 264

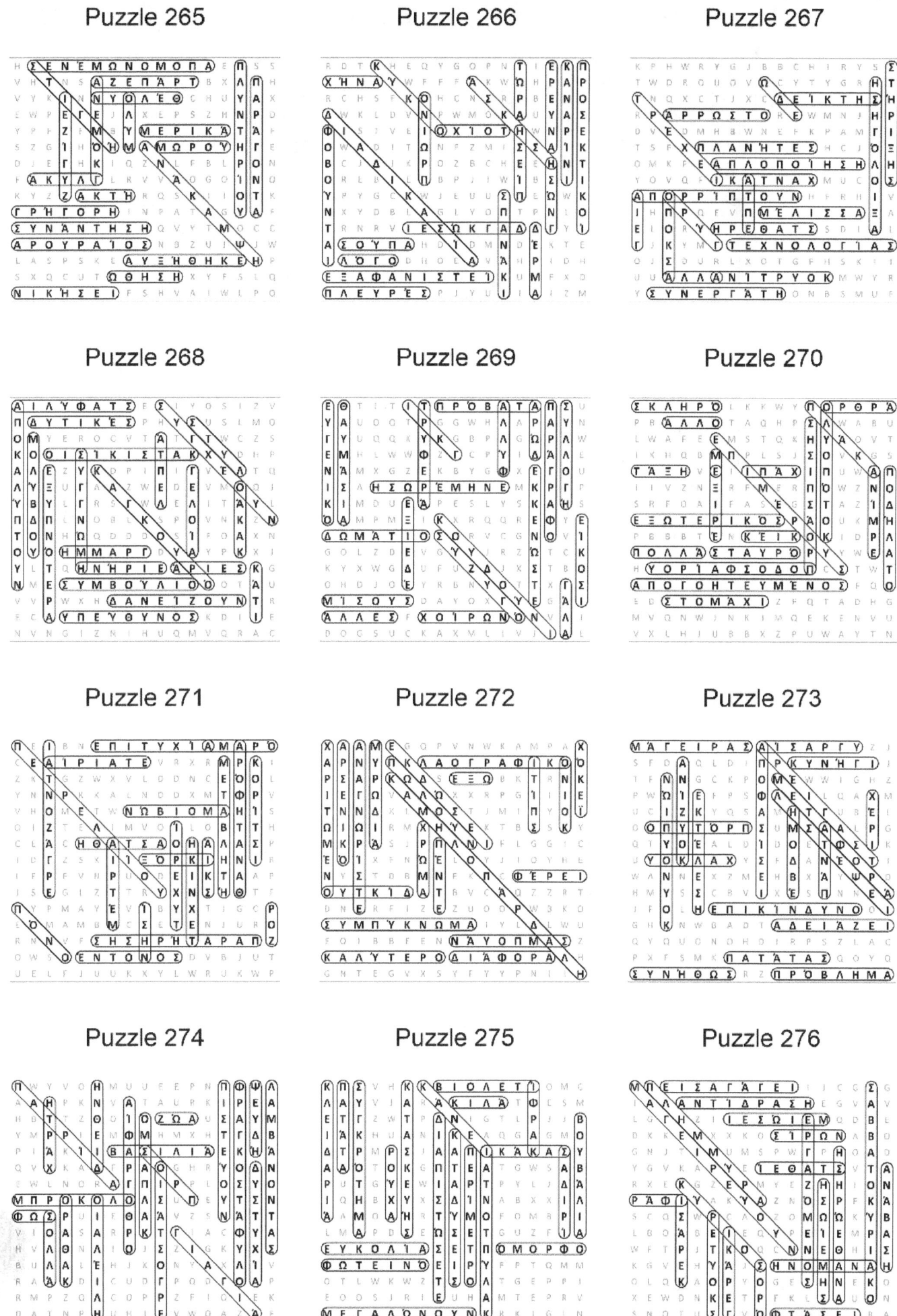

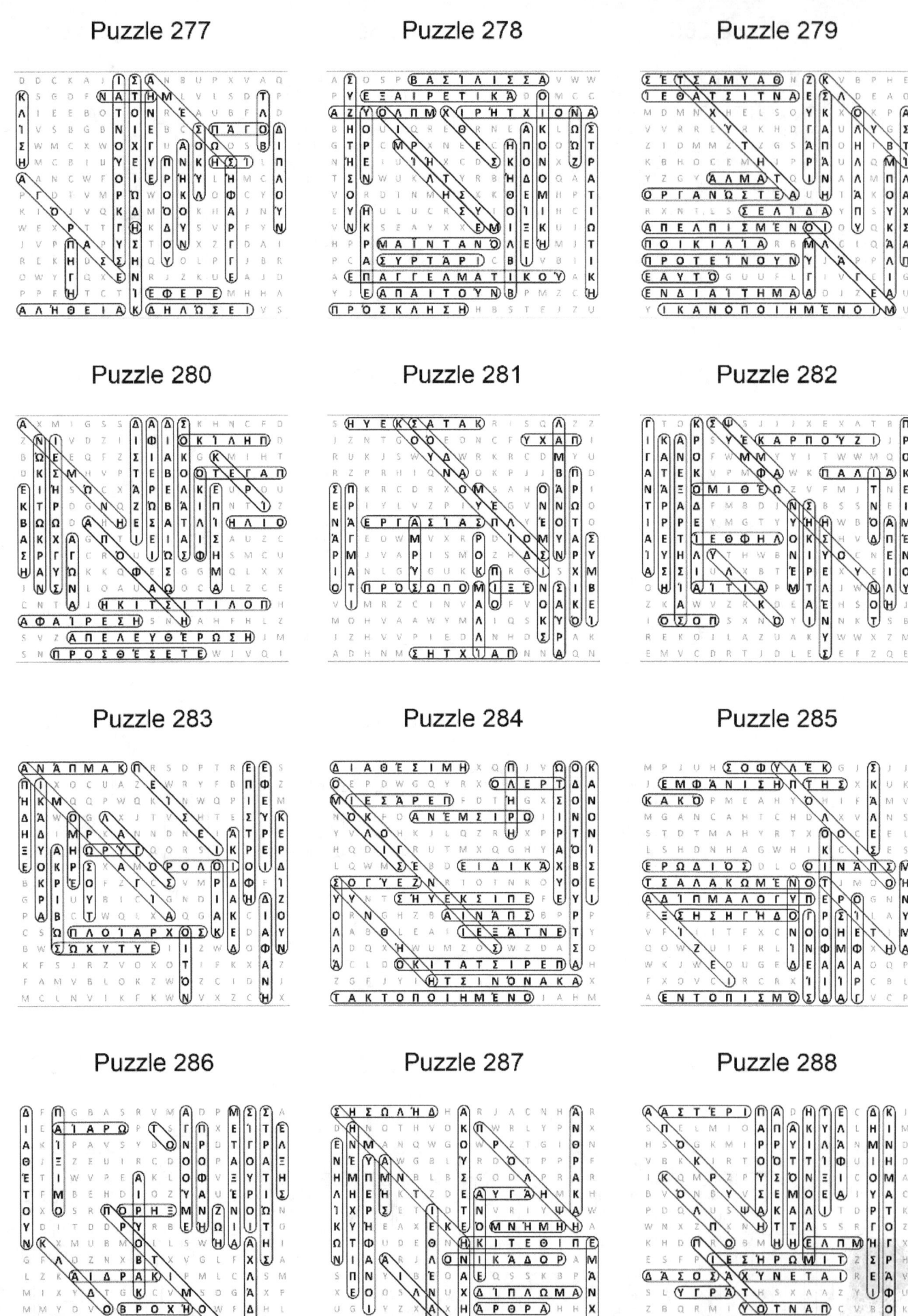

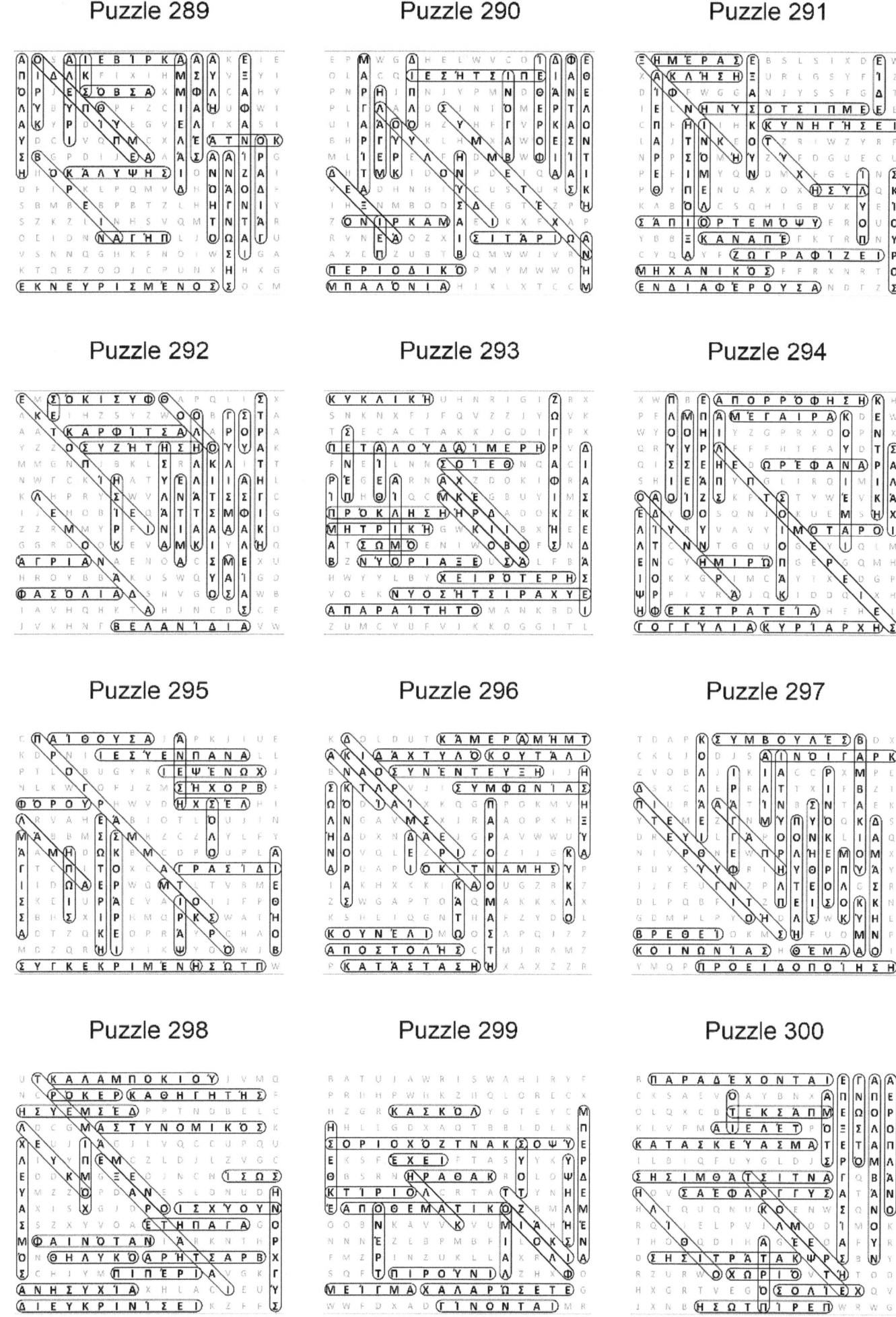

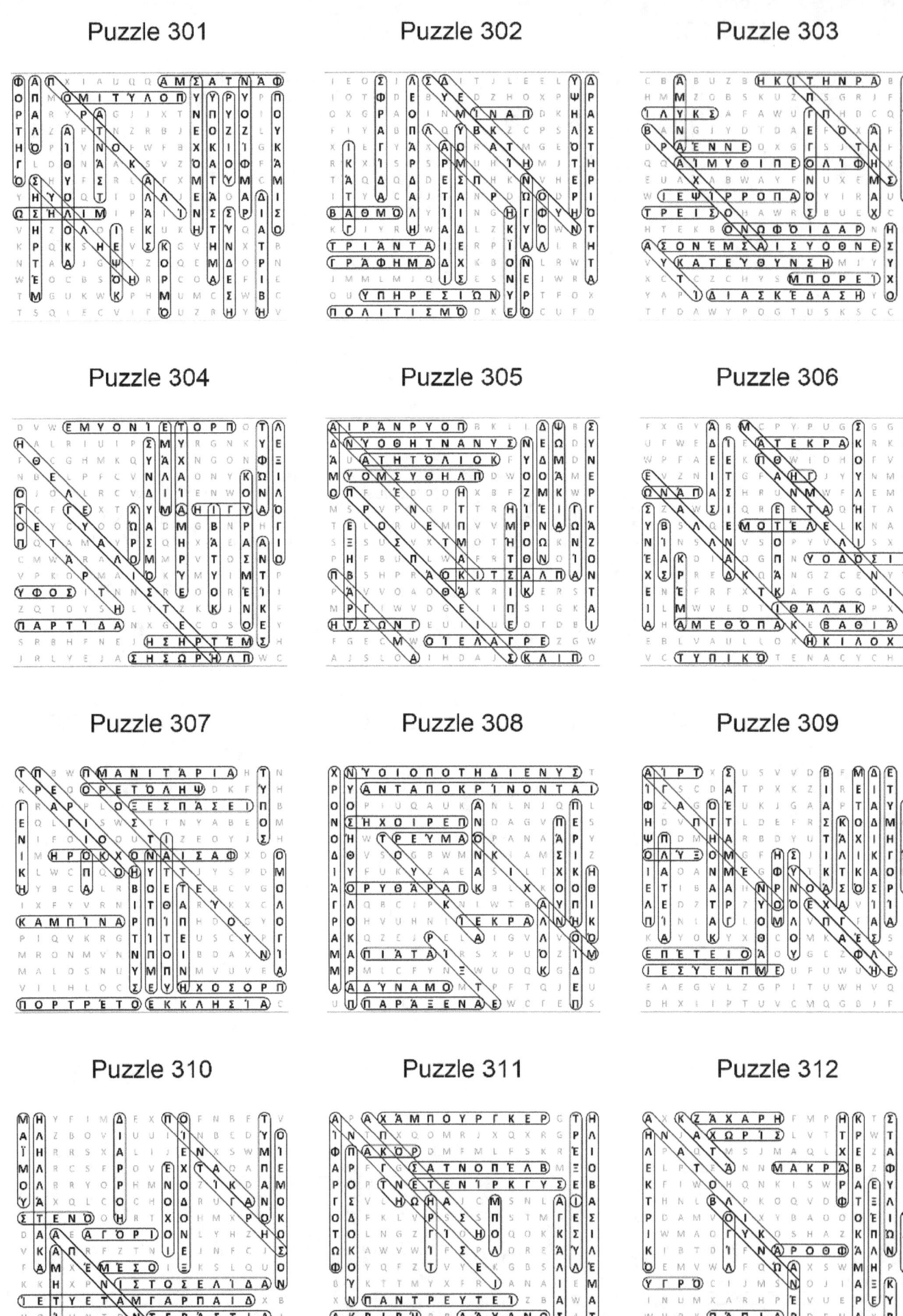

Puzzle 301

Puzzle 302

Puzzle 303

Puzzle 304

Puzzle 305

Puzzle 306

Puzzle 307

Puzzle 308

Puzzle 309

Puzzle 310

Puzzle 311

Puzzle 312

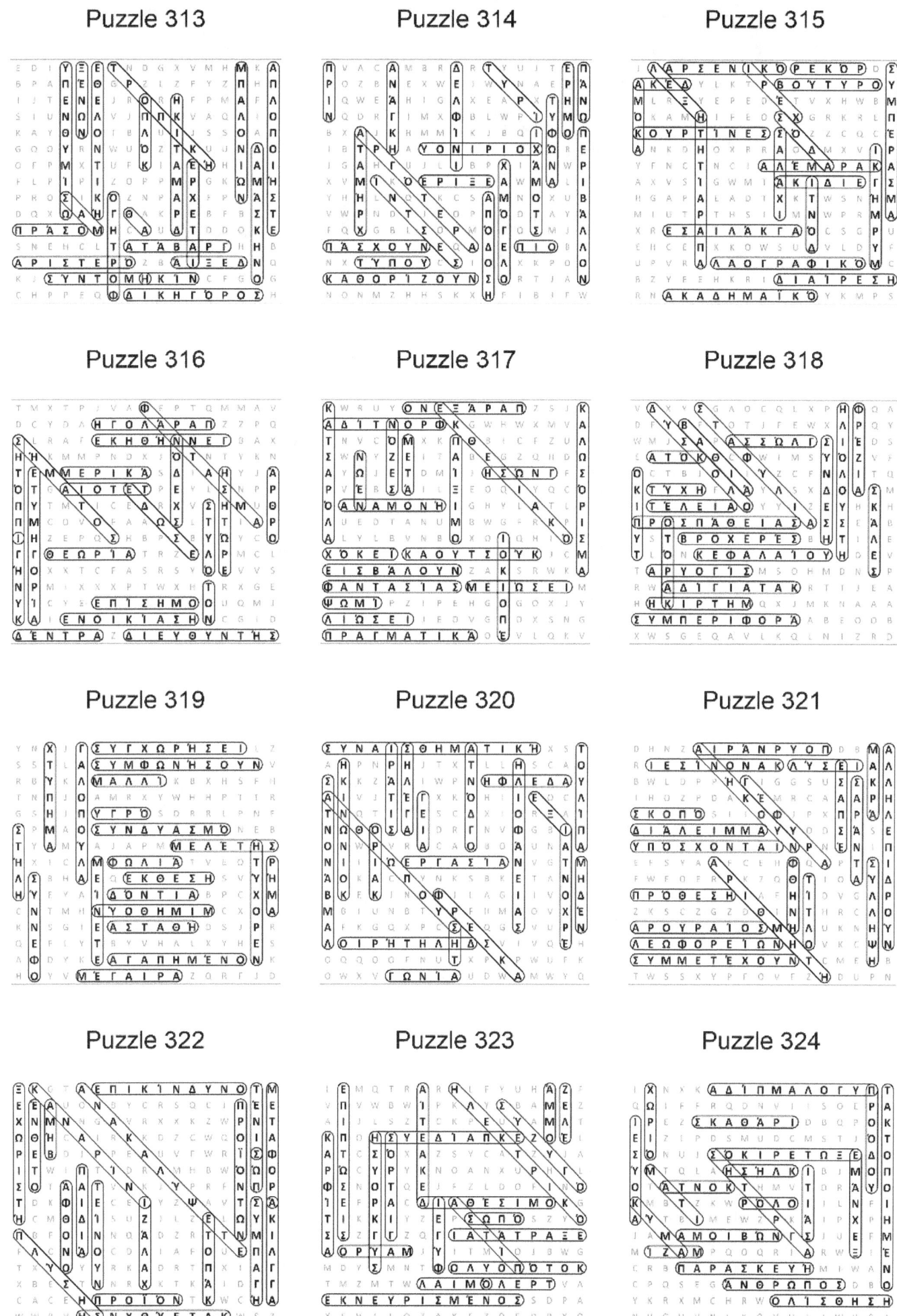

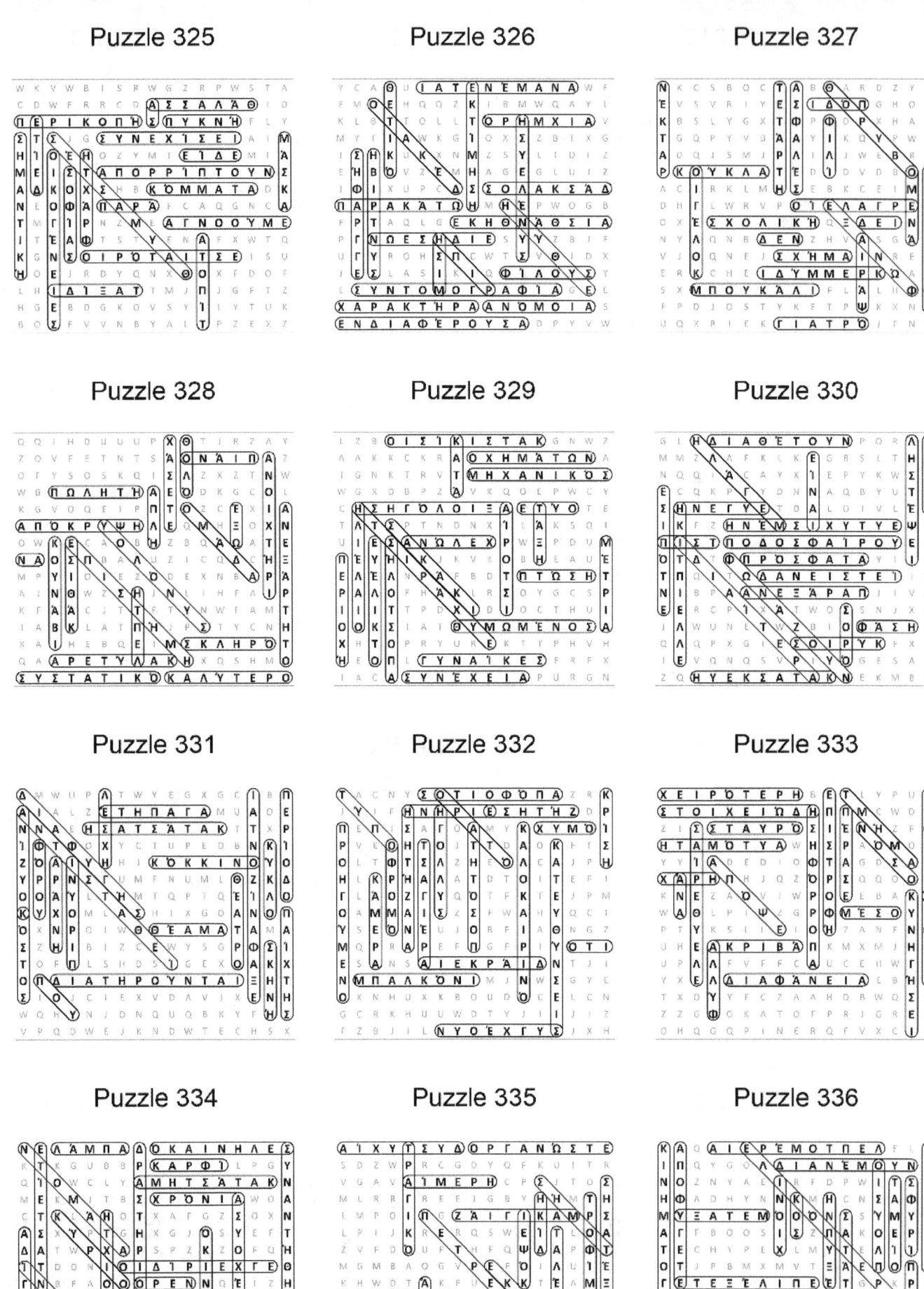

Puzzle 337

Puzzle 338

Puzzle 339

Puzzle 340

Puzzle 341

Puzzle 342

Puzzle 343

Puzzle 344

Puzzle 345

Puzzle 346

Puzzle 347

Puzzle 348

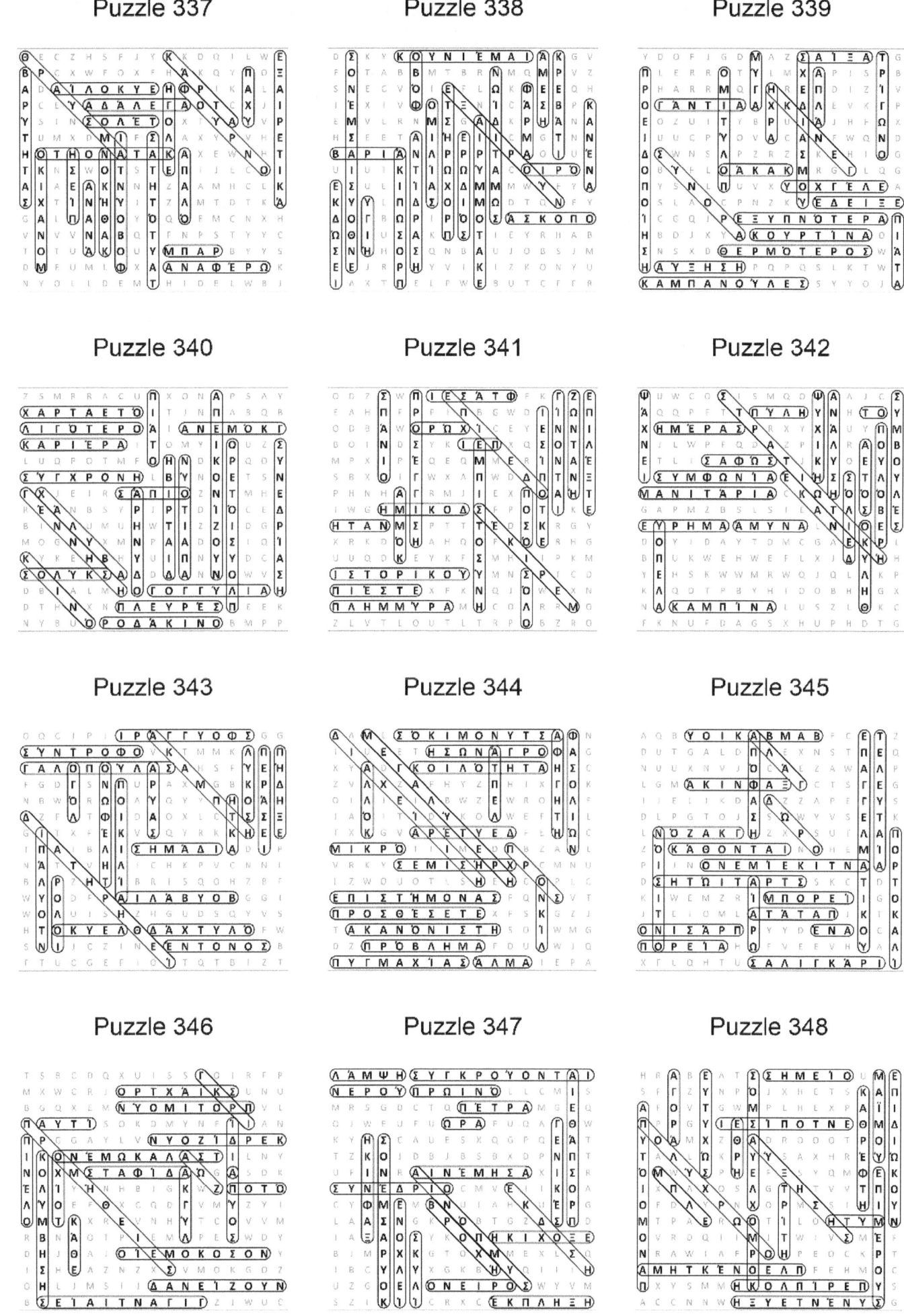

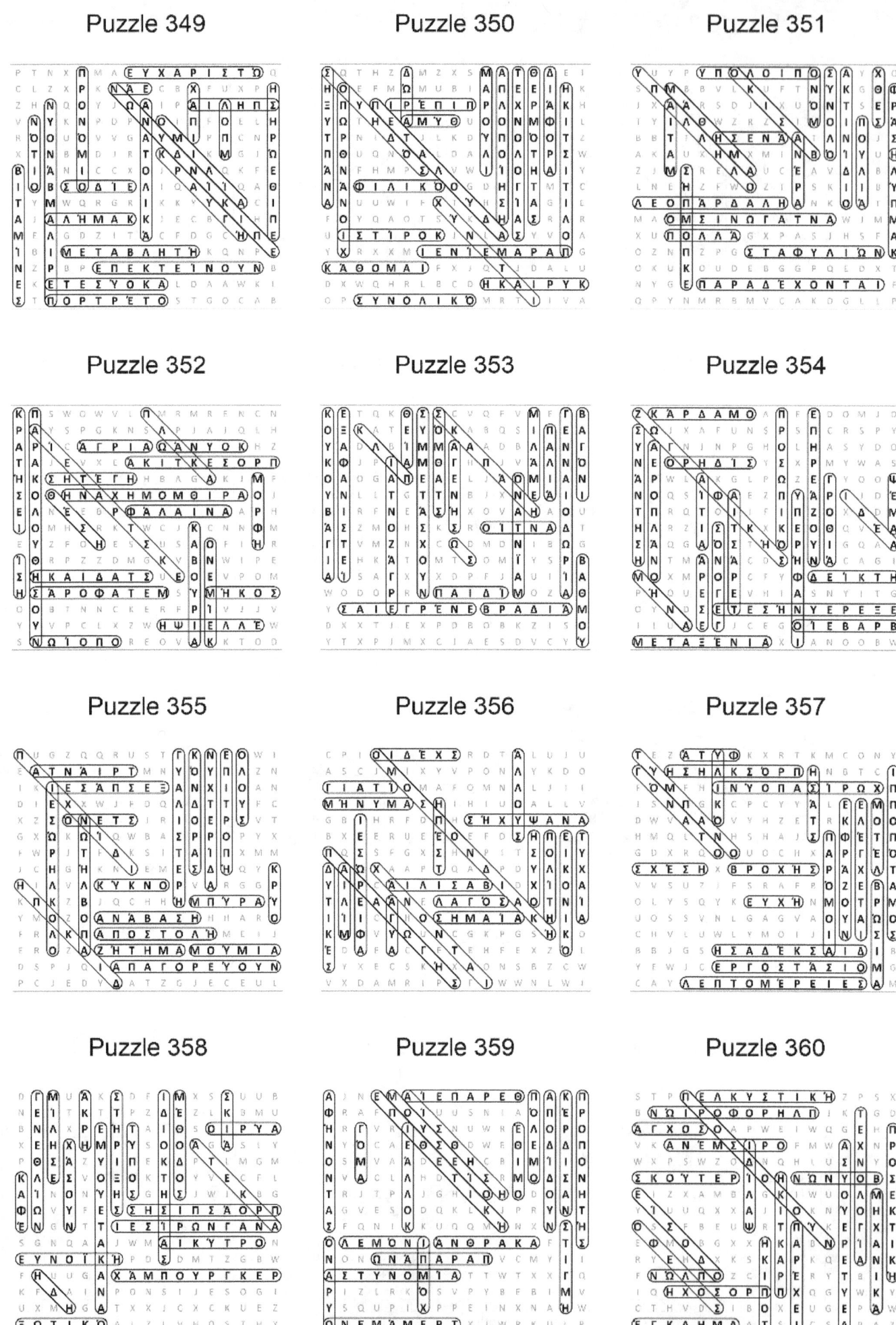

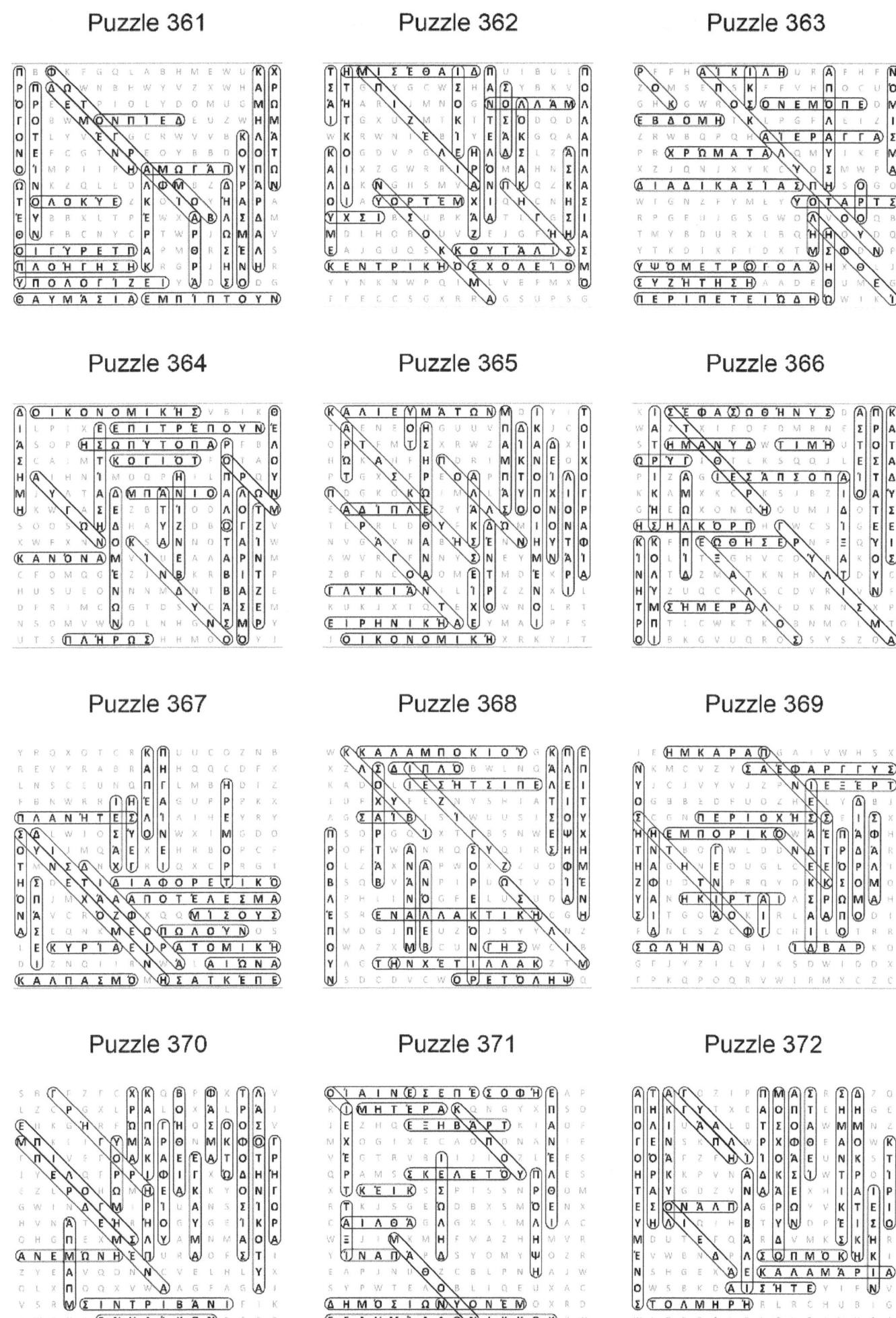

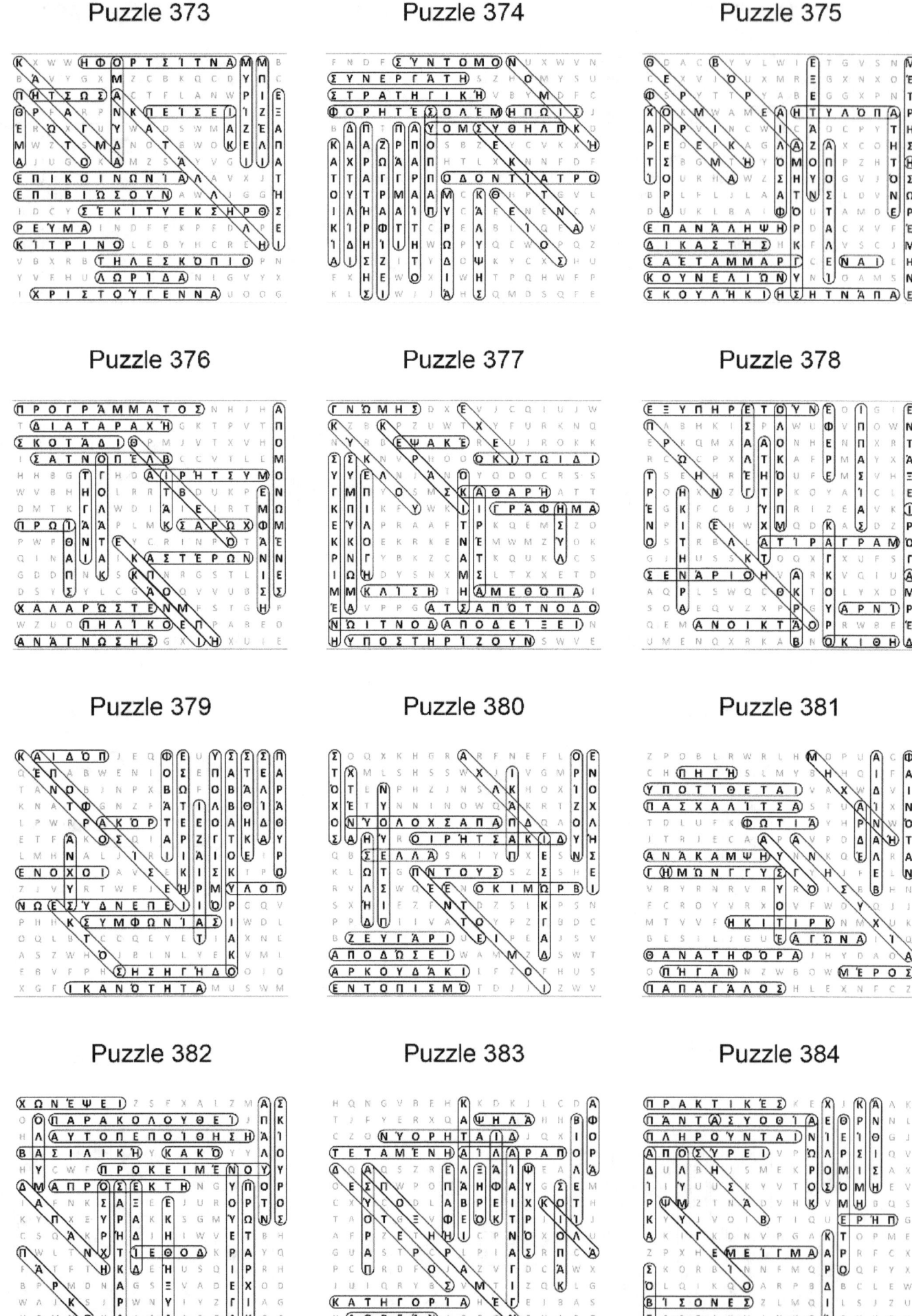

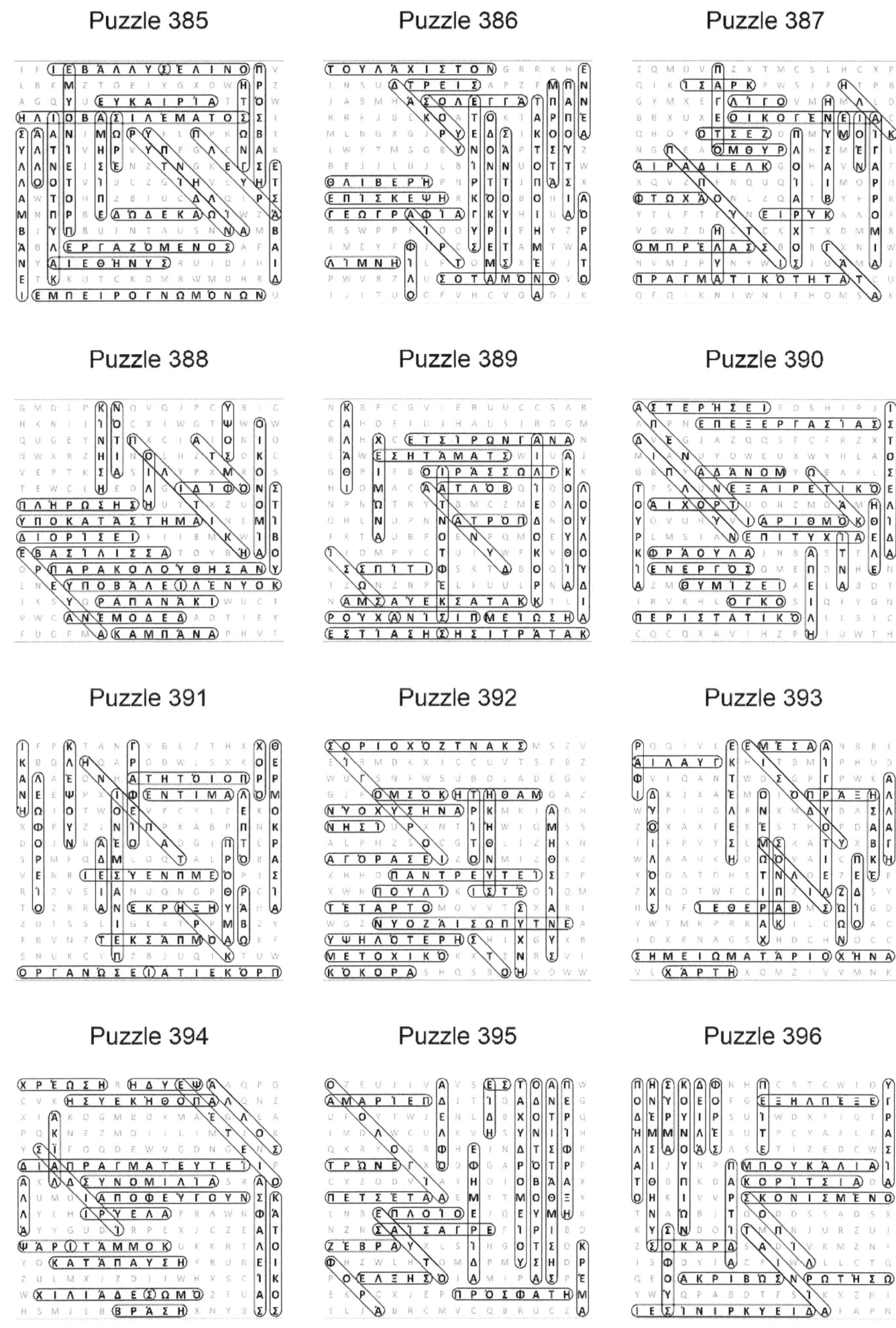

Puzzle 385

Puzzle 386

Puzzle 387

Puzzle 388

Puzzle 389

Puzzle 390

Puzzle 391

Puzzle 392

Puzzle 393

Puzzle 394

Puzzle 395

Puzzle 396

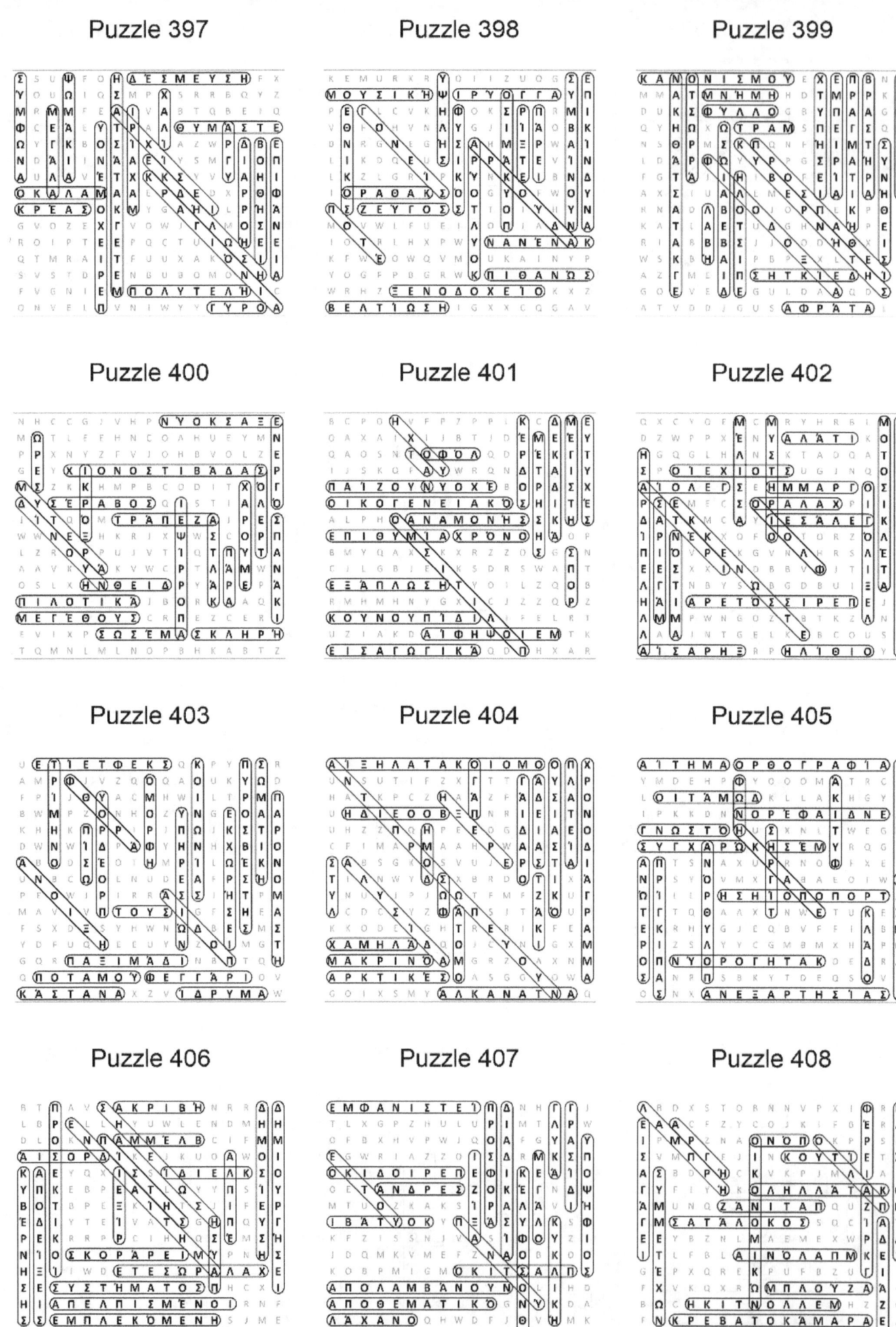

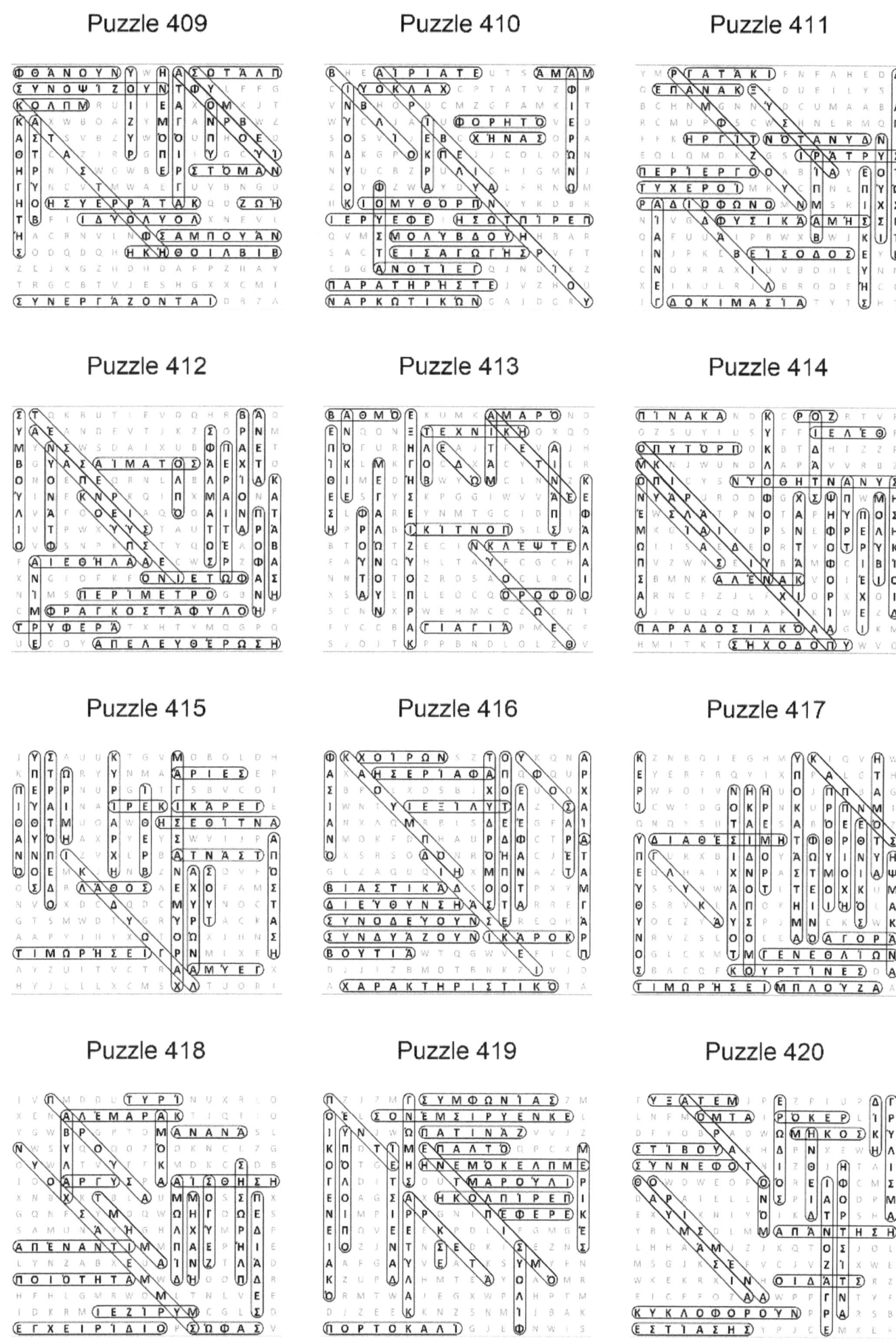

Puzzle 409

Puzzle 410

Puzzle 411

Puzzle 412

Puzzle 413

Puzzle 414

Puzzle 415

Puzzle 416

Puzzle 417

Puzzle 418

Puzzle 419

Puzzle 420

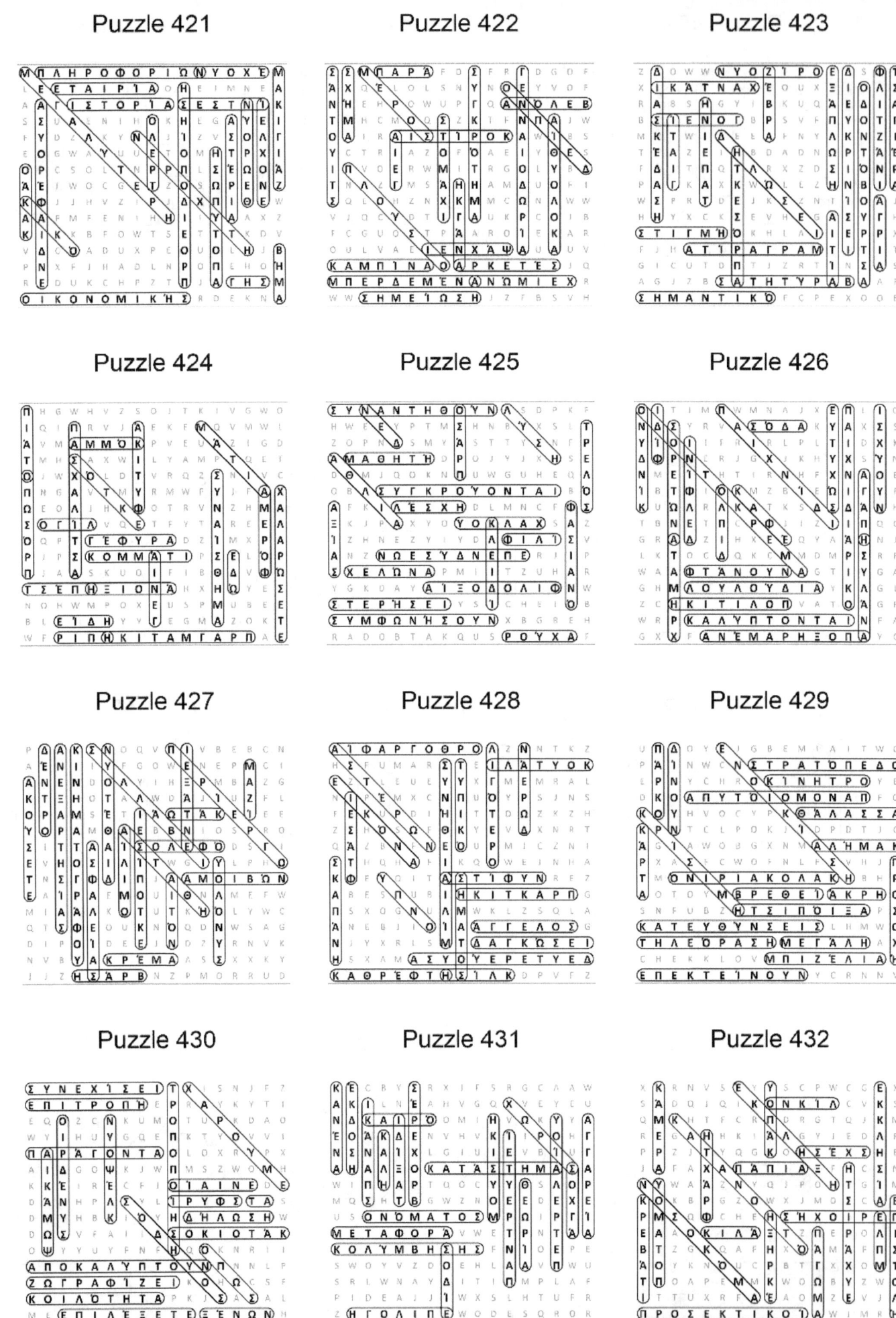

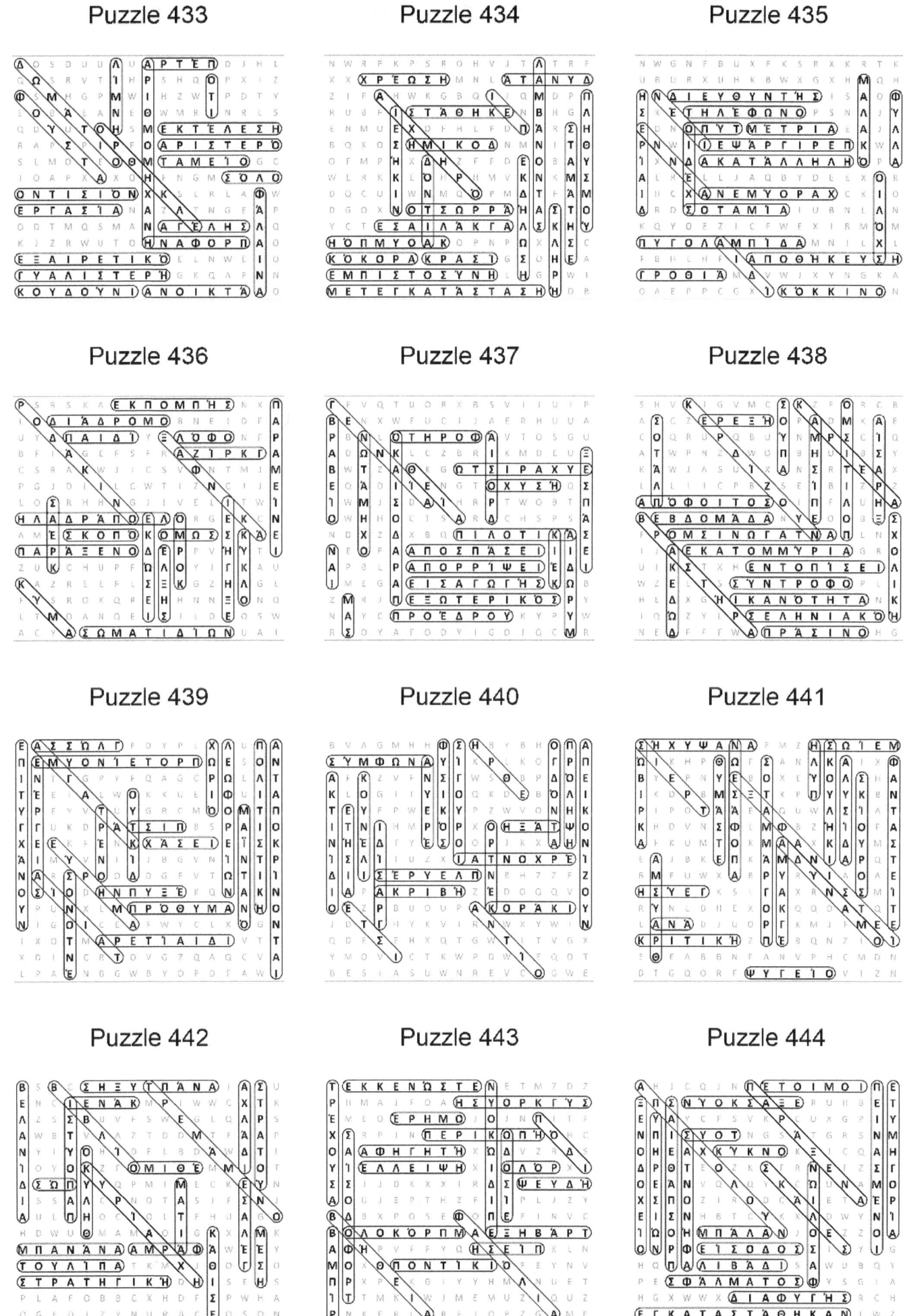

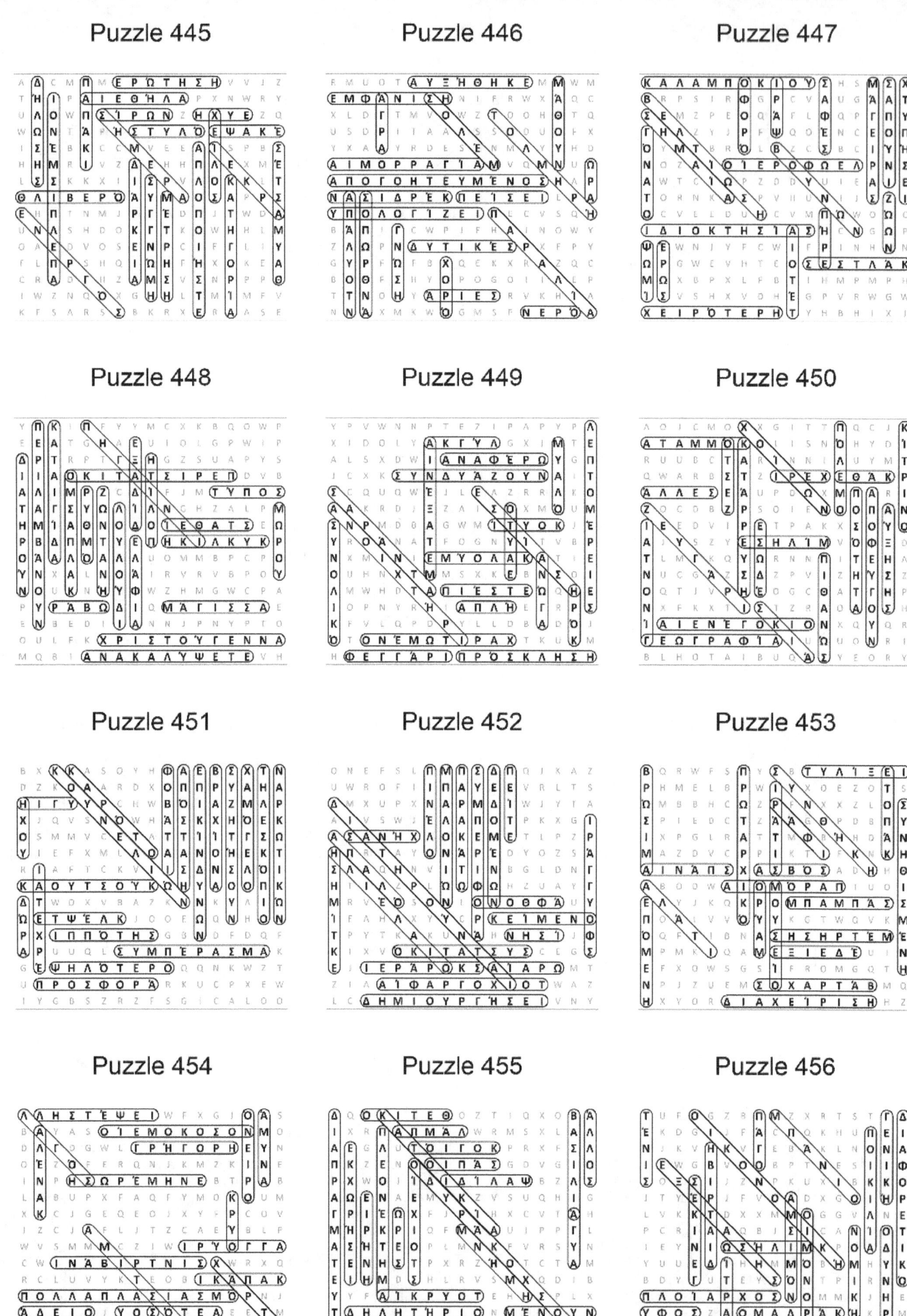

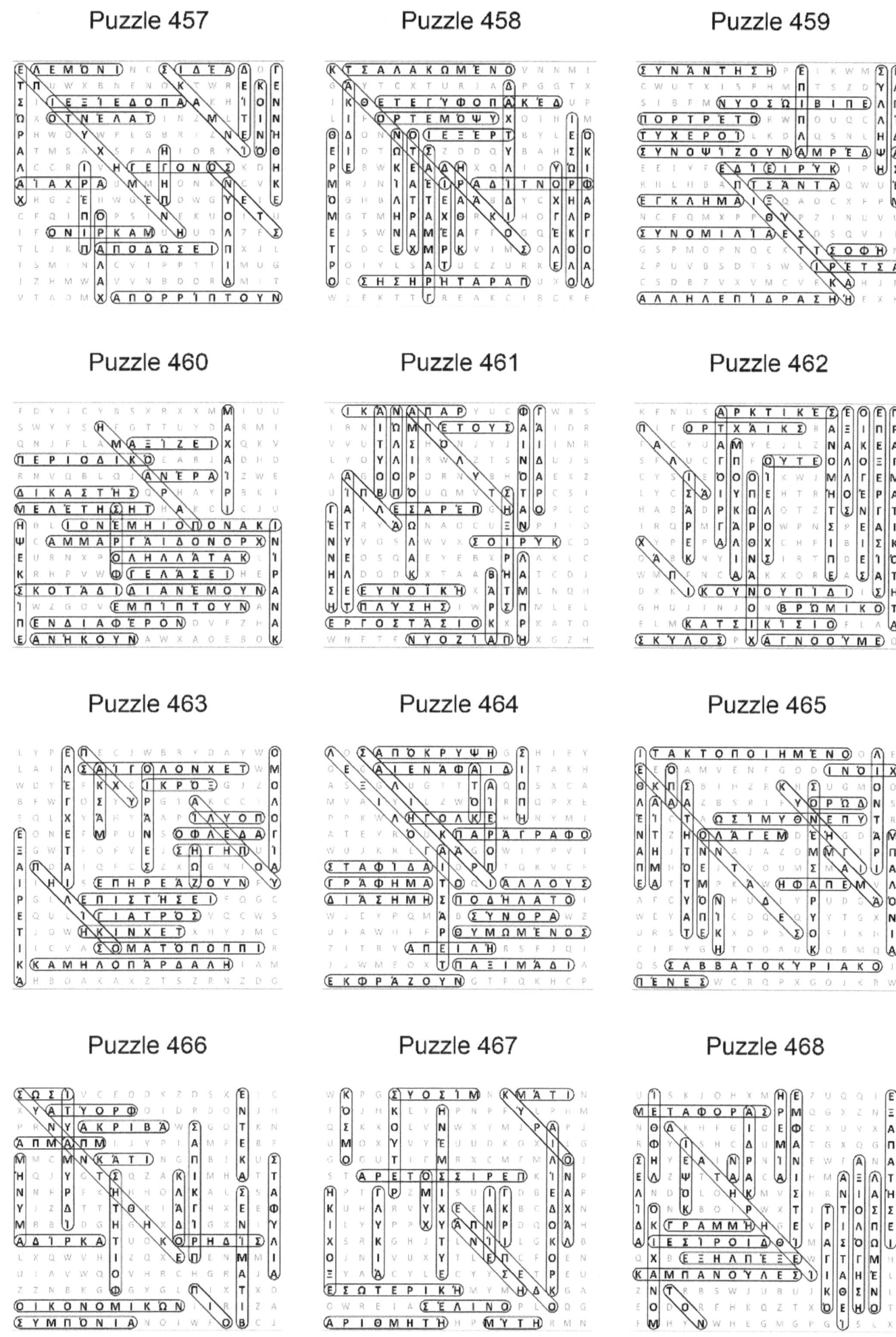

Puzzle 457

Puzzle 458

Puzzle 459

Puzzle 460

Puzzle 461

Puzzle 462

Puzzle 463

Puzzle 464

Puzzle 465

Puzzle 466

Puzzle 467

Puzzle 468

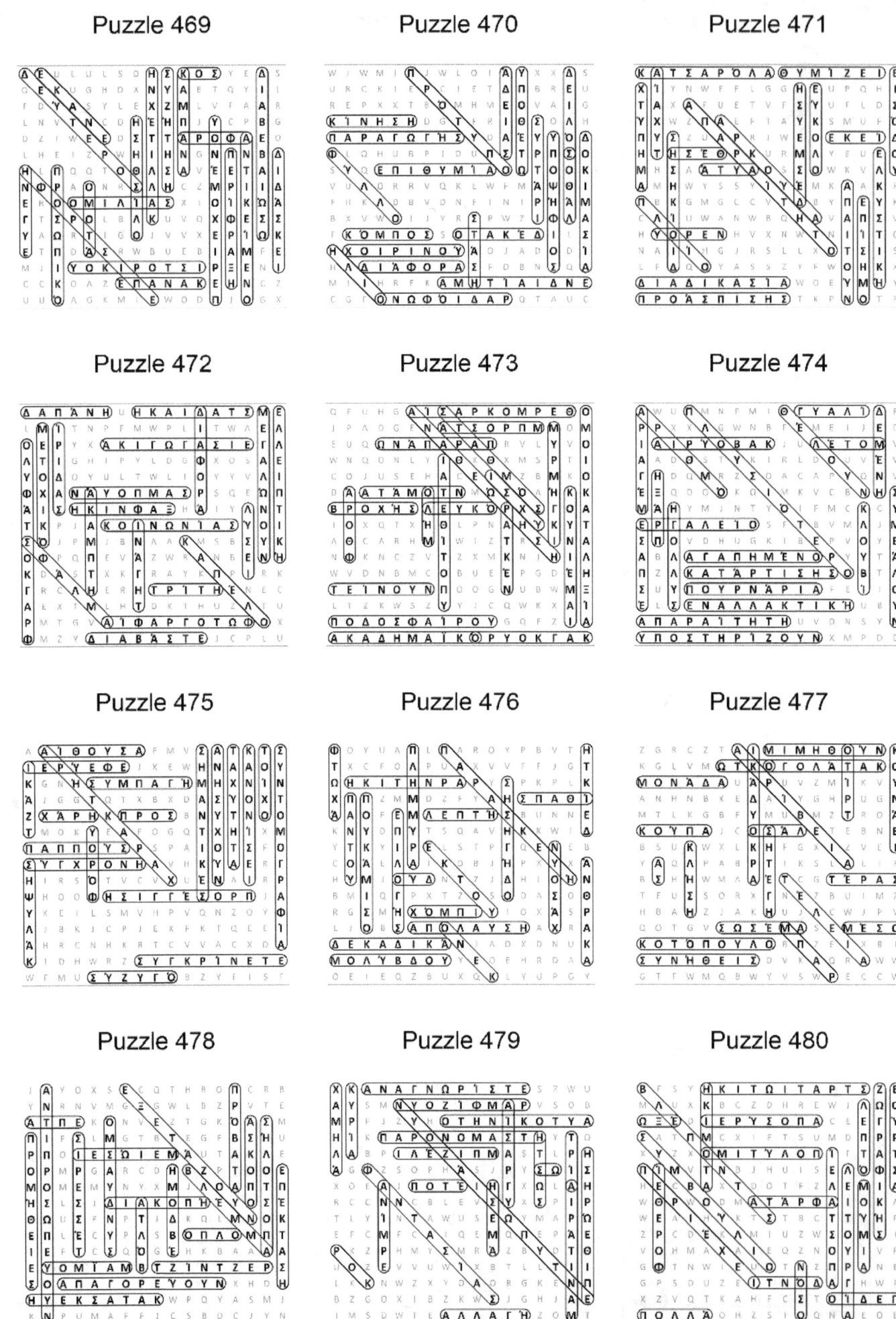

Puzzle 469
Puzzle 470
Puzzle 471
Puzzle 472
Puzzle 473
Puzzle 474
Puzzle 475
Puzzle 476
Puzzle 477
Puzzle 478
Puzzle 479
Puzzle 480

Puzzle 481

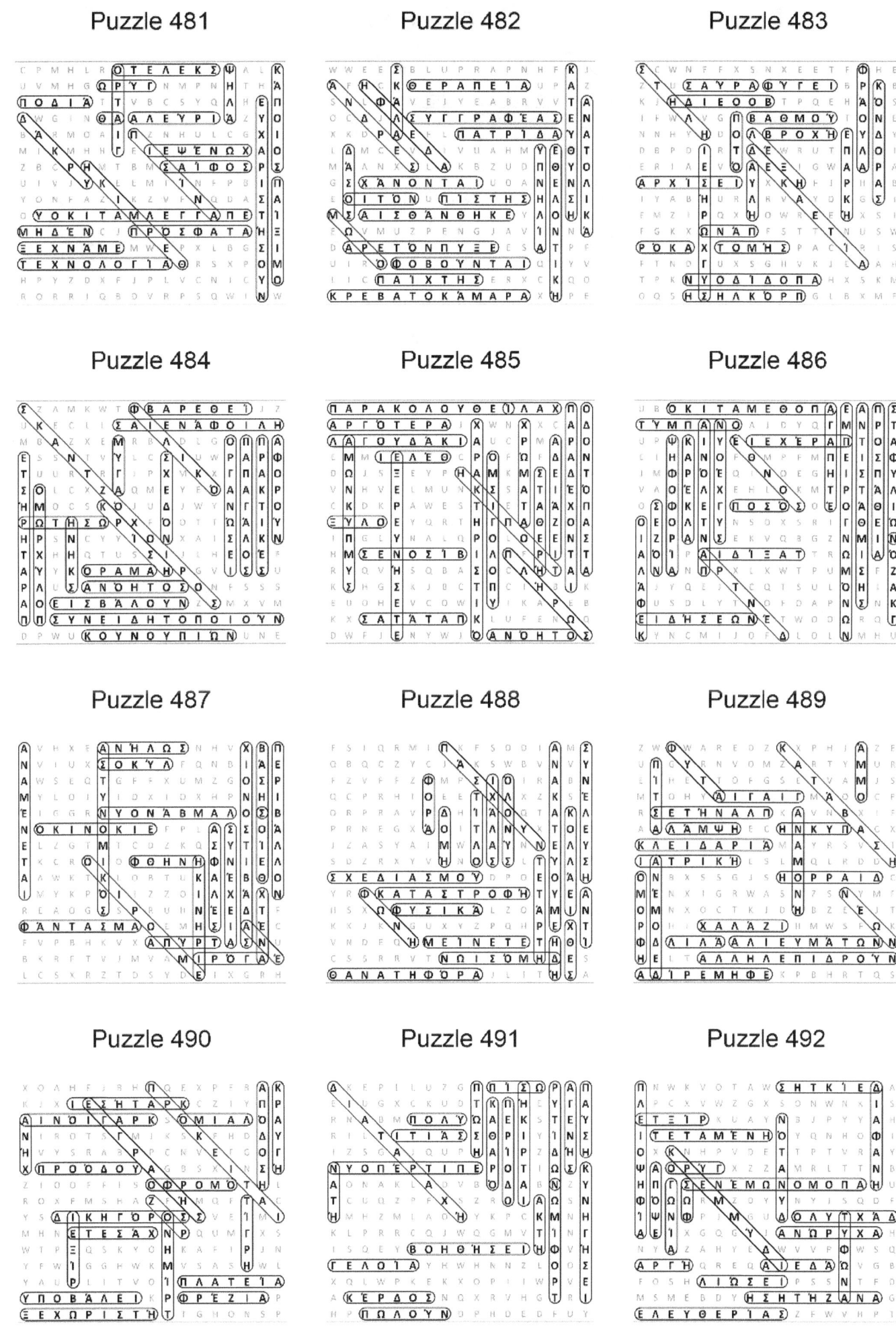

Puzzle 482

Puzzle 483

Puzzle 484

Puzzle 485

Puzzle 486

Puzzle 487

Puzzle 488

Puzzle 489

Puzzle 490

Puzzle 491

Puzzle 492

Puzzle 493

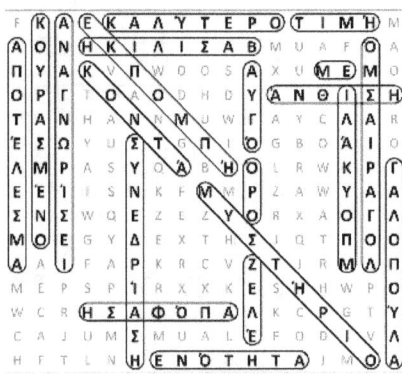

Puzzle 494

Puzzle 495

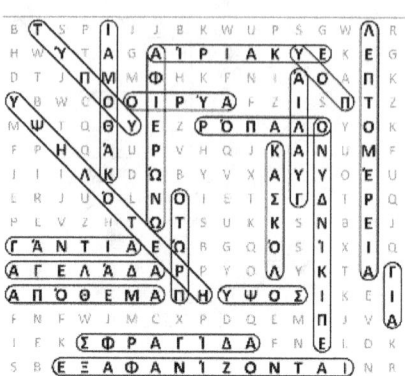

Puzzle 496

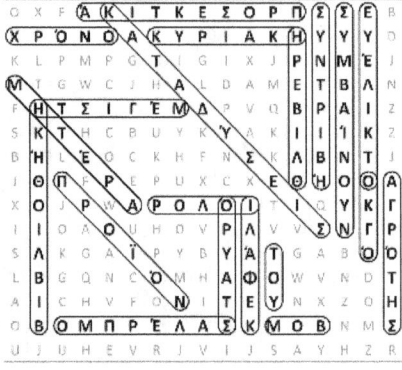

Puzzle 497

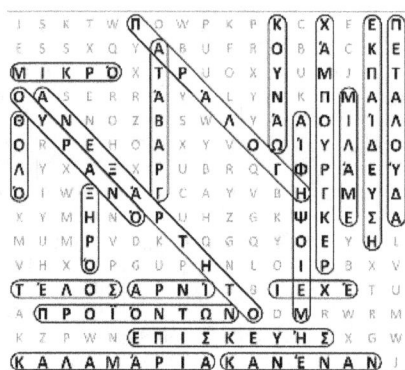

Puzzle 498

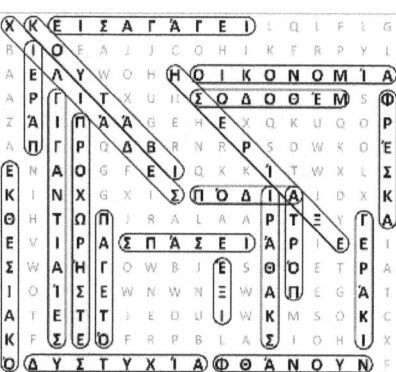

Puzzle 499

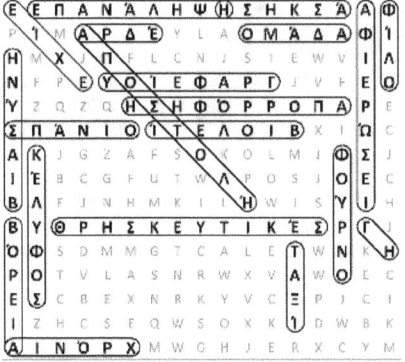

Puzzle 500

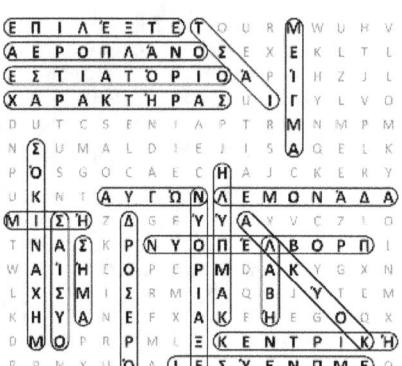

Congratulations

You made it!

We hope you enjoyed this book as much as we enjoyed making it. We do our best to make high quality games.

These puzzles are designed in a clever way to actively spark the brain and make it sharp and quick!
Did you love them?

A Simple Request

Our books exist thanks to the reviews you post on Amazon. Could you help us by leaving a review now?

Here is a short link which will take you to your Amazon orders review page.

BestBooksActivity.com/Review50

MONSTER CHALLENGE!

Challenge #1

Ready for Your Bonus Game? We use them all the time but they are not so easy to find. Here are **Synonyms**!

Note 5 words you discovered in each of the Puzzles noted below (#21, #36, #76) and try to find 2 synonyms for each word.

Note 5 Words from *Puzzle 21*

Words	Synonym 1	Synonym 2

Note 5 Words from *Puzzle 36*

Words	Synonym 1	Synonym 2

Note 5 Words from *Puzzle 76*

Words	Synonym 1	Synonym 2

Challenge #2

Now that you are warmed-up, note 5 words you discovered in each Puzzle noted below (#9, #17, #25) and try to find 2 antonyms for each word.
How many lines can you do in 20 minutes?

Note 5 Words from **Puzzle 9**

Words	Antonym 1	Antonym 2

Note 5 Words from **Puzzle 17**

Words	Antonym 1	Antonym 2

Note 5 Words from **Puzzle 25**

Words	Antonym 1	Antonym 2

Challenge #3

Wonderful, this monster challenge is nothing to you!

Ready for the last one? Choose your 10 favorite words discovered in any of the Puzzles and note them below.

1.	6.
2.	7.
3.	8.
4.	9.
5.	10.

Now, using these words and within a maximum of six sentences, your challenge is to compose a text about a person, animal or place that you love!

Tip: You can use the last blank page of this book as a draft!

Your Writing:

Explore a Unique Store
Set Up **FOR YOU!**

MEGA DEALS

BestActivityBooks.com/**TheStore**

Designed for **Entertainment**!

Light Up Your Brain With Unique **Gift Ideas**.

Access **Surprising** And **Essential Supplies!**

CHECK OUT OUR MONTHLY SELECTION NOW!

- Expertly Crafted Products -

NOTEBOOK:

SEE YOU SOON!

Delta Classics Team